Otto Friedrich

Markt der schönen Lügen

Die Geschichte Hollywoods
in seiner großen Zeit

Aus dem Amerikanischen
von Barbara Bortfeldt

WILHELM HEYNE VERLAG
MÜNCHEN

HEYNE SACHBUCH
Nr. 19/107

Titel der amerikanischen Originalausgabe
CITY OF NETS
Erschienen bei Harper & Row Publishers, Inc., New York

Genehmigte und ungekürzte Taschenbuchausgabe
Wilhelm Heyne Verlag GmbH & Co. KG, München
Copyright © 1986 by Otto Friedrich
Veröffentlichung mit Genehmigung des Verlages
Harper & Row Publishers, Inc., New York, N.Y., USA
Copyright © 1988 der deutschen Ausgabe
by Verlag Kiepenheuer & Witsch, Köln
Umschlagfoto: Stiftung Deutsche Kinemathek, Berlin
Umschlaggestaltung: Atelier Adolf Bachmann, Reischach
Druck und Verarbeitung: Presse-Druck Augsburg

ISBN 3-453-04018-X

Inhalt

Vorwort 13

Begrüßung (1939) 19
Einkäufe (1940) 61
Verrat (1941) 109
Amerikanismus (1942) 175
Vorurteil (1943) 227
Wiedersehen (1944) 279
Zusammenbruch (1945) 337
Betrug (1945) 397
Unamerikanismus (1946) 447
Vorurteil (1948) 519
Vertreibung (1949) 569
Abschied (1950) 619

Register 655
Bildnachweis 671

Für Liesel und Molly

Wenn sich Leute eines Gewerbes treffen, auch zum Spaß und Zeitvertreib, wird das Gespräch fast immer zu einer Verschwörung gegen die Allgemeinheit...
Adam Smith

Jeden Morgen, mein Brot zu verdienen
Gehe ich auf den Markt, wo Lügen gekauft werden.
Hoffnungsvoll
Reihe ich mich ein zwischen die Verkäufer
Bertolt Brecht, Hollywood

Menschen, die dabei waren, als eine Stadt unterging oder ein Volk zerfiel, spüren nicht selten den Drang, für unbekannte Erben oder ferne Generationen das Gesehene festzuhalten; oder sich die Erlebnisse einfach nur von der Seele zu schreiben. Jemand hat einmal gesagt, der Krebstod einer Maus sei so viel wie die Eroberung Roms durch die Goten.
Ford Madox Ford

Vorwort

Im Jahre 1939, dem Geburtsjahr der Filme *Vom Winde verweht* (Gone With the Wind), *Ninotschka* (Ninotchka), *Stürmische Höhen* (Wuthering Heights) und *Das zauberhafte Land* (The Wizard of Oz), konnten sich die führenden Filmemacher Hollywoods mit einigem Recht als siegreiche Eroberer fühlen. Eine Handvoll Filmstudios, die ja nichts als eine Folge flimmernder Bilder produzierten, waren inzwischen zum elftgrößten Wirtschaftszweig des Landes geworden. Sie drehten alljährlich rund vierhundert neue Filme, lockten Woche für Woche mehr als fünfzig Millionen Amerikaner ins Kino und scheffelten fast 700 Millionen Dollar Jahresgewinn. Nur ein Jahrzehnt später war Hollywood ein Scherbenhaufen. Die großen Studios machten Verluste, die Prominenz war in Verfahren wegen kommunistischer Umtriebe verwickelt, das Publikum wandte sich dem Fernsehen zu. Und eine Gemeinde, die früher offen war für so unterschiedliche neue Talente wie William Faulkner, Alfred Hitchcock und Thomas Mann, verstieß nun jeden, der ihre Konventionen störte oder ihre Ängste weckte – weg mit Charlie Chaplin, Ingrid Bergmann, Orson Welles.

Dies ist die Geschichte eines Imperiums aus Glamourträumen, aus Träumen von Schönheit, Reichtum und Erfolg, das aufsteigt und dann plötzlich schrumpft und zusammenstürzt. Sie ist gleichzeitig eine Sozial- und Kulturgeschichte Hollywoods im aufgewühlten Jahrzehnt zwischen dem Zweiten Weltkrieg und dem Beginn des Korea-Krieges. Epochemachende Filme entstanden in diesen Jahren: *Citizen Kane* zum Beispiel, *Die Spur des Falken* (The Maltese Falcon), *Frau ohne Gewissen* (Double Indemnity), *Alles über Eva* (All About Eve). Und nicht nur Filme: Thomas Manns *Doktor Faustus* wurde hier geschrieben, ebenso Brechts

Leben des Galilei, Strawinskys *Rake's Progress*. Und dann, kaum zehn Jahre nach der triumphalen Premiere von David Selznicks *Vom Winde verweht*, ging derselbe David Selznick in der Dämmerung eine verlassene Straße hinunter und sagte zu seinem Begleiter: »Hollywood ist wie Ägypten. Voll bröckelnder Pyramiden. Es kommt nie wieder. Es zerfällt immer mehr, bis der Wind schließlich den letzten Studiobalken über die Wüste bläst.«

Hollywood lebt weiter, gewiß, aber alles ist anders geworden, seit die großen Studios verfielen. Heute wird das Filmemachen auf den Universitäten gelehrt, und die weißhaarigen Veteranen der Goldenen Zeit lassen sich beschwatzen, jungen Interviewern mit Tonbandgeräten ihre Geschichten zu erzählen. Ist dieses Buch also nur ein weiteres Schwelgen in Nostalgie? Nein. Ich möchte etwas ganz anderes versuchen. Und das fängt mit einer ketzerischen neuen Regel an: Keine weiteren Interviews. Es gibt ganz bestimmt in Hollywood niemanden von Bedeutung, tot oder lebendig, den man nicht immer und immer wieder ausgefragt hätte. Und auf keinem Feld der Geschichte, weder in Hitlers Berlin noch in Roosevelts Washington, haben sich so viele Befragungen zu so vielen nicht selbst verfaßten Autobiographien entwickelt.

Jetzt, meine ich, braucht man keine neuen Tonbandverhöre mehr, sondern vielmehr einen neuen Ansatz, um all das schon Gesagte in seinen Zusammenhang zu setzen, um zu kombinieren, zu interpretieren, zu analysieren und zu verstehen. Ich habe etwa fünfhundert Bücher über Hollywood gelesen*, von gelehrten Studien über den Holocaust im Film und erschöpfenden Analysen der Kinowerke Raymond Chandlers bis hin zu den schlüpfrigen Memoiren der Hedy Lamarr, die sie ja, wie sie offiziell erklärt hat, weder geschrieben noch diktiert oder ausgeplaudert hat. Auffällig an all diesen Publikationen ist vor allem, wie isoliert eine von der anderen ist.

Unbekümmert erzählen Überlebende der vierziger Jahre, daß Paramount-Autoren grundsätzlich nur mit anderen Paramount-Autoren redeten und daß ein Autor mit 500 Dollar pro Woche nicht willkommen gewesen wäre bei einer Party, die ein Autor mit

---

* Die Bibliographie ist in der amerikanischen Originalausgabe enthalten.

1500 Dollar pro Woche gab. Diese Selbstabschottung in den vierziger Jahren wird mit den Memoiren der siebziger und achtziger Jahre zementiert.

Verblüfft stellt man fest, daß, sagen wir, Billy Wilder und Igor Strawinsky – ja, und der künftige Präsident Ronald Reagan – ihre Existenz gegenseitig kaum wahrnahmen. »Man kann Hollywood nur dadurch entgehen, daß man dort lebt«, hat Strawinsky einmal gesagt.

Hollywood ist eigentlich ein imaginärer Ort im Kopf eines jeden, der in Gedanken einmal dort gelebt hat. Mein Hollywood ist ein anderes als Ihr Hollywood und unterscheidet sich auch von Rex Reeds Hollywood und Aljean Harmetz' Hollywood – nicht, weil sie mehr wissen über Hollywood als Sie und ich, sondern weil sie anders sind als wir, so wie wir uns voneinander unterscheiden.

Da ist einmal der zeitliche Unterschied. Ich habe im Hollywood der vierziger Jahre gelebt, als ich in der Gegend von Boston studierte und zwei- oder dreimal in der Woche ins Kino ging. Ich habe Ingrid Bergmann über alles verehrt, aber ich liebe auch heute halbvergessene Gesichter wie Betty Hutton und Ida Lupino, sogar Diana Lynn. Über die fünfziger und sechziger Jahre weiß ich viel weniger, und sie kümmern mich nicht so, weil ich zu der Zeit fünf Kinder großzog und zu arm war, um ins Kino zu gehen. Ganz gleich, wann man in Hollywood lebt, man bringt die eigene Gemütswelt mit. Ich war in den vierziger Jahren besonders sportbegeistert. Und deshalb kamen mir die Tränen beim Tode Ronald Reagans als Football-Star George Gipp. Auch der Krieg beeindruckte mich, desgleichen seine Hollywood-Version: Robert Taylor, der Bataan verteidigte, Humphrey Bogart auf der Fahrt über den Atlantik oder Errol Flynn bei der Eroberung Burmas. Wie Reagan selbst wird mir noch heute die Kehle eng, wenn ich den Gipper sterben sehe, aber eigentlich mache ich mir gar nicht mehr viel aus Football, und Kriegshelden sind mir zuwider.

Das Hollywood also, das ich in den letzten Jahren noch einmal bewohnt habe, unterscheidet sich nicht nur von jedem anderen Hollywood, sondern ist auch anders als das Hollywood, das ich selbst bewohnte, als ich jung war. Bertolt Brecht, von dem ich nie gehört hatte, solange ich George Gipp bewunderte, scheint mir heute eine weit interessantere Figur als große Stars wie etwa Cary Grant oder Betty Grable. Deshalb spielt Brecht eine ziemlich große Rolle in meiner Darstellung der vierziger Jahre Hollywoods, Grant und Miss Grable hingegen fast gar keine. Es erstaunt mich eigentlich selbst, wie ein Buch dieses Umfangs so vieles über so viele Berühmtheiten auslassen kann. James Stewart zum Beispiel, Tyrone Power oder Spencer Tracy werden nur am Rande erwähnt. Sie alle sind respektable Leute, aber ich stelle fest, daß Schauspieler mich weniger interessieren als Schriftsteller, Gangster, Musiker, Magnaten und Sexidole. Und da Hollywood in den vierziger Jahren rund fünftausend Filme produziert hat, kann man sich aussuchen, über was man schreibt. Ja, man muß sogar auswählen.

Eine grundsätzliche Frage an alle Hollywood-Reminiszenzen bleibt: Sind sie wahr? Nun, vielleicht sind sie teilweise wahr. Man muß bedenken, daß Hollywoodmenschen in einer Phantasiewelt lebten und noch leben; sie sind es gewöhnt, zu schönen, zu flunkern und aufzubauschen und die eigenen Schwindeleien und Übertreibungen selbst zu glauben. Man bedenke auch, daß sie alle Presseagenten hatten, die Dinge aufbereiteten, daß Autoren der Fan-Magazine Dinge aufbereiteten, daß Ghostwriter nach wie vor Dinge aufbereiten und daß die Berühmtheiten, die solches Gebräu dann unterschreiben, sich nicht mehr so genau erinnern können, was damals eigentlich wirklich passiert ist. In einigen Fällen gebe ich mehrere einander widersprechende Versionen einer häufig erzählten Legende wieder. Wenn sowohl Jack Warner als auch Darryl Zanuck behauptet, derjenige gewesen zu sein, der William Faulkner bei der Arbeit zu Hause in Mississippi statt zu Hause in Beverly Hills antraf – wer bin dann ich, um zu entscheiden, wer recht hat? Und wenn dies für das gedruckte Wort gilt, muß es dann nicht ebenso auf das improvisierte Interview zutreffen?

Aber wenn alle Einzelheiten in diesem Buch irgendwann und irgendwo schon einmal veröffentlicht worden sind, was ist dann neu an diesem Porträt der vierziger Jahre Hollywoods? Neu ist das Porträt selbst. Wer über Rita Hayworth eine Menge weiß, der weiß vielleicht nicht viel über Arnold Schönberg – oder umgekehrt. Wer über beide viel weiß, mag wenig über Bugsy Siegel oder die Flugzeugindustrie oder Herbert K. Sorrell wissen. Und auch wer eine Menge über Präsident Reagan weiß, weiß vielleicht doch nicht so genau, wie er zu dem wurde, was er heute ist. Oder wie wir selbst auf vielen Wegen zu dem wurden, was wir sind. Dies ist ein Porträt eines bestimmten Ortes zu einer bestimmten Zeit – einer imaginären Stadt, wie ich es genannt habe. Und doch war sie die Traumfabrik der vierziger Jahre, die einen großen Teil dessen geschaffen hat, was Amerikaner heute für die Wirklichkeit halten.

Begrüßung

(1939)

Zum Gruselkabinett steht auf dem Schild. Der Pfeil weist nach rechts, wo ein dunkler Korridor zu den Folterinstrumenten der Inquisition führt. Auf was der Pfeil aber tatsächlich zielt, das ist gleich vorn eine Figurengruppe mit dem Titel »Die Großen Präsidenten«. George Washington steht da stolz abweisend in seiner blauen Uniform der Kontinentalarmee, Lincoln denkt sitzend nach, die übrigen zeigen sich in diversen staatsmännischen Posen. McKinley, Truman, Eisenhower, Kennedy, Hoover, Coolidge – die Schöpfer des Hollywooder Wachsfigurenkabinetts haben ihre ganz eigenen Vorstellungen, welche Präsidenten groß sind. Franklin Delano Roosevelt ist nicht dabei, aber rechts taucht ein eigener Scheinwerfer Richard Nixon in düstere Glut. Er wirkt einbalsamiert.

Im Vordergrund, im Zentrum dieser präsidialen Versammlung, aufgebockt auf einem Rednerpult mit dem Emblem des Weißen Hauses, steht das Musterbild Hollywoods und ganz Südkaliforniens – der liebenswerte Cowboy mit dem bekümmerten Grinsen. Ronald Reagans Wachsgesicht (heutzutage werden Wachsfiguren in Wahrheit aus nicht brennbarer Vinyl-Plastikmasse gemacht) zeigt einen reizenden Ausdruck der Verwirrung. Ausstaffiert ist er mit einem dunkelblauen Anzug, einem weißen Hemd, dessen Kragen ihm etwas zu weit zu sein scheint, und einem ziemlich schmutzigen gestreiften Schlips. Das Leben ist schwer, mag sein, aber der Ronald Reagan aus Plastik steht monumental hinter dem Präsidenten-Emblem und starrt tapfer hinaus in die Dunkelheit.

»Willkommen in Madame Tussauds Hollywooder Wachsfiguren-Kabinett«, klingt die Tonbandstimme durch den Gang. Sie kommt aus einer finstern Figurengruppe mit der Queen Victoria und Madame Tussaud persönlich. Weil man aber in Hollywood ist, sind die Wandnischen im nächsten Korridor den offiziellen Göttern und Göttinnen der Filmindustrie geweiht. Hier ist Tyrone Power als junger Matador in *Blut und Sand* (Blood and Sand), im Begriff, dem anstürmenden Stier den Todesstoß zu versetzen. Da steht Clark Gable im Abendanzug, den wissenden Blick auf Carole Lombard gerichtet, Charlie Chaplin in den Resten eines Smokings, flehend zu Mary Pickford aufblickend, und Rudolph Valentino in den Gewändern des *Scheich*, seelenvoll ins Nichts starrend. Hier ist das üppige Abbild von Hedy Lamarr als Tondelayo in *Weiße Fracht* (White Cargo), die sich im Zelt auf einem unglaubhaften weißen Fell rekelt. Sie trägt eine rosa Orchidee über einem Ohr und einige braune Holzperlenketten um den Hals, sonst nichts bis hinunter zum rosa-geblümten Rock.

Keine Stadt westlich von Boston hat ein feineres kommerzielles Gespür für die eigene Vergangenheit, und doch verschwimmt und verzerrt sich dieses Gespür in Hollywood immer mehr. Nicht nur die Jahrzehnte fließen ineinander, so daß Harold Lloyd sich zu dem jungen Woody Allen auflöst, sondern auch die verschiedenen Formen der Unterhaltung vermischen sich. Jedem Pilger, der in die Filmmetropole kommt, zeigt man die neuesten Schreine des Fernsehens und der Rockmusik, als ob das alles eins sei. Im Hollywooder Wachsfigurenkabinett ist es das. Gleich hinter der ziemlich ungepflegten Gestalt der jungen Shirley Temple in weißer Spitze stößt der Besucher auf einen »Abend mit Elvis Presley«. Klänge aus *Hello, Dolly* blenden über in *Love Me Tender*, und man sieht im Halbdunkel den König der Country-Sänger vor Dean Martin, Farrah Fawcett, Flip Wilson, Sammy Davis jun., Frank Sinatra und Elizabeth Taylor agieren. Hinter dieser zusammengewürfelten Gesellschaft steht eine mysteriöse Reihe von sechs kostümierten Lakaien, alle in Perücken des achtzehnten Jahrhunderts, jeder hält einen Kandelaber empor, um Presley bei seiner Soirée zu leuchten.

Hier und da scheint der Hollywood-Kommentar, den das Wachsfigurenkabinett bietet, auch die Grenzen der Ungereimtheiten zu sprengen und in den Bereich des Chaotischen vorzudringen. Wenn Charlton Heston, der mit den heiligen Tafeln vom

Berge Sinai herabsteigt, vor Leonardo da Vincis *Abendmahl* plaziert wird, kann man noch lachen. Warum aber steht Anthony Quinn neben Charles de Gaulle? Warum stehen Sophia Loren, Amelia Earhart und Thomas Alva Edison zwischen den Beatles? Was haben Paul McCartney, Jeanette Mac Donald und Joseph Stalin miteinander zu tun? Eine Erklärung könnte sein, daß es einmal eine Figurengruppe vom Gipfeltreffen der Alliierten in Yalta gab, vielleicht im Auftrag eines anderen Wachsfigurenkabinetts hergestellt, und dann, so sagt jedenfalls der stattliche Mexikaner, der an der Tür die Tickets prüft, hat es vor ein paar Jahren gebrannt und alles ist ein bißchen umgeräumt worden. In Hollywood wird ständig ein bißchen umgeräumt. »Scheinfassaden!« schrie Nicholas Schenck einmal bei einer Besichtigungstour durch die Außenanlagen von Metro-Goldwyn-Mayer, dessen Eigentümer Schenck als Präsident der Loew's Inc. theoretisch war. »Scheinfassaden! Nichts dahinter. Wie das ganze Hollywood-Volk.«

Draußen vor dem Wachsfiguren-Museum, das sich zwischen Jacks Pfeifenladen und dem *Snow White Coffee Shop* erhebt, knallt die kalifornische Sonne auf den seltsam schwarzen Bürgersteig des Hollywood Boulevards herab. Eine gnadenlose Sonne, Urbild von Feuer und Vernichtung. Die Bürgersteige sind nicht völlig schwarz, denn die Gemeindeverwaltung hat in jede zweite Platte einen goldgeränderten Metallstern eingelassen, mit zerstoßenem rosa Marmor gefüllt und mit einem goldenen Namen beschriftet. Es gibt keine Erläuterungen oder Definitionen für diese Namensvielfalt (es sind insgesamt mehr als 1775). Sie sind alle da, also müssen sie auch alle berühmt sein. Wenn man den Hollywood Boulevard entlang westwärts schlendert, setzt man den Fuß auf eine bemerkenswert vielseitige Rollenbesetzung: Charles Chaplin, Ken Maynard, Ilka Chase, Richard Barthelmess, Joseph Schenck, Lee Strasberg, Ingrid Bergmann, Red Skelton, Robert Merrill, Eddie Cantor, Marie Wilson, Bing Crosby, Milton Berle, Vivien Leigh, Ray Charles, Elvis Presley, Kirsten Flagstad, Bessie Love, Jascha Heifetz, Judy Canova...

Die schwarzen Bürgersteige des Hollywood Boulevard führen schließlich zu Graumans Chinesischem Theater, einer großen

Pagode mit scharlachrotem Dach, das von drohend aufbäumenden Drachen gestützt wird. Neben dem Eingang stehen zwei wilde Bestien, mehr als zwei Meter hoch, »Himmelshunde« der Ming-Dynastie, wie Grauman behauptet. »Diese heiligen Wächter, halb Löwe, halb Hund, standen jahrhundertelang Posten vor einem Ming-Grab in China«, erklärt das Schild. »Diese massiven Ungeheuer, die man auch die Hunde des Foo oder Buddha nannte, vereinigten in sich die Wildheit des Löwen mit der Treue des Hundes. Sie versetzten den Übeltäter in Furcht und Schrecken, dem Gerechten aber machten sie Mut.« Offiziell heißt dieser seltsame Palast jetzt *Mann's Chinese Theaters*, denn Ende der siebziger Jahre hat ein Unternehmer namens Teddy Mann das Objekt gekauft und in den Seitenflügeln des Gebäudes, die den Innenhof flankieren, zwei Nebenbühnen eröffnet; für die Touristenscharen jedoch, die kommen und staunen, ist klar: Grauman's bleibt Grauman's. Sie strömen herbei, um die berühmten Fuß- und Handabdrücke in den Zementplatten auf Graumans Hof zu sehen.

AN SID GRAUMAN DANKE RITA HAYWORTH
AN SID EIN TOLLER BURSCHE HENRY FONDA 2. JULI '42
AN SID MEIN AUFREGENDSTER TAG JEANNE CRAIN
7. OKTOBER 1949
AN SID SEIN FAN CHARLES BOYER 24. JULI '42
AN SID INNIGSTEN DANK GENE TIERNEY 24. JUNI '46
DANKE, SID JIMMY STEWART FR., 13. FEB. 1948
FÜR MR. GRAUMAN ALLES GLÜCK JUDY GARLAND
10-10-39

Einen *Showman* nennen die vergilbenden Zeitungsausschnitte jemanden wie Sid Grauman. In Indianapolis geboren, begann er seine Karriere damit, daß er 1896 während des Goldrauschs von Klondike in entlegenen Goldsuchercamps Zeitungen aus San Francisco verkaufte – für einen Dollar das Stück. Dennoch, seine sensationellen Erfolge schrieb er »dem großen Boss da oben« zu. »Gott macht meine Shows«, sagte er.

Grauman brachte Luxus ins Kino. Er gab eine Million Dollar aus, um das *Metropolitan Theater* in Los Angeles zu bauen, das aber war noch bescheiden im Vergleich zu seinem Ägyptischen

Kino, das 1922 mit lebenden Bildern als Vorgeschmack auf die kommenden Attraktionen eröffnet wurde. Hier war es, wo Grauman die »Hollywood-Premiere« erfand, bei der Scheinwerfer über den Nachthimmel strichen und drängelnde Menschenmengen sich hinter quastengeschmückten Absperrseilen bemühten, einen Blick auf die Stars zu erhaschen, die in ihren Limousinen vorfuhren.

Grauman trieb gern Schabernack, und dabei scheinen häufig Wachspuppen eine Rolle gespielt zu haben. Einmal bevölkerte er sein schummrig beleuchtetes Zimmer im Hotel Ambassador mit fünfundsiebzig Figuren, dann erklärte er Marcus Loew, dem Original-Loew von Loew's Inc., dies seien seine Kollegen Kinobesitzer, die er hier zusammengeholt habe, damit sie einen authentischen Bericht über die kommenden Filme der MGM hören könnten. Loew improvisierte offenbar einen eindringlichen Redeschwall für die fünfundsiebzig aufmerksamen Puppen. Ein andermal rief Grauman Charlie Chaplin an und sagte, er habe in seinem Hotelzimmer eine ermordete Frau gefunden. Er bat Chaplin um Hilfe. Chaplin raste zum Ambassador und fand Grauman über eine blutverschmierte Gestalt im Bett gebeugt. Grauman flehte, er möge ihm helfen, den Skandal zu vermeiden. Ängstlich bestand Chaplin darauf, man müsse die Polizei rufen. Schließlich holte Grauman Chaplin näher heran, damit er das Ketchup sähe, mit dem die Puppe im Bett beschmiert war. Graumans Nachruf in *Variety* eine Generation später überliefert nicht, wie Chaplin reagiert hat, sagt aber, daß Grauman »unter seinen engen Freunden als großer Witzbold bekannt war«. Grauman starb im Frühjahr 1950 an Herzversagen, er starb als Junggeselle im Alter von einundsiebzig Jahren, und die einzigen Menschen an seinem Sterbebett waren sein Arzt, seine Sekretärin der letzten einundzwanzig Jahre und der Werbechef der 20th Century-Fox.

Bevor Grauman, Mary Pickford oder die Gish-Sisters sich hier niederließen, gab es lange Zeit nur Gerstenfelder und Orangenhaine in dieser Gegend. Horace Henderson Wilcox, ein Mann aus Ohio, vom Typhus in der Kindheit gelähmt, aber durch Kansas-Immobilien reich geworden, begann 1887 hoffnungsvoll, auf der Landkarte Alleen und Boulevards durch diese Gerstenfelder zu ziehen. Seine heimwehkranke Gattin Daeida taufte diese künftige

Siedlung nach dem Landhaus irgendwelcher Freunde daheim im Osten: Hollywood. Das Ehepaar Wilcox war fromm. Es ließ keine Kneipe in Hollywood zu; für jede Kirche hingegen, die auf seinen Gerstenfeldern erbaut werden sollte, bot es Grund und Boden kostenlos an.

Öl wurde 1892 in der Nähe des Glendale Boulevard gefunden, nur wenige Kilometer südlich, aber Hollywood blieb eine unentdeckte ländliche Gegend bis 1903. Dann kaufte es ein Syndikat unter General Moses Hazeltine Sherman, der mit Eisenbahnen Millionen gemacht hatte, und Harry Chandler, dem späteren Herausgeber der *Los Angeles Times*. Diesem Syndikat gelang es, die freien Äcker zu einer selbständigen Gemeinde zusammenzuschließen. Es baute eine klapprige Straßenbahnlinie nach Süden und nannte sie Los Angeles-Pacific-Railroad. Es errichtete am ungepflasterten Hollywood Boulevard das Hollywood Hotel mit dreiunddreißig Zimmern im spanischen Stil und startete einen Werbefeldzug für Baugrundstücke damit, daß es Hunderte von Schildern mit der Aufschrift VERKAUFT aufstellte. War dies die erste Hollywood-Lüge? Der Ur-Betrug? Die Stadtverwaltung bemühte sich, das moralische Niveau der Wilcoxes zu wahren. In den ersten Jahren verboten diverse Erlasse jeden Verkauf von Alkohol, sonntags durfte nicht gekegelt oder Billard gespielt werden, und niemand durfte eine Herde von mehr als zweitausend Ziegen, Schafen oder Schweinen durch die Straßen treiben.

Drüben im Osten veranlaßten Winterstürme über den Großen Seen das Selig-Studio Chicago, die Dreharbeiten zum *Graf von Monte Christo* abzubrechen und den Star Francis Boggs auf Suche nach einem sonnigeren Ort in Kalifornien zu schicken. Boggs fand ihn in Laguna Beach, südlich von Los Angeles, und dort beendete er 1907 den Film. Ja, er empfand das Klima als so angenehm, daß er im Winter darauf nach Los Angeles zurückkehrte und eine chinesische Wäscherei an der Ecke Achte und Olive Street in das erste kalifornische Filmstudio verwandelte. Der erste vollständige Film, der dort gedreht wurde, hieß *In the Sultan's Power*.

Andere aufstrebende Filmemacher folgten bald – nicht ins schwerfällige Hollywood, sondern nach Edendale einige Kilometer weiter östlich oder an den Strand von Santa Monica. Alles war noch in den Anfängen und ziemlich urtümlich. Räuber und Gendarmen jagten einander durch die Straßen, und die Regisseure improvisierten ihre Handlung im Laufe der Dreharbeiten (einer, Charles K. French, drehte für die Bison Company in wenig mehr als acht Monaten 185 Filme ab). Die offizielle Geschichtsschreibung erklärt diese erste Blütezeit mit dem glücklichen Zusammentreffen von Sonnenschein, weiten Räumen und vielfältigen Schauplätzen: Die Sahara, die Alpen, die Südsee, alles konnte man innerhalb der Stadtgrenzen von Los Angeles simulieren. Und die Sonne schien und schien, das ganze Jahr über.

Viele dieser Pioniere hatten noch einen anderen guten Grund, gen Westen zu ziehen – um dem Arm des Gesetzes zu entgehen. Das Verfahren der laufenden Bilder war schließlich nicht von selbst entstanden. Am Anfang stand eine mehr oder weniger wunderliche Wette: Leland Stanford, der Eisenbahn-Magnat, setzte im Jahre 1872 fünfundzwanzigtausend Dollar darauf, daß ein galoppierendes Pferd mit allen vier Hufen gleichzeitig vom Boden abhöbe. Dann heuerte Stanford den Photographen Eadweard Muybridge an, damit er die Richtigkeit der Behauptung beweise. Muybridge tat es, indem er am Rande einer Rennbahn zwölf Kameras nebeneinander installierte und so die klassische Sequenz eines Pferdes in vollem Galopp auf Zelluloid bannte. Um Stanford zu helfen, seine Wette zu gewinnen, hat Muybridge beinahe den Kinofilm erfunden.

Das allerdings blieb dem rastlosen Geist von Thomas Alva Edison vorbehalten, der eine Methode entwickelte, Bewegung nicht wie Muybridge mit einer Kamera-Reihe zu filmen, sondern mit einer einzigen Kamera, die eine Folge von Bildern auf rund zwanzig Meter ununterbrochen durchlaufenden Films aufnehmen konnte. Edison photographierte – warum, wußte nur er – einen Laborassistenten namens Fred Ott beim Niesen. Und dann führte er diese Sequenz bewegter Bilder in einer Kinetoscope genannten Kabine vor. Sie war einer der großen Schlager auf der Chicagoer Weltausstellung von 1893. Auch andere Erfinder arbeiteten schon an ähnlichen Ideen. In Frankreich zeigten die Brüder Lumière im Jahre 1895, daß man eine Bilderfolge, auf der ein Eisenbahnzug dampfpuffend aus dem Bahnhof fährt, mit der Geschwindigkeit von sechzehn Bildern pro Sekunde auf eine große Leinwand projizieren konnte. Interessant – vorausgesetzt, daß es genügend Leute gab, die sehen wollten, wie ein Zug aus dem Bahnhof dampft. Oder, um darauf zurückzukommen, wie Fred Ott niest.

Im Jahre 1903 erfand ein Kameramann der Edison-Gesellschaft namens Edwin S. Porter eine völlig andere Art von bewegten Bildern. Statt schlicht ein Ereignis zu filmen, schuf er Ereignisse zum Filmen. The *Life of an American Fireman* zeigte die Rettung einer Frau mit ihrem Kind aus einem brennenden Haus. *The Great Train Robbery* bot genau das, was der Titel verhieß. Diese Dramen konnte man vorführen, indem man in leeren Speichern Laken aufhängte, und Tausende von Menschen waren bereit, einen Fünfer zu berappen, um sie zu sehen. Besonders beliebt waren sie bei den Einwanderern, die wenig Englisch konnten. Edison war bestrebt, diese gewinnträchtige Entwicklung im Griff zu behalten; er gründete 1909 die Motion Pictures Patents Company und vergab dann Lizenzen an andere, die seine Erfindungen zu nutzen gedachten.

Was wußte er schon vom Einfallsreichtum der Hollywoodgründer? Der »Trust«, wie Edisons Gesellschaft bald genannt wurde, reichte in New York Klage auf Klage gegen alle mutmaßlichen Piraten ein, aber wer konnte schon all die Übertreter New Yorker Rechtsvorschriften in obskuren Vorstädten von Los Angeles aufspüren und zur Rechenschaft ziehen? Einen Film konnte man in wenigen Tagen drehen, eine Produktionsgesellschaft konnte man auflösen und fast ebenso schnell wieder gründen. »Die gesamte Industrie ... ist auf Scheinkonten gebaut«, hat David O. Selznick einmal gesagt. Und wenn sich überhaupt kein Ausweg mehr bot, dann war die mexikanische Grenze keine zweihundert Kilometer weit.

Jahre bevor Bertolt Brecht Hollywood kennenlernte, muß es ihm schon als Vision vor Augen gestanden haben, als er den *Aufstieg und Fall der Stadt Mahagonny* schrieb. Irgendwo in den öden Weiten eines Brechtschen Amerikas bricht ein übel zugerichteter Lastwagen mit drei flüchtigen Ganoven endgültig zusammen. »Ja, dann können wir nicht weiter«, sagt Willy, der Prokurist. »Aber wir müssen weiter«, sagt Dreieinigkeitsmoses. »Aber vor uns ist nur Wüste«, sagt Willy. »Oben an der Küste wird aber doch Gold gefunden«, sagt Dreieinigkeitsmoses. »Ja, die Küste ist lang«, sagt Willy, der Prokurist. »Gut, dann bleiben wir hier...«, sagt die Witwe Begbick. »Wenn wir nicht hinaufkommen können, werden wir hier unten bleiben... Ihr bekommt leichter das Gold von Männern als von Flüssen!

> Darum laßt uns hier eine Stadt gründen
> Und sie nennen Mahagonny
> Das heißt: Netzestadt!
> Sie soll sein wie ein Netz
> Das für die eßbaren Vögel gestellt wird...
> Und eine Woche ist hier: sieben Tage ohne Arbeit
> Und die großen Taifune kommen nicht bis hierher...«

Wenn Brechts Vision einer unbekannten Zukunft Prophetie war, dann auch die der Hollywooder Verwaltungsbehörde. Im Jahre 1910 erließ sie ein offizielles Verbot aller Filmtheater, von denen sie damals noch gar keins hatte. Im selben Jahr noch wurde allerdings die Gemeinde Hollywood rechtlich von Los Angeles geschluckt, wo man es nicht besonders sinnvoll fand, zuwandernden Unternehmen Steine in den Weg zu legen.

Thornton Wilder, normalerweise ein liebenswerter, unbekümmerter Mensch, ging eines Abends mit ein paar alten Freunden in Hollywood essen, und plötzlich begann er, ein Schreckensbild heraufzubeschwören: »Seht ihr, es wird der Tag kommen, da ein Mensch hierher kommt und alles ist öde und leer«, sagte der Schriftsteller zu seinen Freunden Helen Hayes und Ehemann Charles MacArthur. »Kein Stein wird mehr auf dem anderen stehen. ... Gott hat nicht gewollt, daß der Mensch hier lebe. Der Mensch ist gekommen und in die Wüste eingedrungen, er hat dieser Wüste Nahrung und Wachstum abgepreßt, er hat Gottes Absichten vereitelt und entstellt. Und das wird untergehen.«

Der Endzeitgedanke gehört zu den ältesten Überlieferungen in Los Angeles. Im Boden selbst liegt die Drohung, in dem süßlich riechenden Teer, der immer noch aus den Gruben von La Brea quillt. Dort hat man die Skelette von hundert Löwen ausgegraben, von mehr als fünfzehnhundert Wölfen und auch von einem Menschen – einer Frau, die vermutlich fünfundzwanzig bis dreißig Jahre alt war, als ihr vor rund neuntausend Jahren auf unbekannte Weise der Schädel eingeschlagen wurde.

Die ersten spanischen Entdecker, die im Sommer 1769 unter Führung von Don Gaspar de Portolá über den heutigen Wilshire Boulevard westwärts ritten, vermerkten furchtsam »große Sümpfe aus einer bestimmten pechähnlichen Substanz... siedend und brodelnd«, und sie fragten sich, ob dieser höllische Morast Ursache oder Folge der Erdstöße wäre, die in den letzten zwei Tagen die Gegend erschüttert hatten. Don Gaspar ritt weiter, und es vergingen nochmals zwei Jahre, bis Franziskanermönche kamen, um die Mission San Gabriel zu gründen und dann, ein Jahrzehnt später, El Pueblo de Nuestra Señora la Reina de los Angeles de Porciuncula – die Stadt der Engelskönigin.

Die Stadt, die heute mehr als zehn Millionen Einwohner zählt, ist über dem Sankt Andreas-Graben erbaut, und Erdbeben sind etwas ganz Alltägliches, ebenso die Erdrutsche, die 500000-Dollar-Villen vom Hang in die Tiefen des Topanga- oder Mandeville-Canyons schmettern. Zwar scheint die halbunterdrückte Angst Kaliforniens aus dem schwankenden, reißenden Erdboden aufzusteigen, etwas noch Ursprünglicheres aber läßt die Wüste spüren: Dürre, Verdorren, sengende Hitze, das heißt Feuer. Das ganze Leben der Stadt speist sich allein aus einem schmalen Wasserrinnsal, das mit ungeheurem Aufwand an Kosten und Korruption von den Rockies aus durch die Wüste gelegt wurde. In den Bergen rund um Los Angeles bringt jeder Herbst aufs neue Trockenheit und Waldbrände. Im Jahre 1961 geriet das Buschfeuer außer Kontrolle und vernichtete 460 Wohnhäuser im Gebiet von Bel Air – einen Wert von damals mehr als 25 Millionen Dollar; 1976 gingen im ganzen Staat fast 70000 ha in Flammen auf; 1978 wurden wieder zweihundert Häuser bei Malibu zerstört. Im November 1980 trieb der Sturm mit Geschwindigkeiten bis zu 180 Stundenkilometern die Flammen über alle Hänge, Feuer im Carbon Canyon, Feuer rund um den Elsinore-See, Feuer in Bradbury bei Duarte, Feuer in Sunland, in den Verdugo-Bergen. In den

Straßen der Innenstadt von Los Angeles konnten die Leute den Rauch von verkohltem Buschwerk und glimmenden Bäumen riechen. Im Sommer 1983 brauste das Feuer sogar durch die Paramount-Studios und vernichtete die ein halbes Jahrhundert alten Kulissen der »New York Street«, die Schauplatz für Szenen zu *Der Weg zum Glück* (Going My Way) und *Chinatown* und – ausgerechnet – *Der Tag der Heuschrecke* (The Day of the Locust) gewesen waren.

Dröhnende Stimmen aus dem Autoradio berichteten unablässig über Brände in den Bergen, während Maria Wyeth in Joan Didions *Play It as It Lays* ziellos über die Autobahn raste. Die Meldungen bedeuteten eine größere Katastrophe und waren zugleich bedeutungslos. »Den Tagesmeldungen über Erdrutsche und Überschwemmungen folgte ein Bericht über ein kleines Erdbeben mit Zentrum bei Joshua Tree...«, notierte Maria, als sie in einem möblierten Zimmer saß, wo sie sich auf Scheidung und Abtreibung vorbereitete, »sowie ein Interview mit einem Pfingstprediger, dem die Offenbarung zuteil geworden war, daß an einem Freitagnachmittag im März acht Millionen Menschen durch ein Erdbeben umkommen würden.«

Miss Didion schrieb die Brände wie auch die Hysterie zum Teil dem Santa Ana zu, dem heißen Wind, der aus Nordosten pfeift, der »wirbelnde Sandstürme über die Route 66 bläst und der die Berge und die Nerven solange ausdörrt, bis es zündet«. Der Santa Ana bringt Angst und Gewalt, schrieb sie in *Slouching Towards Bethlehem*, weil »Los Angeles sich im tiefsten Innern als brennende Stadt sieht... Während der Watts-Unruhen 1965 waren es die Brände, die den unauslöschlichsten Eindruck hinterließen. Tagelang konnte man über die Hafenautobahn fahren und die Stadt in Flammen sehen, genau so, wie es am Ende sein müßte, wie wir immer gewußt haben. Das Klima von Los Angeles ist das Klima der Katastrophe, der Apokalypse...«

Nathanael West hatte dasselbe Feuerorakel gesehen. Tod Hakkett, die Hauptfigur seines Romans *Tag der Heuschrecke*, war mit dem Planen und Entwerfen eines epischen Gemäldes beschäftigt, das »Der Brand von Los Angeles« heißen sollte. Er wollte die brennende Stadt um die Mittagszeit zeigen, wenn »die Flammen es mit der grellen Sonne aufnehmen mußten und dadurch weniger fürchterlich erschienen, mehr wie bunte Fahnen, die aus Dächern und Fenstern wehten, als wie ein Feuersturm. Die Stadt sollte etwas Festliches haben, während sie brannte, fast etwas Heiteres. Und die Leute, die sie in Brand steckten, mußten eine Masse von Sommerfrischlern sein.«

West war sechsunddreißig, es war kaum mehr als ein Jahr vor seinem absurden Tod bei einem Autounfall, als sein Buch *Tag der Heuschrecke* herauskam, und dann, im Frühjahr 1939, still wieder verschwand. Er hatte auf einen Erfolg gehofft, der ihn von der Plackerei eines Hollywooder Drehbuchschreibers befreit hätte, doch trotz der Lobesworte von F. Scott Fitzgerald, Edmund Wilson und Dashiell Hammett wurden von dem Roman genau 1464 Exemplare verkauft. Damit betrugen Wests Einkünfte aus vier Romanen im Laufe von fast zehn Jahren insgesamt 1280 Dollar – weniger als ein Monatssalär bei der RKO (Radio Pictures Incorporated), die ihm immerhin 350 Dollar Wochenlohn zahlte. Und so saß er unverzüglich wieder bei der Arbeit an einer Neuverfilmung von *Tom Brown at Culver*. »Gott sei Dank für den Film«, schrieb er an Bennett Cerf, den Verleger seines Buches *Tag der Heuschrecke*.

Wie die meisten Schriftsteller seiner Zeit war West an Mißerfolge und Geldnot gewöhnt. Sein Vater, ein etwas gehemmter Bauunternehmer, ging Ende der zwanziger Jahre bankrott, als West sich in Paris für den Surrealismus begeisterte.

Wieder in New York, konnte West sich nur dadurch über Wasser halten, daß er in einem Hotel, dessen Mitbesitzer Verwandte waren, als Nachtportier arbeitete. Das war kaum die Rolle, die er sich erträumt hatte. Als Nathan Weinstein geboren, hatte der junge West wiederholt mit neuen Identitäten experimentiert und sich die Spitznamen »Pep« und »Trapper« zugelegt. Er fälschte ein High School-Zeugnis, um ins renommierte Tufts-College aufgenommen zu werden, wechselte mit dem Zeugnis eines anderen Nathan Weinstein zur noch exklusiveren Browns University und fing dann an, als Nathan von Wallenstein Weinstein zu signieren. »Er liebte Maßkleidung..., Erstausgaben und teure Restaurants«, schrieb sein Studienfreund und späterer

Schwager S.J. Perelman in *The Last Laugh*. »In seiner Phantasie war er ein Nimrod und Fischer, hauptsächlich, wie ich oft vermutete, wegen der dazugehörigen farbenprächtigen Ausstattung... Für kurze Zeit besaß er sogar einmal einen roten Stutz Bearcat, der jedoch in Flammen aufging und in einer Schlucht West-Virginias versank.«

Perelman, der zuerst nach Hollywood ging, um Drehbücher für *Die Marx Brothers auf See* (Monkey Business) und *Blühender Blödsinn* (Horse Feathers) zu schreiben, schilderte die Filmmetropole als »eine öde Industriestadt, die von ungeheuer reichen Strolchen regiert wird«, aber er war imstande, sich dabei herrlich zu amüsieren. »Die violette Stille der Dämmerung senkte sich über Los Angeles, als meine Gastgeberin Violett Still und ich... nach Hollywood fuhren«, schrieb er in *Strictly from Hunger*. »Weit vor uns erhellte der Widerschein brennender Scheiterhaufen aus Drehbüchern den Himmel. Der Bratenduft gegrillter Schriftsteller und Regisseure machte mir Appetit. Wie schön war es doch, am Leben zu sein...« Wests Beschreibung war freudloser. »Das hier ist wie Asbury Park, New Jersey«, schrieb er an Josephine Herbst. »Dieselben Stuckhäuser, Frauen im Schlafanzug, Delikatessengeschäfte und so weiter. Es gibt nichts außer Tennis, Golf oder Kino... Die Schreiber sitzen nebeneinander in Zellen, und sobald eine Schreibmaschine still wird, steckt irgend jemand den Kopf durch die Tür und sieht nach, ob man denkt.«

West kam 1933 nach Hollywood, weil Darryl Zanucks neue Twentieth Century Pictures ihm viertausend Dollar für die Filmrechte an seinem Roman *Schreiben Sie, Miss Lonelyhearts* bezahlt hatte. Es war die Phase, in der die erschrockenen Produzenten die sprechenden Bilder kommen sahen; so gut wie jedem Stückeschreiber, Romanautor oder Zeitungsmann, der irgendwo gezeigt hatte, daß er geschliffene Dialoge zu schreiben verstand, boten sie Verträge an. Und sie kamen alle – William Faulkner, Robert Sherwood, Aldous Huxley, Dorothy Parker, sogar Maurice Maeterlinck... Natürlich bearbeitete die Twentieth Century Wests brillante und bittere Satire und machte eine sogenannte »melodramatische Komödie« mit dem Titel *Advice to the Lovelorn* daraus. West selbst arbeitete an dem Projekt nicht mit, aber er verschaffte sich einen Anfängerjob bei der Columbia. Sein erster Auftrag, *Beauty Parlor,* wurde nie produziert, ebensowenig der nächste, *Return to the Soil.*

West arbeitete schwer, tat, was man von ihm verlangte, und die Trivialität seiner Aufträge schien ihm nichts auszumachen. Er war mehr daran interessiert, die Randerscheinungen Hollywoods zu erforschen. Freunden erzählte er von seinen Begegnungen mit Spielern, Lesbierinnen, Liliputanern. Er begann eine Kurzgeschichte über drei Eskimos, die man als Stars für einen Abenteuerfilm nach Hollywood geholt hatte und die dort strandeten, als der Film eine Pleite wurde. Wie der Sprecher aus der Presseabteilung des Studios feststellte: »Er handelte von Eskimos, und wen kümmern schon Eskimos?«

Hollywood-Jobs waren ebenso vergänglich wie Hollywood selbst. West wohnte während seiner langen Zeit der Arbeitslosigkeit und Krankheit in einer schäbigen Pension namens Pa-Va-Sed nahe dem Hollywood Boulevard. Dort hauste ein buntes Völkchen von Varietéclowns, Stuntmännern und Teilzeit-Prostituierten. West begann in der mexikanischen Unterwelt der Stadt zu verkehren und besuchte Hahnenkämpfe in Pismo Beach. Die Menschen, die er bei seinen Streifzügen traf, wurden für ihn zu Figuren eines Romans, den er *»The Cheated«* nennen wollte. Einem Freund erzählte er von einem – vielleicht erfundenen – Zeitungsbericht über eine Yacht mit Namen *The Wanderer,* die mit einer seltsam gemischten Schar von Passagieren in die Südsee gesegelt war: mit Filmcowboys, einer riesigen Lesbierin und – noch einmal – einer Eskimofamilie.

Das waren die Ausgestoßenen, die schließlich seinen Roman *Tag der Heuschrecke* bevölkerten. In Wests Hollywood gab es keine Jean Harlow oder Rita Hayworth, nur Faye Greener mit ihren langen Beinen, die »nicht Lust, sondern Kampf« verhießen, »eher etwas wie Mord als wie Liebe«. In ihrer einzigen Filmrolle als Tanzmädchen in einem Harem von Damaskus hatte sie »nur eine einzige Zeile zu sprechen, ›O Mr. Smith!‹, und sie sprach sie schlecht«. In diesem Hollywood gab es aber auch keinen Gary Cooper, nur Earl Shoop, den mundfaulen Cowboy, der sich von Wilddieberei in den Bergen ernährte, während er der vagen Hoffnung auf Beschäftigung als Filmkomparse nachhing. Und anstelle der Zanucks und Selznicks stellte West Honest Abe Kusich vor, den zwergwüchsigen Buchmacher, wie es sich gehört mit schwarzem Hemd, gelbem Schlips und Tirolerhut. Und natürlich die Gingos, eine Eskimofamilie.

Das Hollywood, das diese Außenseiter strahlend und unwiderstehlich anlockte, blieb für sie unerreichbar. West demonstrierte immer wieder, daß ihre Traumstadt in Wahrheit nichts weiter war als »der endgültige Schuttplatz«, ein »Sargasso menschlichen Dichtens und Trachtens«.

Aber er erkannte in der Künstlichkeit Hollywoods ein verborgenes kalifornisches Grundmuster, das schließlich erst in unseren Tagen deutlich sichtbar wurde.

Sichtbar wurde das Muster kalifornischer Extreme in einer Atmosphäre der Verbitterung und Enttäuschung und schließlich der Gewalt. West erkannte diesen Geist in den Schwärmen von Kleinbürgern, die sich nach Südkalifornien zurückzogen und hofften, hier noch ein bißchen Vergnügen zu finden, bevor sie starben. Sie waren diejenigen, die rastlos ausharrten bei einer Filmpremiere im Grauman's – oder Kahn's Persian Palace Theatre, wie West es nannte – und die am Ende in hemmungslosem Aufruhr tobten.

Wests Hollywood, diese Stadt des Infernos, so grausam wie grotesk, sah etwas anders aus als das Hollywood, das die amerikanische Vorstellungskraft behext hatte, und die Rezensenten besprachen Wests Buch respektvoll, aber ohne Begeisterung. An F. Scott Fitzgerald schrieb West: »Der derzeitige Punktestand lautet: Gute Kritiken – fünfzehn Prozent, schlechte Kritiken – fünfundzwanzig Prozent, grobe persönliche Angriffe – sechzig Prozent.« Im Juni, das Buch war gerade einen Monat auf dem Markt, teilte der Verleger Bennett Cerf West mit, daß in den letzten beiden Wochen genau zweiundzwanzig Exemplare verkauft worden seien. Er fügte hinzu, daß die »Aussichten ziemlich hoffnungslos« seien. Cerf war tief enttäuscht. »Bei Gott«, erklärte er, »wenn ich jemals wieder ein Hollywood-Buch herausbringen sollte, dann muß es ›Meine 39 Methoden der Liebe‹ von Hedy Lamarr sein.«

Hedy Lamarr, mit bürgerlichem Namen Hedwig Kiesler, war ungefähr fünfundzwanzig, als sie aus Wien in die USA einwanderte. Was hatte sie an sich, diese Hedy Lamarr, daß ein gesetzter New Yorker Verleger wie Bennett Cerf, wenn er im Jahre 1939 an Hollywood dachte, beim Gedanken an sie und ihre neununddreißig Methoden der Liebe zu glühen begann? Wahrscheinlich lag es an dem Gerede um den Film *Ekstase* (Ecstasy), in dem sie, aus diskretem Abstand aufgenommen, nackt zwischen Bäumen hindurchläuft, um schwimmen zu gehen. Als *Ekstase* im Herbst 1934 zum erstenmal in die USA importiert werden sollte, wurde er auf der Stelle vom Zoll beschlagnahmt. Ein amtliches Komitee, dem die Gattin des Finanzministers, Mrs. Morgenthau, angehörte, nahm den Film in Augenschein und erklärte, es sei schockiert – nicht von dem Nacktbad, sondern von einer folgenden Szene, in der die Kamera auf Hedy Lamarrs Gesicht gerichtet war, während ein Mann vermutlich mit ihr den Liebesakt vollzog. Hedy Lamarr berichtet darüber ausführlich in ihrer Autobiographie[*].

Die US-Behörde verlangte, diese Szene müsse geschnitten werden; der Verleiher lehnte das ab, und so wurde *Ekstase* nicht nur verboten, sondern buchstäblich verbrannt. Der Verleiher importierte eine neue Kopie, und es gelang ihm, sie durch den Zoll zu bekommen, dann aber befand ein Bundesgericht in New York, der Film sei »indezent... und geeignet, die Moral zu verderben«. Mit diversen Rechtsmitteln wurde erreicht, daß er in Boston, Washington und Los Angeles gezeigt werden konnte. In New York gingen das Prozessieren und das öffentliche Gezänk weiter, bis 1940 eine zensierte Fassung des Films amtlich genehmigt wurde.

Inzwischen war Hedy Lamarr natürlich berühmt – als Schönheit wie als Flüchtling. Von ihrem Ehemann Fritz Mandl, einem Munitionsfabrikanten und heimlichen Finanzier der österreichi-

---

[*] *Ecstasy and Me: My Life as a Woman* wurde 1966 von Hedy Lamarr autorisiert. Später erhob sie Klage und versuchte erfolglos, die Veröffentlichung zu verhindern. Obwohl das Buch offenbar auf Tonbandinterviews beruhte, behauptete sie, das von Leo Guild und Sy Rice produzierte Werk sei »erdichtet, falsch, vulgär, skandalös, verleumderisch und obszön.« Das Buch erschien auch in deutscher Sprache: Ekstase und ich. Flensburg 1967

schen Nazis, wurde berichtet, er habe mehr als 300000 Dollar aufgewendet, um Kopien von *Ekstase* aufzukaufen und zu vernichten. Auch soll er seine Frau in seinem Wiener Palast unter strenger Bewachung gehalten haben. Ihren umstrittenen Memoiren zufolge verkleidete sie sich dann als ihr eigenes Dienstmädchen und floh nach Paris.
Später erzählte man in Hollywood laut Errol Flynn, die schöne Gefangene habe Mandl überredet, sie bei einem Essen für den Nazi-Prinzen Ernst von Stahremberg sämtliche Familien-Juwelen tragen zu lassen, dann habe sie über Kopfschmerzen geklagt und sei verschwunden. Als Flynn sie auf einer Party bat, doch einmal Einzelheiten über die Trennung von ihrem Ehemann zu erzählen, antwortete sie nur: »Der Dreckskerl.«

Frau Mandls Flucht im Sommer 1937 führte sie nach London und dort in das Hotel von Louis B. Mayer, dem Chef der METRO-GOLDWYN-MAYER, von hier aus dann auf die S.S. ›Normandie‹ mit Bestimmungsort New York. Mayer reiste ganz zufällig mit demselben Schiff; die Schauspielerin präsentierte sich als Mentorin für ein Geigen-Wunderkind namens Grisha Goluboff, und als das Schiff in New York anlegte, hatte sie Verträge ›sowohl für den Geiger als auch für sich selbst in der Tasche (zu fünfhundert Dollar die Woche), und einen neuen Namen hatte sie auch. Als ein Reporter der *Daily News* an die Pier kam, um »die *Ekstase*-Dame, die Brünette Hedy Kiesler« zu interviewen, sagte sie: »Mein Name ist Hedy Lamarr. Bitte nennen Sie mich so.« Mayer hat ihr den Namen offenbar nach Barbara La Marr gegeben, einer großen Schönheit der zwanziger Jahre, die er sehr bewundert hatte, die dann aber alkohol- und drogenabhängig wurde. Als Mayer seine Neuerwerbung nach Hollywood geschafft und zum Englischunterricht angemeldet hatte, wußte er allerdings nicht, was er mit ihr machen sollte. Offenbar war es Charles Boyer, der sie auf einer Party kennenlernte und daraufhin den Produzenten Walter Wanger überredete, sie für eine Gebühr von fünfzehnhundert Dollar wöchentlich an Mayer als seine Hauptdarstellerin in *Algier* auszuleihen.

»Komm mit mir in die Kasbah.« Der berühmteste Satz aus

Algier kommt – wie Humphrey Bogarts »Spiel es, Sam« in *Casablanca* – eigentlich in dem Film überhaupt nicht vor.*

Boyer als flüchtiger Juwelendieb Pépé le Moko konnte kaum die streunende Hedy Lamarr in die Kasbah einladen, war er doch selbst schon hinter deren Mauern gefangen. Die Polizei wollte, daß Hedy ihn herauslockte, und so wurde er geködert, geschnappt, getötet. Trotz der oberflächlichen Absurdität der Handlung waren die Kritiker sehr beeindruckt. »Das beste daran«, meinte die *Time*, »ist die glutvolle, samtstimmige, haselnußäugige Wiener Schauspielerin Hedy Kiesler (Hollywood-Name: Hedy Lamarr).«

Auf diese Vorgänge spielte Bennett Cerf an, als er an Nathanael West schrieb. Dies waren einige der Wesenselemente des imaginären Hollywood von 1939: imaginäre Romanze, imaginärer Sex, verschwommen fremdartig, verschwommen unwirklich und damit zulässig. Natürlich wurde in Hollywood auch Unwirkliches anderer Art hergestellt und gehandelt. Im Jahr zuvor waren *Oscars* an Spencer Tracy für seine Rolle als mutiger Priester in *Teufelskerle* (Boys Town) und an Bette Davis als Dixie-Primadonna in *Jezebel* verliehen worden. Aber Louis B. Mayers große Favoriten waren die Pseudo-Familienkomödien mit Mickey Rooney als Andy Hardy, von denen zwischen 1937 und 1943 vierzehn Stück abgenudelt wurden. Einmal wollte Mayer vormachen, wie Andy für seine kranke Mutter beten sollte; er ließ sich auf die Knie plumpsen, schlang die Hände ineinander und blickte zum Himmel auf. »Lieber Gott«, flehte er, beinahe in Tränen ausbrechend, »bitte laß meine Mami nicht sterben, weil sie die beste Mami der Welt ist. Ich danke Dir, Gott.« Wenn Mayer solche Szenen mit anderen Filmen jener Zeit verglich, war sein Urteil ehrlich: »Jeder gute Hardy-Family-Streifen«, sagte er, »brachte 500000 Dollar mehr ein als *Ninotschka*.«

---

* Als Verfasser des *Algier*-Drehbuchs wurde offiziell John Howard Lawson genannt, der kommunistische Bühnenschriftsteller, der später Kopf der berühmten Zehn von Hollywood wurde; sein Skript wurde jedoch nicht verwendet. Produzent Walter Wanger entschloß sich statt dessen, einfach das Drehbuch zu Julien Duviviers französischer Originalfassung *Pépé le Moko* mit Jean Gabin in der Titelrolle zu übersetzen.

Das war das Bemerkenswerteste an Hollywood im Jahre 1939: sein Erfolg. Während das übrige Land durch die letzten Wellen der Depression strampelte, machte Hollywood immer mehr und mehr Geld. Mehrere größere Studios gingen Pleite und mußten »reorganisiert« werden, aber die Filmindustrie als Ganzes florierte. Vielleicht lag es an der Neuartigkeit der Unterhaltung, die zudem noch billig war (und es gab natürlich auch gute Filme); vielleicht bot das Kino den Leuten einfach Ablenkung von ihren Schwierigkeiten. »Wenn die Stimmung der Menschen in dieser Wirtschaftsdepression gedrückter ist denn je«, sagte Präsident Roosevelt, »ist es eine großartige Sache, daß ein Amerikaner für nur fünfzehn Cents ins Kino gehen und das lächelnde Gesicht eines Kindes anschauen kann...« – damit meinte er Shirley Temple. Vielleicht beruhte Hollywoods Erfolg andererseits auf der eher handfesten Tatsache, daß es keine teuren Zutaten wie Kohle oder Stahl benötigte und daß seine überwiegend nicht gewerkschaftlich organisierten Angestellten nach Lust und Laune des Produzenten entlassen werden konnten, ja, man konnte sie sogar dazu bringen, zum Wohle des Studios Gehaltskürzungen hinzunehmen. Vielleicht lag es aber auch einfach daran, daß die Studios sich nach und nach so arrangiert hatten, daß es auf ein illegales Kartell hinauslief; so kontrollierten sie am einen Ende des Produktionsprozesses ihre Schauspieler und Autoren und am anderen Ende ihre Verleiher und Vorführer. Sie konnten nicht verlieren. 1939 gab es mehr Kinos (15 115) als Banken (14 952), und die Anzahl der Kinos pro Kopf war etwa doppelt so hoch wie heute. Mehr als fünfzig Millionen Amerikaner gingen in jeder einzelnen Woche des Jahres in die Kinos. Es gab jedes Jahr etwa vierhundert neue Filme zu sehen. Die Einnahmen aus dem Kartenverkauf, die nach Hollywood strömten (nach New York, genau genommen, denn immer war es New York, das im stillen Hollywood lenkte und kontrollierte), summierten sich auf 673 045 000 Dollar. Der Film stand dem Volumen nach an vierzehnter Stelle der US-Wirtschaft (406 855 095 Dollar), dem Vermögen nach an elfter (529 950 444 Dollar), er war größer als die Büromaschinen-Industrie, größer als die Supermarkt-Ketten.

Die Schöpfung von Phantasie machte die Schöpfer reich. Hollywood zählte zwar nicht zu den zehn größten Industrien Amerikas, doch mit dem Prozentsatz an Gehältern und Prämien, die es seinen Angestellten gewährte, lag es an zweiter Stelle. Selbst seine murrenden Schriftsteller bezahlte es bemerkenswert gut. Die 350 Dollar pro Woche für Nathanael West scheinen zwar wenig, sind jedoch im Vergleich zum Durchschnittsgehalt eines Zeitungsreporters von etwa 50 Dollar sehr günstig. F. Scott Fitzgerald bekam in den letzten Jahren seines exzessiven Lebens 1000 Dollar, während Ben Hecht einmal einen Vertrag unterschrieb, der ihm 15 000 Dollar pro Woche garantierte. Die höchstbezahlten Stars wie Bing Crosby und Claudette Colbert verdienten mehr als 400 000 Dollar im Jahr. Verträge mit kürzerer Laufzeit waren noch lukrativer. Douglas Fairbanks erhielt einst bombige 37 000 Dollar pro Woche und Walter Huston noch bombigere 40 000.

Schöpfmeister jedoch waren jene Studioherren, die sich noch ihrer Kindheit als mittellose Einwanderer aus Osteuropa entsannen und die erst Thomas Edisons »Trust« erfolgreich abwehrten, um dann einen eigenen Trust zu bilden. Sie, die Herren, bezahlten sich selbst angemessen. Samuel Goldwyn, geborener Shmuel Gelbfisz, ehemaliger Handschuhverkäufer aus Lodz; Joseph Schenck aus Rybinsk, Rußland, Gründer und Präsident der 20th Century-Fox, und sein jüngerer Bruder Nick, Präsident der Loew's Inc.; Lewis Selznick, geborener Zeleznik, einst Juwelenhändler in Kiew; »Onkel Karl« Laemmle, Gründer der Universal, Geschäftsführer eines Bekleidungsladens in Laupheim, Deutschland; Adolph Zukor, Kopf der Paramount, ein Kürschner aus Ricse, Ungarn – sie waren die legendären Herren Hollywoods. Und die anderen, die nicht selbst als mittellose Einwanderer kamen, waren in der Regel die Söhne mittelloser Einwanderer: die erbarmungslosen Brüder Cohn, Söhne eines deutschen Schneidermeisters, Gründer der Columbia; die Warner-Brüder, alle vier, Söhne eines polnischen Flickschusters. Vater Benjamin Warner hatte seinen Söhnen neben anderen Dingen beigebracht, sparsam mit Schuhnägeln umzugehen und sie bei der Arbeit zwischen den Lippen aufzubewahren. Viele Jahre später hat Jack Warner erzählt, einmal habe Ann Sheridan einen jungen Schauspieler auf dem Gelände der Warner Bros. herumgeführt, und dabei seien sie einem älteren Mann begegnet, der mit gesenktem Kopf langsam dahinschritt. Hier und da bückte er sich, hob etwas auf und steckte es in den Mund. »Wer ist dieser Mensch und was macht der da?« fragte der Schauspieler Miss Sheridan. »Ach, nichts Besonderes«, sagte sie. »Er sammelt Nägel auf. Er heißt Harry Warner und ist zufällig der Präsident der Firma.«

Die Legende vom eingewanderten Greenhorn, das zum Kapitalisten aufsteigt, ist zum Teil reine Erfindung. In seiner detaillierten Studie *Hollywood, The Movie Colony* (1941) zeigte Leo Rosten, daß ungefähr 80 Prozent der Hollywood-Schauspieler weniger als 15 000 Dollar im Jahr verdienten, daß fast 60 Prozent der 120 führenden Hollywood-Manager ein College absolviert hatten und daß weniger als 5 Prozent aus Rußland und Polen stammten. Dennoch – die lebende Bestätigung aller Legenden, der reichste und mächtigste all der halbgebildeten Monarchen war Louis B. Mayer, geboren in Minsk, vermutlich 1885 und vermutlich unter dem Namen Lazar. Er selbst wußte es nicht so genau.

In seiner Kindheit war er Lumpensammler in New Brunswick in Kanada. Er war zweiundzwanzig, als er in Haverhill, Massachusetts, ein ehemaliges Bauerntheater kaufte – für eine Anzahlung von sechshundert Dollar. Dort begann er einen französischen Film über die Passionsspiele in Oberammergau zu zeigen.

Er war zwar nur 1,70 Meter groß,* aber er hatte kräftige Schultern und ein hitziges Temperament. Charlie Chaplin schlug er nieder, weil der respektlos über seine eigene Ex-Frau sprach; Erich von Stroheim stieß er zu Boden für die Bemerkung, alle Frauen seien Huren. Er erhielt im Jahre 1937 als Präsident der Metro-Goldwyn-Mayer Gehalts- und Bonuszahlungen von insgesamt 1 300 000 Dollar, was ihn zum höchstbezahlten Mann der Vereinigten Staaten machte. Und diesen zweifelhaften Ehrenplatz sollte er für die nächsten neun Jahre behalten. Als er 1951 schließlich gestürzt wurde, erklärte die MGM, daß er im Laufe seiner

---

* Napoleonische Kleinwüchsigkeit war unter Hollywoods Magnaten verbreitet. Nur leicht überspitzt schrieb Philip French in *The Movie Moguls*: »Bei einem Treffen der Film-Mogule hätte man etwa anderthalb Meter über dem Boden eine Sense schwingen können, ohne ein Leben in Gefahr zu bringen; einige von ihnen hätten es nicht einmal pfeifen gehört.«

siebenundzwanzigjährigen Herrschaft »mehr als zwanzig Millionen Dollar Entschädigung« erhalten habe. Es gehörte zu den Bräuchen bei der MGM, daß die Studio-Kantine jeden Mittag zum Gedenken an Mayers längst verstorbene Mutter Hühnersuppe mit richtigen Fleischstücken zu 35 Cents pro Portion anbieten mußte.

Das Erstaunlichste an diesen Freibeutern war, wie wenig sie von ihrem Geschäft und von ihrem Publikum verstanden. »In der Filmindustrie braucht man weniger Köpfchen als in jeder anderen«, bezeugte Lewis Selznick einmal vor einem verblüfften Kongreßausschuß. Er zitierte einen Fall, bei dem er aus investierten 1000 Dollar innerhalb von zehn Wochen 105 000 Dollar gemacht hatte. Selznick machte am Ende Pleite, seine Beweisführung ist also nicht unfehlbar, aber die ganze Geschichte Hollywoods ist eine Chronik der gefeierten Erfolge, durchsetzt mit Fehlentscheidungen und Fehlkalkulationen. Die Studio-Magnaten scheinen zum Beispiel keine Ahnung gehabt zu haben, daß ihr Kartell, mit dem sie reich geworden waren, einem bundesgerichtlichen Antitrust-Verfahren nicht standhalten würde und daß das 1938 beim Justizministerium eingeleitete erste Verfahren ihr Reich am Ende zerschlagen würde. Sie hatten auch keine Ahnung, was die Technologie für sie und ihre Imperien bedeuten würde. In die Nutzung des Tons waren sie beinahe zufällig hineingestolpert, und zögernd begannen sie mit der Farbe zu experimentieren; sie ignorierten völlig, daß schon von New York, Philadelphia, Chicago und San Francisco Fernsehsendungen ausgestrahlt wurden und daß auf der Weltausstellung 1939 in Flushing Meadow, New York, Zehntausende diese Neuheit bestaunten.

Die Könige Hollywoods redeten sich ein, sie hätten ein mysteriöses Wissen um die Seele des amerikanischen Volkes, und dieses Wissen erkläre und rechtfertige ihr Geld, ihren Hofstaat, ihre Paläste und Rennpferde. Sie sahen sich mit Hilfe ihrer Werbeleute als große *Showmen*, als wagemutige Spieler, die den richtigen Riecher hatten und bereit waren, darauf ein Vermögen zu setzen. Und wenn sie am Ende entthront wurden, wie es den meisten ja widerfuhr, zeigten sie sich überrascht, fassungslos, verletzt. Allerdings – selbst auf dem Höhepunkt ihrer Macht gab es ständig Überraschungen für sie. Louis B. Mayer zum Beispiel sah für einen Schauspieler mit Abstehohren wie Clark Gable kaum eine Chance; er war gegen den Film *Meuterei auf der Bounty* (Mutiny on the Bounty), einen der ersten großen Triumphe Gables, weil er glaubte, das Publikum werde niemals einen Rebellen als Helden akzeptieren. Er lehnte sogar den Vorschlag, die Mickymaus mitzufinanzieren, mit der Begründung ab, daß – so schrieb er an Walt Disney – »jede Frau sich vor einer Maus fürchtet«.

Mayer las keine Drehbücher oder Szenarios und noch viel weniger Bücher. Wenn also ein Stoff offiziell zu begutachten war, wurde er für ihn von einer Scheherazade namens Kate Corbaley vorgetragen; sie wurde dafür bezahlt, ihm Geschichten zu erzählen, so wie seine Mutter es früher in New Brunswick getan hatte. Eines Nachmittags im Mai 1936 erzählte Miss Corbaley Mayer eine neue Geschichte von einem ungestümen Südstaatenmädchen namens Scarlett O'Hara, und Louis B. Mayer nickte weise mit seinem Eine-Million-Dollar-Kopf und sagte: »Fragen wir Irving.«

Man zitierte Irving Thalberg herbei, den schmächtigen und kränklichen Produktionschef, dem Mayers Erfolg bei der MGM hauptsächlich zuzuschreiben war. Thalberg hatte in New York als Sekretär mit fünfundzwanzig Dollar die Woche in den Büros von Carl Laemmle angefangen. Bald wurde er Laemmles Chefassistent bei der Universal, als er aber das Angebot ablehnte, Laemmles ungebärdige Tochter Rosabelle zu heiraten, machte der gedemütigte Vater Thalberg das Leben so schwer, daß dieser sich einen neuen Job als Vizepräsident bei den eben flügge werdenden Unternehmungen Louis B. Mayers suchte. Dieser bot ihm sechshundert Dollar die Woche, Aktienbezugsrechte und keine Heiratsanträge. Im Gegenteil, Mayer warnte seinen dreiundzwanzigjährigen Schützling, er wünsche keinen Schwiegersohn mit schwachem Herzen.

Solange Thalberg lebte, war er Hollywoods überragendes Wunderkind, der Produzent, der nicht nur stets in Geld schwamm, sondern auch jene selbstgefälligen MGM-Epen herausbrachte wie *Die Barretts von Wimpole Street* (The Barretts of Wimpole Street), *Die gute Erde* (The Good Earth) und den *Romeo und Julia*-Film, in dem Thalbergs Frau Norma Shearer mitwirkte. »Ich habe mehr als jeder andere Mensch in Hollywood meinen Finger am Puls

Amerikas«, hat Thalberg einmal gesagt. »Ich weiß, was die Leute tun werden und was nicht.« Als er mit siebenunddreißig Jahren starb (1936), wurde er zum toten Helden Hollywoods, zum Märtyrer. 1939, als F. Scott Fitzgerald zum letzten Mal an seine Arbeit bei der MGM zurückkehrte, nahm er sich für Monroe Stahr, den Helden seines unvollendet gebliebenen Romans *Der letzte Taikun* (The last Tycoon), Irving Thalberg zum Vorbild.

Thalberg war derjenige Hollywood-Manager, der zu dem ersten Tonfilm der Warner Bros., *Der Jazzsänger,* meinte, »Tonfilme sind bloß eine vorübergehende Mode.« Und es war ein überzeugender Ausdruck seines Gespürs für den »Puls Amerikas«, als er den Protest eines Assistenten gegen eine Regieanweisung zurückwies: Das Drehbuch verlangte eine Liebesszene in Paris vor dem Hintergrund des im Mondlicht schimmernden Meeres. Der Assistent kam mit Landkarten und Photos, um zu beweisen, daß es in der Nähe von Paris nirgendwo ein Meer gibt. »Wir gehen doch nicht in die Knie vor ein paar Leuten, die Paris kennen«, sagte Thalberg und weigerte sich, am Drehbuch irgend etwas zu ändern.

Mayer ließ ihn also rufen, damit er sich anhörte, was Kate Corbaley ein zweites Mal über ein Südstaatenmädchen namens Scarlett O'Hara zu erzählen hatte. Irving Thalberg reagierte nervös.

»Vergiß es, Louis«, sagte der »letzte Taikun.« »Kein Bürgerkriegsfilm hat je einen Pfennig eingebracht.«

»Na schön, das war's dann«, sagte Mayer. »Irving weiß, was richtig ist.«

Mayer und Thalberg waren nicht die einzigen Experten Hollywoods für den amerikanischen Puls. Kaum hatte die Agentin Annie Laurie Williams erfahren, daß die MGM *Vom Winde verweht* ablehnte, raste sie zum Hauptbahnhof und drückte dem Produzenten Mervi LeRoy, der auf dem Weg nach Kalifornien war, einen Satz der noch unveröffentlichten Druckfahnen in die Hand. Im Zug begann dessen Frau Doris die Fahnen zu lesen, und als sie Los Angeles erreichten, war sie entschlossen, ihren Onkel Jack Warner davon zu überzeugen, daß dies eine große Rolle für seinen Superstar Bette Davis wäre. Warner las eine Kurzfassung und erklärte sich bereit, ein Angebot zu machen. »Gerade habe ich ein Buch gekauft mit einer fabelhaften Rolle für dich«, log er Bette Davis vor. »Es heißt *Vom Winde verweht*.«

»Ich wette, es ist ein Flop«, sagte Miss Davis, als sie nach England abfuhr.

Pandro Berman von der RKO las den Roman und lehnte ihn ab, ebenso David O. Selznick und noch viele andere. Darryl Zanuck bot 35 000 Dollar, aber Miss Williams hoffte, 65 000 zu bekommen. Dann schickte einer von Selznicks Leuten eine Kurzfassung an John Hay Whitney, den Vorsitzenden und wichtigsten Geldgeber der neuen Produktionsfirma Selznicks, und Whitney wollte kaufen. Auf diese Weise kam der Stoff, den Louis B. Mayer abgelehnt hatte, für 50 000 Dollar in den Besitz seines Schwiegersohns. (So jedenfalls lautet die allgemein anerkannte Version. Bei Zanuck klingt es weniger ehrbar. Er behauptete, er habe 40 000 Dollar geboten, sei von Adolph Zukor von Paramount mit 45 000 überboten worden, habe sein eigenes Angebot auf 55 000 Dollar erhöht, dann habe Mayer eine kleine Verschwörung vorgeschlagen. »Um die Biederei zu beenden, haben wir uns auf Anregung von L.B. Mayer in Thalbergs Bungalow getroffen, wir Studiochefs, wir waren ungefähr fünf«, sagte Zanuck. »Der Anwalt der Produzenten führte den Vorsitz. Einer schlug vor: Laßt uns unsere Namen auf Zettel schreiben und sie in einen Hut legen, dann ziehen wir einen heraus, und der, dessen Name auf diesem Zettel steht, kauft es – egal zu welchem Preis. Der Anwalt mischte die Zettel... Das erste Papierchen, das er in die Finger bekam, trug Selznicks Unterschrift. So hat der *Vom Winde verweht* bekommen. Ich sehe noch das teuflische Grinsen von Thalberg, weil die Metro es nicht gekriegt hat.«)

Die Selznicks waren ein außergewöhnlicher Stamm. Vater Lewis, der ehemalige Juwelenhändler aus Kiew, überzeugte seine drei Söhne, daß sie Erben eines Königreichs seien. Er las ihnen aus Dickens' *David Copperfield* und *Der kleine Lord* und *Die Geschichte zweier Städte* vor. Als der junge David Selznick zur Columbia Universität ging, erhielt er einen Wochenscheck von 750 Dollar, was in den zwanziger Jahren ein erkleckliches Sümmchen war. Während Lewis in Hollywoods Filmgeschäft seine

Millionen aufhäufte, gelang es ihm, sich viele Feinde zu machen, und als er dann eine lächerliche Schuld von dreitausend Dollar nicht bezahlen konnte, zwangen sie ihn in den Bankrott. Verbittert zog sich Selznick senior aus der Filmbranche zurück. Seine Söhne waren entsetzt. Myron, der Älteste, ein cholerischer Alkoholiker, wurde der erste und härteste der großen Hollywooder Agenten. Zu den Klienten, für die er Rache an den Studios nahm, gehörten Filmgrößen wie Gary Cooper, Henry Fonda, Boris Karloff, Laurence Olivier, George Raft, Merle Oberon, Carole Lombard, Helen Hayes, Lily Pons...

Howard, der jüngste Sohn, der sich manchmal »der dritte Bruder« nannte, war ein stiller Junge, anscheinend Opfer einer leichten Hirnschädigung bei der Geburt, und wurde von der Familie weithin ignoriert.

Sein Bruder brachte Howard schließlich in einem Hollywooder Blumengeschäft namens Vergißmeinnicht unter. Der Laden ging fast unausweichlich Pleite.

Und dann war da noch David, der dicke, aufgeblasene, unmögliche David. Paramounts Produktionschef Benjamin P. Schulberg beschrieb ihn als »den arrogantesten jungen Mann, der mir je begegnet ist«, und stellte ihn als Assistenten ein. Selznick war sechsundzwanzig, als er bei der MGM nach Arbeit fragte. Die Bewerbung gelangte unverzüglich zu Louis B. Mayer, der verfügte, daß ein Sohn Lewis Selznicks niemals bei der MGM arbeiten werde. Selznick wandte sich sofort an Mayers Boss Nicholas Schenck, den Präsidenten der Loew's Inc. Und Schenck stellte David ein, vielleicht aus Boshaftigkeit. Sogleich begann Selznick, eine emsige Tätigkeit zu entwickeln. Dennoch – am Abend, wenn der Jungmanager heimkam, brachte sein Vater ihn zu Bett. »Ganz gleich, wie spät es war«, erinnerte sich Irene Selznick, »Paps las, die Ohren gespitzt, bis David kam, woraufhin er hinunterging, um David zuzudecken, der sich auf der Couch in seinem Arbeitszimmer ausgestreckt hatte und sofort eingeschlafen war. Nach ein bis zwei Stunden dann führte Paps seinen schläfrigen Jungen behutsam zu seinem Bett und zog ihn aus.«

Louis B. Mayer warnte seine jüngere Tochter vor Selznick. »Halt dir diesen Trottel vom Leib«, sagte er. »Der wird ein Strolch wie sein Alter.« Aber Irene Mayer war fasziniert von Selznicks Energie und seinem Enthusiasmus. Nach dem üblichen Gezerre beschlossen sie zu heiraten. Louis B. Mayer bekundete, er freue sich über die Verbindung, bestand aber auf einer Verschiebung der Hochzeit. »Das können Sie mir nicht antun, Mr. Mayer«, sagte Selznick schließlich. »Ich kann nicht länger warten. Sie sind doch ein Mann. Was glauben Sie, welche Hölle ich durchmache!« Mayer war schockiert, entrüstet, außer sich wegen dieser Anspielung auf Sex. Als die Hochzeit endlich stattfand, gab es beinahe einen öffentlichen Streit zwischen Mayer und seiner Tochter.

Nachdem er sich mit all seinen Rivalen bei den großen Studios MGM, Paramount und RKO herumgeschlagen hatte, gründete David Selznick sein eigenes selbständiges Produktionsunternehmen. Sein erster Film war eine Geschichte, die sein Vater ihm einst vorgelesen hatte: *Der kleine Lord* (Little Lord Fauntleroy, 1937).

Doch in den letzten dreißiger Jahren blieb er stets besessen von der Idee, *Vom Winde verweht* zu verfilmen, ein Projekt, für das er weder die Besetzung noch das Kapital hatte. Er wußte von Anfang an, daß er Clark Gable für die Rolle des Rhett Butler haben wollte, obwohl er auch andere Möglichkeiten wie Gary Cooper, Errol Flynn, Ronald Colman und sogar Basil Rathbone in Erwägung zog. Gable aber gehörte der MGM, die ihn niemals an andere Studios verlieh. Louis B. Mayer war bereit, für seinen streitbaren Schwiegersohn von der Regel abzuweichen, aber die Bedingungen waren mörderisch. Selznick sollte nicht nur Gables normales Gehalt von 7000 Dollar pro Woche zahlen, sondern Mayer wollte außerdem 1,25 Millionen Dollar als fünfzigprozentige Finanzierung des Films aufbringen und dafür die Weltvertriebsrechte plus die Hälfte des gesamten Gewinns kassieren. Und Gable war erst in zwei Jahren für diese Arbeit verfügbar. Selznick gewann somit zwei Jahre Zeit für die Bearbeitung des Drehbuches (der Originaltext von Sidney Howard, nach dem Roman von Margaret Mitchell, war nichts als ein Leitfaden für die Umschreibeteams, zu denen F. Scott Fitzgerald, John van Druten und Ben Hecht gehörten, letzterer bekam für eine Woche Arbeit am Text fünfzehntausend Dollar). Diese zwei Jahre reichten auch aus, um aus seiner eigenen Unfähigkeit, die perfekte Scarlett O'Hara zu finden, Publicity zu ziehen.

An der endlosen »Suche«, die ein ehemaliger Gerichtsreporter von Hearst namens Russell Birdwell inszenierte, nahmen sämtliche großen Stars des Tages teil. Joan Crawford, Katherine Hepburn, Bette Davis bewarben sich heftig um die Rolle, und die Klatschspalten verzeichneten getreulich jedes Steigen oder Sinken ihrer Chancen. Beinahe siegte Paulette Goddard, aber diverse Frauenvereine protestierten lauthals, sie sei mit ihrem angeblichen Ehemann Charlie Chaplin gar nicht richtig verheiratet. Sie behauptete zwar, sie seien im Hafen von Singapur vom Kapitän eines orientalischen Vergnügungsdampfers getraut worden, doch es fehlte die Heiratsurkunde, und das trieb Selznick zurück in seinen gewohnten Zustand der Unschlüssigkeit. Mittlerweile zogen seine Leute übers Land und befragten die Ballköniginnen der Abschlußbälle diverser High Schools und andere lokale Talente. Ein Mädchen im Reifrock ließ sich, höchstwahrscheinlich auf Weisung von Birdwell, in einem großen Transportkorb zu Selznick nach Hause verschicken. Alles in allem wurden vierzehnhundert »Entdeckungen« offiziell begutachtet, und neunzig von ihnen wurden tatsächlich vor einer Kamera getestet. Die Probeaufnahmen kosteten insgesamt rund 50000 Meter Film, was einer Laufzeit von mehr als vierundzwanzig Stunden entspricht, und alles für die Katz. Die Kosten der berühmten Suche wurden auf 100000 Dollar geschätzt, ihr Wert als Werbung war unschätzbar.

Als der Jahresbeginn 1939 näherrückte, mußte man allerdings anfangen, wirklich etwas zu tun. Die Designer hatten bereits ihre Baupläne für Tara und Twelve Oaks und den Atlanta Bazaar gezeichnet, aber bevor man mit dem Bauen beginnen konnte, mußte man in dem Durcheinander auf dem Grundstück hinter Selznicks Studio erst einmal Platz schaffen. Dieses Studio inmitten schlampiger Bars und Mietshäuser auf dem Washington Boulevard war zu verschiedenen Zeiten von Sam Goldwyn, Pathé und Joseph Kennedys RKO genutzt worden. Seine gut fünfzehn Hektar Gelände hatten als englische Farmlandschaft und als afrikanischer Dschungel gedient. Kulissen aller Art waren gebaut und dann vergessen worden: Ein Indianerdorf für *Der letzte Mohikaner*

(The Last of the Mohicans), eine Straße für *Der kleine Lord*, sogar ein riesiges Tor, das einst den Eingang zum Reiche *King Kongs* beschützte. Man mußte diese baufälligen Ruinen wohl auseinandernehmen. Aber da hatte William Cameron Menzies, der für die Ausstattung angeheuert worden war, eine blendende Idee. Konnte man nicht diese Überbleibsel mit ein paar Scheinfassaden bedecken, gerade so viel, daß sie annähernd nach Atlanta aussahen, und dann das ganze wackelige Gerümpel in Brand stecken?

Vorsichtige MGM-Mitarbeiter wandten ein, daß es billiger und einfacher wäre, mit Modellen zu arbeiten, und die örtlichen Feuerwehrleute sorgten sich, der Brand könnte leicht außer Kontrolle geraten, aber Selznick blieb eisern. Laßt es brennen wie das echte Atlanta, wie London, wie Rom. Die technischen Probleme übertrug er Lee Zavitz, einem Fachmann für Spezialeffekte, der als Sprengstoffexperte bekannt war. Und Zavitz bastelte ein kunstvolles Rohrnetz für das ganze Kulissendepot zusammen. Er verlegte seine Leitungen auf drei Ebenen – am Boden, im ersten Stock und auf den Dächern. Das ganze Netz bestand aus zwei verschiedenen, nebeneinander herlaufenden Rohren mit Sprühdüsen in bestimmten Abständen. Die eine Rohrleitung enthielt eine hochentzündliche Mixtur aus 80 Prozent Öldestillat und 20 Prozent Erdgas; die andere enthielt Wasser und eine feuerlöschende Lösung. All diese Rohre, mit denen die Flammen heftiger angefacht oder eingedämmt werden konnten, liefen in einer Art Schaltsäule zusammen, von der aus man mit Hilfe einer Reihe von Knöpfen die Flammen in den verschiedenen Abteilungen des Infernos regulieren konnte. Es war der Traum jedes Brandstifters. Selznick bestand darauf, höchstpersönlich das Schaltpult zu bedienen.

Obwohl die Nacht des 10. Dezember 1938 sehr kalt war, war Selznick entschlossen, aus dem großen Feuer ein Fest zu machen. Er hatte für seine Gäste eine Aussichtsplattform gebaut. Seine verwitwete Mutter Florence war da, in einen Schal gewickelt, nur Myron Selznick verspätete sich bei einer Dinnerparty. Selznick wartete über eine Stunde lang, und mit ihm warteten fünfundzwanzig Beamte der Los Angeles-Polizei, fünfzig Feuerwehrleute und zweihundert Studioangestellte, die man zum freiwilligen Dienst an den zwanzigtausend Liter Wasser fassenden Tanks gepreßt hatte. Es warteten auch drei weißgekleidete Doubles für Clark Gable, bereit, drei verschiedene Scarletts auf drei verschiedenen Wagen zu retten. Ebenso warteten sieben komplette Kamerateams, im Gebrauch des neuen und unberechenbaren Technicolor-Verfahrens ausgebildet; es würde schließlich keinerlei Möglichkeit geben, Fehler nachträglich zu korrigieren. Als nervöse Mitarbeiter endlich den nervösen Selznick überzeugten, daß er nicht länger warten dürfte, begann er Knöpfe zu drücken. Plötzlich stand die Nacht in Flammen. Selznick drückte auf einen Knopf, und Feuer explodierte in einer Kulisse aus *Der Garten Allahs* (The Garden of Allah). Er drückte noch einen Knopf, und das große Tor des *King Kong* fiel in sich zusammen. Erst jetzt griff Selznicks Werbechef Russell Birdwell zum Telefon und versorgte die Presse von Los Angeles mit anonymen Tips, daß das ganze Grundstück in Flammen stünde, und als die mißtrauischen Redakteure aus ihren Fenstern schauten, konnten sie Kilometer entfernt den sich rötenden Himmel sehen.

»Brenne, Baby, brenne!« war ein Schrei, den man nur dreißig Jahre später in Watts hörte, und man kann sich denken, was im Kopf David O. Selznicks widerhallte, als er die Knöpfe drückte, die das Feuer in der Atlanta-Attrappe verbreiteten. Brenne, Atlanta! Brenne, Hollywood und ganz Südkalifornien! Brenne, Louis B. Mayer, und mit dir alle Bankiers und Anwälte und Intriganten! Brennt!

Das Feuer brannte allmählich nieder, so geht die Sage, als Myron Selznick endlich eintraf, wie gewöhnlich halb betrunken, im Schlepptau einige seiner Dinnergäste, darunter eine relativ unbekannte, junge englische Schauspielerin namens Vivien Leigh. Sie war ihrem Geliebten Laurence Olivier nach Hollywood gefolgt, der für die Rolle des Heathcliff in Sam Goldwyns Produktion *Stürmische Höhen* (Wuthering Heights) unterschrieben hatte. Myron Selznick redete oft, wenn er betrunken war, seinen jüngeren Bruder mit »Genius« an. Manchmal gerieten sie sich in die Haare und prügelten sich. »Hallo, Genius«, sagte Myron Selznick jetzt, »ich möchte dir deine Scarlett O'Hara vorstellen.«

»Ich warf nur einen Blick auf sie«, erzählte David später einem Ghostwriter, »und wußte, daß sie die Richtige war.«

Gott hat nicht gewollt, daß der Mensch hier lebe, hatte Thornton Wilder gesagt, aber der Mensch hat der Wüste Nahrung abgepreßt. Wilder hat die häßliche Geschichte des langen Kampfes um die Wasserversorgung Los Angeles' nur leicht übertrieben. Die Region war natürlich nicht ganz und gar Wüste, denn das ursprüngliche Pueblo wurde ja am Los Angeles River gebaut, der sich von den San Gabriel-Bergen nach Süden hinunterschlängelt, um dort zu münden, wo heute Long Beach ist. Dieser Fluß wurde im frühen neunzehnten Jahrhundert eingedeicht und zur Bewässerung genutzt, aber man hielt seine Kapazität für nicht ausreichend, eine Stadt von mehr als 250000 Menschen zu versorgen. Um die Jahrhundertwende hatte die Einwohnerzahl bereits 150000 überschritten und nahm rapide zu. »Die Zeit ist gekommen«, erklärte der Wasserbeauftragte William Mulholland im Jahre 1904 nach einer Flußinspektion, »in der wir sein Wasser aus einer anderen Quelle ergänzen müssen.«

Mulholland war ein langer, hagerer Dubliner, ehemals Seemann und Holzfäller, der 1877 auf seiner Wanderschaft nach Los Angeles kam und sich als Arbeiter bei einem Kanalbauprojekt am Los Angeles River verdingte; an den Fluß erinnerte er sich später als an »einen schönen, klaren Strom, an dessen Ufern Weiden wuchsen«. Mulholland war ein Mann von großer und unwiderstehlicher Einbildungskraft. Die »andere Quelle«, die er für die Wasserversorgung von Los Angeles nutzen wollte, war das Tal des Owens River knapp 500 Kilometer im Nordosten, gespeist von den Schneegipfeln der hohen Sierras. Präsident Theodore Roosevelt hatte die weiträumige Erschließung bereits zur bundesstaatlichen Aufgabe erklärt und nutzte Landverkäufe im Westen zur Finanzierung des Projekts. Die Beamten, die ins Owens-Tal kamen, um dort Wasserrechte zu kaufen, erzählten den Ranchern, daß sie ein Bewässerungsprojekt für das Tal planten. Bis die Rancher merkten, daß sie betrogen wurden, hatte Mulholland bereits eine Pfandbriefauflage von 1,5 Millionen Dollar in Umlauf gesetzt und sein großes Aquädukt vom Owens-Tal nach Los Angeles in Angriff genommen. Es war ein technisches Wunderwerk, das sich über 450 Kilometer durch die Mojave-Wüste erstreckte; es hatte 142 separate Tunnels und drei große Wasserreservoire, deren größtes rund neunzig Millionen Liter Wasser speichern konnte. »Hier ist es!« sagte Mulholland, als er 1913 den Kanal zum San Fernando-Reservoir eröffnete. »Nehmt es euch.«

Nach Mulhollands Berechnungen konnte das neue Aquädukt eine Stadt mit zwei Millionen Menschen versorgen, und Los Angeles würde diese Größe noch viele Jahre lang nicht erreichen. Also nutzte er das überschüssige Naß und begann, das trockene San Fernando-Tal im Norden der Stadt zu bewässern; es wurde grün auf Kosten der Rancher im Owens-Tal, deren fruchtbare Böden nun versteppen mußten. Die Rancher wehrten sich mit Prozessen und mit Gewehren. Zeitweilig besetzten sie einen Teil des Aquädukts, 1927 sprengten sie es sogar in die Luft. Sie protestierten vergeblich. Ihr letzter Aufschrei war eine Anzeige in der Presse von Los Angeles, in der es hieß: »Wir, die Farmergemeinden des Owens-Tals, die im Begriff sind, zu sterben, grüßen euch...« Die Zeitungsanzeige schien recht angemessen, denn General Harrison Gray Otis, Herausgeber der *Los Angeles Times*, war einer der Oligarchen, die noch vor der Kultivierung des San Fernando-Tals dort große Areale aufgekauft hatten. Sein Syndikat bezahlte drei Millionen Dollar für 250000 Hektar, die pünktlich auf einen Wert von etwa 120 Millionen Dollar stiegen. Weitere vorausschauende Landkäufer waren unter anderen die Eisenbahnmagnaten E. H. Harriman und Henri Huntington. Auch sie machten dabei einen guten Schnitt.

Robert Towne ließ sich anscheinend von diesen halbbegrabenen Skandalen inspirieren, als er das Filmskript für *Chinatown* (1974) schrieb, denn der von John Huston gespielte millionenschwere Bodenspekulant prahlte fröhlich, es gebe nur zwei Möglichkeiten: »Entweder man bringt das Wasser nach L.A. oder man bringt L.A. zum Wasser.«

»Warum tun Sie das?« fragte der Detektiv, gespielt von Jack Nicholson. »Wieviel besser können Sie noch essen? Was können Sie noch kaufen, das Sie sich nicht schon leisten können?«

»Die Zukunft, Mr. Gittes, die Zukunft!« rief Huston.

Die Zukunft von Los Angeles schien durch die Voraussicht Mulhollands gesichert, aber die zwei Millionen Menschen, die seine Wasserleitung versorgen sollte, waren bereits Anfang der zwanziger Jahre in Sicht, und die Bevölkerung wuchs um 100 000 Menschen jährlich. Mulholland begann mit der Planung eines weiteren Aquädukts, diesmal sollte es noch weiter nach Osten reichen und Wasser aus dem Colorado ableiten. Mulholland sollte die Fertigstellung seines letzten großen Entwurfs nicht mehr erleben. Eines seiner kleineren Werke, der St. Francis-Damm im Santa Clara-Tal, gab am 12. März 1928 plötzlich nach, und die herabstürzenden Wassermassen zerstörten 1240 Häuser der mexikanischen Zitrusarbeiter. Bei dem Unglück ertranken etwa 385 Menschen. Mulholland, inzwischen zweiundsiebzig, übernahm die volle Verantwortung für die Katastrophe und trat zurück; bekümmert sagte er, er »beneide die Toten«. Sieben Jahre später erlitt er einen schweren Schlaganfall und starb im Schlafe.

Zu dieser Zeit stand der New Deal in voller Blüte, und die Nutzung des Colorado-Flusses gehörte zu seinen wichtigsten Projekten. Nur zwei Monate nach Mulhollands Tod reiste Präsident Roosevelt hinaus in die Wüste südöstlich der früheren Mormonensiedlung Las Vegas und weihte ein, was er »ein Wunder des zwanzigsten Jahrhunderts« nannte, den Staudamm, der damals Boulder Dam, ursprünglich und heute wieder Hoover Dam heißt. Er war wirklich ein Wunderwerk, 220 Meter hoch, aus 6,5 Millionen Tonnen Beton errichtet; aber der Bau kostete seinen Preis. Die Temperaturen in der Wüste waren unerträglich, und als einige Arbeiter gegen die brutalen Arbeitsbedingungen und den Tageslohn von vier Dollar zu streiken versuchten, wurde ihr Streik gewaltsam niedergeworfen. Erst als der Staudamm gebaut war, verurteilte der Staat die Erbauer zu einer Geldstrafe von 100 000 Dollar für 70 000 Vergehen gegen das Achtstundentaggesetz. Alles in allem kamen in den zwei Jahren Bauzeit etwa 110 Arbeiter bei verschiedenen Unfällen ums Leben. »Sie starben, damit die Wüste blüht« steht auf einer Gedenktafel zu ihren Ehren. Die Bauherren – ein westliches Konsortium, zu dem Bechtel, Kaiser und Morrison-Knudsen gehörten und das sich *The Six Companies* nannte nach der Gruppe, die San Franciscos Chinatown regierte – machten einen Profit von mehr als zehn Millionen Dollar.

Die Wasserleitung vom Colorado nach Los Angeles war ebenfalls ein technisches Wunderwerk. Mit dem Bau war 1932 begonnen worden, und rund dreißigtausend Arbeiter schufteten daran, die ganze Depressionsperiode hindurch. Als das 220 Millionen Dollar-Projekt im Herbst 1939 fertig war, konnte ein Netz von Kanälen, Tunnels, Pumpwerken und Speichern mehr als vier Milliarden Liter Wasser pro Tag aus dem Colorado-Fluß etwa 550 Kilometer durch die Wüste nach Los Angeles transportieren. »Es ist ein Herrschaftstraum, der vor unseren Augen wahr wird«, sagte W. P. Whitsett, der Vorsitzende des Metropolitan Water District.

Hollywood war im Herbst 1939 nicht besonders interessiert an Wasser oder an dem Ballungsraum Los Angeles. Hollywood war, wie immer, hauptsächlich mit sich selbst beschäftigt, mit Filmemachen und Geldmachen. In diesem Jahr investierte die Branche im ganzen 170 Millionen Dollar, um 530 Spielfilme zu drehen, darunter einige der populärsten Streifen, die je produziert wurden. Es war das Jahr, in dem Greta Garbo keinen *Oscar* (Academy Award) für ihre Rolle in *Ninotschka* bekam und Judy Garland keinen für *Das zauberhafte Land*. Ebensowenig erhielt ihn Laurence Olivier für *Stürmische Höhen*, noch John Wayne für *Höllenfahrt nach Santa Fé* (Stage Coach) oder Jimmy Stewart für *Mr. Smith geht nach Washington* (Mr. Smith Goes to Washington), ganz zu schweigen von *Der große Bluff* (Detry Rides Again). Es war das Jahr, in dem eine Million Menschen nach Atlanta drängten, um die feierliche Filmpremiere *Vom Winde verweht* zu erleben. Konföderiertenfahnen wehten überall, und Straßenhändler boten Rhett-Bonbons und Melanie-Sirup und Tara-Nüsse feil, und als Vivien Leigh die Kapelle einer Militärschule »Dixie« tuten hörte, sagte sie: »Oh, sie spielen das Lied aus unserem Film.«

Es war etwas ungeheuer Realitätsfremdes an all dieser Festlichkeit, an dieser Feier der Niederlage in einem längst beendeten Krieg, als ob niemand begreifen konnte, daß ein viel größerer Kampf schon begonnen hatte. In diesem September war eine Gruppe von Selznicks Technikern mit der Erledigung einer ihrer letzten Aufgaben, der Herstellung des Titels – *Vom Winde verweht* –, beschäftigt, wobei sie die Kamera auf einer rollenden Plattform weiterbewegten, so daß jedes Wort getrennt aufgenommen werden konnte, als Fred Williams, der Chef vom Dienst, sein Radio einschaltete und hörte, England habe Nazideutschland den Krieg erklärt.

Der Krieg war unvermeidlich, seit der deutsche Außenminister Joachim von Ribbentrop eine Woche zuvor nach Moskau geflogen war, um den Hitler-Stalin-Nichtangriffspakt zu unterzeichnen. Hollywoods kleine, aber lautstarke Kommunistentruppe hatte, wie die Kommunisten überall, bis zur letzten Minute darauf beharrt, daß nicht geschehen konnte, was da geschah. Am Vorabend der Verkündung des Hitler-Stalin-Paktes fragte jemand Herbert J. Bibermann, Drehbuchautor, Produzent und Regisseur, der als Leiter einer der vielen antifaschistischen Versammlungen fungierte, was an den Gerüchten sei, daß ein solcher Vertrag drohe. Bibermann, später einer der »Zehn von Hollywood«, schlug mit der Faust auf den Tisch und bezeichnete die Gerüchte als »faschistische Propaganda«. Die Antwort war durchaus passend, denn Earl Browder, Sekretär der Kommunistischen Partei der USA, hatte kürzlich erst in einer Versammlung in Virginia gesagt: »Die Aussichten für ein Abkommen sind so gut wie die für Earl Browder, zum Präsidenten der Handelskammer gewählt zu werden.«

»Am Tag nach dem Pakt«, berichtete Bonnie Clair Smith, die in der Hollywooder Antinazi-Liga mitarbeitete, »haben wir im Liga-Büro einen Ansturm erlebt wie noch nie. Das Telefon hörte nicht auf zu klingeln, eine Flut von Austrittstelegrammen kam an.« Charles Glenn, der für die *People's Daily World* eine Hollywood-Kolumne schrieb, berichtete, Browder sei plötzlich unauffindbar gewesen. »Die bekannten Roten waren in Deckung gegangen«, sagte er. »Sie hatten Angst, den Kopf aus der Tür zu stecken, weil die Juden aus der Alten Welt, diejenigen, die vor Hitler geflohen waren, sie in Stücke gerissen hätten.« Sie tauchten bald wieder auf, natürlich, aber mit einem Unterschied. »Vor dem Pakt«, erinnert sich der Schriftsteller Philip Dunne, »war jedes zweite Wort aus Bibermans Mund die Schutzgemeinschaft. Urplötzlich benutzte er die modifizierende Phrase ›Schutzgemeinschaft für den Frieden, nicht den Krieg‹.«

Nicht jeder dachte rein ideologisch. Am Tag nach der Unterzeichnung des Hitler-Stalin-Paktes schrieb Louella Parsons in ihrer Kolumne für den 25. August: »Da nun Krieg bevorsteht, ist Hollywood gestern bewußt geworden, wie viele seiner bedeutenden Stars noch in Europa sind. Tyrone Power und Annabella... Charles Boyer... Robert Montgomery... Maureen O'Sullivan... Bob Hope.« Hope und seine Frau Dolores waren gerade in Paris angekommen und sollten Mitte September mit der ›Queen Mary‹ nach New York zurückkehren, aber als ihnen zu Ohren kam, die Überfahrt am 30. August könnte die letzte Reise des Schiffes als Zivilfahrzeug sein, setzten sie alles daran, über den Kanal zurück nach England und noch an Bord zu gelangen.

Mit der Verdunkelung wurde Paris »unwirklich schön«, erzählte Salka Viertel, die polnische Schauspielerin, die mehrere berühmte Greta-Garbo-Filme der dreißiger Jahre schrieb. »Mit Alfred und Lisl Polgar schlenderte ich durch das mondlichtdurchflutete Palais Royal. Uns überfiel große Sehnsucht...« Die MGM hatte Salka Viertel in diesem Sommer nach Frankreich geschickt, um das Drehbuch zu *Madame Curie* vorzubereiten, ein Projekt, für das F. Scott Fitzgerald eins seiner letzten Skripts verfaßt hatte, bevor er wieder gefeuert wurde. Eigentlich hatte sie vor, auch ihre Mutter in Polen zu besuchen, jetzt aber bestand die MGM auf ihrer sofortigen Rückkehr nach Hollywood und übte sogar einen gewissen Druck aus, um ihr auf der ›Ile de France‹, die am 1. September Le Havre verließ, eine kleine Kabine zu verschaffen. Vom Hafen aus versuchte Frau Viertel, ihrer Mutter ein erklärendes Telegramm zu schicken. »Polen?« meinte der Schalterbeamte. »Madame, die Deutschen bombardieren Warschau. Es ist Krieg.« Sie kletterte an Bord der ›Ile de France‹, und die Übungen an den Rettungsbooten hatten nun eine unheilvolle Bedeutung gewonnen. »Ich legte meine Schwimmweste an und ging an den mir zugewiesenen Platz«, erinnerte sie sich, »wo... mich der Cellovirtuose Gregor Piatigorsky begrüßte, der mit Frau und Kind zurück nach Kalifornien fuhr. Demselben Rettungsboot wie wir war auch Nathan Milstein, der berühmte Geiger, mit seiner amerikanischen Frau zugeteilt...«

An Bord der ›Queen Mary‹, zu der Zeit auf hoher See, lösten die

Nachrichten Entsetzen aus. Dolores Hope weckte ihren Mann, um ihm zu sagen, daß Frankreich und England den Krieg erklärt hätten. »Du solltest dir ansehen, was oben im Salon los ist«, sagte sie. »Die Leute schluchzen. Eine Frau hat mich angehalten und mir erzählt, deutsche U-Boote warteten nur auf den Befehl, dieses Schiff zu versenken. Es ist Verdunkelung angeordnet worden und die Leute heulen – und haben Angst.« Hope reagierte auf seine Art. Er ging zum Kapitän und organisierte eine Sondervorstellung für die Passagiere, dann ging er daran, sich selbst ein paar neue Texte zu schreiben.

>»Dank für die Erinnerung«, sang er an jenem Abend:
>»Auf dem Fußboden schliefen ein paar,
>auf dem Korridor schliefen sie gar,
>doch mir erging's wunderbar,
>es stand ›Herren‹ an meiner Tür.
>Ach, ich dank euch so sehr dafür!«

Ingrid Bergmann war nach dem Erfolg mit *Intermezzo*, ihrem ersten amerikanischen Film für Selznick, in diesem August gerade heimgekehrt zu ihrer Familie in Stockholm. Sie nahm die Arbeit an einem neuen schwedischen Film auf und feierte ihren vierundzwanzigsten Geburtstag, selig, daß sie es wieder einmal genießen konnte, »alles zu essen, was ich möchte«. Der Gedanke an Krieg konnte ihr kaum ferner liegen. Sie war »gerade dabei, die neuen Vorhänge für's Wohnzimmer zu nähen«, erinnerte sie sich, »als ich im Radio hörte, daß Deutschland in Polen einmarschiert war«. Ihr Mann bestand darauf, daß sie ihr Töchterchen Pia nähme und zurück nach Amerika ginge, und weil sie mütterlicherseits eine halbe Deutsche war, fuhr sie von Schweden aus nach Berlin und dann von Genua aus über den Ozean.

Ob Schweden sicher war – ob es überhaupt irgendwo sicher war, das hing jeweils vom Standpunkt ab. Bertolt Brecht, der 1933 aus Deutschland geflohen war, durchwanderte den ganzen Kreis der Zufluchtstätten von Prag bis Paris und blieb dann in Dänemark, wo er, der lebenslange Überlebende, im Sommer 1939 beschloß, nach Stockholm zu gehen. Thomas Mann hingegen traf in jenem August als Nobelpreisträger in Stockholm ein, wo er am

1. September vor der PEN-Konferenz sprechen sollte. Als er von Hitlers Einmarsch hörte, sagte Mann sofort seine Rede ab und flog nach London, um die nächstmögliche Passage auf der ›Washington‹ der US-Lines zu buchen.

Und dort in London lag Sigmund Freud im Sterben, er starb an dem Krebs, der ein Loch in seine Wange fraß. Am Tag, als der Krieg begann, ruhte Freud auf einer Couch im Garten und hörte gelassen, wie der Rundfunk vor einem Luftangriff warnte und dann meldete, es sei falscher Alarm gewesen. Das letzte Buch, das er lesen konnte, war Balzacs *Das Chagrinleder*, er bezeichnete es als »genau das richtige Buch für mich – es handelt vom Verhungern«. Eine kernige Stimme im Radio verkündete, dies werde der letzte Krieg sein. Freuds Arzt Max Schur fragte den Sterbenden, ob er das glauben könne. »Auf jeden Fall ist es mein letzter Krieg«, sagte Freud.

Auch Igor Strawinsky war von Tod umgeben. Er verbrachte den Sommer 1939 überwiegend als Gefangener in einem Tuberkulose-Sanatorium im französischen Sancellemos. Seine Tochter Mika war dort im Herbst 1938 gestorben und seine Frau Katharina im Frühjahr darauf. Im Juni starb dann seine Mutter. »Zum dritten Mal in einem halben Jahr habe ich die Totenmessen für ein Familienmitglied gehört«, sagte er, »und zum dritten Mal bin ich durch die Grabreihen des Friedhofs Saint-Geneviève-de-Bois in Montlhéry an der Straße nach Orléans geschritten und habe eine Handvoll Erde in ein offenes Grab geworfen. Und wieder konnte ich nur weiterleben durch Komponieren...« Es entstand wunderbarerweise die heitere und zauberhafte *Symphonie in C*. Er sammelte auch Reflexionen, die er als Lektor für Charles Eliot Norton in Harvard im September zu liefern versprochen hatte. Für ihn war der Überfall auf Polen ein weiterer Schicksalsschlag. »Igors Nerven sind in einem schrecklichen Zustand«, schrieb seine Freundin Sudeikina in ihr Tagebuch. Sie hatte ihn aus dem Sanatorium geholt, nach Paris mitgenommen und in Nadia Boulangers Landhaus untergebracht, bis die S.S. ›Manhattan‹ in See stach.

In Hollywood erschien das alles sehr weit weg – was es ja auch war. Aldous Huxley war gerade beauftragt worden, für die MGM das Drehbuch zu *Stolz und Vorurteil* (Pride and Prejudice) zu schreiben, und seine Frau Maria blieb allein bis spät nachts auf, um sich Neville Chamberlains Kriegsrede vor dem Londoner Parlament anzuhören. »Ich habe hier mitten in der Nacht Chamberlain zu euch sprechen gehört...«, schrieb sie an Edward Sackville-West. »Es ist immer noch unfaßbar. Einfach unvorstellbar.« Nur einen Monat zuvor hatte sie für ihren Mann eine Geburtstagsparty gegeben, Orson Welles war gekommen und Lillian Gish und Helen Hayes, Paulette Goddard hatte eine achtpfündige Geburtstagstorte mit der Inschrift *Mon Coeur* mitgebracht und Charlie Chaplin hatte »eine köstliche Vorstellung gegeben, unter anderem einen Ballontanz, den er machen wird.«

Die Ursprünge des Films *Der große Diktator* (The Great Dictator) sind, wie häufig bei Chaplins Schöpfungen, etwas im Dunkeln geblieben. Chaplin selbst schrieb Alexander Korda das Verdienst zu, im Jahre 1937 den Vorschlag gemacht zu haben, er »sollte etwas über Hitler als mißverstandene Persönlichkeit machen«, fügte aber hinzu, daß er »damals von der Idee nicht allzuviel gehalten« habe. (Ein paar Jahre später verklagte ein feister, walroßbärtiger Autor namens Konrad Bercovicci Chaplin auf mehr als sechs Millionen Dollar mit der Behauptung, nicht nur die eigentliche Idee für Chaplin als Hitler sei von ihm, sondern auch Einzelheiten wie »eine Ballettnummer mit einem Globus«. Als der Fall schließlich in New York zur Verhandlung kam, sagte Bercovicci aus, er und Chaplin hätten sein fünfseitiges Exposé stundenlang diskutiert, aber Chaplin habe Bedenken gehabt, »weil das State Department sagt, wir dürfen die Oberhäupter zweier Staaten, zu denen wir friedliche Beziehungen haben, nicht lächerlich machen«. Chaplin seinerseits bezeugte, er habe Bercoviccis Exposé nie gesehen. Beide einigten sich dann außergerichtlich auf die Zahlung von 95 000 Dollar an Bercovicci.)

Chaplins Zweifel und Befürchtungen hinsichtlich des Großen Diktators muten heute seltsam an, haben ihm jedoch offensichtlich während der Vorarbeiten im Sommer 1939 schwer zu schaffen gemacht. »Der United Artists... war vom Hays Office bedeutet worden, daß ich Ärger mit der Zensur bekommen würde«, schrieb Chaplin ziemlich vage in seinen Erinnerungen. »Auch die Engländer waren sehr beunruhigt über einen hitlerfeindlichen Film und bezweifelten, daß er in Großbritannien gezeigt werden dürfte.« Als Hitler im September dieses Jahres tatsächlich in Polen einfiel, hatte Chaplin noch mehr Angst, jetzt nicht mehr vor amtlichen Einsprüchen, sondern vor dem Publikum und dessen Reaktion auf eine Filmgroteske über den Aggressor. Nachdem er bereits 500000 Dollar ausgegeben hatte, ehe überhaupt etwas gedreht wurde, stoppte Chaplin alle Arbeiten für eine Woche der Konferenzen und der Seelenerforschung, dann beschloß er, unter noch größerer Diskretion als gewöhnlich weiterzumachen. Was er als Komödie begonnen hatte, schloß er mit dem leidenschaftlichen Appell zur Brüderlichkeit ab: »Die Wolken verziehen sich! Die Sonne bricht durch!«

Weniger wortgewandten Männern stellte sich die schlichte Frage der Kriegsteilnahme. Als David Niven am 1. September den Film *Raffles* abgedreht hatte, sagte er dem Mitautor F. Scott Fitzgerald, er werde nach London zurückkehren und sich zur Armee melden. Fitzgerald erklärte, daß er auch mitmachen wolle. »Letztes Mal habe ich es verpaßt«, sagte er. »Da war ich zu spät dran. Hab' mich erst 1917 gemeldet – bin gar nicht mehr nach drüben gekommen.« Fitzgerald »wurde sehr rührselig«, erinnerte sich Niven, »sein inneres Auge ruhte fest auf Azincourt (wo Henry V. 1415 die Franzosen schlug).« Kurz darauf wurde Fitzgerald erneut entlassen. »Das kommt vor«, sagte er zu Niven, als er sich wieder der Arbeit an *Der letzte Taikun* zuwandte. (Im Jahr darauf starb er am Herzschlag.)

Am 3. September, einem Sonntagmorgen, schlief Niven an Bord einer Yacht, die Douglas Fairbanks jr. für eine Kreuzfahrt zur Insel Catalina gechartert hatte. Mit von der Partie waren Laurence Olivier und Vivien Leigh und eine Reihe weiterer Engländer im kolonialen Exil. Beim Aufwachen hörten sie aus dem Radio, daß Großbritannien ein Ultimatum gestellt und Deutschland es zurückgewiesen hatte – daß beide Länder sich im Krieg befanden. Fairbanks hob ein Glas, um auf den Sieg zu trinken. Olivier prostete mit und trank sich einen gewaltigen Rausch an. »Voll wie eine Haubitze«, wie Fairbanks es später ausdrückte, ruderte er zu einer anderen Yacht hinüber, kletterte an Bord und begann für jeden, der es hören wollte, zu brüllen: »Das ist das Ende! Ihr seid erledigt, ihr alle! Erledigt! Ihr seid Überbleibsel! Genießt eure letzten Augenblicke! Es ist aus mit euch!« Dann taumelte er, fröstelnd in seiner Badehose, wieder an Bord seines Dinghi, ruderte zur nächsten Yacht und wiederholte dort seine Jeremiade.

Niven selbst zog in den Krieg. Fairbanks gab für ihn eine Abschiedsparty mit vielen Stars der britischen Kolonie Hollywoods – Ronald Colman, Cary Grant, Basil Rathbone –, die aber lieber in Hollywood blieben. Das war natürlich nichts Ehrenrühriges. Im Gegenteil, jede Hollywood-Berühmtheit, die bei der britischen Botschaft nachfragte, was sie tun sollte, bekam generell den Rat, zu bleiben, wo sie war, und ihre Arbeit fortzusetzen. Eben das wünschte auch Hollywood. David Selznick faßte die Ansicht der Studios glänzend zusammen, als er die Frage stellte, was denn wäre, wenn Laurence Olivier und George Sanders bei seiner neuen Produktion *Rebecca* nicht dabeisein würden. »Wir wären in einem schönen Schlamassel, wenn sie mittendrin ausstiegen«, sagte er. »Nicht ganz so ein Schlamassel wie in Polen, das gebe ich zu, aber ein Schlamassel.«

So blieb Hollywood friedlich. Als Salka Viertel nach Kalifornien zurückkehrte, fiel ihr die Atmosphäre satten Wohlstands auf, die hier herrschte, in den gut sortierten Kaufhäusern, bei den »sorglos Sonnenbadenden am Strand mit ihren haarlosen Körpern, ölglänzend und braun...« Und als die berühmte Mrs. Basil Rathbone beschloß, ein Galadiner zu Ehren Arthur Rubinsteins, Leopold Stokowskis und des tapferen polnischen Volkes zu geben, ließ sie die Wände ihres zwanzig Meter langen Speisesaales mit einem meterhohen Zellophanfries dekorieren, der die Noten zu Chopins *Polonaise Militaire* zeigte. Das Ganze wirkte, so ein zeitgenössischer Chronist, »ein bißchen wie ein Feuerwerk, exotisch, geistreich und außergewöhnlich«.

Einkäufe

(1940)

Arnold Schönberg war einer der ersten Einwanderer neuer Art, ein Flüchtling vor politischem Unheil. Anfänglich waren es die Lumpensammler und Glücksritter, die Mayers und Warners und Cohns, die hungrig ankamen und darangingen, sich mit allem vollzustopfen, was sie zu fassen kriegten. Dann kamen die Kosmopoliten, die Schauspieler und Regisseure, die schon Erfolge erzielt hatten in Berlin oder London – eine Greta Garbo oder ein Ernst Lubitsch –; sie unterschrieben damals ansehnliche Verträge und kamen nach Hollywood, um für die Mayers und Warners und Cohns zu arbeiten. Arnold Schönberg, berühmt als Komponist von *Verklärte Nacht* und *Pierrot Lunaire*, Vater der »seriellen« Zwölftonmusik, die nach seiner Überzeugung »die Überlegenheit der deutschen Musik für die nächsten hundert Jahre garantieren« würde, wurde beinahe sechzig Jahre alt, ohne je im Traum daran zu denken, in die Gegend von Los Angeles zu gehen.

So stolz er auf seine Lebensstellung als Berliner Musikprofessor war, er erkannte schon im ersten Jahr der Naziherrschaft, daß sie wertlos war. Während seiner Ferien in Frankreich, im Sommer 1933, wurde er gewarnt, daß es gefährlich für ihn wäre, überhaupt nach Berlin zurückzukehren. Schönberg war entsetzt, empört. Obwohl er katholisch erzogen worden und als junger Mann zur lutherischen Kirche übergetreten war, ging er in Paris in die Hauptsynagoge und verlangte noch einmal zu konvertieren, diesmal zum Judaismus. Dann setzte er mit Frau und Tochter die Segel ins Exil. Nur ein einziger obskurer Reporter war in New York am Schiff; der meinte viele Jahre später: »Er war ein Löwe – ein Löwe... man kann es nicht anders beschreiben.« Der Komponistenverband organisierte ein Schönberg-Konzert im Rathaus, und pflichtschuldigst applaudierte das Publikum auch den Dissonanzen, die aus der Klavierbegleitung der Sänger in der falschen Tonart entstanden. Als es jedoch darum ging, Arbeit zu finden, gab es nichts als das Malkin-Konservatorium, ein kleines Institut in Boston, wo sich nicht ein einziger Student für den Kompositionskurs einschrieb, den Schönberg anbot. Auch erwies sich das Winterwetter New Englands als gefährlich für sein chronisches Asthma. Er mußte Zuflucht an einem wärmeren Ort finden. Sein Verleger Carl Engel bei G. Schirmer schrieb Briefe an diverse Universitäten und regte Vorlesungsreihen an. Von den siebenundvierzig angesprochenen Kollegen antworteten zweiundzwanzig, und kein einziger machte ein konkretes Angebot. Engel mußte sich darauf beschränken, um mildtätige Spenden und auch um einen Unterschlupf für den Emigranten zu bitten.

Was Schönberg schließlich rettete, war die Dauerkonkurrenz zwischen den beiden führenden Musikcolleges UCLA und USC. Als das USC ihn im September 1935 zu Vorlesungen einlud, konterte das UCLA mit dem Angebot einer Professur. So kam es, daß Schönberg sich mit sechzig Jahren, klein, zerbrechlich, kahlköpfig und grummelig – »seine vorstehenden Augen waren explosiv, in ihnen lag die ganze Kraft des Mannes«, schrieb Strawinsky einmal –, nun doch im Zufluchtsort Los Angeles niederließ, das im Begriff war – ohne es überhaupt zu merken –, zur Welthauptstadt der Musik zu werden. Schönberg verbitterte es seit langem, daß seine spröden Schöpfungen so wenig Beifall fanden, und jetzt war er verbitterter denn je. Seine UCLA-Studenten, so schrieb er an Hermann Scherchen, hätten »so ungenügende Grundlagen, daß meine Arbeit dieselbe Zeitverschwendung ist, als müßte Einstein in einer Oberschule Mathematik unterrichten«. In zwanzig Jahren vielleicht, schrieb er einem anderen Kollegen, »wird es bestimmt... in der Musikgeschichte von Los Angeles ein Kapitel geben: ›Was Schönberg in Los Angeles geleistet hat...‹ Ehrlich, ich bin sehr enttäuscht, daß ich mit dem, was ich tue, nicht das Interesse der Gesellschaft finde, daß ich nicht anerkannt sehe, was ich für den künftigen Stand der Musikkultur in dieser Stadt tue...«

Was Schönberg tat, inmitten ständiger Störungen, war die Fortsetzung seines Musikschaffens: Es entstand die zweite Streicher-Suite, das vierte Quartett, das Violinkonzert, die Vertonung von *Kol Nidre*, die zweite Kammer-Symphonie. Als George Gershwin starb, mit dem Schönberg gern Tennis gespielt hatte, würdigte der Emigrant seinen jüngeren und erfolgreicheren Freund als Genossen. »Ein Künstler ist für mich wie ein Apfelbaum«, sagte Schönberg von Gershwin wie von sich selbst. »Wenn seine Zeit kommt, dann schlägt er in Blüte aus, ob er will oder nicht, und beginnt Äpfel herzustellen. Und wie ein Apfelbaum den Wert, den Marktexperten seinem Erzeugnis beimessen werden, weder weiß noch wissen will, so fragt auch ein richtiger Komponist nicht danach, ob sein Produkt den Experten gefallen wird...«

Irving Thalberg, der junge MGM-Produktionschef, hielt sich sowohl für einen Marktexperten als auch für einen Mann mit gutem Geschmack, und er lauschte, wie es viele Leute in diesen Tagen taten, dem wöchentlichen Rundfunkkonzert der New Yorker Philharmoniker. Das Orchester, das hin und wieder einmal von Beethoven und Brahms abwich, spielte *Verklärte Nacht*, das geradezu morbidsüße Nocturno, das Schönberg vor fast einem halben Jahrhundert geschrieben hatte. Thalberg war beeindruckt. Das war genau die Art von Musik, die er für seine neueste Produktion brauchte, für Pearl S. Bucks Bestseller über China, *Die gute Erde*.

Als Thalbergs Nachforschungen ergaben, daß der Komponist gleich hier in Los Angeles wohnte, daß er ein bescheidener kleiner UCLA-Professor war, wollte er ihn rufen lassen. Bedeutende Manager brauchen bei solchen Gelegenheiten stets Vermittler, und da Schönberg keinen Agenten oder Manager hatte, wandte sich Thalberg an eine gemeinsame Bekannte, Salka Viertel. Thalberg kannte Frau Viertel als Autorin mehrerer Garbo-Filme, unter anderem *Königin Christine* (Queen Christina) und *Maria Walewska* (Conquest), aber sie war auch die Schwester Eduard Steuermanns, eines hervorragenden Pianisten und Befürworters der Schönbergschen Musik.

»Wieviel würden sie zahlen?« fragte Schönberg Frau Viertel, als sie ihm von Thalbergs Wunsch berichtete, er möge für *Die gute Erde* die Filmmusik schreiben.

»Ungefähr fünfundzwanzigtausend Dollar, denke ich«, antwortete sie.

Schönberg, der weniger als ein Fünftel dieser Summe für die Lehrtätigkeit eines ganzen Jahres verdiente, erklärte sich zu einem Gespräch bereit. Frau Viertel sollte für das Protokoll sorgen. Ein Wagen der MGM wurde bestellt, um Schönberg ins Studio zu bringen. Es wurde ein Termin für fünfzehn Uhr vereinbart, und Thalberg versprach, den Komponisten nicht warten zu lassen. (Schönberg war einmal wütend geworden, als Jascha Heifetz ihm eine Einladung schickte mit dem Text »Wir erwarten Sie um zwei Uhr«. »Russischer Bauer!« schrie Schönberg. »In Wien würde eine Einladung von Franz Josef lauten: ›Wir bitten um die Ehre Ihrer Anwesenheit!‹«) Als Schönberg um 15.30 Uhr noch nicht erschienen war, wurde Thalberg langsam unruhig. Sekretärinnen fingen an zu telefonieren. Bald stellten sie fest, daß der Komponist irrtümlich in einer Besuchergruppe mitgelaufen war, die das Studio besichtigte. Er schien die Führung als eine vollkommen angemessene Geste Thalbergs zu betrachten, als Angebot, sich zu vergewissern, ob MGM ein Studio sei, für das er Musik komponieren wollte.

Endlich in Thalbergs imposantes Büro geleitet, nahm Schönberg vor dem Schreibtisch des Produzenten Platz. Mit beiden Händen hielt er den Griff seines Schirms umklammert und weigerte sich, ihn loszulassen. Thalberg begann zu erklären, was er sich vorstellte.

»Letzten Sonntag, als ich die entzückende Musik hörte, die Sie geschrieben haben...«

»Ich schreibe keine ›entzückende‹ Musik«, fiel ihm Schönberg ins Wort.

Thalberg blickte ihn einen Moment verblüfft an, dann lächelte er höflich und begann von vorn. *Die gute Erde* sei die Darstellung Chinas, sagte er, deshalb wolle er Musik mit fernöstlichem Klang. Chinesische Themen. Da Paul Muni und die übrigen Darsteller Bauern spielten, gebe es nicht viele Dialoge, aber sehr viel Aktion. Da wäre zum Beispiel eine Szene, in der Heuschreckenschwärme in die Felder einfielen und alles kahlfräßen. Dafür wäre eine bestimmte Art von Musik nötig...

Frau Viertel bemühte sich, das alles ins Deutsche zu übersetzen, aber Schönberg unterbrach sie. Er verstehe vollkommen, sagte er. Und nun müsse er wohl einmal das Problem der Filmmusik erklären. Sie sei im allgemeinen ganz furchtbar, sagte er Thalberg, stumpfsinnig, inhaltslos. Im übrigen schienen die Produzenten gar nicht zu wissen, daß auch der Dialog an einer gewissen Monotonie kranke. Er werde, sagte er, nur dann an *Der guten Erde* mitarbeiten, wenn man ihm die volle Verantwortung für den gesamten Ton übertrüge, den Dialog und die Musik.

»Wie meinen Sie das, die volle Verantwortung?« fragte Thalberg voll Verwunderung.

»Ich meine, daß ich mit den Schauspielern arbeiten müßte«, sagte Schönberg. »Sie müßten in genau der Tonlage und Tonart sprechen, die ich hineinkomponiere. So ähnlich wie bei *Pierrot Lunaire*, aber natürlich nicht so kompliziert.«

Schönberg wandte sich an Frau Viertel und fragte, ob sie eine der Sprechstimmen aus *Pierrot Lunaire* kenne und rezitieren könne. Sie konnte es und begann tapfer, wehklagend zu tremolieren: »Der Mond, den man mit Augen trinkt...«

»Nun, Mr. Schönberg«, gelang es Thalberg zu sagen, »der Regisseur und ich haben da bestimmte Vorstellungen, und die mögen Ihren widersprechen. Der Regisseur, wissen Sie, möchte selbst mit den Schauspielern umgehen.«

»Das könnte er ja«, sagte Schönberg großzügig, »wenn sie ihre Texte mit mir einstudiert haben.«

Thalberg, der Gönnerhaftigkeit nicht gewöhnt war, besonders nicht von ärmlichen Professoren, konnte nicht umhin, von Schönbergs Selbstsicherheit beeindruckt zu sein. Er gab dem Komponisten ein Exemplar des Drehbuchs mit und bat ihn, es zu lesen und darüber nachzudenken. Nachdem er Schönberg zur Tür hinauskomplimentiert hatte, konnte er nur noch zu Frau Viertel sagen: »Das ist ein bemerkenswerter Mann.«

Thalberg setzte natürlich voraus, daß niemand einen MGM-Auftrag ablehnen konnte. »Der wird die Musik zu meinen Bedingungen schreiben, ihr werdet sehen«, sagte er. Im Gegenteil, Schönberg änderte die Bedingungen. Am nächsten Tag ließ er seine Frau bei Frau Viertel anrufen und ausrichten, daß er nicht nur auf der vollen Verantwortung für Dialog und Musik bestünde, sondern daß auch der Preis verdoppelt werden müßte, auf 50000 Dollar. »Als ich Thalberg das überbrachte«, erinnert sich Frau Viertel, »zuckte er die Schultern und sagte, mittlerweile hätte der chinesische Technikberater ein paar Volkslieder mitgebracht, die den Leiter des Tonstudios schon zu sehr hübscher Musik inspiriert hätten.«

Schönberg fand wohl, daß er Thalberg gerade knapp entkommen sei. »Beinahe habe ich mich bereiterklärt, Musik für einen Film zu schreiben«, schrieb er an Alma Mahler-Werfel, »habe aber zum Glück 50000 Dollar gefordert, was viel zu viel war, ebenfalls zum Glück, denn es wäre mein Ende gewesen...«

Hollywoods großes Musikereignis von 1940 – das all die gewohnten Musikkomödien der MGM und sogar den ersten Film mit dem Gespann Bing Crosby und Bob Hope, den hinreißenden *Weg nach Singapur* (Road to Singapore), in den Schatten stellte – war Walt Disneys großartiger Ausflug in die Kultur, *Fantasia*. Disney stand damals auf der Höhe seines Erfolgs. Nicht nur war seine *Mickymaus* (Mickey Mouse) zu einer Gestalt von Weltruf geworden, gefolgt von Epigonen wie Donald Duck und Goofy, sondern Disney gelang es auch, den ersten farbigen, abendfüllenden Tontrickfilm zu produzieren. Das Ergebnis, *Schneewittchen und die sieben Zwerge* (Snow White and the Seven Dwarfs), kam 1937 heraus und spielte am Ende acht Millionen Dollar ein, eine grandiose Summe für einen Film, der während der Depression gedreht wurde. Als Dopey, Sneezy und die übrigen Zwerge nun ihrerseits internationale Berühmtheiten geworden waren, begann Disney, sich in Burbank ein Dreimillionen-Dollar-Studio zu bauen. Wie die ›Disney-Welten‹ der Zukunft sollte es ein autarkes Reich sein, mit eigenen Straßen, eigener Stromversorgung, eigenem Telefonnetz, eigenen Sonnendecks und Sporthallen und Volleyballplätzen. Disneys Filmprojekte jener Zeit waren ebenso ehrgeizige, abendfüllende Versionen von *Pinocchio* und *Bambi*.

Etwas unzufrieden war Disney allerdings, daß seine erste Kreation, die Mickymaus, in den Hintergrund geriet. Irgendwer hatte die Idee, ihre Popularität wieder aufleben zu lassen, indem man sie zum Star der Kurzfassung eines alten Märchens machte: des *Zauberlehrlings*, den der verstorbene Paul Dukas vertont hatte. Disney sah Möglichkeiten aller Art in dieser Komödie eines Lehrlings, der die magischen Kräfte seines Meisters falsch anwendet, um die Hausarbeit zu erledigen, und der dann untergeht in einem unregierbaren Heer von Haushaltsgeräten, die alle gnadenlos zum Arbeiten entschlossen sind. Disney hat, so lautet eine Version, seine Idee einmal beiläufig bei einer Dinnerparty vor Leopold Stokowski erwähnt, und der ungestüme Dirigent des Philadelphia Orchesters habe eifrig angeboten, die Dukas-Partitur zu dirigieren. Nach Stokowskis Version ist Disney in einem Restaurant mit der Bitte an ihn herangetreten, ihm bei dem Projekt zu helfen.

Stokowski kam ins Disney-Studio und war begeistert. Er spielte mit den Mischpulten und erklärte deren Möglichkeiten zum »elementaren Dirigieren«. Er nahm die Dukas-Musik auf – zu beträchtlichen Kosten, viel mehr als der genügsame Disney in die Musik eines Kurzfilms zu investieren wünschte – und begann dann Vorschläge zu machen, wie man dem Film mit anderen, von ihm aufgeführten und von Disney illustrierten Stücken neue Dimensionen geben könnte. Mit seiner eigenen, etwas welken Orchesterfassung der Bachschen Orgeltoccata in d-moll zum Beispiel. Jetzt war wiederum Disney hingerissen. Er und Stokowski zerbrachen sich die Köpfe, wie man Bachs Improvisationen in laufende Bilder umsetzen könnte. Eine Passage inspirierte Disney zu der Bemerkung, er sähe Orange. »Oh nein«, sagte Stokowski, »für mich ist das purpurrot.«

Während sich die beiden um den Film mühten, der im Studio nur »der Konzertstreifen« hieß, schlug Stokowski immer wieder neue Stücke vor. Wie wär's mit Wagners Walkürenritt? Vielleicht konnte man Rachmaninow dazu überreden, sein zweites Klavierkonzert einzuspielen, obwohl Stokowski warnte, er könnte sich weigern, denn »er ist sehr eigen, ein sehr netter Mensch, aber sehr merkwürdig«. Wenn Rachmaninow störrisch wäre, sagte Stokowski, könnten sie ja Wladimir Horowitz fragen, den der Dirigent als »fabelhaft« bezeichnete. Einer von Disneys Mitarbeitern wandte ein, Horowitz sei nicht bekannt genug. »Ich weiß nichts über Musik«, sagte Disney, »aber von Rachmaninow habe ich schon lange gehört.«

Stokowski schlug ein Debussy-Präludium vor, *Les Sons et le Parfums Tournent dans l'Air du Soir*, und dafür hatte er einen besonderen Grund. »Ich habe mir immer gewünscht, Duft ins Theater zu bringen, seit Jahren schon will ich das«, sagte er. Disney schien begeistert. »Man nehme einen guten Blumenduft«, sagte er. »Das ist doch mal was... Man könnte sie dazu bringen, dafür ein besonderes Parfüm zu benennen... ein Parfüm zu kreieren – man könnte damit in die Presse kommen... Das ist eine heiße Idee.«

Aus solchen Konferenzen entwickelte sich der »Konzertstreifen«. Zur ersten Wahl gehörte Mussorgskys *Nacht auf dem kahlen Berge*, denn Disney meinte, er könnte »aus dem Teufelsorchester etwas Schönes machen – eine Menge Teufelchen spielen Instrumente und ein großer Teufel dirigiert«. Das führte schließlich zu Schuberts *Ave Maria*, im Kielwasser Mussorgsky als Fackelzug ins Bild gesetzt, was den kritischen Richard Schickel zu der Bemerkung provozierte, in Disneys Phantasie sei wohl »nichts heilig, nicht einmal das Geheiligte«. Ponchiellis *Tanz der Stunden* wurde zum Ballett für Elefanten, Alligatoren und Straußenvögel, und Beethovens Pastoral-Symphonie verwandelte sich in eine Posse für Faune, Nymphen, Zentauren, »Zentauretten« und andere Bewohner des Disneyschen Olymps. Als Disney die endgültige Fassung dessen sah, was seine Animatoren der *Pastorale* angetan hatten, war er beeindruckt. »Donnerwetter – das hier *macht* erst den richtigen Beethoven«, sagte er.

Disney hatte von Anfang an den Wunsch, auch eine Art Schöpfungsgeschichte darzustellen, Vulkane und Flutwellen und stampfende Dinosaurier. Er beauftragte seine Forschungsassistenten, dafür die passende Musik zu finden, aber alles, was sie ihm bieten konnten, war Haydns *Schöpfung*, und die schien irgendwie nicht episch genug. Disney trug das Problem Stokowski vor, und Stokowski hatte eine kühne Lösung bereit.

»Warum nehmen wir nicht den *Sacre*?« sagte er.

»Sacker?« fragte Disney. »Was ist denn das?«

»*Le Sacre du Printemps* – Ritus des Frühlings von Strawinsky«, sagte Stokowski. Er erzählte Disney von dem berühmten Ballett, das Strawinsky ursprünglich als »Szene eines heidnischen Rituals« konzipiert habe, »in der eine auserwählte Opferjungfrau sich zu Tode tanzt« und dessen Pariser Premiere 1913 vom tobenden Publikum zu einem der köstlichsten Theaterskandale jener Zeit gemacht worden war. Und wenn Strawinskys Werk auch nicht gerade von Dinosauriern handelte, nun, wer fragte schon danach.

Igor Strawinsky war der einzige Komponist im »Konzertfilm«, der noch lebte und eine Meinung dazu haben könnte, deshalb sandte das Disney-Studio ein Schreiben nach Frankreich und bot dem Komponisten 5000 Dollar für das Recht, *Le Sacre* in dem geplanten Film zu verwenden. Das Angebot war, so erzählte Strawinsky später etwas verbittert, »begleitet von der sanften Mahnung, daß die Musik, auch wenn die Genehmigung nicht gegeben würde, auf alle Fälle benutzt werde«, da die vorrevolutionären russischen Urheberrechte es nicht mehr schützten. Die angebotenen 5000 Dollar waren gewiß bescheiden bei Produktionskosten von 2 280 000 Dollar für *Fantasia*, aber Strawinsky hatte andere Dinge im Kopf – seinen Kampf mit der Tuberkulose, den Tod von Frau und Tochter, die Drohung des bevorstehenden Krieges –, also nahm er das Geld und unterschrieb den Vertrag.

Inzwischen hatte sich Disney so stark für *Fantasia* engagiert, daß er, wären seine Mitarbeiter zur Produktion der Schöpfungsmusik außerstande gewesen, wahrscheinlich selbst versucht hätte, eine zu schreiben. Er bestellte sich Paläontologen für kompetente Beratung über protozoisches Leben und schickte seine Techniker zum Observatorium auf dem Mount Wilson, damit sie die Gestalt von Sternennebeln studierten. »Eine Herde kleiner Leguane und ein Alligatorbaby schlängelten sich über das Burbank-Gelände, während Animatoren ihre Echsenbewegungen studierten...« hieß es in einem begeisterten Hintergrundbericht über *Fantasia* in der *Time*. »Der Disney-Zoo beherbergte Eusthenopterons, Brachiosaurier, Brontosaurier, Plesiosaurier, Mesosaurier, Diplodocuse, Triceratopse, Pterodactyle, Trachodone, Struthiomimuse, Stegosaurier... und genügend schlichte, direkt dem Jura entsprungene Dinosaurier, um einen ganzen

Planeten zu bevölkern. Die Kameraleute stöhnten unter der Last der gesamten Evolutionsgeschichte.«

Strawinsky hatte in den dreißiger Jahren gelegentlich schon Abstecher ins ferne Amerika gemacht und war 1935 auch bis Los Angeles gekommen, wo er Charlie Chaplin traf, er hatte sogar damals »daran gedacht, irgendwo in der häßlichen, aber heiteren Riesenstadt Los Angeles zu leben... aus Gesundheitsgründen vor allem, aber auch weil mir Los Angeles als der beste Platz in Amerika erschien, um mein neues Leben zu beginnen«. Nun, im Dezember 1939, während der Weihnachtsferien in Harvard, kam Strawinsky wieder nach Hollywood, um zu sehen, was Disney mit *Le Sacre* gemacht hatte. Das Studio gab für ihn und seinen Freund, George Balanchine, eine Privatvorstellung von *Fantasia*. »Ich erinnere mich, daß mir jemand eine Partitur in die Hand drückte«, erzählte Strawinsky später, »und als ich sagte, ich hätte meine eigene mit, sagte der Jemand: ›Aber es ist doch alles anders.‹ Und das war es in der Tat. Die Instrumentierung war durch Kunststückchen aufgebessert worden, zum Beispiel ließ man im *Danse de la Terre* die Hörner ihre Glissandi eine Oktave höher spielen. Auch die Reihenfolge der Stücke hatte man umgestellt und die schwierigsten ganz gestrichen.«

Strawinsky hat wohl erkannt, daß er hilflos war, und hat seinen Kummer hinuntergeschluckt. Als er zwanzig Jahre später seine Darstellung dieser Szene veröffentlichte, äußerte Disney sich wohlwollend überrascht. Nach Disneys Erinnerung, so sagt ein Mitarbeiter, sei Strawinsky ins Studio gekommen, habe die Originalskizzen zur *Fantasia*-Fassung des *Sacre* gesehen, sei ganz »aufgeregt« gewesen über die Möglichkeiten des Films, habe sogar die Bemerkung fallen lassen, daß »er die Vorstellung von der Erschaffung der Welt und vom prähistorischen Leben ja ›eigentlich‹ im Kopf gehabt hätte, als er *Le Sacre* schrieb«, und er habe sich mit »gewissen Kürzungen und Arrangements« seiner Musik einverstanden erklärt. Als Strawinsky den fertigen Film gesehen hatte, so die Disney-Version, »verließ er sichtlich bewegt den Vorführraum. Außerdem«, sagte Disney, »haben wir ihm 10000 Dollar, nicht 5000 bezahlt.« Strawinsky bestritt das alles bis auf die Feststellung, daß er von der Vorführung »bewegt« gewesen sei. Er erklärte, daß Stokowskis Interpretation seiner Musik »abscheulich« gewesen sei und Disneys Illustration »hemmungsloser Schwachsinn«. Daß er je etwas anderes gesagt haben sollte, sei »höchst unwahrscheinlich – wenn ich auch hoffe, daß ich – selbstverständlich – höflich geblieben bin«.

Eine Woche nach dieser Offenbarung schickte Strawinsky vom Beverly Wilshire-Hotel aus eine telegraphische Geldanweisung an Vera Sudeikina, die er beim US-Botschafter in Frankreich als »meine beste Freundin« bezeichnet hatte, damit sie nach Amerika kommen konnte. Sie heirateten im März 1940, und als sie sich in Los Angeles niedergelassen hatten, gingen sie im Juli nach Mexiko, so daß sie über die russische Quote neu in die USA einreisen und die Staatsbürgerschaft beantragen konnten. »Ich erinnere mich, daß einer der Einwanderungsbeamten mich fragte, ob ich meinen Namen ändern wollte«, schrieb Strawinsky später. »Es war die überraschendste Frage, die ich je gehört hatte, und ich lachte, worauf der Beamte sagte: ›Nun, die meisten wollen das.‹«
Die Strawinskys wohnten zuerst auf dem South Swall Drive in Beverly Hills, dann, nach einem zweimonatigen Aufenthalt im Chateau Marmont, zogen sie in ein einstöckiges, freundliches Terrassenhaus hinter einem weißen Staketzaun am North Wetherly Drive. Es war »eine amerikanische Transposition« seines europäischen Habitus, wie der polnische Komponist Alexandre Tansman meinte. »Zwei Pianos, eins ein Flügel, das andere ein halbstummes Klavier, nehmen die gute Hälfte des Arbeitszimmers ein«, schrieb Tansman. »Der Arbeitstisch biegt sich unter einem Berg kunterbunter Gegenstände: Buntstifte, Tinten, Radiermesser, Chronometer... Die Schubladen enthalten Manuskripte, Geschäftspapiere, Dokumente, Korrespondenz, alles in tadelloser Ordnung sortiert... An den Wänden Bilder und Zeichnungen von seinem Sohn Theodore, von Picasso, Fernand Léger und Eugène Berman... zusammen mit einem gerahmten Ausschnitt aus einem zeitgenössischen Journal mit der sehr bösen Kritik über ein neues Werk von ›Herrn Ludwig van Beethoven‹.«

Anders als Schönberg war Strawinsky an das Exil beinahe gewöhnt – niemand wird sich je vollkommen daran gewöhnen –, und diese Hollywoodjahre, die sechziger seines Lebens, erwiesen sich als äußerst fruchtbar. Hier vollendete er die wundervolle *Symphonie in C*, die er in Paris begonnen hatte, während seine erste Frau im Sterben lag. Eine Passage im letzten Satz, meinte er später, »wäre mir vielleicht nicht eingefallen, bevor ich das Neongeglitzer der Boulevards von Los Angeles aus einem dahinbrausenden Auto gesehen hatte«. Hier schrieb er die Sonate für zwei Klaviere und die Symphonie in drei Sätzen und die mysteriös kraftvolle *Messe*. Allerdings war Strawinsky stets in Versuchung – auch da anders als Schönberg –, einiges von dem Geld aufzuheben, das überall herumzuliegen schien. »Ich wüßte gern, ob du nicht ein kleines Ballett machen möchtest«, fragte George Balanchine fernmündlich bei ihm an. »Eine Polka vielleicht.«

»Für wen?« fragte Strawinsky.
»Für Elefanten.«
Pause.
»Wie alt?« fragte Strawinsky.
»Ganz jung«, sagte Balanchine.
Wieder Pause.
»In Ordnung«, sagte Strawinsky. »Wenn es ganz junge Elefanten sind, mache ich es.«

So wurde die *Zirkus-Polka* geboren, die 1942 von einer Truppe von fünfzig Elefanten des Ringling Brothers Circus tatsächlich aufgeführt wurde. Dann kam das *Ebony Concerto*, von dem Jazzklarinettisten Woody Herman bestellt. Und *The Star Spangled Banner*, das Strawinsky 1941 für Chor und Orchester einrichtete und später in Boston dirigierte, wo er, wie er erzählt, »mit dem Rücken zum Orchester stand und das Publikum dirigierte, das eigentlich mitsingen sollte, es aber nicht tat... Kurz vor dem zweiten Konzert erschien ein Polizeikommissar in meiner Garderobe und informierte mich über ein Gesetz des Staates Massachusetts, das jedes ›Herumpfuschen‹ an nationalem Eigentum verbot. Er sagte, die Polizisten seien bereits angewiesen worden, mein Arrangement von den Notenständern zu entfernen... Ich weiß nicht, ob meine Fassung seitdem wieder aufgeführt worden ist.«

Aber es war der Film, der die große Versuchung darstellte, der Film, der ständig mit Reichtümern lockte, wenn man sich nur über die Bedingungen verständigen konnte. Strawinsky war in diesen

Dingen kein Amateur. Ein Bericht über ein Gespräch mit Sam Goldwyn stellt fest, der Produzent habe zur Kenntnis genommen, daß der Preis des Komponisten 25 000 Dollar betrüge, und führt dann aus, daß die Unterhaltung »ungefähr so verlief«:

GOLDWYN: Also, Sie brauchen einen Arrangeur.
STRAWINSKY: Was ist das, ein Arrangeur?
GOLDWYN: Ein Arrangeur eben! Das ist der Mann, der Ihre Musik arrangieren muß, der sie den Instrumenten anpassen muß.
STRAWINSKY: Aha.
GOLDWYN: Na sicher. Das kostet Sie sechstausend Dollar. Und das geht von Ihren 20 000 ab.
STRAWINSKY: Ich dachte, es wären 25 000?
GOLDWYN: Na ja, was immer es sei.

Daraufhin stand Strawinsky diesem Bericht zufolge auf, stopfte seine schwarze Zigarettenspitze in die Tasche, rammte sich den Hut auf den Kopf und marschierte hinaus. So wurde man nicht handelseinig. Tatsächlich hat Strawinsky für keinen einzigen Hollywoodfilm wirklich die Musik geschrieben. Aber einige seiner Tricks und Manöver waren seiner neuen Umgebung würdig. Zum Beispiel komponierte er Jägermusik für Orson Welles' Fassung von *Jane Eyre*, und als die Vertragsverhandlungen zu nichts führten, nutzte er schlicht dieselbe Musik, um einen Auftrag des *Boston Symphony Orchestra* zu erfüllen, das eine Ode zum Gedächtnis von Serge Koussevitzkys Frau haben wollte. Das wiederverwendete Stück deute, so erklärte Strawinsky, die Vorliebe der Mrs. Koussevitzky für Freiluftkonzerte an. Dann wurde darüber verhandelt, daß Strawinsky Hintergrundmusik für einen Film über die Besetzung Norwegens durch die Nazis, *The Commandos Strike at Dawn*, schreiben solle. Eilends begann Strawinsky, eine Sammlung norwegischer Volksmelodien zu arrangieren, die seine Frau in einem Antiquariat in Los Angeles gefunden hatte. Als wieder einmal die Verhandlungen im Sande verliefen, führten die Bostoner Symphoniker auf, was Strawinsky ungerührt in ein Stück verwandelt und *Four Norwegian Moods* betitelt hatte.

Das vielleicht erstaunlichste Beispiel dafür, wie gut sich Strawinsky der Lebensart Hollywoods anpassen konnte, war seine

Anpassung an denselben Walt Disney, dessen *Sacre*-Bearbeitung er als »hemmungslosen Schwachsinn« betrachtete. Am 23. Oktober 1940 meldeten sich zwei von Disneys Assistenten bei Strawinsky – nicht einmal Disney selbst –, um mit ihm über eine animierte Fassung seines musikalischen Volksmärchens *Renard* zu sprechen, und eine Woche später verkaufte er ihnen die Option nicht nur für *Renard*, sondern obendrein noch für den *Feuervogel*.

Allerdings – wie käuflich Strawinsky auch wurde, es gelang Hollywood doch immer wieder, ihn zu überraschen. »Sie wollen meinen Namen, nicht meine Musik«, klagte er. »Man hat mir sogar 100 000 Dollar dafür geboten, daß ich einen Film mit Musik polstere, und als ich das ablehnte, hieß es, ich könnte denselben Betrag bekommen, wenn ich bereit wäre, einen anderen die Musik in meinem Namen komponieren zu lassen.« Der Gedanke an dieses Angebot erinnerte Strawinsky an Schönbergs Begegnung mit Thalberg. Es waren inzwischen zwanzig Jahre vergangen, beide Kontrahenten waren tot, und ihr Treffen war zur Legende verfestigt. »Der große Komponist, der mit seinen Kompositionen fast nichts verdiente, wurde aufgefordert, für *Die gute Erde* Musik zu liefern für ein Honorar, das ihm wie der Reichtum des Krösus vorgekommen sein muß, das aber mit künstlerisch unmöglichen Bedingungen verbunden war«, sagte Strawinsky. »Er lehnte ab und sagte: ›Sie wollen mich umbringen, um mich vor dem Hungertod zu retten.‹«

Es war ganz natürlich, daß die Filmproduzenten große Komponisten wie Lohnsklaven behandelten, denn sie behandelten jedermann so. Die meisten Komponisten, mit denen sie verhandelten, standen bereits auf der Gehaltsliste, und dementsprechend verhielten sich alle. Dimitri Tiomkin zum Beispiel war in Petersburg geboren wie Strawinsky; er spielte Klavier und komponierte Ballettmusik, genau wie Strawinsky. Aber er kam schon 1929 nach Hollywood und begann zu produzieren, bis er es schließlich insgesamt auf mehr als 160 Filmpartituren gebracht hatte. (1954, als er für *Es wird immer wieder Tag* (The High and the Mighty) den Oscar bekam, war es Tiomkin, der sich nicht nur wie üblich bei der Riege der Agenten und Produzenten für die Unterstützung bedankte, sondern auch bei Beethoven, Brahms und Wagner, den Komponisten, die ihm so oft so hilfreich gewesen seien.) David Selznick bestellte Tiomkin eines Tages zu sich ins Studio und bat ihn, als siebter Komponist den Versuch zu machen, für *Duell in der Sonne* (Duel in the Sun, 1946) die Musik zu schreiben. Er wünsche, so sagte er, elf Hauptthemen: ein spanisches Thema, ein Rancherthema, ein Liebesthema, ein Orgasmusthema...

»Orgasmus?« sagte Tiomkin. »Wie instrumentiert man denn einen Orgasmus?«

»Versuchen Sie es«, meinte Selznick. »Ich will ein richtig gutes *Heiwumm*.«

Tiomkin rackerte sich wochenlang an seinen elf Themen ab, dann holte er ein Orchester zusammen und spielte sie Selznick vor. Selznick war zufrieden. Tiomkin arbeitete wieder Wochen an der kompletten Partitur. Sie sah einundvierzig Trommeln und einen Chor von hundert Stimmen vor. Selznick war nicht beruhigt. Er bat Tiomkin, ihm das Liebesthema vorzupfeifen. Tiomkin pfiff. »Schön, schön«, fand Selznick. »Jetzt das Orgasmusthema.« Tiomkin pfiff. Selznick schüttelte bekümmert den Kopf. »Das ist es nicht«, jammerte er. »Das ist einfach kein Orgasmus.«

Tiomkin ging und arbeitete noch einmal daran. Er vereinte das Seufzen der Celli mit der blechernen Erregung der Posaunen, alles in einem Rhythmus, den er später als holzschneidende Handsäge beschrieb. Noch einmal wurde er in Selznicks Studio zitiert, noch einmal wurde das Orchester zusammengeholt, und diesmal ordnete Selznick an, daß Tiomkins Musik zu einer stürmischen Liebesszene zwischen Gregory Peck und Jennifer Jones (die Selznick drei Jahre später heiratete) auf der Leinwand gespielt wurde. Alles schien glänzend zu laufen, bis das Orgasmusthema kam; Selznick ließ es wiederholen, dann noch einmal wiederholen.

»Sie werden mir böse sein, aber so geht's nicht«, sagte er endlich zu Tiomkin. »Es ist zu schön.«

»Was haben Sie denn, Mr. Selznick?« protestierte Tiomkin. »Was gefällt Ihnen daran nicht?«

»Es gefällt mir ja, aber es ist keine Orgasmusmusik«, erwiderte Selznick. »Es ist nicht *Heiwumm*. So ficke ich nicht.«

»Mr. Selznick, Sie ficken auf Ihre Art, ich ficke auf meine Art«, schrie Tiomkin. »Für mich *ist* das Fickmusik!«

Diesmal gab Selznick nach, und es ging nach Tiomkins Nase. Meistens aber bestimmten die Produzenten einfach die Traditionen der Fabrik als Gesetz, und was immer sie dekretierten, war zu befolgen. Hanns Eisler, ein Radikaler aus Berlin, der die Musik zu einigen Brechtstücken geschrieben hatte, staunte bei seinem ersten Besuch in Hollywood im Jahre 1935, wie das System funktionierte. »Jede Fabrik hat fünf oder sechs Musikspezialisten, die... sich pünktlich an die Bürostunden zu halten haben«, schrieb er später. »Nummer eins ist Fachmann für Militärmusik, Nummer zwei für sentimentale Liebeslieder, Nummer drei ist ein besser ausgebildeter Komponist symphonischer Musik... Nummer vier ist Spezialist für die Wiener Operette, Nummer fünf ist für Jazz da. Wenn also für einen Film Musik gebraucht wird, hat jeder Komponist seiner Spezialität entsprechend einen bestimmten Abschnitt zu bearbeiten. Die Komponisten haben keine Ahnung, was sich sonst noch in dem Film abspielt.«

André Previn, der in jenen Tagen für 250 Dollar die Woche bei der MGM mitarbeitete, war nicht ganz so entrüstet über das System, seine Schilderungen aber waren nicht weniger bissig. Er erzählte, wie sich einer der MGM-Spitzenleute einmal über eine bestimmte Musikpassage in einem Bibelepos beschwert habe; er sei auch nicht zu besänftigen gewesen, als der Komponist ihm erklärte, es handele sich um »nichts anderes als einen Mollakkord«. Aus dem Produzentenbüro erging die Bekanntmachung, die jahrelang am schwarzen Brett der Musikabteilung hing: »Von heute an wird keine MGM-Partitur einen Mollakkord enthalten.«

Musik, ob Dur oder Moll, war von Anfang an ein wesentliches Element des Kinos, denn auch die frühesten Stummfilme wurden zusammen mit musikalischen Programmvorschlägen verliehen, die der gemietete Pianist in der Dunkelheit des Kinos an der Ecke dann herunterklimperte. Als der Tonfilm kam und Hollywood anfing, all die Schriftsteller einzukaufen, die es für nötig hielt, kaufte es sich auch die Komponisten. George Gershwin wurde für die Musik zu *The Goldwyn Follies* angeheuert, Aaron Copland für *Von Mäusen und Menschen* (Of Mice and Men), Darius Milhaud für *Die privaten Liebschaften von Bel Ami* (The Private Affairs of Bel Ami), Virgil Thomson für *Louisiana Legende* (Louisiana Story). Auch in Europa übte die neue Filmkunst magnetische Anziehungskraft auf Komponisten aller Art aus: auf Prokofieff und Schostakowitsch, Honegger, Vaughan Williams und Poulenc.

Die Hollywoodgrößen kauften jeden, den sie haben wollten, aber sie hatten alle, wie David Selznick, ganz bestimmte Vorstellungen davon, was für sie gemacht werden sollte. Ihr Bild von einem wahrhaft hervorragenden Musiker war Erich Wolfgang Korngold, der seit seinem sechsten Lebensjahr ernsthaft komponierte. Schon als Jugendlicher erlebte er die Uraufführungen seiner Opern auf der Bühne der Wiener Staatsoper, von Mahler, Strauß und Puccini hoch gelobt. In Hollywood, wo er 1934 eintraf, war es sein erster Auftrag, die Musik Mendelssohns für Max Reinhardts Fassung des *Sommernachtstraums* zurechtzuzimmern. Von dort aus war es nur ein kleiner Schritt bis hin zu *Unter Piratenflagge* (Captain Blood) und *Robin Hood, der König der Vagabunden* (The Adventures of Robin Hood).

Korngolds Partituren waren rauschende, wohlklingende Imitationen von Brahms, um nicht zu sagen Rachmaninow. Dasselbe galt für seine erfolgreichsten Kollegen, etwa Max Steiner, ebenfalls Wiener, dessen Musik in so unterschiedlichen Filmen wie *King Kong*, *Vom Winde verweht* und *Casablanca* erklingt, oder Franz Waxman, einen Polen, der Friedrich Holländers Lieder für den Spielfilm *Der Blaue Engel* (The Blue Angel) orchestrierte, seinen ersten Hollywood-Erfolg mit *Frankensteins Braut* (The Bride of Frankenstein) erzielte und schließlich das Thema komponierte, das bei jeder der mehr als fünfhundert Fernsehfolgen von *Glut unter der Asche* (Peyton Place) erklang.

Das waren die Stars, denen es von Zeit zu Zeit gelang, ihre Hintergrundmusik als symphonische Suiten aufführen und aufzeichnen zu lassen, aber als die MGM-Fabrikation Mitte der vierziger Jahre ihren Höhepunkt erreichte, waren jeden Tag rund fünfzehn Filme gleichzeitig in Arbeit. Die Musikabteilung der MGM, Hollywoods größte, konnte zwanzig Vollzeitkomponisten auf ihrer Gehaltsliste vorweisen, dazu noch fünfundzwanzig Arrangeure/Orchestrierer und vierzig Kopisten. »Die Musikabteilung«, sagte André Previn, »hatte nicht weniger und nicht mehr Bedeutung als die Abteilung für Kunstrasen.« Previns erster Erfolg bei der MGM hatte in drei jazzigen Variationen zu dem Liedchen *Three Blind Mice* bestanden, die José Iturbi in einem Film namens *Holiday in Mexico* zu »improvisieren« hatte, um zu demonstrieren – wie das in solchen Filmen ja generell verlangt wurde –, daß Klassikmusiker keine Snobs seien. »Wir reihten uns jeden Tag in der Musikabteilung auf wie Lastwagenfahrer, die warteten, ob nicht einer Tomaten nach Chicago oder Möbel nach Delaware zu bringen hätte«, erinnerte sich Previn. »Wir wußten nie, wer was brauchen würde. Wenn ein Komponist in Druck war, weil die Hintergrundmusik für seinen Boxkampffilm unverzüglich fertig sein mußte, scheuchte man uns vielleicht alle zu diesen Aufnahmen hinüber, damit wir ihm dort ein paar Tage lang unter die Arme greifen konnten.«

Für die echten Professionellen – auch in Hollywood galten die Qualitätsnormen Fachleute, Durchschnitt und Unbrauchbare – war die Arbeit für den Film ein höchst anspruchsvolles Handwerk. Jedes Stück mußte nicht nur zu einer bestimmten Szene passen, sondern auch zu einem bestimmten Stück Film. Das heißt, zur Transportspur. Der Standardfilm lief mit 24 Bildern pro Sekunde oder 1440 Bildern pro Minute durch den Projektor. Die Transportspur bestand aus in die Tonspur gestanzten Löchern am Rande des Filmstreifens. Entweder konnte ein Komponist für die Transportspur schreiben, oder ein anderer tat es für ihn. Zum Beispiel war in Max Steiners Partitur zu *Als du Abschied nahmst* (Since You Went Away) an der mit »Der Kuß« bezeichneten Stelle, wo die Geigen süße, hohe Viertelnoten sangen, während sich von unten ein Arpeggio emporschwang, nicht nur ein »Takt 44« markiert, sondern auch ein »5/53« für die Transportspur. Der Dirigent, der über Kopfhörer mithörte, wußte genau, was von ihm erwartet wurde.

Wenn diese Musiker am Ende eines Tagewerks nach Hause gingen, sehnten sie sich danach, andere Musik zu spielen. Leonard Slatkin, Leiter des Symphonieorchesters von St. Louis, wuchs in Hollywood auf und berichtete, daß sein Vater Felix Slatkin, Geiger im Dienste der 20th Century-Fox, und seine Mutter

Eleanor Aller, Cellistin bei der Warner Bros., sich im Filmdienst kennengelernt und schließlich das *Hollywood Quartet* gegründet hätten. »Sie kamen um fünf nach Hause und musizierten die ganze Nacht hindurch«, erzählte Slatkin. »Sie kannten jeden, und man konnte nie wissen, wer vorbeischauen würde, alle kamen, von Schönberg bis Sinatra.«

Dieses Hollywooder Musikleben konnte ziemlich hochrangige Formen annehmen. Strawinsky lag eines Abends im Juli 1942 schon im Bett, als er auf der Treppe vor seiner Haustür ein Geräusch hörte. Er ging nachsehen und stand einem großen, streng blickenden Mann gegenüber, der sich auf Russisch entschuldigte für seinen späten Besuch, aber er wollte Strawinsky einen Topf Honig bringen und ihn zum Essen einladen. Er versprach, es werde nicht über Musik geredet. Natürlich erkannte Strawinsky in seinem nächtlichen Besucher den unverwechselbaren Sergej Rachmaninow, und er nahm die Einladung an. Wenn sie nicht über Musik gesprochen haben sollten – was kaum glaublich scheint –, so war das ganz bestimmt anders, als Wladimir Horowitz Rachmaninow besuchte, kurz bevor der Komponist 1943 starb. Die beiden Meisterpianisten verbrachten den Abend – man stelle sich die Szene vor! – mit vierhändigem Spiel am Klavier.

Die vorzüglichen RCA-Victor-Platten mit Beethovens *Erzherzog* und Schuberts B-Dur-Trio kamen hauptsächlich dadurch zustande, daß Arthur Rubinstein, Jascha Heifetz und Emanuel Feuermann Nachbarn waren. »Nach diesen Aufnahmen«, erinnerte sich Rubinstein später, »haben wir drei zusammen mit anderen Musikern herrliche Tage und Nächte verbracht und Kammermusik gemacht.« Manchmal ging es allerdings auch weniger fein zu. Oscar Levant, zeitweise Schüler von Arnold Schönberg, hatte ein Klavierkonzert geschrieben, das, wie Schönberg meinte, Otto Klemperer interessieren könnte; dieser, auch Flüchtling aus Berlin, war Leiter der Los Angeles-Philharmoniker geworden. Als sie sich alle bei einer Party Salka Viertels trafen, drängte Schönberg Levant, sein neues Werk hören zu lassen. »Das war die Gelegenheit, die so viel für mich bedeutet hätte«, bekannte Levant, »aber meine Unberechenbarkeit und mein quichotischer Drang zur Selbstzerstörung veranlaßten mich zu einem schlechten Scherz.

Ich setzte mich ans Klavier und spielte und sang *When Irish Eyes are Smiling* – und ich bin bis auf den heutigen Tag bestürzt über mein eigenes Verhalten... Als Krönung habe ich Klemperer noch gefragt, ob er Beethoven möge.«

Ben Hecht spielte Geige mit dem Wohlbehagen des Amateurs, und so beschloß er, die sogenannte *Ben Hecht-Symphonietta* zu gründen, die sich jeden Donnerstagabend in Hechts Höhenvilla zum Konzertieren treffen sollte. Er warb ein eigenartiges Bündel von Talenten an. Charles MacArthur spielte Klarinette, Harpo Marx die Harfe, aber nur in A-Dur. George Antheil, ein Komponist, sollte vom Klavier aus so etwas wie Ordnung halten. Groucho Marx wollte gern mitmachen, aber die anderen entschieden, daß das nicht ginge, weil das einzige Instrument, das er spielen konnte, die Mandoline war, und die hielten sie für unter der Würde der *Ben Hecht-Symphonietta*. Das ganze war zum Teil ein Witz, aber irgendwo nehmen alle Kammermusiker ihre Obsession ernst.

Bei ihrer ersten Probe in einem der oberen Räume des Hechtschen Hauses hatten die Musiker gerade zu spielen begonnen, als lautes Klopfen an der Tür ihres Probenraums ertönte. Plötzlich flog die Tür auf, und auf der Schwelle erschien Groucho Marx.

»Ruhe, bitte!« rief er, dann verschwand er wieder und knallte die Tür hinter sich zu.

Die versammelten Musiker blickten einander ziemlich ratlos an. »Groucho ist eifersüchtig«, erklärte Harpo Marx. Hecht meinte von unten merkwürdige Geräusche gehört zu haben, aber die Musiker beschlossen einmütig, die Unterbrechung zu ignorieren und Groucho sich selbst zu überlassen. Sie fingen wieder an zu spielen. Und wieder klopfte es an der Tür. Wieder erschien Groucho Marx.

»Ruhe, ihr lausigen Amateure!« schrie er.

Als die Musiker ihn immer noch ignorierten, drehte Groucho sich um und stampfte die Treppe hinunter. Erneut wandten sich die Musiker ihren Instrumenten zu. Da kam von unten ein donnernder Orchestertusch. Es war die Ouvertüre zu Tannhäuser.

»Wie vom Donner gerührt«, erzählte Antheil, »krabbelten wir alle die Treppe hinunter, um zu sehen, was los war. Und da stand

Groucho und dirigierte mit großen, fledermausartigen Bewegungen das Symphonieorchester von Los Angeles. Mindestens hundert Mann hatten sich in das Wohnzimmer gequetscht. Groucho hatte sie angeheuert, weil es ihn (wie er später erklärte) verletzt hätte, daß wir ihn nicht in unsere *Symphonietta* aufnehmen wollten. Wir nahmen ihn auf.«

Die Machtergreifung Hitlers verhalf Amerika zu einigen seiner besten Filmemacher, desgleichen zu hervorragenden Komponisten, Pädagogen, Atomphysikern und sonstigen Intellektuellen. Amerika begrüßte sie meistens mit Gleichgültigkeit und Abneigung unterschiedlicher Ausprägung. Samuel Wilder, geboren in einer galizischen Kleinstadt bei Krakau, mit Spitznamen Billy genannt, weil seine Mutter für Buffalo Bill schwärmte, kam Anfang 1934 durch eine Reihe von Mißverständnissen nach Hollywood. In Paris hatte er eine jazzige Story mit dem Titel *Pam-Pam* geschrieben; sie handelte von einer Ausreißerin, die in einem stillgelegten Broadwaytheater unterschlüpft. Er schickte die Geschichte einem Freund aus Berlin namens Joe May, der Produzent bei der Columbia geworden war. Das Studio bot Wilder eine Flugkarte nach Hollywood ohne Rückflug und einen Sechsmonatsvertrag für 150 Dollar pro Woche. Und erst dann entdeckte es, daß seine letzte Neuerwerbung kaum Englisch konnte.

Pam-Pam wurde nie verfilmt, ebensowenig die anderen Szenarien, die Wilder wie ein Irrer produzierte. Zu Weihnachten 1935 lebte er in einem Vorraum der Damentoilette im Keller des Chateau Marmont. »Dieses Weihnachten 1935«, sagte Wilder später, »als ich nicht schlafen konnte, als Frauen hereinkamen und pinkelten und mich komisch anguckten, als ich... wußte, daß für Europa Krieg im Anmarsch war, da war ich plötzlich im Zweifel, ob ich hierherpaßte nach Hollywood. Ich hatte das Gefühl, ich sei nicht im richtigen Land, und ich wußte nicht, ob es für mich ein richtiges Land gäbe. Das hier war der Tiefpunkt meines Lebens.«

Wilder war erst neunundzwanzig Jahre alt, ein quirliger Junge mit roten Locken und dem Mut der Verzweiflung. Erich Pommer, früher UFA-Produzent in Berlin und jetzt bei der RKO unter Vertrag, wettete bei einer Party mit Wilder um fünfzig Dollar, daß er es nicht wagen würde, in voller Kleidung in den Swimmingpool zu springen. Prompt verdiente sich Wilder die fünfzig Dollar. Schließlich fand er Arbeit bei der Paramount als Schütze Meier in der Armee von über hundert Vertragsschreibern des Studios, zu 250 Dollar die Woche. Sie waren durch ihre Verträge verpflichtet, jeden Donnerstag mindestens elf Manuskriptseiten abzuliefern. Es wurde mehr oder weniger vorausgesetzt, daß keiner von ihnen selbst ein Filmskript schreiben könnte. Die Paramount teilte dem widerspenstigen jungen Wilder den unpassendsten aller Partner zu, einen wohlhabenden New York- und Harvard-Juristen namens Charles Brackett, vierzehn Jahre älter als er. Gemeinsam sollten sie für Ernst Lubitsch ein altes Alfred Savoir-Stück mit dem Titel *La Huitième Femme du Barbe-Bleu* umschreiben.

Blaubarts achte Frau, 1938 (Bluebeard) – Gary Cooper auf der Jagd nach Claudette Colbert – wurde ein solider Erfolg. Dann kam *Mitternacht* (Midnight) und der Kinohit *Ninotschka*. In *Das goldene Tor* (Hold Back the Dawn) erzählt Billy Wilder, der 1939 endlich amerikanischer Staatsbürger geworden war, eine traurige kleine Komödie von den Flüchtlingen, die in Tijuana festsaßen und auf US-Visa warteten, die nie kamen. Wilders Held, flott und selbstsicher bei der Ankunft, lag am Ende nur noch auf seinem schmutzigen Hotelbett herum und richtete seinen bittern Monolog an eine Kakerlake. »Wohin wollen Sie?« raunzte er die Kakerlake nach Art eines Einwanderungsbeamten an. »Lassen Sie mal Ihre Papiere sehen.«

Eines Morgens bei den Dreharbeiten erfuhr Wilder bestürzt, daß diese Szene gestrichen worden sei. Charles Boyer, der Star, früher ein Schauspieler von klassischem Format, der jetzt hauptsächlich von seinem Toupet, seinem Korsett und seinem Heldenbild von sich selbst zehrte, mochte sie nicht. Wilder ging in Luceys Restaurant, fand Boyer beim Frühstück und brachte seinen Protest vor. »Solchen Text kann ich nicht sprechen«, sagte Boyer. »Man redet nicht mit Kakerlaken. Wollen Sie, daß man mich für *blöde* hält?« Wilder versuchte, ihm die Szene zu erklären, aber Boyer war nicht interessiert. »Ich wünsche diese Diskussionen nicht, während ich bei Tisch sitze«, sagte er. »Gehen Sie, Mr. Wilder, Sie stören mich.« Wütend und hilflos kehrte Billy Wilder in sein Büro zurück, hieb mit der Faust auf den Schreibtisch und schrie: »Ich bring' ihn um! Ich bring' ihn um!« Er schwor sich, daß er Regisseur würde, der Mann, der die Orders gäbe.

Im Gegensatz zu ihm war Fritz Lang bereits berühmt als Regisseur, lange bevor er Deutschland verließ. Beinahe zu berühmt. Joseph Goebbels, neuernannter Minister für Propaganda und Öffentliche Aufklärung, hatte Lang zu sich bestellt, um ihm mitzuteilen, daß Adolf Hitler ein großer Bewunderer seines Films *Metropolis* sei. Er wollte Lang die gesamte Filmproduktion des Dritten Reiches übertragen. Lang erinnerte Goebbels daran, daß er Teiljude sei. Goebbels sagte, darüber könne man hinwegsehen. Lang bat um vierundzwanzig Stunden Bedenkzeit und floh unter falschem Namen mit dem Nachtzug nach Paris.

David Selznick, damals noch bei der MGM, holte Lang mit einem persönlichen Vertrag nach Hollywood, hatte aber für den Schöpfer von *M* und *Dr. Mabuse* keine Beschäftigung. Lang lernte Englisch und weigerte sich, noch ein Wort Deutsch zu sprechen oder zu schreiben. Er las Comics. In dieser Zeit erfuhr er, daß seine Frau Thea von Harbou, die mehrere seiner erfolgreichsten Filme geschrieben hatte, in Deutschland bleiben, der Nazipartei beitreten und sich von ihm scheiden lassen wollte. Auch verbrachte er zwei Monate in Arizona, wo er die Navajo-Indianer studierte und ihre Sandmalereien photographierte.

Als David Selznick schließlich dem Reich seines Schwiegervaters den Rücken kehrte, um ein selbständiges Produktionsunternehmen zu gründen, ließ er den arbeitslosen Fritz Lang zurück. Die MGM gab dem berühmten Emigranten pünktlich Bescheid, daß sein Vertrag nicht erneuert würde. »Das können Sie mir doch nicht antun, ich bin der erste Regisseur Europas«, protestierte Lang bei Eddie Mannix, dem Generaldirektor der MGM. Mannix hatte offenbar Mitleid mit Lang. Wie berichtet wird, fragte er Lang, was er denn gern täte, und Lang sagte, er habe in der Abteilung Drehbücher eine interessante Skizze zu einem Film über Lynchjustiz gefunden (er hieß am Ende *Fury*). Nach einer anderen Version übergab Mannix ihm einfach Norman Krasnas Skizze zu einer Lynchgeschichte und sagte, er solle das drehen. Eine dritte Version lautet, Krasna habe Joseph L. Mankiewicz von seiner Idee erzählt – die Idee, die sich auf einen neueren Fall von Lynchjustiz an zwei Kidnappern in Kalifornien stützte, war, daß ein Mann, der den Lynchmob zufällig photographierte, die Rädelsführer der Gerechtigkeit übergäbe – und Mankiewicz habe die Idee an die MGM verkauft, dazu sich selbst als Produzenten. Als die Idee erst einmal verkauft war, sagte Krasna, er könne sich überhaupt nicht mehr erinnern, um was es bei seiner Geschichte gegangen sei. Mankiewicz mußte Krasna 25000 Dollar für die Filmrechte an der Idee zahlen (die Krasna einen Oscar eintrug), das Szenario jedoch selbst schreiben. Und Mankiewicz hat sich dann vermutlich Lang als Regisseur ausgesucht.

»Joe war sehr beeindruckt von dem großen deutschen Regisseur und seinem Monokel, seiner langen Zigarettenspitze und so weiter«, sagte Mankiewicz' Exfrau Elizabeth Young. Andere waren weniger beeindruckt. Joseph Ruttenberg, der Kameramann, der den Film wirklich drehte, beschrieb Lang als einen »gemeinen, schäbigen Deutschen, arrogant und herrschsüchtig«. Vielleicht war Lang das alles wirklich, vielleicht versuchte er aber auch, tief verschreckt, die Rolle zu spielen, die man seiner Meinung nach von ihm erwartete; vielleicht war er auch einfach nur völlig von seiner Arbeit in Anspruch genommen. Er schien nicht zu wissen, daß Filmteams in Hollywood grundsätzlich Mittagspause machen. Nachdem Lang ein paar Tage lang solche Kleinigkeiten ignoriert hatte – »Deutsche Produktionsmethoden«, meinte Mankiewicz, »bedeuten, daß man niemals ›Mittag‹ rief und daß man sich von seiner Sekretärin Pillen und ein Glas Brandy in die Kulissen bringen ließ« –, machte Spencer Tracy sich zum Sprecher der Crew.

»Wie wär's mit Mittagessen?« fragte er Lang.

»Ich bin hier derjenige, der bestimmt, wann zu Mittag gegessen wird, Mr. Tracy«, sagte Lang.

»Ach so«, sagte Tracy. Er wischte mit der Hand über die Schminke in seinem Gesicht, marschierte von der Szene und rief: »Mittagspause.«

Alles wurde immer schlimmer. Die Lynchszenen mußten bei Nacht gedreht werden. Es goß in Strömen. Lang ließ beharrlich neu drehen und wieder neu drehen. Einmal in der Szene, in der der

Mob das Gefängnis in Brand steckt, bestand Lang darauf, einen Rauchtopf selbst zu werfen, und es gelang ihm, einen seiner Schauspieler am Kopf zu treffen. Laut Mankiewicz plante die Filmcrew, einen Unfall zu inszenieren, bei dem Lang ein schwerer Scheinwerfer auf den Kopf fiele und ihn umbrächte. Er habe es ihnen ausgeredet, behauptet er.

Die Krise endete, wie so manche Hollywood-Krise zu enden pflegte. Lang drehte seinen Film ab, weigerte sich, irgend etwas daran ändern zu lassen und wurde gefeuert. Mankiewicz redigierte, was Lang geschaffen hatte, und jeder im Studio war verblüfft, als *Fury* zu einem großen Erfolg wurde. Nach der Premiere traf Mankiewicz Lang und Marlene Dietrich im ›Brown Derby‹-Restaurant und streckte die Hand aus. Lang weigerte sich, sie zu schütteln. »Sie haben meinen Film ruiniert«, sagte er.

Lang mied mehr als zwanzig Jahre lang die MGM (Louis B. Mayer haßte den Gedanken eines Films über einen Lynchmord von Anfang an), aber der Erfolg von *Fury* zeigte, daß ein deutscher Regisseur durchaus Hollywood-Action filmen konnte. Das brachte neue Aufträge. 1940 ließ Darryl Zanuck Lang an *Rache für Jesse James* (The Return of Frank James) arbeiten, einer Fortsetzung des Kassenschlagers vom Jahr zuvor über Jesse James. Und ein Jahr später produzierte Lang seinen nächsten Western *Überfall der Ogallala* (Western Union). »Der Western«, sagte Lang, der 1924 das Epos *Die Nibelungen* gedreht hatte, »ist nicht nur die Geschichte dieses Landes. Er ist das, was für die Europäer die Nibelungensage ist.«

Es fällt auf, daß keiner dieser begabten Emigranten so recht den Versuch gemacht hat, Filme gegen den Nazismus zu schaffen. Ein Grund war wohl einfach Angst. Jeder Flüchtling hatte die Angst im Koffer – weit mehr, als ihm später im Gedächtnis bleiben würde, Angst vor Arbeitslosigkeit und Verbannung, vor Hunger, vor Schande, Angst auch vor der Vergeltung des üblen Regimes, dem er entflohen war. »Sei sehr vorsichtig«, schrieb Schönberg seinem Schwiegersohn Felix Greissle bei dessen Ankunft in New York. »Hier legen sie viel mehr Wert auf Höflichkeit als wir. Vor allen Dingen macht man niemals eine Szene; man widerspricht nicht... Alles muß freundlich gesagt werden, lächelnd, immer mit einem Lächeln... Etwas sehr Wichtiges: Sage nichts, was du nicht sagen mußt, über deine Erlebnisse der letzten Wochen. Besonders nicht zu Presseleuten oder Leuten, die es an sie weitergeben könnten. Du weißt ja, die Nazis nehmen Rache an Angehörigen und Freunden, die sich noch in ihrer Gewalt befinden. Also sei sehr zurückhaltend und mische dich nicht in die Politik ein.«

Noch wichtiger war allerdings, daß Hollywood selbst kein Verlangen hatte, den Nazismus zu bekämpfen. Die verschiedensten liberalen und linken Größen hatten sich 1936 zusammengetan, um die *Anti-Nazi-League* zu gründen (Hauptorganisatoren waren Dorothy Parker und Oscar Hammerstein, Vorsitzender war Donald Ogden Stewart); sie bemühten sich, Vorträge zu halten, Spenden zu sammeln und einen Boykott deutscher Waren zu organisieren. Leider dauerte das nur bis zum Hitler-Stalin-Pakt; dann änderte die Gruppe plötzlich ihren Namen in *Hollywood League for Democratic Action* und unterstützte eine Politik der Neutralität. Auf der anderen Seite hatte Harry Cohn, der *Duce* der Columbia Pictures, 1933 einen Dokumentarfilm mit dem Titel *Mussolini Speaks* gemacht, war nach Rom gefahren, um eine Medaille für seine Verdienste in Empfang zu nehmen, und war von Mussolini so beeindruckt gewesen, daß er nicht nur ein signiertes Photo des Diktators an seine Bürowand hängte, sondern auch das Büro selbst im Mussolini-Stil umbauen ließ – sein Schreibtisch wurde auf eine erhöhte Plattform gestellt, so daß er auf seine Besucher hinabsehen konnte, wenn sie sich näherten, das Licht im Gesicht.

Dies alles waren persönliche Idiosynkrasien. Hollywood als Ganzes machte nur Filme für den Profit, und es verdiente etwa ein Drittel seines Einkommens im Ausland. Die Studios wollten es mit niemandem verderben, weder mit den Faschisten noch mit den Antifaschisten. Und die monopolistische Kontrolle der Studios über die gesamte Produktion und Vermarktung bedeutete, daß es nicht einem einzigen unabhängigen Filmemacher möglich war, etwas zu produzieren, was jemandem wehtun könnte, ob den Faschisten oder den Antifaschisten oder sonst irgendwem. (Im übrigen: Wer war denn eigentlich wirklich Antifaschist? Die Engländer und Franzosen, die sich so zahm Hitlers »Anschluß« Österreichs gefügt und zugesehen hatten, wie die Nazis Franco bei der Unterwerfung Spaniens halfen?)

Hollywoods politische Zurückhaltung gegenüber dem Nazismus folgte jedoch auch aus seinen Gefühlen gegenüber Judentum und Antisemitismus. Schönberg war nicht der einzige, der einem Angehörigen riet, sehr zurückhaltend zu sein und sich nicht in die Politik einzumischen. 1940 war der Antisemitismus in Amerika weit verbreitet und stark, weit stärker, als man heute weiß oder wissen will. Juden waren von vielen Führungspositionen und aus vielen der besten Wohngegenden völlig ausgeschlossen. An vielen Universitäten, in Clubs und Vereinigungen gab es einschränkende Quoten für Juden. Normale Amerikaner wurden nicht oft gewalttätig gegen Juden – ganz gewiß weniger als gegen Schwarze, Mexikaner, Chinesen –, aber sie betrachteten sie generell als fremdes Volk, habgierig, intrigant, unaufrichtig. »Was sie (die Juden) uns offenbar übelnehmen«, schrieb Raymond Chandler an seinen englischen Verleger, und es war ein ziemlich typischer Ausdruck der Volksmeinung, »ist die Auffassung, daß der Jude ein eindeutiger rassischer Typ ist, daß man ihn am Gesicht erkennen kann, am Klang seiner Stimme und allzu oft an seinen Manieren. Kurz, die Juden sind bis zu einem gewissen Grade immer noch Fremde... Ich habe in einem jüdischen Viertel gewohnt, ich habe eines jüdisch werden sehen, und es war ziemlich schrecklich.« Solche Äußerungen mögen heute überraschen, doch das Überraschendste daran ist, daß Raymond Chandler noch 1950 in diesem Ton schrieb, fünf Jahre nach der Befreiung von Auschwitz, und daß er es schrieb, um jeden Verdacht zu widerlegen, er könnte als Antisemit betrachtet werden. »Ich habe schließlich in Hollywood mit Dutzenden und Dutzenden von Juden zu tun gehabt«, erklärte er, »und nie hat mich einer von ihnen eines derartigen Gefühls angeklagt.«

Den meisten Juden jener Zeit hatte man beigebracht, die Achseln zu zucken und es hinzunehmen. Sigmund Freud war zwölf, als sein Vater ihm erzählte, wie ein arroganter Goy ihm die neue Pelzkappe vom Kopf geschlagen habe, daß sie in die schlammige Gosse fiel, und geschrien habe: »Jude! Runter vom Bürgersteig!«

»Und was hast du gemacht?« fragte der junge Sigmund. »Ich bin in die Gosse gestiegen und habe meine Kappe aufgehoben«, sagte Jakob Freud. In Amerika – wie in vielen Gegenden Deutschlands – wollten die Juden allerdings nicht von dem Glauben an die Assimilation lassen, von dem Glauben, wenn man sich benähme wie alle anderen, würde man betrachtet, als *sei* man wie alle anderen, ein guter Amerikaner. In Hollywood nahmen Stars neutrale Namen wie Fairbanks oder Howard oder Shaw an; Schauspielerinnen unterzogen sich plastischen Operationen; manche gingen demonstrativ in christliche Kirchen oder spendeten Geld für die christliche Wohlfahrt. Dies war weniger eine Verleugnung des Judentums – obwohl es das auch war – als vielmehr ein Versuch, das Judentum unwichtig erscheinen zu lassen, zu unbedeutend, um kritisiert oder auch nur bemerkt zu werden.

Diese Abwehr bot zeitweilig Schutz, aber jeder Fehlschlag, der unausweichlich kam, bewies das Scheitern der ganzen Illusion und mußte deshalb geleugnet werden, als Verirrung abgetan. Der ›Bel Air Country Club‹ nahm keine Juden als Mitglieder auf; sie durften als Gäste Golf spielen, aber nicht dem Club beitreten. Also rief eine Anzahl Juden einen eigenen Golfclub ins Leben, ›Hillcrest‹; das inspirierte Groucho Marx zu seiner berühmten Bemerkung, daß ein Club, der ihn einließe, kein Club sei, dem er beitreten möchte. Dies waren kleine Konflikte und kleine Niederlagen, aber immer Niederlagen. Die Frau eines berühmten Drehbuchautors erinnerte sich, daß im Strandclub Santa Monica eine Tafel an der Wand hing mit den Namen berühmter Clubmitglieder wie Louis B. Mayer, aber als ein Freund sie zur Mitgliedschaft vorschlug, stutzte sie beim Lesen des Antragsformulars. »Der Alte gab mir ein Stück Papier zum Ausfüllen, und da hieß es ›Religionszugehörigkeit‹, und ich sagte: ›Was soll das denn?‹ Ich wußte wirklich nicht, was es bedeutete. Also sagte er: ›Das heißt, sind Sie Jüdin oder nicht?‹ Ich sagte: ›Ich bin Jüdin.‹ Er griff nach dem Papier, um es mir wieder wegzunehmen. Ich sagte: ›Oh nein, ich möchte selbst das Vergnügen haben, dies zu zerreißen.‹ Während ich es zerriß, sagte ich zu dem alten Mann: ›Wie kommt es, daß Sie da auf

Ihrer Tafel einen Haufen jüdischer Menschen als Mitglieder haben?‹ Er sagte: ›Nun, sie sind 'reingekommen, bevor wir diese Regel gemacht haben.‹«

F. Scott Fitzgerald dachte wohl, daß seine Arbeitgeber bei der MGM beeindruckt sein würden von seiner Freundschaft mit dem berühmten Ernest Hemingway und daß Ernest Hemingway beeindruckt sein würde, wenn er die Herren des größten Hollywooder Studios kennenlernte, also brachte er seinen Freund zu einem Besuch in die Büros von Louis B. Mayer mit. Zunächst allerdings stellte er Hemingway einem von Mayers Chefproduzenten vor, einer kleinen, engelhaften Gestalt namens Bernie Hyman. »Schon ganz ordentlich für einen Juden«, sagte Hemingway sozusagen als scherzhafte Begrüßung. Was der gefeierte Romanautor sagte, als er in das gewaltige, weiß in weiß gehaltene Büro von Louis B. Mayer geführt wurde, ist nicht überliefert, aber bald rief der Studio-Präsident nach seiner Privatpolizei. »Wenn dieser Mann nicht in fünf Minuten raus ist aus meinem Büro, dann sind Sie es«, sagte Mayer. Hemingway zog sich in eine Bar auf der anderen Straßenseite zurück, in den ›Retake Room‹, und dort erzählte er allen, wie er es dem Präsidenten der MGM gezeigt hatte.

Dies war allerdings derselbe Mayer, der sich Sorgen darüber machte, was das Hitler-Regime wohl von seinem neuen Film *Drei Kameraden* (Three Comrades) halten würde, der sich auf Erich Maria Remarques Roman stützte. Das Skript, von Fitzgerald geschrieben (und zu Fitzgeralds großer Empörung von Joseph L. Mankiewicz umgeschrieben), verschleierte die Identität der politischen Gruppen bei den Straßenkämpfen, aber zeigte trotzdem klar, daß die Nazis Nazis waren. Mayer lud einen Vertreter des deutschen Konsulats in Los Angeles zu einer Privatvorstellung ein. Der Deutsche kam, sah und mißbilligte.

Mayer war offenbar durchaus bereit, Änderungen zu machen. Mankiewicz jedoch weigerte sich. Joseph I. Breen, Leiter der Hollywooder Selbstzensur (des Haysbüros), bot die Lösung an, wie er meinte: Sollen die Unruhestifter doch klar als Kommunisten erkennbar sein. Mayer ordnete an, die Veränderungen vorzunehmen. Mankiewicz drohte, er werde zurücktreten und seine Gründe der *New York Times* erklären. Mayer zuckte die Schultern und beschloß, den Film ruhen zu lassen. »Die MGM hat ihre Filme in Nazi-Deutschland gezeigt, bis Hitler sie schließlich hinauswarf«, erinnerte sich Mankiewicz. »Ja, ein Produzent hatte den Auftrag, aus einem Film jeden Namen zu entfernen, der jüdisch klang.« Noch 1941 ließ Mayer den Regisseur William Wyler kommen, um sich zu beschweren, die ersten Szenen für *Mrs. Miniver* zeigten eine antideutsche Tendenz. Eine Szene vor allem porträtiere einen abgeschossenen deutschen Piloten als fanatischen Nazi.

»Wir befinden uns nicht im Krieg«, erklärte Mayer. »Dieser Film zeigt nur, wie schwer es diese (englischen) Menschen haben, und er hat sehr viel Mitgefühl für sie, aber er richtet sich nicht gegen die Deutschen.«

»Mr. Mayer, Sie wissen doch, was vor sich geht, oder?« protestierte Wyler.

»Dies ist ein großes Unternehmen«, sagte Mayer. »Ich bin meinen Aktionären gegenüber verantwortlich. Wir haben Filmtheater überall in der Welt, auch ein paar in Berlin. Wir machen keine Haßfilme. Wir hassen niemanden. Wir befinden uns nicht im Krieg.«

Erst nach Pearl Harbor, als Hitler den Vereinigten Staaten tatsächlich den Krieg erklärte, ließ Mayer Wyler wieder kommen und gestattete ihm großzügig, den abgeschossenen deutschen Piloten so darzustellen, wie er es für richtig hielt. »Machen Sie nur weiter«, sagte Mayer. »Machen Sie es so, wie Sie es sich gedacht haben.«

Die Warners hatten da einen viel besseren Ruf. »Warner Brothers hatten Mumm«, berichtete Mankiewicz. »Ihr Haß auf die Nazis war größer als ihr Interesse am deutschen Geld.« Die Warners hatten auch einen besonderen Grund, gegen die Nazis zu sein: Der Berliner Vertreter des Studios, Joe Kauffman, wurde von randalierenden Nazihorden zusammengeschlagen und starb an seinen Verletzungen. Die Warners schlossen ihr Berliner Büro.

Sie begannen auch, offenbar auf Drängen des FBI-Direktors J. Edgar Hoover, an einem Film mit dem Titel *Bekenntnisse eines Nazispions* (Confessions of a Nazi Spy) zu arbeiten, in dem Edward G. Robinson einen FBI-Agenten namens Leon Turrou spielte; dieser Agent war in die Unterwelt der deutschen Propaganda und Spionage in Amerika eingedrungen. Rückblickend kommt einem das Exposé doch recht maßvoll vor, aber die deutsche Botschaft reagierte mit gewohnten Protesten und Drohungen. Und Hollywood war von Drohungen immer beeindruckt. »Schau mal, Jack, viele von uns bringen immer noch Filme in Deutschland unter und holen dort Geld«, zitierte Jack Warner später einen ›Studiobesitzer‹. »Wir führen keinen Krieg gegen Deutschland, und du wirst doch nicht unsere eigenen Leute schädigen.« Dann zitierte Warner sich selbst mit seiner zutiefst entrüsteten Erwiderung: »Was denn schädigen? Ihre Brieftaschen? Hör zu, diese mörderischen Schweine haben unseren Mann in Deutschland erschlagen, weil er nicht Heil-Hitlern wollte! Die Silberhemden und die Bundisten und das ganze Lumpenpack marschieren schon in Los Angeles. Es gibt Schulkinder mit Hakenkreuzen am Ärmel ein paar Straßen weiter. Ist es das, was du im Austausch gegen ein paar miese Filmmajestäten aus Deutschland haben möchtest?«

Das Selbstdramatisieren lag Jack Warner offenbar, und *Bekenntnisse eines Nazispions* wurde nicht gerade ein Meilenstein der Filmgeschichte, rief aber einige Aufregung hervor, als er 1939 herauskam, der erste offen nazifeindliche Film, den Hollywood produzierte.* Nicht nur legte die deutsche Regierung Beschwerde beim State Department ein, sondern der German-American Bund erhob auch Schadenersatzklage über 500000 Dollar. Anonyme Briefe mit Morddrohungen erreichten Jack Warner, Produktionschef Hal Wallis, den Produzenten Robert Lord und Edward G. Robinson. Das war genau die Art von Agitation, die andere Produzenten nervös machte. Auch Charlie Chaplin fürchtete wieder feindselige Reaktionen auf den *Großen Diktator*. Als sein Film 1940 endlich herauskam, waren die Amerikaner allerdings schon ziemlich gewöhnt an Hohn und Spott für Hitler und seinen albernen Schnurrbart, seinen eigentlichen Namen Schicklgruber,

---

* In diesem Zusammenhang ist anzumerken, daß der Warners-Film *Das Leben des Emile Zola* (The Life of Emile Zola) aus dem Jahre 1937 völlig unerwähnt ließ, daß Oberst Dreyfus, dem Zola zur Befreiung aus der Haft verhalf, als Jude Opfer des französischen Antisemitismus war.

seine Karriere als Postkartenmaler. Die New Yorker Premiere des *Großen Diktators* wurde ein Riesenerfolg.

Die Hollywooder Selbstzensur blieb jedoch dabei, daß die Filmindustrie nicht die Verwicklung Amerikas in den Krieg fördern dürfe. Als also Walter Wanger (geborener Feuchtwanger) und Alfred Hitchcock beschlossen, Vincent Sheeans *Personal History* zu verfilmen, brachten sie eine gelungene Darstellung der Nazi-Spionage zuwege, ohne ein einziges Mal zu sagen, daß die Spione Deutsche wären. Eigentlich war Hitchcock weniger an Politik interessiert als vielmehr an den phantastischen Kulissen, die Wanger ihn bauen ließ: das Modell eines Amsterdamer Platzes für 200000 Dollar, eine gewaltige Rohrleitung vom Colorado-Fluß her, damit der Platz im strömenden Regen gefilmt werden konnte, eine 200 mal 40 Meter große Kopie der Londoner Waterloo Station (belebt von fünfhundert Statisten in hübscher Sommerkleidung). Aber Wanger verlangte immer wieder, daß das Drehbuch, jetzt *Mord* (Foreign Correspondent) betitelt und weit entfernt von Sheeans Memoiren, anhand der neuesten Nachrichten vom Kriege geändert würde – dem Einfall der Nazis nach Holland, der Besetzung Frankreichs. Und obwohl die Handlung im Herbst 1939 spielen sollte, veranlaßten die Meldungen über eine bevorstehende Schlacht um England Hitchcock zu dem Vorschlag, Ben Hecht sollte einen aufregenden Schluß schreiben. »Hallo, Amerika«, begann der Auslandskorrespondent Joel McCrea seine hemmungslos unwahrscheinliche Sendung aus London. Er hatte kaum angefangen, als draußen Bomben explodierten und drinnen der Strom ausfiel, und McCrea mußte improvisieren. »Sieht so aus, als wären alle Lichter ausgegangen – überall, nur nicht in Amerika«, erklärte er, während im Hintergrund *The Star-Spangled Banner* aufklang. »Laßt diese Lichter nicht verlöschen! Bedeckt sie mit Stahl, umringt sie mit Kanonen! Baut einen Schild aus Schlachtschiffen und Bombern um sie! Hallo, Amerika! Halte dein Licht hell! Es ist das einzige Licht der Welt...«

Solche Sprüche trugen zur Verbreitung des Gerüchts bei, Hitchcock bliebe auf Geheiß britischer Behörden in Amerika. Man könnte meinen, daß diese Behörden angesichts einer drohenden militärischen Katastrophe Wichtigeres zu tun gehabt hätten, aber bei der britischen Tradition der unterschwelligen Propaganda und Sabotage war man ja bereit, alles zu glauben. Wenn der Familienlegende der Korda zu trauen ist, hat Sir Alex (1942 aus etwas rätselhaften Gründen zum Ritter geschlagen) den Film *That Hamilton Woman* auf direkte Anregung von Winston Churchill produziert – der nach dem schwärmerischen Bericht von Kordas Neffen Michael vielleicht sogar Nelsons lange Rede geschrieben hat mit der Mahnung, man werde Napoleon auf den Tod bekämpfen müssen. Korda hat, was noch wichtiger ist, vermutlich einer Bitte Churchills entsprochen, seine Niederlassungen in New York und Los Angeles für Zwecke des britischen Geheimdienstes nutzen zu können. »Diese Büros existierten eigenständig als geldbringendes Unternehmen des Alex Korda«, schrieb Michael Korda, »aber sie dienten auch als ›Cover‹ für britische Agenten, die im damals neutralen Amerika arbeiteten. Amerikanische Isolationisten hatten es den britischen Geheimdienstlern schwer gemacht, in den Vereinigten Staaten frei zu arbeiten, eine Filmgesellschaft aber bot unvergleichliche Möglichkeiten...«

Aber auch amerikanische Isolationisten waren natürlich keine arglosen Unschuldslämmer. Sie repräsentierten bis zu einem gewissen Grade all die unangenehmen amerikanischen Eigenschaften wie Fremdenfeindlichkeit, Anglophobie, Antisemitismus und eine allgemeine Feindseligkeit gegenüber allem Östlichen und Kosmopolitischen. In gewissem Maße waren sie auch Geschöpfe der offiziellen Propaganda und der inoffiziellen Manipulation Nazi-Deutschlands. Im übrigen waren sie einfach Ausdruck des traditionellen amerikanischen Wunsches, einer Verwicklung in europäische Streitigkeiten aus dem Wege zu gehen. Immer wieder sagten sie jedem, der es hören wollte, daß George Washington – oder war es Thomas Jefferson? – alle Amerikaner vor Verstrickungen im Ausland gewarnt habe.

Senator Burton Wheeler, ein Demokrat aus Montana und prominentes Mitglied des *America First Committee*, beschuldigte die Filmindustrie der Konspiration mit der Roosevelt-Administration, um eine »wüste Propagandakampagne« zu führen mit dem Ziel, »das amerikanische Volk so weit aufzustacheln, daß es sich in diesen Krieg hineinziehen läßt«. Ein anderer isolationistischer

Senator, Gerald Nye aus North Dakota, teilte Wheelers Verdacht, daß Hollywood »Kriegsfieber in Amerika hervorrufen und die Nation in den Untergang treiben« wolle. Nye hatte auch eine Erklärung dafür anzubieten. »In jedem dieser Unternehmen«, sagte er in einer Rede, »gibt es eine Reihe von Produktionsdirektoren, die aus Rußland, Ungarn, Deutschland und den Balkanstaaten gekommen sind... Ihr Interesse gilt den Problemen anderer Länder.« Draußen im Lande drückte Charles Lindbergh sich deutlicher aus, wenn er die Juden als die »Hauptkriegshetzer« bezeichnete. »Ihre größte Gefahr für dieses Land«, sagte er vor einer achttausendköpfigen Menge in Des Moines im September 1941, »liegt in ihrem großen Besitztum und Einfluß im Bereich unseres Films, unserer Presse, unseres Rundfunks und unserer Regierung.«

Nye legte eine Resolution vor, mit der eine amtliche Untersuchung der »kriegsvorbereitenden« Propaganda verlangt wurde. Der Senat billigte sie, und so begann ein Senats-Unterausschuß, achtundvierzig angeblich kriegsfördernde Filme zu prüfen. Dazu gehörten so unterschiedliche Produkte wie *Bekenntnisse eines Nazispions* und *Sergeant York* (mit dem Gary Cooper einen Oscar gewann) bis hin zu zehn *March of Time*-Wochenschauen. Hollywoods Produzenten reagierten mit entrüsteten Dementis und beauftragten sogar Wendell Willkie mit der Wahrnehmung ihrer Interessen, aber als es dann im September 1941 soweit war, daß der Unterausschuß unter Vorsitz des Senators D. Worth Clark aus Idaho seine Anhörungen aufnahm, erkannte man allgemein an, daß die amerikanische Politik gegenüber der Achse ein weitaus größeres Thema war als alles, was in Hollywood dazu zu sagen sein mochte. Zwiespältiger und verhängnisvoller als die Aufregung der Isolationisten war die Ankündigung des Kongreßabgeordneten Martin Dies aus Texas, Initiator* des Kongreßausschusses für

---

* Dies hatte zwar als erster den Vorsitz inne, die eigentliche Urheberschaft für den Ausschuß kommt aber eher Samuel Dickstein zu, dem Kongreßabgeordneten aus Manhattan, der 1934 eine parlamentarische Untersuchung der Nazipropaganda und -Subversion zu fordern begann. Während Dies sich mehr für Streiks in Detroit interessierte, verlangte Dickstein »einen ständigen Ausschuß dieses Hauses, genannt Ausschuß für Unamerikanische Umtriebe, der jede subversive Gruppe in diesem Lande beobachten soll.« Beide Männer vereinten ihre Bemühungen, aber

Unamerikanische Umtriebe, daß Hollywood als »Brutstätte des Kommunismus« durchleuchtet werden müsse. Die ersten Anklagen gegen Hollywood hatte Dies im Jahre 1938 erhoben, aber sie waren so umfassend, daß er weithin ausgelacht wurde, hatte er doch sogar Shirley Temple, damals zehn Jahre alt, beschuldigt, den Kräften der Subversion beizustehen. Dies konzentrierte sich auf den Angriff gegen das »Bundes-Theaterprojekt« des Arbeitsministeriums, und der Kongreß unterstützte ihn, indem er im Juni 1939 beschloß, dem Projekt sämtliche Mittel zu streichen. Dieser Sieg ließ Dies' Interesse an Hollywood wieder aufleben. Anfang 1940 verkündete er, daß »zweiundvierzig oder dreiundvierzig prominente Angehörige der Hollywooder Filmkolonie entweder eingeschriebene Mitglieder der Kommunistischen Partei oder aktive Sympathisanten und Mitläufer« seien. Er nannte zwar keine Namen, ließ aber durchblicken, daß »kommunistischer Einfluß für die subtile, aber effektive Propaganda verantwortlich war, die in Filmen wie *Juarez*, *Blockade* und *Fury* steckt«. Er hatte auch eine Erklärung für den kommunistischen Einfluß in Hollywood bereit: »Die meisten Produzenten sind Juden.«

Den ganzen Sommer 1940 hindurch tönte Dies, daß er bald Hearings in Hollywood abhalten würde. Der Mann jedoch, der in dieser Aussicht eine echte Chance sah, war Buron Fitts, seit 1928 Staatsanwalt in Los Angeles und jetzt vor einem schwierigen Wahlkampf stehend. Fitts überredete einen ehemaligen Kommunisten namens John L. Leech, der Parteisekretär in Los Angeles gewesen war, bis er 1937 ausgeschlossen wurde, einer Anklagejury alles über den Kommunismus in Hollywood zu erzählen. Dann wurde Leechs Aussage wirkungsvoll in die Presse lanciert, die getreulich berichtete, daß Leech Namen genannt habe, zum Beispiel Humphrey Bogart, James Cagney, Frederic March, Melvin Douglas, Franchot Tone und noch ein Dutzend andere.

Kongreßmann Dies, der empört sah, daß ein örtlicher Ankläger seine Untersuchung übernahm, eilte nach Los Angeles und ließ verlauten, daß er jeden Beteiligten zu vernehmen wünsche. Holly-

---

als der Kongreß 1938 den Plan billigte, wurde Dies Vorsitzender. Dickstein konnte – vielleicht, weil er zu brutal war, vielleicht auch, weil er Jude war – nicht einmal einen Sitz in seinem Ausschuß erringen. Dessen Zukunft war damit vorgezeichnet.

wood reagierte auf eine Weise, die damals wahrscheinlich aufrichtig wirkte, im Rückblick aber nicht so gut aussieht. Y. Frank Freeman von der Paramount, damals auch Präsident des Vereins der Filmproduzenten, suchte an der Spitze einer Hollywood-Delegation Dies in seinem Hotelzimmer auf und erklärte, die Filmemacher würden »in ihrem wahren Amerikanismus vor niemandem in die Knie gehen«. Die Studios, sagte er, würden »eine vollständige und unparteiische Untersuchung begrüßen«, und wenn bei einer solchen Untersuchung irgend jemand ans Tageslicht käme, der »Schande über diese Industrie gebracht« habe, dann, bei Gott, »wird es keinen Versuch geben, solche Personen zu schützen.«

Hollywoods Progressive regten sich mehr auf. Es gab Protestversammlungen. »Das Volk will Demokratie – echte Demokratie, Mr. Dies«, rief Dorothy Parker bei einer Versammlung im Saal der Philharmonie, »und die Menschen blicken nach Hollywood, um sie zu bekommen, weil ihre Zeitungen sie ihnen nicht mehr geben. Und das ist auch der Grund, warum Sie hier sind, Mr. Dies – deshalb wollen Sie die fortschrittlichen Organisationen Hollywoods zerstören – weil Sie dieses Medium in die Hand bekommen müssen, wenn Sie diesem Land den Faschismus bringen wollen.« Aber Dies wollte doch eigentlich nicht mehr, so sagte er immer wieder, als nur ein paar Fragen stellen. Die Stars, die er fragen wollte, wie Cagney, Bogart und March, erwiesen sich als durchaus gesprächsbereit. Sie »waren sehr freimütig und legten uns ihre Bücher und Schallplatten zur Inspektion vor«, sagte Dies im Anschluß. Als Ergebnis seiner Untersuchung konnte er hinzufügen, daß sie »keine kommunistischen Sympathisanten sind oder waren.«

Hollywood war zufrieden. Die Angelegenheit war bereinigt, es war entlastet. Und da der Hauptzweck dieser Manöver stets die Publicity war, war auch Dies zufrieden. Er wandte sich anderen Orten zu, um seine Untersuchungen fortzusetzen. Wenn sich der kommunistische Einfluß in Hollywood im Jahre 1940 nicht als nationale Bedrohung darstellen ließ, dann lag das nur daran, daß die Zeit dafür noch nicht reif war.

Keins dieser politischen Probleme hat eigentlich im Hollywood der vierziger Jahre eine sehr große Rolle gespielt. Es gab wieder einmal Krieg in Europa, aber Europa war weit weg. Es gab Kritik in Washington, aber auch Washington war weit weg. Hollywood teilte immer noch die Meinung von Calvin Coolidge, das wichtigste Geschäft Amerikas sei das Geschäft, und das Geschäft der großen Filmstudios war es, das herzustellen, was an den Kinokassen in Dallas oder Indianapolis offenbar verlangt wurde. »Im letzten Jahr hat Hollywood 350 Filme gemacht«, sagte Walter Wanger, ein Produzent, der als Intellektueller galt, weil er einst nach Dartmouth gegangen war. »Weniger als zehn dieser Filme wichen ab von den üblichen Western, Romanzen und Collegegeschichten.« Als die Oscar-Verleihung des Jahres fällig wurde, die es Hollywood halbwegs möglich machte, sich selbst zu definieren, errang Selznicks *Rebecca* (Hitchcock als Regisseur, Olivier als Hauptdarsteller, Daphne du Maurier als Autorin) die Ehrung als bester Spielfilm. Jimmy Stewart wurde für seine Rolle in *Die Nacht vor der Hochzeit* (Philadelphia Story) als bester Schauspieler und Ginger Rogers für ihre *Kitty Foyle* als beste Schauspielerin ausgezeichnet.

Als Präsident Reagan vor nicht allzulanger Zeit im meergrünweißen Familienkino im Ostflügel des Weißen Hauses seinen Lieblingsfilm von 1940 vorführte, wählte er nicht *Rebecca* oder *Die Nacht vor der Hochzeit*, sondern *Knute Rockne – All American*.

Reagan war im Alter von sechsundzwanzig Jahren nach Hollywood gekommen, ein ehrgeiziger Sportreporter aus Iowa, und hatte bald gemerkt, daß der von Warners versprochene Vertrag nichts anderes bedeutete als die Mitwirkung in einer Serie zweitklassiger Filme: *Love Is on the Air, Submarine D-1, Cowboy from Brooklyn, Hollywood Hotel*. Reagan erklärte später, jeder käme nach Hollywood mit »dem Wunsch, einen bestimmten Stoff verfilmt zu sehen«, und der Stoff, den er sich auf der Leinwand wünschte, sei das Leben von Knute Rockne gewesen. Vielleicht war es der Einfluß seines alkoholischen Vaters Jack Reagan, der nie in Notre Dame war, sondern den Fußballtrainer aus der Ferne verehrte. (Als der Film schließlich fertig war, mußte Reagan dafür sorgen, daß sein Vater an der rauschenden Premiere in South Bend teilnehmen konnte, und sich um den Vater sorgen, der die Nacht durchzechte.) »Da ich brandneu in Hollywood war«, sagte Reagan später, »habe ich meine Idee ganz offen verfolgt, habe jeden, der zuhörte, danach gefragt, an wen man sich wenden müßte, ob man einfach ein Exposé machen oder ob man versuchen sollte, ein Drehbuch zu schreiben...«

Reagan behauptete, er habe für sich selbst nur den Ehrgeiz gehabt, die Rolle des George Gipp, des Zufallshelden, zu spielen. F. Scott Fitzgerald schrieb einmal, er habe sich zum Einschlafen immer wieder dieselbe Geschichte vorgestellt: »Es war einmal (erzähle ich mir) in Princeton, da brauchten sie einen Quarterback, und sie hatten keinen und waren ganz verzweifelt. Der Cheftrainer sah mich kicken und laufen am Rande des Spielfelds, und er schrie: ›Wer ist der Mann da...? Bringt ihn her.‹« Reagan hegte genau denselben Traum vom Gipp, den er spielen wollte: »Als Neuling war er über das Übungsfeld gegangen, hatte einen abgeprallten Football aufgehoben und ihn zu den Uni-Spielern, die nach ihm schrien, zurückgekickt. Er kickte ihn sauber über den Zaun...«

Nach all seinem sorglosen Geplapper war Reagan bestürzt, in *Variety* zu lesen, daß Warners die Geschichte von Rockne zu verfilmen gedächten. Pat O'Brien, Reagans Wahl für die Titelrolle, hätte bereits unterschrieben. Reagan deutete in seiner Autobiographie an, daß sein unbedachtes Gerede jemanden inspiriert hätte, die Idee zu stehlen, und daß es ihm nicht einmal etwas ausmache. (»Die Wahrheit ist, es wäre mir nie in den Sinn gekommen, daß man für Filmideen Geld bekäme. Ich wollte bloß, daß sie den Film machten, damit ich den Gipp spielen konnte.«) Zehn Männer waren schon für die Rolle von Rocknes großem Star getestet worden, so hat Reagan erzählt, aber er eilte ins Büro des Produzenten, um die Rolle für sich zu fordern. Der Produzent fand, daß der schlanke junge Schauspieler zu zart sei für eine solche Heldenrolle, aber Reagan sauste nach Hause und suchte Photos aus seiner Footballzeit am Eureka-College heraus, die ihn im Schmuck der breiten Schulterpolster zeigten. Dann kam noch der Leinwandtest, und, wie Reagan lakonisch feststellte, »Ich bekam die Rolle«.

Über *Knute Rockne* kann man leicht spotten. Schon als der Film herauskam, bezeichnete Bosley Crowther von der *New York Times* die Gipp-Szenen als »reichlich sentimental und mehr für den komischen Helden«. Und wenn er heute zur Nachtzeit über den Fernsehschirm flimmert, wirken die archaischen Züge des Drehbuches von Robert Buckner geradezu komisch. In einer der allerersten Szenen sah man Rocknes Vater, der seinen Freunden in Norwegen erzählt, daß er nach Amerika ginge, weil es das Land der Chancengleichheit sei und weil sein Sohn dort genau so gut wäre wie ein Königssohn. In Amerika angekommen, sieht man die Rocknes die traditionellen Tugenden üben: Harte Arbeit, Sparsamkeit und Demut. Das reichte allerdings nicht für den wahren Amerikanismus. Als der junge Knute mit blutiger Nase und zu spät vom Fußballfeld zum Abendessen heimkam, begann sein Vater auf Norwegisch mit ihm zu schimpfen, und der unbußfertige Sohn wehrte den Vater ab, indem er ihm sagte, er sollte »Amerikanisch sprechen«. Hollywood glaubte an den »Schmelztiegel«. Die Warner-Brüder konnten sich alle an ihren Vater erinnern, den Schuhflicker aus Polen, und der junge Ronald Reagan erinnerte sich an die Kämpfe des alten Jack.

Die Botschaft des *Knute Rockne* war, daß es Einwanderern (und Flüchtlingen) gut erginge, wenn sie hart arbeiteten, und daß sie und alle anderen Amerikaner am besten vorankämen, wenn sie zäh wären. Als Student am Notre Dame war der junge Rockne Schützling eines Chemieprofessors, gespielt von dem unverwechselbar deutschen Albert Bassermann, einem berühmten Berliner Schauspieler, der 1939 in die Vereinigten Staaten kam, ohne mehr als ein paar Worte Englisch zu können. Hin- und hergerissen zwischen der deutschen Stimme, die ihn streng zu einer wissenschaftlichen Karriere mahnte, und der tobenden Menge draußen, die die *Fighting Irish* anfeuerte, zögerte Rockne nicht lange. Und als Trainer betonte er ständig Drill, Disziplin und Selbstaufopferung für das Wohl des Teams. Vor einen Kongreßausschuß zitiert, der die Gewalt beim College-Football untersuchte, ging Rockne zum Gegenangriff über und warnte die verunsicherten Kongreßmitglieder, das größte Problem, vor dem Amerika stehe, sei, daß es »weich wird!« Das war Hollywoods Botschaft am Vorabend des Krieges.

Sentimental, ja, simplifizierend, ja, altmodisch und vielleicht beinahe faschistisch. Aber für jeden Jungen, der ihn in der Dunkelheit eines Kleinstadtkinos zum erstenmal sah, war *Knute Rockne* ein absolut sensationeller Film. Als Pat O'Brien seinen angeschlagenen Spielern in der Halbzeit erzählte, wie der sterbende Gipp gesagt hatte: »Sag ihnen, sie sollen rausgehen mit allem, was sie haben, und nur einmal gewinnen für den Gipper«, und als dann die Spieler zurück aufs Feld drängten und ein stolzes West Point-Team einpackten – da konnte niemand, zumindest niemand in einem Kleinstadtpublikum von 1940, zusehen, ohne zu schlucken. Niemand außer Ronald Reagan bei der Vorpremiere in Pasadena. »Wenn ich Gipps Todesszene las«, erinnerte er sich, »hatte ich einen so dicken Klumpen in der Kehle, daß ich nicht sprechen konnte. Ich spüre denselben Klumpen wieder, wenn ich mir die Szene nur vorstelle. Aber da war ich plötzlich auf der Leinwand und spielte die Szene, und ich war so unbewegt, als hätte ich einen Schnupfen. Es war eine schreckliche Enttäuschung, ich ging nach Hause und dachte, ich sei ein Versager...«

Ach, heute aber ist alles anders. Zurückgelehnt in der Dunkelheit im Ostflügel des Weißen Hauses kann der siebzigjährige Präsident seinem jüngeren Selbst zusehen, wie es sich in die Geschichte spielt. Er erinnert sich an alles, erinnert sich und glaubt. In der Dunkelheit kann der Präsident sich noch bewegt fühlen.

Immer mehr Flüchtlinge kamen. Die Kapitulation Frankreichs im Sommer 1940 scheuchte einen ganzen Schwarm Pariser Filmemacher auf – René Clair, Max Ophüls, Julien Duvivier und Jean Renoir, der auch Antoine de Saint-Exupéry mitbrachte, damit er in Hollywood seinen neuen Roman *Nachtflug* beenden konnte. Sie trieb auch all die deutschen Antinazis, die zuvor westlich des Rheins Zuflucht gesucht hatten, in ein neues Exil.

Thomas Manns weißbärtiger, donquichotischer älterer Bruder Heinrich zum Beispiel hatte sich in Nizza niedergelassen, wo er an einem historischen Roman über Frankreichs König Henri IV arbeitete. Er, ein wortgewaltiger Nazigegner, war stolz darauf, Präsident einer nebulösen linken Organisation namens »Deutsche

1

2

1+2 Metro-Goldwyn-Mayer's und Warner Brothers – die beiden großen Filmproduzenten Hollywoods in den dreißiger Jahren auf der technischen Höhe ihrer Zeit.

3+4 Der Nationalsozialismus in Deutschland wirft seine Schatten bis nach Hollywood: Igor Strawinsky verläßt seinen letzten Wohnort in Frankreich und geht nach Hollywood; Charlie Chaplins Film *Der große Diktator,* eine Persiflage auf Adolf Hitler, entsteht kurz nach Ausbruch des Zweiten Weltkriegs.

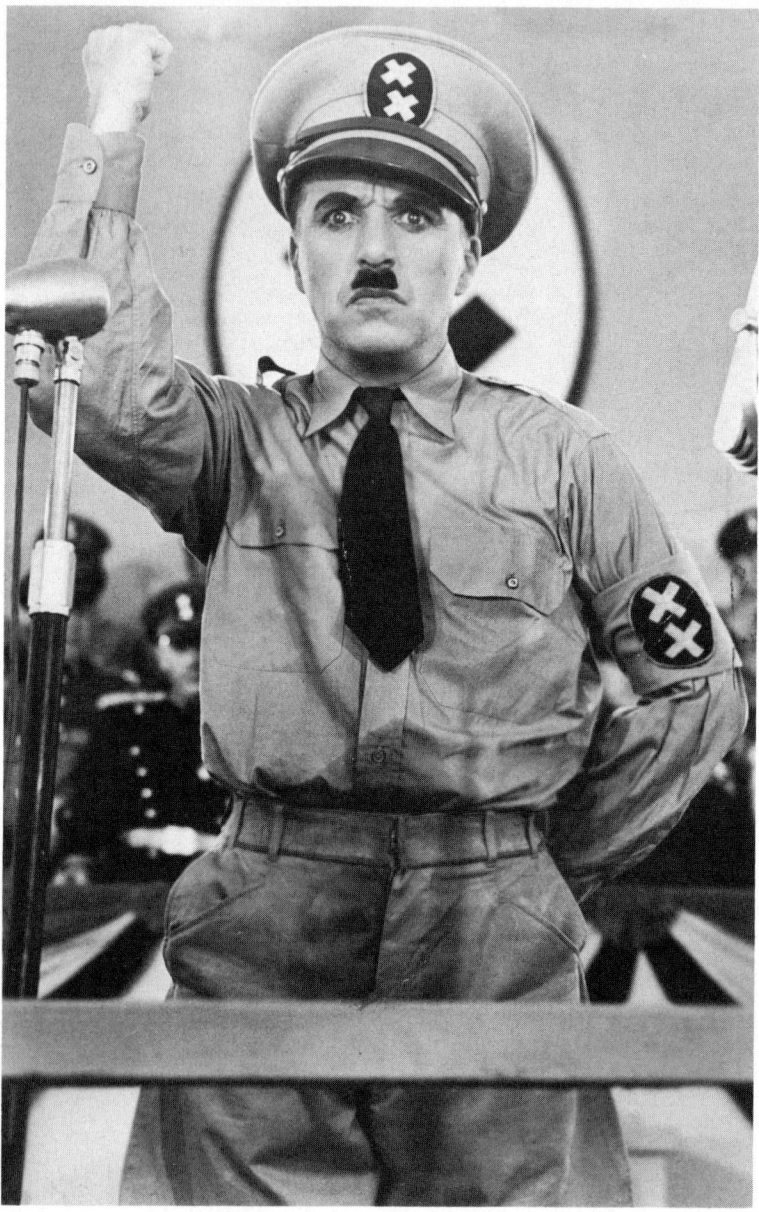

Volksfront im Ausland« zu sein. Im Privatleben war er ebenso weltfremd.

Als 1939 der Krieg ausbrach, war es eine seiner ersten Handlungen, ins Rathaus zu gehen und seine Freundin Nelly Kröger zu heiraten, eine halbverrückte Berliner Bardame, die schon einmal in betrunkenem Zustand versucht hatte, sich umzubringen. »Ich kann ihr helfen, gesund zu werden, wenn ich sie heirate«, schrieb Heinrich an seinen entsetzten Bruder in Amerika. Jetzt, da die Deutschen in Paris eingezogen waren, mußten Heinrich und Nelly Mann weiter fliehen, und jeden Tag wurde die Flucht schwieriger. Der berühmte Schriftsteller Lion Feuchtwanger zum Beispiel wurde 1939 als feindlicher Ausländer von den Franzosen interniert, dann auf britischen Druck hin freigelassen, im Mai 1940 aber wieder interniert. Ein Zeitungsphoto des elend aussehenden Feuchtwanger, der durch Stacheldraht starrt, veranlaßte seinen amerikanischen Verleger zu einem Protest bei Präsident Roosevelt, und dieser bat das State Department, behutsam die Hilfe zu leisten, die man für geeignet hielt.

Franz Werfel, ein Emigrant, der zufällig von Geburt Tscheche war, lebte in der Nähe von Toulon, als die französische Regierung Paris verließ, und auch er begab sich auf die für Emigranten typische ziellose Flucht. Er und seine Frau Alma, die berühmte Alma Mahler, die elf Jahre älter war als er, fuhren erst nach Marseille, wo sie sich vergeblich um Ausreisevisa bemühten, dann wanderten sie auf Umwegen nach Bordeaux, wo die französische Regierung Zuflucht vor den einrückenden Deutschen gesucht hatte. »Macht, daß ihr wegkommt, Bordeaux ist die Hölle!« warnte sie ein alter Freund, also machten sie sich wieder auf den Weg, sie gingen nach Biarritz und versuchten, die spanische Grenze zu erreichen, für deren Überschreitung sie keine Papiere hatten. Alma, die eine Art Karriere daraus gemacht hatte, daß sie zuerst Gustav Mahler, dann Walter Gropius und nun Werfel geheiratet hatte, betrauerte den unvermeidlichen Verlust ihrer diversen Koffer, vollgestopft mit Mahler-Partituren und anderen Erinnerungen. Sie tröstete sich mit Benediktiner. Schließlich gelangten die Werfels nach Lourdes, in der unbesetzten Zone Frankreichs, wo sie Woche um Woche in einem schäbigen Hotelzimmer festsaßen, während sie erneut versuchten, Ausreisepapiere zu bekommen. Werfel versprach dem Geist der Heiligen des Ortes, der Bernadette Soubirous, wenn er diesem Alptraum je entkäme, würde er ein Buch zu ihren Ehren schreiben.

Roosevelts Bitte um Hilfe für Feuchtwanger veranlaßte den US-Vizekonsul in Marseille, für den gefangenen Schriftsteller eine regelrechte Entführung zu organisieren. Dann legte das Konsulat das ganze Problem in die Hände eines tapferen jungen Quäkers namens Varian Fry, der für das neue *Emergency Rescue Committee* arbeitete. Fry hatte die Aufgabe übernommen, eine ganze Schar namhafter deutscher Emigranten über die spanische Grenze zu bringen (er sollte am Ende fast zweitausend von ihnen retten). Es war keine schwerbewachte Grenze, dennoch – der Trupp, den Fry in diesem September in den Nachtzug zur Grenzstadt Cerbère setzte, bestand nicht aus Jugendlichen. Es waren der flüchtige Feuchtwanger, seine Frau Marta, die aus dem Internierungslager Gurs befreit worden war, Heinrich Mann, nahezu siebzig, und seine trunksüchtige Frau Nelly, ihr Neffe Golo Mann, Thomas Manns Sohn, und die Werfels – Franz, der schon begann, über dem Lied der Bernadette zu brüten, und Alma, die sich um die Partituren sorgte, die wunderbarerweise aus Bordeaux wieder aufgetaucht waren.

Nun mußten sie die Pyrenäen hinaufklettern. »Wir krochen über steiles, schlüpfriges Gelände hinauf, gleich neben uns den Abgrund«, erzählte Alma Werfel später. »Bergziegen hätten kaum Halt gefunden auf dem glasig schimmernden Schiefer. Wenn man ausglitt, gab es nichts als Disteln zum Festhalten.« Als sie endlich die Grenze auf dem Gipfel erreichten, trat ihnen ein »sturblickender katalanischer Soldat« entgegen, der sie einem französischen Polizeioffizier übergab. »Ich hatte alte Sandalen an, schleppte eine Tasche mit dem restlichen Geld und Schmuck und mit der Partitur der 3. Symphonie von Bruckner«, sagte Frau Werfel. »Es war uns ganz elend von dem Marsch in der glühenden Sonne...«

Geld und Zigaretten wechselten die Besitzer, und die erschöpften Emigranten durften über die Eisenketten klettern, die die Grenze Spaniens markierten. Sobald sie diese Grenze hinter sich hatten, flogen sie nach Lissabon. Dort lag ein griechischer Dampfer, die ›Nea Hellas‹, eins der letzten Schiffe, die noch regulären Liniendienst nach New York fuhren, bereit, in See zu stechen.

Heinrich Mann dachte mit wenig Begeisterung an seine Zukunft in Amerika. »Er blieb in seiner Kabine, da er seekrank war«, schrieb Frau Werfel in ihr Tagebuch. »Er war auch böse mit der Welt. Als sein Neffe ihn besuchen ging, lag er im Bett. Er zeichnete Frauen mit großen Brüsten, manchmal auch nur die Brüste.« Bei der Ankunft Mitte Oktober 1940 wartete Thomas Mann am Dock, um seinen Bruder zu begrüßen. Er half auch, irgendeinen Job in Hollywood zu besorgen. Das ging mit Hilfe des *European Film Fund* vor sich, den Ernst Lubitsch, Salka Viertel und der Agent Paul Kohner 1939 geschaffen hatten, um den vor Hitler Emigrierten eine Art Arbeit zu geben. Nachdem Kohner ihnen ein bißchen auf die Zehen getreten war – das war schließlich sein Gewerbe –, sagten die Warner Bros. und die MGM zu, an verschreckte, hilflose und im Grunde nutzlose Emigranten wenigstens hundert Dollar pro Woche zu zahlen – zum Beispiel an Alfred Döblin, den Autor des Romans *Berlin Alexanderplatz*, und an Walter Mehring, Mitbegründer der Dada-Bewegung in Berlin.

Und so kam es, daß Thomas Manns Geschichten über Joseph den Ernährer sich in hohen Auflagen verkauften, was ihn in die Lage versetzte, sich am San Remo Drive in Pacific Palisades ein neues Haus zu bauen, während sein älterer Bruder für 125 Dollar die Woche bei Warner Bros. als Skriptschreiber diente. Man gab Heinrich Mann sehr wenig zu tun, unter anderem weil er kaum Englisch konnte, trotzdem erwartete man von ihm, wie von allen Skriptschreibern bei Warners, daß er jeden Morgen um neun im Büro erschien. Vielleicht erkannte der eine oder andere Kollege in den angrenzenden Kabinen in dem alten, weißbärtigen Deutschen den Autor des Romans vom Professor Unrat, aus dem Josef von Sternberg einst die quälende filmische Chronik der Erniedrigung eines Mannes gemacht hatte, den *Blauen Engel*. Für Thomas Mann war Pacific Palisades ein Paradies. »Ich habe, was ich wollte«, schrieb er, » – Licht; trockene, immer frische Wärme; Geräumigkeit... Steineiche, Eukalyptus, Zeder und Palme; Spaziergang am Meer..« Heinrich Mann sah davon wenig. Er schrieb von »Einsamkeit und Undankbarkeit«.

Werfel hatte mehr Glück. Sein jüngster Roman *Der veruntreute Himmel*, in Amerika *Embezzled Heaven*, war zum Buch des Monats gewählt und ein Bestseller geworden, und so zogen er und Alma gleich in ein hübsches Häuschen auf der Los Tilo Road nahe der Highland Avenue und begannen, ihre Freunde aus dem Reich der Musik einzuladen: Schönberg und Strawinsky, immer nur getrennt natürlich, Otto Klemperer, Bruno Walter und Erich Korngold (»Wir genossen es immer, wenn er sich ans Klavier setzte«, sagte Alma). Und da Werfel vor der heiligen Bernadette ein Gelübde abgelegt hatte, ging er nun daran, es zu erfüllen. »Er schrieb den neuen Roman wie im Rausch, ohne einmal müde zu werden«, berichtet seine Frau. »Er brachte mir jedes fertige Kapitel und sagte oft: ›Das kann doch niemanden interessieren...‹ Doch schrieb er weiter und mit großer Freude. Als er damit fertig war, sagte er, es sei ihm gewesen, als ob er nach einem Diktat geschrieben hätte. Wir feierten das Ende der ersten Niederschrift wie ein ganz großes Fest.«

Das *Lied von Bernadette* wurde ein Bombenerfolg, wie es einem »mit Freude« geschriebenen Buch zukam. Der Buch-des-Monats-Club erkor es Anfang 1942, die gebundene Ausgabe erreichte eine Auflage von 350000 Exemplaren, die 20th Century-Fox kaufte es für 100000 Dollar an, und es wurde zu einem der erfolgreichsten Filme des Jahres 1943. Jennifer Jones spielte das seelenvolle Bauernmädchen mit der ganzen Innerlichkeit, die ihr zu Gebote stand, was eine ganze Menge war, und bekam dafür den Oscar als beste Schauspielerin des Jahres. (Auch Strawinsky schwamm am äußersten Rand dieses Erfolgs mit, denn Werfel hatte ihn gebeten, die Hintergrundmusik zu schreiben, aber die Verhandlungen waren wie üblich im Sande verlaufen. Das Stück, das Strawinsky eigentlich für Bernadettes Jungfrauenerscheinung komponiert hat, wurde mit dem bekannten Strawinskyschen Sinn fürs Praktische zum Andante seiner Symphonie in drei Sätzen.)

Allerdings hat die Verwandlung einer mystischen Vision in einen kommerziellen Erfolg vielleicht auch ihre Gefahren. Bei einer Hollywooder Abendgesellschaft während des Siegeszuges der *Bernadette* unterhielt Werfel die anderen Gäste mit Geschichten über seine Flucht durch Frankreich, eben jene Flucht, die ihn zur Grotte der Bernadette in Lourdes geführt hatte. Er erzählte von einem kleinen Juden namens Jacobowsky und einem antisemitischen polnischen Oberst, die auf der Flucht vor den Nazis zusammentrafen und sich ganz allmählich zu gegenseitigem Respekt und sogar knurriger Zuneigung durchrangen. Gastgeber Max Reinhardt bestand darauf, er müsse diese Geschichte als Bühnenstück aufschreiben. Als Werfel Bedenken hatte, weil er sich am Broadway nicht auskannte, wurde ein anderer Gast, Samuel N. Behrman, zum Dienst als Mitarbeiter gedrängt. Wie es häufig vorkommt, gingen Werfel und Behrman mit großem Enthusiasmus ans Werk, begannen dann, sich zu streiten, und am Ende sprachen sie nicht mehr miteinander. Werfel ging in einem Hotel in Santa Barbara in Klausur, um umzuschreiben und wieder umzuschreiben.

Und auch ein Leben mit Alma hatte seine besonderen Schwierigkeiten. Der Benediktiner war inzwischen ein wichtiger Bestandteil ihrer Kost geworden.

»Sie hat einen Busen wie eine Kropftaube«, schrieb Strawinskys Freund Robert Craft maliziös in sein Tagebuch, »und die Stimme der Kasernentrompeten in einer Symphonie ihres ersten Mannes.«

Behrman war nicht weniger boshaft. Er beschrieb ein Essen bei den Schönbergs, bei dem Frau Werfel gnadenlos die jeweiligen Meriten ihrer diversen Ehemänner und Liebhaber offenlegte. »Sie redete und redete«, erinnerte sich Behrman, »bis sie bei Werfel anlangte; sie nahm ihn in ihre Liste auf, als wäre er nicht da. Schließlich sah sie ihren Mann fest an und faßte zusammen. ›Aber die interessanteste Persönlichkeit, die ich gekannt habe‹, sagte sie, ›war *Mahler*.‹« Als Krönung tauchte dann noch ein Mann aus Werfels Vergangenheit auf, der in ihrem Hotel in Lourdes im Zimmer nebenan gewohnt hatte und der jetzt vor Gericht ging mit der Behauptung, Werfel habe seine Lebensgeschichte gestohlen, er sei Jacobowsky...

Werfel erlitt im September 1943 seinen ersten schweren Herzanfall. »Eine Hitzewelle überlief ihn, er rang nach Atem«, berichtete Frau Werfel. »Dr. Wolff gab ihm verschiedene Injektionen, aber Franz Werfel schrie aus seiner Not immer nur:

›Morphium! Morphium!‹ heraus.« Werfel erholte sich wieder und schrieb ein Gedicht über seine Begegnung mit dem Tod, den er am Schluß »zwei Worte nur:/ ›Nicht heute‹« sagen läßt.

Jacobowsky und der Oberst hatte schließlich im Frühjahr 1945 am Broadway Premiere, die Kritiker waren hingerissen. Werfel fand die endgültige Fassung scheußlich und sah sie nie auf der Bühne.

Er arbeitete an dem satirisch-utopischen Roman *Stern der Ungeborenen*, und kurz nachdem er in jenem August die letzte Seite geschrieben hatte, brach er zusammen. »Franz Werfel lag vor seinem Schreibtisch auf dem Boden... mit ruhig lächelndem Gesicht und unverkrampft weichen Händen«, schrieb Frau Werfel. »Ich schrie, schrie so stark ich schreien konnte. August hörte mich und kam gelaufen.«

Die Beisetzung war natürlich ein großes Hollywood-Ereignis. Nicht von der Klasse des Begräbnisses eines Rudolph Valentino oder auch nur eines Harry Cohn, aber immerhin für die große Emigrantengemeinde ein Ereignis.

Lotte Lehmann sang Schubertlieder. Bruno Walter, Nachbar der Werfels, begleitete sie auf der Orgel. Werfel selbst war – wie er es gewünscht hatte, sagte seine Frau – mit Smoking und neuem Seidenhemd ausstaffiert, und im Sarg hatte man geheimnisvoll ein seidenes Reservehemd und mehrere Taschentücher verstaut. Aber Alma selbst war nicht zugegen. »›Ich bin nie dabei‹, hatte die großartige Frau gesagt«, berichtete Thomas Mann und fügte hinzu, daß ihm diese Bemerkung »so komisch naheging, daß ich nicht wußte, ob es Lachen oder Schluchzen war, was mir vorm Sarge die Brust erschütterte.«

Bruno Walter saß an der Orgel und spielte und spielte, während alle auf den Franziskanerabt Georg Moenius warteten, der die Gedenkrede halten sollte. »In letzter Minute hatte Alma darauf bestanden, das Manuskript vorher zu sehen«, sagte Thomas Mann, »und sie sah es energisch durch.« Auch Strawinsky war natürlich da und wartete wie alle anderen. Er hatte Werfel als einen Mann von »scharfem Musikverstand« bewundert, ein seltenes Kompliment von einem so scharfzüngigen Richter wie Strawinsky, aber als er später in seinen Erinnerungen zu der Beisetzung kam, war der lebhafteste Eindruck, der ihm von dem Ereignis geblieben war, daß es ihn »zum erstenmal in dreiunddreißig Jahren mit dem wütenden, zerquälten, brennenden Gesicht Arnold Schönbergs konfrontiert« hatte.

Verrat

(1941)

Geld lockt Geschäfte – und Geschäftsleute, Männer mit Talent zu Verführung, Bedrohung und Täuschung in jeder Kombination. Als immer mehr Geld in Hollywood und in ganz Los Angeles zusammenströmte, zeigte die Stadt zunehmend das verführerische Glitzern der Netzestadt, und wie in Mahagonny war alles erlaubt. Raymond Chandlers Wahrzeichen, der Detektiv Philip Marlowe, beobachtete und haßte die Veränderung. »Früher mochte ich diese Stadt«, stellte er fest, als er mit einer tollen Biene namens Dolores in *Die kleine Schwester* über den Sunset Boulevard nach Westen fuhr. »Lange her. Es gab noch Bäume am Wilshire Boulevard... Los Angeles war bloß ein großer, ausgedörrter, sonniger Ort mit häßlichen, stillosen Häusern... Jetzt haben wir das große Geld hier, die Scharfschützen, die Provisionstypen, die Schnellverdiener, die Ganoven aus New York und Chicago... Wir haben die Glitzerlokale und Nachtclubs, die sie managen, und die Hotels und Mietshäuser, die sie besitzen, und die Schwindler und Knackis und weiblichen Banditen, die darin wohnen. Das ganze hartgesottene Großstadtgesindel mit weniger Charakter als ein Pappbecher.«

Marlowes Anklage konnte kaum einen besser treffen als Willie Bioff – alias William Berg, alias Henry Martin, Harry Martin und Mr. Bronson –, eine gedrungene, gedunsene Figur aus Chicago, die große Pläne mit Hollywood hatte. »Ich will von der Filmindustrie zwei Millionen Dollar«, sagte Bioff zu Nicholas Schenck, dem Präsidenten der Loew's Inc. »Schenck warf die Arme hoch und tobte«, berichtete Bioff. »Ich sagte ihm, wenn er nicht die anderen zusammenholte, würden wir sämtliche Kinos im Lande zumachen.« Schenck holte die anderen zusammen, und sie handelten einen jährlichen Tribut an Bioff aus. Mit fünfzigtausend Dollar in bar, in Papier eingewickelt, ging Schenck in Bioffs Zimmer im New Yorker Waldorf-Astoria-Hotel; so sagte Schenck aus, als Bioff im Oktober 1941 wegen seiner erpresserischen Methoden der Prozeß gemacht wurde. Er legte das Geldbündel auf das Bett. Bioff übergab es George Browne, dem Präsidenten des Internationalen Verbandes der Bühnenarbeiter (IATSE) und Vizepräsidenten des amerikanischen Gewerkschaftsbundes (AFL) mit den Worten, er solle es zählen. Während Browne zählte, stand Schenck am Fenster, rauchte und ließ den Blick gedankenvoll über Manhattan schweifen. Und als er da so stand und rauchte, meldete sich noch ein Besucher – Sidney Kent, Präsident der 20th Century-Fox. Auch er hatte ein papierumwickeltes Bündel bei sich, das er auf das Bett warf. Bioff sagte zu Browne, er solle auch das zählen. Kents Bündel enthielt ebenfalls fünfzigtausend Dollar.

Das war die Art, in der Willie Bioff in Hollywood Geschäfte machte. »Ich habe festgestellt, daß das Feilschen mit diesen Filmleuten jedesmal gleich abläuft«, sagte er. »Du setzt dich mit ihnen zusammen, und sie fangen an zu schreien und zu jammern, wie sie doch ausgeplündert und beraubt würden. Das geht immer weiter, endlos. Inzwischen schließe ich die Augen, ich bin ein beschäftigter Mann und kriege nicht allzuviel Schlaf. Nach einer Weile flaut es ab, und die Stille weckt mich auf, und ich sage: »In Ordnung, meine Herren, kriegen wir das Geld?«

Sein richtiger Name war Morris Bioff, wie seine Schwester, zwei Brüder und eine Cousine bezeugten, die alle sagten, daß nicht nur Morris sich lieber William nennen ließ, sondern auch sein älterer Bruder Peter, der im Ersten Weltkrieg zur Marine ging und seither als verschollen galt. Die Ankläger zitierten aus den Einbürgerungspapieren des Vaters Louis, geborener Lazar Bioffsky, und baten Bioff, die darin aufgelisteten Kinder zu sortieren, und er sagte: »Morris, das bin ich.«

Fünfjährig kam Bioff aus Rußland in die Vereinigten Staaten. (»Lassen Sie sich von niemandem die Lüge aufbinden, daß ich nicht in Chicago geboren bin«, erklärte er einem Reporter. »Da gibt's Gerede, daß ich Ausländer wäre.«); nach der dritten Klasse verließ er die Schule und lebte hauptsächlich in den Straßen des

Chicagoer Westens. Er war Zeitungsjunge, arbeitete in einem Eiskeller und machte Botengänge für die Gangster der Gegend. »Ich hab' gelernt, wie man in Swifts Warenhaus über den Hinterhof was zu Essen klaut«, sagte er.

Als unbedeutender Spieß in den zerlumpten Heeren, die das Reich des einsitzenden Al Capone zusammenzuhalten suchten, war Bioff erfolglos bemüht, die kosheren Fleischer Chicagos zu organisieren, als er zufällig George Browne kennenlernte, den trinkfesten Geschäftsführer der Ortsgruppe 2 der Bühnenarbeitergewerkschaft. (»Stimmt es«, fragte später einmal ein Reporter, »daß Browne hundert Flaschen Bier am Tag trinken konnte?« Bioff tat, als wäre er entsetzt.) Die Zeiten waren hart. Gerade war Franklin D. Roosevelt zum Präsidenten gewählt worden, weil er einen *New Deal* versprochen hatte, aber in Brownes Ortsgruppe waren 250 Mitglieder arbeitslos, und die übrigen waren gerade gezwungen gewesen, eine Lohnkürzung hinzunehmen. Die Gewerkschaft hatte eine Suppenküche aufgemacht, um ihre Arbeiter zu unterstützen. Bioff beschwatzte Browne, ihn für dreißig Dollar die Woche als Assistenten anzustellen, dann machte er seinem neuen Boss einen Vorschlag. Sollte man nicht die Kandidaten für die nächste Kommunalwahl bitten, für Brownes Suppenküche zu spenden mit der Aussicht, die Stimmen der Gewerkschaftsmitglieder zu gewinnen? Bioffs Idee brachte prompt ein paar hübsche Gaben für die Suppenküche ein. Und dann hatte er noch eine Idee. »Wir werden die Balabans ausnehmen«, sagte er zu Browne.

John und Barney Balaban (letzterer wurde später Präsident der Paramount) hatten eine Kinokette in Chicago, und sie hatten ihre Angestellten mit Erfolg gezwungen, eine zwanzigprozentige Lohnkürzung zu akzeptieren. Sie war angeblich vorübergehend, bis zu einem bestimmten Datum befristet. Als dieser Tag kam und ohne Änderungen vorüberging, verlangte Browne, daß die alte Lohnskala wieder angewendet würde. Die Balabans beklagten die schweren Zeiten und boten Browne wöchentlich 150 Dollar für seine Wohlfahrtseinrichtung, wenn er das mit der Wiedereinführung der alten Löhne vergäße. Browne berichtete seinem Freund Bioff von dem Angebot, und Bioff meinte, dabei könne er mehr herausschlagen.

Bioff stieg groß ein. Er verlangte fünfzigtausend Dollar. Die Balabans jammerten von Armut, Elend, vom Ruin ihres Unternehmens. An diesem Abend wurden sämtliche Balaban-Kinos von einer Serie von Unfällen im Projektionsraum heimgesucht. Filme liefen kopfüber durch den Projektor oder zeigten die Bilder nicht synchron mit dem Ton oder liefen in falscher Reihenfolge der Rollen. Zuschauer begannen, ihr Geld zurückzufordern. Die Balabans wußten durchaus, daß Brownes Gewerkschaft im Griff hatte, was da in ihren Kinos demonstriert wurde, und sie waren bereit, Bioff zwanzigtausend Dollar zu zahlen.

Bioff triumphierte. Er und Browne gingen in einen teuren Nachtclub und bestellten Champagner. Der Manager dieses Nachtclubs, Nick Circella, wunderte sich natürlich, wie zwei so wenig eindrucksvolle Typen es fertiggebracht hätten, zu einer so eindrucksvollen Menge Bargeld zu kommen. Circella erzählte ein paar Freunden von den geheimnisvollen Schätzen Brownes, und die Freunde nahmen Browne zu einer Spazierfahrt in ihrem Wagen mit. Als sie von dieser Fahrt zurückkamen, wußten sie alles, was sie wissen mußten. Browne und Bioff wurden bald darauf zu Frank Nitti bestellt, einem der Hauptleute und Erben Al Capones, bekannt als »der Vollstrecker«. Ebenfalls anwesend war ein Besuch aus New York, Louis Lepke Buchalter, Kopf einer Organisation, die später als *Murder Inc.* (»Mord AG«) bekannt wurde. Das Ende der Prohibition bedeutete, daß die Unterwelt neue Wege der Geldbeschaffung ausfindig machen mußte. Auch Buchalter hatte begonnen, die Profitchancen zu erforschen, die in der Macht der Filmvorführer über die Kinos lagen.

Nitti sah Möglichkeiten großen Stils. Im Juni 1934 sollte die Bühnenarbeitergewerkschaft (IATSE) in Louisville, Kentucky, ihren Nationalkongreß abhalten. 1932 hatte George Browne, fett, leutselig, trunksüchtig, sich dummerweise selbst zum Präsidenten vorgeschlagen und war unterlegen. »Klar, du kandidierst wieder, und du wirst gewinnen«, versicherte ihm Nitti vermutlich jetzt. »Louis (Buchalter) hier wird mit Lucky (Luciano) reden, und die östlichen Gruppen stimmen für dich.« Und von dem ganzen Geld, das aus alledem gemacht werden könnte, erklärte Nitti Browne, nähmen Nitti und seine Kollegen die Hälfte (wenig später hob

Nitti seinen Anteil auf zwei Drittel an). Nick Circella, der Gelegenheitsgastwirt, würde in den Mitarbeiterstab Brownes eintreten, um über alle Konten zu wachen.

So kam es, daß George Browne zum Führer des Gewerkschaftsbundes IATSE gewählt wurde. Und so kam es auch, daß Willie Bioff, frisch ernannt als Brownes internationaler Vertreter, den Verband der Kinobesitzer Chicagos zu sich bestellte und seinen Sprechern mitteilte, daß sie hinfort in jedem Kino zwei gewerkschaftlich organisierte Filmvorführer brauchten.

»Mein Gott!« sagte Jack Miller, bei den Kinobesitzern für Mitarbeiter zuständig. »Dann muß ich alle meine Kinos schließen.« »Wenn das die Oma umbringt, muß Oma eben sterben«, sagte Bioff laut späterer Aussage. »Miller sagte, zwei Mann in jeder Kabine, das würde rund 500 000 Dollar im Jahr kosten. Also sagte ich: ›Na gut, warum einigen wir uns nicht?‹ Und wir haben uns schließlich auf 60 000 geeinigt.«

Es waren noch mehr solcher Abmachungen auszuhandeln, in New York wie in Hollywood, und so begannen Browne und Bioff zu reisen. In New York gewannen sie den Kinobesitzern schnell 150 000 Dollar ab. In Hollywood, wo die IATSE durch einen Streik im Jahre 1932 entkräftet war, verkündeten Browne und Bioff den heftig zerstrittenen Ortsgruppen kühl, daß sie, Browne und Bioff, sich jetzt um die zwölftausend ausgesuchten Mitglieder kümmern würden und daß sie all diesen Mitgliedern bald eine zehnprozentige Lohnerhöhung verschaffen würden. Dann zurück nach New York, wo Bioff erst seine Forderung auf zwei Millionen Dollar stellte, dann Schenck beiseite nahm und sagte: »Vielleicht sind zwei Millionen ein bißchen zu viel. Ich habe beschlossen, ich nehme eine Million.« Als vorüber war, was Bioff das »Schreien und Kreischen« nannte, wurden sie sich alle einig, daß die vier großen Studios (MGM, Warners, Fox und Paramount) je 50 000 Dollar zahlten, die kleineren 25 000. Dann ging's zurück nach Hollywood, wo Bioff seinen Mitgliedern erklärte, daß sie der Gewerkschaft zwei Prozent ihres Lohns zahlen müßten, die in eine Kriegskasse kämen für den Streikfall. Von dieser Streikkasse, die auf insgesamt etwa 1,5 Millionen Dollar jährlich kam, gingen zwei Drittel anscheinend an Nitti und seine Freunde in Chicago, der Rest an Browne und Bioff. Hier und da regte sich schon einmal Protest, aber Browne und Bioff schickten ein paar bullige Helfer aus, die das regelten. Im übrigen – die Zeiten waren hart und die Arbeitsplätze rar.

Es gab tatsächlich einen kurzen Streik im Frühjahr 1937, den nicht Bioff ausgerufen hatte, sondern ein lockeres Bündnis von Malern, Klempnern, Kulissenbauern, Zeichnern und anderen, die sich den Namen Vereinigte Filmhandwerker (FMPC) gegeben hatten. Bioff billigte solche unabhängigen Manöver nicht. »Es gab Unordnung, Rangeleien, Kämpfe«, berichtete Florabel Muir von der *New York Daily News*. »Auf dem Höhepunkt der Unruhe kam eine Gruppe von seltsamen Fremden in die Stadt. Einige dieser Männer erzählten herum, sie kämen aus Chicago. Bioff... hat ein paar Monate später unter Eid ausgesagt, daß all das Gerede vom Import Chicagoer Revolverhelden gegen den FMPC-Streik erlogen wäre. Meine Zeugenaussage zu diesem Punkt ist kein Hörensagen. Ich habe diese Kerle in Aktion gesehen. Sie fuhren alle Lincoln-Zephyrs und holten sich Waffenscheine bei der Polizei von Los Angeles. Die FMPC-Leute erfuhren von ihrem Eintreffen und orderten sofort CIO-Werftarbeiter im Hafen von San Pedro zu ihrem Schutz. Die Werftler, alles harte Burschen, kamen in Rotten nach Hollywood, kampfbegierig, der Revolver spottend, nur die Fäuste schwingend... Vier der Lincoln-Zephyrs voller Revolvermänner wurden angegriffen und kopfüber umgekippt. Ich habe eine große Auseinandersetzung zwischen den Werftlern und den Eindringlingen mitangesehen; dort beim Tor des Twentieth Century-Fox-Studios am Pico Boulevard erwies sich, daß Fäuste weit potentere Waffen sind als Kanonen...«

Willi Bioff allerdings verfügte über eine noch mächtigere Waffe: die Mitgliedskarte der IATSE, die er an jeden ausgab, der durch die Linie der Streikposten gehen wollte. Er gab Tausende davon aus, und in etwa zehn Tagen fiel der Streik in sich zusammen. Ein paar Tage danach erhielt Bioff einen Scheck über hunderttausend Dollar von Joseph Schenck, der nicht nur die 20th Century-Fox leitete, sondern auch Präsident der Vereinigung der Filmproduzenten war. Warum Schenck diese 100 000 Dollar an Bioff zahlte, ist nie wirklich geklärt worden, wenn es auch viele Erklärungen dafür gab. Schenck behauptete zunächst, es sei bloß ein Kredit unter Freunden gewesen, aber als die Sache vor Gericht kam, erklärte er, daß Bioff ihm das Geld als Preis für den Arbeitsfrieden abgepreßt habe. Andere behaupteten, es sei Bestechungsgeld der Produzenten gewesen, mit dem die Gewerkschaft gefügig gehalten werden sollte. Schencks Erpressungsvorwurf machte sich gut in der Presse, die genüßlich das Bild vom Gewerkschaftserpresser pflegte, der achtbare Geschäftsleute ausplünderte. Aber Bestechung und Erpressung kann am Ende ein- und dasselbe sein. Geld wird im Austausch für eine Dienstleistung gezahlt; beide Seiten einigen sich über den Preis und die Leistung; die einzige Frage ist, wer wen korrumpiert.

Die Antithese räuberische Gewerkschaft gegen achtbare Geschäftsleute beruht auf einer antithetischen Sicht von Person und Klasse. Bioff und Schenck waren nicht absolute Gegner. Auch Schenck war einst ein armer Einwanderer aus Rußland gewesen, wo sein Vater Wodka an die Wolgaschiffer verkauft hatte. In New York arbeiteten er und sein jüngerer Bruder Nick in einem Drugstore, was ein guter Platz ist für eine breite Vielfalt von Geschäften. Bald kauften sie den Laden, dann investierten sie in einen Tanzschuppen jenseits des Hudson, fügten ein Riesenrad hinzu und kauften schließlich den ganzen Palisades Park. Ihr Partner bei dieser letzten Operation war ein Mann namens Marcus Loew, der ein schäbiges Filmtheater betrieb und ihnen den Tip gab, auch ein paar Kinos in Hoboken zu kaufen. Von hier aus bis auf den Präsidentenstuhl der Fox bedurfte es bloß einer Kette weiterer Geschäfte.

Bioff mag nicht gerade der dritte Bruder Schencks gewesen sein, aber was er über den Hunderttausend-Dollar-Scheck erzählte, klang so, als gehörten sie alle zu ein- und derselben Sippe. Eigentlich lieferte Bioff ja zwei Versionen, beide phantastisch. Eine ziemlich unglaubliche Geschichte besagte, daß er etwas von seinem Geld in eine Alfalfa-Farm investieren wollte, daß er fürchtete, eine größere Barzahlung könnte verdächtig wirken und dachte, wenn Schenck ihm das Geld liehe, das er bald zurückzahlen würde... und so weiter. Die zweite Geschichte von Bioff klang ein bißchen besser, wurde aber nie öffentlich geprüft; sie besagte, daß die Studios dabei waren, einen Fonds für die Förderung ihrer Interessen zu bilden, und daß Nick Schenck Bioff gebeten habe, als Übermittler zu fungieren und seinem Bruder Joe Geld zu bringen. »In einigen Landesteilen wird der Filmindustrie mit der Gesetzgebung die Luft abgedreht«, zitierte Bioff, was Nick Schenck ihm angeblich gesagt hätte.

Die Beschuldigung, daß alles Bestechung sei, kam von Jeff Kibre, einem finsteren CIO-Funktionär, der offiziell eine Organisation namens »Filmtechniker-Komitee« vertrat und später als Kommunist angeklagt wurde. Kibre legte Beschwerde beim Nationalen Arbeitsamt dagegen ein, daß Bioff »als offizieller Vertreter des Gewerkschaftsführers auftrat«, tatsächlich aber im Solde der Produzenten stünde. Das Amt ordnete eine Wahl an, um festzustellen, wer die Studioarbeiter vertreten dürfte. Schenck und Bioff hielten eine Strategiekonferenz ab, wie ein Gewerkschaftsfunktionär später aussagte; dabei habe Bioff gesagt, daß die IATSE die Wahl gewinnen müßte, und Schenck habe erwidert: »Sie haben verdammt recht, sie muß. Sie müssen einfach gewinnen.«

Und Bioff gewann. Nach all den Drohungen und Anwürfen erhielt seine IATSE bei dieser 1939er Wahl 4460 Stimmen, während die Vereinigten Studiotechniker der CIO nur 1967 Stimmen erzielen konnten. Allerdings schien Bioff, wie jeder tragische Held, nicht zu bemerken, wie sich die Kräfte zu seiner Vernichtung sammelten. Er machte sich an die Planung noch größerer Siege. Warum sollte die Gewerkschaft sich bloß auf Bühnenarbeiter und Elektriker beschränken? Warum sollte sie nicht die Schauspieler übernehmen, einen Anteil an den Riesensummen einziehen, die man den Stars zahlte, Freund und Beschützer hübscher Mädchen werden? Bioff sah seine Stunde gekommen, als es zwischen den Vereinigten Schauspielern und Künstlern Amerikas und einigen Funktionären ihrer Tochterorganisation, des Amerikanischen Schauspielerbundes, zum Streit kam. Bioffs IATSE fusionierte unverzüglich, indem sie dem Schauspielerbund Gewerkschaftsstatus zusicherte und ihm die ganze muskelstarke Unterstützung der IATSE versprach. »Wir hatten ungefähr zwanzig Prozent von Hollywood, als wir Schwierigkeiten kriegten«, sagte Bioff später. »Wenn wir nicht fertiggemacht worden wären, hätten wir fünfzig Prozent gehabt. Hollywood würde nach meiner Pfeife tanzen.«

Viele Schauspieler kamen durch Bioffs Offerten durchaus in Versuchung. Zwar machten ein paar Stars das große Geld, aber die überwiegende Mehrzahl der Schauspieler verdiente sehr wenig. 1939 betrug ihr Einkommen im Schnitt 4700 Dollar, überdies waren viele arbeitslos. Daß es Bioff gelang, für die Bühnenarbeiter Lohnerhöhungen von zehn Prozent zu erwirken, klang in jenen Depressionstagen eindrucksvoll (wer sich allerdings beeindrucken ließ, übersah, daß Bioffs Tarifvertrag zugleich die Überstundenvergütung einschränkte und damit den Studios eine Menge Geld ersparte). Auf starken Widerstand stieß Bioff jedoch beim Präsidenten der Filmschauspielergilde, Robert Montgomery, der beim Vorstand 5000 Dollar beantragte, damit er eine Detektei mit der Durchleuchtung der Vergangenheit Bioffs beauftragen konnte. Wenn der Vorstand das Geld nicht bewilligte, erklärte Montgomery, dann würde er es aus der eigenen Tasche nehmen. Die von der Gilde verpflichteten Detektive recherchierten – und die Gilde veröffentlichte – zwei empörende Tatsachen. Die eine war, daß Bioff eine Haftstrafe wegen Kuppelei nicht abgesessen hatte; die andere war, daß er 100000 Dollar Bestechungsgeld von Joe Schenck entgegengenommen hatte.

Das Finanzamt ermittelte bereits gegen Schenck, und Schenck bat Bioff nachdrücklich, »von der Bildfläche zu verschwinden«. Laut Bioffs späterer Aussage hat Schenck für Bioff und dessen Ehefrau Laurie eine Kreuzfahrt auf der S. S. ›Normandie‹ nach Rio de Janeiro und anschließend eine Zweimonatstour durch London, Paris und die Niederlande bezahlt. Bioffs ausgedehnte Ferien waren allerdings zwecklos. Wieder daheim, wurde er im Januar 1940 wegen Steuerhinterziehung in Höhe von 85000 Dollar in den Jahren 1936 und 1937 belangt. Schenck wurde im Juni darauf wegen Steuerhinterziehung von mehr als 400000 Dollar und wegen Meineids im Zusammenhang mit der Zahlung von 100000 Dollar an Bioff angeklagt.

Erst als Bioff vor Gericht stand, rührten sich die Behörden von Illinois und verlangten, man solle ihn nach Hause schicken, damit das achtzehn Jahre alte Urteil wegen Kuppelei vollstreckt werden könnte. Bioff widersetzte sich der Auslieferung. »Was hier mit mir gemacht wird, würde ich Verfolgung nennen«, sagte er. »Vielleicht habe ich zu viel für den Arbeiter getan. Die Kapitalinteressen wollen mich aus dem Weg haben. Und auch die CIO und die Kommunisten.« Es nutzte alles nichts, Bioff wurde nach Chicago verfrachtet, um von April bis September 1940 seine Haftstrafe im Bridewell-Gefängnis abzusitzen. Als er dann entlassen wurde und in ein Mietauto stieg, um nach Hollywood zurückzufahren, übergab er Reportern eine maschinenschriftliche Stellungnahme: »Ich habe der Gesellschaft mein Pfund Fleisch bezahlt.«

Listig brachte der Bundesankläger im März 1941 zuerst Schenck vor den Richter. Der Produzent versuchte sich zu verteidigen, indem er eine Phalanx von seriösen Zeugen aufmarschieren ließ – Charlie Chaplin, Chico und Harpo Marx, Irving Berlin –, er selbst aber verweigerte die Aussage. Prompt wurde er schuldig gesprochen und zu drei Jahren Gefängnis verurteilt. Ein paar Wochen später, nachdem er die verschiedenen Möglichkeiten durchdacht hatte, sagte Schenck zu seinen Anklägern: »Ich werde reden, meine Herren. Ich möchte nicht drei Jahre im Gefängnis zubringen.«

So stand Bioff dann im Oktober vor Gericht nicht nur wegen Steuerhinterziehung, sondern auch wegen räuberischer Erpressung und Verschwörung. Ihm wurde vorgeworfen, 550000 Dollar von den vier großen Studios erpreßt zu haben. Mit charakteristischem Elan gab er zu, mehr als doppelt so viel genommen zu haben, aber immer auf Bitten der Produzenten. Es war eine Aussage voll Saft und Kraft. »Nun schau'n Sie mal, ich werd' Ihnen sagen, warum ich hier stehe«, sagte Bioff laut Nick Schenck. »Ich will, daß Sie wissen, daß ich der Boss bin – *ich* habe Mr. Browne gewählt.« Bioff erzählte seine bizarre Alfalfa-Geschichte. Das Gericht sprach ihn schuldig und verurteilte ihn zu zehn Jahren Gefängnis. Sein nomineller Boss, der erbarmenswerte George Browne, der überhaupt nicht ausgesagt hatte, bekam acht Jahre.

Bioff wurde ins Alcatraz eingeliefert, und dort entschloß er sich 1943, umfassender über seine Tätigkeiten auszusagen. Zum ersten

Male erzählte er, welche Summen man ihn gezwungen hatte, an Frank Nitti und seine Gesellen in Chicago zu zahlen. Prompt erhoben entzückte Staatsanwälte Anklage gegen Nitti und fünf seiner Leute mit Namen: Paul »der Ober« de Lucia, Phil »der Junker« D'Andrea, Charles »Kirschnase« Gioe, Louis »Klein New York« Campagna und Frank »der Immune« Maritone. An dem Tag, als die Anklageschriften eingereicht wurden, sah man in Riverside bei Chicago einen Betrunkenen mit einer Flasche die Eisenbahnschienen entlangtaumeln. Ein paar Leute riefen ihm etwas zu und lachten.

Der Betrunkene zog eine Pistole hervor und schoß wie wild auf sie. Dann richtete er die Waffe gegen den eigenen Kopf und drückte ab. Das war das Ende von Frank Nitti, dem »Vollstrecker«.

Bioff war Hauptzeuge gegen Nittis Freunde. Im Kreuzverhör gab er zu, daß er bei seinen früheren Auftritten vor Gericht »gelogen und gelogen und gelogen« habe, er erklärte aber, daß ihn der Kriegsausbruch sehr betroffen gemacht habe. Allein der Wunsch, gegen die Deutschen und ihre Verbündeten zu kämpfen, sagte er, habe ihn zu seinem Gesuch um Haftentlassung veranlaßt.

Die Edelgangster, die er hatte auffliegen lassen, wurden bald darauf schuldig gesprochen und zu je zehn Jahren verurteilt.

Bioff und Browne wurden nach drei Jahren auf Bewährung freigelassen. Joe Schenck saß vier Monate und fünf Tage, dann wurde er vom Präsidenten begnadigt.

Mit dem Verlassen des Gefängnisses verschwand Willie Bioff von der Bildfläche, oder wenigstens aus dem Blickfeld der Öffentlichkeit. Er nannte sich Bill Nelson und zog nach Phoenix. Er kaufte sich ein Häuschen außerhalb der Stadtgrenze und pflanzte eine blühende Hecke aus Lantana- und Bleiwurzsträuchern. Nachbarn erzählte er, er sei Geschäftsmann im Ruhestand, aber später hieß es, er betätige sich nebenbei im Diamantengeschäft oder als Viehmakler, oder er erledige gelegentlich etwas für alte Freunde in den Spielcasinos von Las Vegas, oder er sei als FBI-Spitzel tätig. Eines Tages, im November 1955, winkte er seiner Frau zum Abschied, ging hinaus zu seinem Ford-Kleinlaster und startete den Motor. Die Explosion schleuderte seinen Körper fast acht Meter weit weg vom Wrack seines Wagens. »Er war so gut und freundlich«, sagte seine Frau später. »Er hatte nicht einen Feind auf der Welt.« Der Mord wurde nie aufgeklärt.

Joe Schenck verbrachte seine letzten Jahre in einem Zustand, der manchmal »verwirrt« genannt wurde, in seiner Penthauswohnung auf dem Dach eines Beverly Hills-Hotels. Und dort starb er 1961 an einem Herzschlag.

Viele Freunde und Kollegen feierten ihn als einen der Gründerväter Hollywoods, und Anita Loos pries ihn mit den Worten: »Einer der besten Christen, die mir je begegnet sind, war ein Jude.« Er hinterließ ein Vermögen von 3,5 Millionen Dollar.

Eines Tages im Jahre 1941 bei einer Konferenz des Verbandes der Filmproduzenten regte sich Louis B. Mayer über einen Roman auf, den der Sohn eines anderen Produzenten soeben veröffentlicht hatte.

»Verdammt, B.P., warum hast du das nicht verhindert?« polterte Mayer, der seine väterliche Autorität so ernst nahm, daß er seinen eigenen Töchtern nicht erlaubte, aufs College zu gehen, weil sie dort moralisch verdorben werden könnten. »Wie konntest du das zulassen? Es ist deine Schuld.«

»Aber Louis, wie soll ich ihn denn hindern?« gab Ben Schulberg, langjähriger Produktionschef der Paramount, zurück. »Dies ist ein freies Land.«

»Das ist mir egal«, knurrte Mayer, »du hättest ihn hindern müssen, ich finde, es ist eine Ungeheuerlichkeit und er müßte ausgewiesen werden.«

»Ausgewiesen? Wohin denn?« Schulberg lachte. »Er gehört zu den paar Kindern, die aus dieser Stadt kommen. Wohin sollen wir ihn denn verbannen? Catalina? Lake Helena? Wohin willst du ihn schicken, Louis?«

»Mir ist es gleich, wohin du ihn schickst«, sagte Louis B. Mayer aus Minsk, »aber schaff ihn weg.«

What Makes Sammy Run?, der soeben erschienene Roman des siebenundzwanzigjährigen Budd (eigentlich Seymour) Schulberg, war kein sehr bemerkenswertes Werk. Sammy Glick, die Hauptfigur, war eine grobe Karikatur des Juden als Verräter.* Von seiner Kindheit im Ghetto an bis zum Höhepunkt seiner Karriere als Produzent in Hollywood log und betrog Sammy Glick, er stahl Ideen, plagiierte Stories, hinterging jeden, den er kannte – nicht nur, weil es in seinem Interesse lag, wie ein ehemaliger Washingtoner Regierungsbeamter jüngst von einem Staatssekretär sagte, sondern weil es seine Natur war. Schulberg erklärte diese Natur mit Hilfe des Sozialdarwinismus. Sammy hatte sie in »seiner Wiege des Hasses, der Unterernährung, des Vorurteils, des Mißtrauens, der Amoralität, der Anarchie der Armen« mitbekommen. So wuchs er zu einem Geschöpf auf, das nur für den Kampf gerüstet war. »Ich sah Sammy Glick auf einem Schlachtfeld, wo jeder Soldat seine eigene Sache, seine eigene Armee und seine eigene Fahne war«, sagte Schulbergs Erzähler Al Mannheim. Vielleicht um dem unausweichlichen Vorwurf des Antisemitismus zuvorzukommen, machte Schulberg aus seinem salbungsvollen Erzähler ebenfalls einen Juden, so daß Mannheim in einem Sermon über Sammys Betrügerei an einem weiteren Juden »die Notwendigkeit, daß Juden einander helfen, als letztes Mittel der Selbstverteidigung« hervorheben konnte.

»›Laß mich bloß mit dem jüdischen Geseire zufrieden‹, sagte Sammy. ›Was zum Teufel haben denn die Juden für mich getan? – außer vielleicht, daß sie mir den Schädel geknackt haben, als ich klein war...‹

›Juden‹, sagte er bitter und gedankenverloren...

›Juden‹, sagte er wie ein SA-Mann.«

Jüdischer Antisemitismus, jüdischer Selbsthaß, das ist der Standardvorwurf, der einem solchen Ausbruch gemacht wird, und er fällt Anklägern leicht, die den nichtjüdischen Antisemitismus der dreißiger Jahre nicht erlebt haben oder die verzweifelten Anstrengungen der Opfer, ihm zu entkommen. Sammy Glick war vielleicht eine Karikatur, dennoch gewann er die Lebenskraft älterer Symbolgestalten wie Sinclair Lewis' George Babbitt oder Ring Lardners Jack Keefe. Das lag zum einen Teil daran, daß im Kern

---

* Samuel Goldwyn las die Druckfahnen, rief Schulberg an und bot ihm angeblich 200000 Dollar an, damit er das Buch nicht veröffentliche, »weil Sie die Juden verraten«.

der Karikatur ein Stück Wahrheit steckte, zum anderen an den reich ausgeschmückten Details rund um das Porträt. Als Mannheim Sammy in seinem neuen Haus im oberen Beverly Hills besuchte, bestand Sammy darauf, das Flutlicht einzuschalten, das den Garten illuminierte. »Ich habe meinen eigenen Grillplatz und meinen eigenen Badmintonplatz«, verkündete er stolz. »Und was ich für Blumen habe! Ist dir klar, daß du auf Hibiskuspflanzen im Wert von zwölfhundert Dollar schaust?« Etwas später, als Sammys Geprahle Mannheim das Gefühl gab, »als sähe ich das *Phantom der Oper* oder sonst einen Horrorfilm«, konnte er nicht widerstehen und stellte Sammy eine Falle. »›Sammy‹, sagte ich ruhig, ›wie fühlt man sich so? Wie fühlt man sich, wenn man alles hat?‹ Er begann zu lächeln. Das Lächeln wurde zum hämischen Feixen, zum verschlagenen Grinsen. »Ich fühl' mich so irgendwie...« und dann brach es aus ihm heraus ›...patriotisch‹.«

Hollywood war solche Frechheiten von durchreisenden englischen Autoren gewöhnt, was aber den *Sammy* so verletzend machte, das war die Tatsache, daß Schulberg in Hollywood aufgewachsen war und es sein Leben lang von innen kennengelernt hatte. Er und sein bester Freund Maurice Rapf, Sohn des MGM-Produzenten Harry Rapf, spielten als Kinder Verstecken in den Kulissen »ihrer« Studios, während sie zusahen, wie *Die lustige Witwe* (The Merry Widow) und *Ben Hur* entstanden. Der junge Schulberg war von Mary Pickford und Clara Bow gestreichelt und geküßt worden. Seine Mutter Adeline baute das erste Haus an der Malibu Beach und verbrachte ihre Zeit mit dem Bemühen, das kulturelle Niveau von Sylvia Thalberg, Rosabella Laemmle und den Mayer-Mädchen zu heben. Deshalb war Schulberg zutiefst befriedigt, als Dorothy Parker ihn mit den Worten lobte: »Ich hätte nie gedacht, daß jemand Hollywood – seine echte Beschissenheit – zwischen Buchdeckel bringen könnte.« Denn genau das hatte er getan.

Was Dorothy Parker so charakteristisch für Hollywood fand, zeigte sich in häßlichster Form in den Gewerkschaftskämpfen, die Schulberg fast als einziger Autor zu diesem Thema bis weit in die Einzelheiten hinein erforscht hat. Doch wird dieser Hollywooder Kampf nur verständlich, wenn man ihn im Gesamtzusammenhang von Los Angeles sieht, das mehr als ein halbes Jahrhundert lang die Hauptstadt der Vertragsfreiheit war, also des freien Arbeitsmarktes und damit der niedrigen Löhne. Ja, der offiziell organisierte Widerstand gegen Gewerkschaften war einer der entscheidenden Gründe dafür, daß Los Angeles San Francisco als große Metropole Kaliforniens überholte. Ende des neunzehnten Jahrhunderts rühmte sich San Francisco nicht nur eines großen Naturhafens und fruchtbaren bäuerlichen Hinterlandes, sondern auch einer soliden Basis von Handel und Industrie und sogar eines gewissen kulturellen Erbes; Los Angeles hatte vergleichsweise nichts.

Als 1883 die Linie der Südpazifischen Eisenbahn Los Angeles erreichte, begann hier ein Grundstücksboom. Der Fahrpreis von Kansas City sank bis auf einen Dollar ab, und die Landverkäufe an Zuwanderer aus dem Mittleren Westen schnellten auf den Wert von dreizehn Millionen Dollar im Monat hoch. Als der Boom am Ende des Jahrzehnts in sich zusammenbrach, standen die Unternehmer der Stadt vor der Katastrophe. General Harrison Gray Otis von der *Los Angeles Times* entschied, daß er keine andere Möglichkeit habe, als die Löhne seiner sämtlichen Mitarbeiter um 20 Prozent zu kürzen. Die organisierten Drucker widersprachen; Otis verweigerte Verhandlungen; die Drucker gingen im August 1890 in den Streik; Otis begann, Streikbrecher aus Kansas zu importieren. Otis publizierte weiter, und als die Depression von 1893 Farmer wie Bankiers zu ruinieren begann, wurde Otis zum lärmenden Streiter für ein auf niedrigen Arbeitskosten beruhendes Wirtschaftswachstum. »Los Angeles will keine Stutzer, Bummler und Almosenempfänger«, erklärte die *Times*, »Leute, die keine Mittel und kein Vertrauen in ihr Glück haben, billige Politiker, Versager, Taugenichtse, Geizhälse, mittellose Schreiberlinge... Wir brauchen Arbeiter! Tatkräftige Menschen!«

Die Mittelwestler, die das Versprechen auf billige Häuser und Sonnenschein nach Kalifornien gelockt hatte, saßen nun in ihren Häuschen in der Falle. Otis half beim Aufbau der *Los Angeles Merchants and Manufacturers Association*, als M&M allgemein bekannt, die nicht nur die Gewerkschaften bekämpfte, sondern auch jedem Unternehmen, das organisierte Arbeiter einstellte, mit der Sperrung von Bankkrediten drohte oder sogar Kredite sperrte. Die Gewerkschaften ihrerseits organisierten Streiks; die Unternehmer brachen sie, oft mit Gewalt. In der ganzen Periode von 1890 bis 1910 lag der Durchschnittslohn in Los Angeles um 20 bis 30 Prozent niedriger als in San Francisco. Und das Business strömte herbei. An einem Abend im Oktober 1910 explodierte im Hauptgebäude der *Times* eine Bombe, zwanzig Mitarbeiter wurden getötet. »Oh, ihr Anarchistenschweine«, eiferte sich Otis in seiner Zeitung, »ihr feigen Mörder, ihr Blutsauger an ehrlicher Arbeit, ihr mitternächtlichen Meuchler, ihr, von deren Hände das unschuldige Blut eurer Opfer tropft...« Otis beauftragte die Detektei William J. Burns, die Bombenleger zu fassen, und als die Detektive zwei irische Raufbolde präsentierten, die am Vorabend einer heiß umkämpften Bürgermeisterwahl ein Geständnis ablegten, stand Otis als siegreicher Held da. Und immer mehr Unternehmer strömten herbei. Unter denen, die kamen, befanden sich auch jene Freibeuter, die die Filmindustrie gegründet haben.

In den blühenden zwanziger Jahren, als es scheinbar für jedermann ein Leichtes war, zu Geld zu kommen, machte sich in Hollywood kaum jemand Gedanken über Gewerkschaften, und doch hatte Louis B. Mayer eine interessante Idee. Als Gastgeber einer Dinnerparty in seinem Hause vertrieb sich Mayer die Zeit mit Solitairespielen, mit einem Ohr aber hörte er zweien seiner Gäste zu, die darüber sprachen, daß man eine Organisation brauche, die alle Bereiche der Filmwirtschaft zusammenfasse und für das gemeinsame Wohl arbeite. »Also warum setzt ihr euch nicht zusammen und probiert es mal?« sagte Mayer. Das taten sie, aber erst auf Mayers Einladung hin versammelten sich sechsunddreißig Notable zu einem privaten Essen im Hotel Biltmore, und dort erläuterte Mayer die Idee einer Hollywood-Organisation, die es überflüssig machen würde, daß irgend jemand eine Gewerkschaft gründete. Und so wurde 1927 die *Academy of Motion Picture Arts and Sciences* geboren. Sie schloß Produzenten, Regisseure, Autoren, Schauspieler, Techniker ein – jeden, der »verdienstvoll an den Künsten und Wissenschaften der Filmproduktion mitarbeitet.« Die verdienstvollen Mitarbeiter begannen unverzüglich, einander Preise zu verleihen – die *Academy Awards* oder Oscars: an Emil

Jannings für *Der Weg allen Fleisches* (The Way of all Flesh), an Janet Gaynor für *Der siebte Himmel* (Seventh Heaven) und an die Paramount für *Flügel* (Wings) als besten Film des Jahres.

Dieses festlich-fröhliche System schien bis 1931 bewunderungswürdig zu funktionieren. Dann erstickte der Sprecher der Produzenten ein *Academy Awards*-Dinner im Keime, als er bekanntgab, wegen der schweren Zeiten müßten alle Löhne um zehn bis fünfundzwanzig Prozent gekürzt werden. Paramount und Universal hatten bereits 25prozentige Kürzungen für all ihre Leute mit mehr als 150 Dollar die Woche verhängt. Aber die *Academy*-Regisseure machten großen Wirbel um die allgemeine Kürzung, und so vertagten die Produzenten ihre Maßnahme. Bis zum 8. März 1933. Dann, inmitten des großen Finanzkrachs, den Präsident Roosevelt mit der »Bankenfeiertag« genannten, kurzfristigen Schließung beendete, konnten die Filmproduzenten die Löhne nicht mehr zahlen. Drei Tage später, als gehörte es dazu, bebte und wankte Hollywood unter den Stößen eines schweren Erdbebens.

Jetzt waren sämtliche Studios entschlossen, ihre Lohnkosten um fünfzig Prozent zu senken, ohne Rücksicht auf frühere Verträge oder Absprachen. Mayer ging voran und lud seine Angestellten zu einer Betriebsversammlung in Thalbergs Vorführraum. Er ließ seine Opfer zwanzig Minuten warten, bevor er seinen Auftritt inszenierte. »Sein Gesicht war stoppelbärtig und seine Augen waren gerötet, als wären seine Nächte ebenso schlaflos gewesen wie seine Tage unrasiert«, berichtete Sam Marx, Herausgeber der MGM-Geschichte. »Er begann mit einem erstickten ›Meine Freunde...‹, dann brach er zusammen. Erschüttert streckte er die Hände aus, flehend, keiner Worte mehr mächtig.«

Lionel Barrymore begriff einen Wink mit dem Zaunpfahl, wenn er ihn sah. »Sei unbesorgt, L.B.«, sagte er tapfer, »wir stehen zu dir.«

Ein ungarischer Skriptschreiber namens Ernest Vajda wagte Widerspruch. »Ich habe die Erklärungen der Gesellschaft gelesen, Mr. Mayer«, sagte er. »Ich weiß, daß unsere Filme gut gehen. Mag ja sein, daß die anderen Gesellschaften sowas tun müssen, aber unsere muß nicht. Warten wir doch ab. Es gibt keinen Grund, unsere Gagen jetzt zu kürzen.«

Barrymore erkannte erneut einen Wink.

»Mr. Vajda«, sagte er, »kommt mir vor wie ein Mann auf dem Weg zur Guillotine, der unterwegs haltmachen will, um sich maniküren zu lassen.«

Pflichtschuldigst klang Gelächter und Beifall auf in Thalbergs Vorführraum. Aber würden wirklich alle MGM-Angestellten mit Vertrag es hinnehmen, daß Mayer diese Verträge brach?

May Robson, Stummfilmstar von 1916, erhob sich und sagte: »Ich als die Älteste in diesem Raum werde die Kürzung hinnehmen.«

Ein heute vergessener Kinderstar echote: »Ich als Jüngste im Raum werde die Kürzung hinnehmen.« Mayer strahlte mit väterlichem Stolz auf seine Angestellten hinunter und fragte sie, ob sie denn alle für die geringere Bezahlung stimmen würden, bis »diese schreckliche Not vorbei ist«, und sie alle schrien freudig »Ja«. Als Mayer die Versammlung verließ, hörte Marx, wie er feixend Benny Thau, einen seiner Assistenten*, fragte: »Na, wie war ich?«

Die Techniker waren die einzigen, die einen Tarifvertrag hatten, also wurden ihre Löhne auch nicht gekürzt. Die IATSE, ihre Gewerkschaft, war allerdings in ihrer Vorgangsterzeit nicht so stark. Als der unvermeidliche Konflikt zwischen der MGM und einem Team von Tontechnikern ausbrach, holte sich das Studio Streikbrecher, und als die IATSE daraufhin sämtliche sechstausend Leute, die sie damals repräsentierte, abzog, stellten auch die anderen Studios Streikbrecher an. »Wir gedenken jeden Mann und jede Frau, die es wünschen, am Arbeitsplatz zu halten«, sagte Mayer.

Die am schlechtesten organisierten Studioarbeiter waren die Autoren. Sie hielten sich gern für kreativ und unabhängig. Sie waren auch die Verletzlichsten im Wettbewerb mit jedem jungen Zeitungsmann oder Schriftsteller, der nach dem Hollywooderfolg strebte. Die Produzenten holten sich solche Novizen als »Jungautoren«, das literarische Äquivalent des Starlets, für fünfunddreißig

---

* Thau ist manchmal als MGM-Manager ohne Geschäftsbereich bezeichnet worden. Wenn Hermann J. Mankiewicz gefragt wurde, was genau Thau eigentlich täte, erwiderte er, es sei seine Aufgabe, im zweiten Stock des Thalberg-Gebäudes am Fenster zu stehen und Bescheid zu sagen, wenn Nordwind aufkäme.

Dollar die Woche oder noch weniger, oder sie forderten sie auf, Drehbücher auf Verdacht zu schreiben. Ein Studio, das Republic, erwarb sich einen gewissen Ruhm, weil es einen Tag vor dem Erntedankfest seine sämtlichen Autoren entließ, um sie am Freitag ohne Bezahlung für den Feiertag wieder einstellen zu können. Neben Louis B. Mayers *Academy* hatten die Schriftsteller keine andere Organisation als den Schriftstellerclub, der in einem hübschen Haus auf dem Sunset Boulevard mit Kamin und Billardzimmer residierte. Er war zwar seit 1920 dem Autorenverband Amerikas offiziell angeschlossen, aber er war ein geselliger Verein und nicht mehr.

Anfang 1933, noch vor der allgemeinen Lohnkürzung, trafen sich im Hollywooder Knickerbocker-Hotel zehn Schriftsteller, um über die Neugestaltung ihres Lebens zu sprechen. Sie stammten größtenteils aus dem Osten, waren politisch liberal bis links und hatten gewisse Erfolge auf der New Yorker Bühne aufzuweisen. John Howard Lawson hatte sich 1925 mit seinem Stück *Processional* beachtlichen Ruhm erworben. Samson Raphaelson hatte im selben Jahr *Der Jazzsänger* geschrieben, aus dem der erste Tonfilm gemacht wurde. Zu den übrigen gehörten Edwin Justus Mayer, Lester Cole und John Bright. Sie beschlossen nicht nur, daß eine neue Schriftstellerorganisation gegründet werden müßte, sondern auch, daß diese mit der Gilde der Bühnenschriftsteller in New York zusammengehen sollte, so daß, wenn es bei den vorhersehbaren Konflikten zum Streik käme, die Schriftstellerorganisation den ganzen Bereich der Bühnenliteratur abdecken würde.

Die Lohnkürzungen der Studios waren ein starkes Motiv für die Schriftsteller, eine Gewerkschaft ins Leben zu rufen, und im April 1933 gründeten sie die Gilde der Filmautoren. Insgesamt 173 eingeschriebene Mitglieder zahlten je hundert Dollar. John Howard Lawson wurde zum Präsidenten gewählt. Er war damals kein Kommunist, aber ein Jahr später gab er öffentlich bekannt, daß er der Partei beigetreten sei. So etwas blieb in jenen Tagen nicht geheim. »Was mich persönlich betrifft«, schrieb Lawson in der Zeitschrift *New Theatre*, »zögere ich nicht, zu sagen, daß es mein Ziel ist, die kommunistische Position zu vertreten, und das auf ganz spezielle Art.«

Lawsons Politik war nicht von entscheidender Bedeutung, da die Produzenten unmißverständlich klar machten, daß sie die Filmautorengilde nicht als Gewerkschaft anerkennen und unter gar keinen Umständen mit ihr Verhandlungen führen würden. Die Filmindustrie sei keine Industrie, argumentierten die Studios, und ihre Autoren seien keine Arbeitnehmer. Da jedoch diese Argumentationskette nach dem neuen *National Recovery Act* verboten war, begann nun das lange, häßliche Verfahren, die Produzenten an den gemeinsamen Tisch zu zwingen. Die Stoßrichtung des *New Deal* wirkte voll zugunsten der Schriftsteller, ebenso die Vorschriften des nationalen Arbeitsamtes, aber die Produzenten wehrten sich mit allen Mitteln. Sie drohten, sie verzögerten, sie schmeichelten, sie verzögerten weiter, sie klagten, sie legten Berufung ein, sie schickten sogar Nicholas Schenck zum Hyde Park mit einer großen Spende für Präsident Roosevelt, und dann verzögerten sie weiter.

Im Jahre 1936, der für *What Makes Sammy Run?* zentralen Zeitspanne, prallten beide Seiten aufeinander wegen des Bündnisses, das die Filmautorengilde mit den New Yorker Bühnenautoren eingehen wollte. Die Produzenten, die die Gilde immer noch nicht anerkannten, brachen in schrilles Warngeschrei aus, die Schriftsteller versuchten, Hollywood der Herrschaft der New Yorker Kommunisten zu unterwerfen. Und als die Gilde alle Mitglieder aufrief, keinen Vertrag mit längerer Laufzeit als Mai 1938 zu unterschreiben, damit sie dann das Recht hätten, in den Streik zu treten, wurde jeder einzelne Autor dem ganzen Druck ausgesetzt, den Produzenten ausüben konnten, und der war beträchtlich. »Wenn diese Kerle eine Postenkette aufstellen und versuchen, mein Studio zuzumachen«, schrie Darryl Zanuck, »dann bring ich auf dem Dach ein Maschinengewehr in Stellung und mähe sie nieder.«

Die Gilde berief eine Versammlung am 2. Mai 1936 ein, um über das Bündnis mit New York abzustimmen. Kurz vor dieser Versammlung kündigte ein halbes Dutzend gut etablierter Filmautoren, denen die Studios neue Verträge als Autoren und Produzenten angeboten hatten, die Bildung einer Oppositionsgruppe an, die gegen die Führung der Gilde und gegen das Bündnis mit New

York kämpfen werde. Bei Schulberg war einer aus diesem halben Dutzend natürlich Sammy Glick. »Jetzt krieg' ich den Schnellzug, mein Kleiner«, sagte er zu Mannheim. »In einem Rutsch steig' ich an meiner Station aus.«

Am Tag vor der Abstimmung bei der Gilde beriefen die neuen Produzenten eine Serie von Betriebsversammlungen in allen Studios ein. Bei der MGM zum Beispiel kam Thalberg mit Eddie Mannix, dem ehemaligen Rausschmeißer, der nun als Generaldirektor fungierte. »Die Szene«, sagte Schulbergs Freund Maurice Rapf, »hätte aus einem Gangsterfilm sein können – der harte Bursche und der sogenannte Kleine Zar, den jeder liebt.« Thalberg war jetzt, laut Rapf, genauso hart wie Mannix. »Was er gesagt hat, war vor allem: ›Wir haben hier eine Menge zu verlieren, und wir werden es schützen mit allem, was uns zu Gebote steht.‹«

Als die Versammlung schließlich stattfand, bemühte sich die Führung der Gilde ziemlich überraschend um einen Kompromiß. Sie schlug vor, den Vorstand um einige der konservativen Abweichler zu erweitern. Diese erklärten sich einverstanden, und »plötzlich liebte jeder jeden«, wie Schulbergs Erzähler formulierte.

Aber das war nur ein taktischer Zug. Drei Tage nach der Versammlung traten die Vertreter der Abweichler aus dem Vorstand zurück und gaben bekannt, daß sie unter der Bezeichnung Leinwand-Dramatiker eine Konkurrenzgruppe bilden würden. Die Studios sahen die neue Organisation mit herzlichem Wohlwollen und verstärkten den Druck auf jeden, der bei der Gilde blieb. Innerhalb einer Woche hatten 125 Autoren die Gilde verlassen und sich den Dramatikern angeschlossen. »Sie müssen 'raus aus dieser Gewerkschaft«, sagte Zanuck zu Milton Sperling, einem seiner Autoren. »Denken Sie daran, was ich alles für Sie getan habe.« Sperling spürte, daß da schon eine Schwarze Liste heranwuchs. »Eigentlich mehr eine Graue Liste«, sagte er, »man zögerte, jemanden einzustellen. Es war mehr emotional als institutionell.« Dalton Trumbo hörte ziemlich dasselbe von Harry Cohn. »Sie werden oft zu hören bekommen, in dieser Stadt gäbe es keine Schwarze Liste«, sagte Cohn. »Aber ich sage ihnen, es gibt eine, und Sie stehen bestimmt darauf. Es liegt an Ihnen, ob Sie unterschreiben oder aus dem Geschäft sind.«

Die Strategie der Studios war äußerst wirksam. Die Gilde hatte nach eigener Angabe zur Zeit der Mai-Versammlung fast tausend Mitglieder. Am Ende dieses Sommers war die Zahl auf etwa hundert geschrumpft. Nur zweiundneunzig erschienen zur letzten Versammlung der Organisation in einem düsteren Bürogebäude auf der North Cherokee gleich am Hollywood Boulevard; Gilde-Präsident Ernest Pascal gab den Tod der Gewerkschaft bekannt. »Es hat keinen Sinn, weiterzumachen«, sagte Pascal. »Wir können nicht einmal mehr die Miete zahlen.«

Hier etwa endet Schulbergs Darstellung. Die Schwarze Liste trieb seinen Erzähler Al Mannheim nach New York zurück. Erst sehr viel später kam er wieder, um zu beobachten, wie Sammy Glick Chef seines Studios wurde und die schöne Tochter seines Präsidenten heiratete, die als Vorgeschmack auf Sammys Zukunft herausfordernd in ihrer Hochzeitsnacht Ehebruch beging.

Schulberg veröffentlichte im Jahre 1937 eine Kurzgeschichte mit dem Titel *What Makes Sammy Run?* in der Zeitschrift *Liberty*. Als er aber seinen Genossen in der Kommunistischen Partei sagte, er habe vor, die Geschichte zu einem Roman auszubauen, waren sie nicht einverstanden. »Die Reaktion... war nicht positiv«, sagte Schulberg später vor dem Kongreßausschuß für Unamerikanische Umtriebe aus. »Man fand, daß diese Idee destruktiv sei; daß... sie viel zu individualistisch sei; daß sie nicht hervorhöbe, was man die progressiven Kräfte in Hollywood nannte.« Ein anderer Filmautor namens Richard Collins drängte Schulberg, sich mit John Howard Lawson zusammenzusetzen und ihm die Umrisse seines Plans vorzulegen. »Ich kam zu dem Schluß, ich müßte alles hinter mir lassen, wenn ich je Schriftsteller sein wollte«, sagte Schulberg aus. »Ich beschloß, die Gruppe zu verlassen, mich von ihr loszusagen, keine Beiträge mehr zu zahlen, keine Ratschläge mehr zu hören... aus der Partei, aus Hollywood wegzugehen und ein Buch zu schreiben, und genau das habe ich getan.« Schulberg ging 1939 nach Vermont und schrieb seinen Roman; im Jahr darauf kehrte er zurück nach Hollywood und stellte fest, daß sowohl Louis B. Mayer als auch die Kommunistische Partei schlecht auf ihn zu sprechen war. Obwohl er meinte, mit der Partei gebrochen zu haben, ging er doch zu einer Versammlung mit Lawson, der ihn scharf kritisierte, und zu einer weiteren Versammlung mit dem Kulturkommissar der Partei, V. J. Jerome, der ihn aufs neue kritisierte. »Ich erinnere mich, daß man mir sagte, meine Gesamthaltung sei falsch«, gab Schulberg zu Protokoll, »ich sähe das Schreiben falsch, ich sähe dieses Buch falsch, ich sähe die Partei falsch.«

Von bleibendem Interesse aber sind nicht die Winkelzüge des Hollywooder Establishments oder der Hollywooder Kommunisten, sondern das ist der Ausgang der Geschichte selbst. Denn die Gilde war nach der Bekanntgabe des eigenen Todes im Sommer 1936 eben doch nicht gestorben. Man traf sich weiter in den Häusern der aktivsten Mitglieder, darunter Dorothy Parker, Lillian Hellman, Samson Raphaelson, Dashiell Hammett, Donald Ogden Stewart, John Howard Lawson und Nathanael West. Anfang 1937 schlossen die Produzenten mit ihren Schützlingen, den Filmdramatikern, vorsorglich einen Vertrag, der in Kraft treten sollte, falls das Oberste Gericht den Wagner-Akt von 1935 bestätigen sollte, der den Arbeitern das Recht zur Bildung freier Gewerkschaften garantierte. Im Frühjahr 1937, eine Woche nachdem das Gericht den Wagner-Akt bestätigt hatte, tauchte die Gilde aus dem Untergrund auf und beanspruchte in einer Petition an das nationale Arbeitsamt das Recht zur Vertretung aller Filmautoren. Die wiedererstandene Gilde berief sich auf 400 Mitglieder, aber die Produzenten behaupteten, sie hätten jetzt einen bindenden Vertrag mit den Filmdramatikern. Die Arbeitsverwaltung nahm ausgedehnte Anhörungen vor und entschied dann im Juni 1938, daß Hollywood tatsächlich eine Industrie sei, daß seine Autoren tatsächlich Arbeitnehmer seien und daß sie das Recht hätten, eine Gewerkschaft als ihre Interessenvertretung zu wählen. Bei der Abstimmung, die noch im selben Juni stattfand, schlug die wiedergeborene Gilde die zerbröckelnden Filmdramatiker mit einer Mehrheit von mehr als vier zu eins. Einen Monat später verstärkte die Bundesregierung noch den Druck auf die Studios, indem sie Klage nach dem Antitrust-Gesetz gegen Loew, Warners, Paramount, Fox, Columbia, Universal, United Artists und RKO einreichte.

Jetzt hatten die Studios keine andere Wahl, sie mußten mit der verhaßten Gilde verhandeln. Aber sie mauerten weiter. Mit Kommunisten würden sie nicht verhandeln, sagten sie. Alle Kommunisten bei der Gilde traten zurück. 1940 erklärten sich die Produzenten endlich mit einem Sechsmonatsvertrag einverstanden, der unter anderem einen Mindestlohn von fünfzig Dollar pro Woche vorsah, aber als dieser Vertrag auslief, blockierten sie seine Erneuerung. Vertreter beider Seiten trafen sich im Mai 1941 im Brown-Derby zum Essen und ließen sich anschließend zu einer Schachersitzung nieder. Mendel Silberberg, ein Sprecher der Produzenten, warnte, daß internationale Ereignisse sie alle überholen könnten. »Es ist möglich, daß dieses Land in den Krieg geht, daß die Studios geschlossen werden«, sagte Silberberg.

Sheridan Gibney, jetzt Präsident der Gilde, erkannte die politischen Unsicherheiten an und bat die Produzenten, einem vorläufigen Abkommen zuzustimmen: Anerkennung der Gilde als Interessenvertretung der Schriftsteller, Reservierung von 85 Prozent der Arbeitsplätze für Gilde-Mitglieder und ein Mindestlohn von 120 Dollar in der Woche. Nach acht Jahren des Feilschens, der Drohungen, der Rechtshändel, der Warnungen vor kommunistischer Subversion, nach acht Jahren der Niederlagen bei Gericht und Staat, nach der Abstimmung der Arbeitnehmer traf dieser elementare Vorschlag eines Mindestlohns von wöchentlich 120 Dollar Harry Warner, den Präsidenten der Warner Bros., wie ein Keulenschlag. Er sprang auf, wandte sich an seine Kollegen und stellte ihnen die rhetorische Frage: »Mehr wollen die nicht?«

»Wir meinen, es ist unter den gegebenen Umständen fair«, antwortete Gibney.

»Mehr wollen sie nicht! Sie wollen Blut!« brüllte Warner. »Sie wollen mein ganzes verdammtes Studio. Meine Brüder haben dieses Studio gebaut. Ich bin aus Europa gekommen. Mein Vater...« Dann drehte er sich um und begann, die Delegation der Gilde anzubrüllen. »Mehr wollt ihr nicht, was, ihr verdammten Kommunistenschweine! Ihr Dreckskerle! Einen Dreck kriegt ihr von mir!«

»Und er ließ eine Flut von Obszönitäten los, die ich nie wagen würde zu wiederholen«, sagte Dore Schary, der als Vertreter der

Gilde dabei war. »Er schrie und beschimpfte uns wüst. Nun, wir waren platt. Wir wurden nicht einmal wütend, weil wir da einen Mann vor uns hatten, der offensichtlich vollkommen durchdrehte.« Die anderen Produzenten blickten auch etwas irritiert auf den tobenden Warner. »Zwei von ihnen, Y. Frank Freeman von der Paramount und Eddie Mannix von der MGM, standen auf, jeder von ihnen nahm einen Arm Warners, und dann schwankten alle drei zur Tür. »Sie schleppten ihn sozusagen hinaus«, schilderte Schary, »und er schrie immer weiter ›Und überhaupt, ihr dreckigen Kommies...‹, schließlich brachten sie ihn raus zum Parkplatz, und es wurde totenstill.«

Die Gildedelegation blieb verwundert eine Weile sitzen, dann kehrten die Produzenten zurück – ohne Harry Warner. »Meine Herren, wir bedauern, daß Mr. Warner sich uns nicht wieder anschließen kann«, sagte Silberberg. »Er fühlte sich nicht ganz wohl. Aber wir haben Ihren Vorschlag besprochen und finden ihn annehmbar. Sie haben Ihren Vertrag.«

Dashiell Hammett hatte die Korruption bei Arbeitskämpfen am eigenen Leibe kennengelernt. Er war Detektiv bei Pinkerton gewesen zu der Zeit, als Unternehmensleitungen Pinkerton-Leute mieteten, um Streiks zu brechen und Gewerkschaften zu zerschlagen. »Ich habe schlicht einen Auftrag erledigt, und wenn unsere Klienten Scheusale waren, ging mich das nichts an«, sagte er später. »Sie heuerten uns an, um einen gewerkschaftlichen Streik zu brechen, also gingen wir da hin und machten es.«

Hammett war beinahe zufällig zum Pinkerton-Agenten geworden. Als Sohn eines wenig erfolgreichen Maryland-Farmers verließ er mit vierzehn die Schule und arbeitete als Packer, als Börsenmaklergehilfe, als Arbeiter in einer Konservenfabrik, als Frachtvermittler der Eisenbahn. »Gewöhnlich wurde ich 'rausgeschmissen«, sagte er von diesen Kurzjobs. 1915 antwortete er auf »eine rätselhafte Stellenanzeige«, wie er später sagte, die vielseitige Erfahrungen und die Bereitschaft zu reisen verlangte, aber nichts Genaues über die angebotene Arbeit sagte. Hammett bewarb sich also und wurde im Alter von einundzwanzig Jahren mit einem Anfangsgehalt von zwanzig Dollar im Monat im Büro Baltimore der Nationalen Detektiv-Agentur Pinkerton eingestellt. Ihr Symbol war das alles sehende Auge; ihr Wahlspruch: »Wir schlafen nie.«

Hammett genoß offenbar das Verkleiden und Verstecken und das Verfolgen mutmaßlicher Diebe, Fälscher, Mörder. Er trug einen Revolver und benutzte ihn auch manchmal. »Die Agentur vertritt den Standpunkt: Da das Ziel die Herstellung der Gerechtigkeit ist, rechtfertigt es die eingesetzten Mittel«, hatte Allan Pinkerton in dem Handbuch geschrieben, mit dem er seine Agenten ausstattete. Natürlich hatte das Wild seinem Jäger gegenüber einen ähnlichen Standpunkt. Hammett trug bis an sein Lebensende die Narbe eines langen Messerschnitts am Bein und eine tiefe Kerbe im Schädel. »Er beschattete jemanden«, erzählte seine Frau Josephine später, »aber was er nicht wußte, war, daß er nicht einen, sondern zwei beschattete und daß der zweite hinter ihm war und ihm einen Ziegelstein auf den Kopf warf.«

Im Rahmen der »Herstellung der Gerechtigkeit« schickte die Pinkerton-Agentur den jungen Hammett zum Kampf gegen die Bemühungen der Industriearbeitergewerkschaft (IWW) aus, die Bergleute der Anaconda-Kupferminen in Montana zu organisieren. Hammett spielte den begeisterten Anhänger der IWW und ließ sich ins Krankenhaus einliefern, um den mutmaßlichen Radikalen, der krank im Nachbarbett lag, aushorchen zu können. Solche Hinterlist hat sein Gewissen damals wohl nicht belastet, hat ihn aber im späteren Leben verfolgt. Bald nachdem er Lillian Hellman kennengelernt hatte, damals eine unzufriedene vierundzwanzigjährige Skriptlektorin bei der MGM und unzufriedene Ehefrau des Drehbuchschreibers Arthur Kober, erzählte ihr Hammett, daß ein Anaconda-Manager »ihm 5000 Dollar dafür geboten habe, daß er den Gewerkschaftsorganisator Frank Little umbrächte.« Hammett hat dem Unternehmen offenbar mitgeteilt, daß Mord nicht zu seinen Aufgaben zählte, und so wurde die Sache anders geregelt. Ein Lynchmob fiel über Little und drei andere Gewerkschaftler her und schlug sie tot. Hammett »redete so oft von diesem Bestechungsangebot«, schrieb Miss Hellman später in der *Scoundrel Time*, »daß ich zu der Meinung kam, es handelte sich um eine Art Schlüsselerlebnis für ihn. Er hatte einem

Menschen das Recht gegeben zu glauben, er würde morden.« Dieser Gedanke scheint Hammett entsetzt zu haben, aber ein Mann, der sich als Krankenhauspatient verkleidet, um dem Patienten im Nachbarbett Informationen zu entlocken, war vermutlich in den Augen der Firmenvertreter für Aufträge aller Art geeignet.

Miss Hellmanns bewundernde Erinnerungen an Hammett, mit dem sie mehr als dreißig Jahre lang eine wechselhafte, *aber* hektische Beziehung verband, haben zu der Legende beigetragen, daß dieser ehemalige Revolverheld ein stolzer Stoiker war, der nach einem zutiefst ritterlichen Ehrenkodex lebte. Hammett selbst wußte es vermutlich besser. Er, eingefleischter Schürzenjäger und mehr als einmal mit Gonorrhöe angesteckt, wurde von einem Hollywood-Sternchen namens Elise de Vianne auf 35 000 Dollar verklagt; sie behauptete, er habe ihr »seine sexuellen Aufmerksamkeiten aufgezwungen«. Mag sein, daß es kaum mehr war als ein Fall von Belästigung, es klingt aber eher nach Vergewaltigung. Ein Richter in Los Angeles sprach Miss de Vianne 2 500 Dollar Schadenersatz zu. Hammett, ein unverbesserlicher Spieler und liederlich dazu, verschleuderte nicht nur Hollywood-Einkünfte von 100 000 Dollar im Jahr, er ließ auch irrsinnig hohe Rechnungen für Hotelzimmer und Mietlimousinen auflaufen, verschwand vor dem Bezahlen und überließ es seinen unglücklichen Gläubigern, ihn gerichtlich zu verfolgen. Das alles sprach für eine innere Unredlichkeit, aber Miss Hellman pries Hammett bei seinem Begräbnis mit den Worten: »Er hat nie gelogen. Er hat nie betrogen.« Sie selbst versilberte kühl sein Grundstück für vierzigtausend Dollar, die sie ihm, wie sie sagte, geliehen hatte, und sie nutzte seine Schulden für ihren erfolgreichen Prozeß um die Verfügungsgewalt über seine Urheberrechte.

Der Filmautor Nunnally Johnson bot eine Erklärung für Hammetts Verhalten an, indem er berichtete, Hammett sei nach seiner Teilnahme am Ersten Weltkrieg todkrank gewesen. Die Tuberkulose habe ihn gezwungen, nach drei Jahren bei den Pinkertons aufzuhören, und das wiederum habe ihn zum Schreiben gebracht. »Hier war ein Mann, der keinerlei Aussicht hatte, über Donnerstag hinaus noch lange zu leben«, sagte Johnson, »und deshalb verausgabte er sich und sein Geld mit solcher Hemmungslosigkeit.« Vielleicht. Aber nachdem er seine sämtlichen fünf Romane in sechs Jahren geschrieben hatte, vergeudete Hammett seine letzten dreißig Jahre, die Hellman-Jahre, zum großen Teil betrunken und im Streit. Daß er trank, schob er meistens auf seine Krankheit, einmal aber behauptete er, er tränke, weil er den Unterschied zwischen dem, was die Leute reden, und dem, was sie meinen, so quälend empfände. Ein Detektiv müßte diese Unterschiede zu schätzen wissen.

Als 1930 Hammetts dritter und bester Roman *Der Malteser Falke* (The Maltese Falcon) erschien, zahlte die Warner Bros. seinem Verleger Knopf 8500 Dollar für sämtliche Filmrechte. Das wies für das übrige Hollywood Hammetts kommerziellen Wert nach. »Wir haben die Möglichkeit, uns Dashiell Hammett zu sichern...« schrieb der junge David O. Selznick in einem Memorandum an B.P. Schulberg, seinen Boss bei der Paramount. »Hammett ist in puncto Geld nicht verwöhnt... Ich habe versuchsweise folgendes vorgeschlagen: Vier Wochen zu 300 Dollar wöchentlich.« So ging Hammett in jenem Sommer 1930 nach Hollywood, und die Paramount beauftragte ihn, sich einen Gangsterfilm für ihren neuen Star Gary Cooper auszudenken. Hammett produzierte eine Story, die schließlich als *Straßen der Großstadt* (City Streets) verfilmt wurde und Gary Cooper mit Sylvia Sydney, der Geliebten Schulbergs, koppelte.

In der Drehbuchabteilung erlebte der Malteser Falke inzwischen seltsame Metamorphosen. Es war Hammetts erster Versuch gewesen, von den Routinejagden des anonymen Continental- (Pinkerton-) Detektivs abzuweichen. Sein neuer Held Sam Spade arbeitete für sich allein; er war durchaus bereit, auch Kriminelle als Klienten anzunehmen; er hatte ein Verhältnis mit der Frau seines Partners; er liebte den Gedanken, zu niemandem zu gehören. Hammett hat später behauptet, seine Hauptfigur hätte »kein Original... Er ist ein Traummann in dem Sinne, daß er so ist, wie die meisten Detektive, mit denen ich zusammengearbeitet habe, gern gewesen wären... ein zäher und gerissener Bursche, fähig, mit jeder Situation fertig zu werden, fähig, es mit jedem aufzunehmen.« Immerhin – war Sam Spade auch ein Traummann, so war doch seine Persönlichkeit kaum ein Zufall; jeder, der Hammett in seiner

Detektivzeit gekannt hat, kannte nicht seinen zweiten Vornamen Dashiell, sondern seinen ersten: Sam.

Der Malteser Falke war also Hammetts erster Versuch, Schluß zu machen mit der sinnlosen Gewalt der »Action«-Geschichten, die er in der Zeitschrift *Black Mask* veröffentlicht hatte, und eine Handlung mit hauptsächlich psychologischer Spannung zu schaffen. In der entscheidenden Szene saßen alle, Spade und die schöne Brigid O'Shaughnessy und der aufgeblasene Caspar Gutman und der zitternde Joel Cairo, in einem Raum zusammen und versuchten, einander auszutricksen, um in den Besitz der juwelenbesetzten Statue des Malteser Falken zu kommen. Es war eine andere Variante der Lieblingssituation Hammetts, in der der Detektiv die Verbrecher zu provozieren sucht, sich gegenseitig zu bekämpfen und zu betrügen, wenn sich auch die eigentliche Gewalt immer draußen außerhalb des Schauplatzes abspielte. Hammett deutete ergiebigere Möglichkeiten an, als er schilderte, wie Spade Gutman zu überreden versuchte, seinem eigenen Leibwächter Wilmer einen Mord anzuhängen. »Aber das ist doch lächerlich«, protestierte Gutman. »Meine Gefühle für Wilmer sind genau so, als wäre er mein eigener Sohn. Wirklich. Aber wenn ich nur für einen Augenblick daran dächte, zu tun, was Sie vorschlagen...«

In Hollywood, wo man Leuten Wochenlohn zahlte, damit sie *Ein Abschied von den Waffen* (A Farewell to Arms) und *Miss Lonelyhearts* umschrieben, wo man Salka Viertel beauftragte, *Anna Karenina* zu »bearbeiten«, da konnte offenbar nichts so bleiben, wie es war. Warners gab den *Malteser Falken* nicht Hammett, sondern drei ständigen Mitarbeitern, Maude Fulton, Lucien Hubbard und Brown Holmes. Und da es undenkbar war, daß der Held die Heldin als Mörderin bezeichnete und der Polizei übergab (»Ich werde todtraurig sein – ich werde ein paar scheußliche Nächte verbringen – aber das geht vorbei«, hat Spade zu Brigid gesagt), landete das Umschreibetrio bei dem Vorschlag, daß Spade einen schönen neuen Job im Büro des Staatsanwalts bekäme, daß Brigid bald aus dem Gefängnis entlassen würde und daß sie und Spade am Ende wieder vereint wären. Die Warners vergab die Rolle des Spade an Ricardo Cortez (geborener Jakob Krantz), der sich mühte, Nachfolger von Rudolph Valentino zu werden und der mehrere Szenen mit Brigid in einem seidenen Morgenrock spielte. Brigid war Bebe Daniels, die man hauptsächlich aus Lustspielen kannte. Das ganze wurde umbenannt in *Woman of the World*, dann in *Dangerous Female*, und es wurde unvermeidlich eine Pleite.

1936 machte die Warners einen neuen Versuch. Brown Holmes, einer der drei Bearbeiter, wurde ein weiteres Mal damit beauftragt, Hammetts Roman das Fleisch von den Knochen zu kratzen. Diesmal verwandelte sich Spade in einen Anwalt namens Ted Shayne. Er heiratete am Ende seine Sekretärin. Caspar Gutman wurde eine Frau. Die schwarze Figur des Falken wurde zu einem juwelenbesetzten Waldhorn. Auch diese Fassung erhielt mehrere neue Titel: *Men on Her Mind*, dann *Hard Luck Dame*, schließlich – der drolligste überhaupt – *Satan Met a Lady*. Spade-Shayne wurde von Warren Williams gespielt, Brigid O'Shaughnessy (umbenannt in Valerie Purvis) von Bette Davis, die diesen Mischmasch »einen der schlechtesten Schinken, die ich je gemacht habe« nannte.

Und 1941 probierte die Warners es wieder. Diesmal allerdings, wie es so oft bei Hollywoods großen Erfolgen passierte, traf eine Reihe glücklicher Umstände zusammen. Die treibende Kraft hinter ihnen war John Huston. Er war halbprofessioneller Boxer gewesen, mexikanischer Kavallerist, Maler, wenn man so will, und schließlich ein ziemlich vielversprechender Filmschriftsteller (*Juarez*, *Die Lebensgeschichte Paul Ehrlichs* [Dr. Ehrlich's Magic Bullet], High Sierra), und jetzt war Huston fünfunddreißig Jahre alt geworden und wollte ins Machtzentrum Hollywoods vorstoßen. Sein Agent Paul Kohner hatte in seinen Autorenvertrag listig eine Klausel aufgenommen, die die Warners verpflichtete, ihn bei einem Film seiner Wahl selbst Regie führen zu lassen.

»Ich suchte mir Dashiell Hammetts *Malteser Falken* aus«, berichtet Huston ziemlich lakonisch in seinen Erinnerungen. »Er war schon zweimal erfolglos verfilmt worden. Blanke und Wallis (seine Produzenten) waren überrascht von meinem Wunsch, einen zweimaligen Mißerfolg ein drittes Mal zu drehen, Tatsache aber war, daß *Der Malteser Falke* eigentlich überhaupt noch nicht auf die Leinwand gebracht worden war.« Allen Rivkin schildert es lebendiger: »Jonny... bat mich, ihm als Drehbuchautor bei einer Neufassung des *Falken* zu helfen, und er sagte: ›Du lieber Himmel, Al, das Buch ist doch nie richtig gemacht worden.‹«

Widerwillig akzeptierte Jack Warner den Gedanken an eine zweite Neuauflage, vorausgesetzt, daß Huston ein zufriedenstellendes Skript vorzeigen könnte. »Du und ich – wir beide machen das Stück«, sagte Huston zu Rivkin, mit dem er bei Warners Büro und Sekretärin teilte. »Aber zunächst, bevor wir das tun, wollen wir es erstmal auseinandernehmen. Verstehst du, laß die Sekretärin das Buch kopieren und in die einzelnen Schauplätze, Szenen und Dialoge zerlegen. Dann wissen wir, woran wir sind. Klar, mein Kleiner?« Und so verwandelte die anonyme Sekretärin Hammetts Roman ohne inhaltliche Änderungen auftragsgemäß in ein vorläufiges Drehbuch für Huston. Wie es Brauch war in der Firma (oder war es Sekretärinnenehrgeiz?), wanderte dieser Entwurf nicht nur zum Abteilungleiter, sondern auch zu Jack Warner persönlich. Warner war entzückt. »Sie haben mein O.K., Johnny«, sagte er zu Huston. »Es ist ein großartiges Skript.« »Was vollkommen Unglaubliches ist passiert, Kleiner«, meldete Huston an Rivkin weiter. »Warner hat gesagt, er will, daß ich das drehe, und am Montag fange ich an.«

Der nächste Zufall betraf die Besetzung des Sam Spade mit Warners größtem Gangsterstar George Raft. Raft war in den Slums der New Yorker Ninth Avenue aufgewachsen und blieb sein Leben lang mit ein paar Gangstern dieser Teufelsküche befreundet – so sehr, daß diese professionellen Banditen den Stil nachahmten, den Raft für sie erfunden hatte. Die weiße Krawatte auf schwarzem Hemd war ein Markenzeichen Rafts, genauso wie das lässige Wegschnippen einer Münze, das eigentlich ein Vorschlag von Howard Hawks für Rafts Rolle in *Narbengesicht* (Scarface) war. Al Capone persönlich fragte Raft, warum er immer Münzen schnippe, und Raft sagte zerstreut: »Bloß'n bißchen Theater.« Doch bei all seiner scheinbaren Autorität hatte Raft als Schauspieler kein Talent und kein Gespür für persönliche Ausstrahlung. Er weigerte sich, den Gangster in Sidney Kingsleys *Sackgasse* (Dead End, 1937) zu spielen, wenn man ihm nicht erlaubte, den Sackgassenkindern am Schluß zu erklären, daß sich

Verbrechen nicht auszahle. Also ging die Rolle an einen jungen Schauspieler namens Humphrey Bogart. Raft lehnte es auch ab, die Hauptrolle des Flüchtlings in Hustons jüngstem Drehbuch *High Sierra* (1941) zu übernehmen, weil der Flüchtige am Schluß erschossen wurde, und Raft mochte keine Männer spielen, die erschossen wurden. Er hatte auch noch anderes einzuwenden. »Zuviel Worte, Irving«, sagte er zu einem Agenten, »viel zuviel Worte.«

Die Warners wandte sich an ihre anderen prominenten Gangster. Paul Muni, der in *Narbengesicht* Rafts Boss gewesen war, lehnte die Rolle ab, weil Raft sie abgelehnt hatte; dasselbe tat Edward G. Robinson; dasselbe tat auch John Garfield. Bogart sagte bloß: »Wo zum Teufel ist das Drehbuch – und wann fange ich an?« Es war seine erste große Hauptrolle.

Nun wollte Raft auch den Sam Spade nicht spielen. Er sagte, *Die Spur des Falken* sei »kein bedeutender Film«. Sein Hauptgrund scheint gewesen zu sein, daß Huston als Regisseur ein Neuling war, aber auch Myron Selznick, sein Agent, war skeptisch, und in Rafts Vertrag stand, daß er nicht in Zweitverfilmungen aufzutreten brauchte. »Ich wußte nicht viel, und so habe ich auf die Leute gehört, die es eigentlich hätten wissen müssen«, erklärte Raft später. »Es war ein Film mit kleinem Etat.« Jack Warner übermittelte Huston die Nachricht: »Schätze, es wird wohl bei Bogie bleiben müssen.« Es gab noch mehr Komplikationen dieser Art. Huston wollte Geraldine Fitzgerald als Brigid O'Shaughnessy haben, aber die Warners bestand auf Mary Astor.

Sidney Greenstreet als Gutman war eine von Hustons Eingebungen. Greenstreet, wabbelnde drei Zentner und einundsechzig Jahre alt, hatte noch nie einen Film gemacht, aber Huston hatte ihn am Broadway als Butler gesehen und bestand darauf, ihn unter Vertrag zu nehmen. Peter Lorre, ein pfiffiger und kultivierter Emigrant aus Berlin, war zum Musterbild des Abscheulich-Perversen geworden, als Fritz Lang ihm die Rolle des zwanghaften Kindermörders in dem Film *M* gegeben hatte, und so verlieh er der Gestalt des Joel Cairo jetzt kriecherische Bosheit. Und zum guten Glück willigte Walter Huston, berühmter Vater des jungen Regisseurs, ein, die kleine Rolle des sterbenden Kapitäns zu spielen, der in Spades Büro getaumelt kam mit dem kunstlos eingewickelten Paket, das den legendären Falken enthielt. Es war, kurz gesagt, eine auffallend gute Besetzung. Und dann war da noch Huston selbst. »In der Regel«, erzählte er später, »gehen am Ende des Tages alle nach Hause, jeder getrennt in sein eigenes Domizil. Wir aber hatten alle so viel Spaß mit dem *Falken*, daß wir Abend für Abend nach Drehschluß hinübergingen in den ›Lakeside Country Club‹, Bogie, Peter Lorre, Mary Astor und ich. Da nahmen wir erst ein paar Drinks, dann Abendessen am Buffet, und schließlich wurde es Mitternacht. Wir fanden alle, daß wir etwas Gutes machten, aber keiner ahnte, daß *Die Spur des Falken* ein großer Erfolg sein würde.«

Den größten Teil dieses Erfolges hat Huston – und sei es durch Unterlassen – sich selbst zu verdanken. So wie er sich bei seiner Spielhandlung stark auf Hammetts Originalroman stützte, so stützte er sich optisch ganz auf Arthur Edesons quasi-dokumentarische Kamera, um die freudlose, düstere, klaustrophobische Atmosphäre zu erzielen, die als *film noir* bekannt wurde. Es gibt Experten, die den Aufschwung des *film noir* Anfang der vierziger Jahre einigen deutschen Emigranten zuschreiben – Lang, Wilder, Preminger, Siodmak –, die Erinnerungen an den Stil mitgebracht hatten, der in den Berliner Ufa-Studios entwickelt worden war. Andere vermuten, daß es schlicht eine Frage der Wirtschaftlichkeit war. Wenn in einem Warners-Studio, das so karg war, daß die Mitarbeiter es »St. Quentin« nannten, ein Film in stimmungsvoller Dunkelheit oder bei Regenwetter gedreht wurde, war nicht so leicht zu sehen, wie billig die Kulissen waren. All diese Voraussetzungen kamen dem jungen Huston bei seinem ersten Regieauftrag zupaß, denn, wie Charles Higham geschrieben hat, »das Überraschendste an dem Film ist seine unverschämte Lässigkeit, seine bewußte Schnörkellosigkeit«.

Huston war auch gewitzt genug, in Bogart den Schauspieler an der Schwelle des Ruhms zu erkennen und sich Szene für Szene auf ihn zu konzentrieren. Denn das Drehbuch war zwar eine getreuliche Umsetzung des Hammettschen Romans, aber es war Bogart, der den Film nicht nur anders machte als das Buch, sondern substanziell besser. Ein halbes Jahrhundert später, nachdem Hammett die Figur des Sam Spade kreiert hat, sehen wir nicht sie, sondern die etwas zerknitterte, mitgenommene Gestalt von Humphrey Bogart. Er schuf mit dem Film *Die Spur des Falken* die Persönlichkeit, die ihn nicht nur für den Rest seines Lebens berühmt machte, sondern die nach und nach auch zu seiner eigenen wurde.

Bogart war keineswegs für ein solches Los geboren. Sein Vater, Dr. Belmont DeForest Bogart, war ein vielbeschäftigter Arzt in New York; seine Mutter Maude Humphrey war Suffragette, eine Zeitschriften-Illustratorin, die stolz darauf war, bei Whistler in Paris studiert zu haben. Humphrey, ihr Erstgeborener, kam am ersten Weihnachtsfeiertag 1899 zur Welt. (»Ich hatte nie eine eigene Geburtstagsfeier«, beschwerte er sich später.) Er hatte zwei jüngere Schwestern, von denen eine geisteskrank wurde und die andere an Bauchfellentzündung starb. Der junge Humphrey ging auf die Dreieinigkeitsschule, ein steifes bischöfliches Institut im oberen Westen New Yorks, später zur Andover-Schule, die ihn auf Yale und auf das achtbare Leben des gehobenen Bürgertums vorbereiten sollte. Dort allerdings fiel er in fünf von sieben Fächern durch, er verpatzte Religion, Französisch, Englisch, Chemie und Geometrie. Der Direktor teilte Dr. Bogart streng mit, er sähe sich »gezwungen, Ihnen mitzuteilen, ... daß wir es für nötig halten, seine Abmeldung von der Schule zu verlangen.«

Dr. Bogart war schockiert. Das war allerdings im Jahre 1918, also meldete Humphrey sich zur Marine, diente ein paar Monate auf einem Truppentransporter und tauchte dann in New York auf, wo für einen hübschen jungen Mann nichts so ganz ernstzunehmen war und alles möglich schien. Ein Schulfreund namens Billy Brady hatte einen Vater, der sich nebenbei im Theatergeschäft betätigte und bereit war, Bogart als Bürohilfe zu beschäftigen. Die Bürogehilfen wurden traditionell als Ersatzspieler eingesetzt, und Ersatzspieler bekamen schließlich kleine Rollen. Am Morgen nach seinem Broadway-Debut weckte ihn seine Mutter und las ihm Alexander Woollcotts Kritik vor: »Den jungen Mann ... könnte man wohlwollend als unzulänglich bezeichnen.« Aber trotz allem hatte er auch Bewunderer. »Mein erster Eindruck von Humphrey Bogart«, beschrieb Louise Brooks ihr Kennenlernen im Jahre

1924, »war der eines schlanken Jungen mit bezaubernden Umgangsformen, der ungewöhnlich still war für einen Schauspieler. Sein hübsches Gesicht fiel durch den wunderschönen Mund besonders auf. Seine Lippen waren sehr voll, rosig und perfekt geformt...«

Solche Meinungen ermöglichten es Bogart, die ganzen zwanziger Jahre hindurch Rollen zu finden. Einem Gerücht zufolge sei er in einer blauen Sportjacke auf der Bühne erschienen und habe ins Publikum gefragt: »Tennis, irgendwer?« Allmählich begann ihm allerdings das Etikett des alternden Jugendlichen anzuhaften. Und dann bekam er die Chance, für eine vollkommen unwahrscheinliche Rolle vorzusprechen: den Verbrecher auf der Flucht in Robert Sherwoods *Der versteinerte Wald* (The Petrified Forest). Leslie Howard, nicht nur der Star, sondern auch Ko-Produzent, entschied rasch, daß Bogart genau der Richtige sei als psychopathischer Duke Mantee, und als das Stück 1935 Premiere hatte, bestätigte die Theaterkritik nachdrücklich Howards Urteil. Die Warners kaufte das Stück, verpflichtete Howard für die Hauptrolle, merkte Bogart vor und vergab die Rolle des Duke Mantee dann an Edward G. Robinson. Traurig telegraphierte Bogart diese Neuigkeit an Howard in Schottland durch. Howard telegraphierte der Warners, daß er die Hauptrolle nicht spielen würde, wenn nicht Bogart den Gangster spielte. Die Warners gab nach und bestellte den jungen Mann nach Hollywood.

Sieht man den Film heute im Nachtprogramm des Fernsehens, dann kommt einem Bogarts berühmte Darstellung des prahlerischen Duke Mantee beinahe albern vor. Sein zwei Tage alter Stoppelbart sollte ihm wohl etwas Unheimliches verleihen, schafft es aber nur, ihn wenig respektierlich aussehen zu lassen. Seine Sprache sollte wie ein gutturales Knurren klingen, statt dessen schwankt seine Stimme zwischen Affektiertheit und bombastischem Gebrüll. Kurz, Bogart sieht aus und klingt wie ein netter junger Mann, der sich sehr bemüht, hart und furchterregend zu wirken. Zu ihrer Zeit war diese Mühe sehr erfolgreich. Richard Watts von der *New York Herald Tribune* war einigermaßen repräsentativ mit seinem Urteil, Bogart biete »ein brillantes Bild des anormalen, verwirrten und sentimentalen Mörders«. Vielleicht ließ sich das amerikanische Publikum Mitte der dreißiger Jahre, als über ein Drittel der Arbeitskräfte keinerlei Beschäftigung fand, ganz gern von Gangsterimitationen erschrecken.

So wurde Humphrey Bogart, der auf seinem vorgezeichneten Kurs Richtung Yale Schiffbruch erlitten hatte, zum Gangster. »Im Laufe der Jahre«, berichtete Louise Brooks, »übte Bogie alle Arten von Lippengymnastik, begleitet von Nasaltönen, Knurren, Lispeln und Silbenverschlucken.« Er knurrte und lispelte sich durch eine ganze Kette von oberflächlichen Rollen: *St. Quentin, Sackgasse, The Roaring Twenties*. Er bekam 650 Dollar wöchentlich, und gegen Schluß der meisten Filme wurde er, knurrend, erschossen. Die amerikanische Öffentlichkeit war fasziniert von den echten Gangstern, die plötzlich in der Prohibitionszeit aus den dunklen Slums in das Tageslicht der politischen Macht getreten waren, aber niemand wußte eigentlich so recht, wie Gangster denn reden oder wie sie aussehen. Die Gangster selbst, ungebildete Ghettokinder wie Louis Buchalter oder Landarbeiter wie Clyde Barrow, wußten nicht, welches Benehmen von ihnen erwartet wurde. Hollywood zeigte es ihnen. So wie George Raft sie aus der Erinnerung an seine Jugend als Tanzsaal-Gigolo lehrte, wie man sich anzog, so lehrte sie Humphrey Bogart (und auch Jimmy Cagney), wie man knurrte. »Seine Stimme war die kunstvoll lässige Stimme des harten Burschen im Film.« Raymond Chandlers Philip Marlowe sagte von einem Revolverhelden in *Der große Schlaf*: »Das Kino hat sie alle gleich gemacht.«

Das Haysbüro, nach diversen Skandalen der zwanziger Jahre von Hollywood als System der Selbstzensur eingerichtet, bestand darauf, daß Filmgangster sterben müßten, bevor der Film zu Ende war. Verbrechen zahlt sich nicht aus. Anders als George Raft, der nicht erschossen werden mochte, erkannten die besten Gangsterdarsteller schnell, daß auch Macbeth und Hamlet das Los des gewaltsamen Todes beschieden war. Hat denn Edward G. Robinson je einen berühmteren Satz deklamiert als die Frage im *Kleinen Caesar* (Little Caesar): »Heilige Mutter Gottes, soll Rico so enden?« Bogart aber, der in den dreißiger Jahren immer und immer wieder niedergeschossen wurde und jedesmal wieder seine trotzigen letzten Worte knurrte, mit dem kehligen Gangsterakzent, den er sich selber erfunden hatte, Bogart muß instinktiv erkannt haben, daß er auf der Stelle trat. Jede neue Rolle war bloß wieder ein Job, jeder knurrige Tod wieder ein knurriger Tod, bis er, in *High Sierra*, seine erste Chance sah, einen entlaufenen Sträfling zu spielen, der zum romantischen Helden werden konnte. Ida Lupino liebte ihn, und wenn er zum Schluß den unvermeidlichen Tod fand, dann genoß das Publikum nicht etwa seinen Tod, wie es traditionell die Erschießung von Verbrechern genoß, nein, es war traurig. Und als Bogart nach New York kam, um die Werbetrommel für den Film zu rühren, war er überrascht – und Warners war noch viel überraschter –, sich plötzlich im Gedränge seiner neuen Fans wiederzufinden.

Bogart hatte in diesen Jahren schreckliche Schwierigkeiten mit seiner dritten Frau Mayo Methot. Sie trank sehr viel, und wenn sie trank, begann sie zunächst, ihm Koketterie, Eitelkeit und viele andere Sünden vorzuwerfen, und am Ende zerschlug sie die Einrichtung. »Ich mag es, wenn eine Frau eifersüchtig ist...«, sagte Bogart einem Reporter, »und ich mag einen guten Kampf. Mayo mag das auch. Wir beide schlagen erstklassige Schlachten.« Streitende Ehepaare geben einander oft Warnsignale, und Mayos bedrohlichstes Signal war das Lied *Embraceable You*. Sie sang es eines Abends, als Bogart von einer zehrenden Sitzung in der Finnischen Sauna am Sunset Boulevard nach Hause kam, und das war ihre einzige Warnung, bevor sie sich mit einem Fleischermesser auf ihn stürzte. Bogart duckte sich und rannte, aber sie stach ihm in den Rücken. Er fiel zu Boden und wurde ohnmächtig, kam zu sich, hörte jemanden nach dem Arzt rufen und wurde wieder ohnmächtig, kam zu sich und hörte einen Arzt sagen: »Es ist nicht so schlimm. Nur die Spitze ist eingedrungen. Er hat Glück gehabt.«

Bogart zechte oft die ganze Nacht hindurch und erschien dann voll arbeitsfähig im Studio. Seine Darstellung des Sam Spade verkörperte das alles. Sie war das Porträt eines Mannes, der die Nacht durchgemacht hat, der sowohl einen Kater hat als auch entschlossen ist, sein Tagewerk zu tun, eines Mannes, dem die Frau ein Messer in den Rücken gestoßen hat und es vielleicht wieder tut. Bogarts Spade hatte jedoch auch eine Eigenschaft, die

Hammetts Originalgeschöpf fehlte, und das war Humor. Als Hammetts Spade den jungen Revolvermann Wilmer in die Mangel nahm, war er einfach grob. Als Bogart Elisha Cook jr. in die Mangel nahm, war er nicht bloß hart, sondern witzig-gefährlich, er verhöhnt und demütigt einen Mann, der begierig ist, ihn umzubringen. Es ist eine großartige Szene.

Humor zusammen mit einer Art gewollter Härte machten Bogart ungeheuer sympathisch und auf eine Weise real, wie es seine Gangster nie waren. Natürlich war das eine Realität, die auf Schichten der Täuschung beruhte. »Sei nur nicht zu sicher. Ich bin der Schurke, für den man mich hält«, sagte Spade gegen Schluß zu Brigid. Humphrey Bogart, zeitweilig als Gangster erfolgreich, erzielte seinen großen Triumph und verbrachte den Rest seines Lebens mit der Darstellung von Pseudoverbrechern, Vollstreckern eines selbstgeschaffenen höheren Rechts.

Und welchen materiellen Lohn erhielt schließlich Dashiell Hammett? Überhaupt keinen. Denn als die Warner Bros. ihm elf Jahre zuvor für 8500 Dollar die Filmrechte an seinem Roman abkaufte, hatte sie diese Rechte für immer und ewig erworben. Ja, ein paar Jahre später, als Hammett dem ABC-Sender das Recht verkaufte, eine Serie mit dem Titel *The Adventures of Sam Spade* zu produzieren, reichte die Warners im Frühjahr 1948 Klage ein mit der Begründung, der Name Sam Spade sowie alle damit zusammenhängenden »Szenen, Texte, Handlungen, Dialoge, Verwicklungen, Charaktere und andere Materialien« des *Malteser Falken* gehörten dem Studio. Drei Jahre der Urteile und Berufungsprozesse waren nötig, bis Hammett sich das Recht an der eigenen Figur erstritten hatte, und inzwischen war Sam Spade ganz aus dem Äther verbannt, weil Hammett als »subversiv« galt.

Hollywoods Stars wurden nicht geboren, sondern herangezüchtet wie Candides Garten. Die Studios steckten ihre Leute in eine Rolle nach der anderen und sahen zu, was daraus wurde. Während sich ein vielseitiger Charakter wie Bogart zu etwas Inhaltsreichem und Ungewöhnlichem formte, schien Ronald Reagan immer derselbe zu bleiben, fröhlich und nett. Reagan hatte zwar mit *Knute Rockne* beträchtliche Aufmerksamkeit erregt und Lob geerntet, doch war das nur der vierte seiner sechs Filme im Jahr 1940. Bereitwillig lieh die Warners ihn für *Tugboat Annie Sails Again* an die MGM aus und setzte ihn dann an der Seite von Errol Flynn in *Land der Gottlosen* (Santa Fé Trail) ein. Anfang 1941 ging er für *The Bad Man* wieder zu MGM, dann kehrte er für *Der Dollarregen* (Million Dollar Baby) zur Warners zurück. Inzwischen erfolgreicher Reisender und Vorstandsmitglied der Filmschauspielergewerkschaft, verdiente er tausend Dollar in der Woche, für einen mäßig begabten Darsteller, der gerade dreißig wurde, ein fürstliches Gehalt in der Zeit der Depression, wenn auch nicht unbedingt nach Hollywoodmaßstäben. Claudette Colbert, Bing Crosby und Irene Dunne verdienten jeder mehr als achtmal so viel. Reagan galt überall als freundlich und fleißig, brauchbar, nicht viel mehr.

Das Jahr 1941 war wichtig für Reagan. Es begann, fast genau ein Jahr nach seiner Hochzeit mit Jane Wyman, mit der Geburt ihres ersten Kindes Maureen am 4. Januar. Drei Monate später starb Reagans trunksüchtiger Vater, der ein so schwieriger Held gewesen war, an Herzversagen. Reagan drehte weiter Routinefilme: *Nine Lives Are Not Enough* (er erinnerte sich an seine Rolle als rasender Reporter: »Man konnte immer darauf zählen, daß ich ins Zimmer stürzte, nach dem Telefonhörer griff und brüllte: ›Schnell, die Lokalredaktion – ich hab' da 'ne Sache, die schlägt in der Stadt wie eine Bombe ein...‹«)*; *International Squadron* (Reagan war ein amerikanischer Kunstflieger in Warners Version der britischen Royal Air Force). Aber dann kam *King's Row*, ein »leicht schmuddeliges, aber bewegendes Garn«, wie Reagan sagte, das »mich zum Filmstar gemacht hat«.

Die Warners hatte fünfzigtausend Dollar ausgegeben, um diesen gewichtigen Bestseller zu kaufen, ohne recht zu wissen, was sie tat. Der Autor Henry Bellamann, ein Musikprofessor, der sich in seinen fünfziger Jahren der Schriftstellerei zugewandt hatte, war einer der vielen Jünger Balzacs: *King's Row* lag ungefähr halbwegs

---

* Rex Reed zitierte Reagans Frau Jane Wyman, die ihm in einem Interview gesagt haben soll: »Zehn Jahre lang war ich die gewiefte Reporterin, die in die Lokalredaktion stürmte mit dem Ruf: ›Haltet die Maschinen an, ich habe da eine Sache, wird in der Stadt wie eine Bombe einschlagen.‹«

zwischen *Winesburg, Ohio* und *Peyton Place*. Hier, dort und überall waren die Jünger Balzacs entschlossen zu demonstrieren, daß sich unter der glatten Oberfläche des Kleinstadtlebens ein wirbelndes Inferno von Betrug, Korruption, Verrat, Heuchelei, Klassenkampf und mühsam unterdrücktem Sex in allen Formen verbarg: Ehebruch, Sadismus, Homosexualität, Inzest. Und Philistertum, das Bellamanns blumiger Eröffnungssatz allerdings nicht ahnen ließ: »Der Frühling kam spät im Jahr 1890, deshalb kam er ungestümer, und sein reiches Knospen verstärkte den jahreszeitlichen Aufruhr, der das Blut unruhig machte.«

Aus Knospen und Aufruhr werden Bestseller gemacht, aber als die Warners den Roman kaufte und Casey Robinson, einem der Lieblingsschriftsteller des Studios, übergab, hielt dieser das ganze Projekt für hoffnungslos. Das Haysbüro würde es niemals erlauben. Er kabelte dies Verdikt von Hongkong herüber, wo er während einer Ferienreise durch den Fernen Osten kurz Station gemacht hatte. Hal Wallis, der vorgesehene Produzent, kabelte zurück, Robinson möge bitte den Roman noch einmal lesen. Robinson war nicht leicht zu überreden. »Auf dem Schiff zwischen Manila und Bali«, berichtete Wallis, »hat er das Buch schließlich ins Meer geworfen und gedacht, ich wäre verrückt, einen so windigen Besitz zu kaufen.« Vielleicht kann nichts so schnell die Meinung eines Schriftstellers über eine schwierige Aufgabe ändern, wie wenn er diese Aufgabe im Meer verschwinden sieht. »Als er das Buch auf den Wellen schwimmen sah«, sagte Wallis, »wußte er plötzlich, wie er das Thema hinbiegen konnte: Mach daraus die Geschichte eines idealistischen jungen Arztes, den die Realitäten einer grausamen und entsetzlichen Welt herausfordern.«

Wallis war natürlich entzückt von der Aussicht, daß sich Kleinstadtsex in die Saga vom idealistischen Arzt verwandelte. Er begann, Personal zu besorgen. Er holte Sam Wood, jüngst für *Kitty Foyle* gelobt, als Regisseur; William Cameron Menzies, den eigentlichen Schöpfer eines großen Teils des Kassenschlagers *Vom Winde verweht*, als Art Director; Erich Korngold als Komponisten stimmungsvoller Musik; und den berühmten James Wong Howe als Kameramann. Dann kamen die üblichen Besetzungsprobleme. Wallis wollte Henry Fonda oder Tyrone Power als idealistischen Doktor Parris Mitchell, aber Darryl Zanuck von der Fox besaß sie beide und mit ihnen ihr idealistisches Image, und er lehnte es ab, sie der Warners zu vermieten. Die Nymphomanin Cassie Tower bot interessante Möglichkeiten. Wallis bot die Rolle Ida Lupino an, aber sie war mit *Das Geheimnis der drei Schwestern* (Ladies in Retirement) für die Columbia beschäftigt. Bette Davis hungerte nach der Rolle der Cassie, aber Wallis fürchtete, sie würde den Film beherrschen. Drake McHugh, der liebenswerte, lebensfrohe Freund des Helden, war eine Nebenrolle für einen Vertragsschauspieler der Warners – Dennis Morgan oder Jack Carson oder vielleicht Eddie Albert. Auch Robert Preston und Franchot Tone kamen in Betracht. Oder vielleicht Ronald Reagan. Ja, warum nicht Reagan?

Joseph I. Breen, ein professioneller Katholik und Leiter des Haysbüros, der noch keine Zeile des Drehbuchs gelesen hatte, an dem Casey Robinson schrieb, unterbrach all dieses Planen, indem er das ganze Projekt verbot. Sein weitschweifiges Memorandum für Wallis begann mit der Beschwerde über »illegitime Beziehungen« zwischen den verschiedensten Gestalten und »viel lockeren Sex überall«. Und dann kam die »sadistische Darstellung« eines Arztes, jenes Schurken, der Drake McHughs Beine amputieren sollte. »Jeder Hinweis auf Sex, Irrsinn, Syphilis, illegale Handlungen, Inzest, Sadismus und andere Perversitäten muß weg«, erklärte Breen. »Wenn dieser Film gemacht wird..., werden die anständigen Menschen überall Sie und Hollywood verurteilen.«

Jack Warner, Wallis und Robinson, sie alle mußten zu Breen gehen, und sie argumentierten so heuchlerisch, daß sie es mit den Gestalten in *King's Row* oder sogar mit den Romanpersonen von Balzac selbst durchaus hätten aufnehmen können. Es ginge ihnen nicht ums Geldverdienen, noch weniger wollten sie sich die Mißbilligung der anständigen Menschen überall zuziehen, vielmehr wollten sie, wie Wallis formulierte, »zeigen, wie ein Arzt der inneren Zerstörung einer heimgesuchten Gemeinde entgegenwirken« könne. Breen, sagte Wallis, »war beeindruckt«. Wenn die Warners bereit wäre, alle Hinweise auf Nymphomanie und Inzest zu streichen – und keine Gnadenschüsse, bitte, und auch kein

Nacktbaden –, dann könnte man möglicherweise die Genehmigung geben. Robinson schrieb eine neue Fassung; Breen lehnte sie ab; Robinson schrieb eine vierte Version; Breen willigte zögernd ein. »Ich fand, auf lange Sicht war es nur zu unserem Besten«, erklärte Wallis mit der Gelassenheit des ständig Zensierten. »Zuviel Schmutziges hätte vielleicht die Chancen des Films beim Publikum ruiniert.«

Eine Szene gab es, der es glückte, die ganze moralische Aufbesserung zu überleben. Es war die Szene, in der Drake McHugh, von den örtlichen Bankiers um sein Erbe betrogen, als Schwiegersohn des führenden Arztes der Stadt abgewiesen, eine Arbeit im Bahnhof annehmen mußte, dort einen Unfall erlitt, der ihm die Beine zerschmetterte, und dann aufwachte und feststellte, daß derselbe Arzt, der ihn als Bewerber um seine Tochter abgewiesen hatte, ihm nun beide Beine amputiert hatte. Randy Monaghan, Drakes neue Freundin, bemüht sich, ihn zu pflegen. »In diesem Augenblick drang ein entsetzlicher Ton aus dem oberen Zimmer«, schrieb Bellamann. »Randy wußte sofort, diesen Schrei Drakes würde sie nie vergessen. Es war ein heiseres Geheul – beinahe ein Kreischen, und es lagen Grauen und Schmerz darin und etwas noch Schlimmeres – pure animalische Angst. Sie stürzte die enge Treppe hinauf und riß die Tür auf... Drakes Augen rollten, in seinem Gesicht arbeitete es heftig, als wäre das ganze Knochengerüst zerschmettert. Randy sah entsetzt, daß seine Hände wie wild unter die Laken griffen. Mit einem Satz war sie im Zimmer und faßte seine Hände...

›Randy!‹

›Ja, ich bin hier, Drake. Ich bin bei dir...‹

›Randy – wo – wo ist der Rest von mir?‹«

Ronald Reagan, den man schließlich für diese Rolle erwählt hatte, sah etwas Bedeutendes in dieser symbolischen Kastrationsszene, in den vielen Folgerungen, die sich aus der Frage selbst ergaben. »Kein anderer Text meiner Laufbahn hat mir so wirkungsvoll klargemacht, was ein Leben als Schauspieler sein sollte«, sagte er in der Autobiographie, die er fünfundzwanzig Jahre später schreiben ließ. Drakes Frage machte er zum Titel des Buches. Damals allerdings sah Reagan in dieser Szene hauptsächlich die

Chance, seine Duftmarke zu setzen. Wallis hatte inzwischen eine recht bemerkenswerte Besetzung zusammengeholt. Zwar war Robert Cummings kaum ausreichend für den jungen Arzt, aber er war von Experten umgeben. Seine Mutter war Maria Ouspenskaja, sein Mentor war Claude Rains und des Mentors lüsterne Tochter war Betty Field. Judith Anderson war als Frau des verrückten Arztes Charles Coburn dabei, und Ann Sheridan war hinreißend als Randy Monaghan. Inmitten dieser Riege von Könnern hatte Reagan nur die eine große Szene, die eine große Chance.

»Ich spürte, daß ich weder erfahren noch begabt genug war, das vorzuspiegeln«, erinnerte sich Reagan. »Ich mußte einfach herausfinden, wie einer das wirklich empfindet... Ich probte die Szene vor dem Spiegel, in Studiowinkeln, auf der Fahrt nach Hause, auf der Herrentoilette von Restaurants, vor ausgewählten Freunden. Nachts wachte ich auf, starrte an die Decke und murmelte automatisch meinen Text, bevor ich weiterschlief. Ich konsultierte Leib- und Seelenärzte; ich unterhielt mich sogar mit Menschen, die diese Behinderung hatten, und versuchte, in meinem Innern den Hexenkessel von Gefühlen zusammenzubrauen, die einen Mann bewegen müssen, wenn er eines sonnigen Morgens aufwacht und merkt, daß sein halber Körper weg ist.«

Nach all diesen Alleinproben kam unausweichlich der Tag, an dem die Szene gespielt werden mußte. In der Nacht davor lag Reagan im Bett und war aufgeregt. Er konnte nicht schlafen. Blaß und verhärmt sah er aus, als er ins Studio kam – was natürlich genau das war, was man von ihm erwartete – und sich in die Kulisse begab, in der die Szene stattfinden sollte.

»Ich fand, daß die Ausstatter sich einen sauberen Trick hatten einfallen lassen«, berichtete er. »Unter der gesteppten Bettdecke hatten sie ein Loch in die Matratze geschnitten und eine Fußbank daruntergeschoben. Ich starrte es eine Minute lang an. Dann, einem übermächtigen Impuls gehorchend, kletterte ich in das Gebilde hinein.« Reagan scheint in jenem Bett eine eigenartige emotionale Krise durchgemacht zu haben. Er lag einfach da und »stellte Betrachtungen über meinen Torso an und über die vollkommen glatte, ebene Fläche der Bettdecke dort, wo meine Beine sein müßten.« Zehn Minuten vergingen. Zwanzig. »Nach und nach«, sagte Reagan, »begann die Sache mich zu ängstigen. Irgendwie hatte ich das unheimliche Gefühl, daß meinem Körper etwas Entsetzliches zugestoßen war.« Inzwischen hatte sich das Kamerateam ringsum versammelt. Keiner schien zu wissen, was er tun sollte. Jemand schaltete die Scheinwerfer ein. Reagan lag in einer Art von Trance. Endlich näherte sich Sam Wood, der Regisseur, dem hingestreckten Schauspieler und beugte sich über ihn.

»Wollen wir es drehen?« murmelte er.

»Keine Probe?« fragte Reagan, gerade als hätte er nicht schon eine ganze Stunde lang brillant geprobt.

»Ein vorzüglicher Regisseur – Gott schenke seiner Seele Ruh –, er wandte sich an das Team und sagte bloß: ›Laßt uns drehen.‹ Er schrie ›Scheinwerfer an!‹ und ›Ruhe bitte!‹ Ich legte mich zurück und schloß die Augen, gespannt wie eine Bogensehne. Ich hörte Sams leise Stimme rufen: ›Action!‹ Dann kam das scharfe Klacken, das den Beginn der Szene signalisierte. Benommen öffnete ich die Augen, blickte um mich, ließ meinen Blick langsam abwärts wandern. Ich kann auch jetzt noch nicht das Gefühl beschreiben, das in mir aufstieg, als ich dorthin greifen wollte, wo meine Beine hätten sein müssen. ›Randy!‹ schrie ich. Ann Sheridan (sie sei bedankt) als Randy platzte durch die Tür. Sie war nicht im Bild und wäre normalerweise gar nicht zur Stelle gewesen, bis die Kamera herumgedreht wurde, um ihr Eintreten aufzunehmen, aber sie wußte, es war eine der Szenen, in denen ein Kollege jede verfügbare Hilfe brauchte, und für mich war sie in diesem Moment Randy, die auf mein Rufen hin kam. Ich stellte meine Frage – die Worte, die mich seit so vielen Wochen verfolgten: ›Wo ist der Rest von mir?‹«

Eine Take genügte. »Es war eine gute Szene«, sagte Reagan mit einer gewissen Befriedigung. Tatsächlich war sie so gut, daß sie ihn aus den Reihen der netten jungen Männer heraushob und zum Star machte. Die Warners erkannte das und handelte unverzüglich einen neuen Vertrag mit ihm aus, der seine Gage auf dreitausend Dollar pro Woche verdreifachte. Als *King's Row* dann allerdings im Februar 1942 Premiere hatte, waren die Vereinigten Staaten gerade in den Krieg eingetreten und Reagan unterlag der Einberufung zur Armee. Das Leben als Star, das er sich eben errungen zu haben schien, mußte aufgeschoben werden, und es gelang ihm nie, es wieder einzufangen.

»Wie in einer Groteske«, schrieb einer der namenlosen Autoren der *Times* im März 1941 über einen Film namens *Citizen Kane*, »wollte Hollywood letzte Woche eine seiner größten Schöpfungen angreifen und zerstören.« Dieses Urteil hat über fast ein halbes Jahrhundert hinweg Bestand gehabt. Soweit es überhaupt möglich ist, einen einzelnen Film zu Hollywoods »größter Schöpfung« zu erklären, ist der *Citizen Kane* wahrscheinlich die beste Wahl. Noch heute strahlt der Film, in das Format des Fernsehschirms gequetscht und in Amerika wiederholt durch Werbung unterbrochen, ungeheure Zuversicht, Lebensmut, Vitalität aus. Allerdings war er kaum eine Hollywood-Schöpfung, sondern eher die Schöpfung von Orson Welles, der überhaupt nicht nach Hollywood gehen wollte, als er 1938 dorthin eingeladen wurde – nach dem überwältigenden Erfolg seiner Hörfunkbearbeitung von H.G. Wells' *Der Krieg der Welten* (War of the Worlds). George J. Schaefer, der sich mit Hilfe von Nelson Rockefeller soeben als neuer Präsident des siechen RKO-Studios etabliert hatte, machte Welles ein unwiderstehliches Angebot: 100 000 Dollar für einen Film pro Jahr, den er selbst schreiben, produzieren, inszenieren und als Hauptdarsteller spielen sollte – bei absoluter Entscheidungsfreiheit für ihn und die ganze Schauspieltruppe, die er in New York aufgebaut hatte, das Mercury Theatre. Welles war damals dreiundzwanzig.

Die Sage vom *Citizen Kane* ist inzwischen zu Hollywoods beliebtester Legende geworden – eine mehr intellektuelle Variante der Legende *A Star Is Born* –, und Kinogelehrte haben sich damit befaßt, wie eindrucksvoll Kameramann Gregg Toland das 24 mm-Weitwinkelobjektiv handhabe, wie er es abstoppte, um in die Tiefe des Bildes zu gehen. Sie haben auch nachgeforscht, woher das Libretto der »Oper« *Salammbo* stammte, die Kanes zweite Frau kurz und schlecht sang (der Text war, ein versteckter Scherz sozusagen, Racines *Phèdre* entnommen: »*Ah, cruel! Tu m'as trop entendue!*«). Als es jedoch soweit war, daß Welles spektakulär Einzug hielt, hegte Hollywood heftigen Groll gegen den gefeierten Neuankömmling, insbesondere als er bei der RKO die Runde machte und sie »die größte elektrische Eisenbahn, die je ein Junge hätte« nannte. Ein in Hollywood beliebtes Liedchen von einem unbedeutenden Schauspieler namens Gene Hersholt machte sich darüber lustig, daß »Klein-Annie, die Waise, zu uns kommt zum Spielen«, und als Welles Hollywoods Prominenz zu einer Party in sein Haus lud, kam so gut wie keiner. Dessen ungeachtet richtete Welles seinen Befehlsstand im eigentlich bankrotten Wrack der RKO ein und begann zu experimentieren. Er arbeitete an einem Film über Joseph Conrads *Herz der Finsternis* – was für ein Film hätte das werden können! –, dann an einem Thriller von Cecil Day-Lewis mit dem Titel *The Smiler with a Knife*, der entfernt das Leben des britischen Faschistenführers Oswald Mosley behandelte und einen Putsch achsenfreundlicher Kräfte in Mexiko enthielt. Es war die Rede davon, daß er das Leben Christi verfilmen wollte.

Durch eine Kette von Ereignissen ergab sich bald, daß Welles an einem Strick zog mit Herman J. Mankiewicz, dem einstigen Theaterkritiker des *New Yorker*, der wie der Rattenfänger Autoren in Scharen nach Hollywood geführt hatte. (»Da liegen Millionen auf der Straße, und die einzigen, die sie euch streitig machen, sind Idioten«, hatte Mankiewicz 1926 in einem berühmten Telegramm an Ben Hecht verkündet.) Mankiewicz war so verliebt in den eigenen Witz, daß er für einen Scherz seine Stellung aufs Spiel setzte – wie einmal, als Harry Cohn seinen versammelten Arschkriechern bei der Columbia erklärt hatte, er könne den künftigen Erfolgsfilm stets im voraus daran erkennen, daß er ein Zittern in seinem Hintern hervorrufe. Mankiewicz kommentierte: »Stellt euch vor! Die ganze Welt funkt Harry Cohns Arsch an!«* Mankiewicz war auch ein hingebungsvoller Spieler, der Geld borgte, um zu spielen, und log, um Geld zu borgen, und trank, um zu

---

* Wie um eben diese Fähigkeit bei seinen Mitarbeitern zu erproben, installierte Cohn im Speiseraum des Columbia-Vorstands einen Stuhl, der aussah wie alle anderen Stühle, aber einen elektrischen Schlag austeilte, wenn sich ein argloses Opfer daraufsetzte. Einmal kam Frank Capra nach einem harten Arbeitstag herein und setzte sich gedankenverloren auf den Stuhl, der ihn prompt elektrisierte. »Ach, Scheiße«, sagte Capra müde, ohne sich zu bewegen. »Dieser blöde Hund Cohn mit seinem gottverdammten Stuhl.« Dann stand Capra auf und riß ihn kurz in Stücke. Cohn ließ den elektrischen Stuhl später reparieren und stellte ihn wieder auf. Erst als eins seiner Opfer einen leichten Herzanfall erlitten hatte, wurde er entfernt.

lügen. Das Trinken trug ihm den Verlust mehrerer guter Posten ein (zum Beispiel flog er als Produzent der Marx Brothers für *Die Marx Brothers in der Oper* [Night at the Opera]), aber es war das Spiel, über das er bei der MGM endgültig stürzte. Nicht nur hatte er Louis B. Mayer um 30000 Dollar Vorschuß auf seinen neuen Vertrag gebeten, er hatte auch geschworen, das Spielen aufzugeben. Und dann blickte er eines Tages von dem Pokerspiel auf, das er im Speiseraum der MGM organisiert hatte, und sah sich den unversöhnlichen Augen seines Arbeitgebers gegenüber. Am nächsten Tag stand er auf der Straße und war für die großen Studios mehr oder weniger erledigt. Mankiewicz ließ seine Frau mit seinen Spielschulden allein und machte sich mit einem anderen Schriftsteller auf den Weg nach New York; dieser kam unterwegs von der Straße ab und zertrümmerte den Wagen. So kam es, daß Herman Mankiewicz, ohne Arbeit, ohne einen Pfennig, verkatert und von der Hüfte bis zum Fußgelenk in Gips, Besuch von Orson Welles empfing, der ihm barmherzig fünfhundert Dollar in der Woche bot, wofür er Geschichten wie *Rip Van Winkle* in Hörfunkskripts verwandeln sollte. Es war nur eine Frage der Zeit, daß sie auch über Filme zu reden begannen. Seit Jahren schon hätte Mankiewicz gern eine Story geschrieben, die er *American* nannte. Sie handelte von William Randolph Hearst.

Hearst war ein Buhmann der Liberalen jener Zeit, ein Mann, der ein Presseimperium regierte, und da seine Zeitungen sich der reaktionären Politik und der billigen Kriminalsensation verschrieben hatten, erschien er als bedrohlicher Demagoge. Die Tatsache, daß seine Zeitungen im allgemeinen Verluste machten und sehr begrenzte Macht hatten, hielt seine Gegner nicht davon ab, sich wegen der möglichen Wirkungen seines unheilvollen Einflusses Sorgen zu machen. Mankiewicz kannte natürlich den ganzen Presseklatsch, aber er kannte auch seinen Mann aus erster Hand. Hearst hatte seine Gesellschaft genossen, desgleichen Marion Davies, die charmante und witzige Schauspielerin, deren Beziehung zu Hearst man als bloße Freundschaft zu tarnen pflegte. »Ein Letztes muß man sich merken – Schriftsteller sind immer dabei, jemanden zu verkaufen«, hat Joan Didion einmal notiert. Und so ging Mankiewicz daran, in sein grausames Porträt von

Charles Foster Kane das Bild einer talentlosen, trunksüchtigen jungen Schutzbefohlenen aufzunehmen, die es liebte, ihre Zeit mit Puzzlespielen zu verbringen.

Welles war zufrieden mit Mankiewicz' Skript, fand es aber auch ein bißchen weitschweifig und schleppend. Er war es gewohnt, entscheidende Änderungen selbst vorzunehmen, auch bei Shakespeare, und jetzt schnitt er ganze Szenen, ganze Nebenverwicklungen heraus. Anderes, das seinen eigenen Vorstellungen entsprang, schrieb er hinein – Kanes verheerenden Versuch zum Beispiel, seine neue Frau zur Opernsängerin zu machen. Der Großmogul Charles Foster Kane sollte schließlich wenigstens teilweise Orson Welles sein. Ja, und da beide Autoren stets die Entwürfe des anderen durchsahen, hatte auch Mankiewicz Meinungen über Welles, die er hineinschreiben wollte. Kanes großer, möbelzertrümmernder Wutausbruch zum Beispiel war die Neuinszenierung einer von Welles' Explosionen.

Als sie ihr Skript dann fertig hatten, mußten sie natürlich darum kämpfen, wem das Urheberrecht zustehen sollte. Welles' RKO-Vertrag besagte ausdrücklich, daß »das Schauspiel für jeden Film von Mr. Orson Welles geschrieben sein soll«, und Welles hat wahrscheinlich gedacht, ein alter Trinker wie Mankiewicz sollte zufrieden sein mit seinen fünfhundert Dollar in der Woche für die anonyme Mitarbeit. Aber Mankiewicz wußte: *Citizen Kane* war eine Leistung, die all die vergeudeten Jahre der Zeilenschinderei und der betrunkenen Späße wettmachte. Es traf ihn schmerzlich, als Welles, noch ehe die Frage der Nennungen im Vorspann offiziell geklärt war, in Louella Parsons Kolumne mit den Worten zitiert wurde: »Und so schrieb ich *Citizen Kane*.« Also ging Mankiewicz zur Filmautorengilde und erklärte, er sei der ursprüngliche Autor. Welles hat später behauptet, er habe immer an eine gemeinsame Urheberschaft gedacht, Mankiewicz aber sagte, daß Welles ihm einen Bonus von zehntausend Dollar zahlen wollte, wenn er Welles die Urheberschaft ganz überließe. Da Mankiewicz chronisch verschuldet war, fragte er Ben Hecht, wie er sich zu diesem Vorschlag verhalten sollte, und Hecht gab ihm eine typische Antwort: »Nimm die zehn Riesen und hau den Hund in die Pfanne.« Die Filmautorengilde ordnete schließlich die gemeinschaftliche Nennung an, mit Mankiewicz' Namen an erster Stelle.

Welles, der stolz auf seine Geschicklichkeit als Zauberer war, bediente sich einiger außergewöhnlicher Taschenspielertricks, um den *Citizen Kane* überhaupt auf Zelluloid zu bekommen. Schaefer hatte ihm künstlerische Freiheit garantiert, aber nur nach Zustimmung der RKO zu jedem Drehbuch und Budget, und da war es sehr fraglich, ob ein nahezu bankrottes Studio einen kaum verhüllten Angriff auf einen der mächtigsten Zeitungsverleger der Nation billigen würde. Welles verfiel auf den bemerkenswerten Schleichweg, immer wieder »Probeaufnahmen« zu drehen, für die keine offizielle Genehmigung nötig war, bis die angesammelten »Proben« einen so großen Teil des vorgesehenen Films ausmachten, daß Welles in der Lage war, Schaefer eine Genehmigung abzuluchsen für das, was eigentlich schon ein fait accompli war. Es könnte auch sein, daß die RKO, wie manche sagen, durchaus gewußt hat, was Welles tat, daß sein Bluff aber so etwas wie ein Schabernack war, typisch für den jugendlichen Überschwang, der *Citizen Kane* auszeichnet.

Welles bluffte weiter, um sich den Beifall von Louella Parsons, der mächtigen Filmkolumnistin Hearsts, zu sichern. Man kann sich heute kaum noch vorstellen, welche Macht Mrs. Parsons und ihre Rivalin Hedda Hopper einst ausübten, aber in den vierziger Jahren haben diese beiden eingebildeten und ungebildeten Frauen Hollywood tyrannisiert. Mrs. Parsons (geborene Ottinger) war schon zweimal geschieden,[*] als sie 1910, neunundzwanzigjährig, nach Chicago kam, sich eine Arbeit bei der *Tribune* suchte und begann, nachts Filmszenarios zu schreiben. Die Klatschspalte im *Chicago Record-Herald* hat sie mehr oder weniger erfunden. Sie ging dann zum *New York Morning Telegraph* und wurde 1924 Hollywood-Korrespondentin für Hearst. Einer beliebten Legende

---

[*] Sie wurde mehr oder weniger glücklich mit ihrem dritten Ehemann Dr. Harry »Docky« Martin, einem Urologen, für den sie Arbeit als »technischer Berater« für diverse Filme und dann als teilzeitbeschäftigter Werksarzt bei der 20th Century-Fox für 30 000 Dollar im Jahr besorgte. Martin trank so stark, daß er oft bei Parties umkippte. Einmal, als ihn jemand vom Fußboden aufheben wollte, soll Mrs. Parsons, einer oft erzählten Geschichte zufolge, gesagt haben: »Ach, lassen Sie ihn doch schlafen. Morgen früh muß er operieren.«

zufolge verdankte Mrs. Parsons ihre Stellung dem Tod von Thomas H. Ince, einem erfolgreichen Regisseur, den Hearst gerade angestellt hatte, damit er sich um seine Cosmopolitan Films kümmerte. Ince verstarb ganz plötzlich auf Hearsts Yacht ›Oneida‹, und obwohl die offizielle Todesursache mit Angina angegeben wurde, hielten sich Gerüchte, Hearst hätte ihn in flagranti mit Marion Davies erwischt und erschossen. Einer noch farbigeren Geschichte zufolge soll Hearst Miss Davies mit Charlie Chaplin erwischt, wild um sich geschossen und Ince versehentlich getroffen haben. In jedem Falle hieß es, Mrs. Parsons sei mit an Bord der Yacht gewesen und habe Hearsts Geheimnis gewahrt. Bedauerlich für diese Geschichte ist nur, daß Ince tatsächlich an zuviel Essen und Alkohol gestorben zu sein scheint und Mrs. Parsons sich zu der Zeit wahrscheinlich in New York aufgehalten hat. Hearst schätzte an ihr vor allem die schwärmerische Begeisterung für den Film und speziell für alle Filme mit Marion Davies.

Was Mrs. Parsons jetzt im Namen ihrer dreißig Millionen Leser von Welles wissen wollte, war, ob sein neuer Film sich mit William Randolph Hearst befaßte. Wieso – natürlich nicht, sagte Welles. Es handele sich um eine völlig frei erfundene Geschichte. Vielleicht weil Welles sie mit einem fünfgängigen Essen in seiner Garderobe fütterte, die einmal Gloria Swanson gehört hatte und noch mit rotem Satin ausgeschlagen war, vielleicht auch, weil er jung und hübsch war, glaubte ihm Mrs. Parsons. Und so war es Hedda Hopper, die bei der offiziellen Pressevorführung Anfang Januar 1940 in New York als erste *Citizen Kane* sah und zu Welles sagte: »Damit kommen Sie nicht durch.« Welles sagte: »Oh doch.« Als Hearst Mrs. Hoppers Kolumne las, fragte er eilends bei Mrs. Parsons an, was da los sei, und sie raste mit zwei Anwälten zu einer Sondervorführung. Dann begann sie zu telefonieren. Sie telefonierte mit Schaefer und Rockefeller und jedem Mitglied des RKO-Direktoriums, mit Will Hays und Louis B. Mayer und Darryl Zanuck – mit jedem, der ihr einfiel. Sie sagte unter anderem: »Mr. Hearst sagt, wenn ihr Jungens ins Privatleben wollt, dann verhelfe ich euch dazu.«

Citizen Kane sollte am 14. Februar 1941 in der Radio City Music Hall des Rockefeller-Centers Premiere haben (die Rockefellers besaßen einen großen Teil der RKO). Dann sagte das Theater unvermittelt die Premiere ab. Schaefer rief Nelson Rockefeller an, um nach dem Grund zu fragen, und erfuhr einige Einzelheiten der Erpressungskampagne. »Rockefeller erzählte mir«, erinnerte sich Schaefer später, »daß Louella Parsons ihn gefragt habe: ›Wie würde es Ihnen gefallen, wenn (Hearsts) *American Weekly* eine Doppelseite über John D. Rockefeller brächte?‹« Und dann, ganz plötzlich, hatte Schaefer Schwierigkeiten, *Citizen Kane* überhaupt irgendwie unterzubringen. Aber es kam noch schlimmer. Hearst-Photographen begannen, Welles durch die Straßen zu verfolgen in der Hoffnung, irgendeinen Moment der Indiskretion zu erhaschen. In Anfragen an seine Musterungsbehörde wurde hartnäckig Auskunft darüber verlangt, warum er nicht in der Armee sei. Hedda Hopper orakelte, daß »die Flüchtlingssituation durchleuchtet würde«, was eine allgemeine Untersuchung durch die Hearst-Presse, die *American Legion* und andere patriotische Organisationen anzudrohen schien, warum so viele Hollywood-Studios so viele Ausländer beschäftigten, insbesondere solche mit linken Neigungen. »Und auch die Privatleben dürfen nicht übersehen werden«, warnte Mrs. Hopper.*

Und dann wurde der allerungewöhnlichste Vorschlag gemacht. Nicholas Schenck, Leiter der Loew's, lud Schaefer nach New York ein und machte ihm ein Angebot. Er mache dieses Angebot, so sagte er, im Namen von Louis B. Mayer, der sich nicht nur als einen Freund Hearsts betrachte, sondern auch als den Patriarchen des Filmgeschäfts. Mayer wollte der RKO 842 000 Dollar in bar zahlen, wenn Schaefer das Negativ und sämtliche Kopien von *Citizen Kane* vernichten würde. Da der Film 686 000 Dollar gekostet hatte, stellte Mayers Angebot einen ganz netten Profit aus einem Film dar, den Schaefer nur mit Mühe irgendwo unterbringen könnte. Schaefer, zu seiner Ehre sei es gesagt, lehnte ab.

---

* In all dem Trubel, am Tage der San Francisco-Premiere, sahen sich Welles und Hearst zum ersten Male zufällig im Aufzug des Hotels Fairmont. Welles sagte später, er habe einfach nicht widerstehen können, und sich als Sohn von Hearsts altem Freund Richard Welles vorgestellt. Dann lud er Hearst zur Premiere ein. Hearst sagte kein Wort und stapfte aus dem Lift, als er auf seiner Etage hielt. Welles rief frech hinter ihm her: »Charles Foster Kane hätte angenommen.«

Schaefer, zu seiner Ehre sei es gesagt, erwähnte diese unwiderstehliche Offerte nicht einmal seinem Direktorium gegenüber, denn er fürchtete, daß die Direktoren ihm befehlen könnten, sie anzunehmen. Schaefer, zu seiner Ehre sei es gesagt, beantwortete den Bestechungsversuch der MGM mit der Androhung einer Klage wegen Verschwörung gegen sämtliche großen Kinoketten: Fox, Paramount, Loew's. Das war die Krise, die Proteste in der *Time* und anderen Blättern hervorrief. Und da die Kinoketten genausoviel Angst vor Verschwörungsklagen hatten wie vor Hearst-Boykotts, gaben sie ein wenig nach und zeigten *Citizen Kane* ein paar Mal, so daß bei der Schlußabrechnung gerade knapp die Kosten gedeckt waren.

Und dann kaufte in einer blitzartigen geschäftlichen Transaktion ein großer RKO-Aktionär namens Floyd Odlum, ein texanischer Unternehmer mit undurchschaubaren Absichten, David Sarnoff so viele Anteile ab, daß er die Kontrolle über das ganze Studio hatte, und das war Schaefers Ende. Zwei Wochen nach Schaefers Vertreibung wurde auch Orson Welles vertrieben; er mußte binnen weniger Stunden ausziehen (der Platz des Mercury Theatre wurde für die Crew eines Tarzan-Films gebraucht). Einer der Gründe, die zu diesem Aufstand beitrugen, war ein weitverbreitetes, anscheinend von Louis B. Mayer gefördertes Gerücht, daß Schaefer RKO-Filme nicht gut an den Mann bringen könnte, weil er Antisemit sei.

Es ist schwierig, sich den Sinn für Proportionen zu bewahren. Das Jahr 1941 – das Jahr, in dem Hollywood seinen Oscar nicht an *Citizen Kane*, auch nicht an *Die Spur des Falken*, nicht einmal an *King's Row*, sondern an *Schlagende Wetter* (How Green Was My Valley) vergab – 1941 war das Jahr, in dem Adolf Hitler seinen Vertragspartner Stalin betrog und mehr als 150 Divisionen der Wehrmacht nach Osten marschieren ließ, an eine Front, die vom Baltikum bis ans Schwarze Meer reichte. Der große geschichtliche Überblick übersieht jedoch oft, was wirklich geschieht. In *Mutter Courage*, 1939 im dänischen Exil geschrieben, hatte Bertolt Brecht glänzend demonstriert, daß man all die großen Strategien des Dreißigjährigen Krieges reduzieren konnte auf die eine Frau, die mit ihrem Marketenderkarren dem Heer folgte, das Essen brauchte, welches Heer es auch sei. »Das Frühjahr kommt! Wach auf, du Christ!« sang sie. »Der Schnee schmilzt weg! Die Toten ruhn!«

Brecht selbst, der dies als »die dunkle Zeit, in der wir öfter die Länder wechselten als die Schuhe« in Erinnerung hatte, war aus Berlin nach Prag geflohen, dann nach Österreich, nach Frankreich, nach Dänemark, und schließlich hatte er Zuflucht gefunden in einem weißgebleichten, strohgedeckten Bauernhaus auf der Insel Langeland. Er stellte sie sich gern als Vorposten des Widerstands gegen die Nazis vor. Dennoch, hier im Exil schrieb er zwischen 1938 und 1940 drei seiner größten Stücke: *Mutter Courage und ihre Kinder*, *Der gute Mensch von Sezuan* und *Leben des Galilei*. (Andrea: »Unglücklich das Land, das keine Helden hat!« Galilei: »Nein. Unglücklich das Land, das Helden nötig hat.«)

Brecht wollte nie die Peripherie Deutschlands verlassen, fühlte sich nie wohl in einem Land, das nicht Deutsch sprach, aber eine Mischung aus Scharfsinn, Instinkt und Glück hielt ihn in Bewegung. Im März 1939, wenige Monate vor Kriegsausbruch, beantragte er ein amerikanisches Visum, und weil die amerikanischen Behörden es mit der Bearbeitung solcher Anträge nicht eilig hatten, zog Brecht im April aus Dänemark in das ein wenig sicherere Asyl Stockholm. Ein Jahr später, am 9. April 1940, marschierten die Nazis in Dänemark ein und griffen Norwegen an; am 17. April brach Brecht nach Finnland auf und »begann des Emigranten Gewerbe: Hoffen«, wieder einmal. Brecht betrachtete sich als Marxisten, hatte aber nicht die Absicht, sich in der Sowjetunion niederzulassen. Zu viele seiner Freunde waren bei den jüngsten Säuberungen verschwunden. Aber andere Freunde, in Hollywood wie in New York, bemühten sich darum, ihn nach Amerika zu holen. Fritz Lang ging für Brechts Lebensunterhalt sammeln, und Erwin Piscator überredete Alvin S. Johnson von der New School of Social Research, den Emigranten zum Literaturdozenten zu machen. Das versetzte Brecht in die Lage, noch einmal um ein amerikanisches Visum nachzusuchen. »Neugierig betrachte ich die Karte des Kontinents«, schrieb er. »Hoch oben in Lappland am arktischen Meer sehe ich noch ein Türchen.«

Brecht war bemüht, nicht nur seine eigene Flucht, nicht nur die

Flucht seiner Frau und der beiden kleinen Kinder, sondern auch die Flucht zweier Frauen zu organisieren, die ihm, wie es Frauen sein Leben lang taten, als Sekretärinnen, Mitarbeiterinnen, Helferinnen und Geliebte dienten. Die eine war eine dänische Schauspielerin namens Ruth Berlau, die ihren Mann verlassen hatte, um mit Brecht zu gehen; die andere war eine Berlinerin namens Margarete Steffin, die schon einen Lungenflügel verloren hatte und unheilbar tuberkulosekrank war. Im Dezember 1940 erhielten die Brechts Visa für Mexiko, aber Fräulein Steffin wurde aus medizinischen Gründen abgewiesen. Brecht blieb in Helsinki – einer seiner seltenen Akte der Uneigennützigkeit –, um seine Sippe zusammenzuhalten. Erst im nächsten Mai erteilten die US-Behörden Visa für den ganzen Hausstand, und auch dann noch erhielt Fräulein Steffin nur ein Besuchervisum als Sekretärin von Brechts Frau Helene Weigel. Einen Tag später bestiegen alle einen Zug nach Moskau, wo Fräulein Steffin bald zusammenbrach und ins Krankenhaus mußte. Weiter durfte die Uneigennützigkeit nicht gehen. Brecht traf Vorkehrungen, daß Fräulein Steffin nachkommen konnte, sobald sie sich erholt hätte, und geleitete den Rest seiner Hausgemeinschaft in die Transsibirische Eisenbahn, von der sie auf die S.S. ›Annie Johnson‹ umsteigen sollte, einen kleinen schwedischen Frachter, der am 14. Juni von Wladiwostok in See stechen sollte. Noch bevor sie an Bord waren, erhielt Brecht ein Telegramm mit der Nachricht, Fräulein Steffin sei verstorben. Und während die ›Annie Johnson‹ über den Pazifik schaukelte, erfuhr er, daß Hitler Rußland überfallen hatte.

Marta Feuchtwanger, die Frau des Dichters, der ein Jahr zuvor über die Pyrenäen entkommen war, holte die Brechts im Hafen von San Pedro ab und brachte sie zu einer Wohnung auf der Hollywooder Argyle Avenue, die Regisseur Wilhelm Dieterle für sie gemietet hatte. Argyle Avenue. Hollywood. Es hatte eine Zeit gegeben, da hatten so exotische amerikanische Namen in Brechts Phantasie Purzelbaum geschlagen. »Oh, moon of Alabama,/ We now must say good-bye...« ließ er in Mahagonny den Chor der Huren summen, und die ganze Oper wimmelte von solchen geographischen Anspielungen. Als ein Hurrikan die Stadt Mahagonny bedrohte, schwelgte Brecht in Warnrufen: »Zerstört ist

Pensacola!/ Zerstört ist Pensacola!/ Und der Hurrikan nimmt seinen Weg/ Hierher nach Mahagonny!« Doch für den Brecht der zwanziger Jahre war das Amerika der Jazz-Ära ein Phantasiebild der wilden Ausschweifungen, ein Land der Boxer, der Gangster, der ständigen Bewegung. Als er sich dann 1935 für kurze Zeit wirklich in New York aufgehalten hatte, um seine Bühnenbearbeitung von Maxim Gorkys *Mutter* zu inszenieren, hatte er sich mit allen Beteiligten gestritten, und jetzt, da er gezwungen war, sich nach Hollywood zu flüchten, betrachtete er alles ringsum nur mit Widerwillen. »Ich komme mir vor wie aus dem Zeitalter herausgenommen«, schrieb er in sein Tagebuch. »Das ist ein Tahiti in Großstadtform..«. Nichts konnte ihm gefallen. Die üppigen Früchte Kaliforniens hatten für ihn weder Geruch noch Geschmack. Die adretten Häuschen, auf die die Kalifornier so stolz waren, fand er noch schlimmer – »nuttige Kleinbürgervillen mit ihren deprimierenden Hübschheiten.« Trotz aller Klagen war Brecht entschlossen, Hollywood zu erobern, so wie er einst Berlin erobern wollte. Es kam nur darauf an, sich ein paar Ideen einfallen zu lassen, und Filmideen gehörten seit Jahren zu Brechts Leben. Schon 1921 hatte er Szenarien für Stummfilme geschrieben, und als die *Dreigroschenoper* 1928 ein großer Bühnenerfolg wurde, forderte er das Mitwirkungsrecht bei ihrer Verfilmung durch G. W. Pabst. Die *Dreigroschenoper* war ein Meisterstück des Verrats und Betrugs, bei dem Polizei und Unterwelt nicht nur zusammenarbeiteten, sondern geradezu eins wurden. Aber kein Betrugsdrama konnte Brechts eigene Manöver überbieten. Seit er das Stück geschrieben hatte, war er zum doktrinären Marxisten geworden, jetzt verlangte er, sein eigenes Werk umschreiben zu können, und als Pabst sich seinem Versuch widersetzte, ein zynisches Melodrama in eine belehrende Attacke gegen den Kapitalismus umzumünzen, ging Brecht vor Gericht, um das Recht des Künstlers am eigenen Werk einzuklagen – wobei er völlig ignorierte, daß John Gay das ganze Stück schon zwei Jahrhunderte vor ihm geschaffen hatte. Als die Richter sich Brechts Forderungen nicht geneigt zeigten, schrieb er eine Chronik mit dem Titel *Der Dreigroschenprozeß*, die auch mit ihnen abrechnete.

Natürlich, der Streit war Brechts Lebenselixier. Als er schließlich einen Film schrieb, der tatsächlich produziert wurde – nicht ohne daß die Produzenten Pleite machten und die Nachfolger erklärten, es könne nur weiter gedreht werden, wenn alle ohne Gehalt arbeiteten–, wurde dieser Film von der amtlichen Zensur der Weimarer Republik Anfang 1932 verboten, weil man befürchtete, er würde gewalttätige Demonstrationen der SA auslösen. Der Film *Kuhle Wampe*, nach einem Berliner Bezirk benannt, handelte vom Selbstmord eines arbeitslosen Jugendlichen, und der Zensor beklagte sich, daß »Ihr Film die Tendenz hat, den Selbstmord als etwas Typisches darzustellen, als etwas nicht nur für dieses oder jenes Individuum (mit morbiden Neigungen) Geeignetes, sondern vielmehr als das Los einer ganzen Klasse!« Brecht war entzückt. »Der scharfsinnige Zensor«, merkte er an, »ist in unsere künstlerischen Absichten viel tiefer eingedrungen als unsere freundlichsten Kritiker.«

Jetzt in Hollywood gab es keine Zensur, keine SA, kein Interesse an Streit oder Politik. Hier war der Ort, den Louis B. Mayer regierte, und Mayer liebte Andy Hardy-Filme. Brecht blieb Brecht. In einem *Life*-Heft las er, daß in Ohio ein Farmer namens Frank Engels zusammen mit seiner Frau und drei Kindern als »typische Bauernfamilie« des Staates Ohio ausgewählt worden war und daß die Engels sich verdingt hatten, eine Woche ihres typischen Familienlebens in einem Musterhaus auf der Ohio-Staatsausstellung zu verbringen. Brecht fand es interessant, sich vorzustellen, was wohl geschehen würde, wenn Ohios typische Familie sich am Abend vor der Eröffnung der Staatsausstellung heftig zu streiten begänne und das Musterheim zertrümmerte, das man ihr bereitet hatte.

Und dann das Brot. Was da von amerikanischen Fließbändern rollte, schmeckte nach nichts, und das schien dem Emigranten aus Berlin ein Symbol für alles, was in der amerikanischen Gesellschaft fehlte. Schon 1920 hatte Brecht mit einer Bearbeitung des epischen Romans *The Pit* begonnen, in dem Frank Norris die Extravaganzen der Chicagoer Weizenbörse beschrieb, aber was Brecht interessierte, war nicht das Weizengeschäft selbst, sondern der korrumpierende Prozeß, der den reifenden Weizen vom fertigen Brotlaib trennte. Wie in seiner *Heiligen Johanna der Schlachthöfe* wollte er den seelenlosen Unternehmer Joe Fleischhacker gegen den bescheidenen Erzeuger, den Bäcker, ausspielen und den Sieg des Erzeugers über die Händler dramatisieren. Nach einem langen Gespräch mit dem deutsch-amerikanischen Schriftsteller Ferdinand Reyher schrieb Brecht in sein *Arbeitsjournal* 1938–1942:

»Ich erzähle, nach Filmstoffen aus, Reyher den Plan zu *Joe Fleischhacker in Chicago*, und in ein paar Stunden entwickeln wir eine Filmstory *Der Brotkönig lernt Brot backen*. Es gibt kein richtiges Brot in den Staaten, und ich esse gern Brot, meine Hauptmahlzeit ist nachts, und es ist Brot mit Butter. R. meint, die Amerikaner seien immer noch Nomaden, und Nomaden verstehen nichts vom Essen.«

Die Idee dieser beiden Nomadenautoren war, daß Joe Fleischhacker, der schurkische Millionär, das Glück im Kauen des Brotes fände, das eine arme Bauersfrau buk. Als er versuchte, ihr das Rezept abzukaufen, und das Scheckbuch als Waffe zückte, erfuhr er, für gutes Brot brauche es nicht nur gutes Mehl, sondern ein gutes Tagewerk, gute Nachbarschaft, ein gutes Herz und guten Appetit. Brecht beendete dieses eigentümliche Szenario an einem Sonnabendabend im Oktober 1941. Er war so zufrieden mit sich, daß er am folgenden Dienstag hinüberlief zur MGM, um seine Schöpfung Max Reinhardts Sohn Gottfried zu zeigen, der damals als Assistent Bernie Hymans arbeitete, eines führenden Produzenten des Studios. »Anderthalb Stunden lang«, erinnerte sich Reinhardt, »faszinierte mich Brecht in seinem unverfälschten Augsburger Dialekt mit einer Filmgeschichte über die Produktion, den Verkauf und den Genuß von Brot... Er war bei dem richtigen Mann, aber am falschen Ort, und er hatte keine Illusionen, als ich ihm beim Abschied sagte, ich wollte mein Bestes tun, um die Geschichte zu verkaufen.« Reinhardt hat sich anscheinend auch bemüht, die MGM für Brechts Idee zu interessieren, doch das Ergebnis war vorhersehbar.

Aber Brecht hatte Illusionen. Er ließ seine Brotidee bei der Filmautorengilde eintragen, um sich die Rechte daran zu sichern. Und sein *Arbeitsjournal* verzeichnet Ende 1941 ein wildes Durcheinander von Filmprojekten: Eine Biographie des Arbeiterführers Samuel Gompers, die Wilhelm Dieterle zu inszenieren hoffte; eine

Bearbeitung von Schnitzlers *Reigen*, die vermutlich Charles Boyer interessierte; ein verlorengegangenes Werk mit dem Titel *Days of Fire*. Das Journal listet auch Brechtsche Titel auf: *Refugees Both, The Senator's Conscience, The Traitor* und – selbstzerstörerischer noch als die anderen – *Boy Meets Girl, So What?* Nichts davon ist je fertig geschrieben, geschweige denn verkauft oder produziert worden.

»Immer wieder...«, schrieb Brecht bitter, »Einen Unterhalt suchend, wird mir gesagt:/ Zeige was in dir ist/ Auf den Tisch damit!/ Liefere die Ware!/ Sage etwas, was uns begeistert!/ Erzähle uns von unserer Größe!/ Errate unsere geheimen Wünsche!/ Zeige uns den Ausweg/ Mach dich nützlich!/ Liefere die Ware!« Dann, eines Nachts, saß er lange mit Salka Viertel zusammen und sie sprachen über das Leid der Flucht und Emigration. Frau Viertel erzählte ihm von ihren Schuldgefühlen, weil sie ihre Familie nicht aus Polen herausholen konnte. Am anderen Morgen fand sie ein Gedicht, das Brecht ihr unter der Tür durchgeschoben hatte.

> Ich weiß natürlich; einzig durch Glück
> Habe ich so viele Freunde überlebt. Aber heute nacht im Traum
> Hörte ich diese Freunde von mir sagen: »Die Stärkeren überleben.«
> Und ich haßte mich.

Weil Brecht auf einem der letzten Schiffe vor Pearl Harbor über den Pazifik kam, gelang es ihm, das gesellschaftliche Ereignis des Jahres für die Hollywooder Emigranten zu verpassen – die Feier zu Heinrich Manns siebzigstem Geburtstag. Eigentlich verpaßten es auch die Brüder Mann, denn an Heinrichs Geburtstag im März sollte Thomas einen Ehrendoktor der Universität von Kalifornien in Berkeley entgegennehmen, und danach mußte er auf Vortragsreise gehen. Da es nichts gab, was Thomas Manns Terminplan der Ehrungen und Ansprachen hätte stören können, und da Heinrichs Geburtstag keinesfalls ohne die Anwesenheit seines berühmten jüngeren Bruders, der ihn auch unterstützte, gefeiert werden konnte, mußte Heinrich eben warten bis Ende April.

Salka Viertel, die in ihrem Haus auf der Mabery Road in Santa Monica als Gastgeberin fungierte, brauchte viel Zeit, um die Verwicklungen unter den Emigrantengruppen diplomatisch zu regeln. Heinrich Manns trinkende Ehefrau Nelly lag im Streit mit Alma Werfel und wollte niemanden einladen, der mit den Werfels besonders befreundet war. Ja, es hatte auch Zeiten des politischen Konflikts gegeben, in denen die Mann-Brüder selbst nicht miteinander sprachen. Den Feuchtwangers gelang es schließlich, einen allgemeinen Waffenstillstand zu arrangieren, und Frau Viertel bereitete eine Tafel für fünfundvierzig Personen vor, mit Kerzen und Blumen und einem guten deutschen Menue, das mit einer guten deutschen Suppe begann. Es waren drei deutsche Dienstboten zur Hand, die die ganze Arbeit machten, aber es meldeten sich auch viele Emigranten, die einer Einladung nicht würdig waren, freiwillig zum Küchendienst, um einen Blick auf die Emigrantenprominenz zu erhaschen, die Repräsentanten des »wahren Vaterlands«, wie Frau Viertel voll Stolz sagte: die Manns, die Feuchtwangers, die Werfels, Alfred Döblin, Walter Mehring, Alfred Neumann, Bruno Frank, Ludwig Marcuse. »In der offenen Küchentür«, bemerkte Frau Viertel, als die Ansprachen begannen, »drängten sich mit tränenüberströmten Wangen die lauschenden Flüchtlinge.«

Nach der Suppe, als das Roastbeef kommen sollte, wies eine der Serviererinnen Frau Viertel darauf hin, daß Thomas Mann sich erhoben hatte, seine Brille aufsetzte und ein dickes Manuskript aus einer Innentasche seines Smokings zog. Das Roastbeef mußte warten. »Es war eine wunderbare Huldigung an den älteren Bruder«, sagte Frau Viertel, eine Anerkennung der prophetischen politischen Weisheit Heinrichs, seiner weitsichtigen Warnungen an ihr unglückliches Land, und eine prachtvolle Würdigung seines literarischen Formats. Alle waren tief beeindruckt. Man hob die Gläser, um auf Heinrich Manns Gesundheit zu trinken. Aber dann stand auch Heinrich auf. Und setzte die Brille auf. Und zog ein dickes Manuskript aus der Tasche. Und begann vorzulesen. »Erst dankte er mir für den Abend«, sagte Frau Viertel. »Dann wandte er sich an seinen Bruder und zollte ihm hohes Lob für seinen mutigen Kampf gegen den Faschismus. Dem fügte er eine sorgfältige literarische Analyse von Thomas Manns Werk... hinzu.«

Das Roastbeef war inzwischen verschmort, aber die prominenten Emigranten aßen es alle, und Salka Viertel war beeindruckt und bewegt, als sie sah, wie die berühmten Gäste ihren Schokoladenkuchen verschlangen. Selbst als Nelly Mann in trunkenem Gelächter kreischte, weil ihr rotes Kleid platzte, konzentrierte Frau Viertel ihre Gedanken auf höhere Dinge. Sie sagte Bruno Frank, wie gerührt sie gewesen sei von der Hochachtung, die beide Mann-Brüder einander erwiesen hätten.

»Ja«, sagte Frank. »Solche Essays schreiben sie alle zehn Jahre und lesen sie einander vor...«

Eine der angenehmen Traditionen der vierziger Jahre war die Sonntagnachmittag-Sendung der New Yorker Philharmoniker. Das Rundfunkkonzert begann um fünfzehn Uhr, nach Hollywooder Zeit zwölf Uhr mittags, und so machte es sich jeder kultivierte Mensch zur Gewohnheit, nach dem gemütlichen Frühstück das Radio einzuschalten. Viele wußten noch Jahre später, daß am 7. Dezember 1941 Arthur Rubinstein das Klavierkonzert B-dur von Brahms gespielt hatte.

Bei Bob Hope auf der Navajo Street in Nordhollywood waren die Geschmäcker verschieden. Dolores Hope, die Rubinstein vor kurzem kennengelernt hatte, zog sich in ihr Zimmer zurück, um das Konzert zu hören. Hope rekelte sich im angrenzenden Zimmer im Bett, hörte eine Fußballübertragung und regte sich über einen Artikel in der Morgenausgabe der *Los Angeles Times* auf, der ungeniert publizierte, daß sein Bruttoeinkommen dieses Jahr fast 600000 Dollar ausmachen würde. Die Sportübertragung wurde plötzlich unterbrochen.

»Dolores!« schrie Hope. Sie kam an die Tür.

»Was ist los?«

»Die Japaner haben Pearl Harbor bombardiert.«

Rubinstein selbst erinnerte sich, daß er die Nachricht gleich nach der Pause hörte. »Ich war im Begriff, die Stufen zum Podium hinaufzugehen, als ich einen Schreckensschrei von mehreren Bühnenarbeitern hörte und von (Artur) Rodzinski selbst, der dramatisch gestikulierend ankam. ›Japan hat die Vereinigten Staaten in Honolulu angegriffen...‹ Wir waren alle wie vom Donner gerührt, aber das Konzert mußte weitergehen. Rodzinski wurde beauftragt, dem Publikum die furchtbare Neuigkeit mitzuteilen. Als ich zum Flügel ging, sagte er zu mir: ›Zuerst mußt du *The Star-Spangled Banner* spielen.‹ Wir fanden das Publikum in heller Aufregung, aber *The Star-Spangled Banner* stellte die Ordnung wieder her; alle standen in steifer Habacht-Stellung da und setzten sich dann ruhig hin, um das Brahms-Konzert zu hören, das wir mit besonderer Inbrunst spielten. Mit dem letzten Ton rannte das Publikum zu den Türen, und das Orchester, Artur und ich versammelten uns um das Radio.« Nicht jeder benahm sich so gesittet. Lana Turner zum Beispiel war ungeheuer stolz auf das neue Haus, das sie sich gerade gekauft hatte, ein großes Landhaus auf einem Hügel in Westwood, das sie als »eine schöne, grüne Gemeinde mit reizenden weißen Häusern in modernem Stil« bezeichnete, die sich »unter den Eukalyptusbäumen und Zypressen in die Kurven und Senken der Berge schmiegt«. Um mit alledem Schritt zu halten, hatte sie ein weißes Klavier gekauft und begann, Parties zu geben. An diesem besonderen Sonntag fing die Party am frühen Nachmittag an. Unter den Gästen waren Frank Sinatra, Tommy Dorsey, Buddy Rich und »zwei meiner liebsten Freundinnen, Linda Darnell und Susan Hayward«. Als spät am Abend Miss Turners Mutter kam, sah sie überrascht das muntere Treiben. »Soll das heißen, ihr habt es noch nicht gehört?« rief sie. »Um Himmels willen, dreht das Radio an!«

Die Rundfunkmeldung erreichte viele Leute an seltsam unpassenden Orten. Der Regisseur Sam Wood war hoch oben in den Bergen der Sierra Nevada und versuchte, eine Szene zu *Wem die Stunde schlägt* (For Whom the Bell Tolls), in der faschistische Flugzeuge ein Guerillalager bombardieren, zu drehen; den Radiosendungen, die das Knacken und Rauschen durchdrangen, entnahm er, alle Flugzeuge wären abgeschossen worden. Alan Ladd, mitten in den Dreharbeiten zu seinem ersten großen Hit *Killer zu vermieten* (This Gun for Hire) an Lungenentzündung erkrankt, hörte die Nachricht im Krankenhaus. Ein phantasiebegabter Reporter berichtete, Ladd sei aus dem Bett gesprungen mit dem Ruf: »Ich muß hier raus, jetzt brauchen sie Kerle wie mich!«

John Houseman und Pare Lorentz kamen mit dem Zug aus New York zurück, wo sie mit Schauspielern für einen geplanten Film über Fließbandarbeiter der Detroiter Autoindustrie gesprochen hatten – einen Film, der nie gedreht wurde. Sie hörten die Nachricht aus Honolulu im schlingernden Clubwagen, wo sie sich, mit Housemans Worten, »um das einzige funktionierende Radio im Zug scharten, Bourbon tranken und die Nacht hindurch zuhörten, wie die Liste der Zerstörungen wuchs«.

Maxine Andrews war in Cincinnati, wo sie mit ihren Schwestern Patti und LaVerne singen sollte – die Andrew-Sisters *(Don't sit under the apple tree/ With anyone else but me...)*–, und es machte ihr Spaß, zum Theater zu gehen und zu sehen, wie die Leute nach Karten Schlange standen. »An diesem Sonntag ging ich hin und es waren keine Schlangen da«, erinnerte sie sich. »Ich dachte: Also, das ist komisch. Ich ging auf die Bühne, wo es sehr dunkel war. Der Portier und die Bühnenarbeiter saßen um das Radio herum. Sie hatten nur eine Lampe an. Sie redeten von Pearl Harbor, das bombardiert würde. Ich fragte den Portier: ›Wo liegt denn Pearl Harbor?‹«

Mary Astor war in einen Werbemann verliebt, der auch Flugstunden gab, also hatte sie unterschrieben, sie wolle Fliegen lernen, und an diesem Sonntag waren die beiden auf dem Heimflug von dem Ausflugsort La Quinta. »Als wir zur Landung auf dem Grand Central Airport ansetzten«, erinnerte sie sich, »begrüßte uns ein ungewöhnlicher Anblick: nicht eine einzige Maschine stand auf dem Platz; nirgends war auch nur eine Maschine in Sicht. Ein Farbiger kam mit einer Treppe, um uns herunterzuhelfen; er schnatterte etwas von Japanern im Angriff auf Pearl Harbor und sagte, wir sollten schnell unsere Maschine vom Feld schaffen und in den Hangar stellen.«

Gene Tierney und Henry Fonda drehten am Strand der Insel Catalina eine Komödie mit dem Titel *Rings on Her Fingers*. Gerade waren die Kameras eingerichtet, als ein Regieassistent über den Strand gelaufen kam und die Nachricht vom Angriff herausschrie, wobei er hinzufügte, alle müßten unverzüglich aufs Festland zurückkehren. »Wir packten sofort zusammen und waren bald darauf nach San Pedro unterwegs«, sagte Miß Tierney. »Die Rundfunkberichte über den japanischen Angriff... lösten an Bord unseres Schiffes wilde Spekulationen aus. Einige Mitwirkende meinten, als nächstes würden sie vielleicht die kalifornische Küste treffen. Soweit sie alle informiert waren, könnten die Gewässer, die sie jetzt durchpflügten, durchaus vermint sein.«

Diese Mischung aus Angst, Gerüchten und einem plötzlichen Gefühl der Verwundbarkeit war an diesem Sonntag beherrschend in Los Angeles. Wenn die Japaner einen Überraschungsangriff auf die starken Verteidigungskräfte von Pearl Harbor gewagt hatten, warum sollten sie nicht ihren nächsten Schlag gegen das schwach verteidigte Los Angeles richten? Zwei Drittel der Flugzeugproduktion des Landes kam aus Südkalifornien, und gleich nördlich von Los Angeles boten sich die Werksanlagen von Douglas, Lockheed, North American und Vultee als weithin sichtbare Ziele an. Ganz zufällig waren an diesem Wochenende viertausend Mann der Luftabwehrtruppen aus Camp Haan zu Manövern in die Gegend von Los Angeles gekommen, und sie wurden unverzüglich zum Schutz der Flugzeugwerke abkommandiert.

Und das keine Minute zu früh. Am Montag meldete das Vierte Jagdfliegerkommando in San Francisco, daß zwei Geschwader mit »vielen Maschinen«, die vermutlich von japanischen Flugzeugträgern gestartet seien, San Francisco überflogen und dann nach Süden abgedreht hätten. Für alle militärischen Einrichtungen entlang der Küste wurde Verdunkelung befohlen. Naiv fragten Reporter an, warum die japanischen Maschinen denn nicht angegriffen hätten und warum keine amerikanischen Flugzeuge aufgestiegen seien, um die Angreifer anzugreifen. Die Militärsprecher reagierten gereizt. »Warum sie keine Bomben abgeworfen haben, weiß ich nicht«, sagte Generalleutnant John L. DeWitt, Chef des westlichen Verteidigungskommandos. »Vielleicht wäre es besser gewesen, wenn ein paar Bomben gefallen wären, damit diese Stadt aufwacht. Jederzeit können Tod und Vernichtung über sie kommen.«

In der folgenden Nacht wurden die japanischen Phantomflieger über Los Angeles gemeldet, und man befahl alle Rundfunkstationen aus dem Äther, sämtliche Flugzeuge an den Boden. Der elfte Marinebezirk ordnete die Verdunkelung des Hafens von Los Angeles bis zu dreißig Kilometern landeinwärts an. Alle Straßenlaternen und Leuchtreklamen sowie die Beleuchtung der Mineralölraffinerie wurden ausgeschaltet. Die Polizei hielt Autofahrer an und zwang sie, die Scheinwerfer abzuschalten und mit Standlicht zu fahren. Hingegen hatte offenbar niemand die Kompetenz, das Löschen der Lichter in Geschäften und Privathäusern anzuordnen, so daß die Verdunkelung bestenfalls teilweise gelang. Die Behörden appellierten allerdings über den Rundfunk an jedermann, die Beleuchtung auf ein Minimum zu beschränken. Dessen ungeachtet glitzerten in Hollywood wie im Zentrum von Los Angeles hell die Weihnachtsbäume im Freien.

Los Angeles fürchtete sich nicht nur vor den japanischen Phantombombern, sondern auch vor japanischen Phantomsaboteuren. Sein »Klein-Tokio«, gleich nördlich vom Hauptgeschäftsviertel, war Zentrum der größten amerikanisch-japanischen Gemeinde mit etwa fünfzigtausend Menschen, von denen ungefähr ein Drittel aus Japan kamen, alle übrigen aber in Amerika geborene Japaner waren. Innerhalb von zwei Stunden nach der Meldung aus Honolulu – kaum Zeit genug für Rubinstein, sein Brahms-Konzert zu Ende zu spielen – begann man mit den ersten Festnahmen. Die Polizei erwartete die städtische Fähre, als sie in San Pedro anlegte, trieb alle zusammen, die japanisch aussahen, und pferchte sie in einen Drahtverhau am Pier der Sechsten Straße. Das Baseballteam des Paramount-Studios war gerade mitten in einem Spiel gegen die ›Los Angeles Nippons‹, als die Meldung aus Pearl Harbor kam. »Die FBI-Leute ließen noch zu Ende spielen«, berichtete *The Hollywood Reporter* mit hämischer Freude über den 6:3-Sieg der Paramount, »dann kassierten sie die Japsen.«

Die Behörden verkündeten immer wieder, es handele sich nicht um eine allgemeine Internierung, das FBI habe jeden Einzelfall sorgfältig geprüft und nur potentielle Saboteure herausgesucht. »Es werden weniger als tausend japanische Staatsangehörige davon betroffen sein«, erklärte Generalstaatsanwalt Francis Biddle an diesem Montag, dem 8. Dezember, in einer Pressekonferenz. »Es wird dafür gesorgt, daß jeder ein faires Verfahren bekommt.«

Tatsächlich stieg die Zahl der festgenommenen Japaner innerhalb von vier Tagen auf 1370 und bis Mitte Februar auf 2192. Eine Delegation der japanisch-amerikanischen Bürgerliga sprach bei Bürgermeister Fletcher Bowron im Rathaus vor, um ihn ihrer Vaterlandsliebe zu versichern. »Behandelt uns wie Amerikaner«, sagte der Sprecher der Liga, Fred Tayama. »Gebt uns die Chance, unsere Loyalität zu beweisen.« Bowron lächelte höflich, aber inzwischen hatten die führenden Geschäfte in Klein-Tokio meist zugemacht, und sie blieben geschlossen. In Hollywood beschwerten sich die Leute, daß die Gärtner alle verschwunden seien.

So begann Hollywood in den Krieg zu ziehen. Die Armee bezog Walt Disneys neues Studio in Burbank und richtete dort eine Batterie Suchscheinwerfer zur Bewachung der angrenzenden Lockheed-Werke ein. Und bei Warner Bros., auch in Burbank, begannen sich ein paar Leute zu erregen, daß die japanischen Bomber, die auf der Suche nach der Lockheed-Fabrik unausbleiblich über sie hinwegfliegen würden, irrtümlich das Filmstudio bombardieren könnten. Die Geschäftsleitung der Warners entschied, einen Luftschutzraum zu bauen, um die Führungselite zu schützen. »Ich entsinne mich dunkel«, sagte Jack Warner, »daß ich in dieser rohen unterirdischen Zuflucht gesessen und mit Jesse Laky, Mervyn LeRoy und anderen Schach gespielt habe in der Erwartung, daß das Spiel jeden Augenblick von japanischen Bombern unterbrochen würde.«

Einem Mann, der einst mit Sid Grauman Varieténummern probiert hatte, konnte gelassenes Abwarten dagegen nicht genügen. »Ich fand, die Situation erforderte Sinn für Humor, auch wenn ich ihn ein bißchen strapazieren mußte«, sagte Warner. »Ich ging in unsere Malerwerkstatt und ließ ein gewaltiges Schild für das Dach eines unserer Tonstudios machen. Darauf wies ein Sechsmeter-Pfeil in Richtung Burbank, und Riesenlettern besagten: LOCKHEED DORT ENTLANG.«

Es war der natürliche Lauf der Dinge, daß Donald Douglas, Präsident der Douglas-Werke, Warners Techniker bat, seine Flugzeugfabrik in Santa Monica zu tarnen, und sie erledigten den Auftrag so gut, daß Robert Gross, Präsident von Lockheed, Warner um denselben Schutzanstrich für sein Werk bat. Trocken fügte er hinzu, es könnte auch ein Schild mit einem Pfeil und der Inschrift: WARNER BROS. – DORT ENTLANG dabei sein. Als die Tarnbemalung bei Lockheed fertig war, ließ Warner sein albernes Schild entfernen und räumte schüchtern ein, daß »dieser Gag im Nachhinein vielleicht doch nicht so lustig wirkt«.

Amerikanismus

(1942)

James Stewart begann, heimlich Speck anzusetzen, damit er den Ansprüchen der Armee körperlich genügen konnte, dann meldete er sich als gemeiner Soldat (bald wurde er Bomberpilot und am Ende Oberstleutnant). Robert Montgomery ging zur Marine und kommandierte schließlich bei der Invasion der Normandie einen Zerstörer. Tyrone Power verließ sowohl seine Frau als auch seinen männlichen Liebhaber, um sich den Marineinfanteristen anzuschließen; er wurde Transportpilot im Südpazifik. William Holden ging als Soldat William F. Beedle jr. zur Armee. Henry Fonda, damals siebenunddreißig Jahre alt und Vater von drei Kindern, wartete nur den letzten Drehtag zu *Ritt zum Ox-Bow* (The Ox-Bow Incident) ab und schrieb sich dann als Matrose ein. Er kam bis ins Ausbildungslager in San Diego, wo ihn eine Militärstreife erkannte und nach Los Angeles zurückschickte. »Und warum?« erregte sich Fonda noch vierzig Jahre später bei dieser Erinnerung. »Weil Darryl F. Scheiß-Zanuck 'nen Draht nach Washington hatte und verlangte: ›Ich will Henry Fonda für einen Film, den ich plane. Es ist wichtig für den Krieg und ich brauche ihn.‹ Und er hatte genug Gewicht, um das hinzukriegen.«

Zanuck, selbst neununddreißig, hatte auch Gewicht genug, sich als Oberst zur Nachrichtentruppe der Armee einberufen zu lassen, so daß er, wie Otto Preminger boshaft bemerkte, »den Krieg photographieren« konnte. Zanuck nutzte seine letzten Wochen bei der Fox dazu, eine ganze Breitseite patriotischer Filme abzufeuern – *To the Shores of Tripoli, Secret Agent of Japan, Immortal Sergeant, Crash Dive, Tonight We Raide Calais* –, und als er dann in den Krieg zog, stiftete er der Gemeinde West Point seine ganze Herde argentinischer Polopferde. Oberst Zanucks Mogulstil blieb unübertroffen. Als man ihn zur Koordinierung von Ausbildungsfilmen nach London schickte, etablierte er sich im Hotel Claridge und begleitete prompt eine Gruppe britischer Truppeneinheiten bei einem echten Nachtangriff auf Calais (eigentlich war es Saint-Valery). Als man ihn zur Produktion eines Dokumentarfilms nach Nordafrika schickte, fing er an, nicht nur eine 45er Automatik, sondern eine Maschinenpistole mit sich herumzutragen, und wenn er oben ein deutsches Flugzeug fliegen sah, feuerte er wild darauf los. »Wahrscheinlich habe ich keinen Schaden angerichtet«, räumte er ein, »aber es bestand doch immerhin die Chance, daß ich mit einem glücklichen Schuß eine empfindliche Stelle traf.«

Jedesmal, wenn eine Berühmtheit zu den Fahnen gerufen wurde, war das für die Werbeabteilung ihres Studios ein großes Ereignis, desgleichen für die Fan-Magazine, die von der Studio-Werbung zehrten. Ronald Reagan war trotz seiner schlechten Augen seit langem Reserveleutnant der Kavallerie, und so wurde er Anfang 1942 aufgefordert, sich im Fort March in San Francisco zu melden.

»Jetzt ist es Janes Krieg«, begann ein Bericht von Cynthia Miller im *Modern Screen*. Er trug den Titel »Bis dann, Knopfnase«, was offenbar Reagans Kosename für seine Frau Jane Wyman war. Der Artikel berichtete, sie habe »Ronnies schmerzerfülltes Gesicht gesehen, das sich über ein Bild der kleinen, aufgeblähten Körper verhungerter Kinder in Polen beugte. ›Das‹, sagte der Kriegsgegner Reagan, ›würde das Töten zum Vergnügen machen.‹ An diesem Abend mag er wohl ein bißchen länger an der Wiege von Knopfnase der Zweiten gestanden haben, die sowohl die Nase als auch den Namen ihrer Mutter geerbt hat. Jane wußte, daß Ronnie gehen würde, daß er sich wahrscheinlich nach Pearl Harbor gemeldet hätte, wenn er nicht zur Kavalleriereserve gehörte.« Und so weiter.

Bis Oktober 1942 hatten sich rund 2700 Hollywoodler – 12 Prozent der insgesamt in der Filmwirtschaft Beschäftigten – den Streitkräften angeschlossen. Aber es war undurchführbar und unrealistisch, daß die Berühmtheiten so taten, als wären sie nichts als normale Bürger, die ihre patriotische Pflicht tun wollten. So sagte ein im Dienst ergrauter Marineunteroffizier zu Fonda, der sich freiwillig zum Dienst als Kanonier meldete: »Wissen Sie, was die Scheißkanoniere in dieser Scheiß-Navy machen? Sie werden abgeknallt! ... Sie sind viel zu fein für so'n Scheiß-Kanonier.« Der Wert der Stars für die Kriegsführung lag offensichtlich nicht darin, daß sie Kanonenfutter wurden, sondern in der Ausbeutung ihres Ruhms, indem sie Propagandafilme machten, die Truppen bei Laune hielten, Kriegsanleihen verkauften.

Das machten die Frauen besonders gut. Hedy Lamarr verkündete, sie würde jeden Mann küssen, der Bonds im Werte von 25000 Dollar kaufte. Einmal brachte sie an einem einzigen Tag Staatspapiere im Werte von mehr als 17 Millionen Dollar an den Mann. Lana Turners Preis für das Versprechen eines Kusses war 50000 Dollar, und sie erinnerte sich, dieses Versprechen »Hunderte von Malen eingelöst« zu haben, wobei sie hinzufügte, sie sei »in so vielen Städten aufgetreten, daß sie in meinem Kopf alle ineinander verschwimmen«. Dorothy Lamour war vielleicht die erfolgreichste von allen. Leute, die solche Dinge verfolgt haben, schätzten, daß sie einmal in vier Tagen Bonds im Werte von 30 Millionen Dollar verkauft habe und daß sie mit einer Gesamtsumme von 350 Millionen Dollar abschloß, mit Küssen und auch ohne.

Alles war durchorganisiert. Schatzminister Henry Morgenthau holte sich Howard Dietz, den Werbechef der MGM, um Staat für Staat Reklame für den Verkauf der Bonds zu machen. Dietz schickte seine Pläne an Clark Gable, der gebeten worden war, die Schauspieler-Abteilung des Hollywooder Siegeskomitees zu leiten. Zu diesen Plänen gehörte der Vorschlag, daß die Bonds-Kampagne in Indiana im Januar von der populärsten Bürgerin dieses Staates eröffnet werden sollte, von Carole Lombard, die auch Frau Gable war. Dietz warnte sie und alle, die er angeworben hatte, nicht zu fliegen, denn er hielt Flugzeuge für unzuverlässig und gefährlich. Also setzte sich Miss Lombard in den Zug und verkaufte überall Bonds, wo sie die Fahrt nach Indianapolis unterbrach. Gable mußte zurückbleiben, um mit Lana Turner die Arbeit an *Irgendwo werde ich dich finden* (Somewhere I'll Find You) aufzunehmen. Miss Lombard hinterließ in Gables Bett eine luftpralle blonde Gummipuppe als Ersatz für Miss Turner mit einem Zettel, auf dem stand: »So bist du nicht so einsam.« Gable kicherte und ärgerte sich doch über die Anspielung. (»Ich hab's wirklich satt mit ihm«, hatte Miss Lombard einmal zu Garson Kanin gesagt. »Und dabei ist gar nichts dran an dem ganzen Gerede vom großen Liebhaber und so, nämlich – wenn Sie die Wahrheit wissen wollen, ich hatte Besseres.«) Er brachte drei Tage damit zu, eine männliche Puppe zu basteln, die sie erwartungsvoll aufgerichtet bei der Heimkehr begrüßen sollte.

Miss Lombard verkaufte Bonds im Wert von zwei Millionen Dollar, dann wollte sie nicht auf den Zug warten, für den sie schon eine Fahrkarte und eine Platzreservierung hatte. Am Abend des 16. Januar ging sie an Bord einer DC-3 der TWA, um nach Hause zu fliegen. Wenige Minuten nach dem Start in Las Vegas kam die Maschine irgendwie vom Kurs ab. Leuchtfeuer, die den Piloten hätten warnen können, waren ausgeschaltet, weil man sich immer noch vor japanischen Bombern fürchtete. Das Flugzeug zerschellte an einem Felsen nahe dem Gipfel des Potosi-Berges. Die ersten Meldungen, die Hollywood erreichten, besagten nur, das Flugzeug werde vermißt, aber irgendwie wußte jeder, was passiert war. Die MGM-Werbeleute machten mobil, charterten Maschinen, organisierten Suchtrupps. Ein betäubter Gable wollte sich den Suchtrupps anschließen, ließ sich dann aber überreden, in Las Vegas zu warten. Eddi Mannix war es, der Generaldirektor des Studios, der die mit Tragbahren bepackten Mulis hinauf in die schneebedeckten Berge begleitete und dort die verkohlte und enthauptete Leiche von Carole Lombard holte.

Gable war monatelang nicht ansprechbar. »Warum Ma?« fragte er immer wieder. (Er und seine Frau hatten einander Ma und Pa genannt.) Er kaufte sich ein Motorrad und brauste wie ein Irrer durch die Canyons nördlich von Hollywood. Er weigerte sich, mit irgend jemandem zu sprechen, oder er redete zwanghaft über seine tote Frau. Von dem vielen Diamantschmuck, den er ihr geschenkt hatte, wurde nur ein zerbeultes Bruchstück an der Absturzstelle gefunden, und das trug er um den Hals. Aber es war ja nun Krieg, und die Army wußte sehr gut, welchen Werbewert ein Clark Gable hatte. Am 23. Januar 1942, zu einer Zeit, als die Japaner die Philippinen eroberten und weit in Südostasien vordrangen, teilte Generalleutnant H.H. Arnold, Stabschef der Luftstreitkräfte, Gable telegraphisch mit, daß »wir einen speziellen und äußerst wichtigen Auftrag für Sie haben«, und er kündigte an, daß sein Adjutant demnächst nach Kalifornien kommen werde, um »meine Pläne mit Ihnen zu besprechen«. Nur eins war noch bemerkenswerter als die Tatsache, daß General Arnold in dieser Zeit soviel Mühe aufwandte, um einen Filmstar anzuwerben, und das war die Tatsache, daß die MGM seine Nachricht abfing und unterdrückte. »Telegramm an Gable erhalten, geben es aber nicht an ihn weiter, da derzeit nicht ratsam, mit ihm zu diskutieren«, kabelte Howard Strickling von der MGM-Werbeabteilung nach Washington zurück.

Ziel des Filmstudios war es anscheinend, Gable so lange wie möglich an der Arbeit vor der Kamera zu halten (*Irgendwo werde ich dich finden* wurde fertiggestellt), aber Gable konnte nur mit Mühe überhaupt arbeiten. Er brütete. Er trank. Joan Crawford lud ihn zum Essen ein und hörte ihm zu, während er bis drei Uhr morgens über seine tote Frau sprach. »Eines Abends«, erinnerte sie sich, »sagte ich: ›Clark, du mußt aufhören zu trinken, du mußt einfach.‹ Er fing an zu weinen und sagte: ›Ich weiß, daß ich muß.‹« Und so ging Gable in diesem August ins Musterungsbüro der Luftstreitkräfte und schrieb sich als einfacher Soldat ein. Gleichzeitig aber meldete sich auch ein MGM-Kameramann, und der wich nicht mehr von der Seite des Stars, und als die beiden zur Ausbildung nach Miami Beach transportiert wurden, meinte ein Offizier: »Gable ist der einzige gemeine Soldat in der Geschichte der Armee, der seine eigene Ordonnanz hat.« An seinem ersten Tag im Camp von Miami Beach wurde Gable gefragt, ob es ihm etwas ausmachen würde, sich beim Abrasieren seines berühmten Schnurrbarts von Photographen ablichten zu lassen. »Naja, kühler wird es wahrscheinlich sein«, soll er darauf gesagt haben. Innerhalb von zwei Monaten wurde er als Leutnant in Dienst genommen und mit McIntyre nach Colorado geschickt, um einen Lehrfilm über »die Alltagstätigkeiten einer typischen schweren Geschützeinheit« zu drehen.

Los Angeles war ein wichtiger Sammelpunkt für junge Soldaten, die in den Pazifikkrieg ziehen sollten, und sie wollten alle erst noch die Sehenswürdigkeiten kennenlernen, bevor es losging. Die größte Sehenswürdigkeit war Hollywood, und Hollywood wollte natürlich zu Diensten stehen. Es wollte patriotisch sein; es wollte auch, daß möglichst alle Welt von seinem Patriotismus sprach. John Garfield war es offenbar, der die glänzende Idee der ›Hollywood-Kantine‹ hatte, in der die Jungens all die Glamourstars treffen und die Stars das nette Mädchen von nebenan spielen konnten. Garfield hatte auch die nicht weniger brillante Idee, als Chefin die unermüdliche Bette Davis anzuwerben. Sie fand und mietete ein ehemaliges Stallgebäude auf dem Cahuenga Boulevard, ganz nah beim Sunset, und dann scheuchte sie Studiohandwerker an die freiwillige Arbeit, die Wände zu tünchen, die Beleuchtung zu installieren und die so aufpolierte Scheune zum gesellschaftlichen Mittelpunkt Hollywoods zu machen.

Miss Davis ging auch zu ihren Agenten bei MCA und überredete Jules Stein, den einsiedlerischen Präsidenten der Firma, seine Beziehungen zu aktivieren. Als Anfang schlug er einen Galaabend im Oktober zur Eröffnung vor, bei dem die Plätze auf den Tribünen ringsum hundert Dollar kosten sollten. »Die Kantine hat an diesem Abend 10000 Dollar aus dem Verkauf der Tribünenplätze eingenommen«, erinnerte sich Miss Davis »Es sah aus, als drängten Tausende von Männern in die Kantine... Ich mußte durch ein Fenster klettern, um hineinzukommen.« Aber das war nur der Beginn von Jules Steins Aktivitäten. Harry Cohn von der Columbia verspürte plötzlich den Wunsch, der Kantine die 6500 Dollar Gewinn zu spenden, die er bei der Premiere des Films *Die Frau, von der man spricht* (Talk of the Town, Ronald Colman, Jean Arthur, Cary Grant) erzielt hatte. Stein überredete sogar die Warners, die zufällig auch Miss Davis' Studio war, einen Film mit dem Titel *Hollywood-Kantine* (Hollywood Canteen) zu drehen und einen Teil des Erlöses für den Betrieb der Kantine zu spenden.

Bette Davis nutzte das Telefon. Sie rief zum Beispiel Hedy Lamarr an.

»Sicher... aber was kann ich tun?« fragte Hedy Lamarr laut eigener Darstellung.

»Wir brauchen Hilfe in der Küche«, sagte Bette Davis, vielleicht nicht ohne Boshaftigkeit. Aber dann wurde sie ausführlicher. »Du kannst Autogramme geben und mit den Jungens tanzen. Und hundert andere Dinge. Du wirst schon sehen, wenn du da bist.«

Nach Hedy Lamarrs Erinnerung hat sie guten Willen gezeigt. »Ich konnte nicht kochen. Ich war eine Katastrophe in der Küche. Ich wollte gern Geschirr abwaschen... Dieses Land hatte ich mir gewählt, und es war gut zu mir gewesen.« Später, berichtete sie, ging sie an zwei Abenden jeder Woche in der Küche der Kantine arbeiten, wo es »immer heiß, laut und schwungvoll« zuging. Ihre wichtigste Erinnerung an diesen Ort sei, daß sie hier »ihren dritten Ehemann kennengelernt« habe.

Es war John Loder, der im Tweedanzug mit einer Pfeife in der Brusttasche Berge von Geschirr abtrocknete. Das eben war die Kantine – ein geselliger Treffpunkt auch für die gefeierten Stars, die oft nicht wußten, wohin sie am Abend gehen konnten, aber auch eine gesellschaftliche Verpflichtung für dieselben Stars, die wußten, daß die Berühmtheit von der Imagepflege abhing. Auch Betty Grable lernte ihren künftigen Ehemann Harry James dort kennen – er dirigierte das Orchester.

Gene Tierney hielt es für vollkommen normal, daß jemand sie anrief, um sie »daran zu erinnern, daß ich in letzter Zeit nicht in der Hollywood-Kantine erschienen bin, um die GIs zu unterhalten«. Sie hätte »ein Schuldgefühl deshalb«, auch wenn sie schwanger sei und unter »Anfällen von Müdigkeit« litte, und so versprach sie, morgen abend zu kommen. Miss Tierney fiel in Hollywood ein wenig aus dem Rahmen; sie war ein Mädchen von ungewöhnlicher Schönheit, hatte aber weder viel Talent noch jenen triebhaften Ehrgeiz, der eine Joan Crawford oder Barbara Stanwyck beseelte. Ihre Schönheit selbst war leicht wächsern, wie die einer Debütantin. Ihr Vater war ein wohlhabender New Yorker Versicherungsmakler, und ihre ganze Familie mißbilligte zutiefst ihre Ehe mit Oleg Cassini, einem ziemlich öligen Kostümdesigner bei der Paramount, der als Aristokrat auftrat, weil seine Mutter einst eine russische Gräfin gewesen war. Nach Pearl Harbor meldete sich Cassini zur Küstenwache und wechselte dann irgendwie zur Kavallerie. Das verschlug ihn nach Fort Riley, Kansas, und damit auch Gene Tierney.

Kurz bevor sie Hollywood verließ – und kurz nach ihrem Besuch in der Hollywood-Kantine – legte sie sich allerdings mit Röteln ins Bett. Sie verschob die Reise um ein paar Tage, bis die roten Flecken verschwunden waren, dann reihte sie sich in den Treck der Frauen zu den Soldatencamps ein. »Zuerst wohnte ich im Gästehaus, wo die Wände aus Preßplatten gemacht waren und man alles hören konnte, was in den Zimmern links und rechts vor sich ging...«, sagte sie später. »Nach einer Woche mußte man sich um Unterkunft kümmern... Ich mietete eine trübselige kleine Bude und entdeckte bald, daß sie von Mäusen bewohnt war...«

Ihre Tochter kam zu früh, wog zweieinhalb Pfund und brauchte elf Bluttransfusionen. Sie erhielt den Namen Daria. Als sie etwa ein Jahr alt war, wurde klar, daß sie seh- und hörgeschädigt war und daß noch Schlimmeres zu befürchten stand. Man begann in jenen Tagen gerade zu erkennen, daß eine Rötelninfektion in der ersten Zeit der Schwangerschaft das Ungeborene schwer schädigen konnte. »Die Vorstellung, daß Daria behindert sei oder einen Hirnschaden hätte, wollte ich, konnte ich nicht akzeptieren«, berichtete Miss Tierney.

Die Cassinis kämpften sich noch eine Zeitlang durch, dann einigten sie sich auf eine Scheidung und vertrauten ihre hoffnungslos behinderte Tochter einer Schule in Pennsylvania an. Und dann, eines Sonntagnachmittags bei einer Tennisparty in Los Angeles, wurde Miss Tierney von einer jungen Frau angesprochen, die lächelte und sagte, sie hätten sich in der Hollywood-Kantine schon kennengelernt.

»Haben Sie zufällig nach dem Abend damals die Röteln bekommen?« wollte sie wissen. Miss Tierney war zu erschrocken, um zu antworten. »Ich dürfte Ihnen das wahrscheinlich gar nicht erzählen«, fuhr die Frau fort. Sie sei Angehörige einer Fraueneinheit des Marinecorps gewesen, sagte sie, und ihr ganzes Lager sei von einer Rötelnepidemie erfaßt worden. »Ich habe die Quarantäne gebrochen, um in die Kantine zu gehen und die Stars kennenzulernen«, sagte sie mit fröhlichem Lachen. »Alle haben gesagt, das dürfte ich nicht, aber ich mußte einfach hingehen. Und Sie waren mein Lieblingsstar.«

Miss Tierney stand einen Augenblick stumm da, dann drehte sie sich um und ging. »Von da an«, erinnerte sie sich, »war es mir egal, ob ich jemals wieder jemandes Lieblingsschauspielerin sein würde.« Schon setzte bei ihr ein Persönlichkeitszerfall ein. Die Folge davon war eine Nervenheilanstalt, ein Selbstmordversuch und das Gefühl der Sinnlosigkeit und Verzweiflung. Ihr verlorenes Kind Daria, so schrieb sie in ihren Memoiren, 1943 geboren, sei ein Kriegskind. »Daria war meine Kriegsleistung.«

Das waren Einzelschicksale. Es gab aber auch immer ein kollektives Hollywood, eine Ansammlung geduckter Gebäude und Straßen und Menschen am nördlichen Rand von Los Angeles, eine Gemeinde, die alles war: eine Industrie, eine Technologie, ein Stil und eine Geistesverfassung und auch eine Verneinung von alledem, ein schierer Hunger nach Geld und Erfolg. Der Krieg war gut für Hollywood. Er brachte Riesengewinne ein. Und das erwartete Hollywood auch. Eine seiner ersten Reaktionen auf Pearl Harbor war ein Wettlauf um die Eintragung von Filmtiteln, die das Publikum in die Kinos locken könnten: *Yellow Peril*, *Spy Smashers*, *Wings Over the Pacific*, *V for Victory*... (Die Schlagertexter waren da einfallsreicher, denn sie brauchten sehr wenig Zeit, um Neuheiten wie *Goodbye, Mamma, I'm Off to Yokohama* oder *Slap the Yap Right Off the Map* oder *To be Specific, It's Our Pacific* oder *When Those Little Yellow Bellies Meet the Cohens and the Kellys* auf den Markt zu werfen.)

Probleme gab es allerdings mit Drehbüchern, die plötzlich überholt waren. Was sollte die MGM mit einem Musical von Eleanor Powell machen, das den Titel *I'll Take Manila* trug, wenn diese Stadt jetzt von der japanischen Armee bedroht war? Bei der Warners war die Malteser-Falkenbande – Huston, Bogart und die übrigen – mitten in den Dreharbeiten zu *Abenteuer in Panama* (*Across the Pacific*), in dem es um die Vereitelung eines undenkbaren japanischen Angriffsplans gegen Pearl Harbor ging. Das wurde schleunigst in einen undenkbaren japanischen Angriffsplan gegen den Panama-Kanal geändert. Komplizierter wurde es, als

Huston plötzlich zum Dienst als Leutnant der Nachrichtentruppe beordert wurde. Als Abschiedsgag hinterließ er der Warners einen Film, der nicht nur unvollendet, sondern eigentlich unvollendbar war. Er filmte den an einen Stuhl gefesselten Bogart in einem Haus voll japanischer Wächter. »Ich... ließ ungefähr dreimal so viele japanische Soldaten aufmarschieren, als nötig gewesen wären, um ihn gefangen zu halten«, stellte Huston mit Befriedigung fest. »An jedem Fenster standen Wachen mit gezückter Maschinenpistole. Ich machte es so, daß es für Bogart keine logische Möglichkeit auf Gottes grüner Erde gab, zu entkommen. Ich drehte die Szene, dann rief ich Jack Warner an und sagte: ›Jack, ich bin unterwegs. Ich bin in der Army. Bogie wird schon wissen, wie er da 'rauskommt.‹« Bogie wußte es nicht, und auch sonst wußte es keiner. Die Warners übertrug die verzwickte Sache einem verläßlicheren Experten, Vincent Sherman, und er – oder ein namenloser Subalterner – mußte den Ausweg ersinnen. »Seine unmögliche Lösung war«, meinte Huston schadenfroh, »daß einer der japanischen Soldaten im Zimmer durchdrehte. Bogie entfloh in dem Durcheinander mit der Bemerkung: ›So leicht bin ich nicht zu fangen, wißt ihr!‹«

Die materiellen Anforderungen der wachsenden Kriegsleistungen riefen weit größere Probleme hervor. Die Fenster, durch die Helden zu springen pflegten, waren aus Zucker gemacht, der jetzt rationiert war. Die Stühle, die sie sich gegenseitig auf dem Kopf zerschlugen, bestanden aus Balsaholz von den Philippinen, jetzt unter japanischem Feuer. Whiskyflaschen, die schadlos zerbrachen, geeignet für Barschlägereien, waren aus Harz, und das wurde jetzt für die Rüstungsproduktion gebraucht. Der Film selbst wurde aus Zellulose gemacht, die man für Sprengstoff (und für die auswuchernde Produktion von militärischen Lehr- und Propagandafilmen) benötigte. Die Filmmenge, die Hollywood zur Verfügung stand, wurde um etwa 25 Prozent gekürzt. Sogar die Geldströme – Hollywoods Lebenselixier – wurden eingeschränkt. Das Amt für Kriegswirtschaft gab am 6. Mai einen Erlaß heraus, der die Verwendung neuer Materialien für den Kulissenbau auf 5000 Dollar pro Film begrenzte. James F. Byrnes, Direktor für wirtschaftliche Stabilisierung, ordnete sogar an, daß ab 1. Januar

1943 kein Gehalt 25 000 Dollar übersteigen dürfte (Louis B. Mayers Gehalt für das Vorjahr wurde mit 949 766 Dollar angegeben), diese unziemliche Härte hob der Kongreß jedoch bald wieder auf.

Die Beschränkungen zeitigten auch unerwartet günstige Resultate. Die Fließbandproduktion von Schundfilmen, die nötig geworden war, als während der Depression die Doppelvorstellung zur Norm wurde, mußte eingeschränkt werden, und eine Gallup-Umfrage zeigte, daß 71 Prozent der angeblich unersättlichen Zuschauer mit der Einschränkung einverstanden waren. Insgesamt sank Hollywoods Produktion von 533 Filmen im Jahre 1942 auf 377 Filme im Jahre 1945. Weil Filmmaterial knapp war, konnten die Regisseure nicht mehr jede Szene Dutzende von Malen drehen, deshalb widmeten sie mehr Zeit und Mühe den Proben vor dem Drehen. Und weil die Kulissen, die mehr aus bemalter Leinwand als aus knappem Metall oder Holz bestanden, so windig waren, begannen sie die Möglichkeiten zu erforschen, die sie draußen in den soliden Kulissen der realen Welt hatten. Alfred Hitchcock tat den kühnen Schritt und drehte *Im Schatten des Zweifels* (Shadow of a Doubt) gänzlich in Außenaufnahmen.

Ein Mangel war einzigartig: Der Mangel an japanischen Bösewichtern, die den gefangenen Bogart verhöhnen konnten oder auf der Brücke eines kaiserlichen Schlachtschiffes kauderwelschten und gestikulierten, wenn die Vergeltungstruppen Bomben abzuwerfen begannen. Alle tragenden Rollen wurden natürlich von Weißen gespielt (war etwa Peter Lorre als John Marquands Mr. Moto nicht vollkommen glaubhaft, waren nicht Paul Muni und Luise Rainer als chinesische Bauern in *Die gute Erde* bewundernswert gewesen?), das einzige Problem war also, nicht-japanische Asiaten zu finden, die die kleineren japanischen Bösewichter spielen konnten. Auf diese Weise fanden sich der ehemalige Bierverkäufer Richard Loo* und ein Dichter namens H. T. Tschiang

---

* Loo, in Hawaii geboren, hatte schon in Frank Capras *Der bittere Tee des General Yen* (1933) mitgewirkt, und später wurde er ein *Kung Fu*-Fernsehstar. Aber als er 1983 im Alter von achtzig Jahren starb, gedachte man seiner nur als Bösewicht des Zweiten Weltkrieges. »Man kannte ihn als den Mann, der starb, um um zu leben«, sagte seine Tochter Beverly Jane Loo, eine New Yorker Verlagsangestellte. »Entweder hat er sich erdolcht, oder er hat Harakiri gemacht.«

plötzlich mit tausend Dollar pro Woche in dem Film *The Purple Heart* wieder.

»Die führenden asiatischen Schurken (wenn wir J. Carroll Naish ausnehmen) waren Sen Yung, Chester Gan und Philip Ahn«, wie Richard Lingeman in seiner geistreichen Geschichte dieser Periode, *Don't You Know There's a War On?*, schrieb. »Gan spezialisierte sich auf die Darstellung stumpf-brutaler Japsen. Sen Yung war der verräterische, Englisch sprechende Japaner, der den amerikanischen Slang meisterhaft beherrschte und gegen die Amerikaner einsetzte, zum Beispiel in den Filmen *Abenteuer in Panama* und *God is My Co-Pilot*. Philip Ahn, ein Koreaner, war vielleicht der meistbegehrte aller Schurken mit seiner hohen, nasalen Stimme und seinem maskenhaften Gesicht, das aussah, als wäre es aus Gummi geschnitzt. Ahn hatte es schließlich satt, auf diesen Typ festgelegt zu werden, und sagte, er wolle romantische chinesische Charakterrollen spielen... Es gab keine romantischen chinesischen Charakterrollen.«

Der Grund dafür, daß in Hollywood japanische Bösewichter fehlten, war, daß die Bundesregierung jeden Menschen japanischer Abstammung als potentiellen Saboteur verdächtigte und sämtliche Opfer ihres Argwohns in ein neu geschaffenes Netz von zehn Konzentrationslagern in der »Zone des Inneren«, wie es bei der Army hieß, verbannte. Diese Maßnahme erfolgte überraschenderweise nicht im ersten Ausbruch der Hysterie nach Pearl Harbor. Im Gegenteil, in den ersten Kriegstagen schien eher allgemeine Zurückhaltung und Vernunft zu herrschen. Der Zorn auf Tokio war beträchtlich, aber die mächtige konservative *Los Angeles Times* mahnte ihre Leser am 8. Dezember 1941 in einem Leitartikel, die meisten der 110000 Japanisch-Amerikaner, die an der Westküste lebten, seien »gute Amerikaner«. Zwei Tage später veröffentlichte die *Times* einen Leitartikel gegen Kriegshysterie unter der Überschrift: »Lassen wir uns nicht verrückt machen.«

Dieser bewundernswerte Ratschlag wurde über den Haufen gerannt. Die Presse selbst begann mit der Hetzjagd. Ein ehemaliger Sportautor namens Henry McLemore schrieb in seiner Kolumne, die in sämtlichen Hearst-Blättern erschien, daß alle

Japaner aus Kalifornien verjagt und ins Innere geschafft werden müßten. »Ich meine auch nicht etwa ein nettes Plätzchen im Innern«, schrieb er. »Treibt sie zusammen, schafft sie weg und gebt ihnen das Innerste des Ödlands. Sollen sie doch arm, verletzt, hungrig und tot sein... Ich persönlich hasse die Japaner. Und das gilt für sie alle.«

Dies mag bloß ein Rülpser gewesen sein, wie er für die Hearst-Presse typisch war, aber er wiederholte sich bald in den Mandarinpredigten von Walter Lippmann. Nachdem er bestätigt hatte, daß es noch keinen einzigen Fall von japanischer Sabotage an der Westküste gegeben habe – es hat in der Tat den ganzen Krieg über nie einen solchen Fall gegeben –, schrieb Lippmann am 20. Februar, daß dies gar nichts bedeute. »Nach allem, was wir über die Fünfte Kolonne in Europa wissen, ist das nicht, wie mancher gern denken möchte, ein Zeichen dafür, daß nichts zu befürchten ist«, erklärte er. »Es ist ein Zeichen dafür, daß der Schlag gut organisiert wird und daß er zurückgehalten wird, bis er mit maximaler Wirkung geführt werden kann.« Der Romanschriftsteller und Filmautor James M. Cain, der bei der alten *New York World* ein Kollege Lippmanns gewesen war und der jetzt mit Cecil B. DeMille als behelmter Luftschutzwart bei der Hollywooder Luftabwehreinheit diente, verspürte ähnliche Beunruhigung. »Ich bin kein Mensch, der leicht mißtrauisch ist gegenüber anderen«, sagte er in einem Nachkriegsinterview, »aber... allgemein hatte man das Gefühl, daß die Japaner viel herumspionierten, daß es eine gar nicht so schlechte Idee wäre, sie alle an einem Ort zusammenzupacken und sie auf Dauer da zu lassen.«

Das war tiefster Rassismus. Es gab zwar einschränkende Gesetze für »feindliche Ausländer«, so daß potentiell Subversive wie Bertolt Brecht eine Polizeistunde einzuhalten und nach acht Uhr abends zu Hause zu bleiben hatten, doch alle Sonderauflagen für Kaliforniens 58000 italienische und 23000 deutsche Fremde wurden Ende 1942 fallengelassen. San Franciscos italo-amerikanischer Bürgermeister Angelo J. Rossi sagte vor einem Kongreßausschuß aus, daß »die Aktivitäten japanischer Saboteure« ihn überzeugt hätten, daß »alle japanischen Fremden aus dieser Gemeinde entfernt werden sollten«, während »die Evakuierung anderer als japanischer Achsenausländer vermieden werden sollte«. Niemand dachte an Maßnahmen gegen amerikanische Bürger deutscher oder italienischer Abstammung wie Bürgermeister Rossi; hingegen erklärte Rossi, daß auch »Japaner, die amerikanische Staatsbürger sind, einer allumfassenden Überprüfung unterworfen werden sollten«. Ein kleiner Hollywoodschauspieler namens Leo Carillo, der geltend machte, seine mexikanische Herkunft mache ihm die Diskriminierung von Minderheiten bewußt, rief jetzt den Kongreßabgeordneten Leland M. Ford aus Santa Monica telegraphisch zum Handeln auf: »Warum warten, bis (die Japaner) zuschlagen, bevor wir handeln...? Weg mit ihnen von der Küste ins Innere.« Der Abgeordnete Ford las das ins Kongreßprotokoll, dann erhob er eine ähnliche Forderung vor dem Hohen Hause und in einem Brief an FBI-Direktor J. Edgar Hoover: »Alle Japaner, ob Staatsbürger oder nicht, (sollten) im Landesinnern in Konzentrationslagern untergebracht werden.« Kaliforniens Senator Hiram Johnson schickte im Namen aller Legislatoren von der Westküste einen Brief an Präsident Roosevelt, in dem die »unverzügliche Evakuierung aller Personen japanischer Abstammung« gefordert wurde.

Die Japaner, die jetzt eingesperrt werden sollten, waren ursprünglich in Kalifornien als bevorzugte Alternative zu den verachteten Chinesen begrüßt worden. Im Jahre 1869, als chinesische Arbeiter, die die Eisenbahnen bauten und die Felder bestellten, etwa zehn Prozent der Bevölkerung des Staates bildeten, wurden die ersten Japaner, die aus ihrem lange abgeschlossenen Kaiserreich herüberkamen, im *San Francisco Chronicle* als »gebildete und kultivierte Herren« beschrieben, die Frauen, Kinder und neue Geschäfte mitgebracht hätten. Noch 1890 gab es nur zweitausend Japaner in den amerikanischen Kontinentalstaaten. Etwa dreißigtausend Japaner waren allerdings als Vertragsarbeiter für die Zuckerplantagen nach Hawaii gebracht worden, und als der Kongreß 1882 das Gesetz zum Ausschluß der Chinesen verabschiedet hatte, begannen die Japaner von Hawaii nach Kalifornien zu ziehen. Dennis Kearney, der irische Einwanderer, der den demagogischen Kampf gegen die Chinesen geführt hatte, startete nun eine neue Kampagne gegen die Japaner, »wieder eine asiatische Sklavenbrut... Menschen, die keine Moral kennen als das Laster.«

Bundesrecht beschränkte damals die US-Staatsbürgerschaft auf »freie weiße Personen« oder »Personen afrikanischer Abstammung«, und als Theodore Roosevelt 1905 den Kongreß bat, japanischen Einwanderern das Recht zum Erwerb der Staatsbürgerschaft zu geben, lehnten die Legislatoren ab. Auch Liberale waren dagegen. »Wir können keine homogene Bevölkerung machen aus einem Volk, das sich mit der weißen Rasse nicht mischt«, sagte Woodrow Wilson während seiner Präsidentschaftskampagne im Jahre 1912. Im Jahr darauf konnten japanerfeindliche Lobbyisten in der kalifornischen Legislative durchsetzen, daß japanischen Einwanderern verboten wurde, noch Land zu kaufen. (Obwohl die fleißigen Japaner nur ein Prozent des fruchtbaren Bodens in Kalifornien besaßen, erzeugten sie zehn Prozent der kalifornischen Erträge.) Schließlich kam 1924 das Gesetz zur Beschränkung der Einwanderung, das ethnische Quoten festlegte und damit die Briten und andere Nordeuropäer auf Kosten der russischen Juden, Italiener, Griechen begünstigte. Nur ein Volk erhielt eine Einwanderungsquote von Null: Die Japaner.

Agenten des FBI und der militärischen Geheimdienste hatten schon 1932 begonnen, die gesamte japanisch-amerikanische Kolonie zu durchleuchten, und bis Pearl Harbor hatten sie bereits voluminöse Akten über Ausländer und im Land geborene Staatsbürger angesammelt, die sie für potentiell subversiv hielten. Dazu zählten nicht nur Leute in gesellschaftlichen Führungspositionen, sondern auch »Multiplikatoren« wie Lehrer und Journalisten, aber auch jeder Fischer mit einem Kurzwellenradio. »Zwei FBI-Leute in Schlapphüten und Regenmänteln – wie aus einem Film der dreißiger Jahre – klopften an die Tür, und als sie gingen, ging Papa zwischen ihnen...« sagte Jeanne Wakatsuki Houston, die damals sieben war, eins von zehn Kindern eines Fischers in Santa Monica.

Der Druck für eine Massenevakuierung wuchs. Hier und da kam es vor, daß Japaner verprügelt oder mit Steinen beworfen wurden. Ein in Amerika geborener Japaner (sie wurden als

»Nisei« bezeichnet) wurde auf einer Straße in Los Angeles erstochen. Der Ausschuß für Unamerikanische Umtriebe des Abgeordneten Dies gab einen Bericht heraus, der zahlreiche (falsche) Meldungen über japanische Vergehen wiedergab. Die *Los Angeles Times* hörte auf, an die Vernunft zu appellieren, und erklärte, »die Härten des Krieges verlangen die geeignete Isolierung der Japaner und ihre sofortige Entfernung von den brisantesten Gefahrenstellen.« Sowohl Gouverneur Culbert Olson als auch Los Angeles' Bürgermeister Fletcher Bowron verlangten die Evakuierung der Japaner. Der vielleicht einflußreichste Kalifornier, der auf Massenevakuierung drängte, war jedoch der ehrgeizige republikanische Generalstaatsanwalt Earl Warren, der bereits Pläne machte, bei den Wahlen dieses Jahres gegen den demokratischen Gouverneur anzutreten (er tat es und siegte). Den Japanern zu gestatten, in Kalifornien zu bleiben, »könnte gut zur Achillesferse der gesamten zivilen Verteidigungsbemühungen werden«, erklärte Warren Ende Januar. Wie Walter Lippmann gelang es auch Warren, sich selbst einzureden, daß das totale Ausbleiben jeder japanischen Sabotage kein Grund sei, japanischen Loyalitätsbeteuerungen Vertrauen zu schenken. Im Gegenteil, er nannte die Ruhe »unheimlich«. Dieses Ausbleiben krimineller Handlungen erklärte der künftige Vorsitzende Richter am Obersten Gerichtshof so: »Für mich sieht es ganz nach dem wohlüberlegten Bemühen aus, keine zu begehen, bis die Stunde Null da ist.«

Die andere kalifornische Hauptquelle japanerfeindlichen Drucks war General DeWitt, Chef des Westlichen Verteidigungskommandos, der nach Pearl Harbor erklärt hatte, daß »Tod und Vernichtung jeden Moment kommen können«. Man kann leicht spotten über DeWitts apokalyptisches Bild von der Zukunft Kaliforniens, doch muß man auch sehen, daß ihn sowohl seine Verantwortung für die Verteidigung der verwundbaren kalifornischen Küste als auch die fatale Unzulänglichkeit der Streitkräfte, mit denen er dieser Verantwortung gerecht werden sollte, heftig beunruhigt haben müssen. DeWitt war damals zweiundsechzig, schlank, bebrillt, Offizierssohn und Berufssoldat seit seinem achtzehnten Lebensjahr, und er wußte, daß die gesamte Küste weit offen stand.

Ende Dezember versenkte ein japanisches Unterseeboot den Tanker ›Emidio‹ vor Eureka, wobei fünf Besatzungsmitglieder umkamen. Die Frachter ›Larry Doheny‹, ›Agiworld‹ und ›H.M. Storey‹ wurden fast in Sichtweite der Küste beschossen. Ein japanisches Unterseeboot, die I-17, tauchte sogar unmittelbar nördlich von Santa Barbara auf und feuerte mehr als ein Dutzend sechszöllige Granaten auf eine Ansammlung von Öltanks ab. (Die Salve richtete sehr wenig Schaden an, außer im gesellschaftlichen Leben von William Randolph Hearst, der ängstlich sein nahegelegenes Schloß in San Simeon räumte und mit Marion Davies und ausgewählten Gefolgsleuten in ein etwas abgeschiedeneres Chateau in Wyntoon, rund 500 Kilometer nördlich von San Francisco, entfloh.) DeWitt war von diesen Überfällen zutiefst alarmiert. Beträchtlich übertrieben berichtete er, daß »so gut wie jedes Schiff, das einen Hafen der Westküste verläßt, von einem feindlichen Unterseeboot angegriffen wird«.

DeWitt war kein Cäsar, bloß ein Berufsoffizier der Armee, der sich größeren und rätselhafteren Gefahren gegenübersah, als er je in seiner Laufbahn kennengelernt hatte. Und für solche Offiziere waren die Nachrichten von den Philippinen in gewisser Weise schlimmer als der Schock von Pearl Harbor. Der japanische Angriff auf die Philippinen war kein spontaner Überfall, sondern eine sorgfältig geplante Invasion, und General Douglas MacArthur wurde demütigend in die Flucht geschlagen. Und die siegreichen Japaner zeigten kein Erbarmen. Corregidor. Bataan. Das waren Namen, die starke Wirkung hatten bei Armeeoffizieren, die über das Schicksal japanischer Fischer in Los Angeles zu entscheiden hatten. »Die japanische Rasse ist eine feindliche Rasse«, erklärte DeWitt. »Viele Japaner der zweiten und dritten Generation, die auf dem Boden der Vereinigten Staaten geboren wurden, ...sind zwar ›amerikanisiert‹, aber die rassischen Züge sind unverändert.« Ein Jahr später, als DeWitt vor einem Kongreßausschuß in San Francisco aussagte, faßte er sein Urteil noch einmal zusammen mit den Worten: »Ein Jap bleibt ein Jap.«

DeWitts Ansichten wurden von seinen Washingtoner Vorgesetzten, Kriegsminister Henry Stimson und dessen Stellvertreter John McCloy, in vollem Umfang bestätigt, ja, gestützt. Generalstaatsanwalt Francis Biddle erhob ein paar juristische Bedenken dagegen, US-Staatsbürger ohne Gerichtsverfahren einzusperren, aber er protestierte nicht sehr nachdrücklich. Und so erteilte Präsident Roosevelt, als er sich am 19. Februar zum Handeln entschloß, mit seiner *Executiv Order 9066* General DeWitt Vollmacht, aus dem gesamten Gebiet seines Kommandobereichs so viele Japaner zu vertreiben, wie er für richtig hielt. Sogleich befahl DeWitt allen Japanern, ob US-Staatsbürger oder nicht, von der Küste weg nach Osten zu gehen. Da viele der Opfer keine Ahnung hatten, wohin sie sich wenden oder wie sie dorthin kommen sollten, setzte er jedoch den Vollzug seines Befehls aus, bis Notaufnahmelager gebaut werden konnten. Im April 1942 schließlich ordnete er die Zwangsevakuierung von mehr als 100 000 Japanern, die innerhalb einer Küstenzone von zweihundert Kilometern wohnten, zu sechzehn »Sammelzentren« an – Sportstadien, Messehallen, Zeltdörfern. Sie erhielten Befehl, nur das mitzunehmen, was sie in ihren Bussen transportieren konnten: Bettzeug, Kleidung zum Wechseln, das Spielzeug der Kinder.

Hatte Hollywood beim Verschwinden seiner Gärtner noch milde Überraschung gezeigt, so wendete es jetzt die Augen ab, als noch mehr seiner Einwohner verschwanden. »Eines Tages waren die Japaner da, und am anderen Tag waren sie einfach weg«, so die Zeugin Anne Relph, die zur Zeit von Pearl Harbor Grundschülerin in Nordhollywood war. »Ich erinnere mich, wie ich einmal meine Freundin besuchte und sah, daß plötzlich ihr Schlafzimmer vollgepackt mit schönen Spielsachen war, und ich fragte: ›Woher hast du die?‹ Sie sagte: ›Macimo (oder wie sie hieß) hat sie mir gestern abend geschenkt, bevor sie ins Internierungslager ging.‹ Eine Menge japanischer Kinder haben das getan – haben ihr Spielzeug lieber an Freunde verschenkt, statt es beschlagnahmen zu lassen.« Kinder konnten ihr Spielzeug verschenken, aber ihre Eltern hatten es schwerer, mit den Leuten fertig zu werden, die sich für ihre Habe zu interessieren begannen. Jeanne Wakatsuki Houston sah zu, wie ein Händler ihrer Mutter für ein Zwölfpersonen-Service aus weiß-blauem Porzellan, das man ihr aus Japan mitgebracht hatte, fünfzehn Dollar bot. Die Mutter sagte dem Händler, es sei mindestens zweihundert Dollar wert. Der Mann überlegte einen Augenblick und sagte dann, er könnte vielleicht 17,50 Dollar dafür geben. »Sie griff in den roten Samtkasten, nahm einen Eßteller heraus und zerschmetterte ihn direkt vor seinen Füßen auf dem Boden«, schrieb Mrs. Houston.

»Der Mann sprang zurück und rief: ›He! He, lassen Sie das! Das ist wertvolles Geschirr!‹

Mama nahm noch einen Teller und schleuderte ihn zu Boden, dann noch einen und noch einen, ohne jede Regung, ohne den Mund aufzumachen, nur bebend und mit starrem Blick auf den zurückweichenden Händler, während ihr die Tränen über die Wangen liefen. Der Mann machte schließlich kehrt und rannte zur Tür hinaus... Sie stand da und warf Tassen und Schalen und Schüsseln hin, bis das ganze Service in blau-weißen Scherben über den Holzfußboden verstreut lag.«

»Mein Paps hatte gerade einen 1941er Packard gekauft – er hatte ihn wahrscheinlich für vierzehnhundert Dollar gekauft und mußte ihn für siebenhundert Dollar verkaufen«, erzählte Norman Mineta, ein demokratischer Kongreßabgeordneter, der zur Zeit von Pearl Harbor zehn Jahre alt war. »Es gab noch mehr Leute, die Geschäfte hatten. Was macht man mit einem Lebensmittelgeschäft? Innerhalb von dreißig Tagen? Viele haben einfach ein Vorhängeschloß an ihren Laden gehängt und mußten ihn dann sich selbst überlassen. Sie haben Tausende verloren und insgesamt Millionen von Dollars.«

Mineta und seine Familie wurden in hastig aufgeschlagene Baracken auf der Rennbahn von Santa Anita eingewiesen, wo am Ende insgesamt fast neunzehntausend bestürzte Japaner zusammengepfercht waren. »In einem Zimmer etwa so groß wie dieses (sein Kongreßbüro) wohnten wir zu sechst... von Mai bis Oktober 1942. Von Santa Anita kamen wir in ein Lager bei Hart Mountain, Wyoming. Diese Lager hatten alle Stacheldraht, Wachtürme, Suchscheinwerfer... Im Sommer war es hier extrem heiß und im Winter extrem kalt. Man hatte die Lager an isolierten Stellen errichtet, so daß einer, der über den Zaun sprang und entkommen konnte, immer noch fünfzig Kilometer von jeder menschlichen Siedlung entfernt war. ... Es waren Konzentrationslager. Daran besteht kein Zweifel.«

»Konzentrationslager« ist ein Begriff, der Gefühle aufwühlt, und der Stacheldraht und die Suchscheinwerfer und die schreienden Kinder, das alles klingt entfernt nach dem Nazi-Holocaust. Dies aber war nicht der Holocaust; hier hatte bloß die Armee Befehle ausgeführt – mit dem normalen Maß an Ineffizienz und Inkompetenz des Militärs. Es war alles sehr unerfreulich. Niemand versuchte, die Gefangenen zu prügeln oder verhungern zu lassen – im Gegenteil, die Armeeküche gab die Rationen so verschwenderisch aus, daß es die genügsamen Japaner entsetzte –, aber das Leben in einer Reihe von Teerpappenbaracken war unbestreitbar herb. Mrs. Houstons Mutter, die ihre sorgsam gehegten Teller zerschmissen hatte, fand es entsetzlich, daß sie Schlange stehen mußte für die Chance, eine der zwölf nicht separierten Toiletten in der Gemeinschaftslatrine zu benutzen. Eine andere, ähnlich feinfühlige alte Dame hatte einen großen Karton mitgebracht, der ursprünglich Oxydol-Seife enthalten hatte. Den stülpte sie sich über den Kopf und konnte sich so ein absurdes bißchen Intimität schaffen. Gnädig bot die alte Dame Mrs. Houstons Mutter an, ihr den Oxydol-Karton zu leihen, und Mrs. Houstons Mutter nahm das dankbar an.

Schauplatz dieser Szene war ein entlegener und sturmgepeitschter Ort namens Manzanar, das erste der japanischen Umsiedlungslager. Als Mrs. Houston nach einer ganztägigen Busfahrt von Los Angeles am späten Nachmittag hier eintraf, beeindruckte sie als erstes »ein gelber Wirbel vor der verschwommenen, rötlich untergehenden Sonne. Auf den Bus prasselte es herab wie ein Regenguß. Es war aber kein Regen. Es war mein erster Blick auf das, was ich bald sehr gut kennenlernen sollte, ein wogendes Staub- und Sandgestöber, das der Wind im Owens Valley aufwirbelte.« Owens Valley, dieser blühende Garten früherer Zeiten, dieses fruchtbare Ackerland, dem die Verantwortlichen von Los Angeles alles Wasser abgezapft hatten, bis es zum Ödland verdorrte, zur Wildnis, einem Ort, der nur noch für Japaner taugte.

Pearl Harbor war für viele eine Katastrophe, für Hollywood aber war es ein Segen und für die Flugzeugindustrie in der Gegend eine Goldgrube. Die beiden jungen Wirtschaftszweige waren in Los

Angeles nebeneinander gewachsen, aber den Flugzeugbauern war es dabei erheblich schlechter gegangen. Ende der dreißiger Jahre, als das Filmgeschäft der Größe nach bundesweit an vierzehnter Stelle stand (in Los Angeles an der ersten), rangierte der Flugzeugbau noch auf dem einundvierzigsten Platz.

Glenn Martin hatte zwar schon 1916 begonnen, in Los Angeles Flugzeuge zu bauen, aber die Nachfrage nach Flugzeugen im Ersten Weltkrieg veranlaßte ihn, nach Osten zu gehen, wo mehr Facharbeiter zur Verfügung standen. Donald Douglas, der bei Martin gearbeitet hatte, zog 1922 zurück in den gewerkschaftsfreien Westen und schloß Freundschaft mit Harry Chandler von der *Times*, der ihm einen Scheck über fünfzehnhundert Dollar ausschrieb und ihm half, einen kleinen Betrieb in Santa Monica aufzumachen. A.P. Giannini von der Bank von Italien (die erst nach Mussolinis Einfall in Abessinien im Jahre 1936 ihren Namen in Bank von Amerika änderte) war ebenfalls bereit, Flugzeugbauer zu finanzieren, so wie er mit Freuden Filmstudios finanzierte. Aber viele dieser Unternehmungen waren klein und primitiv (Howard Hughes fing damit an, daß er eine Ecke in einem Lockheed-Hangar mietete). Die Fabrikanten kauften ihre Motoren und Instrumente meistens im Osten ein. »Es war pure Blechbiegerei«, sagte ein Veteran, der das gewaltige Wachstum der Luftfahrtindustrie in der Stadt noch miterlebt hat.

Pearl Harbor versetzte natürlich alle Industrien, die Waffen herstellen konnten, in hektische Betriebsamkeit. Die Fließbänder der Detroiter Automobilindustrie wurden einfach angehalten und auf die Herstellung von Panzern und Artilleriegeschützen umgestellt. Die äußerst individualistischen Flugzeugbauer von Los Angeles, die ihre konkurrierenden Firmen ein bißchen wie Hollywood-Studios führten, konnten es kaum glauben, als Präsident Roosevelt verkündete, im Jahre 1942 werde ihre Industrie 50 000 Militärmaschinen bauen müssen, das Zehnfache des Produktionsziels von 1939. Als ihnen dann aber ein von Washington eingesetzter »Zar« drohte, organisierten sie sich eilig zu einem Dachverband für die Kriegsproduktion und begannen zusammenzuarbeiten. In diesem Jahr erzielten sie eine Rekordproduktion von 47000 Maschinen, im nächsten Jahr waren es 86000 und im darauffolgenden Jahr mehr als 100000 Flugzeuge.

Nicht durch die vorausschauende Planung der Behörden von Los Angeles waren die Arbeitskräfte für diesen ungeheuren Produktionsaufschwung zum Glück vorhanden: Es waren die verhaßten »Okies« aus dem Dreckloch, die Wanderarbeiter, die während der Depression nach Kalifornien geströmt waren, und das trotz energischem Bemühen, sie fernzuhalten. Und obwohl die Okies jetzt endlich alle arbeiteten und obwohl Tausende von Frauen aus ihren Küchen kamen und in die Fabriken gingen, wurden noch mehr Hände gebraucht. Hohe Löhne im Gebiet von Los Angeles lockten Arbeitskräfte in Schwärmen an. Alles in allem kamen von 1940 bis 1944 780000 Einwanderer nach Südkalifornien. Und wenn der Film für lange Zeit der größte Wirtschaftszweig von Los Angeles war, so war es damit 1940 vorbei, denn Staatsaufträge kamen nicht nur den Flugzeugwerken, sondern auch Herstellern von Schiffen, Gummiwaren, Chemieprodukten, Nichteisenmetallen zugute. Los Angeles, das 1939 das siebtgrößte Industriezentrum der Nation war, wurde im Laufe des Krieges zum zweitgrößten nach Detroit.

Einer der wenigen Amerikaner, die die ersten Meldungen aus Pearl Harbor zu ignorieren schienen, war Howard Hughes. Der große, hagere Texaner hatte diese Sonnabendnacht in seinem Büro durchgearbeitet, hatte am Sonntagmorgen die Radionachrichten gehört und sich gleich wieder an die Arbeit gemacht. Er arbeitete an einem zweimotorigen Flugzeug, bekannt als D-2, das er als mittelschweren Bomber an Washington zu verkaufen hoffte. Er arbeitete auch an einem Fluggerät mit Druckausgleich, das in der Lage wäre, in der Stratosphäre zu fliegen; außerdem versuchte er, eine Fluglinie zu betreiben, die er im Vorjahr gekauft hatte, sie nannte sich ›Transcontinental and Western Air‹ und sollte bald in ›Trans World Airlines‹ umbenannt werden.

Als Hughes 1925 nach Hollywood kam und für sich und seine neue Frau Ella ein Zimmer im Hotel Ambassador mietete, war er zwanzig Jahre alt und vage auf der Suche nach Filmprojekten, die

5

6

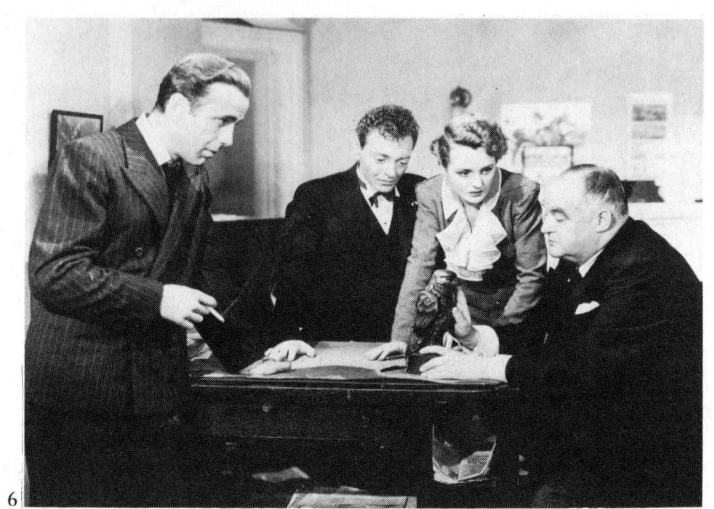

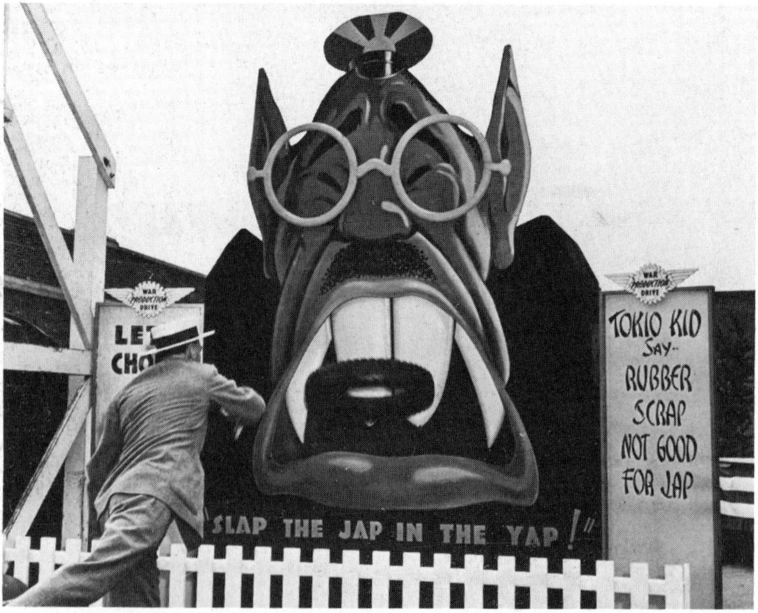
TOKIO KID
Say..
RUBBER
SCRAP
NOT GOOD
FOR JAP
"SLAP THE JAP IN THE YAP!"

7

5+6 Anfang der vierziger Jahre entstehen große Filme, die zu Klassikern geworden sind: *Citizen Kane* mit Orson Welles in der Hauptrolle; *Der Malteser Falke* mit Humphrey Bogart, Peter Lorre, Mary Astor und Sidney Greenstreet.

7 Der japanische Angriff auf die Amerikaner im Dezember 1941 in Pearl Harbor findet seinen Niederschlag in antijapanischer Propaganda.

8+9 Amerika befindet sich im Krieg und wirbt für den Eintritt in die Armee; Hollywood-Schauspieler Ronald Reagan folgt diesem Aufruf 1942 als Leutnant (begleitet von Frau Jayne Wyman und Tochter Maureen).

er finanzieren konnte. Sein fröhliches Studentenleben hatte er ein Jahr zuvor aufgegeben, als sein Vater plötzlich gestorben war und ihm die Hughes Werkzeug-Compagnie hinterlassen hatte, dazu ein Vermögen, das vorsichtig, zu Steuerzwecken, auf 871518 Dollar geschätzt wurde. Sein erster Film mit dem Titel *Swell Hogan* war so schlecht, daß er nie gezeigt wurde. *Everybody's Acting* brachte ihm einen kleinen Gewinn ein und *Two Arabian Knights* verkaufte sich recht gut; und dann nahm Hughes einen Film in Angriff, den er wirklich machen wollte, ein Epos von den Kampffliegern des Ersten Weltkrieges. Der Regisseur Marshall Neilan dachte sich einen herrlichen Titel aus, *Engel der Hölle* (Hell's Angels), aber er und Hughes zerstritten sich bald, und so übernahm Hughes die Regie selber.

Jetzt war er zweiundzwanzig und Millionär. Er kaufte sich fünfundachtzig alte Flugzeuge zusammen, die größte private Luftflotte der Welt. Dann begann er seinen privaten Krieg zu führen – über Mines Field, dem Gelände des heutigen Internationalen Flughafens von Los Angeles – und seine privaten Verluste zu erleiden: Drei Stunt-Piloten kamen während der Dreharbeiten zu *Engel der Hölle* bei Abstürzen ums Leben. Hughes selbst probierte einen veralteten Thomas Morse-Aufklärer aus und verlor die Kontrolle über die Maschine, als sie ins Trudeln kam. Er wurde bewußtlos aus den Trümmern gezogen und mußte sich einer komplizierten Operation unterziehen, mit der ein zerschmetterter Beckenknochen repariert wurde.

Für eine große Szene, den Abschuß eines deutschen Gotha-Bombers, bestand Hughes darauf, daß der Pilot die Maschine richtig ins Trudeln bringen müsse, dann könnte er aussteigen, wenn nötig. Aber diese Szene bedurfte auch eines Technikers, der hinten in den Flugzeugrumpf kroch und eine Folge von Rauchbomben zündete, da das zum Tode verurteilte Flugzeug ja angeblich von Maschinengewehrkugeln getroffen wurde. Danach könne dann auch er abspringen, wenn die Maschine zu trudeln anfinge. Mehrere Piloten lehnten den Auftrag ab, aber Hughes zahlte dem einen Draufgänger, der bereit war, Al Wilson, eine ansehnliche Prämie; und dann heuerte er als Wilsons Assistenten einen diensteifrigen Mechaniker namens Phil Jones an. Als die Maschine ins

Trudeln kam, sprang nur der Pilot mit dem Fallschirm ab. Aber der Absturz der Gotha ergab eine großartige Szene.*

Hughes hatte nach zweijähriger Arbeit und mehr als zwei Millionen Dollar Kosten seinen Film fast fertig, als er mit ziemlicher Verspätung bemerkte – mit derselben Verspätung wie auch andere in Hollywood –, daß der Stummfilm passé war, seit vor zwei Jahren *Der Jazzsänger* herausgekommen war. Hughes beschloß, typisch für ihn, noch einmal von vorn anzufangen. Er stellte einen Drehbuchschreiber an, der die *Engel der Hölle* mit einem Dialog ausstatten sollte, und er entschloß sich sogar, auf seinen Star Greta Nissen zu verzichten, denn sie konnte die englische Heldin nur mit einem dicken norwegischen Akzent spielen. Während er um die fehlende Heldin herum neu drehte, testete Hughes Dutzende von Ersatzheldinnen. Als der unausbleibliche Agent Arthur Landau unausbleiblich mit einer achtzehnjährigen Blondine namens Harlean Carpenter erschien, schaute Howard Hughes auf die Probeaufnahmen der künftigen Jean Harlow und sagte unausbleiblich: »Meiner Meinung nach ist die nix.« Allerdings ließ sich Hughes, vielleicht ebenso unausbleiblich, von dem Agenten überreden, diese junge Frau für 250 Dollar wöchentlich anzustellen.

Hughes' Gesamtaufwendungen für *Engel der Hölle* erreichten schließlich gewaltige 3,8 Millionen Dollar, ein Rekord an Extravaganz zu jener Zeit, und wenn der Film auch beträchtlichen Erfolg hatte, konnte er doch niemals Hughes' Investitionen wieder hereinholen. Hier zeigte sich ein Grundmuster. Es war zum Teil ein ganz eigenes psychologisches Verhaltensmuster, das Hughes'

---

* Wie so manches in Hughes' Laufbahn lösten die geheimnisvollen Unfälle bei *Engel der Hölle* eine Menge Gerüchte aus. Lester Cole, ein prominenter Filmautor, der später als einer der ›Zehn von Hollywood‹ ins Gefängnis ging, schrieb in seinen Memoiren *Hollywood Red*, daß man dem Mechaniker keinen Fallschirm gegeben hätte, weil die Maschine eigentlich aus dem Sturz wieder hochziehen sollte. Der Pilot hatte einen Extra-Fallschirm mit und gab ihn dem Mechaniker in letzter Minute, sagte Cole, aber der Mechaniker hatte zuviel Angst, um ihn zu benutzen. »Der Pilot versuchte, ihm den Fallschirm anzulegen, während die Maschine trudelte und eine zweite Maschine das Ganze filmte«, schrieb Cole. »Verzweifelt sprang der Pilot aus tausend Meter Höhe in Sicherheit, unfähig, dem vor Angst gelähmten Mechaniker zu helfen, der mit dem Flugzeug abstürzte und in Flammen aufging. (Welch eine Szene hätte *das* ergeben!)«

Bewunderer gern »Perfektionismus« nannten, das aber eigentlich damit begann, daß sich Hughes voll Eifer – und ganz allein – in Aufgaben stürzte, die seine Kenntnisse und Erfahrungen überstiegen. Dann, nachdem er es wiederholt abgelehnt hatte, von irgend jemandem irgendeinen Rat anzunehmen, kamen die vorhersehbaren Irrtümer, Fehlkalkulationen, Mißerfolge und schließlich die verzweifelte Anstrengung, diese Fehler zu korrigieren – oder auch nicht zu korrigieren, sondern zu bestreiten, zu tilgen.

Solche Schauspiele der Selbstbefriedigung waren in Hollywood nichts Ungewöhnliches. Hughes war zwar kein Einwanderer aus Osteuropa, doch sein ererbter Reichtum verlieh ihm dasselbe Gefühl der Unfehlbarkeit, das erworbener Reichtum einem Louis B. Mayer oder einem Jack Warner verlieh. Theoretisch hätten, nach den von Adam Smith verkündeten ökonomischen Gesetzen, die stümperhaften Fehlentscheidungen des Durchschnittsmillionärs zum Ruin führen müssen, womit das System sich selbst korrigieren könnte, aber Millionäre haben es im allgemeinen für günstiger gehalten, Smiths Gesetze durch Bestechung und Monopole außer Kraft zu setzen. So wie es das Monopol war, das die Mayers und Warners und die übrigen überzeugte, sie wären die großen ›Showmen‹ mit dem instinktiven Wissen um das, was das amerikanische Volk wünschte, so war es das Monopol der Hughes Werkzeug-Compagnie auf ein unentbehrliches Ölbohrerteil, das Howard Hughes in die Lage versetzte, sich als einer der Könige Hollywoods zu fühlen. Was immer er auch tat, wieviel Geld er auch verschwenden mochte, das Hughes-Bohrstück würde stets seine Rechnungen bezahlen, würde ihn immer vor Schaden bewahren.

Nachdem er mit fünfundzwanzig Jahren Hollywood erobert hatte, machte Hughes innerhalb eines Jahres fünf weitere Filme, vor allem *Narbengesicht* und *Die Titelseite* (The Front Page) (für die er zwei noch unbekannte junge Schauspieler namens James Cagney und Clark Gable ablehnte), aber jetzt war Hughes' Leidenschaft das Fliegen. Es war keine neue Passion. Er war ein Schuljunge von sechzehn Jahren, als er zum ersten Mal ein gebrechliches Flugzeug zu steuern lernte. Aber nun war das Zeitalter Lindberghs angebrochen, dessen Alleinflug nach Paris das Wesen des Heldentums neu definierte. Hughes erwarb ein Boeing-Jagdflugzeug und begann, es in Stromlinienform zu bringen (das war ursprünglich der einzige Zweck des Hughes-Flugzeugwerkes). Seine erste Trophäe gewann er 1934 in Miami, als er die Boeing mit 185 Meilen in der Stunde flog. Dann baute er eine eigene Maschine, die H-1, und pilotierte sie zu Geschwindigkeitsrekorden von 339, 351 und 355 Meilen pro Stunde. 1937 flog er von Los Angeles nach Newark mit einer Durchschnittsgeschwindigkeit von 332 Stundenmeilen, ein Rekordflug von Küste zu Küste in sieben Stunden und achtundzwanzig Minuten. Im Jahr darauf verkürzte er Lindberghs Flugzeit nach Paris um die Hälfte und flog dann weiter, um einen Rund-um-die-Welt-Rekord von drei Tagen, neunzehn Stunden und siebzehn Minuten aufzustellen.

Er war ein Nationalheld, ein zweiter Lindbergh, und da seine vernachlässigte Frau Ella ihn während der Dreharbeiten zu *Engel der Hölle* verlassen hatte und nach Houston heimgekehrt war, galt er nun als einer der begehrtesten Junggesellen der Nation. Das war ein Ehrentitel, der ihn zur königlichen Figur in Hollywood machte. Keine Photoreportage aus jener Zeit wäre vollständig gewesen ohne ein Bild des großen, narbigen, wortkargen Millionärs, der ins Neonlicht eines Nachtclubs schlendert, gekleidet in Hollywoods Uniform, die schwarze Krawatte, an seinem Arm eine schöne Blondine. Ganz gleich, wie spät Hughes anrief, ganz gleich, wie gebieterisch er verlangte, daß sich ein Starlet auf seine Ankunft vorbereite, es ist niemand aktenkundig, der sich je seinen Einladungen entzogen hätte.

Hingegen gibt es reichlich Beweise für seine täppische und stotternde Unbeholfenheit als Galan. Darryl Zanuck hat erzählt, daß Hughes einmal sagte, er würde gern Norma Shearer kennenlernen. Deshalb lud Zanuck die beiden zusammen mit einer passenden Auswahl von Hollywood-Berühmtheiten auf seinen Landsitz in Palm Springs ein. Als Hughes auf den Gegenstand seiner Wünsche stieß, sagte er: »Freut mich sehr, Sie kennenzulernen« – und ging. Lana Turner erinnerte sich, daß Hughes »ganz liebenswürdig, aber nicht besonders anregend« war. Einmal ging Hughes so weit, seine »Vorliebe für oralen Sex« kundzutun, aber Miss

Turner war, wie sie berichtete, »nicht interessiert«. Und sie fügte hinzu: »Das schien ihm nichts auszumachen. Er war nur gekommen, um sich hinzusetzen und sich mit meiner Mutter zu unterhalten.« Hughes war eine zeitlang auch mit Ava Gardner befreundet, aber er konnte sich nicht mit ihrer freien Art abfinden. Als seine Spione ihm meldeten, sie sei nach Mitternacht noch ins Mocambo tanzen gegangen, bestellte er sie zu sich nach Beverly Hills und hielt ihr eine Standpauke. Sie fauchte ihn an. Er schlug sie ins Gesicht. Sie griff nach dem nächstbesten Gegenstand, einer Bronzeglocke, und er ging zu Boden.

Hughes hatte eine elementare Anziehungskraft. »Geld ist sexy, und er hatte ganz sicher einen betörenden Überfluß an Geldappeal«, meinte Joan Fontaine, die auch berichtete, daß Hughes ihr nach einer einzigen zufälligen Begegnung vorgeschlagen habe, ihn zu heiraten. Gene Tierney hingegen war an begüterte Leute gewöhnt, sie mochte Hughes wegen »des Sanften, Jungenhaften, Kläräugigen, das er an sich hat«, wie sie fand. Sie erinnerte sich auch, daß Hughes, als er irgendwie von der geistigen Behinderung ihrer kleinen Tochter erfuhr, einen prominenten Spezialisten einflog, der das Kind untersuchte, und dann, ohne mit der Wimper zu zucken, die unerhörte Rechnung des Arztes bezahlte – fünfzehntausend Dollar für einen Tag nutzloser Dienste.

Dieser Zug an Hughes schien mit dem schlimmsten seiner Flugzeugabstürze in Beverly Hills gestorben zu sein. Hughes trug diesmal neun gebrochene Rippen, ein gebrochenes Nasenbein, eine Schädelfraktur, einen beschädigten Lungenflügel und Verbrennungen dritten Grades fast am ganzen Körper davon. Als er das Krankenhaus wieder verließ, erinnerte sich Miss Tierney, »waren die Augen härter, das Gesicht gespannter. Die Narben gaben dem Gesicht nicht mehr Charakter, sie machten es nur alt...« Irgendwann in dieser Serie von Abstürzen begann Hughes auch schlecht zu hören, obwohl Veronica Lake, eine seiner Glamourfreundinnen, darauf bestand, das sei alles Theater. »Howard hat aus irgendeinem Grund so getan, als sei er taub«, sagte sie. »Ich vermute, daß er es bei geschäftlichen Verhandlungen nützlich fand – seine Methode, andere unvorsichtig zu machen, während er alles mitkriegte, was sie sagten.«

Der verheerende Absturz in Beverly Hills beendete den ersten Flug der XF-11, in die Hughes mehr als sechs Millionen Dollar aus der eigenen Tasche investiert hatte. Sie war ursprünglich die D-2 gewesen, ein Fünfmann-Bomber, der 450 Meilen pro Stunde fliegen sollte. Die D-2 war allerdings nichts Besonderes im Vergleich zu dem riesigen Luftschiff, das im Kopf von Henry J. Kaiser Gestalt annahm. Kaiser und Hughes waren beide so bekannte Helden der Nation, daß das Kriegswirtschaftsamt achtzehn Millionen Dollar für dieses an sich absurde Projekt bewilligt hatte. Und so begann Hughes, die Maschine, die offiziell Hercules genannt wurde, zu entwerfen und zu bauen; ein paar respektlose Angestellte nannten sie inzwischen die Goldene Gans. Für 700 Passagiere oder 60 Tonnen Fracht gebaut, ragte der erste Prototyp dieses gigantischen Luftschiffes zehn Meter hoch auf und hatte eine Flügelspannweite von über hundert Metern, länger als ein Fußballfeld. Sein Heck allein war dreißig Meter hoch, fast wie ein zehnstöckiges Gebäude. Und die Maschine war ganz aus Holz. Das einzig Dumme war, daß der Krieg längst vorbei sein würde, bevor Hughes seinen Prototyp testen konnte.

Das waren nicht die einzigen Luftfahrtprojekte von Hughes. Er besaß das Patent für ein Gerät, mit dem man die Maschinengewehre an Bord der B-17-Bomber schneller laden konnte, und die 90000 Stück, die er davon herstellte, wurden schließlich in 90 Prozent aller US-Bomber verwendet. Er fertigte auch Flugzeugteile: 6370 Flugzeugrümpfe für andere Flugzeughersteller, 5576 Flügel, 14766 Fahrwerke. Außerdem stellten seine Fabriken beinahe eine Million Artilleriegranaten her. Schließlich bekam er einen Vierzig-Millionen-Dollar-Auftrag zur Produktion seiner D-2 – einen Auftrag, dem (später umstrittene) Amüsements für Roosevelts Sohn Elliot und mehrere andere amüsierbare Airforce-Offiziere vorausgegangen waren. Aber es gelang Hughes nicht, ein einziges Kampfflugzeug zu bauen und zu liefern, bis der Krieg zu Ende ging.

Er hatte andere Dinge im Kopf. Eins davon war ein Film, mit dem er schon seit 1939 herumspielte. Er nannte sich *Billy the Kid* und das Buch stammte von Ben Hecht, der ein Jahrzehnt zuvor, als er gerade *Narbengesicht* schrieb, zum ersten Mal mit Howard

Hughes zusammenarbeitete. Damals hatte Hecht darauf bestanden, daß man ihm jeden Tag tausend Dollar in bar auszahlte, pünktlich um achtzehn Uhr. »Auf diese Weise«, schrieb er später, »drohte mir nur der Verlust eines Tagewerks, falls Mr. Hughes sich als zahlungsunfähig erweisen sollte.« Hughes erwies sich nicht als zahlungsunfähig, nur als neurotisch. Als zwei finsterblickende Revolvermänner aus Chicago kamen, um Hecht zu fragen, ob sie Hughes auf den moralischen Spitzfindigkeiten von *Narbengesicht* grillen sollten, sagte Hecht, Hughes sei völlig unschuldig. »Er hat damit überhaupt nichts zu tun«, entgegnete Hecht. »Er ist der Bubi mit den Moneten.«

Dann kam die übliche Suche nach unbekannten Darstellern. Hughes nahm schließlich einen babygesichtigen Schauspieler namens Jack Buetel für 75 Dollar wöchentlich als Billy the Kid unter Vertrag. (Was mag nur aus Jack Buetel geworden sein?) Er verpflichtete auch ein paar erfahrene Professionelle, Walter Huston und Thomas Mitchell – und Howard Hawks als Regisseur –, und dann versenkte er sich in die dankbarere Aufgabe, eine Hauptdarstellerin aufzuspüren. Er und seine Spezis wühlten sich stundenlang durch Berge von Photos ehrgeiziger Mädchen, und mittendrin stutzte er über dem Bild eines drallen Geschöpfs, das 27,50 Dollar pro Woche bei einem Fußpfleger verdiente.

»Laßt diese Jane Russell mal testen«, sagte Hughes, während er weiter in Photos blätterte. Nur eine Woche ihres jungen Lebens hatte Miss Russell tatsächlich damit verbracht, den Kunden ihres Fußpflegers die Schuhe auszuziehen und ihre Füße in Eimer mit warmem Wasser zu stecken. Gleich nach der High School war sie erst eine zeitlang auf der Max-Reinhardt-Schule gewesen, wenn sie Reinhardt selbst auch nie getroffen hatte, und dann hatte sie bei einem Photographen ein paar Aufnahmen machen lassen, die dieser sich an die Wände seines Ateliers hängte. Dort sah sie einer der Agenten, deren Gepflogenheit es war, solche Bilder zu sammeln und sie Leuten wie Howard Hughes zu zeigen. Hughes ließ sie also kommen und Probeaufnahmen von ihr machen, dann schloß er mit ihr ab zu 150 Dollar die Woche. Hughes war keineswegs sicher, daß er sie als seine Hauptdarstellerin einsetzen wollte, aber es war bei ihm schon seit langem Übung, Mädchen mit kleinen Gehältern einzustellen und sie dann ewig auf Abruf bereitzuhalten. Etwa zur gleichen Zeit, als er Miss Russell erwarb, kaufte er zum Beispiel der Warners den Vertrag einer schönen Fünfzehnjährigen namens Faith Domergue ab. Als sie vier Jahre darauf gewartet hatte, daß irgend etwas geschähe, inszenierte sie einen Wutausbruch. »In Ordnung, Sie suchen sich die Story aus, die Ihnen gefällt«, sagte Hughes. Als Miss Domergue ein antikes Melodram namens *Vendetta* wählte, beorderte Hughes wiederum eins seiner Opfer, Preston Sturges, an die Dreharbeiten. (Was mag nur aus Faith Domergue geworden sein?)

Jane Russell hatte etwas an sich, das Howard Hughes ansprach. Sie hatte kein Talent, sie sah nicht einmal besonders gut aus, aber Hughes entschied, sie hätte Chancen, anzukommen. Er schickte Howard Hawks hinaus nach Arizona, um mit *Billy the Kid* anzufangen. Theoretisch hatte Hawks die Produktionsleitung – Hughes hatte es ihm versprochen –, aber Hughes konnte sich nie an die eigenen Regeln halten. Eines Tages im Jahr 1940 rief er nach Mitternacht bei Russell Birdwell an, dem Presseagenten, und beorderte ihn unverzüglich in seine Residenz auf der Romaine Street. Hughes ließ das gesamte, noch ungeschnittene Material eigenhändig durch den Projektor laufen, dann verlangte er zu wissen, was Birdwell davon hielte.

»Ausgezeichnet«, sagte der verständnislose Birdwell.

Hughes ließ alles noch einmal durchlaufen.

»Ich finde, das Material ist brillant«, versuchte es Birdwell wieder. »Natürlich, es ist ja noch unfertig...«

»Ist Ihnen nichts aufgefallen?« fragte Hughes.

»Aufgefallen?« echote Birdwell.

»Keine Wolken«, sagte Hughes. »Wozu gehen wir denn weit raus nach Arizona mit unserem Film, wenn wir nicht ein paar schöne Wolkeneffekte kriegen? Der ganze Sinn von Außenaufnahmen liegt doch in der Szenerie, die man in einem Hollywood-Studio nicht machen kann. Die verdammte Leinwand hier sieht nackt aus. Nackt!«

Birdwell vermutete, daß es in Arizona zu dem bestimmten Zeitpunkt wolkenlos gewesen sein dürfte, und daß es wohl Zeitverschwendung wäre, wenn man die ganze Gesellschaft darauf warten ließe, daß Wolken aufzögen. Hughes schickte ihn nach Hause, verbrachte den Rest der Nacht mit dem Betrachten des Rohmaterials für *Billy the Kid* und rief dann morgens bei Hawks an. »Howard, das wird ein toller Film, den du da machst«, sagte Hughes laut Birdwells Bericht. »Wirklich, ich finde das Projekt so vielversprechend, daß ich dein Budget von 400 000 Dollar aufstokken möchte, ich gebe dir eine Million dazu. Und noch was, Howard – ich hätte gern ein paar Wolken am Himmel, auch wenn du ein bißchen warten mußt.«

Hawks muß verrückt gewesen sein, vielleicht war er nur ein bißchen empfindlich gegen die Hollywoodsprache, oder er wollte einfach bloß Howard Hughes entkommen: »Sieh mal, Howard«, sagte er. »Man hat mir einen neuen Film mit Gary Cooper angeboten, *Sergeant York*, und ich kann nicht annehmen, solange ich mich mit *Kid* befassen muß. Ich habe eine Idee. Dir gefällt anscheinend nicht, was ich hier draußen mache – also warum übernimmst du nicht einfach diesen Film? Dann kannst du tun, was dir paßt, und ich kann tun, was mir paßt.« Es war wieder so wie bei Marshall Neilan und *Engel der Hölle*. Howard Hughes stand wieder einmal vor der Aufgabe, die Dinge in die Hand zu nehmen. Wie konnte er sich da weigern?

Das erste, was Hughes tat, war nicht etwa, an den Drehort zu fliegen, vielmehr verlangte er, daß die gesamte Crew, rund 250 Leute, alle Arbeiten am Drehort (fast zweihundert Kilometer jenseits von Flagstaff, Arizona) abbrach und zu Beratungen nach Los Angeles zurückkehrte. Als die Arbeit unter Hughes' Regie wieder aufgenommen wurde, ging es im launischen Rhythmus von Hughes weiter. Oft erschien er erst am späten Abend und bestand darauf, daß über Nacht gedreht wurde. Manchmal verlangte er dreißig Wiederholungen einer simplen Szene, manchmal gar keine. Während Hughes trödelte, stahl ihm die MGM seinen Titel und produzierte in aller Eile einen eigenen Billy the Kid *(Der letzte Bandit)* mit Robert Taylor in der Titelrolle. Hughes legte Protest bei Louis B. Mayer ein. Mayer litt nicht unter Gewissensbissen. Hughes mußte einen neuen Titel nehmen: *Geächtet* (The Outlaw).

Gegen Mayer konnte Hughes nichts ausrichten, aber seine eigenen Leute konnte er doch wenigstens schikanieren. So gelangte man einmal bei nächtlichen Dreharbeiten zu der berühmten Szene mit dem Büstenhalter. Jane Russell sollte von Indianern gemartert werden, sie wurde mit den Handgelenken an zwei Bäume gefesselt und sollte sich in Schmerzen winden. Hughes, der Regisseur, ließ die Szene unerbittlich immer und immer wieder drehen. Schließlich wurde klar: Es fiel ihm schwer, seine eigene Vorstellung von einem Mädchen, das an zwei Bäume gefesselt war, zu befriedigen. »Eigentlich ist das bloß ein ganz einfaches technisches Problem«, sagte er und rief nach Papier und Bleistift. Die Legende besagt, daß Hughes den Russell-Busen als Herausforderung an seine Fähigkeiten als Flugzeugkonstrukteur sah, daß er rasch den Plan eines neuen Büstenhalters aufs Papier warf und daß eine Garderobiere unverzüglich etwas zusammenstichelte, was Hughes' Phantasiebild entsprach. Die Legende ist wenig glaubhaft, und sei es nur wegen der notorischen Unfähigkeit Hughes', ordentlich funktionierende Flugzeuge zu entwerfen. Das einzig Glaubwürdige war tatsächlich Hughes' Manie, seine Angestellten zu nächtlicher Stunde zusehen zu lassen, wie er andere Angestellte beim Filmen eines an zwei Bäumen gefesselten Mädchens dirigierte.

Geächtet wurde natürlich der letzte Schund, aber das störte kaum einen. Für Hughes und für Birdwell war dieser Kitsch nur wieder eine Herausforderung. Zunächst ging es darum, ein Photo zu machen, das als das eine große Reklamebild dienen konnte. »Was verlangen Sie dafür«, fragte Birdwell einen Photographen namens George Harrell in Beverly Hills, »wenn Sie ein Mädchen photographieren, das sitzt, steht, sich wälzt, tanzt, lächelt, singt, lacht und weint? Sie brauchen nichts weiter zu tun als zu knipsen. Mir geht es um eine, vielleicht zwei große Aufnahmen.« Harrell schlug zweihundert Dollar vor. Birdwell war entsetzt. »Vielleicht haben sie mich nicht verstanden«, sagte er. »Es muß ein Meisterphoto sein.« Sie einigten sich schließlich auf 2 500 Dollar. Miss Russell stellte sich pünktlich im Atelier Harrell ein und posierte einen Nachmittag lang, sie räkelte sich in einem Heuhaufen, den Birdwell besorgt hatte, und nuckelte gedankenverloren an einem Grashalm. Das Ergebnis ging an die Illustrierte *Life* und mit der *Life* zu den GIs der US-Army überall auf der Welt. Jane Russell war berühmt.

Was den schrecklichen Film *Geächtet* anging, so war das ein

Problem für sich, das man mit der entsprechenden Reklame lösen mußte. Hughes mietete für seine Premiere das größte Kino von San Francisco, dann bepflasterte er die Stadt mit Plakaten, auf denen Jane Russell sich im Heu räkelte. Vorsorglich wehrte sich das Plakat gegen noch gar nicht vorhandene Proteste mit dem Spruch: »*Geächtet* – ein Film, der nicht aufzuhalten war.« Hughes persönlich flog eine Ladung von fünfzig Hollywood-Korrespondenten zur Premiere, aber die Reaktionen seiner Gäste reichten von nervöser Betretenheit bis hin zu offenem Spott. Die *Time* nannte den Film »einen aussichtsreichen Kandidaten für den Flop aller Zeiten«.

Die einzige Möglichkeit war offenbar, das Zensurspiel zu inszenieren. Birdwell alarmierte die Polizei von San Francisco und verlangte, *Geächtet* müßte als Angriff auf die öffentliche Moral verboten werden. Die Polizei zeigte sich desinteressiert. Birdwell rief Geistliche, Eltern-Lehrer-Gruppen, Frauenvereine an und drängte sie zu einem gemeinsamen öffentlichen Aufschrei gegen seinen Arbeitgeber. Die Kräfte der Tugend blieben teilnahmslos. Birdwell schrieb einen Artikel mit der Überschrift »Wann kommt die Rolle sechs?« und lancierte ihn in eine Zeitung in San Francisco. Der Artikel ließ durchblicken, daß *Geächtet* in Rolle sechs unaussprechliche Verderbtheiten enthielte und daß Heerscharen von Eingeweihten, die von dem Geheimnis wüßten, die Kinos stürmten, um die Orgie zu sehen – obgleich, wie Birdwell später zugab, »in Rolle sechs nichts vorkam, was man nicht auch in Rolle fünf, vier oder sieben hätte sehen können«.

Jetzt endlich hatte Birdwell die richtige Methode gefunden. Die Rituale der moralischen Entrüstung setzten ein, die Polizei griff ein, Leute wurden festgenommen, Rechtsanwälte beauftragt, die Zensur wurde beklagt, die Bürgerrechte wurden eingefordert und die Besucherzahlen der Kinos brachen alle Rekorde. Genau in diesem Augenblick, auf dem Gipfel des Triumphs, zog Howard Hughes seinen albernen Film aus dem Verkehr. Er gab keine Erklärung dafür ab, er zog ihn einfach zurück und schloß ihn in einem luftdichten Spezialraum ein, den er sich für diesen Zweck in seinem Hauptquartier auf der Romaine Street hatte einbauen lassen.

Der größte Stückeschreiber im Umkreis von zweitausend Kilometern um Hollywood konnte in der Filmmetropole der Welt keine Arbeit finden. In einem Häuschen auf der fünfundzwanzigsten Straße in Santa Monica stand Bertolt Brechts Schreibmaschine auf einem Tischchen in dem kleinen Schlafzimmer mit rosa Türen. Für dieses Haus zahlte er 48,50 Dollar Monatsmiete. Hauptsächlich durch Spendengelder, die Fritz Lang gesammelt hatte, war er bis nach Amerika gekommen, und nun lebte er ausschließlich von den 120 Dollar im Monat, die er als Unterstützung von Charlotte Dieterles und Liesl Franks Europäischem Film-Fonds erhielt. Brechts Frau Helene Weigel kaufte die notwendigen Möbel und die Kleidung für die beiden Kinder bei der Heilsarmee. Ein emigrierter deutscher Arzt schickte keine Rechnung für die Behandlung der tuberkulösen Tochter Barbara. Als »feindlicher Ausländer« mit dem Fremdenausweis Nr. 7624464 durfte Brecht sich nach acht Uhr abends nicht außerhalb seiner Wohnung aufhalten, und ohne Sondergenehmigung war es ihm nicht erlaubt, sich weiter als zehn Kilometer von dieser Wohnung zu entfernen. »ich erinnere mich nicht eines frischen atemzugs in allen diesen monaten«, schrieb er in sein Journal. »als säße ich einen kilometer tief unter dem boden, ungewaschen, unrasiert, wartend auf den ausgang der schlacht um smolensk.«

Hollywood nannte er »das Weltzentrum des Rauschgifthandels«, doch versuchte er weiter, für den Film zu schreiben. Er zeigte Wilhelm Dieterle ein Filmexposé mit dem Titel *Caesars letzte Tage*. Er entwarf ein Szenario, das *Rich Man's Friend* hieß und sich entfernt auf eine Episode im Leben seines Mitemigranten Peter Lorre stützte. Er schrieb eine Geschichte über den Gründer des Roten Kreuzes, *Die seltsame Krankheit des Herrn Henri Dunant*. Dann gab es noch eine Skizze über Walter Reeds Kampf gegen die Malaria, *The Fly*, und Notizen für diverse Projekte mit Titeln wie *Horoscope, The Traitor, The Mexican*.

Brecht arbeitete zusammen mit Elisabeth Bergners Ehemann Paul Czinner an einer – von Elisabeth stammenden – Idee von einem Mädchen, das unter Hypnose zur politischen Radikalen wird. Später hat Brecht behauptet, Billy Wilder habe von seinem Szenario gehört und habe die Idee für 35 000 Dollar an einen

Produzenten verkauft. (Wilder hat diese Beschuldigung vor gar nicht langer Zeit zurückgewiesen: »Ich habe ihn während des Krieges zwei- oder dreimal auf Parties getroffen. Das ist alles, was ich dazu sagen kann.«) Brecht übte die traditionelle Rache des Schriftstellers und rief »J'accuse«. »Als ich bestohlen wurde in Los Angeles, der Stadt/ käuflicher Träume«, schrieb er, »merkte ich,/ Wie ich den Diebstahl, ausgeführt von einem Flüchtling/ gleich mir selber und einem Leser/ all meiner Gedichte, sorglich geheimhielt/ so als fürchtete ich, die Schande/ könne bekannt werden, sagen wir, bei der Tierwelt.«

Wieder war es Fritz Lang, der Brecht rettete, indem er Möglichkeiten für die Verfilmung eines aufsehenerregenden Mordfalls in Europa eröffnete. Am 27. Mai 1942 griffen zwei tschechische Untergrundkämpfer, von den Briten per Fallschirm in der von den Nazis besetzten Tschechoslowakei abgesetzt, aus dem Hinterhalt den grünen Mercedes an, in dem Reinhard Heydrich saß, Gestapo-Chef und Organisator der noch geheimen »Endlösung«. Ihre Granate zerschmetterte seine Wirbelsäule. Am nächsten Tag, während Heydrich im Sterben lag und die Nazis begannen, Geiseln zu verhaften, gingen Brecht und Lang am Strand von Santa Monica spazieren und überlegten, ob die Menschenjagd nach den Mördern von Heydrich dem Henker wohl einen guten Film ergeben könnte.

Das würde es zweifellos. In gemeinsamer Arbeit, auf Deutsch, fertigten sie ein Hundertseiten-Manuskript an, das Lang dann einem unabhängigen Produzenten verkaufte, einem Emigranten namens Arnold Pressburger. Der völlig mittellose Brecht bekam einen kärglichen Vorschuß von 250 Dollar, der ihn mit Hoffnung für die Zukunft erfüllte. Ob 3000 Dollar zu viel verlangt wären für das fertige Drehbuch? fragte Brecht. Überhaupt nicht, sagte Lang und versprach ihm großzügig 5000 Dollar für das Drehbuch plus weitere 3000 für eventuell notwendige Änderungen. Brecht fühlte sich reich genug, um in ein etwas größeres Haus in Santa Monica umzuziehen, einen Block weiter, es kostete 12,50 Dollar mehr Miete im Monat.

Lang war eigentlich kein Drehbuchschreiber, und ebensowenig, wie er wohl wußte, Brecht. Deshalb holte sich Lang einen Professionellen namens John Wexley als Mitarbeiter. Er zahlte einen happigen Preis, 1500 Dollar pro Woche, denn Wexley hatte ein paar sehr erfolgreiche Filmstücke geschrieben, etwa *Chicago* (Angels With Dirty Faces) und *Bekenntnisse eines Nazispions*. Mag sein, daß Lang Wexley auch volle Urheberrechte zugesagt hat (spätere Darstellungen widersprechen einander), aber Brecht akzeptierte ihn einfach als Kollegen. Er beschrieb ihn als »sehr links und anständig«. Und so begannen sie ihre unselige Zusammenarbeit. Pressburger hatte im Charlie Chaplin-Studio etwas Platz gemietet, und wenn sich die Arbeit über zwanzig Uhr hinauszog, die Sperrstunde für feindliche Ausländer, dann traf man sich bei Brecht zu Hause. Die Zusammenarbeit war nicht nur deshalb zum Scheitern verurteilt, weil Brecht und Wexley sehr unterschiedliche Vorstellungen von dem Film hatten – Brechts Titel, *Trust the People*, drückte bereits aus, daß er ein Lehrstück schreiben wollte, komplett mit Sprechchören und montierten Spruchbändern –, sondern auch, weil Brecht jede Mitarbeit als ideologisch inspirierte Ergänzung seines Genies und jeden Beitrag seiner Kollegen als Erfüllung eben dieses Genies betrachtete. Es wurmte ihn, daß Wexley ihn mit »Bert« anredete, wenn doch seine eigene Frau ihn »Brecht« nannte, aber er schrieb über Wexley in sein Journal: »Ich korrigiere seine Arbeit.«

Wexley sah die Situation natürlich ganz anders. Er sah sich selbst als den gewieften Experten, den man von seiner Farm in Bucks County in den Westen geholt hatte, damit er aus den flüchtigen Notizen zweier begabter Emigranten, die kaum Englisch konnten, ein lebensfähiges Filmspiel schrieb. Und wenn er sein Werk dann einer Sekretärin diktierte, sorgte er dafür, daß jede Seite seinen Namen trug. Wenn die beiden Autoren sich stritten, was unausbleiblich war, endete es oft damit, daß sowohl Brechts Berlinismen als auch Wexleys Hollywoodismen in das Skript aufgenommen wurden. Ihre Gemeinschaftsschöpfung schwoll schließlich auf dreihundert Seiten an, ungefähr das Doppelte des normalen Umfangs. Dann griff Lang mit eigenen Befürchtungen ein. Er nahm Wexley beiseite und erklärte ihm, was er machen wolle, sei »ein Hollywoodfilm«. Das war ein Gebot, ein Begriff, den diese beiden vermutlich verstanden, nicht aber Brecht. Lang wandte sich gegen Szenen, in denen Brecht Nazis zeigte, die Juden mißhandelten, er wollte auch keine Szenen, in denen Juden den Davidstern trugen. Die Frage, die Lang laut Brecht immer wieder stellte, war, ob »die Öffentlichkeit dies akzeptiert« oder nicht. Mit der »Öffentlichkeit« waren hier natürlich diejenigen in Hollywood und in Washington gemeint, die darüber entschieden, was die Öffentlichkeit akzeptierte. In Hollywood wie in Washington war es mehr oder weniger amtlich, daß die Juden ein Nebenproblem in dem großen Kampf zwischen Freiheit und Diktatur seien. Hier stand also Lang, der Jude, und mahnte Brecht, den Goy, daß ihr Film über die Nazis keine Juden zeigen dürfe, die als Juden verfolgt würden. Und das im Jahre 1942, als die vier riesigen Gaskammern in Auschwitz gerade gebaut wurden.

Als das Dreihundertseiten-Skript fertig war, wählte Lang den naheliegenden Ausweg, Brecht auszuzahlen, ihm für seine Dienste zu danken, ihm zu versprechen, daß alles gut würde und dann Wexley zu bitten, das Ganze auf die Hälfte zusammenzustreichen. Bei der nächsten Begegnung Brechts mit Wexley sah dieser wie »das wandelnde schlechte Gewissen« aus, wie Brecht schrieb. Und als er eingeladen wurde, bei den Dreharbeiten zuzusehen, sah er als erstes eine Szene, in der die weibliche Hauptfigur mit ihrer Tante über den Ausschnitt ihres Hochzeitskleides stritt – eine Szene, die seiner Meinung nach gestrichen worden war. Allgemein hatte er gedacht, es wäre ihm gelungen, »die hauptdummheiten aus der story zu entfernen, jetzt sind sie alle wieder drinnen«. Und natürlich hatte sein Titel *Trust the People* nie eine Chance, ebensowenig ein paar andere Möglichkeiten, die er in Betracht gezogen hatte: *Never Surrender, Unconquered, Silent City*. Stattdessen holten Lang und Pressburger Vorschläge beim Büropersonal ein – eine Idee, die Brecht als Beispiel kollektiver Kreativität begrüßt haben müßte –, und eine namenlose Sekretärin gewann schließlich den Hundertdollarpreis für den Titelvorschlag, der dann zum endgültigen Titel des Films wurde: *Auch Henker sterben* (Hangmen Also Die).

Für Brecht, der dennoch fand, daß Langs erfolgreicher Film ein paar verstümmelte Reste seiner Ideen enthielt, gab es noch eine letzte Erniedrigung: Wexley wurde als alleiniger Autor des Drehbuches genannt. Brecht legte formell Einspruch bei der Filmautorengilde ein, weil, wie er sagte, »die Anerkennung als Autor des Films mich möglicherweise in die Lage versetzte, einen Filmauftrag zu bekommen, wenn mir das Wasser bis zum Hals steht.« Die Gilde, die jahrelang um das Recht gekämpft hatte, in solchen Streitfällen (pro Jahr bestimmt hundert) als Schiedsrichter zu fungieren, folgte der Grundregel, daß ein Autor, der ein Viertel des endgültigen Drehbuches beigetragen hatte, einen Anteil am Urheberrecht beanspruchen könne. Aber als die drei gewerkschaftlichen Prüfer diesen Fall untersuchten, legte Wexley Seite um Seite des endgültigen Drehbuches vor, die er diktiert hatte und die oben mit seinem Namen versehen waren, während Brecht nur ein Memorandum über all die Sitzungen liefern konnte, in denen das Drehbuch erarbeitet worden war. Lang sagte für Brecht aus und zitierte viele Passagen, die »nur Brecht geschrieben haben konnte«. Und Brecht hätte kaum ein Gericht finden können, das ideologisch mehr mit ihm übereinstimmte, ein Gericht der Gewerkschaft seiner Schriftstellerkollegen – aber dieses Gericht urteilte genau so, wie der Verfasser von *Mahagonny* es erwartet haben könnte. Es beschloß, die Autorenschaft voll Wexley zuzusprechen, und das nicht, weil er das ganze Drehbuch geschrieben hätte, sondern weil Brecht ein Deutscher war, der eines Tages nach Deutschland zurückgehen würde, während Wexley in Amerika bliebe, und deshalb waren die Filmrechte, das Lebenselixier der Hollywood-Autoren, für den Amerikaner Wexley wichtiger als für den Flüchtling vor dem Nazismus, der das Grundthema des Films war.

Wie Detroit war auch Hollywood jetzt auf Kriegsproduktion vom Fließband umgestellt. Im Armeezentrum für Ausbildungsfilme, bekannt als Fort Roach, wurde Ronald Reagan requiriert, der die Hauptrolle in Irving Berlins *Dies ist die Armee* (This is the Army) übernehmen sollte. Hollywood feierte die amerikanischen Piloten in *Luftwaffe* (Air Force) und *Bestimmungsort Tokio* (Destination Tokyo), die Marinesoldaten in *Guadalcanal Diary*, die Handelsschiffer in *Kommando im Nordatlantik* (Action in the North Atlantic), die Lazarettschwestern in *Mutige Frauen* (So Proudly

We Hail). Manche dieser Filme gaben sich einen verbissenen Anschein von Realismus, so *Wake Island*, in dem William Bendix und Robert Preston tapfer gegen anstürmende Japanerhorden kämpften. Andere waren schamlos sentimental, so *Mrs. Miniver*, in dem die schöne Greer Garson die gesamte britische Armee vor Dünkirchen zu retten schien. Manche waren auch einfach Thriller, so Hitchcocks *Saboteure* (Saboteur) mit seinem unvergeßlichen Schluß: Der Bösewicht baumelt, an seinem Ärmel hängend, von der Hand der Freiheitsstatue herab – und dann beginnt der Ärmel zu reißen. Auch die reinen Unterhaltungsfilme wie *Du warst nie berückender* (You Were Never Lovelier), in dem Fred Astaire seine neue Tanzpartnerin Rita Hayworth fand, oder *Piraten im Karibischen Meer* (Reap the Wild Wind), in dem John Wayne, Paulette Goddard und Hedda Hopper von einem Riesenkraken an die Wand gespielt wurden – selbst diese Filme waren Ablenkung vom Krieg, und die Kriegsängste blieben jedem, der sie sich ansah.

Klügere Hollywooder Produzenten wußten, daß die erfolgreichsten Kriegsfilme auf diese Emotionen zielten, ohne sie allzu deutlich anzusprechen. Laßt den Krieg, wie so manche schwierige Realität, etwas Symbolisches sein, einen patriotischen Erguß ohne zuviel geronnenes Blut. Die Warner Bros. begriff vielleicht die Möglichkeiten am besten, begriff zum Beispiel den neuen Wert, den die Lebensgeschichte eines gealterten Varietékünstlers hatte, der in früheren Zeiten einmal den Kampfschrei des Hahns gekräht hatte – nicht gegen Hitler, sondern einfach »da drüben«.

George M. Cohan, der nur zu genau wußte, daß er an Blasenkrebs starb, hatte seit Jahren versucht, irgendein Studio für seine Lebensgeschichte zu interessieren. Samuel Goldwyn war bereit, die Idee zu prüfen, und bot sie Fred Astaire an, aber Astaire winkte ab. Cohan versuchte, mit der Paramount zu verhandeln, ohne Erfolg. Als Komponisten von *Over There* und *Yankee Doodle Dandy* und *Give My Regards to Broadway* haftete ihm auch eine Aura des Anachronismus an, und dieser Hauch von veralteter Rhetorik erstreckte sich bis ins Politische. Cohan hatte beim Schauspielerstreik 1919 nachdrücklich die Bühnenproduzenten unterstützt, und sein irisch-amerikanischer Hurrapatriotismus war nicht ganz frei von Antisemitismus.

Alles, was die Cohan-Geschichte in Hollywood zum Problem machte, machte sie allerdings auch zu einer Lösung für die Probleme von James Cagney, bestens bekannt von seinen Gangsterrollen, der aber auch einmal Sänger und Tänzer gewesen war. Cagney war ein ambitiöser Streiter der Filmschauspielergilde (im Herbst 1942 wurde er ihr Präsident), und als diverse offizielle Gremien Hollywood zu »überprüfen« begannen, benannte ein ehemaliger kommunistischer Parteifunktionär namens John L. Leech Cagney und mehrere andere fälschlich als Mitverschwörer. Harry Warner war entsprechend empört, nicht über die Verleumdung seines Stars, sondern über den Star selbst. »Er sagte mir unmißverständlich«, berichtete Cagneys Bruder William, der inzwischen fast alle Angelegenheiten des Schauspielers managte, »wenn mein Bruder sich diese Beschuldigung nicht von der Weste wischte, würde er ihn vernichten.«

William Cagney sah offenbar die Lösung darin, das Wohlwollen von Martin Dies zu gewinnen, also suchte er den gerade anwesenden Kongreßabgeordneten im Hotel Biltmore in der City von Los Angeles auf. Dies hörte mit Interesse zu, verlangte aber zu wissen, warum James Cagney nicht selbst gekommen wäre. William Cagney sagte, sein Bruder mache Ferien auf Martha's Vineyard. Dies war nicht zufrieden. »Nun, da, wo ich herkomme«, sagte er, »ist es so: Nennt dich einer einen Dreckskerl und du tust nichts dagegen, dann bist du ein Dreckskerl.« Dies verlangte, daß der Schauspieler »für ein sauberes Gesundheitszeugnis« sofort nach Kalifornien kommen müßte. William Cagney telefonierte Martha's Vineyard an und drängte seinen Bruder, der Aufforderung nachzukommen. James Cagney war im Prinzip einverstanden, aber der berühmte harte Bursche hatte Angst vorm Fliegen und noch nie in seinem Leben ein Flugzeug bestiegen. »Es spricht für ihn«, sagte William Cagney später, »daß Jimmy das Flugzeug genommen hat, was bestimmt das Schwerste war, was er je gemacht hatte.« Cagney flog nicht nur nach Kalifornien, er legte auch etwa fünfzehn Minuten lang hinter den verschlossenen Türen des Dies-Ausschusses seine politischen Ansichten dar; mit dem O.K. von Dies kam er wieder heraus.

William Cagney war noch immer besorgt. »Jetzt müssen wir

einen Film machen, wie's noch nie einen gegeben hat«, sagte er nach der Begegnung mit Dies zu seinem Bruder. »Ich denke, wir machen die Cohan-Geschichte.« Es folgten dann die Hollywood-üblichen Kontroversen und Konfusionen. Jack Warner und sein Produktionschef Hal Wallis behaupteten später übereinstimmend, es sei ihre Idee gewesen, die Cohan-Story zu verfilmen, und sie hätten Cagney für die Hauptrolle ausgesucht. »Cagney lehnte es ab, den Film zu machen«, sagte Wallis, der mit dem Schauspieler nie gut zurechtgekommen war. Wallis hoffte Cagney umzustimmen, indem er das Projekt Robert Buckner übertrug, einem freundlichen Ex-Journalisten, der mit Drehbüchern wie *Jezebel* und *Knute Rockne* gute Arbeit für das Studio geleistet hatte. Buckner hatte Cohan nie auf der Bühne gesehen, aber er besuchte den Sterbenden in seiner Wohnung auf der Fifth Avenue, und die beiden begannen, lange Spaziergänge miteinander zu machen. Cohan akzeptierte ihn, sagte Buckner, zum Teil »weil ich Nichtjude bin«. Cohan sang ihm einige seiner alten Lieder vor, probierte sogar von Zeit zu Zeit ein paar Tanzschritte, und bald braute Buckner eine Heldensaga von epischem Format zusammen. Wallis war zufrieden mit Buckners Leistung und schickte sie an Cagney, um ihn zu beeindrucken. »Mir ist, als hätte ich eine Delle in Jimmys Rüstung gemacht«, sagte er.

Cagney hatte den genau entgegengesetzten Eindruck. Er sagte, er habe das Drehbuch gelesen und sei »fassungslos. Es war nicht ein einziger Lacher drin.« Cagney gab allerdings zu, daß sein Bruder »die Cohan-Story als eine hundertprozentig amerikanische Erfahrung hauptsächlich deshalb machen wollte, um den Makel zu beseitigen, der meinem Ruf anscheinend noch anhaftete – meinem Ruf, der eben angekratzt war von meinen sogenannten radikalen Aktivitäten in den dreißiger Jahren, als ich ein strammer Roosevelt-Liberaler war«. Cagneys Lösung war, wie er sagte, die Erklärung, er werde den Cohan nur spielen, wenn das Drehbuch den Epstein-Brüdern übertragen würde, die er als »zwei sehr helle Jungens« betrachtete. Diese beiden, Julius und Phil Epstein, waren eineiige Zwillinge, beide schon in der Jugend ziemlich kahl, die sich anspruchslos für jeden abrackerten, der sie bezahlte. Den Epsteins mißfiel Buckners fahnenschwenkendes Skript so sehr, daß sie den Auftrag ablehnten, aber William Cagney blieb ihnen auf den Fersen, bis sie einwilligten, es umzuschreiben. Buckner beschwerte sich natürlich bitterlich, Cohan ebenfalls, aber es waren die Epsteins, die jene saccharinsüße Sterbeszene für Cohans Vater (Walter Huston) schrieben. Sie waren es auch, die das Problem mit der ersten Frau Cohans lösten, einer Varietékollegin namens Ethel Levey, die entschlossen war, gegen sämtliche Beteiligten gerichtlich vorzugehen (was sie schließlich tat, ohne Erfolg); sie faßten sie und die zweite Mrs. Cohan einfach zu einem Idealgeschöpf namens Mary zusammen, das von der siebzehnjährigen Joan Leslie hinreißend dargestellt wurde.*

Von Buckner stammte allerdings die Idee der Rückblende: Zu Beginn zeichnete ein beinahe gottähnlicher Präsident Roosevelt, namenlos und nur von hinten gefilmt, den alternden Cohan mit einer Medaille aus; damit gab er ihm Gelegenheit, seine aufrüttelnde Geschichte zu erzählen, und damit machte er diese Geschichte zu einem Gleichnis des harmlosen Amerikas, das wieder einmal in die schmutzigen Streitigkeiten Europas hineingerissen wurde. Aber natürlich war es Cagney, von dem der ganze Film lebte. Zweimal verstauchte er sich den Knöchel bei dem krampfhaften Versuch, die seltsam steifbeinigen Schritte, mit denen Cohan tanzte, zu lernen, aber wie er den *Yankee Doodle Dandy* dargeboten hat, ist noch heute fabelhaft. Natürlich gewann Cagney einen Oscar, und als er die Statue entgegennahm, hatte er den Geist, zu sagen: »Vergessen Sie nicht zu erwähnen, daß es auch eine gute Rolle war.«

Man hatte sich allerdings so manche Freiheit genommen, und die Warners machte sich Sorgen, ob Cohan wohl einverstanden wäre. Das Studio transportierte in diesem April 1942 einen Projek-

---

* Eigentlich war Miss Leslie zu Beginn der Dreharbeiten erst sechzehn; sie feierte ihren siebzehnten Geburtstag während der Aufnahmen. Jack Warner, der väterliches Interesse an ihrer Karriere bekundete, ließ einen neuen Wagen als Geschenk für sie in die Kulisse schieben. »Viel Spaß damit«, sagte er, als er ihr die Autoschlüssel übergab. Nachdem die Photographen diese liebevolle Szene festgehalten hatten, ging Warner wieder, die Schlüssel wurden Miss Leslie wieder abgenommen und der Wagen wurde weggebracht. Miss Leslie sah ihn nie wieder.

tor und eine Leinwand zum Feuerwehrhaus von Monroe, New York, und dort saßen Cohan und seine zweite Frau Agnes in ihren Rollstühlen und sahen sich den Film an. Der krebskranke Cohan mußte mehrere Male hinausgeleitet werden, um sich zu erleichtern, aber als alles vorbei war, war Agnes Cohan von Cagneys Darstellung so eingenommen, daß sie zu Cohan sagte: »Oh George, du warst wunderbar. Und ich habe immer gewußt, daß ich für dich ›Mary‹ bin.«

Die Warners hatte für den 4. Juli eine Galapremiere geplant (Cohan war wirklich, wie Cagney sang, »ein echter, lebendiger Neffe von meinem Onkel Sam, geboren am vierten Juli«), aber Cohan war so krank, daß das Studio die Premiere auf den 29. Mai vorverlegte. Das Publikum des Premierenabends kaufte Kriegsanleihen im Werte von sechs Millionen Dollar. »Jetzt, da unsere Soldaten und Matrosen ausziehen zum Kampf auf den sieben Meeren und den fünf Kontinenten...« schrieb Howard Barnes in der *New York Herald Tribune*, »was wäre zeitgemäßer, als uns den Lebenslauf dieses eifrigsten Fahnenschwenkers von Amerika in Erinnerung zu rufen?«

Irgendwoher aus dem Dschungel des Filmideenmarkts war ein Stück aufgetaucht, das den Titel *Everybody Comes to Rick's* trug und von zwei unbekannten Dramatikern namens Murray Burnett und Joan Allison stammte. »Kurz bevor der Krieg in Europa ausbrach«, so Hal Wallis, »waren sie in einer Bar in Südfrankreich, ›La Belle Aurore‹, einem lärmenden Emigrantentreff, wo ein schwarzer Pianist Blues spielte.« Diese Szene hätten die beiden zu einem Melodrama gemacht; darin ging es um »Rick Blaine, einen zähen Amerikaner, der einen Nachtclub in Casablanca betrieb, Sam, seinen schwarzen Klavierspieler, Captain Louis Renault, den französischen Polizeipräfekten, und Ilsa Lund, Ricks ehemalige Freundin, jetzt mit einem tschechischen Partisanenführer namens Victor Laszlo liiert...«

Mehrere Studios hatten diese Geschichte abgelehnt (als jemand vor ein paar Jahren das Experiment machte, eine Kurzfassung der Story allen großen Studios erneut vorzulegen, lehnten es alle wieder ab), nur Jack Warner beschloß, sie zu kaufen – für fürstliche zwanzigtausend Dollar.* Er dachte, sie könnte zu einem neuen *Algier* werden, wieder mit Hedy Lamarr und mit George Raft als Rick. Raft bewies die gleiche Urteilskraft wie schon bei der *Spur des Falken*: Er lehnte die Rolle ab.** Die Warners hatte allerdings eine Menge Vertragsschauspieler zu beschäftigen, und so begannen die Studiomanager, neue Überlegungen anzustellen. Dennis Morgan könnte den Rick spielen und Ann Sheridan die Ilsa. Und Ronald Reagan, der gerade Partner von Miss Sheridan in *King's Row* gewesen und noch nicht in den Krieg gezogen war, konnte die Rolle des tschechischen Partisanenführers Victor Laszlo übernehmen.

Wallis beauftragte die Epstein-Zwillinge, ein Drehbuch zu schreiben, und wandte sich wieder der Besetzungsfrage zu. Der Mann, den er als Rick haben wollte, so entschied er, war Humphrey Bogart. Aber Bogart ärgerte sich, daß er wieder eine Rolle spielen sollte, die Raft abgelehnt hatte. Außerdem hatte die Warners der Columbia versprochen, ihr Bogart für einen Film namens *Sahara* auszuleihen; zum Ausgleich hatte Harry Cohn versprochen, der Warners Cary Grant für *Arsen und Spitzenhäubchen* (Arsenic and Old Lace) zu überlassen. Und nun jonglierte Cohn schon mit Drehterminen für *Sahara*.

Wallis stieß auch auf Schwierigkeiten bei der Verpflichtung der Hauptdarstellerin Ingrid Bergmann. Als Pianistin in *Intermezzo*, ihrem ersten amerikanischen Film, hatte sie tiefen Eindruck auf ihn gemacht – wer hätte *Intermezzo* sehen und nicht tief beeindruckt sein können? –, aber sie stand bei dem besitzgierigsten aller

---

* Der Standardvertrag bei der Warners verpflichtete die Autoren, dem Studio sämtliche Rechte zu übertragen, Rechte »jeder möglichen Art und Natur, ob jetzt bekannt oder erwogen oder nicht, zu jedem möglichen Zweck«. Trotzdem begann Burnett, nun in den Siebzigern, 1983 gegen die Warners zu klagen, um über seine Gestalten wieder verfügen zu können, aber seine Anträge wurden wiederholt abgewiesen.
** Raft war am Ende so unzufrieden mit den Rollen, die ihm die Warners anbot, daß er um die Lösung seines Vertrages bat. Jack Warner, der Rafts Nörgelei satt hatte, erklärte sich bereit, ihn auszuzahlen. »Was halten Sie davon, wenn wir uns auf zehntausend Dollar einigen?« bot Warner an. Prompt zog Raft, wie die Hollywood-Legende weiß, sein Scheckbuch hervor und schrieb Warner einen Scheck über 10000 Dollar aus. »Ich konnte nie gut mit Geld umgehen«, erklärte Raft später.

Besitzer, bei David Selznick unter Vertrag, und sie wünschte sich eigentlich nur eins: Die Chance, in *Wem die Stunde schlägt* die Maria zu spielen.

Ihre Beziehung zu Selznick war beinahe zufällig zustandegekommen. Ein schwedischer Liftboy in der New Yorker Park Avenue 230, wo Selznicks New Yorker Vertreterin Kay Brown ihre Büros hatte, erzählte Miss Brown eines Tages, wie überwältigt seine Eltern von dem neuen schwedischen Film *Intermezzo* und von dessen einundzwanzigjähriger Hauptdarstellerin seien. Pflichtbewußt ging Kay Brown zu einer Vorführung und pflichtbewußt berichtete sie ihrem Boss, daß diese junge Darstellerin »Anfang und Ende aller Herrlichkeiten« sei. Selznick war an ihre Überschwenglichkeit gewöhnt (sie war es, die ihn vergeblich gedrängt hatte, *Vom Winde verweht* zu kaufen). Er sagte, sie solle das Buch kaufen, nicht die Schauspielerin; sie kaufte beides.

Selznick war vielleicht der einzige Mann in Amerika, der die strahlende junge Ingrid Bergmann bei der Ankunft in Hollywood mit den Worten begrüßen konnte: »Mein Gott! Ziehen Sie die Schuhe aus.« Sie erklärte ihm, daß das nichts nützen würde, sie sei so groß, mit oder ohne Schuhe. Selznick seufzte und begann mit dem üblichen Autoritätsgehabe. »Sie wissen ja, Ihr Name ist unmöglich«, sagte er. Keiner könne Ingrid aussprechen, und Bergmann klinge so Deutsch.* »Es kommen unverkennbar Schwierigkeiten mit Deutschland auf uns zu, und wir wollen nicht, daß irgend jemand meint, wir hätten eine deutsche Schauspielerin engagiert.« Selznick fand, »Berriman« könnte besser klingen. Oder ihr Ehename, allerdings würde Lindstrom nicht gehen, aber vielleicht »Lindbergh«, damit könnte man sich die Popularität des Fliegers zunutze machen. (Selznick schien nicht klar zu sein oder nicht zu kümmern, daß Lindbergh jetzt ein prominentes Mitglied der amerikanischen Isolationistenbewegung war.) »Könnten Sie nicht diesen Namen annehmen?« fragte Selznick.

Ingrid Bergmann wehrte das alles ab. Sie sagte, sie heiße Ingrid

---

* Die Wahrheit ist, daß Selznick zuvor an Kate Brown telegrafiert hatte, man werde Ingrid Bergmanns Namen ändern müssen, weil er einen »unattraktiven und sogar semitischen Klang« habe.

Bergmann, und wer das nicht aussprechen könnte, der müßte es eben lernen. Daran kaute Selznick eine Weile – er hatte sie eingeladen, bei ihm zu wohnen, aber bei diesem Mitternachts-Soupé war er zum erstenmal mit ihr zusammengetroffen, seit sie hier war –, dann meinte er: »Nun gut, wir werden das morgen besprechen. Und jetzt zu Ihrem Make-up: Ihre Augenbrauen sind zu dick, und Ihre Zähne sind nicht gut, und da ist überhaupt ganz vieles. Ich bringe Sie morgen in die Maskenbildnerei, wir werden sehen, was wir tun können...«

Ingrid Bergmann reagierte vorbildlich: Dann eben nicht. »Ich mache den Film lieber doch nicht«, sagte sie zum kauenden Selznick. »Reden wir nicht mehr davon. Keinerlei Probleme. Vergessen wir es einfach. Ich nehme den nächsten Zug und fahre nach Hause.« Selznick war beeindruckt oder amüsiert oder sonstwas. Er beschloß, Ingrid Bergmanns Unbeugsamkeit zur eigenen Werbeidee zu machen. »Sie werden die erste ›natürliche‹ Schauspielerin sein«, erklärte er ihr. »Wir werden nichts an Ihnen anrühren. Nichts wird verändert.« Selznick war in diesen Tagen mit *Vom Winde verweht* überaus beschäftigt, deshalb blieb die Neuverfilmung von *Intermezzo* ziemlich frei von seinen Eingriffen, und sie wurde recht gut.

Fröhlich kehrte Ingrid Bergmann nach Schweden zurück, und als sie bei Kriegsausbruch wieder nach Hollywood kam, stellte sie fest, daß Selznick für sie nichts zu tun hatte. Den Produzenten hatte so etwas wie eine Angstpsychose überfallen. Er war überzeugt, nichts könne dem triumphalen Erfolg von *Vom Winde verweht* (plus *Rebecca*, 1940) noch gleichkommen. Er konnte sich nicht dazu durchringen, noch einmal einen Film zu machen. Er spielte und trank. Unschlüssig brütete er über verschiedenen Projekten und lebte von den Stars, die er zu seinem persönlichen Besitz gemacht hatte, indem er sie mit beträchtlichem Gewinn an andere Studios vermietete. Er besaß nicht nur Ingrid Bergmann, sondern auch Vivien Leigh und Joan Fontaine und sogar Alfred Hitchcock. »Ich konnte nicht begreifen, wie man stolz darauf sein konnte, daß man ein Vielfaches der Gehälter dieser Leute bekam und ihnen nichts davon abgab«, meinte Mrs. Selznick später. »Das war kein schönes Geld, nicht unsere Art...« Selznick wußte es besser. Wie sein Bruder Myron – ganz zu schweigen von seinem Schwiegervater Louis B. Mayer – wußte er, daß alle erfolgreichen Hollywoodleute von anderen Leuten lebten. Als einer seiner Schützlinge sich beschwerte, Myron nähme nur zehn Prozent, aber David nähme alles, zuckte David nur mit den Schultern.

Er vermietete Ingrid Bergmann an die Columbia für den Film *Adam hatte vier Söhne* (Adam had Four Sons), einen Flop, an die MGM für *Gefährliche Liebe* (Rage in Heaven), einen mäßigen Erfolg, geschrieben von Christopher Isherwood, dann wieder an die MGM für ihre plumpe Version des Dr. Jekyll and Mr. Hyde, der in deutschen Kinos unter dem Titel *Arzt und Dämon* lief. Soweit nicht gerade eine steile Karriere – und doch war die Ausstrahlung der jungen Ingrid Bergmann unwiderstehlich. »Sie war«, sagte Hal Wallis im Rückblick auf die Vorarbeiten zu *Casablanca*, »die einzige Darstellerin mit diesem Leuchten, mit der Wärme und Sanftheit für die Rolle.« Jack Warner fragte sich besorgt, was er wohl tun müßte, um sie von Selznick zu bekommen. Er ließ die Epsteins rufen, die das Drehbuch noch nicht geschrieben hatten, und sagte ihnen, sie sollten zu Selznick gehen und ihn überzeugen, daß sie eine Superstory für sie geschrieben hätten. »Wir erklärten ihm, daß wir nicht wüßten, was wir da sagen sollten«, erinnerte sich Julius Epstein später, »aber Warner meinte, wir sollten uns etwas ausdenken, irgend etwas, um die Bergmann zu bekommen. Phil und ich wurden in Selznicks Büro geführt, wo Selznick gerade einen Napf Suppe aß. Ich brachte die Sache in Gang, indem ich sagte, es sei ein romantisches Melodram mit geheimnisvoller Atmosphäre. Dunkles Licht und eine Menge Nebel... Gauner, hereinströmende Flüchtlinge, ein mysteriöser Mann, der einen Nachtclub führt. Ich sagte: ›Ach zum Teufel, der ganze Mist wie in *Algier*.‹ Selznick schlug auf den Tisch und sagte: ›Mehr will ich ja gar nicht wissen, ihr habt die Bergmann.‹«

Die Stars waren keineswegs das einzige Problem. Wallis wollte eine Frau – speziell Lena Horne oder Hazel Scott oder vielleicht Ella Fitzgerald – als Sängerin in Ricks Kneipe. Daraus wurde nichts. Schließlich nahm man Dooley Wilson, der weder singen noch Klavierspielen konnte, deshalb beschloß man, ihm Unterricht zu geben, aber dann nahm man ihn doch lieber, wie er war.

Man stellte auch fest, daß er der Paramount gehörte und an die MGM vermietet war, also mußte er für 3500 Dollar wöchentlich freigekauft werden, das waren 375 Dollar mehr, als man Ingrid Bergmann bezahlte.

Alle wurden plötzlich absurd teuer. Für den trivialen Part des Obers in Ricks Kneipe mußte die Warners S.Z. Sakalls Gage auf 1750 Dollar wöchentlich erhöhen. Peter Lorre, im Besitz der Warners, aber vermietet an die Universal, mußte zum Preis von 2750 Dollar pro Woche zurückgeholt werden. Sidney Greenstreet, seit der *Spur des Falken* fast ein Muß bei Szenen internationaler Machenschaften, verlangte und erhielt 3750 Dollar pro Woche für eine kleine Rolle als Besitzer des Cafés Blauer Papagei. Claude Rains, ein Freiberufler, bekam 4000 Dollar dafür, daß er den Vichy-Polizeichef spielte. Und für Conrad Veidt als bösen Major Strasser mußte man der MGM 5000 Dollar wöchentlich zahlen, fast das Doppelte der Aufwendungen für Ingrid Bergmann.

Und es gab noch immer kein Drehbuch. Die Epsteins waren plötzlich nach Washington gerufen worden, um an einem Kriegsprojekt mitzuarbeiten, das am Ende Frank Capras Serie *Warum wir kämpfen* (Why We Fight) wurde. Deshalb holte sich die Warners Howard Koch, damit er *Casablanca* beende. Koch war ein liebenswerter und gewissenhafter Schreiber mit ein paar eindrucksvollen Verdiensten. Als Anfänger hatte er für Orson Welles' Mercury Theatre gearbeitet und das sensationelle Hörspielskript für die Invasion der Marsmenschen aus H.G. Wells *Der Krieg der Welten* geschrieben. In Hollywood hatte er *Der Herr der sieben Meere* (The Sea Hawk) für Errol Flynn, *Das Geheimnis von Malapur* (The Letter) für Bette Davis und *Sergeant York* für Gary Cooper geschrieben – und nun dies. »Ich hatte von den Epsteins ausgezeichnetes Material übernommen, zum Teil in Sequenzen, zum Teil nicht«, erinnerte sich Koch, »das, wie ich annahm, alles enthielt, was aus dem Original verwendbar war (was wohl heißt, daß Koch es nie gelesen hat). Immerhin, es war noch viel Arbeit zu tun.«

Auch wenn *Casablanca* nie als große Produktion gegolten hatte, schufen doch die vielen Rollenverträge einen beträchtlichen

Druck. Sobald Koch ein paar Seiten fertig hatte, ließ das Studio sie vervielfältigen und den diversen Abteilungen schicken – den Designern, den Kostümschneidern und natürlich den Schauspielern. Als Koch etwa halbwegs durch war und Curtiz, der Regisseur, schon zu drehen begonnen hatte, war Koch überrascht, aus dem Vervielfältigungsapparat ein paar Skriptseiten zu bekommen, die er noch nie gesehen hatte. Ohne sein Wissen waren die Epsteins, aus Washington zurückgekehrt, wieder mit dem Projekt beauftragt worden. Produzent Wallis bat auch seinen alten Freund Casey Robinson, Paul Henreids Rolle des Laszlo zu verstärken, und Henreid erinnerte sich später, daß Albert Maltz an dem Film mitgearbeitet hatte, im Vorspann aber nicht genannt wurde. Koch, ein glühender Liberaler, gab dem Porträt der Vichy-Behörde politischen Drall. Curtiz war derjenige, der die vielen beschriebenen Seiten, die aus allen Richtungen kamen, montierte, um weiter zu drehen. Als Koch protestierte, einige der neuen Episoden wären unlogisch, erwiderte Curtiz: »Machen Sie sich keine Gedanken um Logik. Ich gehe so schnell darüber hinweg, daß das keiner merkt.«

Die teuren Mitwirkenden waren noch unzufriedener. Ingrid Bergmann regte sich darüber auf, daß niemand zu wissen schien, wie der Film ausgehen würde. Bliebe sie bei Bogart oder flöge sie mit Henreid weg? Wenn ihr das keiner sagen könne, welchen von beiden sollte sie dann eigentlich wirklich lieben? »Spielen Sie es einfach... nun, so dazwischen«, erklärte ihr Curtiz. »Es war lächerlich«, sagte die Bergmann später. »Einfach schrecklich... Jeden Tag haben wir aus dem Handgelenk gedreht. Jeden Tag verteilten sie die Dialoge und wir versuchten, etwas Sinnvolles daraus zu machen. Niemand wußte, wohin der Film lief.«

Bogart schien die ganze Zeit über wütend. Er mochte nicht nur das Drehbuch nicht, er bekam auch häufig Anrufe von seiner Frau Mayo, die ihn beschuldigte, Ingrid Bergmann den Hof zu machen, und drohte, ihn umzubringen. Eben diese mühsam unterdrückte Wut war es, die seiner Darstellung den Biß verlieh, die sarkastische Verachtung in seine Stimme legte, mit der er einige Sätze berühmt machte: »Ich kam nach Casablanca wegen der Heilquellen.« Claude Rains als Vichy-Polizist spielte das Opfer perfekt:

»Heilquellen? Was für Heilquellen? Wir sind hier in der Wüste.« Und Bogart: »Man hat mich falsch informiert.«

Es kann durchaus sein, daß es die Unzufriedenheit aller Mitwirkenden war, die *Casablanca* zu einem solchen Riesenerfolg machte. Ingrid Bergmanns Unsicherheit, welchen der beiden Helden sie lieben sollte, war kein Problem, wie sie dachte, sondern der entscheidende Zug an der Gestalt, die sie darstellte. Und daß sie so begierig darauf war, die Maria in *Wem die Stunde schlägt* zu spielen – die soeben, ausgerechnet, an Vera Zorina vergeben worden war –, trug dazu bei, ihrer Darstellung der Ilsa einen wundervollen Hauch von Zerstreutheit zu geben. Und was Paul Henreid anging, der sich bitter beschwerte, daß ein Partisanenführer wohl kaum im weißen Anzug durchs vichyregierte Casablanca spazieren würde, so hatte er genau wegen der leicht anmaßenden Weltfremdheit dieses weißen Anzugs Erfolg. Sogar Max Steiner, beauftragt, die Filmmusik zu komponieren, war unzufrieden. Er haßte *As Time Goes By*.

In diesem Zustand allgemeinen Gezeters verbreitete sich die Nachricht in der *Casablanca*-Kulisse, das große Chaos namens John Barrymore sei soeben gestorben, und das scheint Peter Lorre inspiriert zu haben, sich einen makabren Streich auszudenken. Barrymore hatte einen großen Teil seines letzten Lebensjahres bei Errol Flynn herumgegangen, einem der wenigen Menschen, die mit seiner betrunkenen Pöbelhaftigkeit fertig wurden, und Lorre fand es lustig, das Bestattungsinstitut zu bestechen und die Leiche in Flynns Wohnung aufbauen zu lassen.

»Ich weiß, daß er dreht und spät nach Hause kommt«, sagte Lorre laut Henreids Darstellung zu Henreid, Bogart und zwei anderen, »wir setzen die Leiche im Wohnzimmer in den Sessel, wo er immer gesessen hat, dann verstecken wir uns und warten, was Flynn für ein Gesicht macht. Ist das phantastisch oder nicht?«

Henreid sagte, sie hätten alle gelacht – »hemmungsloses Gelächter« – und zusammengelegt, um die zweihundert Dollar aufzubringen, die nach Lorres Schätzung als Bestechungsgelder für das Bestattungsinstitut nötig waren. Henreid sagte, er habe seinen Anteil gezahlt, sich dann aber an der Expedition lieber doch nicht beteiligt. Er sagte, Lorre habe kichernd Bericht erstattet: Flynn

»kam herein, warf Hut und Mantel auf einen Stuhl und ging durchs Zimmer, an Barrymores Sessel vorbei zur Bar. Er nickte Barrymore zu und tat etwa drei Schritte, dann erstarrte er. Das war ein Augenblick! Es war schrecklich still, dann sagte er ›Oh, mein Gott!‹ kehrte um, berührte Barrymore und sprang zurück. Barrymore war eiskalt. ›Ich glaube, in dieser Sekunde hat er gewußt, was los war‹, sagte Lorre, ›und er schrie: Schon gut, ihr Stinktiere, kommt raus!‹ Lorre sagte, Flynn habe seinen Besuchern einen Drink angeboten, ›wollte uns aber nicht dabei helfen, die Leiche zurückzubringen.‹«

In diesem Geist etwa wurde *Casablanca* gedreht. Wie es enden sollte, darüber herrschte solche Unschlüssigkeit, daß die Verantwortlichen schließlich entschieden, beide Möglichkeiten zu drehen. »Sie wollten zwei Schlußszenen drehen«, sagte die Bergmann, »weil sie sich nicht einigen konnten, ob ich nun mit meinem Ehemann im Flugzeug wegfliegen oder ob ich bei Humphrey Bogart bleiben sollte. Der erste Schluß, den wir drehten, war also, daß ich von Humphrey Bogart Abschied nahm und mit Paul Henreid abflog... Und alle sagten: ›Halt! Das ist es! Wir brauchen den anderen Schluß nicht mehr zu drehen.‹«

Auch dieser Schluß, wenn Bogart und Rains hinausgehen in die Nacht, brauchte einen Schlußsatz. Eine Version war, daß Bogart sagte: »Ich hätte wissen können, Louis, daß du ein bißchen Gaunerei in deine Vaterlandsliebe mischst.« Wallis hat behauptet, er sei es gewesen, dem etwas Besseres eingefallen sei. »Louis, ich glaube, dies ist der Anfang einer wunderbaren Freundschaft.« Auch jetzt noch wußten sie nicht, was sie geleistet hatten. Bei einem Testlauf in Huntington Park schien das Publikum ganz zufrieden, aber mehrere Zuschauer gaben Karten ab mit der Bemerkung, der Schluß sei unklar. Würden Bogart und Rains verhaftet? Wallis befahl, eine neue Schlußszene zu schreiben, in der Bogart und Rains auf einem Frachter aus Casablanca entkamen. Und einer aus der Werbeabteilung meinte, man müßte einen neuen Titel finden, weil »Casablanca« nach einer Biermarke klänge.

Am 8. November landete eine anglo-amerikanische Armada an der nordafrikanischen Küste und besetzte Tanger, Oran und –

Casablanca. Jack Warner war entzückt: Casablanca in den Schlagzeilen, Reklame für seinen neuen Film. Und als sich im Januar Roosevelt und Churchill dort trafen, wollte Warner, daß ein neuer Schluß gedreht wurde, der die Konferenz von Casablanca einbezog. Irgend jemandem gelang es, ihm das auszureden, wahrscheinlich aus den falschen Gründen. Vielleicht kostete es zuviel, und überhaupt, der Film war seit zwei Monaten auf dem Markt. Wer weiß heute noch von der Casablanca-Konferenz? Casablanca, das ist der Ort, wo Humphrey Bogart Ricks Kneipe hatte und wo die unbeschreiblich schöne Ingrid Bergmann am Klavier lehnte und sagte: »Spiel es, Sam.«

Vorurteil

(1943)

An einem neblig-kühlen Juniabend, kurz nach dem Dunkelwerden, schob sich ein Taxikonvoi, vollgestopft mit Marinesoldaten, in den Broadway und brauste hinunter in die City von Los Angeles. Die Türen wurden aufgerissen, ein Schwarm Matrosen quoll heraus. Sie waren mit Knüppeln und beschwerten Tauen bewaffnet. Die umstehende Menge feuerte sie an, als sie das Orpheum-Kino stürmten. Sie marschierten durch die Gänge und brüllten, alle Mexikaner sollten aufstehen und kämpfen. Oben auf dem Rang fanden sie mehrere Opfer, darunter einen siebzehnjährigen Jungen namens Enrico Herrera, der dort mit seinem Mädchen saß. Die Matrosen zerrten sie alle die Treppe hinunter und auf die Straße hinaus. Draußen bildete die wartende Menge einen Kreis und schrie und jubelte, als die Matrosen die Mexikaner in die Mangel nahmen, ihnen die Kleider vom Leibe rissen und sie blutig prügelten. Herrera wurde ein Kiefer gebrochen. Erst jetzt griff die Polizei von Los Angeles ein, nahm Herrera fest und brachte ihn aufs Revier. Dort fand ihn seine Mutter drei Stunden später, immer noch nackt, immer noch blutend.

Die Gewalt eskalierte. Vier Mexikaner wurden beim Verlassen einer Spielhalle auf der Zwölften Straße aufgefordert, in Polizeiwagen einzusteigen. Als einer von ihnen fragte, warum man sie festnähme, schlug ein Polizist ihn mit dem Gummiknüppel dreimal auf den Kopf und trat ihm, als er auf dem Gehweg lag, ins Gesicht. »Die Polizisten hatten Mühe, ihn im Wagen zu verstauen, weil er einbeinig war und eine Holzprothese trug«, berichtete ein Zeuge namens Al Waxman. »Vielleicht hat der Beamte nicht gewußt, daß er einen Krüppel angriff.« An der nächsten Ecke sah Waxman, daß eine Frau mit einem Baby im Arm gegen die Festnahme ihres fünfzehnjährigen Sohnes protestierte. »Er hat nichts getan«, schrie sie. »Sie bekam einen Schlag mit dem Gummiknüppel übers Kinn«, sagte Waxman, »und ließ beinahe das Baby fallen, das sich an sie klammerte.«

Und noch mehr. Ein Seemann namens Donald Jackson, zwanzig Jahre alt, wurde von vier mexikanischen Jugendlichen angegriffen, die ihn mit Messern bedrohten und ihm den Bauch aufschlitzten. Ein Trupp Soldaten zerrte einen Schwarzen aus der Straßenbahn und stach ihm mit dem Messer ein Auge aus. Ein Polizist namens C. D. Medley hielt an, um einem Mexikaner zu helfen, der auf der Straße lag – ein Köder. Ein Wagen voller Mexikaner überfuhr den Polizisten absichtlich und brach ihm das Rückgrat. Der Mann, der auf dem Pflaster gelegen hatte, kletterte zu ihnen in das Auto, und sie fuhren davon.

Das waren die *pachuco*- oder *zoot suit*-Unruhen, die in der ersten Juniwoche 1943 in der City von Los Angeles tobten. Sie sind heute fast vergessen, zum Teil, weil zwei Wochen später in Detroit viel schlimmere Kämpfe zwischen Schwarzen und Weißen ausbrachen. Dort kamen vierunddreißig Menschen um und etwa siebenhundert wurden verletzt, bevor die Nationalgarde die Ordnung wiederherstellte. Jedem, der jung genug ist zu glauben, amerikanische Rassenunruhen bedeuteten Banden schwarzer Marodeure im Sturm auf verängstigte Weiße, sei in Erinnerung gerufen, daß bei den Rassenunruhen der vierziger Jahre (auch Harlem und St. Louis erlebten große Ausbrüche) Schwarze vor den Verfolgerbanden der Weißen um ihr Leben liefen. In Los Angeles allerdings, wo es erst sehr wenige Schwarze gab, die gerade begannen, als Arbeitskräfte für die Rüstungsfabriken in die Stadt zu ziehen und die verlassenen Miethäuser Klein-Tokios zu übernehmen, waren Mexikaner die Opfer, und die Angreifer waren die Streitkräfte der Vereinigten Staaten.

Die Ironie war, daß Los Angeles stolz war auf das spanische Erbe, das sich schon in seinem Namen ausdrückte, und auf die paar Häuserblocks rund um die Olvera-Straße, die die *Los Angeles Times* gern »ein Stückchen Alt-Mexiko« nannte. Was die Mexikaner betraf, die jetzt in Los Angeles lebten, etwa 250 000 Menschen, ungefähr ein Zehntel der Stadtbevölkerung, so waren sie eine weitgehend diskriminierte oder ignorierte Minderheit. Die Elendsquartiere der Stadt wurden mehr als zur Hälfte von Mexikanern bewohnt, und das als Mexikanerstadt bekannte Gebiet, außerhalb der Stadtgrenzen gelegen, hatte nicht einmal gepflasterte Straßen. Es war nicht klar, ob Mexikaner rechtlich als Weiße oder als Farbige galten, aber inoffiziell wurden sie in Schulen und auch in vielen öffentlichen Schwimmbädern abgesondert. *Chicanos* und Schwarze durften nur Mittwochs schwimmen, am Tag bevor die Becken gereinigt und neu gefüllt wurden.

Das lag auch daran, daß den Mexikanern wie vielen unterdrückten Völkern der zusätzliche Fluch anhaftete, sexuell aggressiv zu wirken. Nathanael West hat das in seinem Roman *Tag der Heuschrecke* vollendet eingefangen, als er beschrieb, wie Miguel, der Mexikaner, nicht nur in Faye Greeners Garage einzog, sondern auch noch seine Kampfhähne mitbrachte. Als der Hollywood-Regisseur Claude Estee kam, um den Hahnenkampf zu sehen, schaute er auch dem erotischen Tanz Fayes mit dem Mexikaner zu. »Er hielt sie fest umfaßt«, schrieb West mit einer gewissen Glut, »mit einem Bein zwischen die ihren geschoben; so bewegten sie sich gemessen im Kreise. Alle Knöpfe ihres Hausanzuges standen offen, und der Arm, den er um sie gelegt hatte, steckte in den Kleidern drin.«

Die Wirklichkeit war längst nicht so farbig. Wirklichkeit waren Ratten und Polizeiknüppel. Eine der Möglichkeiten junger Mexikaner, sich zu wehren, war, daß sie sich zu Banden zusammenschlossen. Eine andere Möglichkeit waren die seltsamen Kostüme, für die sich in der Presse die Bezeichnung *zoot suits* eingebürgert hatte. Es waren Anzüge mit ungeheuer langen Jacken und ungeheuer weiten, an den Knöcheln gebundenen Hosenbeinen, und oft baumelte eine Schlüsselkette von der Weste bis fast auf den Boden. *Zoot suits* waren häßlich, unpraktisch, sogar albern, aber sie verkündeten so laut, wie ein Kostüm nur konnte, daß sein Träger ein trotziger Rebell war und sexy dazu. Die achtbare Gesellschaft reagierte entsprechend. Als in diesem Mai ein Trupp Matrosen in Venice auf ein paar Mexikaner im *zoot suit* losging, verhaftete die Polizei wie gewöhnlich die Mexikaner. Und obwohl Richter Arthur Guerin die Anklage wegen mangelnder Beweise fallenließ, warnte er doch die Opfer, »ihre Kapriolen könnten sie in ernsthafte Schwierigkeiten bringen, wenn sie ihr Verhalten nicht änderten«.

Die Haltung der Polizei kam am besten in einem Bericht von Captain Ed Duran Ayres zum Ausdruck, dem Leiter des sogenannten Büros für auswärtige Beziehungen bei der Polizei von Los Angeles. Er unterstellte, daß Chicanos von Natur aus kriminell seien. Rodolfo Acuña von der Universität des Staates Kalifornien faßte bitter zusammen, Ayres habe »festgestellt, daß Chicanos Indianer seien, daß Indianer Orientalen seien und daß Orientalen das Leben zutiefst verachteten«. Ayres selbst formulierte, Weiße kämpften mit den Fäusten, »aber der Mexikaner betrachtet das als Zeichen der Schwäche, und er weiß und fühlt nichts anderes als den Drang, ein Messer zu benutzen... Mit anderen Worten, sein Drang ist zu töten«. Dieser Polizeibericht forderte nachdrücklich, alle Chicanos über achtzehn müßten gezwungen werden, arbeiten zu gehen oder in die Streitkräfte einzutreten. Tatsache war, auch wenn die Presse von Los Angeles das Bild vom müßigen *zootsuiter*, dem Drückeberger vor den nationalen Kriegspflichten verbreitete, daß die Chicanos, die ein Zehntel der Stadtbevölkerung ausmachten, sich nicht nur in Scharen zu den Truppen meldeten, sondern ein Fünftel der im Kampf Gefallenen stellten. Aber als Sergeant Macario Garcia, mit einer Ehrenmedaille des Kongresses ausgezeichnet, in einem »weißen« Restaurant in Richmond, Kalifornien, eine Tasse Kaffee haben wollte, jagte ihn der Besitzer mit einem Baseballschläger davon.

Vor diesem Hintergrund sind die speziellen Ursachen der Unruhen von 1943 kaum von Belang. Eigentlich weiß niemand so recht, wie sie anfingen. In den neonhellen Straßen von Los Angeles ging es ziemlich rauh zu. Matrosen auf Landgang meinten, mexikanische Mädchen wären für ein Bitte zu haben. Mexikanische Burschen verteidigten ihr Territorium. Natürlich wäre es töricht zu meinen, alle Chicanos wären unschuldige Opfer gewesen. Es gab massenhaft Angriffe und Raubüberfälle auf junge Matrosen, die niemandem etwas zuleide tun wollten. Ein Zusammenstoß dieser Art fand am Abend des 3. Juni statt, als eine Gruppe von elf Matrosen offenbar versuchte, in einem Slumgebiet an der North

Main Street ein paar Mexikanerinnen aufzureißen. Die Matrosen erklärten später, eine Bande von etwa dreißig Mexikanern habe sie grundlos angegriffen. Ein Matrose wurde schwer verletzt, die anderen grün und blau und blutig geschlagen. Die Polizei kämmte die Gegend durch, fand aber niemanden, den sie verhaften konnte.

Am nächsten Abend, am 4. Juni, nahmen sich etwa zweihundert Matrosen rund zwanzig Taxis und patrouillierten über den Whittier Boulevard im Osten von Los Angeles. Jedesmal, wenn sie einen jungen Mexikaner im *zoot suit* erblickten, quollen sie aus den Taxis und schlugen ihn zusammen. Sie waren entschlossen, hieß es in dem typisch chauvinistischen Bericht der *New York Times* über die Razzia, »es jedem *zoot-suiter* zu zeigen, der dachte, Onkel Sams kämpfende Männer wären nicht genau das«. Wie bei einem zaristischen Pogrom gab die Polizei vor, nichts tun zu können. Sie nahm neun Seeleute fest, ließ sie aber bald wieder frei, ohne daß Anklage erhoben worden wäre. Ein ungenannter Unteroffizier, der das inoffizielle Kommando über die Seeleute zu haben schien, erklärte, es werde noch mehr Gewalt geben. »Wir sind unterwegs, um das zu tun, was die Polizei nicht getan hat«, sagte er. »Morgen nacht«, fügte er hinzu, »bringen die Matrosen vielleicht die Marines mit.« Die Los Angeles-Presse bebte vor Erregung. MATROSEN-EINSATZTRUPPE SCHLÄGT L. A.-ZOOTERS, lautete die Schlagzeile in Hearsts *Herald & Express*.

In der folgenden Nacht, wie der Unteroffizier vorausgesagt hatte, schlossen sich Soldaten und Marineinfanteristen den marodierenden Matrosen an. Sie marschierten in Viererreihen durch die Straßen, hielten jeden an, der einen *zoot suit* trug, verprügelten die einen, bedrohten die anderen. Die einzigen, die festgenommen wurden, waren siebenundzwanzig Chicanos, eingesperrt wegen des »Verdachts« auf diverse Vergehen. Die Presse warnte vor der grausamen Rache der Mexikaner. ZOOT SUIT-CHEFS RÜSTEN ZUM KRIEG GEGEN NAVY, behauptete die *Daily News*. Aber es war die Navy, die weiter angriff, unterstützt von der Polizei. Am Abend des 6. Juni kreuzte ein halbes Dutzend Wagenladungen Matrosen über die Brooklyn Avenue, schnappte und verprügelte acht Mexikaner, zertrümmerte eine Bar auf der Indiana-Straße, griff auf der Carmelita-Straße elf weitere Mexikaner an. Polizisten folgten im

Kielwasser der Matrosen und verhafteten ihre Opfer. In dieser Nacht buchteten sie vierundvierzig Mexikaner ein, alle schwer zusammengeschlagen.

Die Presse warnte weiter vor mexikanischer Rache. ZOOTERS PLANEN WEITERE ANGRIFFE AUF SOLDATEN, sagte eine neue Schlagzeile der *Daily News*, die hinzufügte, daß die Chicanos »ihren Opfern abgebrochene Flaschenhälse ins Gesicht stoßen« würden. ZOOTERS BEDROHEN L.A.-POLIZISTEN, sagte der *Herald & Express* und behauptete, in einem anonymen Telefonanruf bei der Polizeizentrale habe es geheißen: »Wir haben heute nacht fünfhundert Gorillas zusammen, und wir bringen jeden Bullen um, den wir sehen.« Solche Geschichten waren vor allem geeignet, Massen von Neugierigen ins Stadtzentrum von Los Angeles zu locken am Abend des 7. Juni, an dem ein Mob von mehreren Tausend Soldaten, Matrosen und Zivilisten über die Main Street und den Broadway tobte.

Das war die Nacht, in der sie dem jungen Enrico Herrera den Kieferknochen brachen, aber er war nur eins von zahllosen Opfern. Die Matrosen drangen in mehrere Kinos ein – das Rialto, das Tower, das Loews, das Roxy, das Cameo –, verlangten, daß Licht gemacht wurde, und griffen sich jeden Chicano, den sie finden konnten. Sie stürmten Bars, zerschlugen die Barhocker und benutzten sie als Keulen. Hauptopfer waren die Mexikaner, aber auch Schwarze und Filipinos attackierten sie und rissen ihnen die Kleider vom Leib. Das Ganze hatte einen eigenartigen sexuellen Zug, als sei das Tragen eines *zoot suits* eine sexuelle Beleidigung, die mit einer sexuellen Strafe beantwortet werden müßte – und das durch junge Männer in Matrosenanzügen. »Also unsere Jungens tragen enge Hintern an ihren Hosen und diese Ärsche tragen weite Hintern«, beschwerte sich ein mitgenommener zwölfjähriger Chicano im Krankenhaus. »Gegen wen zum Teufel kämpfen die eigentlich, die Japsen oder uns?«

Die Polizei von Los Angeles tat, was sie für ihre Pflicht hielt. Sie sperrte als »vorbeugende« Maßnahme sechshundert Chicano-Jugendliche ein. Und die Marine tat schließlich, was sie für ihre Pflicht hielt. Sie erklärte das gesamte Stadtzentrum von Los Angeles zum Sperrgebiet für alle Seeleute. Aber Konteradmiral D.W.

Bagley, Kommandeur des Bezirks, betonte, die Seeleute hätten nur in »Selbstverteidigung gegen das Rowdytum« gehandelt. Und als die mexikanische Regierung in Washington protestierte und Schadenersatz für die Verletzungen mexikanischer Bürger verlangte, bestand Bürgermeister Fletcher Bowron darauf, daß es um »keine Frage rassischer Vorurteile ging«. Er ernannte einen Ausschuß zur »Untersuchung des Problems«. Außerdem ordnete er an, daß die Polizei ihre »Hilflosigkeitstaktik« einzustellen habe.

Ähnliche Weisheit ließen auch andere Autoritäten walten. Der Stadtrat von Los Angeles beschloß, das Tragen eines *zoot suit* zum Verbrechen zu machen, das mit dreißig Tagen Haft zu bestrafen war. Und Senator Jack Tenney von der Legislative des Staates Kalifornien verkündete, er untersuche die »mögliche Verbindung zwischen der Tätigkeit jugendlicher Gangster und Achsen-Agenten.«

Die mexikanerfeindlichen Unruhen von 1943 waren peinlich für Washington, denn Präsident Roosevelt engagierte sich persönlich für seine Politik der guten Nachbarschaft mit Lateinamerika, wie er es nannte. Diese Politik war zum Teil der Versuch, die Lateinamerikaner für den immer noch gefahrvollen Kampf gegen die faschistischen Staaten zu mobilisieren, die viele Südamerikaner als Heimat betrachteten: Italien, Deutschland und in gewissem Maße Spanien. Gerade in diesem April war Roosevelt nach Mexiko gereist, um den Präsidenten Avila Camacho zu besuchen und ihn als Verbündeten zu begrüßen. »Unsere beiden Länder«, sagte Roosevelt, »verdanken ihre Unabhängigkeit der Tatsache, daß Ihre Vorfahren und meine in denselben Wahrheiten einen Wert sahen, für den sie kämpfen und für den sie sterben konnten. Hidalgo und Juarez waren Männer gleichen Schlages wie Washington und Jefferson.«

Kaum weniger bestürzend waren die Unruhen für Hollywood, das sich bemüht hatte, seine versiegten Geldquellen in Europa, die einst fast ein Drittel seiner Einkünfte brachten, durch steigende Umsätze in Lateinamerika zu ersetzen. Daher der Auftritt von Xavier Cugat und seiner Rumbaband in einem ansonsten harmlosen Musical. Daher die nicht ganz begreifliche Starkarriere von

Carmen Miranda mit ihren wirbelnden Röcken und früchteverzierten Hüten in *Nach Argentinien hinunter* (Down Argentine Way, 1943). Daher das ebenso unbegreifliche Wunder des José Iturbi, eines spanischen Pianisten von mäßiger Begabung, der gewöhnlich sich selbst spielte und Trivialitäten wie *Claire de la Lune* vortrug, denen er gelegentlich einen Ausbruch von Boogie-Woogie hinzufügte.

Washington war begierig, zu helfen. Das State Department förderte eine Lateinamerika-Tour Walt Disneys, die ein Sammelsurium mit dem Titel *Saludos Amigos* ergab (1943). Nelson Rockefeller, der seit langem Besitzinteressen in Lateinamerika verfolgte, saß jetzt auf dem Posten des Koordinators für Inter-amerikanische Angelegenheiten, deshalb war er besonders kooperativ. Er gab Darryl Zanuck vierzigtausend Dollar aus dem Washingtoner Fonds, damit einige der unwahrscheinlichsten Abschnitte von *Nach Argentinien hinunter*, die vom Publikum an diesem Wege mit Hohngelächter quittiert worden waren, neu gedreht werden konnten. Rockefeller hatte auch Orson Welles bei der RKO gefördert, und jetzt hoffte er, Welles für die Lateinamerika-Kampagne einzuspannen. Wie der Zufall es wollte, drehte Welles bereits einen Film *My Friend Bonito*, die Geschichte eines Mexikanerjungen, der einen Bullen für die *corrida* aufzog; sie war Bestandteil eines vierteiligen Films, der *Es ist alles wahr* (It's All True) heißen sollte. Rockefeller und John Hay Whitney, der als einer seiner Stellvertreter fungierte, drängten Welles, er solle sein Projekt umgestalten und mit einem Film vom Karneval in Rio anfangen. Rockefeller bot eine Garantie gegen alle Verluste in Höhe von 300000 Dollar an. »Es wird ein polyglotter Film«, kündigte Welles an, als er nach Süden abflog, »womit ich sagen will, wir legen ihn so an, daß er völlig verständlich ist, ganz gleich, welche Sprache das Publikum spricht. Einiges wird stumm sein, ein Teil in Farbe.«

Der einzige Film des Jahres 1943, der sich ernsthaft mit Mexikanern beschäftigte, war *Ritt zum Ox-Bow*. Er stützte sich auf den Roman von Walter van Tilburg Clark über einen Lynchmord. Aber er behandelte den Rassenaspekt des Lynchmords, ohne ein einziges Mal zu erwähnen, daß das Opfer, von Anthony Quinn gespielt, ein Mexikaner war. (Und auch Quinn hat in seiner Autobiographie, die von Selbstmitleid über das harte Dasein eines Mexikaners in Hollywood strotzt, diese Absonderlichkeit mit keinem Wort erwähnt.) Henry Fonda war es anscheinend, der Darryl Zanuck überredete, *Ritt zum Ox-Bow* zu verfilmen und damit seine Sehnsucht zu stillen, gute Taten zu tun. Als die beiden Männer dann um künftige Projekte kämpften und als Fonda sagte, er wolle mehr Filme wie *Früchte des Zorns* (The Grapes of Wrath) und *Ritt zum Ox-Bow* machen, zog Zanuck ein Kontobuch für alle seine Filme hervor. »Lies das«, sagte Zanuck. »Sieh dir an, wie gut der *Ritt zum Ox-Bow* gegangen ist.« Fonda blickte auf das Kontobuch, sah auf der Seite die vielen Zahlen in roter Tinte und stürmte türenknallend aus Zanucks Büro.

Hollywoods endgültiges Urteil über die Latinos war die Umwandlung einer jungen spanischen Tänzerin namens Margarita Carmen Dolores Cansino in den größten romantischen Star dieses Jahrzehnts, eine Umwandlung, die erst vonstatten gehen konnte, nachdem sie ihr Haar rot gefärbt und ihren Namen in Rita Hayworth geändert hatte.

Das war annähernd der Mädchenname ihrer Mutter, Volga Haworth, ein Showgirl der Ziegfeld-Truppe, das sich in einen Tänzer aus Madrid mit Namen Eduardo Cansino verliebte. Die Cansinos liebten es, sich auf einen Stammbaum zu berufen, dessen Wurzeln bis weit ins Mittelalter zurückreichten, als sie Sephardim-Juden waren. Ihr Vorfahr im fünfzehnten Jahrhundert, Isaac Cansino, beugte sich den Drohungen der Inquisition, konvertierte zum Christentum und hinterließ seinen Nachfahren das verfluchte Brandmal der Marranos.

Die junge Margarita, in New York geboren und in Jackson Heights, Queens, erzogen (sie kam über das erste High School-Jahr nicht hinaus), wußte davon nichts. Sie war pausbackig und schüchtern, und sie tanzte gern. Sie hatte eigentlich keine andere Wahl. »Ich konnte kaum laufen, da ließen sie mich tanzen«, sagte sie. »Sie«, das waren ihr Vater, der mit seiner Schwester Elisa durch die Varietés tingelte, und ihr Onkel Angel, zu dessen Tanzkursen in der Carnegie Hall man sie im Alter von vier Jahren schickte. Eduardo wollte sich schließlich von der Bühne zurückziehen und zog mit seiner Familie 1930 nach Los Angeles. Er arbeitete als Choreograph bei der Warners und eröffnete ein eigenes kleines Tanzstudio im ersten Stock eines Hauses an der Ecke Sunset Boulevard und Vine Street. Seine Schwester Elisa kehrte nach Spanien zurück, bekam Kinder und wurde fett. Als die Depression dann begann, kleine Unternehmen wie Cansinos Tanzstudio zu zerdrücken, fand er, er müßte wieder auf die Bühne, fand, er müßte eine neue Partnerin ausbilden, fand, daß keine bessere Aussichten bot als die eigene Tochter Margarita, die nun eine aufblühende Dreizehnjährige war. Als er im Carthay Circle Theater zum erstenmal sah, welche Wirkung sie auf ein Publikum ausübte, war es wie eine Offenbarung für ihn. »Ganz plötzlich gingen mir die Augen auf, daß mein Baby kein Baby mehr war«, sagte er. Diese Erkenntis erfüllte ihn mit stolzer Erwartung – nicht für ihre Zukunft, sondern für seine eigene. »Hier war ein Mädchen, meine eigene Tochter, mit der ich eine neue Tanznummer aufbauen konnte.«

Es gab juristische Schwierigkeiten. Das kalifornische Recht verlangte, daß dreizehnjährige Tänzerinnen sich umständlichen Prozeduren unterzogen, mit denen der Schein gewahrt wurde, daß sie zum Ausgleich versäumter Schulbildung Hausarbeiten machten. Was noch wichtiger war: Das Gesetz verbot ihnen, in Räumen zu tanzen, in denen Alkohol verkauft wurde, womit die meisten Interessenten für spanische Tänzer ausschieden. Cansino tat das Naheliegende und brachte seine Tochter über die mexikanische Grenze nach Tijuana in das Café de Luxe des Ausländerclubs. »Zwischen den Auftritten«, sagte ein Freund Cansinos, »schloß Eduardo seine dralle Tochter in der Garderobe ein, um sie vor Schaden zu bewahren, wie er meinte, während er und Volga ihre Zeit und ihr Geld dem Spiel widmeten.«

Zu den Schülerinnen Cansinos gehörte eine Rumbatänzerin namens Grace Pioggi, ein Schützling Joseph Schencks, der nicht nur Gründer der 20th Century-Fox und Freund Willie Bioffs war, sondern auch der Leiter des Jockey-Clubs Agua Caliente. Es kostete die Cansinos nur ein paar Telephongespräche, und sie hatten ihren Auftritt im Jockey-Club, der sich »Traumland in Alt-

Mexiko, achtzehn Meilen hinter San Diego« nannte. Hollywood-Produzenten kamen hierher, um zu spielen, und manchmal machten sie Pause und sahen den Girls auf der Bühne zu, zum Beispiel Margarita Cansino. »Ich habe sie um 1933 herum zum ersten Mal gesehen«, sagte Max Arno, damals Besetzungschef bei der Warners. »Dieses sehr junge, schöne Mädchen kam die Stufen einer sehr hohen Treppe herunter und bewegte sich zur Musik wie eine herrliche große Katze... Damals habe ich ihretwegen nichts unternommen, weil sie noch nicht reif war, aber ein Jahr später etwa haben wir Probeaufnahmen von ihr gemacht bei der Warners, nur Nahaufnahmen des Kopfes, dreh dich so herum, schau hierhin, lächle – kein Dialog. Sie sagte nicht viel und wir dachten, sie könnte nicht Englisch. Am Ende beschlossen wir, sie nicht unter Vertrag zu nehmen wegen gewisser Haarprobleme, die sie hatte.«

Die »Haarprobleme« bestanden darin, daß ihre dicken, dunklen, krausen Locken, die sie in der Mitte scheitelte, sehr tief in der Stirn ansetzten, was sie nicht nur sehr spanisch, sondern auch etwas primitiv aussehen ließ. Sie konnte sich auch nicht ausdrücken: Sie war scheu, schüchtern, ängstlich. Sie tanzte allerdings mit wundervoller Sinnlichkeit, die ihr selbstverständlich schien und die zu erklären sie anderen überließ. »Während sich die meisten Tänzer von der Hüfte abwärts bewegen, bewegt sich die Hayworth von den Knien an aufwärts, die zurückgezogenen Schultern lassen ihren Brustkorb auf höchst verführerische Art hervorspringen, was nur bei Jungen und sehr Schönen akzeptabel ist«, erklärte Jack Cole, der Choreograph, der in *Es tanzt die Göttin* (Cover Girl) mit ihr zu arbeiten begann (1944), dann *Heute Nacht und jede Nacht* (Tonight and Every Night, 1945) und schließlich *Gilda* (1946) auf die Bühne brachte. »Wenn man sie sieht in diesem Moment des Zögerns (ihrem Auftritt), dann fühlt man sich schlicht und einfach entzückt.«

Stets waren Männer mittleren Alters fürsorglich um Margarita Cansino bemüht. Einer der ersten war schon 1930 Winfield Sheehan, auch ein Freund Joe Schencks und für die Produktion zuständiger Vizepräsident bei der Fox-Filmgesellschaft. Als er die Cansinos in Agua Caliente tanzen gesehen hatte, stellte er seine

Neuentdeckung, wie es sich gehörte, Louella Parsons vor; die fand Margarita »qualvoll schüchtern... ihre Stimme so leise, daß sie kaum hörbar ist... kaum das Material, aus dem ein großer Star gemacht werden könnte«. Unvermittelt verkündete Sheehan: »Ich habe sie unter Vertrag genommen.« Es war ein bescheidener kleiner Vertrag, der zweihundert Dollar wöchentlich versprach (ursprünglich hatte Sheehan fünfundsiebzig Dollar geboten) plus täglichen Sprech- und Schauspielunterricht. Vater Cansino unterschrieb das Dokument, da Margarita immer noch erst fünfzehn war.

Sheehan kürzte ihren Namen zu Rita und begann, sie als urwüchsige Latina einzusetzen. Sie trat mit einer Art spanischem Tanz in einem Mißerfolg mit dem Titel *Dantes Inferno* auf. Sie tanzte ähnlich in *Under the Pampas Moon* und in *Human Cargo*. Manchmal gab sie sich exotischer, etwa in *Charlie Chan in Egypt*, in dem sie, fast wie Faye Greener in Wests *Tag der Heuschrecke*, drei Sätze zu sprechen hatte, einer davon war: »Ja, Effendi.« Allan Dwan, der bei *Human Cargo* Regie führte (1936), erkannte das Potential. »Sie war sehr nervös, schrecklich emotional«, sagte Dwan, »und wenn sie vergeblich um den dramatischen Ausdruck kämpfte, den eine Szene von ihr verlangte, neigte sie dazu, in Tränen auszubrechen... Wahrscheinlich war sie bloß eine unschuldige kleine Jungfrau, aber auf der Leinwand ist sie immer eine Frau. Sie sieht aus, als wäre ihr nichts mehr fremd, während sie in Wirklichkeit nicht das Geringste wußte.«

Nach fünf kleinen Rollen gab Sheehan bekannt, daß Rita Cansino die Titelrolle in Helen Hunt-Jacksons populärer Romanze *Ramona* übernehmen werde. Dann aber schloß sich die Fox mit der 20th Century zusammen und es kam Darryl Zanuck, der dreiunddreißigjährige Wunderknabe, der sich seiner neuen Macht auf die übliche Weise versicherte. Weg war Winfield Sheehan, weg war *Ramona*, weg war Rita Cansino, gefeuert. »Ich schwor mir, diesen Leuten zu zeigen, daß sie einen schrecklichen Fehler gemacht hatten«, sagte sie später. Sie arbeitete eine zeitlang freiberuflich, aber das brachte ihr nur Klischeerollen bei Hungerleider-Studios wie Grand National *(Trouble in Texas)*, Crescent *(Old Louisiana)* und Republic *(Hit the Saddle)* ein.

Und dann kam wieder ein Mentor mittleren Alters daher, der sich um sie kümmern wollte. Das war Edward C. Judson, ein gewinnender und stattlicher »Weltmann« mit allerdings ungewisser finanzieller Basis. Als Autoverkäufer war er mäßig erfolgreich gewesen, und jetzt bezog er ein kleines Honorar von einem Ölindustriellen in Texas, der sich Kontakte in Los Angeles wünschte. Hier und da war von kriminellen Verbindungen die Rede. Judson lernte Sheehan kennen, als gerade die Probeaufnahmen für *Ramona* vorgeführt wurden. Judson war von Rita Cansino so beeindruckt, daß er Sheehan bat, ihn mit ihr bekannt zu machen. Judson war ziemlich dick und wurde schon kahl, aber er war auch nett und fürsorglich, ein Teil Pygmalion, ein Teil Svengali. Er bat Eduardo Cansino um die Erlaubnis, Rita zum ersten Mal abends auszuführen. Cansino war mißtrauisch, seine Frau offen ablehnend. Judson war nicht nur in Cansinos Alter, in den Vierzigern, er hatte auch denselben Vornamen. Judson war jedoch ein Überredungskünstler. Er fing an, Rita im Ciro's und im Trocadero einzuführen, und er sagte ihr auch, was sie tragen müßte und wie sie es tragen müßte. Rita war beeindruckt. Als Judson ihr einen Heiratsantrag machte, nahm sie an.

Judson wußte, was zu tun war und wie. Er nahm Verhandlungen über einen neuen Studiovertrag für sie auf. Und wenn die Columbia, die gerade dabei war, die armen Studios an der Gower Street zu schlucken, das Beste war, was er finden konnte, dann sollte es eben die Columbia sein. Harry Cohn, der immer noch ein Mussoliniporträt in seinem Büro hängen hatte, willigte knurrend ein, 250 Dollar pro Woche zu zahlen, erklärte, daß der Name Rita Cansino geändert werden müßte, und wendete sich wichtigeren Dingen zu. Und so wurde Rita Cansino zu Rita Hayworth. Aber das war erst der Anfang. Judson wußte, und vielleicht wußte es auch Harry Cohn, daß die Möglichkeiten einer spanischen Tänzerin begrenzt waren. Sie mußte zu etwas anderem gemacht werden.

Da war das Haarproblem. Judson ging zu Helen Hunt, der führenden Haarstylistin bei der Columbia, und sagte: »Sagen Sie mir, was wir mit Rita machen können.« Miss Hunt schlug vor, ihr schwarzes Haar zart kastanienbraun zu färben, aber das Hauptproblem war ja der niedrige Haaransatz. Miss Hunt empfahl die

Elektrolyse, und Rita willigte ein, sich dem langwierigen und schmerzhaften Verfahren zu unterziehen, mit dem die Haare entfernt wurden, eins nach dem anderen, und jede einzelne Haarwurzel auf ihrer Stirn abgetötet werden mußte. Judson zahlte zehn Dollar für jede Behandlung, und es dauerte zwei Jahre. »Eddie ging zu den führenden Juwelieren und lieh sich Schmuck für Rita«, erinnerte sich Miss Hunt, »und sogar Abendkleider – er führte sie in die besten Restaurants – sorgte dafür, daß sie gut sichtbar plaziert war.« Um sicherzustellen, daß der Welt diese Ereignisse bekannt wurden – ganz zu schweigen von ihren Arbeitgebern bei der Columbia –, stellte Judson einen Presseagenten für fünfundsiebzig Dollar die Woche ein.

Da alle diese Manöver Geld kosteten, das Judson nicht besaß, verlangte er verwegen von Eduardo Cansino eine Abrechnung der Gelder, die Rita als Minderjährige verdient hatte, Geld, das Eduardo längst ausgegeben hatte und nun unter Prozeßandrohung zurückzahlen mußte. Der Haß der Cansinos auf Judson wurde zur Passion. Aber im Häuschen ihrer Tochter in Brentwood konnte Judson sich immer noch keine Einrichtung leisten. Auf dem nackten Fußboden des Wohnzimmers hatte er eine elektrische Eisenbahn aufgebaut, mit der Rita spielen konnte, wenn sie sich langweilte. Und sie erfuhr erst nach ihrer Hochzeit, daß er vorher schon zweimal verheiratet gewesen war.

Der schwierige Prozeß der Erschaffung eines Filmstars, der die nervöse und sprachlose Rita Hayworth leidenschaftlich zu sein wünschte, hatte nun begonnen. Harry Cohn setzte sie 1937 in fünf vergessenen Streifen ein, 1938 in fünf weiteren, und dann beschloß Judson, um einen sehr viel höheren Einsatz zu spielen. Rita gab fünfhundert Dollar aus, um das perfekte grau-silberne Kleid zu kaufen; damit ging sie ins Trocadero und plazierte sich in der Nähe des Tisches, an dem Harry Cohn mit Howard Hawks saß, und dieser besetzte gerade den großen Columbia-Film des Jahres 1939, *SOS – Feuer an Bord* (Only Angels Have Wings). »Für ein paar Augenblicke war mir mulmig, als ich an meine Verschwendungssucht dachte«, soll sie zu einem Reporter der *Photoplay* gesagt haben. »Aber als ich mich dann im Spiegel sah, war ich beruhigt. So hatte ich noch nie ausgesehen.« Alles lief so, wie

Judson geplant hatte. Rita bekam die Rolle. Der Film wurde ein Hit, und Harry Cohn erneuerte ihren Vertrag, bestand allerdings darauf, daß die fünfzig Dollar mehr in der Woche nicht an sie, sondern an die Schauspiellehrerin Gertrude Vogler gingen.

Der nächste Schritt in diesem Prozeß war der traditionelle glückliche Zufall: Ann Sheridan hatte es satt, immer dieselben Sexpuppen zu spielen, und so trat sie kurz vor Drehbeginn von dem Warners-Film *Schönste der Stadt* (The Strawberry Blonde) zurück. Jack Warner ließ den Regisseur Raoul Walsh kommen und sagte: »Ire, jetzt stehen wir da. Der Film ist soweit, daß wir anfangen können. Wen kriegen wir noch in diesem Stadium?« Walsh hat später behauptet, er habe wie aus der Pistole geschossen geantwortet: »Das schönste Mädchen des Kinos, Rita Hayworth.« Und so bekam sie nicht nur eine Starrolle in einer bedeutenden Produktion mit James Cagney als Partner und James Wong Howe als Kameramann, sondern auch das letzte Element ihrer Anglisierung: wallendes rotes Haar.

Jetzt, als vollendeter Anglo-Typ, war sie imstande, sich um eine der größten Rollen des Jahres 1941 zu bewerben, um die Rolle der Doña Sol, der femme fatale in dem Fox-Film *König der Toreros* (Blood and Sand). Sie war konkurrenzfähig – nicht als spanischer Typ, den man niemals einer so bedeutenden Rolle für wert erachtet hätte, nein, als spanischer Typ, der vorgab, ein amerikanischer Typ zu sein, der einen spanischen Typ spielt. Darryl Zanuck, der sie ein paar Jahre zuvor hinausgeworfen hatte, testete Dutzende von Schauspielerinnen für die Rolle, darunter Gene Tierney und Dorothy Lamour, dann schickte er sich in das Unvermeidliche. Er mußte nicht nur das Mädchen, das er gefeuert hatte, zurückholen, er mußte auch das fünffache ihres normalen Gehalts an Harry Cohn zahlen für das Privileg, sie zu einem großen Star machen zu dürfen. Und sie war sensationell. Zanuck gab sich gar nicht erst mit den üblichen Testvorstellungen in kleinen kalifornischen Vorstädten ab. »Kein Test«, dekretierte er laut Regisseur Rouben Mamoulian. »Es ist der größte Film, den ich je gesehen habe. Liefert ihn aus.«

Jetzt, da Rita Hayworth als Schauspielerin ein Star geworden war, konnte sie auch ihre Rolle als Tänzerin auf einer ganz anderen

Ebene wieder aufnehmen, nicht mehr als aufreizende Spanierin, sondern als wirbelnde Partnerin Fred Astaires. *Reich wirst du nie* (You'll Never Get Rich) veranlaßte das *Time*-Magazin Ende 1941, sie auf die Titelseite zu plazieren und als »die beste Partnerin, die Astaire je hatte« zu bezeichnen. Das Magazin berichtete weiter, privat sei sie »bequem und manchmal träge«, aber »vor der Kamera, da glänzt sie wie ein Dollar«. Jeder wollte mehr von ihr sehen, deshalb lieh Cohn sie an die Fox aus für ein Jahrhundertwendestück namens *Die Königin vom Broadway* (My Gal Sal), dann für *Geschichten von Manhattan* (Tales of Manhattan). Danach holte er sie zur Columbia zurück, wo sie in *Du warst nie berückender* wieder Partnerin Fred Astaires war. Und dann kam *Es tanzt die Göttin*.

Es war offenbar Harry Cohns Idee, und er hatte sie wie gewöhnlich gestohlen. Robert Taplinger, Werbemann bei der Warners, hatte seinen Bossen vorgeschlagen, ein Musical über eine Illustriertenschöne zu machen – nichts weiter als das –, und die Warners hatten das abgelehnt. Er versuchte es also bei Cohn, und Cohn packte zu. Als Produzenten verpflichtete er Arthur Schwartz, einen erfolgreichen Liedtexter, der noch nie einen Film gemacht hatte, und Schwartz gelang es, Jerome Kern als Komponisten zu gewinnen. Es gelang ihm auch, gegen Cohns emsigen Widerstand, als Co-Star und Choreographen den jungen und relativ unbekannten Gene Kelly zu verpflichten, der gerade seinen ersten großen Broadway-Erfolg als Star in *Pal Joey* gefeiert hatte. Als Drehbuch stellte Virginia Van Upp aus einem halben Dutzend Vorentwürfen anderer Autoren ziemlich alltägliche Konfektionsware zusammen: Kelly hat einen kleinen Nachtclub in Brooklyn, und als ein paar Broadway-Produzenten kommen, um seine Varietéschau zu inspizieren, nehmen sie Miss Hayworth mit und führen sie in die große weite Welt, aber eigentlich liebt sie ja Kelly – und so weiter.

Es tanzt die Göttin wurde ein ungeheurer Erfolg, vielleicht der größte unter all den Hayworth-Musicals der frühen vierziger Jahre. Wer im Jahre 1943 im mäuschenstillen Saal irgendeines Kinos gesessen und diesen Film gesehen hat, der mußte sich hoffnungslos in Rita Hayworth verlieben. Niemand konnte schöner sein, romantischer, strahlender. Aber das Nachtprogramm des Fernsehens, das diese nostalgischen Erinnerungen lebendig hält, das Rita Hayworth, dem Opfer der Alzheimerschen Krankheit, die ewige Schönheit ihrer fünfundzwanzig Jahre erhält, ist ein trügerischer Wahrer unserer eigenen Erinnerungen. Es zeigt nicht nur *König der Toreros* als Karikatur eines romantischen Melodrams, es zeigt auch Rita Hayworth als Karikatur einer femme fatale. Sie hatte inzwischen gelernt, wie die Absolventin einer Rednerschule zu sprechen, und das heftige Rouge auf ihren Wangen und die langen roten Fingernägel deuteten weniger auf Leidenschaft hin als auf lange Stunden vor dem Schminkspiegel.

Es tanzt die Göttin, der auch von Zeit zu Zeit auf den Fernsehschirm kommt, ist in gewisser Weise noch schlimmer, denn er verlangte viel mehr von seinem Star. Miss Van Upps Drehbuch, das zu seiner Zeit als überdurchschnittlich galt, schwelgte in Comic-strip-Figuren: Ein »Pops« genannter Wachmann am Bühneneingang, ein bebrillter Komiker namens »Genius«, ein verbindlicher weißhaariger Verleger, der verbindlich sagt: »Sie wünscht sich Luxus, schöne Dinge.« »Woher wollen Sie das wissen«, knurrte Kelly. »Will das nicht jede Frau?« sagte der verbindliche Produzent. Und das genau war es. Nun, es war 1943, eine simplere Zeit. Wie veraltet *Es tanzt die Göttin* ist, zeigt sich nirgends deutlicher als in der Szene zum Titelsong, in der die Kamera schöne Mädchen bewundert, die auf Titelseiten längst verschwundener Illustrierten posieren: *Liberty*, *Woman's Home Companion*, *Look*, *The American*, *Coronet*, *Collier's*... Memento mori!

Ziel des Drehbuchs war allerdings, Miss Hayworth nicht nur als Schönheit, sondern auch als begabte Schauspielerin herauszustellen. Jetzt auf dem Fernsehschirm, fast ein halbes Jahrhundert später, zeigen sich nur ihre Grenzen. Sie konnte überhaupt nicht spielen. Ihr Gesicht war eine starre Maske aus Schminke, ihre Sprache gestelzt und leblos. Ihr Gesang, wie wir jetzt wissen, wurde immer von einer anderen Stimme gesungen (in diesem Falle von Martha Mears) und eingespielt.

Und doch gab es etwas, was alles andere wettmachte. Wenn Rita Hayworth tanzte, verwandelte sie sich. Wenn sie tanzte, verschwanden das wächserne Make-up, der Schauspielunterricht, die Sprechschulung, die Befangenheit, all das Bemühen, etwas anderes zu werden, als sie war – das alles gab es nicht mehr. Sie wurde nicht nur überaus sinnlich, sondern überaus glücklich mit ihrer eigenen Sinnlichkeit. Sie konnte alles. Der Anblick war damals elektrisierend, und er ist es noch.

Sie hatte noch einen Grund für ihre sichtliche Zufriedenheit in *Es tanzt die Göttin,* und zwar in der Szene, in der sie einen Broadway-Produzenten heiraten sollte (natürlich tat sie es nicht, denn in keinem Broadway-Musical mit Selbstachtung hat je ein Broadway-Produzent das Mädchen bekommen). »Sie sah ganz süß aus, wie sie da in ihrem Hochzeitskleid saß, während das Team aufbaute«, sagte Lee Bowman, der den bedauernswerten Produzenten spielte. »Rita saß da, die Hände im Schoß, die Augen ganz groß und ein geheimnisvolles kleines Lächeln im Gesicht. Als einer von uns fragte: ›Ist was, Rita?‹ schüttelte sie nur den Kopf und sagte: ›Mm, ich hab' ein Geheimnis.‹ Mehr wollte sie nicht sagen. Wir erfuhren es erst, als jemand uns Zeitungen mitbrachte, aus den Schlagzeilen.« Die Schlagzeilen verkündeten zur Verblüffung aller, daß Rita Hayworth an diesem Tage Orson Welles geheiratet hatte.

Die Ehe mit Judson lag natürlich lange hinter ihr. Judson, der Margarita Cansino geheiratet und Rita Hayworth geschaffen hatte, hatte etwas kreiert, das über seine Kräfte ging. Das demonstrierte er nur allzu deutlich, als es 1942 zum Bruch kam und er verlangte, daß ihm seine scheidende Frau dreißigtausend Dollar für seinen Aufwand an Zeit und Arbeit bei ihrer Erschaffung zahlte. Sie weigerte sich, aber ihre Aussage zur Begründung ihrer Weigerung bewies eher, daß er im Recht war (falls, wie Hollywood ja im allgemeinen glaubte, jeder nach seinem Marktwert zu beurteilen ist). »Ich durfte nie etwas selbst entscheiden«, sagte sie. Sie gab zu, daß »meine Karriere seine einzige Sorge war, er hat alles dafür gegeben, was er hatte, und seine Mühen haben sich gelohnt.«

Harry Cohn, der hoffnungslos vernarrt war in Miss Hayworth, eine Vernarrtheit, die sich darin äußerte, daß er sie einschüchterte, sie ausspionierte, sie beleidigte und ihr ganz allgemein auf die

Nerven ging, mochte diese Art von Publicity über ihr Privatleben gar nicht. Cohn, der pfennigfuchsende Despot der Columbia, zahlte schließlich Judsons Forderung von dreißigtausend Dollar aus. Vielleicht erhoffte sich Cohn irgendeine Gegenleistung. Er bekam keine. Miss Hayworth begann zu schweifen, und sie wurde schnell aufgepickt von Victor Mature, einem kleinen Schauspieler mit verträumtem Blick, der sich als Muskelmann in diversen Kriminalstücken einen gewissen Ruf erworben hatte. Als Mature zur Küstenwache ging und zu einer Basis in Connecticut geschickt wurde, folgte ihm Miss Hayworth dorthin. Harry Cohn verbot es ihr; sie ging trotzdem. Sie trug einen Ring, den Mature ihr geschenkt hatte.

Die Liebe ist ewig, so lange sie währt. Bei einer Dinnerparty, die Joseph Cotten gab, lernte Miss Hayworth den legendären Orson Welles kennen, inzwischen achtundzwanzig. Er war nicht nur der Schöpfer und Star von *Citizen Kane*, er war auch einsdreiundneunzig groß und recht attraktiv, er hatte ein interessantes Gesicht, das er selber als das »eines ziemlich mißratenen Babies« bezeichnete. Jean Cocteau beschrieb ihn kunstvoller als »einen Riesen mit dem Blick eines Kindes, einen Baum voller Vögel und Schatten, einen Hund, der seine Kette zerrissen hat und sich ins Blumenbeet legt...«

Welles lud Miss Hayworth ein, mit ihm essen zu gehen, und sie sagte zu. Und Welles, wie jeder befangene Intellektuelle, suchte Eindruck auf sie zu machen mit dem, was als Belesenheit galt – Bücher, Malerei, berühmte Leute. Sie, die nie über das neunte Schuljahr hinausgekommen war, war entsprechend beeindruckt. Er gab ihr Bücher zu lesen, und sie kämpfte sich durch, bemüht, eine völlig neue Rolle zu spielen. Aber schon brannte in Welles eine selbstzerstörerische Tollheit, die seine Ehe und seine Karriere verschlingen würde.

Sein Ausflug zum Karneval in Rio im Jahr zuvor war orgiastisch gewesen, ein Wirbel aus Tanzen, Trinken und Zaubertricks von Bar zu Bar, und einmal flogen sogar Möbel aus einem Hotelfenster. Aber Welles hatte in einer alten Nummer der *Time* eine wundervolle Geschichte gefunden: Vier arme Fischer waren mit einem Floß vom Buckel Brasiliens fast zweitausend Meilen weit bis nach Rio geschwommen, getrieben von Gott, sagten sie, um der Regierung vom Leiden des Volkes zu berichten. Welles nahm die Männer, die über Nacht zu Helden geworden waren, sofort unter Vertrag und machte Pläne, ihren Anführer, einen drahtigen kleinen Mann, der sich Jacaré der Alligator nannte, dabei zu filmen, wie er das Floß auf dem Höhepunkt des Karnevals nach Rio hineinsteuert. Während diese Szene gedreht wurde, wallte plötzlich das Meer auf und ein Hai schoß empor, eng verschlungen im Kampf mit einem Riesenkraken. Das Floß der Filmleute kippte um, und während der größte Teil der Crew sich eilends in Sicherheit brachte, verschwand Jacaré der Alligator in der Gischt. Eine Woche später wurde der Hai gefangen und aufgeschnitten. In seinen Innereien fand man Jacarés Kopf zusammen mit verschiedenen Stücken des Kraken. Welles wurde plötzlich sehr unbeliebt in Brasilien, und einige Mitglieder seines Filmteams hatten Angst, sich in Rio auf der Straße sehen zu lassen, aber Welles bestand darauf, daß weiter gedreht wurde. Ja, er verschoß irrsinnige 120000 Meter Farbfilm für den Brasilien-Abschnitt des Projekts. Daheim bei der RKO jedoch verkaufte Rockefeller alle seine Anteile und überließ das Studio den Händen des Unternehmers Floyd Odlum, und der hatte nicht das geringste Interesse an den abenteuerlichen Filmteilen, die ihm da von Welles' Team aus Rio de Janeiro zugeschickt wurden. *Es ist alles wahr* wurde nie fertiggestellt; manches wurde nicht einmal entwickelt; manches verlor an Qualität, so daß das Material Ende der fünfziger Jahre, als die RKO von der Desilu und dann die Desilu von der Paramount übernommen wurde, unbesehen im Pazifischen Ozean versenkt wurde.

Im Jahre 1943 jedoch waren Welles' südamerikanische Abenteuer nur ein neuer Ausdruck seines exzentrischen Genies, und was Rita Hayworth am meisten an ihm liebte, das war vielleicht das Spielerische in seiner Exzentrizität. Seit seiner Kindheit hatte Welles Freude an Zaubertricks gehabt, und jetzt im Krieg trat er in einem großen Zelt auf dem Cahuenga Boulevard vor Soldaten als Magier auf. Als er Rita Hayworth geheiratet hatte, unterhielt er die Soldaten Abend für Abend damit, daß er Rita in einen Kasten legte und sie mittendurchsägte. Ein Magier, der Rita

Hayworth in einen Kasten legte und durchsägte, war unbestreitbar kein gewöhnlicher Zauberer.

Viele der Hollywoodgrößen, die Uniform anzogen, gingen auch hin und kämpften, gewiß, ziemlich viele aber widmeten ihre Kriegsjahre der Arbeit, die sie immer getan hatten, dem Filmemachen. Diese Filme waren zwar als Propaganda gedacht, aber es waren auch bedeutende Produktionen darunter. Frank Capra, Führer einer Einheit, die man die 834. Photo-Signal-Abteilung nannte, wurde zu Stabschef General George Marshall beordert und beauftragt, eine Serie von Dokumentarfilmen zu machen, »die unseren Jungens in der Armee erklären, warum wir kämpfen«. Angeregt durch Leni Riefenstahls *Triumph des Willens*, den er als »tödliche... psychologische Waffe zur Zerstörung des Abwehrwillens« bezeichnete, produzierte Capra *Warum wir kämpfen*, eine höchst erfolgreiche Serie von sieben einstündigen Dokumentarfilmen über die Ursachen des Krieges.

Major William Wyler inszenierte für Capras Serie den Dokumentarfilm *The Negro Soldier*, dann ging er nach England und begann, Bombenangriffe auf Deutschland zu fliegen, um die Dreharbeiten zu seinem bemerkenswerten Film über eine Fliegende Festung, *Eine Schönheit aus Memphis* (Memphis Belle) zu überwachen. Leutnant John Hustons Befehle waren etwas weniger hochfliegend. Er wurde beauftragt, einen Dokumentarfilm über die Verteidigung Alaskas zu drehen. Seinem *Report from the Aleutians* folgte 1943 sein gefeierter Dokumentarfilm über den Italienfeldzug, *Die Schlacht von San Pietro* (The Battle of San Pietro), und dann seine noch mehr gepriesene Studie über die Psychiatriefälle in der Armee, *Es werde Licht* (Let There Be Light), ein Film, den die Armee in ihrer Weisheit zu unterdrücken beschloß.

Jack Warner hingegen reagierte auf den Ruf des Vaterlandes mit dem Wunsch, als General anzufangen. Er fügte hinzu, daß er sehr gerne im Weißen Haus anrufen würde, um das Einverständnis von Präsident Roosevelt einzuholen. Überredet, sich mit dem Rang eines Oberstleutnants zufriedenzugeben, und auf einen Posten für Öffentlichkeitsarbeit in Los Angeles gesetzt, marschierte Warner in die Schneiderwerkstatt des Studios, um sich für seine neue Rolle ausstaffieren zu lassen. Obwohl seine soldatischen Pflichten ihn nie weit von seinem Büro in Burbank trennten, ließ er wissen, daß er gern als »Oberst« angesprochen werden wolle, während er Filme wie *Winning Your Wings* und *Rear Gunner* produzierte. Der Tag jedoch, an dem ein richtiger Oberst ins Studio kam, um künftige Filmprojekte zu besprechen, an dem Jack Warner seinen Besucher huldreich begrüßte, indem er ihm die Hand schüttelte, und der Gast sagte: »Sie hätten salutieren müssen« – das war der Tag, an dem Jack Warner seinen Abschied nahm.

Vor dieser unglückseligen Begegnung mit dem militärischen Protokoll hatte Warner bereits seine beiden großen Beiträge zur Kriegsanstrengung in die Wege geleitet. Der eine sollte zu einer großen Peinlichkeit, der andere zu einer Quelle des Stolzes werden. Die Peinlichkeit entstand, so Warners Darstellung, aus einer Einladung Präsident Roosevelts zum Mittagessen im Weißen Haus. Der Präsident bat Warner, einen Film über *Botschafter in Moskau* (Mission to Moscow) zu machen, den glühenden Bericht des Botschafters Joseph Davies über seinen diplomatischen Dienst in Rußland, der auch in deutscher Sprache erschien: *Als US-Botschafter in Moskau.* »Jack, dieser Film muß gedreht werden, und ich bitte Sie, ihn zu machen«, sagte der Präsident, laut Jack Warner. »Ich werde es tun«, antwortete Warner. »Sie haben mein Wort.« »Wir dürfen Rußland einfach nicht verlieren in diesem Stadium...« soll Roosevelt weiter gesagt haben. »Wir müssen Stalin im Kampf halten – und Ihr Film kann beim amerikanischen Volk für ihn sprechen.«

Sprecher des Weißen Hauses bestritten später, daß eine solche Zusammenkunft je stattgefunden habe, ebenso Botschafter Davies, aber Warner erhielt vermutlich von hoher Washingtoner Ebene Unterstützung für das Projekt. Er übertrug es Howard Koch, dem Hauptautor von *Casablanca*, und Mike Curtiz, der bei diesem und vielen anderen Filmen der Warners Regie geführt hatte. Joseph Davies übernahm persönlich die politische Aufsicht. (»Es gibt keinen Mann auf der Welt, dem ich unbegrenzter vertrauen würde als Joe Stalin...« sagte Davies bei einem Studio-Essen kurz vor der Freigabe des Films.) Das Ergebnis dieses ganzen patriotischen Strebens war eine Katastrophe. William Randolph Hearst höchstselbst beschuldigte Warner, nur »die kommunistische Seite« zu zeigen, dasselbe sagten antistalinistische Liberale wie John Dewey und Robert LaFolette, der den Film eine »Weißwäsche« nannte.* Warner war tief bekümmert. »Es gibt kontroverse Themen, die so explosiv sind..., daß es für niemanden lohnt, ein Held oder Märtyrer zu sein«, klagte er. »Man ist so oder so erledigt. Es sei denn, man tut es auf Anordnung des Präsidenten der Vereinigten Staaten. Auch dann ist man genauso erledigt.«

Warners zweites großes Projekt enthielt keine solchen Fußangeln. *Dies ist die Armee* war eine patriotische Angelegenheit, hergeleitet aus einem Stück, das der junge Einwanderer Irving Berlin über das trostlose Lager auf Long Island geschrieben hatte, wo er im Ersten Weltkrieg stationiert war. Es trug den Titel *Yip Yip Yaphank*. Bald nach Pearl Harbor begann Berlin, eine modernisierte Fassung zu schreiben, wobei er sich selbst einen Platz reservierte, um seine alte Infanteristenuniform anzuziehen und »Oh, wie ich es hasse, am Morgen aufzustehen« zu singen. Warner zahlte fast zwei Millionen Dollar für die Filmrechte an wohltätige Einrichtungen der Armee, und die Armee stellte 350 Soldaten als Mitwirkende ab, alle mit Armeegehalt. Einer davon war Leutnant Ronald Reagan.

Reagan war es gelungen, seit seiner Collegezeit immer in der Kavalleriereserve zu bleiben, obwohl seine Sehkraft so schlecht war, daß der Arzt bei seiner Einberufung zu ihm sagte: »Wenn wir Sie nach drüben schickten, würden Sie einen General erschießen.« Ein zweiter Arzt sagte: »Ja, und Sie würden danebenschießen.« Die Armee hatte allerdings in jenen Tagen Verwendung für beinahe jeden, und so wurde Reagan dem Stab in Fort Mason, San Francisco, als Verbindungsoffizier zugeteilt, der für das Beladen von Konvois verantwortlich war. Und als Kavallerist trug er Sporen. »Ich bin sicher, viele Leute... haben vergessen, daß

---

* In ihrem geistreichen Buch *Running Time* weist Nora Sayre auf das Wesentliche am *Botschafter in Moskau* hin, wenn sie anmerkt, sie habe »in keinem anderen Film so viele rotierende Globen gesehen... Wieder und wieder zwirbeln die Führer der Welt tiefsinnig den Erdball und behaupten, daß Frieden (oder Krieg) möglich ist.«

Sporen zur regulären Uniform der berittenen Truppen gehören«, erzählte Reagan beglückt. Die Kavallerie hatte für den jungen Leutnant neben dem Sporentragen noch andere Verwendung. Sie schickte ihn nach Hollywood zurück, wo er bei einer Benefizveranstaltung für die United Service Organisations auftrat. Sein Vorgesetzter, der ein Bewunderer von Jeanette MacDonald war, ließ Leutnant Reagan auch ein paar Telefongespräche führen, damit Miss MacDonald nach Fort Mason käme und in einer Feierstunde die Nationalhymne sänge. Und schließlich wurde Reagan wieder nach Hollywood geschickt, um an Ausbildungsfilmen mitzuarbeiten, ein Auftrag, den sein Kommandeur stolz mit den Worten »Wir stecken einen viereckigen Stift in ein viereckiges Loch« umschrieb.

Das Luftcorps der Armee hatte das neun Hektar große Hal Roach-Studio auf dem Washington Boulevard in Culver City übernommen. Hier im Fort Roach, wie es inoffiziell hieß, operierte jetzt die Erste Film-Einheit. Da es beim Luftcorps Vorschrift war, daß nur ein fliegender Offizier einen Standort kommandieren durfte, wurden die dreizehnhundert ausgewählten Filmemacher im Fort Roach dem Kommando von Paul Mantz unterstellt, Hollywoods prominentestem Stuntpiloten. Fort Roach machte Ausbildungs- und Dokumentarfilme; es bildete Kamera-Einheiten für die Front aus; es produzierte Filmsegmente von der Front für kommerzielle Wochenschauen; es machte auch Filme, die den Flug über eine zu bombardierende Stadt simulierten, so daß der Pilot, der Hamburg oder Yokohama anzugreifen hatte, eine Vorstellung davon bekam, wie sein Ziel vom Cockpit aus aussehen würde. Was Fort Roach nicht pflegte oder nicht sehr gut, das waren die Rituale der militärischen Ordnung.

Leutnant Reagan hatte man die offenbar beigebracht. Eines Tages, so wird berichtet, als er die Grundausbildung überwachte, mißfiel ihm die lässige Art, in der die Männer marschierten, und so begann er, sie zu drillen.

»Aber nicht mit uns, Ronnie«, sagte einer der Männer vorwurfsvoll.

»Was soll das heißen?« fragte der verblüffte Leutnant Reagan.

»Sie sind Schauspieler, und viele von uns sind Produzenten und Regisseure. Richtig?«

»Richtig.«

»Und nach dem Krieg sind Sie wieder Schauspieler und wir Produzenten und Regisseure. Richtig?«

»Richtig.«

»Also gehen Sie zum Teufel mit Ihrer Marschiererei.«

Reagan war immer ein schneller Schüler. In seinem eigenen Bericht über diese Zeit stellte er sich nicht als Kasernenhofschinder, sondern als ausgesprochenen Kritiker eines solchen Schinders dar. »Ich stand an der Ecke einer Studiostraße«, sagte Reagan, »als sie einschwenkten, in Viererreihen, und unser Ex-Kadett schrie Befehle wie ein echter Drillmeister. Ich hätte es nicht tun sollen, aber andererseits sollten wir ja Filme machen, nicht Soldat spielen. Als die Kolonne halb an mir vorbei war, so daß meine Stimme für die meisten der Männer, aber nicht für ihren Befehlshaber hörbar war, sagte ich: ›Großartige Einheit von Männern – mit halb so vielen könnte ich die MGM erobern.‹ Die Reihen gerieten völlig durcheinander...«

Auch in dem alten Paramount-Studio in Long Island City, Fort Roach Ost genannt, hatte man wenig Sinn für das militärische Protokoll. Wenn der Sergeant mit rotem Gesicht die Namen von der Liste der Kompanie B aufrief, dann war der Cheever, der »Hier!« sagte, John Cheever, der Laurents war Arthur, der Saroyan war William und der Shaw war Irwin. Es war dieselbe Kompanie, von der Carl Laemmle junior, Erbe des Gründers der Universal Pictures, in seinen Wochenendurlaub zu starten pflegte, indem er sich eine Limousine bestellte und zu einer Bank in Manhattan fuhr, die einzig für ihn solange geöffnet blieb, um ihn mit den nötigen Moneten für's Wochenende zu versorgen.

Gottfried Reinhardt, aufstrebender Produzent bei der MGM, war Sergeant in Kompanie B, er mußte also ins Majorsbüro gehen, wenn er einen Anruf seines Vaters entgegenzunehmen hatte. Max Reinhardt war jetzt siebzig und sehr dick, er war fast daran gewöhnt, daß er in ständiger Gefahr schwebte, aber er war entschlossen, *Die Schöne Helena* herauszubringen, wenn er bloß jemanden fände, der ihm die letzten zwanzigtausend Dollar geben wollte, die für die Broadway-Inszenierung einer Offenbach-Operette im Jahr von Stalingrad noch nötig waren. Max Reinhardt war auf der Feuerinsel, um nachzudenken. Es war Ende September 1943, die meisten Sommerhäuser waren verlassen und verschlossen, Reinhardt liebte lange Spaziergänge über den sturmgepeitschten Strand mit seinem schottischen Terrier Mickey.

So wanderte Reinhardt, vielleicht in Gedanken versunken, als er plötzlich am Ende der Hundeleine wildes Gebell und Gezerre bemerkte. Er und sein kleiner Terrier waren auf einen einsamen Boxer gestoßen, und der Kleine weigerte sich, auch nur einen Millimeter vor dem größeren Hund zurückzuweichen. Er schnappte und knurrte und hetzte hin und her zwischen den Beinen des alten Mannes. Drohend kam der Boxer näher, bereit zum Todesbiß.

Allein am stürmischen Strand blickte Reinhardt sich nach Hilfe um und sah nichts, nur ein Telefonhäuschen, das einsam im Wind stand. Er schwankte darauf zu und zerrte den tobenden Terrier an der Leine hinter sich her. Er zog ihn herein in die Telefonkabine und rammte die Falttür vor dem Boxer zu, der draußen schnaubte und scharrte und bellte. Reinhardt mag gedacht haben, er hätte seinen Liebling gerettet, aber der Terrier war außer sich vor Wut. Er stürzte sich in der geschlossenen Telefonzelle auf sein Herrchen und begann zu beißen, überall, wohin er reichte. Er biß in Reinhardts Schuhe, biß sie glatt durch. Er biß ihm in die Beine, in die Arme, sogar in die Seiten und in die Brust. Als der alte Mann versuchte, sich dort in der Zelle gegen den Terrier zu verteidigen, erlitt er wohl einen Schlaganfall. Er biß sich heftig in die eigene Zunge. Irgendwann, als der Boxer über den Strand davongesprungen war, gelang es Reinhardt, sich nach Hause zu schleppen, den Terrier an der Leine. »Er kam nach Hause mit völlig entstelltem Gesicht«, sagte seine Aufwartefrau später zu Gottfried Reinhardt. »Und wie er redete – man konnte kein Wort verstehen. Morgens sah es aus, als ginge es ihm besser. Bis ich sein Bett gemacht habe. Er hat es in der Nacht naß gemacht. Also was mich angeht, ich bleibe nicht bei dem Alten. Ich kündige.«

»Wann kommst du?« fragte Max Reinhardt seinen Sohn am Telefon des Majors.

»Morgen, wie verabredet«, sagte Gottfried, der noch nichts von der Krise wußte.

»Wann kommst du?« wiederholte Reinhardt stockend mit der gedehnten Stimme eines Mannes, der sich auf das Wesentliche konzentrieren muß und doch das Wesentliche nicht klar machen kann. Vielleicht wußte er, daß er sich nicht mehr erholen würde, daß er nur noch zwei Monate zu leben hatte.

»Irgendwas nicht in Ordnung?« fragte Gottfried.

Die Antwort klang »verworren«, wie Gottfried später schrieb. »Nur ein einziges Wort ist deutlich: ›Komm!‹ Es kommt immer wieder, und dann bricht die Verbindung ab.«

Reinhardt entschuldigte sich bei dem Major, den er in Hollywood als unregelmäßig beschäftigten Filmautor flüchtig gekannt hatte. »Hauen Sie ab, Sergeant«, sagte der Major. »Das stinkt mir, diese Kraut-Gespräche.«

Hollywoodleute, die nicht in der Armee waren, machten Unterhaltung für die Armee. Tourneen durch Militärcamps waren in diesem Kriegsjahr 1943 eine der wichtigsten Produktionen. Vielleicht war es purer Patriotismus; vielleicht war es auch teilweise Werbung für all die Kriegszeitfilme, die von den Fließbändern rollten; vielleicht gab es sogar auch einen Hauch von Schuldgefühl, daß diese Kriegsfilme (und Nichtkriegsfilme) so viel Geld einbrachten. Die Streitkräfte waren inzwischen Hollywoods größter Kunde geworden. Nie zuvor hatte es ein so dankbares Publikum wie die zwölf Millionen Soldaten gegeben, die meist müßig und gelangweilt herumhingen. Und so wurde Hollywood mit dieser neuen Weiterentwicklung seines alten Monopols reicher denn je. Das Mindeste, was es dafür tun konnte, war, ein paar seiner Berühmtheiten auf die Reise zu den Militärbasen zu schicken.

In einer einigermaßen typischen Woche im September 1943 deklamierte Judith Anderson Hochdramatisches in Hawaii und tanzte Ray Bolger im südpazifischen Raum; Al Jolson trat in Basen des Nahen Ostens auf, desgleichen Larry Adler, der Akkordeonvirtuose, und Jack Benny (aber ohne Eddie Anderson, der normalerweise Bennys nichtswürdigen schwarzen Chauffeur Rochester spielte, denn die US-Armee von 1943 war eine Armee der Rassentrennung). Der König all dieser Wanderjongleure war

Bob Hope, nicht weil er außergewöhnlich talentiert war, sondern weil er sein Dasein voll und ganz diesen Tourneen widmete. Er war eigentlich für diese Mission gar nicht geschaffen. Hope, auf den Namen Leslie getauft, das sechste Kind eines heftig trinkenden englischen Steinmetzes, hatte von Natur aus wenig Humor und hing mit seiner wöchentlichen Rundfunksendung völlig von dem großen Team ab, das ihm die Gags schrieb. Seine Witze bestanden aus endlosen Variationen einiger weniger kruder Themen – Hopes Nase, seine Feigheit, seine Mißerfolge bei Mädchen, seine Rivalität mit Bing Crosby – aber Massen von einsamen Soldaten begrüßten jede seiner Possen mit frenetischem Beifall. Sie liebten Hope, weil er zu ihnen kam, und er liebte sie, weil sie ihn liebten. Später in Korea, in Vietnam, sogar in Beirut pflegte er noch ein halbes Jahrhundert lang mit den Truppen Weihnachten zu feiern.

Hope fing ziemlich einfach als Mitwirkender einer Show an, die dem Geldsammeln diente und die »Hollywood-Siegeskarawane« hieß. Die dreistündige Produktion bot größere Filmstars an als Hope – Cary Grant, Jimmy Cagney, Claudette Colbert, Groucho Marx –, Hope aber war der Zeremonienmeister, der alles in Gang hielt.

Die Tournee, die im April 1942 mit einem Gartenfest im Weißen Haus begann, war ein Riesenerfolg. Tausende von Menschen erwarteten und begrüßten die Stars am Bostoner Südbahnhof, und Tausende mehr nahmen sie in Philadelphia, Cleveland, Detroit, Chicago, Dallas in Empfang. Am Ende der Reise eilten die Stars erschöpft zurück nach Hollywood, nur Hope konnte nicht aufhören. Er organisierte eine Tournee durch fünfundsechzig Militärbasen innerhalb eines Monats. Er nahm die Hauptpersonen seiner Rundfunkshow mit – eine attraktive blonde Sängerin namens Frances Langford, einen verrückten Clown mit riesigem Schnurrbart, der sich Jerry Colonna nannte, seinen Kapellmeister Skinnay Ennis – und begann, von unterwegs zu senden: aus New Orleans, Quantico, Mitchell Field.

Ein Freund bedrängte Hope, mit seiner Truppe nach Alaska zu kommen, aber die Militärs warnten, sie könnten dort einschneien. Hope fuhr nach Alaska. Im Frühjahr 1943 brachte Hope seine

Show nach England. »Ich komme gerade aus den Staaten«, verkündete er bei seinem ersten Auftritt in einer Eye Aerodrome genannten Bomberbasis. »Sie wissen ja... das ist da, wo Churchill wohnt... Er wohnt nicht eigentlich da... er geht bloß hin, um Mrs. Roosevelts Wäsche abzuliefern.« Witzig? Hopes rudimentäres Komödiantentum hatte immer etwas an sich wie der kleine Dicke, der sich bei den Jungens an der Straßenecke beliebt zu machen sucht. Aber das alles spielte jetzt keine Rolle. »Wir merkten bald«, erinnerte er sich, »daß man schon ziemlich lausig sein mußte, um bei diesen Jungens nicht anzukommen – sie schrien und kreischten und pfiffen bei allem.«

Hope wurde ein Besessener. Er machte drei oder vier Shows am Tag, quer durch den Westen Englands, durch Wales, in Nordirland und dann wieder in London. Er bemühte sich besonders um Kranke. Er zog durch die Krankenhäuser, wo er seine Clownerien von einem Krankensaal in den nächsten trug. »Schon gut, Leute, liegenbleiben«, pflegte er die Bettlägerigen zu begrüßen. »Haben Sie unsere Show gesehen – oder waren Sie schon vorher krank?« Plumpe Scherze wie dieser und noch mehr plumpe Scherze wie dieser in endlosen Wiederholungen, und die heimwehkranken Soldaten pfiffen und jubelten. »Wenn die Zeit kommt, über die Anerkennung von Diensten an der Nation in der Kriegszeit nachzudenken«, kabelte John Steinbeck von London aus an die *New York Herald Tribune*, »muß Bob Hope ganz oben auf der Liste stehen... Er beschäftigt die Phantasie der Soldaten. Er bekommt, wohin er auch geht, das Lachen von Männern, die das Lachen brauchen.«

Inzwischen waren die Alliierten in Nordafrika gelandet, und so flog Hope nach Süden und folgte ihnen. Marokko war bereits fest in der Hand der Alliierten, aber als das Luftcorps Hope nach Tunesien brachte, flogen die Deutschen dort immer noch nächtliche Angriffe. »Urplötzlich stiegen rote Signalraketen direkt über unseren Köpfen hoch«, erinnerte sich Hope an seinen Versuch, einem Angriff auf Bizerta in einem Jeep zu entkommen, »und die Militärpolizisten zeterten: ›Raus da, und legen Sie sich irgendwo drunter.‹ Zum ersten Mal in meinem Leben wünschte ich, ich wäre ein Safe... Die Militärpolizisten zeterten weiter. ›Steh'n Sie da nicht rum, Hope! Kriechen Sie hier rein!‹ Ich sagte: ›Das ist ein Gulli!‹ ›Hör'n Sie zu, Mann, Sie haben Glück, daß Sie um diese Zeit überhaupt irgendwo reinkönnen. Also streiten Sie nicht!‹ Sind Sie schon einmal in einen nordafrikanischen Gulli gekrochen? Wenn ja, brauche ich Ihnen ja nichts weiter zu erzählen. Wenn nein, na dann...«

In diesem Juli landeten die Alliierten auf Sizilien, und innerhalb einer Woche flog Hope mit seiner Show nach Palermo. Wieder heulten die Luftschutzsirenen auf. »Als ich die JU-88s dröhnen hörte, wußte ich, wir waren dran«, sagte Hope. »Die Docks, die natürlich Ziel des Angriffs waren, lagen nur zwei Häuserblocks entfernt. Und zwei Blocks sind nicht viel, wenn Bomben fliegen... Sie machen, daß dir die Gags eines ganzen Lebens im Halse stecken bleiben... Mir geht's genauso, wenn Bomben fallen. Ich dachte an meine erste professionelle Tingeltournee... Ein Mordstrumm von Granatsplitter flog rotglühend an meinem Fenster vorbei und die Heinis fingen an, im Sturzflug zu bomben... Ich ließ mein Essen Essen sein...«

Hope gab mehrere Vorstellungen in Frontbasen der Infanterie auf Sizilien, dann flog er zurück nach Tunesien zu einem weiteren Auftritt in Bône (insgesamt gab Hope bei dieser dreimonatigen Vierzigtausendkilometer-Tournee mehr als zweihundertfünfzig Vorstellungen), und dort schrie einer hinten im Publikum: »Drückeberger! Warum bist du nicht in Uniform?« Hope, gekränkt, verletzt, blieb der vollendete Berufsclown. »Weißt du nicht, daß Krieg ist?« schrie er zurück. »Die können einem ja weh tun!«

Billy Wilder, vormals in Berlin Eintänzer für die Matronen, die zum regelmäßigen Tanztee ins Hotel Eden kamen, wollte ein Musical machen, ein überwältigendes, spektakuläres Musical. Dann sah er Rita Hayworth in *Es tanzt die Göttin*. »Mir war klar«, sagte er in einem Interview, »und wenn ich ein noch so gutes Musical machte, die meisten Leute würden sagen, es sei eben doch nicht das! Die *Frau ohne Gewissen* (Double Indemnity) versprach eine bessere Chance, Hollywood wieder auf die Füße zu stellen. Und ich liebe es, Hollywood auf die Füße zu stellen.«

Wilders *Frau ohne Gewissen* ging auf eine Geschichte aus grauer

Vorzeit zurück. Der junge Schriftsteller James M. Cain, der sie hörte, war fasziniert von der Vorstellung, daß sich ein junger Mann danach sehnte, das eine Verbrechen zu begehen, das zu verhindern seine Aufgabe war, daß er sein Spezialwissen benutzte, um eben den Sozialvertrag zu brechen, der ihm dieses Spezialwissen zuwies. Cain war einmal Versicherungsvertreter gewesen, sein Vater Versicherungsangestellter, und so nahm die Geschichte, die ihm viele Jahre lang durch den Kopf geisterte, typisch Cainsche Gestalt an: Versicherungsbetrug. Und da sich Cains Fabeln meist um Begierde und Mord drehten, wurde daraus die Geschichte eines Versicherungsvertreters und einer attraktiven Frau, die ihren Ehemann versichern und dann umbringen lassen wollte. Und nur der Versicherungsvertreter konnte ihr beibringen, wie sie das perfekte Verbrechen gegen ihren Mann und gegen seinen eigenen Arbeitgeber begehen konnte.

Cain, der seit 1931 in Hollywood lebte und in Abständen und ohne Erfolg für diverse Studios schrieb, verarbeitete die *Frau ohne Gewissen* zu einer Illustriertenserie und hoffte, daß die Story dann als Film verkauft werden könnte. Er war bestürzt, als mehrere große Zeitschriften sie ablehnten. Seinem Verleger Alfred Knopf sagte er, dieses »Stück Schund wird im Leben nicht zwischen Buchdeckel kommen«. Die Hollywood-Chancen schienen etwas besser zu stehen. Cains Agent James Geller hatte einen Abzug des Manuskripts an fünf große Studios geschickt, und alle hatten gesagt, daß sie an der Geschichte interessiert wären, wenn das Haysbüro sie freigeben würde. Schließlich war Cains erster Roman, *Wenn der Postmann zweimal klingelt...*, 1934 ein Bestseller gewesen, das Haysbüro aber hatte die Bemühungen der MGM, daraus einen Film zu machen, abgeblockt. Als Geller endlich mit dem Bescheid über die *Frau ohne Gewissen* bei Cain anrief, fiel er denkbar schlecht aus: »Eben kommt die Stellungnahme des Haysbüros«, sagte Geller. »Sie fängt so an: ›Unter keinen Umständen, in keiner Weise, Form oder Gestalt...‹ soll ich weiterlesen?«

Cains New Yorker Agent verkaufte die Story schließlich für fünftausend Dollar an die *Liberty* als achtteilige Serie, die 1936 lief. Wie die meisten dieser Sachen erschien sie und verschwand, und erst 1943 überredete Cain seinen Verleger Knopf, einen Sammelband mit drei seiner Fortsetzungsromane unter dem Titel *Three of a Kind* herauszubringen. Die beiden ersten waren *Der Defraudant* und *Karriere in C-Dur*, die dritte war die Geschichte, von der Cain gesagt hatte, daß sie »im Leben nicht zwischen Buchdeckel« käme. *Three of a Kind* verkaufte sich sehr gut, erhielt beachtliche Kritiken und begann in den Hollywood-Studios zu zirkulieren.

Billy Wilder, so erzählt Cain, konnte eines Morgens seine Sekretärin nicht finden. Sie saß nicht an ihrem Schreibtisch, und er fragte überall nach ihr. Eine andere Sekretärin meinte schließlich: »Ich glaube, sie ist noch bei ›Damen‹ und liest diesen Roman.«

»Welchen Roman?« fragte Wilder.

In diesem Augenblick tauchte die Sekretärin mit dem Bündel Druckfahnen von *Three of a Kind* auf. Wilder sah darin den schlagenden Beweis dafür, daß dies ankäme, nahm ihr die Fahnen weg und mit nach Hause. Wilder stand noch am Anfang der Serie von Filmen, die ihn zu einem der größten Filmemacher der vierziger Jahre machen sollten. Als Autor für andere hatte er seinen Höhepunkt mit *Ninotschka* erreicht, und nachdem er beschlossen hatte, seine Geschichten selbst zu inszenieren, war *Der Major und das Mädchen* (The Major and the Minor) ein recht guter Anfang gewesen, und nun hatte er gerade *Fünf Gräber bis Kairo* (Five Graves to Cairo) mit dem unglaublichen Erich von Stroheim als Feldmarschall Rommel fertig. (Wilder liebte es, von seiner ersten Begegnung mit Stroheim zu erzählen, dem Sohn eines jüdischen Hutmachers, der die Welt irgendwie davon überzeugen konnte, daß er ein preußischer Edelmann und zugleich ein künstlerisches Genie sei. »Sie waren Ihrer Zeit immer um zehn Jahre voraus«, sagte Wilder unterwürfig zu dem Regisseur von *Greed*. »Zwanzig, Mr. Wilder, zwanzig«, sagte Stroheim.)

Wilder war einen anderen Weg gegangen: den der Amerikanisierung. Vor knapp einem Jahrzehnt war er nach Hollywood gekommen, ohne ein Wort Englisch zu können; jetzt war er eine Enzyklopädie des amerikanischen Slangs, der Baseballstatistik, des Broadway-Jargons, alles dessen, was einem galizischen Emigranten als symptomatisch für seine neue Heimat vorkommen mochte.

Das war nicht einfach eine Sache des faktischen Detailwissens, sondern des Stils. Billy Wilder sah in Kalifornien Dinge, die kein Kalifornier sehen konnte, Dinge, die nur ein Ex-Berliner für selbstverständlich halten konnte.

Die Paramount kaufte *Frau ohne Gewissen* für fünfzehntausend Dollar, aber Wilders gewohnter Partner Charles Brackett verweigerte die Mitarbeit am Drehbuch. Er sagte, Cains Geschichte sei abscheulich. Wilder machte das nichts. Er hoffte, Cain selber für die Mitarbeit am Drehbuch zu gewinnen, aber Cain stand bei der Fox unter Vertrag und war mit einer Bearbeitung von *Überfall der Ogallala* für Fritz Lang beschäftigt. Dann schlug Joe Sistrom, Wilders Produzent bei der Paramount, einen ziemlich unbekannten Kriminalschriftsteller namens Raymond Chandler vor. Wilder hatte noch nie von ihm gehört, deshalb gab Sistrom ihm ein Exemplar des ersten Chandler-Romans *Der große Schlaf*, der vier Jahre zuvor erschienen war. Wilder war begeistert.

Chandler war ein seltsamer, verschrobener Mensch, als Amerikaner geboren, aber besessen davon, daß er auf einer englischen Standesschule, in Dulwich, Latein und Griechisch gelernt hatte und sich deshalb einen Grad der Vornehmheit erworben hätte, den in Los Angeles einfach niemand begreifen könnte. Chandler, ein ehemaliger Geschäftsmann, Angestellter des Ölsyndikats Dabney, war aber auch Alkoholiker, fatal abhängig vom Whisky, und außerdem sonderbar abhängig von einer achtzehn Jahre älteren Frau, die er bis zum Tode seiner nicht einverstandenen Mutter nicht zu heiraten wagte. 1932 war Chandler wegen Trunksucht bei Dabney geflogen, und so stand er auf dem Tiefpunkt der Depression in Südkalifornien mit vierundvierzig Jahren stellungslos und unvermittelbar da. Er fing an, sich kümmerlich mit Kriminalgeschichten durchzuschlagen, die in der harten Manier Dashiell Hammetts geschrieben, aber so maßlos übertrieben waren, daß sie S. J. Perelman zu einer mörderischen Parodie anregten: »Vom offenen Fenster hinter dem Bett hustete eine Kanone ›Kra-wumm!‹ ... Die kleine Brünette lag da, halb bedeckt von den zerwühlten Decken, ... mausetot!« Dennoch, Chandler schrieb verbissen weiter: Auf *Der große*

Schlaf (1939) folgte *Lebwohl, mein Liebling* (1940), *Das hohe Fenster* (1942), *Die Tote im See* (1943).

Zur Drehbuchbesprechung bei der Paramount geladen, mußte Chandler bekennen, daß er nicht wußte, wo das Studio lag. Dann kam die unselige Begegnung mit Wilder. Chandler, jetzt in den Fünfzigern, trug eine Tweedjacke mit Lederflecken am Ellenbogen, ein geknöpftes Hemd und eine gestreifte Krawatte, und er rauchte Pfeife. Wilder war zutiefst mißtrauisch. Wilder selbst trug eine Baseballmütze und wippte mit einer Reitgerte, wenn er sprach. Chandler war ebenso mißtrauisch. Barsch erklärte er, er verlange 150 Dollar wöchentlich. Produzent Sistrom sagte, die Paramount habe damit gerechnet, ihm 750 Dollar pro Woche zu zahlen. Sistrom hielt es für seine moralische Pflicht, den Agenten H. N. Swanson hinzuzuziehen, um Chandler sowohl vor der Paramount als auch vor sich selbst zu schützen.

Chandler, der nie zuvor für den Film geschrieben hatte, sagte, er brauche zwei bis drei Wochen für ein Drehbuch zu *Frau ohne Gewissen*. Wilder, daran gewöhnt, Monate auf ein solches Projekt zu verwenden, lieh Chandler eines seiner eigenen Drehbücher als Muster, wie man so etwas machte, und erwartete dann das Ergebnis. Einen Monat später kam Chandler mit einem Skript voll eindrucksvoller technischer Anweisungen wieder. Wilder las es, während Chandler dabeisaß und auf Lob wartete, dann warf Wilder mit dem Skript nach ihm. Es traf ihn an der Brust und fiel zu Boden. »Das ist Mist, Mr. Chandler«, sagte Wilder. Chandler war sprachlos. Wilder bestand dann darauf, daß sie nur so arbeiteten, wie er es gewohnt war. »Wir werden diesen Film *gemeinsam* schreiben. Wir werden uns in dieses Zimmer einschließen und ein Filmstück schreiben. Wir werden lange dafür brauchen. Sie werden Ihr Gehalt bekommen, und wenn wir ein Jahr brauchen, um diesen Film zu schreiben.«

Es war eine Art Folter. Wilder respektierte Chandlers Begabung, sehnte sich aber seinerseits nach irgendeinem Zeichen des Respekts. Chandler verachtete ihn. Dennoch war es Wilder, der wußte, wie man Filme schrieb. Die Arbeit mit Wilder, schrieb Chandler einem Freund, »war eine qualvolle Erfahrung und hat wahrscheinlich mein Leben verkürzt«. Wilder war nicht weniger verbittert. »Er hat mir mehr Verdruß bereitet als jeder andere Schriftsteller, mit dem ich gearbeitet habe«, sagte er in einem Interview. Dennoch plagten sie sich monatelang zusammen ab, haßten die Zusammenarbeit, haßten sich gegenseitig. Sie redeten, sie stritten, sie stellten sich die vielen verschiedenen Möglichkeiten vor, *Frau ohne Gewissen* zu verfilmen.

Wilder wollte sich so eng wie möglich an Caines Prosa halten. Chandler bestand darauf, das ginge nicht. Chandler schätzte Cains Stil überhaupt nicht. »James Cain-Pfui!« schrieb er an Knopf mit einer Vehemenz, in der ein bißchen Eifersucht durchklang. »Alles, was er anfaßt, stinkt nach Ziegenbock. Er ist alles, was ich an einem Schriftsteller verabscheue, ein *faux naïf*, ein Proust im speckigen Overall, ein dreckiger kleiner Junge mit einem Stück Kreide und einem Bretterzaun und niemand schaut her.« Genauer gesagt war Chandler überzeugt, daß Cains jazziger Dialog für die Leinwand nicht brauchbar wäre. Es höre sich an wie »eine schlechte Schülervorstellung«, argumentierte Chandler. »Der Dialog deutete alles nur an und klang gesprochen ganz farblos und langweilig.« Bei diesem Urteil blieb er auch in einer Besprechung mit Cain persönlich, und Cain, der ja nie fähig war, erfolgreich für den Film zu schreiben, nahm es ergeben hin.

Der Kampf ging weiter. Chandler sog an seiner Pfeife. Wilder ging immer wieder zur Toilette, nicht um zu urinieren, sondern nur um Chandler einmal nicht zu sehen. Wenn Wilder weg war, zog Chandler eine Flasche Bourbon aus der Aktentasche und genehmigte sich einen. Endlich kam Wilder zurück in den verqualmten Raum und schrie auf: »Um Gotteswillen, Ray, öffnen Sie ein Fenster!« In Chandler stieg trunkene Wut auf, so herumkommandiert zu werden. Eines Tages, als die Sonne durch die Jalousien drang, gab Wilder einen Befehl zu viel. »Würden Sie das mal zumachen, Ray?« sagte er. Chandler stand auf, stapfte aus dem Zimmer, stapfte aus dem Studio und ging nach Hause. Drei Tage später tauchte er in Sistroms Büro auf und erklärte, er wolle das ganze Projekt aufgeben. Inzwischen hatte er eine lange Liste von Beschwerden gegen Wilder aufgestellt und in stiller Wut auf eine Reihe gelber Bögen geschrieben. Er verlangte unter anderem, daß Wilder sich entschuldigte. Sistrom rief Wilder zu sich ins

Büro, und Wilder kam. Wilder entschuldigte sich. Sistrom entschuldigte sich.

Und so ging es weiter. Irgendwie kamen sie voran, denn nach weiteren sechs Monaten, in denen Chandler wiederholt zu gehen drohte und Wilder ihn wiederholt zum Bleiben brachte, gab es schließlich ein Skript, das eine getreuliche Wiedergabe des Romans zu sein schien, sich aber deutlich von ihm unterschied. Wilders Regie vergrößerte den Unterschied noch (machte es aber seltsamerweise noch originalgetreuer). Das war natürlich viel später. Das war, nachdem MacMurray, der die Rolle des Walter Neff überhaupt nicht spielen wollte, gemerkt hatte, daß man ihn mit Tricks und Kniffen in die beste Rolle seines Lebens hineinmanipuliert hatte. Das passierte öfter. Viele berühmte Talente in Hollywood konnten in der Regel eine gute Idee nicht erkennen, wenn man sie ihnen vortrug. Und so merkte Billy Wilder jetzt, nachdem er Chandler so lange tyrannisiert und manövriert hatte, bis mit seiner Hilfe ein großes Drehbuch entstanden war, daß keiner es spielen wollte. Der größte Star der Paramount, Alan Ladd, mochte es nicht anfassen. Und dann kam die unausweichliche Szene mit George Raft. Wilder wollte ihm das Drehbuch schicken.

»Ich lese keine Drehbücher«, sagte Raft. »Erzählen Sie es mir.«

Wilder erzählte es ihm. Und Raft, der den Gedanken nicht ertrug, einen Bösewicht zu spielen, gab ihm einen Korb. Vielleicht gab Wilder einen Seufzer der Erleichterung von sich – »In diesem Moment wußten wir, daß wir einen guten Film hatten«, sagte er später –, denn MacMurray war der Star, den er eigentlich haben wollte, wie er später behauptete, diesen liebenswerten, unbekümmerten und ein wenig schlappen Typ, den so ganz amerikanischen Verkäufer, bereit, sich korrumpieren zu lassen. MacMurray kämpfte mit der Paramount um einen neuen Vertrag, und er wußte, daß der Produktionschef des Studios, Y. Frank Freeman, etwas gegen Wilder hatte und ganz besonders gegen Wilders neuestes Projekt. Also nahm MacMurray Wilders Ansinnen an, um damit Freeman zu ärgern und im Vertrauen darauf, daß Freeman ihm untersagen würde, eine so gemeine Rolle zu spielen, aber Freeman war einverstanden, weil er dachte, *Frau ohne Gewissen* würde MacMurrays Karriere ruinieren und ihn so dafür bestrafen, daß er über seinen Vertrag diskutiert hatte. »Ich hätte nicht im Traum daran gedacht, daß es der beste Film würde, den ich je gemacht habe«, sagte MacMurray.

Auch Barbara Stanwyck war entsetzt über die beste Rolle, die sie je hatte. Sie habe Angst, erklärte sie Wilder, »an einen durch und durch kaltblütigen Killer zu geraten«. Auch sie setzte Wilder unter Druck. »Was denn, sind Sie eine Maus oder Schauspielerin?« fragte er sie. Und als er sie dazu gebracht hatte, die Rolle zu übernehmen, bestand er darauf, sie in eine blonde Perücke zu stecken, weil »ich wollte, daß sie so billig wie möglich aussah«. Buddy DeSilva, der Chef aller Chefs bei der Paramount, sah seinen Star mit Bestürzung in einer solchen Perücke. »Wir holen uns Barbara Stanwyck, und dann kommt da George Washington an«, sagte er.

Wilder drängte. Er trotzte den Studiokonventionen und drehte einen großen Teil seines Films auf trostlosen Schauplätzen rund um den Bahnhof von Los Angeles. Er allein wußte, was er tat, und auch wenn er es nicht wußte, wußte er doch, wie er seinen Kurs korrigieren mußte. Das bewies er mit dem Schluß. In Cains ziemlich absurdem Schluß verwandelte sich die Schurkin in einen Engel des Bösen, der ganz in Scharlachrot versuchte, den korrupten Verkäufer zu vernichten. Das Chandler-Wilder-Skript war realitätsnäher und auch den Regeln des Hays-Büros für Verbrechen und Bestrafung angepaßt: Er starb in der Gaskammer von Folsom. Ein starker Schluß, hart, unstreitig. Wilder gab 150000 Dollar aus, um die Todeskammer von Folsom nachzubauen, er verwendete fünf Tage darauf, die ganze Szene zu filmen, und dann befand er, der Schluß sei falsch. Zu plump. Es fehlte ihm an Subtilität.

Chandler wollte den Schluß nicht umschreiben und die Paramount wollte natürlich nicht 150000 Dollar auf den Müll werfen und diesen Schluß neu drehen, aber Wilder blieb hartnäckig. Seine neue Szene, eine seiner allerbesten, war sehr ruhig. MacMurray, verletzt und stark blutend, bat Edward G. Robinson, eine Gestalt von väterlicher Autorität, um vierundzwanzig Stunden Zeit, um zur mexikanischen Grenze zu gelangen. »Sie schaffen es nicht mal bis zum Aufzug«, sagte Robinson und gab MacMurray Feuer für die letzte Zigarette. MacMurray sagte, Robinson hätte das Verbrechen nicht aufklären können, denn der Mörder sei ihm »zu nahe, gleich gegenüber dem Tisch«. Robinson sagte: »Noch näher.«

Als Wilder im nächsten Frühjahr zu den Feierlichkeiten der Oscar-Verleihung ins Grauman ging, hoffte und erwartete er, einen Oscar zu gewinnen, obwohl er wußte, daß die Paramount Leo McCareys Schnulze *Der Weg zum Glück* (Going My Way) durchdrücken wollte, die auch tatsächlich zum besten Film des Jahres gekürt wurde. Als allerdings McCarey auch als bester Regisseur genannt wurde, konnte Wilder es nicht mehr ertragen. Er streckte, als McCarey stolz den Gang hinaufmarschierte, ein Bein aus, so daß McCarey stolperte.

Es ist niemals ganz klar geworden, warum die tragende Rolle der Maria in *Wem die Stunde schlägt* mit Vera Zorina besetzt worden war. Die vorwiegend als Ballerina bekannte Norwegerin hatte ein paar unauffällige Auftritte in *The Goldwyn Follies* (1938) und *On Tour Toes* (1939) gehabt. Viele Zeitungen berichteten, Ernest Hemingway habe Ingrid Bergmann in *Intermezzo* gesehen und wünschte, daß sie die Maria spielte. David Selznick, der den Vertrag der Bergmann besaß, behauptete, er selber habe den Hemingway-Roman beinahe für sie gekauft, sei aber »nach *Vom Winde verweht* und *Rebecca* so erschöpft gewesen, daß ich eine Aufgabe dieser Größenordnung einfach nicht übernehmen konnte«. Selznick sagte, er sei entschlossen, der Bergmann diese Rolle zu verschaffen, ganz gleich, wer den Film produziere, und so »lancierte er alle möglichen Zeitungsmeldungen, die besagten, daß sie die einzig mögliche Maria sei«. Er rief Ingrid Bergmann im Skiurlaub in Sun Valley an und fragte, ob es ihr möglich sei, mit Hemingway in San Francisco Mittag zu essen, bevor der Schriftsteller nach China abreiste. »Ob es möglich ist?« echote die Bergmann. »Möglich? Ich bin schon unterwegs.« Sie war eine Woche lang in der Sonne Ski gelaufen, und so war ihr Gesicht stark gebräunt und vom Sonnenbrand pellte sich ihre Nase. Hemingway bestaunte ihre Schönheit – ja, irgendwie blieb ihm das Staunen über sie für den Rest seines Lebens. »Sie bekommen die Rolle, keine Sorge«, sagte er.

Hemingway hatte der Paramount seinen Bestseller-Roman für eine Summe verkauft, die er »verteufelt wundervoll« nannte – irgend etwas zwischen 100000 und 150000 Dollar je nach den verschiedenen Berichten, mehr als doppelt soviel wie für *Vom Winde verweht* –, aber das gab ihm keinerlei Kontrolle darüber, was daraus gemacht wurde. Die Paramount, die eine Menge Geld für den Roman bezahlt hatte und noch viel mehr, um Gary Cooper von der MGM zu bekommen, beschloß nun wahrscheinlich zu sparen, indem sie die Rolle der Maria an Vera Zorina vergab, die bei der Paramount unter Vertrag stand und eine Rolle brauchte. (»Die Zorina... ist eine reizende Tänzerin«, beschwerte sich Hemingway bei Maxwell Perkins, »aber sie hat eher ein Gesicht wie ein Dachshund.«) Regisseur Sam Wood gab die Schuld an dieser albernen Entscheidung später Paramounts Chef DeSilva, während DeSilva sie Wood zuschob. Jedenfalls schoren die Paramountleute Miß Zorina kahl – wie es Maria ja zustieß, als sie von den Faschisten mißhandelt und vergewaltigt wurde – und schickten sie los zu Woods Operationsbasis in der Sierra Nevada. Als sie sich dann das Filmmaterial der ersten drei Wochen ansahen, kamen sie zu dem Schluß, daß sie die Rolle nicht spielen konnte.

Währenddessen war Ingrid Bergmann mitten in *Casablanca*. Paul Henreid war beeindruckt, wie »lieb und sanft« sie sei, »eine zurückhaltende, geduldige Frau, mit der man wunderbar arbeiten kann, und eine ausgezeichnete Schauspielerin, aber... furchtbar verletzlich. Wir wollten uns um sie kümmern, sie beschützen.« Überrascht fand Henreid sie eines Tages in Tränen aufgelöst, überrascht erfuhr er, daß sie weinte, weil sie die Rolle der Maria verloren hatte, und überrascht lernte er eine neue Seite an Ingrid Bergmann kennen. »Diese Idioten!« schrie sie mit einer »geschärften« Stimme, wie Henreid sagte. »Was wissen denn die? Suchen sich ausgerechnet Vera Zorina aus. Sie kann nicht spielen, Paul. Sie kann es einfach nicht, und ich bin gut. Ich bin wirklich gut!« Henreid war auch dabei, als die Bergmann den Telephonanruf bekam, nach dem sie so gehungert hatte. »Sie ging an den Apparat und sagte ›Ja, ja...‹, dann stieß sie einen Schrei aus, den ich nur mit dem Schrei einer Tigerin vergleichen kann, die gerade getötet hat, ein Schrei so voller Freude und Triumph, daß ich ganz betäubt war. Sollte dies die ergebene Ingrid Bergmann sein? Sie legte den Hörer auf und jubelte: ›Ich hab' sie, Paul! Ich hab' sie!‹«

Am Tag nach dem Telefonanruf sagte die Bergmann den Kulissen von *Casablanca* Lebewohl und fuhr fast tausend Kilometer ins Gebirge, bis sie gleich unterhalb des Sonora-Passes eine Ansammlung von Hütten fand. »Dann sehe ich diesen schönen Mann den Abhang herunter auf mich zukommen«, erinnerte sie sich. »Er sah mich an, ich sah ihn an, und natürlich wurde ich rot. Dann sagte er: ›Hallo, Maria?‹, und ich wurde wieder rot...« Gary Cooper nahm sie mit, damit sie Sam Wood kennenlernte, er half ihr, sich einzurichten, und fragte dann, ob sie nicht ein bißchen Dialog proben könnten. Sie war einverstanden, und er stieg direkt ein. »Ich dachte, er spräche weiter mit mir, weil sich seine Stimme nicht veränderte«, sagte sie. »Er wurde nicht zum agierenden Schauspieler, er blieb genau derselbe. Ich sagte also: ›Entschuldigen Sie, was haben Sie gesagt? Ich verstehe nicht, wovon Sie sprechen.‹ Und er sagte ein bißchen tadelnd: ›Ich lese den Dialog, das ist der Dialog.‹ Und ich wurde wieder rot und sagte: ›Ach so, das ist der Dialog.‹«

Der Dialog gehörte zu den Dingen, die Ernest Hemingway ursprünglich berühmt gemacht hatten, aber Hollywood mußte alles verbessern. Dafür stellte die Paramount Dudley Nichols ein. Nichols war ein erfolgreicher Filmautor – *Der Verräter* (The Informer), 1935; *Höllenfahrt nach Santa Fé* (Stagecoach), 1939; *Menschenjagd* (Man Hunt), 1941 – und zugleich ein engagierter Liberaler, Mitbegründer der Filmautorengilde und deren Präsident in den schwierigen Jahren 1937 und 1938. Irgendwie jedoch, durch einen halb unbewußten Prozeß der Selbstneutralisierung, wurde ein Roman, der als Nachruf auf den Tod der spanischen Republik gedacht war, in eine Filmhandlung über politisch undefinierbare Helden und Schurken verwandelt. Hemingway war nicht einverstanden. Er erklärte, Nichols' Darstellung der republikanischen Kämpfer sei einer viertklassigen Aufführung von Bizets Carmen entsprungen. Er beanstandete besonders, daß sie rote Tücher trugen, und verlangte, sie müßten alle schwarze und graue tragen. »Ich habe Dudley Nichols' Drehbuch ganz durchgearbeitet und habe enorm viele Korrekturen und absolut notwendige Änderungen, Streichungen und Einfügungen vorgeschlagen«, schrieb Hemingway an Perkins. »Am Ende hat er es umgeschrieben und fast alles eingearbeitet, was ich vorgeschlagen hatte.«

Aber auch dann noch wurde alles, wie gewöhnlich, verändert, entpolitisiert, neutralisiert. Das war weitgehend das Werk von Sam Wood, der dort in der Ferne der Sierra Nevada die Macht hatte, das Skript nach Belieben zu schattieren. »Es ist eine Liebesgeschichte vor einem brutalen Hintergrund«, sagte Wood. »Es wäre dieselbe Liebesgeschichte, wenn sie auf der anderen Seite stünden.« Ursprünglich schien Wood der ideale Regisseur zu sein, weil er ein Mann der Aktion nach Hemingway-Art war (einer seiner früheren Erfolge war es, Ronald Reagan durch *King's Row* zu geleiten), und erst als der Film fertig war, zeigte sich, daß der Konservatismus sich bei Wood zu einer Obsession entwickelte. Wood stand keineswegs allein mit dieser Obsession. Im Februar 1944 gab er die Gründung einer militanten Organisation bekannt, der Film-Allianz für die Bewahrung Amerikanischer Ideale. Zu den Gründern gehörten Clark Gable, Robert Taylor, Gary Cooper, Walt Disney, Roy Brewer, Ginger Rogers, Barbara Stanwyck, John Ford, Irene Dunne und John Wayne. Woods Bekanntmachung erschien bewußt am Vortage eines üppigen Dinners des Hollywooder Vereins Freie Welt unter Vorsitz von Dudley Nichols, bei dem Henry Wallace sprechen sollte. »Der amerikanische Film wird jetzt und in Zukunft von Amerikanern für das amerikanische Volk gemacht, im Interesse Amerikas und für die Bewahrung und Beständigkeit der amerikanischen Landschaft und der amerikanischen Lebensart«, proklamierte Wood in seiner Eröffnungsansprache.

Nach diesem heroischen Anfang traf sich die Organisation jeden Monat einmal, führte ihre Routinegeschäfte und lauschte dann den aufmunternden Reden antikommunistischer Kreuzzügler wie J.B. Matthews, Louis Budenz und Ralph de Toledano. Das mochte noch ganz harmlos sein, aber die Organisation begann auch, im stillen den Kongreßausschuß für Unamerikanische Umtriebe zu bearbeiten, er solle kommen und den unamerikanischen Einfluß, den kommunistischen Einfluß in Hollywood untersuchen.

Inzwischen trug Wood ein kleines schwarzes Notizbuch bei sich, in das er Namen von Hollywood-Subversiven kritzelte, die man durchleuchten müßte. In seiner Familie nannte man laut Woods Tochter Jeane seinen Kreuzzug einfach »Es«. »›Es‹ verwandelte Dad immer in ein knurrendes, der Vernunft unzugängliches Scheusal«, sagte sie. Als der Ausschuß für Unamerikanische Umtriebe sich 1947 schließlich über Hollywood hermachte, war Wood einer der ersten »freundlichen« Zeugen (gleich nach Jack Warner und kurz vor Gary Cooper), die seine Untersuchungen begrüßten und auf ihren eigenen Kampf in der Sache verwiesen. 1949 schließlich bei einer Sitzung seiner eigenen Organisation redete Wood sich in Rage bei der Nachricht, daß ein liberaler Filmautor die Organisation wegen Verleumdung verklagte. Kurz nach Schluß der Sitzung erlitt Wood einen Herzanfall und starb. Als sein Testament eröffnet wurde, stellte sich heraus, daß er seine diversen Legate unter eine Bedingung gestellt hatte. Außer seiner Witwe, der er anscheinend traute, konnte niemand etwas erben, solange er nicht beim Erbschaftsgericht eine eidesstattliche Erklärung abgegeben hatte, daß er »kein Kommunist ist, noch jemals war«.

Doch das alles lag noch in der Zukunft, in der auch Ingrid Bergmann auf Grund schwerer moralischer Verfehlungen aus Hollywood hinausgeworfen wurde. Jetzt, in der Gebirgskulisse für *Wem die Stunde schlägt*, präsidierte Wood über eine recht glückliche Bande spanischer Freiheitskämpfer, besetzt, wie nur Hollywood sie besetzen konnte: Mit der Schwedin Ingrid Bergmann als Maria, dem Russen Akim Tamiroff als Pablo, der Griechin Katina Paxinou als Pilar und anderen. Es war eine alte Regel in Hollywood, daß alle fremdländischen Akzente gleich klängen. Sogar die authentische Gebirgskulisse war eine Täuschung, nicht nur weil es kalifornische und nicht spanische Berge waren, sondern weil die kalifornischen Filmemacher entschieden, ihre Berge sähen zu schön aus, und so begannen sie, graue Farbe in alle Richtungen zu versprühen. »Wir haben auch Wildblumen und Grünzeug ausgerissen, um zu vermeiden, daß die rauhe Landschaft für die Technicolor-Kamera zu ›hübsch‹ wurde«, erinnerte sich Wood.

Die Bergmann war entzückt. »Es war so primitiv und romantisch da oben mit den Stars und den hohen Gipfeln, bevor der Winterschnee die ganze Gegend abschnitt...«, sagte sie. »Ich habe in der Szene gesessen und gelacht. Gary Cooper zuzusehen, das war so wunderbar.« In ihr Tagebuch notierte sie: »Falsch war, daß mein Glücklichsein im Film zu sehen war. Ich war viel zu glücklich, um Marias tragische Gestalt echt darzustellen.«

Nein, es war nicht falsch. Es war sensationell. Während der berühmten Szene, in der Cooper und die Bergmann sich im Schlafsack lieben, die Szene, in der sie sagt, sie fühlte die Erde unter sich beben, verspürte ein unternehmungslustiger Reporter Hitze unter dem Kragen und beschloß, die Temperatur im Kino zu prüfen. Er stellte fest, daß jedesmal, wenn diese Szene gezeigt wurde, die Temperatur um mehrere Grade stieg.

Ein großer Hollywoodstar, der keinerlei Anstrengung machte, am Krieg teilzunehmen, war Errol Flynn, in Antrim, Nordirland, (nicht wie er selbst erzählte, in Australien) geboren und 1942 zum naturalisierten amerikanischen Staatsbürger geworden. »Er empfand keine Loyalität für Großbritannien und wenig für Australien«, sagte sein Freund David Niven. »Er hatte nicht die Absicht, sich zu den Fahnen rufen zu lassen.« Es wurde sogar behauptet, Flynn habe als Agent der Achse gearbeitet, aber das meiste Beweismaterial weist ihn schlicht als verantwortungslosen Lüstling aus, der nur darauf bedacht war, Drogen zu schmuggeln und Star jener internationalen »großen Gesellschaft« zu sein, in der faschistische Sympathien üblich waren. »Jüdischer Bastard« war Flynns Standardbegriff zur Kennzeichnung seines Chefs Jack Warner. Jetzt, mit dreiunddreißig Jahren, war Flynn am Ende seiner stürmischen Ehe mit der Schauspielerin Lili Damita angelangt.

Für die Warner Bros. war er der ideale Kriegsheld, hübsch, muskulös, warmherzig. Das Studio setzte ihn in *Sturzbomber* (Dive Bomber), *An der Schwelle zur Dunkelheit* (Edge of Darkness), *Der Held von Burma* (Objective Burma) ein. Im letzteren Film, der verkündete, amerikanische Verstärkungen würden bald die belagerten Briten retten – in einem Feldzug, in dem tatsächlich überhaupt keine Amerikaner kämpften –, hatte Produzent Jerry Wald einfach einen amerikanischen Helden erfunden, den Flynn spielen sollte. Das schien auch annehmbar in einem Krieg, der in Wahrheit auf einer Santa-Anita-Ranch gefilmt wurde. Alvah Bessie, ein spanischer Kriegsveteran, der beauftragt worden war, das Szenario zu schreiben, rief Wald an und brachte einen Einwand vor: »Schauen Sie, Jerry, in Burma *sind* keine amerikanischen Truppen.« Wald hatte eine typische Antwort parat: »Na und? Es ist doch nur ein Kinostück.« Die Briten allerdings waren außer sich. Der *London Daily Mirror* brachte eine Karikatur, auf der Flynn im Kampfanzug auf dem Regiestuhl sitzt. Die Unterschrift zitierte einen geisterhaften Tommy mit den Worten: »Entschuldigen Sie, Mr. Flynn, aber Sie sitzen auf ein paar Gräbern.« Flynn war beleidigt. »Wieso beschimpfen sie den Schauspieler?« protestierte er. »Er macht nicht den Film oder schreibt das Stück.«

Flynns Vergnügungsdrang bestand aus pausenlosem Saufen und Huren und Drogengenuß. Auf dem Kamm eines Hügels am Mulholland Drive entwarf und baute er ein 125 000-Dollar-Haus, das alle sinnlichen Phantasien der Zeit und des Ortes enthielt, angefangen bei Glaskästen voller Schießeisen über eine Hahnenkampf-Arena im Stall bis hin zu Schlafzimmern mit schwarzseidenen Vorhängen, Zobeldecken auf dem Bett und Zweiwegspiegeln an Wänden und Decken, so daß Gäste andere Gäste beim Spiel beobachten konnten. »Merkwürdige Leute wendeten den Schritt bergan nach Mulholland«, notierte Flynn. »Kuppler, Lebenskünstler, Tramps, Spieler, abgewrackte Schauspieler, Sportler, Neugierige, Gerichtsdiener, Schwindler, Perverse, Vertreter – alles, was es gibt auf der Welt... Sie kamen bei Tag und bei Nacht. Gebeten und ungebeten.«

Zu den vielen unbelegbaren Legenden um Flynns Freudendom gehört die von dem dickwanstigen mitteleuropäischen Diplomaten, der entschlossen war, den wilden Gerüchten von wüsten Orgien auf den Grund zu gehen. Flynn reagierte ausweichend und ärgerlich, aber der Diplomat stellte weiter hoffnungsvolle Nachforschungen beim Personal der Warners an, bis er sich endlich eine Einladung zum Dinner am Mulholland Drive erschwatzt hatte. Schwarze Krawatte. Als der Diplomat seiner Limousine entstieg und an Flynns Villa läutete, wurde die Tür von einer jungen Blondine geöffnet, die nichts als ein Schürzchen und ein Paar hochhackige Schuhe trug. Sie lächelte. Er lächelte. Sie bat ihn, ihr ins »Entkleidungszimmer« zu folgen, wie sie sagte. Als er sich ganz ausgezogen hatte, sagte sie, er solle durch die Tür am anderen Ende des Zimmers gehen, um zu den übrigen Gästen zu stoßen. Der Diplomat folgte gern ihren Anweisungen. Splitternackt, bebend vor erwartungsvoller Erregung, marschierte er durch die Tür. Und da stand er dann in Flynns Eßzimmer, wo alle anderen waren, korrekt gekleidet im Abenddreß.

Spaß, Spaß, Spaß – das war das Größte für Flynn. Bis es an seiner Tür klingelte und zwei Kriminalbeamte aus Los Angeles ihm mitteilten, daß gegen ihn Anklage wegen Notzucht an Minderjährigen erhoben worden sei.

»Ich weiß nicht, wovon Sie reden«, sagte Flynn.

»Es betrifft eine Miss Betty Hansen«, sagte einer der Beamten, wie Flynn berichtete, »und wir nehmen Sie jetzt mit.«

»Ich habe nie von ihr gehört. Betty Hansen? Wer ist das?«

Betty Hansen war ein Mädchen von siebzehn Jahren, das aus Nebraska in den Westen gekommen war, um eine Schwester zu besuchen, und ausgeschwärmt war in die Wildnis von Los Angeles. Die Schwester hatte sich ein Weilchen Sorgen gemacht und sich dann an die Polizei gewandt, um das Verschwinden der Kleinen zu melden und eine Suche nach ihr zu fordern. Die Polizei fand sie bald in einem Hotel in Santa Monica. Als man sie befragte, was sie denn so getrieben habe, sagte sie, sie sei bei einer Party gewesen, wo sie Errol Flynn kennengelernt habe, und später sagte sie aus: »Ich hatte Geschlechtsverkehr.«

Jedem Polizeibeamten von Los Angeles muß das als eine Sache von allerhöchster Bedeutungslosigkeit vorgekommen sein, aber nach kalifornischem Recht galt Geschlechtsverkehr mit einem Mädchen unter achtzehn Jahren als Notzucht an Minderjährigen und konnte mit fünf Jahren Gefängnis bestraft werden, auch wenn das Mädchen eine willige Partnerin war. Dieses Gesetz wurde nicht sehr streng gehandhabt. Aus irgendeinem Grunde aber beschlossen die Behörden im Oktober 1942, Betty Hansens Beschuldigung einer Anklagejury vorzulegen. Die Jury lehnte es begreiflicherweise ab, Flynn anzuklagen. Statt nun diese belanglose Angelegenheit zu den Akten zu legen, ermittelten die Behörden weiter, und so gruben sie den Fall der Peggy LaRue Satterlee aus, deren Mutter ein Jahr zuvor im Büro des Sheriffs erschienen war und sich darüber beschwert hatte, daß Flynn ihre fünfzehnjährige Tochter an Bord seiner Yacht ›Sirocco‹ verführt habe. Damals hatte man im Sheriffbüro die mütterliche Beschwerde mit einem Achselzucken abgetan, jetzt aber wurde die Satterlee-Geschichte wiedererweckt und der Hansen-Story hinzugefügt.

Was Vergewaltigungsklagen anging, so waren diese Geschichten meistens so absurd, daß kaum einzusehen ist, warum die Behörden sie überhaupt verfolgten. Die am wenigsten plausible Erklärung lieferte Distriktanwalt John Dockweiler, der zwei Jahre zuvor gewählt worden war und Buron Fitts abgelöst hatte, den kräftig geschmierten Freund des Filmgewerbes. »Ich muß die Öffentlichkeit wissen lassen«, sagte Dockweiler, »daß alle Männer und Frauen gleich sind, wenn sie vor unseren Gerichten stehen, und daß niemand das Gesetz verletzen und sich wegen seines Reichtums oder seiner Stellung der Bestrafung entziehen kann.« Interessanter – wenn auch völlig unbelegt – ist die Erklärung, die in Kenneth Angers *Hollywood Babylon* erschien. Anger, einst Kinderstar, später Regisseur des »Untergrundfilms«, schrieb, Flynn, nach der ersten Anklage gegen Kaution freigelassen, sei nach Hause gekommen, als das Telefon klingelte. »Eine unbekannte Stimme ertönte: ›Sagen Sie Jack, ich will zehntausend‹, dann wurde aufgelegt. Die ganze Affäre hätte hier und jetzt fallengelassen werden können, wenn Jack Warner, Flynns Boß, der Forderung des Erpressers entsprochen hätte.« Nach dieser Version war Flynn schlicht Opfer eines Systems, in dem die Filmindustrie »korrupte Los Angeles-Politiker« bezahlte, damit sie sie beschützten. »Diese Gelder wurden gewöhnlich an die ›Bosse‹ gezahlt, die dafür sorgten, daß die Polizisten ihren Teil des Kuchens abbekamen«, schrieb Anger. Kurz bevor Miss Hansen ihre Geschichte erzählte, schrieb er weiter: »Einige Veränderungen waren in der Befehlshierarchie des L. A.-Rathauses vorgenommen worden. Als Jack Warner versäumte, die neuen Bosse zu schmieren, wurde die erste Vergewaltigungsklage gegen Flynn erhoben, als Warnung. Als das nichts fruchtete, schoben die Cops das zweite Flittchen nach vorn und ließen es seine ein Jahr alte Klage zwitschern.«

Florabel Muir, eine zuverlässige Reporterin, die für die *New York Daily News* aus Hollywood berichtete, sah in diesem Fall auch Manipulation, aber sie stand mehr auf der Seite der Behörden. Sie glaubte, die Warner Bros. habe von Anfang an die Finger darin gehabt und »Fäden gezogen wie verrückt, um Flynn vor der Anklage zu bewahren«. Als die Manipulationen des Studios Erfolg hatten, schrieb sie weiter, beschwerte sich die erboste Polizei bei Dockweiler, den die Muir als »ehrlichen und frommen Mann« bezeichnete. Flynn hatte nun kaum eine andere Wahl, als sich an den Mann zu wenden, an den sich alle Hollywoodstars wandten, wenn ihnen Haft drohte: an Jerry Giesler. Dieser dickbäuchige und sehr zuvorkommende Anwalt mit hoher Fistelstimme bereitete jeden Fall mit äußerster Sorgfalt vor und führte erschöpfende Vernehmungen durch. Giesler brachte es fertig, seinen neuesten Klienten zu so etwas wie einem Volkshelden zu machen. Seine Strategie war, wie er später sagte, die beiden jungen Anklägerinnen als »nicht so unerfahren in weltlichen Dingen, wie die Distriktsanwaltschaft die Öffentlichkeit glauben machen möchte« hinzustellen. Ein Heer von Reportern ließ sich kein Wort entgehen. Zu einer Zeit, da weltweit Krieg und Vernichtung herrschte, wurde der Prozeß gegen Errol Flynn, der mit zwei gierigen Halbwüchsigen herumgehurt hatte, als Sensation erster Ordnung behandelt, die oft eine Schlagzeile auf der ersten Seite wert war.

Betty Hansen behauptete, sie habe sich, nachdem sie Flynn kennengelernt hatte, nicht wohl gefühlt und sei nach oben gegangen, um sich ein bißchen hinzulegen. Flynn sei ihr nachgekommen und habe sie mißbraucht. Flynn stritt alles ab. Nun war es an Giesler, Miss Hansens durchaus plausible Geschichte lächerlich zu machen.

Giesler: Als er Ihnen sagte, Sie sollten sich aufs Bett legen, hat er da auch gesagt, wozu er wollte, daß Sie sich hinlegen?
Hansen: Nein, hat er nicht.
G.: Hatten Sie eine Ahnung, warum er wollte, daß Sie sich hinlegen?

H.: Nein...

G.: Was, dachten Sie, würde geschehen – wollten Sie bloß ein Nickerchen machen?

H.: Ja.

Selbst wenn Miss Hansens Geschichte den scheußlichen Unterton der Wahrheit hatte, Giesler ließ sie lächerlich klingen. Hartnäckig fragte er ganz genau nach, wer welches Kleidungsstück ausgezogen hatte, und brachte so ans Licht, daß Flynn während der ganzen Episode die Schuhe anbehalten hatte. Und als alles vorbei war, was tat Flynn dann? Er ging ins Badezimmer und begoß sich mit Haaröl. »Können Sie sich erinnern, was sonst noch geschah?« stieß Giesler nach. »Ich glaube, er fragte, ob ich es jemals benützte, und ich sagte nein«, bezeugte das unglückliche Mädchen.

Hörte sich Betty Hansens nächtliche Romanze armselig an, so klang Peggy LaRue Satterlees Kreuzfahrt auf Flynns Yacht nach Gieslers Worten »unsinnig«. Sie war um Mitternacht an Bord gegangen, hatte sich in die Kabine begeben und sich fast ganz ausgezogen. Giesler wollte jede einzelne Kleinigkeit wissen.

Giesler: Sie haben also auch die Strümpfe ausgezogen, und Sie tragen doch so einen... wie nennen Sie das?... Büstenhalter?

Satterlee: Ja.

G.: Haben Sie den ausgezogen?

S.: Nein.

G.: Den haben Sie nicht ausgezogen?

S.: Ich meine – ja.

G.: Also was nun?

S.: Ich zog ihn aus.

Und so weiter. Miss Satterlee, die jetzt Nachtclubtänzerin war, behauptete, Flynn sei in ihre Kabine gekommen, und sie habe protestiert: »Sie dürften nicht hier sein, weil es nicht nett ist, in das Schlafzimmer einer Dame zu gehen, wenn sie im Bett liegt.« Flynn, schon im gestreiften Schlafanzug, habe gesagt, er wolle nur ein bißchen plaudern. »Er sagte: ›Lassen Sie mich nur zu Ihnen ins Bett, ich will Ihnen nichts tun, ich möchte bloß mit Ihnen sprechen.‹« Giesler, vielleicht mit Miss Hansens Aussage im Hinterkopf, wollte Auskunft über Flynns Schuhe. »Hatte er etwas an

den Füßen? Miss Satterlee sagte, sie habe »seine Füße nicht bemerkt«.
G.: Haben Sie ihn zu sich ins Bett gelassen?
S.: Nein.
G.: Ist er ins Bett gekommen?
S.: Ja...
G.: Sagte er etwas in der Zeit vor dem Geschlechtsakt?
S.: Nicht daß ich wüßte...
G.: Haben Sie sich dann gegen ihn gewehrt?
S.: Nicht sehr, nein.
G.: Haben Sie sich überhaupt gewehrt?
S.: Nein, Sir, ich habe geweint.
Giesler stellte klar, daß Miss Satterlee sich nicht nur nicht gegen Flynns Avancen gewehrt hatte, sondern daß sie den ganzen folgenden Tag schwimmend und plaudernd und für Photos posierend mit Flynn auf der Yacht verbracht hatte. An diesem Abend ließ sie eine Bemerkung über den Mond fallen, der auf dem Meer glänzte, und Flynn lockte sie unter Deck, wie sie sagte, mit den Worten, der Mond sei am besten durch ein Bullauge zu betrachten. Giesler prüfte alle Möglichkeiten. Hatte Flynn sie die Treppe hinuntergetragen? Nein. Gezogen? Nein. Hatte er sie untergehakt? »Kann sein, daß er mich am Arm festgehalten hat, als wir die Stufen hinuntergingen«, sagte Miss Satterlee. Wußte sie, wohin sie gingen? Flynn habe sie geführt. War sie ihm gefolgt? Ja. Warum? »Weil ich den Mond durch das Bullauge sehen wollte.« Und so hatte sie durch das Bullauge geschaut, auf der rechten Seite des Schiffs, und dann hat »Mr. Flynn... gesagt, einmal hätte er mich ja schon gehabt, nun könnte ich es ihn natürlich auch diesmal machen lassen«.
Giesler hatte einen hochentwickelten Sinn für Details.
G.: Hat er sein Geschlechtsteil in Sie eingeführt?
S.: Ja.
G.: Wie hat er es gemacht, wissen Sie das?
G.: Nein, Sir.
Giesler fragte sie weiter, ob sie Widerstand geleistet habe oder nicht. »Sie wollten wohl nicht ihre Ehre verteidigen, nein?« fragte er einmal. Der Ankläger erhob Einspruch, die Frage sei »argumen-

tativ«, aber der Richter wies ihn ab. »Wollten Sie?« drang Giesler weiter in Miss Satterlee. »Danach habe ich über meine Ehre nicht nachgedacht«, sagte sie, »weil ich sowieso keine Ehre hatte, als er fertig war.«

Das ganze Melodram, von der Presse mit Schlagzeilen bedacht, die der Niederlage Frankreichs würdig gewesen wären, war nur eine Vorverhandlung, eine Kostümprobe. Ende November entschied Richter Walters vom Amtsgericht Los Angeles, daß Flynn der Prozeß wegen Notzucht an Minderjährigen in drei Fällen gemacht würde. Und so standen die Menschen im Januar 1943 Schlange für die Chance mitzuerleben, wie Flynn sich vor dem Oberen Gerichtshof von Los Angeles verteidigte. Giesler setzte seinen Stolz darein, neun Frauen auf die Geschworenenbank zu bekommen, denn er war sich ihres Urteils über Flynns Anklägerinnen sicher (ob das wohl heute noch zuträfe?). Er ließ Betty Hansen ihre unglaubwürdige Geschichte noch einmal erzählen und bestand dann auf noch mehr Details.

G.: Miss Hansen, der Akt selbst dauerte – wie lange, bitte?
H.: Etwa fünfzig Minuten.
G.: Etwa fünfzig Minuten?
H.: Ja, das stimmt.
G.: Und während der ganzen Zeit lag er auf Ihnen?
H.: Das ist richtig.
G.: Hat es weh getan?
H.: Ja.
G.: Sie haben nicht geschrien?
H.: Nein...
G.: Hat es sehr weh getan?
H.: Nein, das nicht...
G.: Haben Sie sich an der Ausübung des Verkehrs beteiligt?
H.: Was meinen Sie damit, bitte?
G.: Ich frage Sie, ob Sie sich an der Ausübung des Verkehrs auch selbst beteiligt haben. Haben Sie auf ihn reagiert, als er mit Ihnen den Akt vollzog?
H.: Ja, das habe ich.

Peggy LaRue Satterlee war als Vergewaltigungsopfer noch weniger glaubhaft, nicht nur, weil sie bereitwillig Flynns Yacht bestiegen

hatte, nicht nur, weil sie jetzt Tänzerin in einem Nachtclub war, sondern weil Giesler von einem anonymen Anrufer erfahren hatte, daß sie sich auf absonderliche Lustbarkeiten mit einem kanadischen Piloten namens Owen Cathcart-Jones eingelassen hatte, der sie unter anderem Vötzchen und Hurenmäulchen nannte. Miss Satterlee hatte im Sommer 1941 mit ihrer Schwester im Appartement des Kanadiers gewohnt, und sie war mit ihm in eine Leichenhalle gegangen. Giesler verlangte, daß Cathcart-Jones Einzelheiten liefere.
Giesler: Und sie spielten sozusagen Verstecken zwischen den Leichen, oder? Erinnern Sie sich an den Abend?
Cathcart-Jones: Ja.
G.: Erinnern Sie sich, daß sie Ihnen die Leiche einer älteren Frau gezeigt – aufgemacht und Ihnen gezeigt – hat?
C.: Ja.
G.: Und daß sie in der Leichenhalle das Laken von einem Filipino zog, der über der Leibesmitte verletzt war?
C.: Ja, daran erinnere ich mich.
G.: Und dann ging sie nach hinten, wo man den Leichen Spritzen in die Adern gibt, und dort beugte sie sich zu einem älteren Mann hinunter, der dort lag, und ihr Kopf war an das Gesicht des Mannes gedrückt – erinnern Sie sich daran?
C.: Ja, daran kann ich mich erinnern.
Welches Geschworenengericht in Los Angeles, ob es aus neun Frauen und drei Männern oder aus neun Männern und drei Frauen bestand, hätte eine solche Zeugenaussage hören und dann Errol Flynn wegen Vergewaltigung verurteilen können? Giesler war wirklich gründlich. Nachdem er die Aussage von Peggy LaRue Satterlee gehört hatte, Flynn habe sie unter Deck geführt, um an der Steuerbordseite der Yacht durch ein Bullauge den Mond zu betrachten, holte er einen Meteorologen in den Zeugenstand, der zu Protokoll gab, daß der Mond, mit dem Miss Satterlee verführt worden war, tatsächlich auf der anderen Seite der ›Sirocco‹ schien. Es blieb also nur die Aussage von Errol Flynn selber, der in den Zeugenstand ging und wahrscheinlich log, als er alles rundweg bestritt. Er schwor, daß er niemals mit einem dieser Mädchen Sex gehabt hätte.

Zwei der drei männlichen Geschworenen wollten Flynn verurteilen, aber was spielte ihre Meinung schon für eine Rolle? Nach einem Beratungstag verkündete das Gericht seinen Spruch: Unschuldig. Ein kleines Mädchen rannte nach vorn und überreichte Flynn einen Blumenstrauß. Und Flynn erklärte, was jeder freigesprochene Kriminelle schon immer erklärt hat: »Mein Vertrauen in die amerikanische Rechtsprechung hat sich voll bestätigt.«

Wenn Bertolt Brecht in einer Filmkolonie voll erfolgreicher deutscher Emigranten schon keine Beschäftigung finden konnte, welche Hoffnung konnte es dann für den größten Filmregisseur aus Spanien geben? Luis Buñuel, als Linker aus seiner untergeordneten Stellung in der Filmabteilung des Museum of Modern Art in New York entlassen, versuchte einen neuen Job bei der spanischen Synchronisation von Filmen der Warner Bros. zu finden. Zu spät. »Als Hauptstadt der Synchronisation war Hollywood am Ende«, erinnerte sich Buñuel später, »weil man das jetzt in den Ländern machte, in denen der Film gezeigt werden sollte.«
So kam es, daß der Schöpfer des surrealistischen Klassikers *Der andalusische Hund* (Un Chien Andalou) bloß umherwanderte und die südkalifornische Landschaft betrachtete. Natürlich faszinierte sie ihn auf eine Weise, wie nur Luis Buñuel fasziniert sein konnte. »Eines Tages, als ich spazierenfuhr«, erzählte er, »entdeckte ich die gewaltige, vier Kilometer lange Mülldeponie von Los Angeles. Sie enthielt alles, von Apfelsinenschalen bis zu Flügeln und ganzen Häusern. Hier und da stieg Rauch von Bränden auf. Und am Grunde der Grube, auf einem kleinen Stück Land, das sich leicht über die Müllberge ringsum erhob, standen ein paar winzige Häuschen, in denen richtige Menschen wohnten. Einmal sah ich ein junges Mädchen, vielleicht vierzehn oder fünfzehn, aus einem der Häuser treten, und ich stellte mir vor, sie hätte eine Liebesaffäre in diesem infernalischen Dekor. Man Ray und ich hätten gern einen Film daraus gemacht, aber wir konnten das Geld dafür nicht aufbringen.«

Wiedersehen

(1944)

Die Hollywooder, die in den Krieg gezogen waren, kamen von Zeit zu Zeit einmal nach Hause, und manchmal stolperten sie in unerwartete Auseinandersetzungen mit Hollywoodern, die daheim geblieben waren. Leutnant John Huston, auf Heimaturlaub in Kalifornien, ging zu einer von David Selznicks Parties und traf dort auf Errol Flynn. Als Flynn »etwas Gemeines«, wie Huston meinte, über Olivia de Havilland sagte, fuhr Huston ihn an: »Das ist gelogen! Und auch wenn es nicht gelogen wäre, kann nur ein Scheißkerl es wiederholen.«

Flynn, der Filmheld, der den Militärdienst verabscheute, fragte Huston, ob er das auszutragen wünsche. Huston sagte, das wolle er. Früher war Huston einmal Boxer gewesen, aber auch Flynn war ein erfahrener Kämpfer und fünfundzwanzig Pfund schwerer. Außerdem war Huston halb betrunken. Flynn ging voran in eine dunkle Ecke in Selznicks Garten, dort zogen beide Männer ihre Jacken aus und begannen zu tänzeln. »Mich hat es sofort erwischt und ich landete mit den Ellenbogen auf dem Kiesweg«, erzählte Huston später. »Ich stand gleich wieder auf und war auch schon wieder unten.« Im Fallen rollte Huston sich weg von Flynn, weil er erwartete, daß Flynn nach ihm treten würde, um ihn zu erledigen, aber zu Hustons Überraschung hielt Flynn sich zurück. »Der Kampf wurde streng nach den Regeln geführt«, sagte Huston, »wofür ich meinen Hut vor Errol Flynn ziehe.«

Anders als die Prügeleien in Hollywoodfilmen pflegen richtige Kämpfe zwischen zwei starken Gegnern nicht mit schnellen K.O.s zu enden. Flynns erste Treffer hatten Hustons Nase gebrochen und ihm einen Riß über dem Auge beigebracht, aber der Leutnant war in guter körperlicher Kondition, er wurde inzwischen auch nüchtern und entschloß sich weiterzukämpfen. Als Veteran des Rings wußte er, daß das Hauptziel nicht des Gegners Kinn, sondern sein Körper war, und so hämmerte er immer wieder gegen Flynns Rippen. Flynn fing an, zu klammern und zu ringen, sich über den Kleineren zu hängen, und beide fluchten hemmungslos, während sie kämpften. »Die Sprache war... zwar nicht hitzig, aber so gemein wie nur möglich...« sagte Huston. »Und damals war *motherfucker* noch kein Kosename.«

Wohl eine halbe Stunde lang droschen sie aufeinander ein, dort draußen in Selznicks dunklem Garten. Als schließlich die Party allmählich abzubröckeln begann, erfaßten die Scheinwerfer der über den Kiesweg hinausrollenden Autos die beiden immer noch kämpfenden Männer. Selznick, der Gastgeber, kam herausgelaufen, um zu sehen, was da los war. Selbst halb betrunken und von Natur aus streitsüchtig, nahm er an, daß Flynn der Angreifer war und versuchte, auf Hustons Seite in den Kampf einzugreifen. Dann gelang es dem üblichen Chor der Umstehenden, die Kombattanten und auch die Möchtegern-Kombattanten zu trennen und festzuhalten. Flynn mußte wie Huston ins Krankenhaus, Huston wegen der gebrochenen Nase, Flynn wegen zwei gebrochener Rippen. Später rief Flynn bei Huston an, um sich zu erkundigen, wie es ihm ginge. »Ich sagte, ich hätte den Kampf so richtig genossen«, berichtete Huston, »und ich hoffte, wir könnten es demnächst einmal wieder tun.«

Der Krieg ging eindeutig seinem Ende entgegen. In diesem Juni landeten die Alliierten in der Normandie und im August in Südfrankreich; Paris wurde befreit; General MacArthur inszenierte seine melodramatische Rückkehr auf die Philippinen. Täglich starben Soldaten, dennoch war zu spüren, daß der große Kampf zu Ende ging, und schon kamen ein paar Glückliche nach Hause.

Darryl F. Zanuck sah selbstverständlich zu, daß er zu den Glücklichen gehörte. Es wurde bei ihm sogar etwas nachgeholfen. Ein Untersuchungsausschuß des Senats unter Leitung von Harry S. Truman aus Missouri, vorwiegend damit befaßt, Berichte über Verschwendung und Korruption im Zusammenhang mit

Rüstungsausgaben zu überprüfen, ließ verlauten, daß er sich die Offiziersgrade ansehen wolle, die so leichtherzig an so viele Hollywood-Prominente verliehen worden waren – Oberst Zanuck, Oberst Capra, Oberst Roach und alle anderen. Zanuck flog aus Gründen, die nie ganz geklärt wurden, nach Washington zu General Marshall, und dann gab er seine Demission bekannt.

Er kehrte zur 20th Century-Fox zurück und fand sie leicht verändert vor. Sein Gründungspartner William Goetz, der Produzent, dessen Karriere weitgehend auf seiner Ehe mit Louis B. Mayers älterer Tochter Edith beruhte,* hatte es gewagt, seine Autorität geltend zu machen. Er hatte anzuordnen gewagt, Zanucks Büro neu streichen zu lassen. Es war immer in einem fahlgrünen Ton gehalten, bekannt als »Zanuck-Grün«, den der Produzent nicht nur für sein Büro verwendete, sondern auch für sein Haus, seine Privatsauna, seine Limousinen, sogar sein Telefon. (Das Zanuck-Grün war, wie Nachforschungen ergaben, die Farbschattierung, in der Zanucks Mutter ihre Fingernägel zu lackieren pflegte.) Goetz hatte Zanucks Büro nun blau streichen und mit Photos von Baseballspielern dekorieren lassen. Zanuck ließ die Studiomaler kommen, damit sie alles wieder in Zanuck-Grün zurückverwandelten.

Goetz hatte auch den Hintereingang zumauern lassen, den Zanuck für seine Vieruhr-Riten benutzt hatte. (»Jeden Tag um vier Uhr nachmittags besuchte irgendein Mädchen aus dem Betrieb Zanuck im Büro«, sagte Milton Sperling, ein junger Fox-Autor, der sich mit dem Zusammenbrauen der Eislaufmärchen für Sonja Henie einen gewissen Ruf erworben hatte. »Die Türen wurden abgeschlossen, wenn sie drin war, es wurden keine Anrufe entgegengenommen, und für die nächste halbe Stunde passierte gar nichts – Kommandozentrale geschlossen. Ringsum stockte die Büroarbeit für die Sex-Siesta. Das war ausgemachte Sache...«)

Zanuck ließ die zugemauerte Tür nicht wieder öffnen – vielleicht hatte sein Armeeleben ihn gelehrt, etwas diskreter zu sein –,

---

* Als Zanuck 1933 bei der Warners ausschied und begann, die 20th Century-Filmgesellschaft aufzubauen, investierte Nicholas Schenck 375 000 Dollar, damit sein Bruder Joe als Partner eintreten konnte, und Louis B. Mayer investierte 375 000 Dollar, damit auch Goetz Partner wurde.

dafür konzentrierte er seine Energie auf den »Mist«, den Goetz genehmigt hatte. Einige der Filme in der Produktion, sagte Zanuck in einem formellen Memorandum, »machen mich kotzen – und werden auch das Publikum zum Kotzen bringen, wenn wir den Fehler machen, sie zu zeigen.« Goetz machte einen kurzen Versuch, sich zu verteidigen. Bei einer Sitzung warf er Zanuck vor, er terrorisiere ihn, und erklärte, er weigere sich, als Fußabstreifer zu dienen, dann aber flüchtete er aus dem Raum, den Tränen nahe. Er ging und suchte Rat bei seinem Schwiegervater Louis B. Mayer, der ihm empfahl, die Fox zu verlassen, und ihm eine Million Dollar zur Finanzierung des Umstiegs anbot. Und so wurde bekanntgegeben, daß Goetz als Leiter eines selbständigen Unternehmens namens International Films zur Universal ginge. Zanuck hatte wieder die volle Verfügungsgewalt über die Fox.

Zanuck sah etwas, was Mayer und die Warner-Brüder nicht erkannten – daß der Krieg die amerikanischen Ansichten und Vorstellungen veränderte und daß die munteren kleinen Filmchen der dreißiger Jahre, die B-Filme, die billigen Western und Krimis, nie wieder Hollywood-Studios ernähren würden. »Noch ist der Krieg nicht zu Ende, aber bald wird er es sein«, erklärte Zanuck am ersten Tag, an dem er das Kommando wieder übernommen hatte, vor seinen versammelten Produktionschefs und Regisseuren. »Und wenn die Jungens vom Schlachtfeld drüben nach Hause kommen, werdet ihr feststellen, daß sie sich verändert haben. Sie haben etwas gelernt in Europa und im Fernen Osten. Wie andere Völker leben, zum Beispiel. Wie Politik das Leben verändern kann... O ja, ich gebe zu, daß es immer einen Markt für Betty Grable und Lana Turner und den ganzen Tittenkram geben wird. Aber sie kommen zurück mit neuen Gedanken, neuen Ideen, neuen Bedürfnissen... Wir müssen anfangen, Filme zu machen, die unterhalten, aber zugleich dem neuen Klima der Zeit entsprechen. Anregendes für vitale, denkende Menschen. Themenfilme.«

Mutige Worte und im Grunde richtig, nur hatte Zanuck nicht wirklich die Urteilskraft, um auszuführen, was er verkündete. Das bedeutendste Ereignis in diesem letzten vollen Kriegsjahr, abseits der Schlachtfelder und auf dem Weg zum Sieg, war die erste Enthüllung der unglaublichen Dinge, die in Polen geschehen waren. Seit 1940 hatte es immer wieder Berichte über Massaker an Juden gegeben, aber erst im Frühjahr 1944 erreichte der Holocaust seinen unvorstellbaren Höhepunkt mit der Verschleppung von fast einer halben Million ungarischer Juden nach Auschwitz, und erst im Sommer 1944 befreite die Sowjetarmee das erste polnische Todeslager, Maidanek, und entdeckte die Berge von Knochen und Menschenasche, die einmal ein Volk gewesen waren. Man kann es Hollywood nicht einmal allzu sehr verübeln, daß es nicht begriff, was vor sich ging, hatten doch Präsident Roosevelt und eine Menge anderer Leute in sehr ähnlicher Weise versagt. Aber als einer von Zanucks Adjutanten meinte, er solle doch einmal überlegen, ob man nicht einen Film über die Konzentrationslager der Nazis machen sollte, wies Zanuck den Gedanken schroff zurück. »Alles über Deutschland oder Zwangsarbeit entsetzt mich«, erklärte er in einer Notiz an den Regisseur Kenneth MacGowan. »Jeder bisherige Film über besetzte Länder einschließlich (John Steinbecks) *The Moon Is Down* war ein Riesenreinfall beim Publikum. Ich wüßte kein Thema, das in dieser Zeit für Zuschauer weniger einladend wäre als das Thema Zwangsarbeit... Zeigen Sie mir, wie ich eine gute Story machen kann aus dem Leben von Ernest R. Ball und den großartigen irischen Liedern, die er geschrieben hat.«

Zanuck machte einen Film über Ball, *Irish Eyes Are Smiling*, aber das Projekt, das ihn eigentlich fesselte, das ihm als »Anregung für denkende Menschen« vorschwebte, war eine Biographie des kältesten und ungeliebtesten Präsidenten Amerikas, Woodrow Wilson. Zanuck plagte sich lange mit dem Skript ab, kämpfte darum, die Verwicklungen der amerikanischen Beziehungen zur Welt in die Art von Szenen zu verwandeln, die den Beifall seiner Zuschauer finden würden. Als zum Beispiel Präsident Wilson einen Trupp Infanteristen bei der Abfahrt verabschiedete, sagte einer der Soldaten die Litanei her, die in so vielen Filmen des Zweiten Weltkriegs hergebetet wurde: »Mike da drüben ist aus Osteuropa, der ist Ire, Tex hier behauptet, er ist einfach bloß aus Texas, und ich heiße Vespucci, Herr Präsident, aber ich bin auch nur'n Amerikaner.« Das einzige, was man außerdem noch brauchte, um den Mißerfolg von *Wilson* zu garantieren, war für die Titelrolle ein unbekannter Schauspieler, der dem frigiden Präsidenten wirklich ähnlich sah – Alexander Knox. Als Zanuck die endgültige Fassung seines patriotischen Festspiels seiner getreuen Gattin Virginia zeigte, sagte sie getreulich: »Ich bin stolz auf dich.« Zanuck war beeindruckt. »Ich bin irgendwie stolz auf mich selbst«, sagte er. »Ich glaube, er kriegt den Oscar.«

Bezeichnenderweise beschloß Zanuck, die Premiere nicht in der Heimatstadt Wilsons, in Washington, stattfinden zu lassen, sondern in Wahoo, Nebraska, seiner eigenen Heimat. Dorthin nahm er einen Zug voller hochbezahlter Gefangener mit – Betty Grable, Tyrone Power, Joan Fontaine, Gene Tierney – zuzüglich das übliche Kontingent der ausgehaltenen Presse. Vor den Gästen eines städtischen Empfangs verkündete er: »Wenn meine Filme den Geist Amerikas geatmet haben, dann kam die Inspiration dazu aus meinen Kindertagen in Nebraska.« An diesem Oktobertag bei der Premiere war das Kino von Wahoo brechend voll, aber am nächsten Tag war es peinlich leer. Ein Bürger der Stadt mußte Zanuck den Geist Amerikas erklären: »Keiner in Wahoo wäre gekommen, um Woodrow Wilson zu sehen, und wenn er persönlich die Hauptstraße herunter gekommen wäre«, sagte er. »Also warum in aller Welt sollten sie Eintritt zahlen, um ihn in einem Film zu sehen?«

Zanuck hatte bereits eine neue Anregung für denkende Menschen in petto. Wie viele aus eigener Kraft aufgestiegene Manager dieser Zeit war er 1940 vom Präsidentschaftswahlkampf Wendell Willkies fasziniert gewesen, und daß Willkie die Wahl verloren hatte, entmutigte ihn nicht. Als Willkie alle Konfliktzonen durchwanderte und dann ein hoffnungsvolles Buch mit dem Titel *One World* schrieb, strahlte Zanuck. Er zahlte 100000 Dollar für die Filmrechte, übertrug das Werk Lamar Trotti, einem seiner Lieblingsautoren, und verwendete selbst fast ein Jahr darauf, mit Trotti das Drehbuch zu erarbeiten. Als das getan war, versuchte er, Spencer Tracy dafür zu gewinnen, Willkie zu spielen; Tracy war nicht interessiert. Er versuchte, John Ford für die Regie zu gewinnen; Ford war nicht interessiert. »Wenn sie nicht ankommen«, sagte er von seinen Anregungen *Wilson* und *One World*, »dann mache ich nie wieder einen Film ohne Betty Grable.«

Wilson brachte den niederschmetternden Verlust von zwei Millionen Dollar; *One World* wurde überhaupt nicht gedreht; Betty Grable unterstützte auch weiterhin Zanucks Studio.

Eine weitere unangenehme Überraschung erwartete Zanuck bei seiner Heimkehr aus dem Krieg: Bill Goetz war irgendwie dazu gebracht worden, Otto Preminger wieder einzustellen, einen Mann, den Zanuck für immer aus dem Studio verbannt zu haben glaubte. Preminger war eine zwiespältige Gestalt, sehr intelligent, sehr ehrgeizig, sehr selbstbewußt, aber irgendwie beschränkt, konventionell noch in seinen kriegerischen Versuchen, unkonventionell zu sein. Sein Vater war Generalstaatsanwalt in Österreich gewesen, eine bemerkenswerte Leistung für einen Juden in einer zutiefst antisemitischen Gesellschaft, aber Preminger selbst gab sein Jurastudium auf, um Schauspieler auf einer Wiener Bühne zu werden, um Regisseur zu werden, um Mitarbeiter des großen Max Reinhardt zu werden und dann sein Nachfolger. Er war erst neunundzwanzig, als Joseph Schenck von ihm hörte und ihn bei einer seiner Talentjagden durch Europa unter Vertrag nahm. Als er eintraf, brachte eine Limousine mit Chauffeur Preminger zu einer Suite auf dem Wilshire Boulevard in Beverly, wo ihn Blumen und Champagner erwarteten. Schenck hieß ihn mit einer großen Party willkommen. »Otto, dieses Haus wird dir immer offenstehen«, sagte Schenck. »Wenn du zum Essen kommen willst, brauchst du nicht erst anzurufen. Komm einfach. Für dich wird immer ein Teller auf meinem Tisch stehen. Als wärest du mein eigener Sohn.«

Zanuck, der mehr für die praktische Seite der Dinge bei der Fox verantwortlich war, sagte, Preminger solle die ersten Wochen im Studio nur herumgehen, den anderen Regisseuren zuschauen und sehen, wie Filme gemacht würden. »Wenn Sie glauben, daß Sie soweit sind, dann melden Sie sich«, sagte Zanuck. Als Preminger nach kurzer Zeit mitteilte, er fühle sich bereit, überreichte man ihm ein Wrack, einen gestoppten Film mit dem Titel *Under Your Spell*, in der Hauptrolle Lawrence Tibbet, ein Bariton der Metropolitan-Oper, den Zanuck nie hätte anheuern sollen, wie er jetzt meinte. Preminger machte aus diesen Trümmern einen bescheidenen Erfolg. Zanuck war überrascht und erfreut. Preminger bekam bessere Aufträge, einen neuen Vertrag, Gehaltserhöhung, Einladungen zum Dinner in Zanucks Palast. (Es war wohl in dieser Phase seines Erfolges, als er einer Gruppe seiner Mit-Emigranten begegnete, die alle Ungarisch sprachen. »Was soll das«, protestierte er, »wir sind doch in Amerika, also laßt uns Deutsch reden.«)

Dann übergab ihm Zanuck eins der größten Projekte des Studios, ein Werk von Zanuck persönlich, *Kidnapped*. Preminger hatte noch nie von Stevensons Roman *Entführt* gehört, war nie in Schottland gewesen, wollte den Film nicht machen. Einer von Zanucks Adjutanten redete ihm gut zu, man könne Zanuck nicht den Gehorsam verweigern, aber die ersten Szenen sahen nicht gut aus. Zanuck ließ Preminger kommen, um ihn wegen einer Szene zu rügen, in der ein Junge seinem Hund Lebewohl sagte. An einem Drehbuch, das Zanuck genehmigt hatte, hatte kein Regisseur irgend etwas zu ändern.

»Mir gefallen die Kürzungen nicht, die Sie in dieser Szene vorgenommen haben«, sagte Zanuck laut Preminger. »Das ist ein sehr bewegender Augenblick der Handlung. Ich bin der Produzent. Sie haben kein Recht zu streichen.«

»Ich habe in der Szene nichts gestrichen«, sagte Preminger.

»Wollen Sie damit sagen, daß ich mein eigenes Skript nicht kenne?« schrie Zanuck und griff nach einem drehbaren Buchständer, der sämtliche in der Herstellung befindliche Drehbücher enthielt.

»Sehen Sie doch nach!« brüllte Preminger zurück. »Sie werden sehen, ich habe nicht ein Wort gestrichen!«

»In ihm stieg der Verdacht auf, er könnte sich geirrt haben, und das regte ihn noch mehr auf«, erinnerte sich Preminger. »Er kommandierte mich raus aus seinem Büro.« Zanucks Assistent mahnte Preminger, nur ein sofortiger Entschuldigungsbrief an den Produzenten könne ihn retten. Preminger weigerte sich. Und dann begann er zum ersten Mal zu erfahren, wie es in Hollywood-Studios wirklich zuging. Er wurde nicht mehr in Zanucks Büro gerufen, nicht mehr in den Speiseraum der Geschäftsleitung gebeten. *Kidnapped* wurde einem anderen übertragen und fiel durch.

Da Preminger einen Vertrag hatte, setzte er sich einfach in sein Büro und wartete. Eines Tages kam er und stellte fest, daß sein Name von der Tür entfernt und das Schloß ausgewechselt worden war. Er blieb zu Hause, bezog weiter Gehalt, aber er wollte ja arbeiten. Er rief Joe Schenck an, der ihm gesagt hatte, er könne sich als sein Sohn betrachten. Schencks Sekretärin sagte, er sei beschäftigt. Preminger rief mehrere Wochen lang täglich an, aber Schenck war immer beschäftigt. Preminger beauftragte einen Agenten, ihm einen Job bei einem anderen Studio zu verschaffen, gleich welchen. Niemand wollte riskieren, Darryl Zanuck vor den Kopf zu stoßen.

Als Premingers Vertrag auslief, ging er nach New York und suchte sich ein paar Bühneninszenierungen. Eine davon war *Margin for Error* von Claire Booth-Luce, und als sie Preminger bei der Regiearbeit zusah, sagte sie sich, laut Premingers Freund Willi Frischauer: »Das ist ein Nazi für dich.« Und als dann der Deutsche, der den schurkischen Nazikonsul spielte, mitten in den Proben beschloß, nach Deutschland zurückzukehren, schlug Mrs. Luce vor, Preminger solle an seine Stelle treten. Ein Jude in der Rolle eines Nazis, das hatte im Jahre 1939 etwas Trauriges, aber Preminger fühlte sich fabelhaft mit seinem Monokel, seinem Schmiß, seinem rasierten Schädel. Er war ein solcher Erfolg, daß die Fox, als sie das Stück zu verfilmen beschloß – und da Zanuck weg war beim Militär –, Preminger bat, die Rolle auch hier zu spielen. Kühn bat Preminger Goetz, ihn den Film inszenieren zu lassen, wie er ja auch das Bühnenstück inszeniert hatte. Nervös lehnte Goetz ab. Noch kühner bot Preminger an, den Film ohne Bezahlung zu inszenieren. Er fügte hinzu, wenn die Ergebnisse seiner ersten Arbeitswoche nicht zufriedenstellend seien, würde er akzeptieren, abgelöst zu werden und nur noch als Schauspieler mitzuarbeiten. Nervös erklärte Goetz sich einverstanden. Und so kam es, daß Zanuck bei der Heimkehr aus der Armee Preminger vorfand, den er aus Hollywood vertrieben hatte, Preminger unter Vertrag in seinem eigenen Studio.

Eine der bemerkenswertesten Eigenschaften Zanucks, der ein sehr bemerkenswerter Mann war, war sein großes Vertrauen in die eigene Fähigkeit, Dinge nach ihrem Wert zu beurteilen und einen

Irrtum... nicht einzugestehen, aber zu korrigieren, auf seine eigene hoheitsvolle Art. Er bestellte Preminger, den er seit mehr als fünf Jahren nicht gesehen oder gesprochen hatte, in seine Villa. Ein Butler geleitete den Besucher in den Garten. »Zanuck saß in der Badehose an seinem Schwimmbecken«, erinnerte sich Preminger. »Er wandte mir den Rücken zu. Er blickte sich kurz um und zeigte mir dann wieder seinen Hinterkopf. Er griff nach einem Stück Papier und sagte: ›Wie ich sehe, arbeiten Sie da an ein paar Stücken. Ich halte nicht viel davon, ausgenommen dies eine, *Laura*. Ich habe es gelesen, es ist nicht schlecht. Sie können es produzieren. Aber solange ich bei der Fox bin, werden Sie nie Regie führen. Auf Wiedersehen.‹ ›Auf Wiedersehen‹, sagte ich zu seinem Rücken und ging.«

Alles im Leben Premingers war ein Kampf, Preminger gegen die ganze Welt. Für *Laura* arbeitete er mit drei verschiedenen Drehbuchautoren zusammen, darunter der Dichter Samuel Hoffenstein, und das endgültige Skript kränkte Vera Caspary, die den Originalroman geschrieben hatte. Der federführende Produzent Bryan Foy fand es auch nicht gut. Foy selbst las gar keine Drehbücher; er hatte einen Assistenten namens David, der das für ihn tat. »David hat das Laura-Skript gelesen und sagt, es ist lausig«, sagte Foy. Preminger antwortete hollywoodisch: »David verdient fünfundsiebzig Dollar die Woche, und ich verdiene fünfhundert. Ihm gefällt es nicht, aber mir gefällt es. Vielleicht ist es besser, Sie lesen es einmal selbst.« Foy las es oder gab vor, es lesen zu wollen, und am nächsten Tag erklärte er: »David hat recht. Das Skript stinkt.« Preminger bat ihn, es Zanuck zu schicken, damit er darüber entscheide. »Zanuck haßt Sie«, sagte Foy. »Er braucht weiter nichts als dieses lumpige Skript zu lesen, und er schmeißt Sie raus.«

Laura war eine einzige Kette von Kinkerlitzchen, kein Zweifel. Die schöne Heldin erschien als Ermordete, und der mit dem Fall beauftragte Detektiv wurde vom Porträt des toten Mädchens an der Wand ihrer Wohnung betört. Und dann war sie wieder da, überhaupt nicht tot, jetzt als Verdächtige im Mordfall der Freundin, die man tot aufgefunden hatte. Und der Dämon in diesem Todestanz war der bissige Pressekolumnist Waldo Lydecker, der

Laura auf nicht gerade kluge und befriedigende Art liebte. Preminger hatte solchen Leuten, Kritikern und Kolumnisten, immer gegrollt, deshalb dürfte er es großartig gefunden haben, daß der mörderische Schurke einer von ihnen war, noch dazu einer mit ausgefallenen sexuellen Neigungen. *Laura* sollte zu einem vielgepriesenen Beispiel jenes sonderbaren, quasi europäischen Genres der mittvierziger Jahre werden, das später *film noir* genannt wurde.

Zanuck ließ beide kommen, Preminger und Foy, hörte sich Foys Kritik an und entließ dann nicht Preminger, sondern Foy aus dem Projekt. Aber mehrere Regisseure lehnten das Drehbuch ab, entweder weil es ihnen nicht gefiel oder weil sie nicht in das ständige Kreuzfeuer zwischen Preminger und Zanuck geraten wollten. Trotzdem waren die beiden Feinde bereits bei der Rollenbesetzung. Zanuck wollte John Hodiak als jungen Detektiv; Preminger überredete ihn, es mit dem relativ unerprobten Neuling Dana Andrews zu versuchen. Die Titelrolle, die eigentlich von zweitrangiger Bedeutung war, wurde offenbar von Jennifer Jones abgelehnt, und dann beschwatzte Zanuck die ziemlich widerstrebende Gene Tierney, sie zu übernehmen. (»Ich hatte nie das Gefühl, daß meine Darstellung viel mehr als ausreichend war«, sagte sie später mit schöner Bescheidenheit.)

Was die tragende Rolle des Waldo Lydecker anging, so war Preminger entschlossen, Clifton Webb zu verpflichten, der noch nie einen Film gemacht hatte, aber damals am Biltmore-Theater in Los Angeles in Noël Cowards *Geisterkomödie* auftrat. Zanuck war skeptisch. Sein Besetzungsdirektor Rufus LeMaire behauptete, er habe Probeaufnahmen gesehen, die die MGM von Webb gemacht hätte. »Er geht nicht, er flattert«, höhnte LeMaire. Preminger fragte, ob er die Probeaufnahmen sehen könnte, und LeMaire versprach, sie beizubringen, aber anscheinend existierten solche Proben gar nicht. Webb war achtzehn Monate lang bei der MGM unter Vertrag gewesen, ohne je vor eine Kamera gestellt zu werden. Preminger erhielt Zanucks Genehmigung, Webb selber zu testen, aber Webb wollte sich nicht testen lassen. »Mein lieber Junge«, sagte er laut Preminger, »wenn Ihr Mr. Zanuck sehen will, ob ich spielen kann, soll er ins Theater kommen. Ich kenne Ihre

Miss Tierney nicht...« Zanuck war ungehalten. »Ich will ihn nicht auf der Bühne mit dem Noël-Coward-Stück sehen. Ich will ihn auf Film die Rolle des Waldo Lydecker spielen sehen.« Preminger ersann eine eigenwillige Lösung. Aus eigener Machtvollkommenheit schleppte er ein Filmteam ins Biltmore und filmte Webb bei einem Monolog aus der *Geisterkomödie*. Dann zeigte er den Film Zanuck, der immer noch ungehalten war, und Zanuck sagte: »Sie sind ein verdammter Hund, aber Sie haben recht. Er ist sehr gut.«

Inzwischen war Rouben Mamoulian als Regisseur für *Laura* verpflichtet worden, und Mamoulian hatte eine Menge eigener Ideen über Kulissen und Kostüme und die Art der Darstellung. Auch bat er Preminger, den Produzenten, nicht in den Umkreis der Kulisse zu kommen. »Er sagte, ich mache ihn nervös«, erinnerte sich Preminger. Preminger schickte sich, bestand aber darauf, daß die abgedrehten Szenen an Zanuck geschickt würden. Zanuck fand sie gräßlich. Im überfüllten Speiseraum der Fox-Manager sagte Zanuck plötzlich zu Preminger: »Was meinen Sie? Soll ich Mamoulian den Film wegnehmen?« Premingers Antwort war unzweideutig: »Ja.« Und so ließ Zanuck ihn schließlich den Film machen, er machte ihn nach seinen eigenen Vorstellungen, und auch das gefiel keinem. Das normale Verfahren war laut Preminger, daß ein roher Zusammenschnitt des fertig gedrehten Films in Zanucks Vorführraum gezeigt wurde, vor Zanuck und dem Regisseur in der ersten Reihe und »einem Dutzend von Zanucks Jasagern« hinter ihnen aufgereiht. »Sie schenkten dem Film nicht viel Aufmerksamkeit«, erinnerte sich Preminger. »Sie hatten die Kunst, in Zanucks Genick zu lesen, zur Perfektion entwickelt. Sie waren imstande, im voraus zu sagen, ob ihm der Film gefiel oder nicht, und richteten ihre Reaktionen darauf ein.« In diesem Fall fragte Zanuck sie gar nicht erst nach ihrer Meinung, sondern sagte nur mürrisch zu Preminger: »Na, den Anschluß haben wir verpaßt. Seien Sie morgen um elf bei mir im Büro.«

Wie üblich hatte Zanuck eine Theorie, wie man den Film reparieren sollte. Er ging in seinem Büro auf und ab, kaute an seiner Zigarre, schwenkte seinen Poloschläger und diktierte einer Sekretärin seinen Plan für einen neuen Schluß. Die erste Hälfte des

Films wurde von Lydecker erzählt, die zweite Hälfte von dem Detektiv. Zanuck wünschte eine Zusammenfassung, die von Laura selbst erzählt wurde. Premingers Reaktion war ein Stirnrunzeln, wie nur Preminger die Stirn runzeln konnte. »Wenn Ihnen das nicht paßt, hole ich mir einen anderen Regisseur«, schnauzte Zanuck. Preminger bekundete seine Bereitschaft, Befehlen zu gehorchen, und sei es nur, um »zu retten, was zu retten war.«

Zanucks neuer Schluß wurde also widerwillig gedreht, und dann kam der ganze Film zurück in Zanucks Vorführraum. Diesmal saß außer den Jasagern ein Neuer im Hintergrund, Walter Winchell, begleitet von »einer jungen Dame«, wie Preminger sagte. Winchell war ein alter Freund Zanucks und auch ein sehr einflußreicher Hearst-Kolumnist und Nachrichtensprecher beim Rundfunk (»Guten Abend, Mr. und Mrs. Nord- und Südamerika... wenden wir uns der Presse zu«). Winchell und das Mädchen ignorierten Zanucks Genick. Sie genossen den Film. Sie lachten an den richtigen Stellen. »Zanuck schien verblüfft«, erzählte Preminger. »Mehrmals drehte er sich nach ihnen um. Als die Vorführung beendet war, ging Winchell auf Zanuck zu und sagte in seiner abgehackten Art: »Ganz großartig! Ganz großartig! Gratuliere, Darryl. Bis auf den Schluß. Hab' ich nicht verstanden. Nicht verstanden.«

Wieder einmal demonstrierte Zanuck seine Fähigkeit zur Kursänderung. »Würden Sie lieber ihren alten Schluß wiederhaben?« fragte er Preminger. »Ja«, sagte Preminger, und so geschah es. Etwa zu dieser Zeit hatte Clifton Webb, dessen schlecht unterdrückte Hysterie für die bösartige Faszination von *Laura* entscheidend war, einen Nervenzusammenbruch. Er ging in ein Sanatorium in Neu-England. »Ausgeruht und wiederhergestellt kam er da heraus«, sagte Miss Tierney, »aber was bei seiner Analyse herauskam, war hauptsächlich die Aufforderung, grob zu seiner Mutter zu sein.«

Nach dem sensationellen Erfolg des *Großen Diktators*, der auch mehr Geld einbrachte als alle Filme, die sein Schöpfer sonst gemacht hatte, trieb Charlie Chaplin von einer Möglichkeit zur nächsten. Bei einem Essen mit Igor Strawinsky schlug der Komponist vor, sie sollten gemeinsam etwas versuchen, und Chaplin begann zu improvisieren. Der Film sollte in einer Nachtbar spielen. Zur Unterhaltung würde die Kreuzigung Christi gezeigt. Die meisten Gäste sahen gar nicht hin. Einige Herren an einem Tisch redeten weiter erregt über ein großes Geschäft. An einem anderen Tisch sagte eine Frau: »Ich begreife nicht, warum die Leute hierhergehen. Es ist bedrückend.« »Das Programm ist gut«, sagte der Mann. »Die Bude war pleite, bis sie mit dem Programm angefangen haben. Jetzt sind sie aus den roten Zahlen.« Ein Betrunkener fing zu brüllen an: »Guckt mal da, sie kreuzigen ihn! Und kein Mensch kümmert sich drum!« Strawinsky, der damals gerade so etwas wie eine Glaubenskrise durchmachte – es war die Zeit, in der er seine große Messe schrieb – sah Chaplin entsetzt an. »Das ist Gotteslästerung!« erklärte er. »Ach wirklich?« protestierte Chaplin. »Das war durchaus nicht meine Absicht.«

Bei einem Mittagessen mit Sir Cedric Hardwicke und Sinclair Lewis hörte er die beiden lobend über Paul Vincent Carolls Bühnenstück *Quell unter Steinen* sprechen, in dem Hardwicke kürzlich die Hauptrolle gespielt hatte. Lewis sagte, die Gestalt der Bridget sei eine moderne Johanna von Orléans. Chaplin war interessiert, teilweise weil er an einer angehenden Schauspielerin namens Joan Barry interessiert war. Sie erzählte ihm, daß sie das Stück am Broadway gesehen hätte, und bat, ihm einige Bridget-Szenen aus dem Textbuch, das Hardwicke Chaplin geschickt hatte, vorlesen zu dürfen. Chaplin war überrascht und beeindruckt, wie »ausgezeichnet sie las«. Er nahm sie für 250 Dollar wöchentlich unter Vertrag und schickte sie auf Max Reinhardts Schauspielschule. Er kaufte auch die Filmrechte an *Quell unter Steinen* für 25 000 Dollar und machte sich daran, ein Filmdrehbuch zu schreiben. Bald stiegen allerdings Zweifel an Miss Barry in ihm auf, an ihrer Begabung wie an ihrer Stabilität.

Dann kam eines Tages Orson Welles mit einer neuen Idee zu Chaplin. Er wollte eine Serie von Dokumentarfilmen machen und war fasziniert von dem Fall eines französischen Mörders namens Henri Désiré Landru, eines achtbaren Pariser Familienvaters, der 1914 eine Villa bei Rambouillet mietete und begann, Heiratsanzeigen aufzugeben. Landru, kahlköpfig und mit schwarzem Bart,

10

11

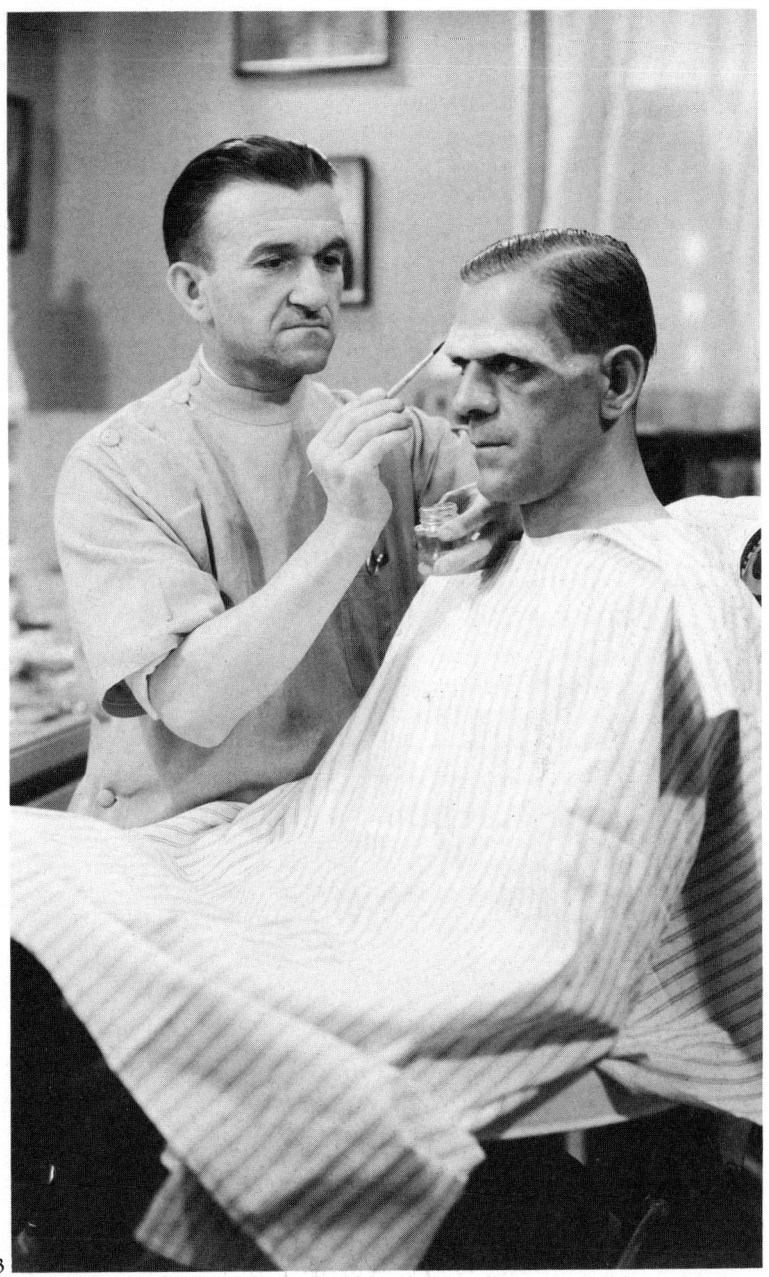

14

10 »A star was borne«: Aus der schwarzhaarigen mexikanischen Schönheit Margerita Cansino wird der Prototyp der blonden Amerikanerin Rita Hayworth.

11+12 Errol Flynn, der *Herr der sieben Meere,* kann sich seiner weiblichen Fans kaum erwehren; in einem Vergewaltigungsprozeß 1943 wird er frei gesprochen. Sein Kommentar: »Mein Vertrauen in die amerikanische Rechtsprechung hat sich voll bestätigt«...

13+14 Hollywood arbeitend und feiernd: Das berühmte Frankenstein-Monster, dargestellt von dem Schauspieler Boris Karloff, wird von seinem Maskenbildner in vierstündiger Arbeit präpariert; Festbankett zu Ehren Charlie Chaplins (von rechts nach links): der Schriftsteller H. G. Wells, Charlie Chaplin, seine damalige Frau Paulette Goddard, der Produzent Cecil B. DeMille.

war beinahe fünfzig, aber in seinen Kontobüchern verzeichnete er in den fünf verzweifelten Jahren des Ersten Weltkriegs, daß er mit 283 einsamen und wohlhabenden Matronen in dieser oder jener Form verkehrt habe. 1922 wurde er, obwohl er bis zum Schluß seine Unschuld beteuerte, für die Ermordung von zehn dieser Frauen geköpft. Welles, der Rita Hayworth noch nicht kennengelernt hatte, überlegte, ob Chaplin nicht an dieser misogynen Geschichte interessiert sein könnte. Chaplin war sehr interessiert – sein erster Ausbruch aus der Komik – und verlangte das Skript zu sehen. Es gäbe noch kein Skript, sagte Welles geschmeidig, nur die Protokolle des Landru-Prozesses. »Ich dachte, Sie könnten vielleicht dabei helfen, es zu schreiben«, sagte Welles. Chaplin ärgerte sich über ein solch entwürdigendes Ansinnen und lehnte auf der Stelle ab. Nach ein paar Tagen aber kam ihm der Gedanke, die Landru-Geschichte könnte »eine wundervolle Komödie« ergeben. Er rief Welles an und kaufte alle Rechte an der Idee für fünftausend Dollar. »Jetzt legte ich *Quell unter Steinen* beiseite und fing an, *Der Heiratsschwindler von Paris/Monsieur Verdoux* zu schreiben«, sagte Chaplin. »Drei Monate hatte ich daran gearbeitet, da kreuzte Joan Barry in Beverly Hills auf. Mein Butler teilte mir mit, sie hätte angerufen. Ich sagte, daß ich sie unter keinen Umständen empfangen würde.«

Bisher hatte Chaplin in seinem Leben nur die schlimmsten Erfahrungen mit Frauen gemacht. Er interessierte sich eigentlich nicht für sie. Er betrachtete sie als Spielzeug, das man mit ins Bett nahm und dann zur Seite legte, sobald man ernsthaft arbeiten mußte. »Ich muß eine Frau finden, die versteht, daß schöpferische Kunst einen Mann restlos beansprucht«, sagte er einmal. »Wenn ich arbeite, ziehe ich mich vollkommen zurück von denen, die ich liebe. Dann habe ich keine Kraft, keine Liebe für sie übrig.« Außerdem wünschte er sich die, die er liebte, sehr jung, was gewöhnlich bedeutete, daß sie mißtrauische Mütter hatten. Ende 1917 lernte Chaplin bei einer Party in Sam Goldwyns Haus am Strand eine Mildred Harris kennen, ein »sehr einfältiges junges Mädchen«, wie er sich erinnerte. Sie war achtzehn und er neunundzwanzig. Nach etwa einem Jahr glaubte sie, sie sei schwanger, und so heirateten sie. Die Schwangerschaft war falscher Alarm, dann aber wurde die junge Frau Chaplin wirklich schwanger und brachte einen mißgebildeten Sohn zur Welt, der nach drei Tagen starb. »Wir paßten absolut nicht zusammen«, sagte Chaplin später, und als er seiner jungen Frau, die selten zu Hause anzutreffen war, die Scheidung vorschlug, sagte sie: »Ich will weiter nichts als soviel Geld, daß ich für meine Mutter sorgen kann.«

Lillita McMurray war sechs Jahre alt, als ihre Mutter sie zur Geburtstagsparty in ein Hollywooder Restaurant führte, dort Chaplin erblickte und darauf bestand, daß man sich kennenlernte. Sie war zwölf, als eine Freundin ihrer Mutter sie erneut mit Chaplin bekanntmachte, und er war so beeindruckt, daß er ihr die Rolle des Engels in *Der Vagabund und das Kind* (The Kid) gab. Vier Jahre später testete Chaplin sie als Tanzgirl in *Goldrausch* (The Gold Rush), und mit der scharfäugigen Unschuld des halbwüchsigen Starlets fragte sie ihn, wie ihm die Probeaufnahme gefallen habe. »Nicht schlecht«, sagte er. (»Fabelhaft«, hatte er zu einem seiner Assistenten gesagt.) »Prima, prima«, sagte Lillita McMurray. Chaplin machte mit ihr einen Vertrag über fünfundsiebzig Dollar wöchentlich. Er änderte auch ihren Namen zu Lita Grey.

Inzwischen war er dem Mädchen natürlich sehr nahe gekommen, und deshalb hatte er es auch mit der Mutter zu tun. Ein Bruder der Mutter, zufällig Jurist, drohte Chaplin mit Klage, wenn er seinen Schützling, inzwischen schwanger, nicht heiratete. Fügsam fuhr Chaplin mit ihr und ihrer Mutter nach Mexiko und heiratete. Er war fünfunddreißig und Lita sechzehn. Nach Hollywood zurückgekehrt, zogen sie alle in Chaplins neue Villa in Beverly Hills. Es war ein spanischer Stuckbau mit vierzig Zimmern auf einem zweieinhalb Hektar großen Grundstück gleich unterhalb von Pickfair, dem berühmten Anwesen von Mary Pickford und Douglas Fairbanks, Chaplins Partnern bei der Gründung der United Artists. Die neue Ehe war von Anfang an ein Desaster. Chaplins Schwiegermutter führte nicht nur das Haus, sondern füllte es auch regelmäßig mit ihren Freunden und Verwandten. Chaplin verbrachte die meiste Zeit in seinem Büro. Er sah seine junge Frau oft genug, daß sie zwei Söhne bekam, Charles jr. und Sydney, aber nach zwei Jahren trennten sich die Chaplins offiziell.

Lita und ihre Anverwandten verlangten eine hohe Abfindung, und da Chaplin notorisch knickrig war, füllten sie ein zweiundfünfzigseitiges Dokument mit seinen Vergehen: Nachspionieren, zeitweiliges böswilliges Verlassen, Untreue mit »einer gewissen prominenten Filmschauspielerin« bis hin zu der Forderung an die junge Lita, Chaplins »degenerierte sexuelle Wünsche« zu erfüllen, die »zu abstoßend, unanständig und unmoralisch sind, um in dieser Beschwerde aufgezählt zu werden, ... der in Abschnitt 288 a des Strafgesetzbuches von Kalifornien definierte Akt sexueller Perversion«. Wer Abschnitt 288 a des Strafgesetzes zu Rate zog, stellte fest, daß er oralen Sex auch zwischen Ehepartnern verbot und mit fünfzehn Jahren Gefängnisstrafe bedrohte. Mrs. Chaplin verlangte die Hälfte des Vermögens ihrer Gütergemeinschaft, das sie auf 16 Millionen Dollar schätzte (eine Schätzung, die offenbar das Finanzamt dazu anregte, eine Steuernachzahlung von 1133000 Dollar einzufordern). Außerdem bekam sie einen Gerichtsbeschluß über vorläufige Alimente von 3000 Dollar im Monat. Chaplin reagierte damit, daß er ihr »unweibliches, unziemliches« Betragen vorwarf und anbot, ihr 25 Dollar wöchentlich zu zahlen. Als das alles schließlich geregelt war, hatte Chaplin 625 000 Dollar für Lita, 200 000 Dollar für die Kinder und 950 000 Dollar für die Rechtsanwälte zu bezahlen.

Paulette Goddard, geborene Pauline Marion Goddard Levee, hatte keine Mutter bei sich, als Chaplin sie an Bord der Yacht von Joseph Schenck zum ersten Mal sah. Sie war schon einundzwanzig, spielte schon kleine Rollen in Hal Roachs Laurel-und-Hardy-Filmen, war schon verheiratet und geschieden. Chaplin, inzwischen dreiundvierzig und etwas angekratzt, war entzückt. Aus gutem Grund. Miss Goddard war nicht nur schön, sie war auch intelligent, gutmütig und lustig. Und sehr ehrgeizig. Chaplin kaufte Roach ihren Vertrag ab und brachte sie groß heraus: in *Moderne Zeiten* (Modern Times, 1936), in dem die beiden am Schluß in den Sonnenuntergang wandern, und in *Der große Diktator*, der damit endet, daß Chaplin ihr die menschlichen Tugenden predigt. Vielleicht war sie zu ehrgeizig, um Chaplins totale Kontrolle über ihre Karriere zu akzeptieren. Er nahm es ihr übel, daß sie sich bei Selznick um die Rolle der Scarlett O'Hara bewarb, und sie nahm ihm übel, daß er es ihr übelnahm. »Es war unumgänglich, daß Paulette und ich uns trennten«, sagte Chaplin später ziemlich großspurig. Sie trennten sich einvernehmlich, noch bevor er mit dem *Großen Diktator* begann, und obgleich Zweifel bestanden, ob sie überhaupt richtig geheiratet hatten, auf dem Schiff im Hafen von Singapur, fuhr Miss Goddard 1942 nach Mexiko und ließ die Ehe scheiden, die da bestanden haben mochte. (Im Zusammenhang mit dieser Scheidung wurde erklärt, sie habe Chaplin 1936 in Kanton, China, geheiratet.) Miß Goddard hat nie preisgegeben, wieviel Geld sie erhalten hat – Schätzungen reichen bis zu einer Million –, aber sie liebte es, darüber Witze zu machen. »Ich habe sogar die Yacht bekommen«, sagte sie.

Vielleicht wurde Chaplin, zum ersten Mal bewußt, daß er einen wertvollen Menschen verloren hatte. Er war jetzt dreiundfünfzig, kein gutes Alter für die dritte Scheidung. Vielleicht war er deshalb so empfänglich für die Avancen einer attraktiven Rothaarigen namens Joan Barry. Sie war, wie es heißt, eine Freundin von J. Paul Getty, dem Ölmillionär, der nur zwei Jahre jünger war als Chaplin. Sie kam mit ein paar Empfehlungsschreiben aus Mexiko nach Hollywood, und das führte sie zu Tim Durant, Chaplins Tennispartner, und dann gingen sie alle zusammen bei Perrino essen. »Miss Barry war eine große, hübsche Frau von zweiundzwanzig Jahren«, schrieb Chaplin später in der eigenartigen Prosa seiner Memoiren, »gut gebaut, mit ungeheuer ausladenden Wölbungen der oberen Regionen, verführerisch durch ein enorm tief ausgeschnittenes Abendkleid...« Diese erste Begegnung war »ein harmloser Abend«, meinte Chaplin, aber dann rief Miss Barry an und bat ihn, sie zum Mittagessen einzuladen. Er sagte zu und nahm sie zunächst zu einer Auktion in Santa Barbara mit. Sie erzählte ihm, sie habe Streit mit Getty und sei im Begriff, nach New York zurückzukehren, würde aber in Hollywood bleiben, wenn Chaplin wolle. Chaplin zuckte voll böser Ahnungen zurück, wie er später behauptete, und sagte, sie brauche »seinetwegen nicht zu bleiben«. Am nächsten oder übernächsten Tag rief sie wieder an und sagte, sie sei noch in Hollywood und wüßte gern, ob sie ihn heute abend besuchen dürfte. Sie durfte. »Die Tage, die dann folgten, waren nicht unangenehm«, bekannte

Chaplin, »aber sie hatten irgend etwas Seltsames und nicht ganz Normales an sich. Ohne anzurufen tauchte sie plötzlich spät in der Nacht bei mir zu Hause auf...«

Etwa um diese Zeit begann Chaplin sich für *Quell unter Steinen* zu interessieren und kaufte es für Miss Barry als Hauptdarstellerin. Er scheint angenommen zu haben, daß sie wirklich begabt war – und sie war es vielleicht auch –, aber sie benahm sich zunehmend wunderlich. »Die Barry kam zu jeder Nachtzeit in ihrem Cadillac angefahren, sehr betrunken, und ich mußte meinen Fahrer wecken, damit er sie nach Hause fuhr«, erinnerte sich Chaplin. »Einmal zertrümmerte sie ihren Wagen in der Einfahrt und mußte ihn da stehen lassen... Schließlich wurde sie so lärmend, daß ich nach Mitternacht weder ans Telefon ging noch ihr die Tür aufmachte. Dann fing sie an, mir die Fenster einzuschmeißen. Nachts wurde mein Dasein zum Alptraum.«

Chaplin erfuhr, daß sie nicht zum Unterricht in die Max-Reinhardt-Schule gegangen war, und als er ihr diese Entdeckung vorhielt, sagte sie, sie wollte sowieso kein Filmstar werden. Laut Chaplin erklärte sie, wenn er ihr fünftausend Dollar und das Fahrgeld nach New York für sie und ihre Mutter gäbe, dann würde sie ihren Vertrag mit ihm zerreißen. Chaplin willigte erleichtert ein, und weg war sie.

Chaplin war in diesen Tagen nicht nur mit seinen Filmprojekten und seinem Liebesleben beschäftigt, sondern auch mit Politik. Die aktuelle Kriegslage, die es für die Sowjets wichtig machte, daß die Westalliierten mit der Invasion Frankreichs eine zweite Front eröffneten, war das große Thema. Das Amerikanische Komitee für russische Kriegshilfe bat Chaplin, anstelle des erkrankten Botschafters Davies bei einer Versammlung in San Francisco zu sprechen, und Chaplin begann seine gefühlvolle Rede mit den Worten: »Genossen! Und ich meine Genossen!« Es gab Riesenbeifall. Schnell fügte Chaplin hinzu: »Ich bin kein Kommunist, ich bin ein Mensch.« Aber dann forderte er jeden seiner zehntausend Zuhörer auf, ein Telegramm an Präsident Roosevelt zu schicken und auf die Eröffnung einer zweiten Front zu drängen. Das hört sich nun recht harmlos an, aber Chaplin behauptete, er habe »sich bald gefragt, ob er zu viel gesagt hätte, zu weit gegangen sei.« Er berichtete, daß John Garfield nach der Versammlung zu ihm gesagt habe: »Sie haben aber Mut.«

Immer mehr Einladungen zu Reden trafen ein, und Chaplin nahm sie an. (»Wie sehr spornte mich der Schauspieler in mir an und die Reaktion eines lebendigen Publikums?« fragte er sich.) Ein paar Wochen nach seiner Rede in San Francisco sprach er zu einer von der CIO einberufenen Versammlung im Madison Square Garden über eine Telefonschaltung. Er klang ganz ähnlich wie in der Schlußszene des *Großen Diktators*: »Laßt uns zum Sieg im Frühling streben. Ihr in den Fabriken, ihr auf den Feldern, ihr in Uniform, ihr Bürger der Welt, laßt uns arbeiten und kämpfen für dieses Ziel... Denkt daran, die großen Leistungen der Geschichte waren immer die Eroberung des scheinbar Unmöglichen.«

Dann kam die Einladung, in der Carnegie Hall zu sprechen.

»Geh nicht hin«, sagte Jack Warner, der zum Tennisspiel auf Chaplins Platz gekommen war.

»Warum nicht?« fragte Chaplin.

»Laß dir von mir einen Tip geben: Geh nicht«, wiederholte Warner geheimnisvoll.

Warner selbst behauptete später, er habe, wie bei der Produktion des Films *Botschafter in Moskau*, auf vertrauliche Bitten des Weißen Hauses hin gehandelt. In seinen Memoiren, die vielleicht noch weniger verläßlich sind als die Chaplins, berichtete er, daß Pressesekretär Steve Early ihn angerufen und gesagt habe: »Der Präsident möchte, daß Sie zu Chaplin gehen und ihn bitten, dieser Versammlung fernzubleiben. Es könnte in diesem Stadium sehr schädlich für uns sein, wenn Chaplin dieser Bewegung seinen Namen leihe.«

Warner behauptete, er habe Chaplin mitgeteilt, daß »sehr große Leute in Washington mich gebeten haben, dir das zu sagen«, und er fügte seine eigene militärische Lagebeurteilung an, daß »wir einfach nicht bereit sind für eine zweite Front, und wir wollen doch jetzt nicht eine Million Männer umbringen, bloß weil Stalin schreit.« Warner behauptete ferner, daß er Chaplin überzeugt hätte.

»Versprichst du, nicht hinzugehen?«

»Ich verspreche es.«

Chaplin wußte nichts von einem solchen Versprechen. Er sagte, er habe Warners Warnungen nur als »eine Herausforderung« betrachtet, und er fuhr hin.

Rückblickend sieht es so aus, als wären alle diese Erinnerungen ein bißchen phantastisch und verrückt. Die Vereinigten Staaten und die Sowjetunion hatten nun fast sechs Monate lang auf derselben Seite gekämpft, und die diversen Organe der öffentlichen Aufklärung priesen ständig die Glorie dieses neuen Bündnisses. Der Chor der Roten Armee trat in New York auf, Warenhäuser verkauften Babuschkas, und selbst der hartgesottene alte Louis B. Mayer produzierte einen Kitschfilm *Song of Russia*. In Wahrheit war es das Ziel der US-Militärpolitik, so bald wie möglich, spätestens 1943 eine zweite Front zu eröffnen. Dwight D. Eisenhower hatte die Pläne erarbeitet, und obwohl die Briten noch zögerten, hatten General Marshall und Präsident Roosevelt sie abgezeichnet. Also warum sollte irgend jemand etwas gegen einen Filmstar haben, der eine zweite Front forderte?

Chaplin beharrte darauf, daß dunkle Mächte am Werke seien. Bis zum Vorabend von Pearl Harbor sagte er, »die Nazis hätten sich Zugang zu amerikanischen Institutionen und Organisationen verschafft; ob es diesen Organisationen bewußt sei oder nicht, sie würden als Werkzeuge der Nazis benutzt«. Noch nach dem Kriegseintritt der Vereinigten Staaten glaubte er, die dunklen Mächte übten dunklen Einfluß aus. »Infolge meiner Reden zur zweiten Front schrumpfte mein gesellschaftliches Leben in New York nach und nach«, sagte er. »Ich wurde nicht mehr eingeladen, das Wochenende in opulenten Landhäusern zu verbringen.« Ziemlich dasselbe passierte offenbar auch in Hollywood. »Das kleine Tennishaus und der grüne Rasen, wo einst mein Vater anmutig Hof gehalten hatte, waren an Sonntagnachmittagen praktisch verlassen«, erinnerte sich sein Sohn Charles Chaplin jr. »Ich glaube, mein Vater muß in dieser Zeit der einsamste Mensch in Hollywood gewesen sein.«

Es ist durchaus möglich, daß die Politik nur eine geringe Rolle bei der um sich greifenden Abneigung gegen Chaplin gespielt hat, daß man seine grenzenlose Egozentrik, sein ständiges Posieren, seine Anmaßung satt hatte. Jeder schien zu wissen, daß man den kleinen Tramp nie wieder sehen würde und daß Chaplin, der ihn geschaffen hatte, irgendwie schuld war an seinem Tode; man wußte, daß der größenwahnsinnige Despot, der mit dem Globus tanzte, Hynkel/Hitler war, aber auch Chaplin selber. Die drei filmischen Erklärungen Chaplins in der Zeit zwischen Ende der dreißiger und Ende der vierziger Jahre waren bemerkenswert prophetisch, bemerkenswert richtig: *Moderne Zeiten*, *Der große Diktator* und *Monsieur Verdoux*. Gewiß gibt es die alte Tradition, den Boten zu verprügeln, der die schlechte Nachricht bringt. Das ist nicht nur Aberglaube; vielleicht verdiente er es, verprügelt zu werden.

Chaplin fuhr im Oktober 1942 nach New York, um seine zweite Rede zu halten. Als er sich im Waldorf-Astoria-Hotel eintrug, fand er mehrere Notizen vor, daß Joan Barry angerufen habe. »Ich bekam Gänsehaut«, sagte er später. Miss Barry hatte selbst im Waldorf-Astoria gewohnt, war aber vor kurzem in Gettys Hotel, das Pierre, umgezogen, und sie wollte sich mit Chaplin treffen. Er reagierte nicht auf ihre Botschaften. Einige Abende später traf er sie zufällig im Stork-Club, und wieder fragte sie ihn, ob sie ihn besuchen dürfte. Mit einer Fehleinschätzung, die beinahe selbstmörderisch wirkt, sagte Chaplin ja. Er sorgte allerdings dafür, daß sein Freund Tim Durant bei ihnen blieb. Miss Barry erzählte ihm von ihren jüngsten finanziellen Schwierigkeiten, und er gab ihr dreihundert Dollar. Sonst passierte nichts, betonte Chaplin, und das war ihre einzige Begegnung in New York.

Mit den dreihundert Dollar, die Chaplin Miss Barry zur Erleichterung ihrer finanziellen Schwierigkeiten gegeben hatte, folgte sie ihm zurück nach Hollywood. Dort meldete ihm sein Butler, sie sei am Telefon, und Chaplin sagte, er wolle nicht mit ihr sprechen. Miss Barry kaufte sich einen Revolver, fuhr um ein Uhr morgens zu Chaplins Haus, zerschlug ein Fenster und kletterte in sein Arbeitszimmer. Sie fand Chaplin in seinem Schlafzimmer im ersten Stock und hielt ihn mit dem Revolver in Schach, während sie ihm anderthalb Stunden lang ihre Probleme darlegte. Dann legte sie den Revolver auf den Nachttisch. Dann schliefen sie miteinander. Dann nahm sie den Revolver wieder an sich, und sie verbrachten den Rest der Nacht in getrennten Schlafzimmern. Dann war er bereit, ihr noch mehr Geld zu geben, und sie ging wieder.

Eine Woche später erschien sie erneut bei Chaplin, und diesmal rief er die Polizei, »was ich schon früher hätte tun sollen«. Chaplin hatte sich davor gefürchtet, was wohl die Zeitungen aus dieser Geschichte machen würden, aber er stellte fest – was ihm jeder hätte sagen können –, daß die Polizei von Beverly Hills »höchst kooperativ« war. Sie buchteten Miss Barry wegen Landstreicherei ein, sagten aber, daß man die Sache nicht weiterverfolgen werde, wenn Chaplin ihr die Rückreise nach New York bezahlte und wenn sie wirklich führe. Ein Abgesandter des Chaplin-Studios zahlte ihr hundert Dollar für die Fahrt, aber sie fuhr nicht. Sie fuhr wieder zu Chaplins Haus hinaus und verursachte eine »Störung der öffentlichen Ordnung«, wie die Polizei es nannte. Chaplin telefonierte wieder nach Hilfe, und wieder erschien die Polizei. Während des ganzen Hin-und-Hers schluckte Miss Barry eine Überdosis Barbiturate. Die Polizisten pumpten ihr den Magen aus. Sie behielten sie dreißig Tage in Haft wegen Landstreicherei.

Anfang 1943 stellte Miss Barry fest, daß sie schwanger war, und sie beschuldigte Chaplin, der Vater zu sein. »Ist es nicht eine Tatsache«, fragte Jerry Giesler sie später vor Gericht, »daß Sie Mr. Chaplin am ersten Juni 1943 im Garten seines Hauses, wo sie mit ihm allein waren, beschuldigt haben, der Vater Ihres ungeborenen Kindes zu sein, und sagten Sie ihm nicht, daß Sie ihm, falls er nicht 65 000 Dollar an Ihre Mutter zahlte und 75 000 Dollar für das Kind treuhänderisch hinterlegte, Schwierigkeiten machen würden –, daß die Presse auf Ihrer Seite stünde, und wenn die mit ihm fertig wäre, würde er zum Land hinausgejagt?« Miss Barry bestritt, eine solche Drohung ausgesprochen zu haben, aber sie reichte Vaterschaftsklage gegen Chaplin ein. Er leugnete alles.

Chaplin hatte sich inzwischen aufs neue mit einer Halbwüchsigen eingelassen, einer Schönheit dazu, mit Oona O'Neill, der Tochter von Eugene O'Neill. Sie war gerade siebzehn, eine Debütantin mit verschwommenen Bühnenambitionen, die in Hollywood unterwegs war, um die Szene zu erkunden. Orson Welles, der ewige Magier, nahm sie bei ihrem ersten Rendezvous in einen

Nachtclub mit, las ihr aus der Hand und sagte: »Sehr bald werden Sie Charlie Chaplin kennenlernen und heiraten.« Hal Willis' Schwester Minna, eine Hollywood-Agentin, die meinte, Miß O'Neill könnte die Rolle der Bridget in Chaplins Version von *Quell unter Steinen* bekommen, lud beide zum Abendessen in ihr Haus ein. Chaplin fand Miss O'Neill »von leuchtender Schönheit, mit einem befangenen Charme und einer Zartheit, die höchst anziehend waren.« Im Juni des Jahres heirateten sie.

Im Oktober brachte Miss Barry ein Mädchen zur Welt, das sie Carol-Ann nannte. Chaplins Anwalt hatte einen Vergleich ausgearbeitet, dem zufolge sie 25 000 Dollar erhalten sollte, wenn sie sich und das Kind einem Bluttest unterzöge, um festzustellen, ob Chaplin der Vater sei. Wenn sie alle drei dieselbe Blutgruppe hätten, würde das natürlich nicht Chaplins Vaterschaft beweisen, aber ein Unterschied wäre der Gegenbeweis. Mitten in diesen Verhandlungen erhielt Chaplin einen Anruf von Richter Frank Murphy vom Obersten Gerichtshof, der ihn warnte: Einige Politiker hätten sich bei einer Dinnerparty in Washington getroffen und von Plänen gesprochen, »Chaplin zu kriegen«. Neuer Irrsinn? Im Januar 1944 reichte eine Bundes-Anklagejury gegen Chaplin Klage wegen Verletzung des *Mann-Acts* ein, eines Gesetzes gegen die Prostitution aus dem Jahre 1910, nach dem es bundesweit ein Verbrechen war, eine Frau zu unmoralischen Zwecken über eine Staatsgrenze zu transportieren. Nicht oft, aber immer wieder einmal beriefen sich Bundesbehörden auf diese antike Bestimmung, um unliebsamen Leuten ans Leder zu gehen. Jack Johnson, der erste schwarze Schwergewichtschampion, der drei verschiedene weiße Frauen heiratete, wurde 1913 nach dem *Mann-Act* schuldig gesprochen, floh aus dem Land, um der Haft zu entgehen, saß aber schließlich ein Jahr für seine Sünden. Und jetzt, im Februar 1944, behaupteten die Bundesbehörden, Chaplin habe gegen den *Mann-Act* verstoßen, indem er Joan Barry die Eisenbahnfahrt nach New York bezahlt und sie dann dort getroffen hätte.

Fünf Tage nach der Erhebung dieser Anklage ergab der Bluttest, daß Chaplin unmöglich der Vater von Miss Barrys Baby sein konnte. Miss Barry hatte Blutgruppe A, ihr Kind Blutgruppe B und Chaplin Blutgruppe 0. Chaplin fühlte sich entlastet, aber die Bundesklage besagte ja nicht, er habe Miss Barrys Baby gezeugt; sie besagte, er habe sie zu unmoralischen Zwecken über eine Staatsgrenze gebracht. Chaplins Freunde überredeten ihn, sich den berühmten Jerry Giesler zu nehmen, und Giesler gründete seine Strategie auf das vollkommen einleuchtende Argument, daß kein Mann, »der Miss Barrys Gunst für nicht mehr als fünfundzwanzig Cents Busgeld in Los Angeles genießen konnte, ihr das Fahrgeld nach New York ... zu unmoralischen Zwecken bezahlen würde.«

Chaplin hatte viel Kritik in der Presse zu ertragen, die ihn als eitel und arrogant charakterisierte, aber er verstand seine neue Rolle zu spielen. »Chaplin war der beste Zeuge, den ich je in einem Gerichtssaal gesehen habe«, sagte Giesler später. »Er war sogar dann wirkungsvoll, wenn er nicht befragt wurde..., sondern nur dasaß, einsam und verloren am äußersten Ende des Verhandlungstisches. Er ist so klein, daß er nur mit den Fußspitzen bis auf den Boden hinunterreichte. Er wirkte hilflos, freundlich und wehmütig, als er da saß und das ganze Gewicht der Regierung der Vereinigten Staaten gegen sich hatte.« Die Bundesanklage war lächerlich und Giesler erreichte einen ziemlich schnellen Freispruch. »Ich glaube an das amerikanische Volk«, sagte Chaplin, genau wie Errol Flynn, genau wie jeder freigesprochene Kriminelle. »Ich habe bleibendes Vertrauen zu ihm. Zu seinem Sinn für Fairneß und Gerechtigkeit.«

Er sollte es besser kennenlernen. Chaplin dachte, daß Miss Barrys Vaterschaftsklage gegen ihn gegenstandslos sei, nachdem drei Ärzte die Bluttests bestätigt und erklärt hatten, daß er nicht der Vater des Kindes sein konnte. Doch der Richter entschied, daß den »Zielen der Gerechtigkeit« am besten mit einer »vollen und fairen Verhandlung des Falles« gedient sei. Chaplin, vielleicht allzu sicher, daß ein medizinisches Attest seiner Unschuld zum Freispruch führen müsse, hatte den kunstreichen Giesler entlassen und seinen Fall einem normalen Anwalt übertragen. Miss Barry vertraute ihren einem altmodischen Orator namens Joseph Scott an. Scott ignorierte den wissenschaftlichen Nachweis der Unschuld Chaplins. Er attackierte den Star als »Handwerksmeister der Verführungskunst« und als »billigen Cockneyproleten« und als »geilen kleinen Zwerg« und als »grauhaarigen alten Bussard« und als »Reptil, für das sie soviel wie Aas war«. Der Prozeß endete mit unschlüssigen Geschworenen, sieben zu fünf für Freispruch; der zweite Prozeß im April 1944 ergab einen Elf-zu-eins-Spruch für Miss Barry: Chaplin, der gar nicht der Vater sein konnte, wurde verpflichtet, wöchentlich fünfundsiebzig Dollar Unterhalt für Carol-Ann zu zahlen, bis sie einundzwanzig würde – ein Sümmchen, das 82 000 Dollar ausmachte. Und er zahlte. Dann zog er mit Oona, jetzt schwanger, von New York den Hudson hinauf nach Nyack, und dort schrieb er das Filmspiel *Monsieur Verdoux* über einen Mann, der liebeshungrige Frauen umbrachte. Miss Barry wurde am Ende in eine staatliche Heilanstalt eingeliefert.

Ein Eckpfeiler, auf den die Hollywooder Studios ihr Monopol stützten, war der Standardvertrag, mit dem sie Schauspieler, Regisseure und sonstiges Personal, das sie für wertvoll hielten, in der Hand hatten. Der Standardvertrag hatte eine Laufzeit von sieben Jahren und war auf Wunsch des Studios alle sechs Monate erneuerbar, gewöhnlich verbunden mit einer Gehaltserhöhung, wenn das Studio sich zur Erneuerung entschloß. Die Studios rechtfertigten diese Verträge damit, daß sie Zeit und Geld in die Entwicklung der Karriere eines Schauspielers investierten, und während der Depression profitierten Schauspieler wie Studio von der Sicherheit eines langfristigen Vertrags. Theoretisch war es auch möglich, freischaffend zu arbeiten (Charles Boyer, Cary Grant und ein paar andere blieben dabei, immer nur für einen Film abzuschließen), aber natürlich bevorzugten die Studios ihre Vertragsdarsteller, und nur wenige wagten es, die Gefahren des Dschungels auf sich zu nehmen.

Es waren furchtsame Leute, viele dieser berühmten Stars, der Armut und dem Lebenskampf entsprungen, vorwärtsgetrieben nicht so sehr durch Begabung oder Berufung als vielmehr vom Hunger nach dem, was Hollywood ihnen geben konnte: Reichtum, Erfolg, Ruhm. (Lana Turner war ganz überrascht, als sie einmal nachzählte und feststellte, daß sie 698 Paar Schuhe angesammelt hatte.) Und den wenigen, die den Gipfel des Triumphs erklommen und sich damit eine schützende Phalanx von Managern, Agenten, Publizisten und bezahlten Gesellschaftern erwarben, blieb doch immer ein Rest Angst. »Sie wußten nicht, was sie hatten«, wie der Filmschriftsteller Daniel Fuchs in seinem Roman *West of the Rockies* schrieb, »was an ihnen die Ursache dafür war, daß es ihnen so gut ging. Sie wußten nicht, wie sie es darbieten, es manipulieren, es ausschmücken, es einteilen sollten – da sie nicht wußten, was es war oder ob sie eigentlich überhaupt etwas hatten.«

Der Standardvertrag gab dem Studio nicht nur das Recht, über jede Erneuerung zu entscheiden, sondern auch das Recht, sämtliche beruflichen Entscheidungen im Leben des Schauspielers zu treffen. Das Studio teilte ihm mit, welchen Film er als nächsten machen werde, wer sonst noch mitspielte und wer den Film produzieren und inszenieren werde. Wenn das Studio für den Schauspieler keine unmittelbare Beschäftigung hatte, durfte es ihn an ein anderes Studio »ausleihen« für jeden beliebigen Film, den das andere Studio machen wollte, und die Leihgebühr ging in voller Höhe an das Studio, das dem Schauspieler vom Gewinn aus der Leihgebühr sein reguläres Gehalt zahlte. Wenn der Schauspieler von einem interessanten Filmprojekt eines anderen Studios hörte und ausgeliehen werden wollte, um daran mitzuwirken, dann war das selbstverständlich eine Entscheidung, die das Studio zu fällen hatte, dem er gehörte. Vielleicht war es einverstanden, vielleicht hielt es ihn für zu wertvoll zum Ausleihen, vielleicht wollte es ihn, aus welchen Gründen auch immer, strafen, indem es nein sagte. Das Studio, dem er gehörte, konnte ihn zur Teilnahme an Reklametourneen beordern, und auch sonst fast alles von ihm verlangen. Ja, es gab Studioverträge, die es dem Schauspieler untersagten, Los Angeles aus irgendeinem Grunde ohne die Genehmigung des Studios zu verlassen.

Neben alledem enthielt der Standardvertrag noch eine sogenannte »Moralklausel«. Als beispielsweise die MGM im Jahre 1941 die neunzehnjährige Ava Gardner verpflichtete, mußte diese per Vertrag versprechen, »sich unter gebührender Beachtung der öffentlichen Sitte und Moral zu führen« und »nichts zu tun oder zu veranlassen, was sie in der Gesellschaft herabwürdigt oder ihr öffentlich Haß, Verachtung, Ärger oder Lächerlichkeit zuzieht, was geeignet ist, die Gesellschaft zu erschrecken, zu verletzen oder zu beleidigen oder öffentlich Moral und Anstand zu verhöhnen oder dem Produzenten oder der Filmwirtschaft allgemein zum Nachteil zu gereichen«. Ava Gardner unterschrieb, vielleicht mit gekreuzten Fingern, und alle anderen taten es auch.

Wenn ein Schauspieler gegen die nächste Filmrolle oder gegen sonst etwas Einwendungen hatte, blieb ihm nur die Möglichkeit, den Anordnungen des Studios zu trotzen, woraufhin das Studio berechtigt war, den Schauspieler ohne Bezahlung zu suspendieren, unbefristet oder so lange, bis er tat, was man ihm sagte. Darüber hinaus wurde die Zeit der Suspension der Laufzeit des Vertrages hinzugefügt, so daß der Schauspieler dem Studio nicht bloß sieben Jahre seines Lebens schuldete, sondern sieben unterwürfige und gehorsame Jahre. Für jeden vernünftigen Außenstehenden war dieser Vertrag höchst unfair, und nur eins war noch bemerkenswerter als der Vertrag selbst: daß die Gewerkschaft ihn fügsam akzeptierte. »Als Tarifvertrag, der dem Arbeitgeber alle sechs Monate das Recht gibt, den Arbeitnehmer zu entlassen, ... ist er einzig in der Gewerkschaftsgeschichte«, schrieb die Soziologin Hortense Powdermaker in *Hollywood, The Dream Factory* (1950). »Hollywood bietet das Bild einer hundertprozentig gewerkschaftlich organisierten Gesellschaft mit den höchsten Gehältern des Landes... aber mit der Atmosphäre einer Werkssiedlung.« Der Standardvertrag, fügte sie hinzu, »schmeckt mehr nach dem mittelalterlichen Machtverhältnis zwischen Herrn und Knecht als nach dem zwischen Arbeitgeber und Arbeitnehmer in der modernen Industriegesellschaft«.

Die erste Rebellin, die dieses System vor Gericht herausforderte, war Bette Davis. Nachdem sie 1935 für *Dangerous* den Oscar erhalten hatte, gefielen ihr die Drehbücher nicht, die ihr die Warner Bros. schickte. Auch wollte sie ihr wöchentliches Gehalt von sechzehnhundert Dollar verdoppelt haben. Jack Warner mauerte. Als die Nachricht über den Streit durchsickerte, bot ein Produzent in London Miss Davis einen Vertrag für zwei Filme an. Sie nahm an und reiste unverzüglich nach London. Jack Warner verfolgte sie mit einer Anklage wegen Vertragsbruchs, und im Herbst 1936 kam der Streit vor die perückenbewehrten Rechtswahrer Londons. Es war kein sehr bemerkenswerter Prozeß. Jack Warner bezeugte, seine Firma habe Miss Davis »fast aus dem Nichts zu sehr großer Höhe, wie die Firma meint«, aufgebaut. Sein Anwalt Sir Patrick Hastings warf Miss Davis vor, »eine sehr ungezogene junge Dame« zu sein. Aber das juristisch Entscheidende war: Vertrag ist Vertrag. Das Londoner Gericht konnte nur zu dem Schluß kommen, daß Miss Davis sich der Warner Bros. aus freiem Willen verpflichtet hatte. Der Spruch brachte ihr nichts als dreißigtausend Dollar Prozeßkosten ein. Jack Warner ist zugute zu halten, daß er das meiste davon bezahlte.

Arbeitsverweigerung und Suspension waren bei der Warners ein größeres Problem als irgendwo sonst. Bei der MGM waren sie relativ selten und bei der Paramount fast unbekannt. Vielleicht lag bei der Warners das Problem darin, daß Jack Warner es liebte, Schauspielern nur Rollen eines bestimmten Typs zu geben, vielleicht war es auch einfach die Streitsucht seiner wiederholt suspendierten Stars – Bette Davis, Errol Flynn, James Cagney, Humphrey Bogart, John Garfield. (Ähnliche Schwierigkeiten hatte Warner mit seinem Dreihundertdollar-Mietling William Faulkner.)

Der Star, der ihm den härtesten Kampf lieferte, war Olivia de Havilland, die Warner zum ersten Mal als Hermia in Max Reinhardts Broadway-Inszenierung des *Sommernachtstraums* gesehen und bewundert hatte. Sie war achtzehn und, laut Warner, »ein Mädchen mit großen, sanftbraunen Augen ... und einer frischen, jungen Schönheit, die bald eine Menge müder alter Muskeln rund ums Filmdorf in Bewegung bringen würde«. Trotz alledem hatte Warner kaum eine Vorstellung, was er mit ihr machen sollte. Fast zufällig setzte er sie in *Unter Piratenflagge* (Captain Blood, 1935) gegen den unbekannten Errol Flynn, und als sich das als großer Schlager erwies, setzte er beide in den verschiedensten Filmen zusammen ein.

Erst nach der freundschaftlichen Intervention von Warners Frau Ann (Miss de Havilland war keineswegs auf den Kopf gefallen), bekam die Schauspielerin die Erlaubnis, in *Vom Winde verweht* die Melanie zu spielen. Danach steckte Warner sie sogleich in zweitklassige Filme wie *Devotion*, eine mißgestaltete Biographie der Brontë-Schwestern, und *Princess O'Rourke*, dessen Titel für sich spricht. Es gab eine Reihe von Erklärungen für diesen Hollywood-Brauch der Fehlbesetzung. Eine war, daß die Studios eine gute Portion Massenfutter herstellen mußten, um ihre Kinoketten zufriedenzustellen; eine andere war, daß sie meinten, ein Star könnte einen minderwertigen Film aufwerten; wieder eine andere besagte, daß sie manchmal einem Star ein schlechtes Drehbuch gaben als Form der Disziplinierung; und schließlich gab es die Erklärung, daß ihnen der Unterschied zwischen gut und schlecht unbekannt und im übrigen ziemlich gleichgültig war.

Welche Gründe es auch waren, die Rollenzuweisungen der Warners erbitterten Miss de Havilland, und ihre Erbitterung wurde noch vertieft durch die Tatsache, daß David Selznick für ihre schöne, aber ein bißchen weniger begabte jüngere Schwester Joan Fontaine viel bessere Rollen fand. *Rebecca* hatte Miss Fontaine zum Star gemacht, und Hitchcocks *Verdacht* (Suspicion) hatte ihr 1941 einen Oscar eingebracht. Während Miss de Havilland sich mit der Darstellung der Charlotte Brontë in *Devotion* abstrampelte, glänzte ihre Schwester neben Orson Welles in der Titelrolle von *Jane Eyre*. Miss de Havilland begann, an Kopfschmerzen, Wutausbrüchen, mysteriösen Schwellungen an den Beinen zu leiden. Sie lehnte Warners jüngstes Angebot *Das Königreich der Tiere* (The Animal Kingdom) ab, und so wurde sie suspendiert.

Es war ihre sechste Beurlaubung, und da die Suspensionszeiten stets ihren Vertrag verlängerten, ging sie zu ihrem Anwalt Martin Gang und fragte ihn, ob es denn keinen Weg gäbe, aus dem Standardvertrag der Warner Bros. auszubrechen. Gang sagte, genau diese Frage habe er schon untersucht, und er glaube, daß der Studiovertrag ein altes kalifornisches Gesetz gegen den Frondienst verletze. Er riet ihr, zu klagen, und das tat sie. Ronald Reagan schrieb die Idee später nicht Gang, sondern dem Agenten Lew Wasserman zu. Er sei, erzählte Reagan, mit Miss de Havilland und Wasserman mittagessen gegangen, und dabei habe Wasserman die Bemerkung fallenlassen, daß »Hollywoodverträge immer sieben

Jahre laufen, weil es ein kalifornisches Gesetz gibt, daß alles über sieben Jahre zu Sklaverei wird... Er sei der Meinung, daß die Hollywooder Sitte, Schauspieler zu suspendieren... und dann die Verträge um die Suspensionszeit zu verlängern, ungesetzlich sei. Die hitzige Olivia schnappte danach wie die Forelle (eine hübsche Forelle) nach der Fliege. Sie war so oft suspendiert worden, daß sie alt und grau werden könnte und säße immer noch auf ihrem ersten Siebenjahresvertrag. Was hier geschah, ist historisch...«

Was hier geschah, war auch prophetisch. Jack Warners Reaktion auf Miss de Havillands Klage war, daß er sie auf die schwarze Liste setzte. Das heißt, er teilte allen anderen Studios schriftlich mit, daß sie bei der Warner Bros. unter Exklusivvertrag stünde, daß sie zwar gerichtlich gegen den Vertrag vorginge, daß die Warners aber auf ihren Rechten bestünde, bis der Rechtsstreit entschieden sei. Die unvermeidliche Folge von Warners Brief war, daß Miss de Havilland unbeschäftigt blieb und auch niemand sie beschäftigen durfte, und ihre Gerichtskosten stiegen auf zwölftausend Dollar, die Warner nicht bezahlte. Es gab langatmige Anhörungen. Warners Anwälte stocherten in Miss de Havillands Privatleben herum und fragten, ob sie *Das Königreich der Tiere* wegen einer Liebesaffäre abgelehnt habe. Als Gang bat, das alles aus dem Protokoll zu streichen, lehnte der Richter ab mit der Bemerkung, »eine kleine Romanze ist doch nett in so einer Anhörung, oder?«.

Im März 1944 entschied das Gericht zugunsten von Miss de Havilland. Jack Warner legte Berufung ein und schrieb noch einmal an alle anderen Studios, wobei er jedem, der die rebellische Schauspielerin beschäftigte, mit Rechtsklage drohte. Niemand beschäftigte sie. Da sie nicht arbeiten durfte, beschloß sie, ihre Zeit für Tourneen durch Militärbasen in Alaska zu verwenden. Warner, inzwischen rachedurstig bis über die Grenzen der Vernunft, wandte sich an General Hap Arnold, Chef der Luftstreitkräfte der Armee, und wollte Miss de Havilland von der Tournee aussperren lassen. Arnold lehnte das vernünftigerweise ab. Im Herbst 1944 machte Olivia de Havilland sich auf den Weg, um die Truppen in Neukaledonien im Südpazifik zu unterhalten. Sie war in Suava auf den Fidschi-Inseln, als sie mit Lungenentzündung zusammenbrach, sie hatte hohes Fieber, hustete Blut, magerte bis auf fünfundvierzig Kilo ab. Und dort erfuhr sie dann, daß der Oberste Gerichtshof von Kalifornien zu ihren Gunsten geurteilt hatte. Sie war von ihrem Vertrag befreit. Sie hatte gewonnen. Jack Warner hatte verloren, und mit ihm hatte stillschweigend das ganze Studiosystem verloren. Es war nur ein Sprung in diesem System, aber die Sprünge breiteten sich aus.

Es gab noch einen Sprung im System, der sich letztlich als wesentlich bedeutender erweisen sollte – ja, als vernichtend –, aber diese Zukunftswirkungen waren noch unbekannt, ungeahnt, ungefürchtet. Denn dieser Sprung war schon seit mehr als einem Jahrzehnt vorhanden. Zur Debatte stand, ob die großen Studios, die einmal als Rebellen gegen Thomas Edisons »Trust« angefangen hatten, nun selbst einen illegalen Trust gebildet hätten, der das Geschäft monopolisierte, den Wettbewerb unterdrückte. Selbstverständlich hatten sie das, aber es blieb doch zu beweisen. Es hatte zwar symbolische Bedeutung, daß ein Jack Warner in der Lage war, eine Olivia de Havilland auf die schwarze Liste zu setzen, aber die wichtigste Eigenschaft des Monopols war, daß die Produzenten ihr eigenes Vertriebssystem selbst kontrollierten. Für das Jahr 1940 zeigte eine Untersuchung des Justizministeriums in fünfunddreißig Großstädten, daß die Paramount fünfunddreißig Premierenkinos besaß, die Warner Bros. fünfunddreißig, die 20th Century-Fox dreißig, die RKO neunundzwanzig und die Loew's (MGM) vierundzwanzig. Es gab auch unabhängige Kinoketten und selbständige Filmtheater, aber sie konnten nur kaufen, was ihnen angeboten wurde, und die Studios boten nur »Blockbuchung« an, das heißt einen oder zwei populäre Filme und dazu einen Sack voller B-Filme, Western, was das Studio verkaufen wollte. Überdies hatten die Kinobesitzer unbesehen zu kaufen, was angeboten wurde. So machten die großen *Showmen* ihr Geld.

Das lange und komplizierte Bemühen, das Hollywood-Monopol aufzubrechen, begann 1933 mit einem wenig beachteten Gerichtsverfahren in Camden, New Jersey. Angestrengt wurde es von einem unabhängigen Verleiher namens ›Victoria Amusement Company‹, dem es nicht gelungen war, von der Warner Bros. die Filme zu bekommen, die er haben wollte. Er trug beim Camdener Bundesgericht vor, daß die Warners Teil eines »Film-Trusts« sei, der versuche, alle Unabhängigen wie die ›Victoria Amusement Company‹ zu »behindern und zu vernichten«. Mehr als fünfzig Anwälte in Vertretung der verschiedensten interessierten Parteien versammelten sich in Camden, um den Fall zu debattieren, und am Ende wurde er fallengelassen. Vielleicht ging Geld von Hand zu Hand, vielleicht auch nicht. Das Verfahren bewirkte allerdings, daß sich das Justizministerium dafür interessierte, ob die Praktiken Hollywoods wirklich gegen den Sherman-Anti-Trust-Act verstießen. Das FBI entschied nach fünfjährigen Ermittlungen, daß dem so sei. Im Juli 1938 verklagte der Leiter der Antitrust-Abteilung des Ministeriums, Thurman Arnold, die acht größten Filmgesellschaften, vierundzwanzig Tochtergesellschaften und 133 einzelne Manager wegen Vergehens gegen den Sherman-Act. Hollywoods erste Reaktion war, daß es seine Galionsfigur, den ehemaligen Postmeister General Will Hays, zu Präsident Roosevelt schickte mit der Klage, daß es »mit einem Schlag kaputt« wäre, wenn das Justizministerium die Studios ihrer Vertriebssysteme beraubte. Roosevelt ließ ihn abblitzen.

Denselben Konflikt gab es im Kongreß. Von 1935 an wurden mehrmals Anträge eingebracht, Hollywood zu ordnen oder wenigstens die Blockbuchung und den Blindverkauf zu verbieten, und jedesmal zog es Scharen von Lobbyisten beider Seiten an, nicht nur die Studios und die Kinobesitzer, sondern auch Staatsbürger- und Bildungsorganisationen. Im Frühjahr 1939 verabschiedete der Senat ein Verbot der Blockbuchung, aber der Kongreß vertagte es. Thurman Arnold, den die einen als Leuchtturm des New Deal, die anderen als reklamesüchtigen Aufschneider betrachteten, legte die Klage des Justizministeriums im Juni 1940 Bundesrichter Henry W. Goddard zur Verhandlung vor. »Wenn wir die Wirtschaftsdemokratie bewahren wollen, müssen wir der privaten Machtergreifung Einhalt gebieten«, warnte er, »und genau damit haben wir es in der Filmwirtschaft zu tun.« Er ließ sogar durchblicken, daß die Studiochefs es verdienten, strafrechtlich belangt zu werden, fügte aber hinzu, daß es »wohl ein bißchen spät ist«, eine strafrechtliche Verfolgung aufzunehmen.

Die Hollywood-Truppen antworteten mit allerhand Bombast. John W. Davis, der Anwalt der MGM, der 1924 als demokratischer

Präsidentschaftskandidat gegen Coolidge verloren hatte, verspottete Arnold als einen »Ritter in schimmernder Rüstung« und schüttelte die Faust gegen ihn. Thomas D. Thacher, der Paramount-Anwalt, wünschte kundzutun, daß seine Klientin »mit der außergewöhnlichen Perfektion ihres Produkts fortschreitet ... und mit den ausgezeichneten Rahmenbedingungen ihrer Entwicklung«. Nach tagelanger Debatte akzeptierte Arnold zur Überraschung vieler Beobachter einen lauen Kompromiß, der nicht nur das Gerichtsverfahren beendete, sondern auch die Aktion im Kongreß. In einer Übereinkunft, die für drei Jahre Gültigkeit haben sollte, erklärte die Regierung sich zur Einstellung ihrer Versuche bereit, die Studios von den Kinos zu trennen, und die Studios erklärten sich bereit, die Blockbuchung auf fünf Filme zu beschränken, die Kinos nicht mehr zur Abnahme von Filmen zu zwingen, die sie nicht wollten, und jede weitere Expansion ihres Eigentums an Filmtheatern einzustellen.

Damit hätte die Sache beendet sein können. Aber in den drei Jahren, in denen die Übereinkunft galt, fuhren die Studios unverändert fort, Druck auf die Kinos auszuüben. Das sagte jedenfalls das Justizministerium. Im August 1944 begann die Justiz also wieder von vorn. Sie ließ ihre Klage gegen Paramount und andere wieder aufleben und erhob aufs neue den Vorwurf, daß das Hollywood-System illegal sei.

Donner und Blitz. Durch die Finsternis quietscht und schlingert eine alte Kutsche auf einem Gebirgsweg dahin. Im grellen Licht eines Blitzes sehen wir die antiken Lettern auf dem Wagenschlag: »Professor Lampinis Schreckenskammer«. Wieder Dunkelheit. In der Ferne eine mittelalterliche Burg, lauter Türmchen und Wälle. Die Kamera verläßt die gebrechliche Kutsche und fährt auf die Burg zu. Wir sehen einen Wächter mit Laterne, und wir folgen ihm einen langen, dunklen Gang hinunter, vorbei an vergitterten Zellen. Plötzlich schießt ein langer Arm aus einer Zelle hervor, die Hand packt den Hals des Wächters. Gurgeln und Ächzen. Nahaufnahme eines weißbärtigen Mannes, der den zappelnden Wächter umklammert hält. Und jetzt, jetzt endlich spricht der Weißbärtige die ersten Worte dieses grotesken Films: »Wo ist meine Kreide? Gib mir meine Kreide!«

Es ist Boris Karloff, der böse Dr. Gustav Niemann, der zu fünfzehn Jahren Kerkerhaft verurteilt wurde, weil er mit der Verpflanzung menschlicher Gehirne experimentierte. Sein Bruder, so stellt sich bald heraus, hat einst für den berühmten Baron Frankenstein gearbeitet und »seine Geheimnisse gelernt«, und obwohl Dr. Niemann in diesem Verlies eingeschlossen ist, versucht er weiter, künftige Experimente auf einer Tafel zu planen. Daher seine Wut über den Verlust seiner Kreide.

In der Zelle nebenan sitzt ein Buckliger namens Daniel (J. Caroll Naish), der Karloff »Meister« nennt und davon träumt, groß und gerade zu werden. »Wenn ich Frankensteins Aufzeichnungen als Anleitung hätte«, sagte Karloff, »könnte ich dir einen perfekten Körper geben.« Wie aufs Stichwort schlägt ein Blitz in die alte Burg ein und bricht ein großes Loch in die Mauer. Dr. Niemann und Daniel stolpern über die Trümmer nach draußen und merken, daß sie frei sind. Und wem sonst sollten sie begegnen im prasselnden Regen als Professor Lampini, dessen rollende Schreckenskammer im Schlamm steckengeblieben ist? Ein tüchtiger Schub und Daniel hilft dem Wagen zurück auf den Weg, und so kann Professor Lampini kaum anders, als seine Retter mitzunehmen und ihnen ein bißchen über seine Schätze zu erzählen, vor allem über den Sarg, der das gepfählte Skelett des Grafen Dracula birgt. Faszinierend, meint Dr. Niemann, der entschlossen ist, nach Reigelburg zu fahren, wo er noch ein paar Rechnungen zu begleichen hat mit den Ärzten und Bürokraten, die ihn einsperren ließen. Aber ich fahre nicht nach Reigelburg, sagt Professor Lampini. Lange Pause. Dann, auf ein Nicken von Dr. Niemann, geht Daniel auf Professor Lampini los, die Hände ausgestreckt zum Würgegriff. »Nein! Nein!« schreit Professor Lampini. Der nächste Morgen. Wir sehen einen sauber rasierten Dr. Niemann sich in Reigelburg einrichten, er gibt vor, Professor Lampini zu sein, der solche Wunder wie das gepfählte Skelett des Grafen Dracula zeigt. Mumpitz, sagt Bürgermeister Russmann, eins dieser engstirnigen Kinder der Aufklärung. In dieser Nacht zieht Dr.

Niemann den Holzpflock aus dem Brustkasten des Gerippes, und flugs verwandelt sich das in die Gestalt John Carradines, gekleidet in ein schwarzes Cape und bereit für die Jagd. Aber wir sind noch nicht einmal in der Nähe von Frankensteins Burgruine, wo Dr. Niemann das sagenhafte Monster entdecken wird, eingeschlossen in Eis. Curt Siodmak, auch einer der vielseitigen Emigranten aus Berlin, braute diese ergötzliche Absurdität zusammen, und sie sollte *Frankensteins Haus* (The House of Frankenstein) heißen.

Absurdität – das war wahrscheinlich Hollywoods einzige Möglichkeit, mit Horror fertig zu werden, weil es eine andere nie kennengelernt hatte. Hollywoods Horrorfilme, so blutig oder pseudoblutig sie auch werden mochten, kamen echtem Horror nie nahe. Wie sollten sie auch – nährten sie sich doch von den Erinnerungen an einen Lon Chaney, der in *Der Glöckner von Notre Dame* (The Hunchback of Notre Dame) oder *Das Phantom der Oper* herumschlurfte. Es ist schon seltsam, daß *Frankensteins Haus* im Jahre 1944 herauskam, im selben Jahr, in dem die Rote Armee Maidanek befreite, das erste der entsetzlichen polnischen Todeslager, die gefunden wurden. Gewiß gibt es eine lange Reihe von Kritikern, die den tieferen Sinn in Hollywoods Horrorfilmen zu interpretieren suchen. Parker Tyler zum Beispiel hat vermutet, daß Frankensteins Monster ein phallisches Symbol sei, starr und bedrohlich. Das mag eine übertriebene psychoanalytische Sicht von ein paar Schlaumeiern sein, die damit ein paar Dollar verdienen wollen, aber Stephen King hat da ein interessantes Gegenargument angeboten. »Das waren Alpträume für Profit«, schrieb der Schöpfer von *Carrie* in *Danse Macabre*, »aber Alptraum ist Alptraum, und in der letzten Analyse wird das Profitmotiv unwichtig, und der Alptraum selbst bleibt interessant.«

Es ist schwer, genau festzustellen, wo in der Stammesgeschichte des Menschen der Alptraum vom Monster aus Menschenhand entstanden ist. Mary Wollstonecraft Shelley hat erzählt, sie sei zu Bett gegangen und habe nicht einschlafen können, und dann habe ihre Einbildungskraft »von mir Besitz ergriffen und mich geleitet und hat die Bilder, die vor meinem inneren Auge abrollten, weit über die Grenzen eines ungewöhnlichen Traums hinaus, lebendig gemacht«. Es war ein aufregender Abend gewesen in der Villa am

Stadtrand von Genf im Juni 1816. Lord Byron, emsig mit dem dritten Gesang von *Childe Harold* beschäftigt, hatte seine Freundesschar zu Geistergeschichten angeregt. Jeder sollte eine erzählen. Er selbst erzählte eine Geschichte, die später am Schluß seiner Dichtung *Mazeppa* erschien, und Shelley erzählte auch eine. Aber der neunzehnjährigen Mary Shelley fiel nichts ein – bis zu dieser Nacht, in der die Phantasie von ihr Besitz ergriff und ihr eine Vision schenkte.

»Ich sah – mit geschlossenen Augen, aber mit wachem Sinn – ich sah den bleichen Jünger unheiliger Künste knien neben dem Ding, das er zusammengefügt hatte«, schrieb Mrs. Shelley später. »Ich sah den Schemen eines Mannes hingestreckt liegen und dann, bewirkt von einer Kraftmaschine, Spuren von Leben zeigen und sich regen mit einer beängstigenden, halb belebten Bewegung. Fürchterlich mußte es sein, denn höchst fürchterlich wären die Folgen jedes menschlichen Strebens, die erstaunliche Technik des Weltschöpfers nachzuahmen.« Trotz dieser frommen Bedenken berichtet Mrs. Shelley weiter, daß der erschaffene Mann in ihrer Vision vor seinen Schöpfer trat »und ihn mit gelben, wässrigen, aber sinnenden Augen anblickte«.

Mrs. Shelleys Monster war ziemlich intellektuell und konnte, nachdem es bei anderen Intellektuellen gelauscht hatte, frei aus Plutarchs *Parallelen Lebensläufen* oder Miltons *Verlorenem Paradies* zitieren. Als diese Fabel jedoch 1823 in London als *Presumption: or the Fate of Frankenstein* auf die Bühne kam, hatte das Monster bereits seine moderne Gestalt angenommen: Es war von bläulicher Farbe und sein Sprachvermögen war auf Grunzen beschränkt. Und so blieb es bis hin zu Peggy Weblings *Frankenstein*, der 1927 in London gespielt wurde. Carl Laemmle von der Universal wollte seit Anfang der zwanziger Jahre schon Mrs. Shelleys *Frankenstein* verfilmen. Er sah darin guten Stoff für sein Starmonster Lon Chaney, aber Chaney war dieses rauhe Melodram offenbar allzu schauerlich. Laemmle entschied sich dann für Bela Lugosi, einen Neuankömmling aus Ungarn, der im jüngst vollendeten *Dracula* reife Bösartigkeit gezeigt hatte. Mit einer Perücke ausgestattet und mit einer Schicht Knetmasse überzogen stakste Lugosi durch eine Serie von Probeaufnahmen. Carl

Laemmle junior, frisch an der Macht, fand die Resultate lächerlich und strich das ganze Projekt seines Vaters. Und so verschwand *Frankenstein* wieder in der Versenkung all der Geschichten, die der eine oder andere gern gemacht hätte, wenn er nur wüßte, wie.

Und dann kam James Whale daher, ein englischer Theaterdirektor, der in Hollywood einen mäßigen Erfolg mit der Inszenierung von *Ihr erster Mann* (Waterloo Bridge) erzielt hatte. Die Universal fragte ihn, was er gern als nächstes machen würde, und aus den rund dreißig moribunden Projekten, die darauf warteten, daß einer den Blitz zähmte und sie zum Leben erweckte, wählte er sich den Frankenstein. »Ich dachte, es könnte Spaß machen«, sagte er später, »es zu probieren und das, was jedermann als physische Unmöglichkeit kennt, für sechzig Minuten glaubhaft zu machen.« Die Universal wollte, daß Leslie Howard den Frankenstein spielte, aber Whale bestand darauf, die Rolle seinem Freund Colin Clive zu geben. Und dann kam die Frage des Monsters.

Whale aß in der Cafeteria der Universal zu Mittag, als er einen Mann mittleren Alters mit einem bemerkenswerten Gesicht erblickte. Dieser Mann war als William Pratt geboren, neuntes Kind einer überwiegend im britischen Kolonialdienst stehenden Familie. Als wandernder Schauspieler in Kanada, der seinen Lebensunterhalt zwischen den Bühnenjobs als Knecht oder Lastwagenfahrer oder was sich sonst bot verdiente, hatte er sich aus der mütterlichen Familie den Namen Karloff entliehen und ihm den selbstgefundenen Vornamen Boris vorangestellt. Es hatte ihn hinunter nach Kalifornien verschlagen, er hatte ein paar kleine Nebenrollen gespielt, und der Erfolg hing für ihn, wie er später sagte, »schlicht daran, zur rechten Zeit am rechten Fleck zu sein«. Karloffs Fleck war die Cafeteria der Universal, wo er sein Mittagessen kaute, als ein Abgesandter Whales kam und ihn bat, dem Regisseur bei einer Tasse Kaffee Gesellschaft zu leisten. »Er fragte mich, ob ich morgen einen Kameratest für ihn machen würde«, erinnerte sich Karloff. »›Wozu?‹ fragte ich. ›Für ein verdammt häßliches Monster!‹ sagte er. Natürlich war ich begeistert, denn das bedeutete wieder einmal Arbeit, falls es mir gelang, sie an Land zu ziehen.«

Mit vierundvierzig Jahren war Karloff immer noch ein reisender

Charakterdarsteller. Sein Spitzenverdienst war 150 Dollar pro Woche, und er hatte in jenem Jahr schon in dreizehn Filmen mitgewirkt. Jetzt vertraute er seine Zukunft gelassen Jack Pierce an, dem Chefmaskenbildner der Universal. Dieser Virtuose, der später noch kosmetische Wunder wie die Mumie und den Wolfsmenschen schuf, gab sich selbst die Schuld am Mißerfolg Lugosis als Frankenstein-Monster. Bevor er Karloff zur Probeaufnahme ließ, experimentierte er drei Wochen lang herum, wie denn ein Monster aussehen müßte. Er stellte anatomische und chirurgische Untersuchungen aller Art an. »Ich fand heraus, daß ein Chirurg sechs verschiedene Möglichkeiten hat, den Schädel zu öffnen«, sagte er später, »und ich stellte mir vor, daß Dr. Frankenstein, der kein praktizierender Chirurg war, die einfachste wählen würde. Das heißt, er würde die Schädeldecke quer absägen wie einen Topfdeckel, würde sie aufklappen, das Gehirn hineinklatschen und wieder zumachen. Deshalb entschloß ich mich, den Kopf des Monsters quadratisch und platt zu machen wie eine Schachtel und diese dicke Narbe quer über die Stirn zu ziehen und zum Zusammenhalten Metallklammern zu nehmen. Die beiden Metallbolzen, die seitlich am Hals abstehen, sind Stromanschlüsse – Stecker. Vergeßt nicht, das Monster ist eine elektrische Erfindung.«

Man mußte sich um jede Einzelheit an der Erscheinung des Monsters kümmern. »Mein erstes Problem war«, sagte Pierce, »seine Augen nicht zu intelligent wirken zu lassen, darum verwendete ich falsche Lider, die die Augen halb verdeckten.« Diese waren aus Gummi, wurden auf Karloffs Augenlider geklebt und mit einer Wachsschicht überzogen. Dann das porös wirkende Kinn, das Pierce aus Lagen von Gaze formte, und die Farbe, die weißlichgrau sein sollte, unter den Jupiterlampen aber nicht richtig wirkte, bis Pierce einen grünlich-grauen Ton nahm. Der Maskenbildner brauchte jeden Morgen dreieinhalb Stunden, um seinen ganzen Zauber auf Karloffs Gesicht anzubringen, und abends dauerte es fast ebenso lange, bis alles wieder abgewischt war. Und dann mußte Karloff eingekleidet werden in einen doppelt wattierten Anzug mit zu kurzen Ärmeln, damit seine Arme länger aussahen, er mußte mit Stahlstreben abgestützt werden, damit seine Beine steif blieben, und mit riesigen Zwanzigpfund-Stiefeln beschuht, wie Asphaltarbeiter sie tragen, damit er den richtigen rumpelnden Gang bekam. So ausstaffiert stand er da, zwei Meter dreißig groß, und konnte sich kaum bewegen. »Wir drehten Frankenstein im Hochsommer«, erinnerte sich Karloff. »Nach einer Stunde Arbeit war ich triefend naß. Ich mußte den Unteranzug wechseln, und der andere war oft noch feucht vom letzten Mal. So fühlte ich mich meistens, als trüge ich ein klammes Leichentuch. Das hat es zweifellos noch realistischer gemacht.«

Realismus war es natürlich nicht, was *Frankenstein* zum Horrorklassiker machte. Wie der Originalroman, von dem er sich so deutlich unterschied, hatte der Film den Charakter der Fabel, sowohl in seinen Übertriebenheiten als auch in seiner inhaltlichen Harmlosigkeit. Und Karloff verlieh dem Monster so etwas wie arglosen Charme. Zu seiner Zeit allerdings fand man es ziemlich entsetzlich. Bei einer Testvorstellung in Santa Barbara rannten eine Frau und ihre Tochter schreiend aus dem Kino, deshalb strich die Universal die Szene heraus, in der Karloff aus Versehen das Mädchen ertränkt, mit dem er Blumen gepflückt hatte.

Das Studio beschloß auch, den Schluß zu ändern, in dem Frankenstein zusammen mit dem Monster in den Flammen einer brennenden Mühle umkam. In der revidierten Fassung blieb der aristokratische Gelehrte am Leben und hörte seinen Vater einen Toast ausbringen »auf einen Sohn des Hauses Frankenstein«. Carl Laemmle senior verlangte außerdem, daß sein Sohn dem Film eine warnende Einleitung voranstellte, wie schrecklich dieser Film sei, und »wer seine Nerven einer solchen Belastung nicht aussetzen möchte, hat jetzt noch Gelegenheit...« und so weiter.

Der Film war ein Riesenerfolg, und das verdientermaßen. Da er gleich auf Lugosis *Dracula* folgte, inspirierte er Hollywoods Imitatoren zu einem ganzen Zyklus von Horrorfilmen. Der erste eigentliche Folgefilm war der bewundernswerte *Frankensteins Braut* (Bride of Frankenstein, 1935), in dem Elsa Lanchester in krauser Perücke als Gefährtin des einsamen Monsters ins Leben gerufen wurde – und ihm die kalte Schulter zeigte. Dann kam, geradezu unausweichlich, der *Son of Frankenstein* (1939). Aber man glaubte, die Horrorstars könnten ihre Rollen beliebig ausweiten. Die Universal spannte in ihrer weit hergeholten Bearbeitung von Poes *Die schwarze Katze* (The Black Cat, 1933) und *Der Rabe* (The Raven, 1935) Karloff und Lugosi zusammen. Gegen Ende der dreißiger Jahre wurde allerdings das endlose Wiederkäuen derselben Klischees ziemlich ermüdend. *Dracula* hatte *Draculas Sohn* (Son of Dracula) – von Siodmak geschrieben – und *Draculas Tochter* (Dracula's Daughter) gezeugt; *Der Unsichtbare* (The Invisible Man) hatte *The Invisible Woman* (auch von Siodmak) nach sich gezogen; *Die Mumie* (The Mummy) war in *The Mummy's Hand* wiederauferstanden; *Der Werwolf von London* (The Werewolf of London) entwickelte sich zum *Wolfsmenschen* (The Wolf Man) weiter, und dann kam *Frankenstein trifft den Wolfsmann* (Frankenstein Meets the Wolf Man), wieder ein Script von Siodmak.

Karloff, der in manchen dieser Streifen (und schlimmeren) auftrat, war sehr professionell (er war Mitbegründer der Filmautorengilde und stolz darauf, die Mitgliedskarte Nummer Neun zu besitzen), aber er wunderte sich, warum die Geschichten vom wahnsinnigen Wissenschaftler sich eigentlich alle so ähnlich sein müßten. Besseren Autoren könnten vielleicht ein paar neue Ideen einfallen, schlug Karloff Harry Cohn vor, der ihn für eine Thrillerserie der Columbia verpflichtet hatte. »Er war in mitteilsamer Laune«, erinnerte sich Karloff. »Er zog die Schreibtischschublade auf und holte eine große Tabelle heraus. ›Hier‹, sagte er, ›dies ist Ihr Register. Wir wissen genau, wieviel diese Filme einbringen werden. Soviel kosten sie. Soviel bringen sie. Auch wenn wir mehr dafür ausgäben, würden sie keinen Pfennig mehr einbringen. Also warum sollten wir sie ändern?‹«

Der einzige, der Anfang der vierziger Jahre daran etwas zu ändern versuchte, war Val Lewton, in Rußland geborener Autor von Lyrik und Kurzgeschichten, dessen Geschichte der Kosaken David Selznick veranlaßte, ihn bei der geplanten Verfilmung von Gogols *Taras Bulba* als Berater hinzuzuziehen. Aus diesem Projekt wurde nichts, aber Lewton begann, sich Meriten als Manager zu verdienen. 1942 beschloß die RKO, eine Reihe billiger Thriller zu machen und Lewton mit dem Projekt zu betrauen. Dann, typisch für Hollywood, traf der Studioleiter Charles Koerner auf einer Party jemanden, der ihm riet, einen Film namens *Katzen-*

menschen (Cat People) zu machen. Am anderen Morgen gab Koerner dies als Befehl an Lewton weiter, und Lewton rief ein paar Freunde zusammen und sagte: »Ich weiß nicht, was ich tun soll.« Als *Katzenmenschen* in den siebziger Jahren neu verfilmt wurde, gab es viel blutiges Gekratze, um der modernen Sensibilität zu entsprechen, und das war es wohl auch, was Koerner von Lewton wollte, aber es war nicht das, was Lewton zu produzieren gewillt war. »Die einzige Art, in der er es machen wollte«, sagte Jacques Tourneur, der den Film schließlich inszenierte, »war nicht die billige Blut-und-Donner-Masche, die das Studio erwartete, sondern etwas Intelligentes.« Das Drehbuch, das Lewton von DeWitt Bodeen erhielt, war verschwommen unheimlich: Eine Modezeichnerin, gespielt von Simone Simon, glaubte von einer Gruppe von Frauen abzustammen, die sich in Katzen verwandeln konnten. Zwar bestand das Studio darauf, daß eine Einstellung einen echten Panther zeigte, der zum Todessprung ansetzte, aber es blieb am Ende ungewiß, was für übernatürliche Kräfte Miss Simon denn eigentlich hatte.

Das war das Markenzeichen der Filme Lewtons: Ein Horrortitel zur Freude des Studios und eine Handlung, die die Bedeutung des Titels andeutete, aber niemals zeigte. Bodeen hatte ein Bühnenstück über die Brontës geschrieben, und so gab Lewton ein Drehbuch in Auftrag, das sich an *Jane Eyre* anlehnte; der Film lief recht gut unter dem Titel *Ich ging mit einem Zombie* (I Walked With a Zombie, 1943). Und *Der Leopardenmensch* (The Leopard Man, ebenfalls 1943) gab zwar zu verstehen, daß eine Mordserie in Neu Mexiko von einem entlaufenen Leoparden begangen worden sein könnte, aber die furchterregendste Szene war, daß ein Mädchen von seiner Mutter gezwungen wurde, nach Dunkelheit noch Einkaufen zu gehen, daß es verängstigt durch die menschenleeren Straßen lief, tatsächlich die Einkäufe heimtrug und erst dann dem Entsetzlichen begegnete, von dem das Publikum nur ein tierisches Knurren hörte und einen Blutspritzer sah.

Wenn Lewton rätselhaft sein wollte, so entschieden die RKO-Chefs, dann mußte man ihn mit einem geldbringenden Zugpferd ausstatten, und so beschenkten sie ihn zu seiner kaum verhohlenen Bestürzung mit Boris Karloff. Lewton haßte Monsterfilme, haßte all die Klischees, die seine Bosse und sein Publikum liebten, und so setzte er Karloff in drei seltsam sadistischen Filmen ein, in *Der Leichendieb* (The Body Snatchers), *Toteninsel* (Isle of the Dead, 1945) und in *Irrenhaus* (Bedlam, 1946). Im letzteren spielte Karloff den grausamen Krankenwärter im berühmten Londoner Irrenhaus, der am Ende von seinen Patienten lebendig eingemauert wird; der Film war so schauerlich, daß die britischen Zensoren ihn dort für Jahre verboten. In gewissem Sinne hatten sie recht, denn die meisten Horrorfilme haben eine Tendenz zur Morbidität, und je näher sie der Realität kommen, um so gefährlicher wird diese Tendenz.

Die klassischen Horrorfilme sollten gar nicht wirklich entsetzlich sein. Sie waren mäßig symbolische Legenden, Märchen. Als Karloff und der Bucklige Frankensteins Haus erreichten, fanden sie dort im Eis nicht nur das mechanische Monster, sondern auch einen eingefrorenen Werwolf, den die Schlußszene von Siodmaks *Frankenstein trifft den Werwolf* hinterlassen hatte. Sie zündeten Feuer an und tauten den Werwolf auf, der prompt zu seiner »natürlichen« Gestalt als netter, wenn auch verstört dreinblickender junger Mann namens Lawrence Talbott (Lon Chaney jr.) zurückkehrte. Karloffs erster Tagesordnungspunkt war allerdings die Bestrafung derjenigen, die ihn eingekerkert hatten, und da ihm die Dienste John Carradines nicht mehr zur Verfügung standen, griff er zu seiner Traditionswaffe, der Gehirnverpflanzung. »Das Monster wird in einen Glaskasten gelegt, in dem Dampf seine gefrorenen Gewebe weich macht«, sagt eine Zusammenfassung des nicht Zusammenfaßbaren, »während Niemann und Daniel Strauß und Ullmann fangen, die letzten verbliebenen Zeugen gegen den Arzt. Für seinen teuflischen Racheplan entfernt Niemann ihre Gehirne. Ullmanns Gehirn wird dem Monster eingepflanzt, das Gehirn des Monsters Talbott, Talbotts Gehirn Strauß...«

Eine letzte Frage: Wie konnte Boris Karloff, das originale Frankenstein-Monster, die Rolle des wahnsinnigen Wissenschaftlers spielen, der das eingefrorene Monster wieder ins Leben holt?

Tatsache ist, daß Karloff es satt hatte, das Monster zu spielen (er tat es drei Mal), und so übergab er in *Frankensteins Haus* seine berühmteste Rolle an einen Stuntmann namens Glenn Strange. Anders als Karloff war Strange nie zur rechten Zeit am rechten Fleck gewesen. Einst hatte man ihn auserwählt, den Tarzan zu spielen, aber dann hatte Johnny Weißmüller ihn beiseitegeschoben. Jetzt, da er beauftragt war, Karloff zu imitieren, machte wieder Jack Pierce die Maske, und Pierce hätte sogar Gary Cooper wie Frankensteins Monster aussehen lassen können. Strange spielte die Rolle noch einmal in *Draculas Haus* (House of Dracula, 1945) und in der letzten Stufe der Erniedrigung, *Abbott und Costello treffen Frankenstein/Mein Gott, Frankenstein* (Abbott and Costello Meet Frankenstein, 1948). Stranges letzter großer Entschluß war, die Rolle des legendären Kiemenmenschen in *Der Schrecken vom Amazonas* (Creature from the Black Lagoon) abzulehnen, und er kam als Sam der Barmixer in der Fernsehserie *Gunsmoke* durch seine letzten Jahre.

Das Haysbüro erhob Einspruch dagegen, wie die Heldin den Abend schilderte, an dem sie schwanger wurde: »...und dann, also... irgendwo raus zum Motel und so, naja, Sie wissen schon... also, so ungefähr...« Es bat auch darum, das »gesamte auf den Seiten 33, 34, 35, 36 und 37 enthaltene Material, das mit der Schwangerschaft des Mädchens zu tun hat, drastisch zusammenzustreichen und den Inhalt völlig umzuschreiben«. Aus Taktgründen bat es darum, einen Geistlichen namens Upperman umzubenennen, »weil der Name einen Beigeschmack von Komik hat, was im Zusammenhang mit einem Geistlichen nicht gut ist«.

Unter solchen Umständen war schwer erkennbar, wie Preston Sturges je die Genehmigung des Haysbüros für seine Komödie bekommen sollte, in der es um ein Mädchen namens Trudy Kockenlocker ging, das Sechslinge erwartete von einem Soldaten, dessen Name ihr nur als Schütze Ratskywatsky oder so ähnlich in Erinnerung geblieben war. Das war nicht nur unmoralisch, es war auch unpatriotisch, und das im Jahre 1944, als amerikanische Truppen sich quer durch Nordfrankreich vorankämpften. Die Studiobosse bei der Paramount hatten Sturges seinen Film machen lassen, aber sie erwarteten nichts als Schwierigkeiten. Sie zögerten mehr als ein Jahr lang, ihn überhaupt freizugeben. Aber Sturges hatte so seine Art zu bekommen, was er wollte, und auch die kummervollste Situation noch komisch zu machen. Nicht grausam komisch – das konnte jeder –, nein, charmant komisch.

Die Premiere von *Das Wunder von Morgan's Creek* (The Miracle of Morgan's Creek) war natürlich ein Triumph. James Agee schrieb in der *Time*, Sturges' neuer Film sei »ein bißchen so, als unterhielte man sich auf der Achterbahn mit einer Nonne«. In *The Nation* schrieb er (Agee war regelmäßiger Filmkritiker beider Magazine), daß »das Haysbüro entweder in eine Liberalität hypnotisiert wurde, für die man ihm danken sollte, oder im Schlaf überfallen worden ist«. Die *New York Times* war ebenso angetan: »Ein frecherer Film – ein köstlicher respektloser – als diese neue Ladung Nonsens von der Paramount kam nie im irren Rutsch den Pfad herunter.« Vor den Kinos begannen sich Schlangen zu bilden. *Das Wunder von Morgan's Creek* wurde, so unmoralisch und unpatriotisch er war, zum größten kommerziellen Schlager des Jahres 1944, er spielte die damals eindrucksvolle Summe von neun Millionen Dollar ein.

So ging es im allgemeinen in Preston Sturges' Filmen zu. Das Unmögliche triumphierte; die Mächtigen wurden lächerlich; mittellose Idealisten wurden Millionäre. Diese Art des Aufstands mag als bloßes Produkt einer fruchtbaren Phantasie erschienen sein – und das war Sturges' Phantasie ganz gewiß –, aber Sturges' ganzes Leben war fast eine Sturges-Komödie. Sein richtiger Name lautete Edmund Preston Biden, es war der Name seines Vaters, der bei einer Inkasso-Agentur in Chicago arbeitete und Banjo spielte und zu viel trank. Seine Mutter Mary Dempsey-Biden, die das Banjo verabscheute, war eine Frau von beträchtlichem Charme und beträchtlicher Einbildungskraft. »Alles, was sie dreimal sagte, glaubte sie inbrünstig«, erinnerte sich Sturges. »Oft genügte auch zweimal.«

Als ihr Sohn zwei war, floh sie aus Chicago und ging mit dem Jungen nach Europa, wo sie eine gute Freundin von Isadora Duncan wurde. (Sie bemalte möglicherweise den roten chinesischen Schal, der sich in dem Rad von Miss Duncans Bugatti verfing und sie erdrosselte.) Sie überzeugte sich selbst, daß sie eigentlich nicht Dempsey hieße, sondern Desmond, und dann

D'Este, und so wurde sie in der eigenen Vorstellung zur italienischen Fürstin. Ihre Mutter überredete die Fürstin, mit ihrem Sohn, dem Prinzen, nach Chicago zurückzukehren, und dort heiratete sie einen stillen Börsenmakler namens Salomon Sturges. Zwei Jahre später allerdings war sie wieder nach Europa unterwegs, nach Wagners Bayreuth, wo sie eine Villa mit Isadora Duncan teilte.

Ihr nächster Ehemann war ein Türke namens Vely Bey, dessen Vater ein Arzt des Sultans gewesen war. Eines Tages bekam Mary Ausschlag im Gesicht, und ihr neuer Schwiegervater braute eine tiefrote Flüssigkeit zusammen, die das Übel bald heilte. Mary sah ungeheure Möglichkeiten. Sie dachte sich einen herrlichen Namen für ihre Entdeckung aus, *Le Secret du Harem*, und eröffnete das *Maison d'Este* auf der Rue de la Paix. Die echte Familie D'Este drohte mit Klage, um diesem absurden Mißbrauch eines berühmten Namens ein Ende zu machen, und so änderte Mary den Namen ihres Ladens in Maison Desti. Ihren Sohn Preston, inzwischen fünfzehn, beauftragte sie mit der Führung einer neuen Filiale am Strand von Deauville.

Nichts von alledem ist von überragender Bedeutung, nur daß solche Situationen des fröhlichen Widersinns – wie die Kindheitserinnerungen, die in Federico Fellinis Filmen immer wiederkehren, die dicke Frau am Strand oder der unerreichbare Engel – das belebende Element aller Komödien von Sturges sind, und es waren die besten und witzigsten Komödien der frühen vierziger Jahre. Nach einer äußerst lückenhaften Schulbildung ging Sturges zum Luft-Corps der Armee und wurde leidenschaftlicher Flieger, aber der Krieg war zu Ende, bevor er auch nur Frankreich erreichte. Seine Mutter wurde es müde, das Maison Desti in New York zu führen, und sie übertrug alles ihrem Sohn. Er fand, daß es ihm Spaß machte, neue Lippenstifte und Make-ups zu erfinden.

Er traf ein Mädchen von zwanzig Jahren namens Estelle Godfrey. Es hatte, vor allem um einer drogenabhängigen Mutter zu entkommen, einen Vierundsechzigjährigen geheiratet. Binnen weniger Monate verließ sie ihren Ehemann und heiratete Sturges, und sie brachte ein Jahreseinkommen von elftausend Dollar aus einem Treuhandvermögen mit. Die Sturges kauften ein Haus auf dem Land, und Preston verbrachte seine Zeit damit, Dinge zu erfinden – eine neue Art von Auto mit dem Motor hinten, ein neues Verfahren der photomechanischen Vervielfältigung, einen Flugapparat, der ein Zwitter aus Flugzeug und Helikopter war. Nach vier Jahren damit erklärte Estelle plötzlich, daß sie Sturges nicht mehr liebte.

Sturges war am Boden zerstört, zog Selbstmord in Betracht, versuchte dann, Lieder zu schreiben – *Oh, Minnie* und *Asia Minor Blues* und *Maybe You'll Be My Baby*. Niemand wollte sie veröffentlichen, deshalb schrieb er ein Stück, *The Guinea Pig*. Und als niemand es herausbringen wollte, brachte er es selbst heraus.

Es wurde ein bescheidener Erfolg, genug, um das Interesse von Broadway-Produzenten an seinem nächsten Unternehmen zu wecken. In neun Tagen schrieb er *Strikt unehrenhaft* (Strictly Dishonorable), und es wurde, unglaublich, aber unausweichlich, zum Superhit des Jahres 1929. Sein erster Scheck für die Wochentantieme lautete auf fünfzehnhundert Dollar.

Im Zug nach Palm Beach lernte er Eleanor Post-Hutton kennen, die Stieftochter des Wallstreet-Millionärs Edward F. Hutton und Enkelin von C.W. Post, dem Getreidemillionär von Battle Creek. Sie war zwanzig und reizend. Sie bezauberten sich gegenseitig. Als sie in Palm Beach ankamen, zog Sturges mit in ihr Familienschloß. Er teilte ihrem Vater mit, daß er sie heiraten wolle. »Sie können es sich nicht leisten, ein Mädchen wie Eleanor zu heiraten«, sagte E.F. Hutton.

»Warum nicht?« fragte Sturges. »Ich habe ein Superstück und ein Einkommen von fünfzehnhundert in der Woche.«

»Das ist Kleingeld für sie«, sagte E.F. Hutton.

Ähnlich verlief der Dialog zwischen Eleanor und ihrer Mutter.

»Er hat sogar eine Yacht«, sagte Eleanor.

»Wie groß?« fragte Marjorie Post-Hutton.

»Sechzehn Meter«, sagte Eleanor.

»Ach, du meinst eine Jolle, meine Liebe«, sagte Marjorie Post-Hutton.

Einen Monat später besagte die Schlagzeile auf der ersten Seite der *New York Times*: ELEANOR HUTTON BRENNT MIT DRAMATIker durch – heiratet gegen Elternprotest Preston Sturges.

Es war nicht von Dauer, natürlich nicht. Nichts in Sturges' Leben war von Dauer. Das war die Essenz seiner Komödien. Alles war zerbrechlich. Und es konnte keine absurden Siege geben, ohne daß es auch absurde Mißerfolge gegeben hätte (und umgekehrt). Irgendwie ließ Sturges sich von einem französischen Musiker namens Maurice Jacquet überreden, das Libretto einer Jacquet-Operette mit dem Titel *Silver Swan*, die bereits durchgefallen war, umzuschreiben. Sturges vergeudete nicht nur seine Zeit mit einem neuen Libretto, er vergeudete auch 64000 Dollar von Eleanors Erbe, um die Operette selber zu produzieren. Eleanor liebte Sturges, aber sie war gewöhnt, daß man sich um sie kümmerte, nicht, daß sie die Küche machte. Sie beschloß, nach Paris zu gehen.

Sturges interessierte sich überhaupt nicht für den Film, aber Hollywood bot, was es immer bot, Geld. Walter Wanger versprach ihm tausend Dollar pro Woche, wenn er *The Big Pond* für Maurice Chevalier bearbeitete. Sturges erledigte das in zwei Wochen und erfuhr erst dann, daß man ihm dafür zehn Wochen gegeben hatte. Carl Laemmle, der die erfolgreiche Filmfassung von *Strikt unehrenhaft* produziert hatte, lud Sturges ein, zur Universal zu kommen und für dieselben tausend Dollar wöchentlich zu arbeiten. Er sollte H. G. Wells' Roman *Der Unsichtbare* bearbeiten, an dem acht andere Autoren gescheitert waren und der ein möglicher Stoff für Boris Karloff war, den neuesten Star der Universal. »Mir gefällt es hier draußen sehr gut«, schrieb Sturges an einen Freund in New York, »aber es ist so gottverdammt weit weg von allem... Es ist wirklich wie Bridgeport mit Palmen, nur Bridgeport ist grüner.«

Wie die acht Autoren vor ihm schrieb Sturges ein Skript, für den *Unsichtbaren*, das der Universal nicht gefiel, und so wurde er ganz unfeierlich entlassen. Sturges war nicht sehr traurig darüber, denn er war schon wieder mit einer neuen Idee beschäftigt, einem Film über Eleanors Großvater C. W. Post, Gründer der Postum Cereal Company, Rancher, Erfinder, Kunstsammler, der im Alter von fünfundfünfzig Jahren rätselhaften Selbstmord beging. Ein Jahrzehnt vor *Citizen Kane* begann Sturges *Die Kraft und die Herrlichkeit* (The Power and the Glory) zu schreiben. Wie *Kane* fing es mit dem Tod des Millionärs an. Wie *Kane* wurde es in einer Reihe von Rückblenden von verschiedenen Menschen erzählt, die ihn gekannt hatten. Und wie Orson Welles wollte Sturges die Story auf seine Art machen.

Als er sein Filmstück zu etwa einem Drittel fertig hatte, lernte er auf einer Party einen Mann kennen, der als Drehbuchredakteur bei Jesse Lasky arbeitete, einem der Gründerväter der Paramount, jetzt unabhängiger Produzent bei der Fox. Man vereinbarte ein Treffen. Lasky war interessiert. Er wünschte ein »kurzes Treatment« zu sehen. Sturges weigerte sich. Er sei damit beschäftigt, ein fertiges Drehbuch zu schreiben, das er Lasky gerne zeigen wolle, wenn es soweit wäre. Lasky bereitete sich darauf vor, mehrere andere Autoren mit dem unumgänglichen Umschreiben zu beauftragen. Dann bekam er das Skript von Sturges. »Ich staunte«, sagte er später. »Es war das vollendetste Skript, das ich je gesehen hatte.« Sie hatten eine kurze Drehbuchkonferenz, um über Änderungen zu sprechen. »Wir gaben uns Mühe, in dem Skript irgend etwas zu ändern, aber wir fanden nicht ein Wort oder eine Situation, die man hätte ändern müssen«, sagte Lasky. »Man stelle sich das vor – ein Produzent nimmt einem Autor ein Drehbuch ab und ist nicht zu einer EINZIGEN ÄNDERUNG in der Lage.«

Nur eins war noch unerhörter, als daß ein Schriftsteller ganz allein ein Drehbuch schrieb, das keinerlei Änderungen nötig hatte, und das war, daß ein Schriftsteller prozentuale Beteiligung am Bruttogewinn verlangte und bekam; er erhielt einen Vorschuß von 17 500 Dollar sowie 3,5 Prozent von den ersten 500 000 Dollar und dann steigend bis zu 7 Prozent von allem, was eine Million überstieg. Hollywood war erschüttert. B.P. Schulberg schrieb sogar in *The Hollywood Reporter* einen Protest, in dem er alle warnte, dies sei ein gefährlicher Präzedenzfall.

Die Kraft und die Herrlichkeit (1933), in der Hauptrolle Spencer Tracy als Eisenbahnmagnat, erhielt glänzende Kritiken und lief auch kommerziell sehr gut in New York, nicht aber im übrigen Land. Die Leute sagten, der Film sei bedrückend. Und ein paar Jahre später wurde das Negativ bei einem Studiobrand vernichtet.

Wieder einmal war nichts von Dauer. Aber Sturges war nun ein etablierter Hollywood-Autor und verdiente während der ärgsten Depressionszeit 1500 Dollar in der Woche. Er arbeitete an Fanny Hursts *Imitationen des Lebens* (Imitation of Life, 1934) mit Claudette Colbert, an einer Samuel Goldwyn-Fassung von Tolstois *Auferstehung* unter dem Titel *We Live Again* (Frederic March) und sogar an einem MGM-Musical namens *Broadway Melodie von 1940* (Broadway Melody of 1940) mit Eleanor Powell. Dafür erhielt er pro Woche 2750 Dollar. Aber was er jetzt zu tun entschlossen war, lange bevor ein Billy Wilder oder ein John Huston oder ein Joe Mankiewicz auf der Bildfläche erschienen, das war, seine Filme selbst zu inszenieren. Die Paramount weigerte sich beständig, und so bot Sturges dem Studio schließlich eines seiner Drehbücher für einen Dollar an, wenn er selbst Regie führen dürfte. Es hieß *The Vagrant* und war die Geschichte eines Penners, der durch eine Serie von grotesken Zufällen Gouverneur des Staates wurde. Und wenn sein Eindollar-Angebot nicht gut genug sei, so machte Sturges klar, dann ginge er.

Paramounts William LeBaron erklärte sich widerwillig bereit zuzulassen, daß Sturges sich aufhängte. Aber er stellte nur einen Etat von 325 000 Dollar und Brian Donlevy als Hauptdarsteller zur Verfügung. Donlevy konnte nicht sehr gut spielen, war dafür aber sorgfältig. Er begann seinen Arbeitstag damit, daß er sich die falschen Zähne einsetzte; dann quetschte er sich in einen sehr engen Hüftgürtel und zog die Spezialschuhe an, die ihn größer machten, das Jackett mit den ausgepolsterten Schultern und das Toupet. So ausstaffiert spielte er die harten Kerle. Sturges war noch so unerfahren, daß er nicht wußte, durch welches Ende des Suchers ein Regisseur blicken mußte, trotzdem brachte er seinen ersten Film zeitlich und finanziell planmäßig zu Ende. Listig mit dem neuen Titel *Der große McGinty* (The Great McGinty) versehen, verdiente er sich hübsche Kritiken und hübsche Gewinne. Sturges' Drehbuch, das niemand hatte kaufen wollen, als er es 1933 im Anschluß an *Die Kraft und die Herrlichkeit* schrieb, gewann ihm 1940 einen Oscar. Für seine Danksagung bei der Verleihung wollte Sturges sich »etwas Lustiges einfallen lassen«, und schließlich tat er vor dem Publikum kund: »Mr. Sturges war so überwältigt von der bloßen Möglichkeit, einen Oscar zu erhalten, daß er heute abend nicht kommen konnte und mich gebeten hat, ihn an seiner Stelle entgegenzunehmen.« Da sehr wenige Leute im Publikum wußten, wie Sturges aussah, stieß dieser Scherz auf völliges Unverständnis, und »ich schlich geknickt zu meinem Tisch zurück«, wie er sagte.

Bei der Paramount indes konnte Sturges nun nichts mehr falsch machen. Was würde er denn gern als nächstes machen? Es ist eine der Freuden des Erfolgs, daß man Mißerfolge der Vergangenheit zu neuen Triumphen wiedererwecken kann. Schon 1931 hatte Sturges eine kleine Komödie geschrieben, die er *A Cup of Coffee* nannte; jetzt genehmigte die Paramount sie voll Freuden als Sturges' nächstes Projekt. Inzwischen nahm das Filmemachen nur einen Teil seines hektischen Lebens in Anspruch. Er war, selbstverständlich, wieder verheiratet mit einer sympathischen Frau namens Louise, und er hielt sich auch weiterhin beharrlich für einen Erfinder. Mit mehr als sechzigtausend Dollar aus seinen Filmeinkünften finanzierte er ein kleines Unternehmen im nahegelegenen Städtchen Wilmington, das er Sturges-Maschinenbau nannte, bei weniger seriösen Anlässen »meinen Motorladen«. Offiziell sollte dort ein neuer und verbesserter Typ des Dieselmotors gebaut werden. Was noch wichtiger war: Sturges gefielen Hollywoods Restaurants nicht. Er vermißte New York, vielleicht vermißte er sogar Deauville, wo er als fünfzehnjähriger Manager des Maison Desti in Giros Restaurant im gleichen Haus kostenlos essen konnte. Seine Restaurantträume wollte er auf einem steilen Stück Land am Sunset Boulevard gegenüber der Karawanserei *Garden of Allah* verwirklichen. Dort stand ein Haus, das man in eine Hochzeitskapelle verwandelt hatte, und Sturges stellte es sich als dreifaches Restaurant vor: Unten an der Straße ein Drive-in für Autofahrer, darüber ein zwangloses Lokal, und oben, im eigentlichen Haus, ein sehr vornehmes Speiserestaurant, was nach Hollywoodbegriffen bedeutete, daß jederzeit Anzug und Krawatte verlangt wurden. Zu Ehren seiner Erinnerungen an New York nannte Sturges es ›The Players‹. Er überwachte alles selbst, den Zimmermann wie den Koch, und es war ihm eine Wonne, jeden hinauszuwerfen, der ihm nicht gefiel. ›The Players‹ kostete ihn im ersten Jahr 250000 Dollar und am Ende alles, was er hatte.

Dies aber waren die Jahre, in denen alles gedieh, was Sturges anfaßte. *A Cup of Coffee* verwandelte sich in den reizenden Film *Weihnachten im Juli* (Christmas in July), der zum ersten Mal zeigte, daß Dick Powell mehr konnte als singen und tanzen. Dann inszenierte Sturges seinen dritten Hit des Jahres. *Die Falschspielerin* (The Lady Eve), in dem Henry Fonda und Barbara Stanwyck die größte Besäufnisszene aller Zeiten hinlegten. 1941 entstand *Sullivans Reisen* (Sullivan's Travels), mit dem Sturges demonstrierte, daß er sogar Veronica Lake komische Seiten abgewinnen konnte. Und in der Screwball-Komödie von 1942, *Atemlos nach Florida* (The Palm Beach Story), untersucht Sturges die interessante Frage, wie weit eine attraktive Frau (Claudette Colbert) ohne einen Pfennig Geld reisen könnte und was passieren würde, wenn ihr ebenso abgebrannter Ehemann (Joel McCrea) versuchte, sie zu verfolgen. Und dann kam *Das Wunder von Morgan's Creek*.

Eins der vielen ungewöhnlichen Dinge an Sturges war, daß er nicht nur seiner Zeit voraus war, sondern daß er auch seine Zeit erkannte, wenn sie ihn schließlich einholte. *Das Wunder von Morgan's Creek* scheint genau auf den Geist von 1944 abgestimmt, als die Menschen der Heldenpropaganda ein wenig müde wurden und allmählich merkten, daß es als Propagandaopfer Mädchen gab, die von Soldaten wie dem Schützen Ratskywatsky geschwängert worden waren. Die Idee dafür wurde aber tatsächlich schon im Jahre 1937 geboren. Damals hatte Sturges vor, eine moderne Darstellung der unbefleckten Empfängnis zu schreiben am Beispiel der Kleinstadtjungfrau Mary, die so gut wie keine Ahnung hatte, wie sie schwanger geworden war. Damals wurde nichts daraus – Sturges hatte einen ganzen Aktenschrank voller Ideen, Geschichten und sogar fertigen Filmskripts, aus denen damals nichts geworden war –, aber als Betty Hutton plötzlich am Broadway mit *Panama Hattie* – das zufällig Buddy DeSilva geschrieben hatte, jetzt Produktionschef bei der Paramount – raketenhaft aufstieg, und als sie Sturges anflehte, für sie eine Komödie zu schreiben, da war die Zeit für *Das Wunder von Morgans' Creek* offensichtlich gekommen.

Sogar Morgan's Creek selbst stand bereits fertig und wartend bereit, eine Kleinstadtkulisse, die für einen längst vergessenen Film gebaut worden war. Die Rechnungsprüfer der Paramount drängten, man solle sie abbauen, aber Sturges überzeugte DeSilva, daß er sie gut gebrauchen könnte. Solche Fundsachen sprachen etwas Unterschwelliges in Sturges' Phantasie an. Er liebte es, seine Hauptrollen mit Schauspielern zu besetzen, die keine Stars waren – in diesem Film mit Eddie Bracken –, und sie mit einer Art von Repertoire-Ensemble aus wunderbaren Charakterdarstellern zu umgeben, von denen niemand je gehört hatte.

Ein Film über ein unverheiratetes Mädchen, das vom Schützen Ratskywatsky Sechslinge erwartete, war natürlich unmöglich. Nicht nur das Haysbüro war dazu da, solche Sachen zu verhindern, es gab jetzt auch noch ein Filmbüro, eine Unterabteilung des Kriegs-Informationsamtes mit der Aufgabe, jedem Hollywood-Produzenten stets die eine grundlegende Frage vor Augen zu halten: »Wird dieser Film helfen, den Krieg zu gewinnen?« Offiziell schwor Washington jedem Gedanken einer Zensur ab. »Der Film muß frei bleiben, soweit die nationale Sicherheit es zuläßt«, sagte Präsident Roosevelt. »Ich wünsche keine Filmzensur.« Dies wohlklingende Versprechen gab Roosevelt allerdings ab, als er Ende 1941 Lowell Mellett, einen ehemaligen Zeitungsmann, zum Chef des Filmbüros im Kriegs-Informationsamt ernannte.

Wie jeder gute Bürokrat echote er, die Regierung wolle nichts zensieren. Er wolle weiter nichts als »Einsichtnahme« in Filmdrehbücher, um festzustellen, daß sie nicht im Widerspruch zu nationalen Interessen stünden. Zur Ausübung seiner Mission legte er sich bald einen Stab von 140 Mitarbeitern und einen Etat von 1,3 Millionen Dollar zu. Und um den Standpunkt der Regierung klarzustellen, gab er einen Staatlichen Leitfaden für den Film heraus. Darin listete er eine Reihe bemerkenswerter Hinweise auf: »Zeigen Sie bei jeder Gelegenheit ganz natürlich und unauffällig Menschen, die kleine Opfer für den Sieg bringen – die sie freiwillig, fröhlich, aus eigenem Verantwortungsbewußtsein heraus bringen... Zeigen Sie zum Beispiel Menschen, die ihren eigenen Zucker mitbringen, wenn sie zum Essen eingeladen sind, die beim Einkaufen ihre Pakete selbst tragen, die in Zügen oder Flugzeugen mit leichtem Gepäck reisen und klaglos für Soldaten oder andere zu Kriegszwecken Reisende ihren Platz räumen.« Mehr im allgemeinen gemahnte das Filmbüro die Filmemacher an ihre Verantwortung gegenüber »1. den Kriegszielen: der amerikanischen Lebensart, für die wir kämpfen; 2. dem Wesen des Feindes: seiner Ideologie, seinen Zielen, seinen Methoden; 3. den Vereinten Nationen und der Völkergemeinschaft: unseren kämpfenden Verbündeten...« und so weiter.

Theoretisch stimmte Hollywood mit diesen idealistischen Prinzipien überein, aber als das Filmbüro daranging, Drehbücher zu lesen, wurden seine Vorschläge mehr als nur Vorschläge. Es erhob zum Beispiel Einspruch dagegen, daß ein Bauernjunge sich zur Armee meldete, mit der Begründung, Hollywood sollte deutlich machen, daß die landwirtschaftliche Erzeugung für den Krieg wichtig sei. Es erhob Einspruch gegen einen Film, der einen Sitzstreik zeigte, mit der Begründung, alle Arbeitgeber-Arbeitnehmer-Beziehungen müßten harmonisch dargestellt werden. Es erhob Einspruch gegen einen Film *Die Rache der Zombies* (The Revenge of the Zombies), weil er den Eindruck erweckte, Schwarze seien minderwertig; es beanstandete auch alle Bankette in englischen Landhäusern, die andeuten könnten, es gäbe Engländer, die mehr äßen als ihre Mindestrationen. Es erhob Einspruch gegen alle Gangsterfilme.

Hollywood war nicht gesetzlich verpflichtet, den Forderungen des Filmbüros zu entsprechen, und als das Amt einen rohen Zusammenschnitt vom *Wunder von Morgan's Creek* sehen wollte, ignorierte Sturges die Anfrage einfach. Der Hollywooder Vertreter des Filmbüros schickte dem Washingtoner Hauptquartier ein entrüstetes Telegramm: »DIES IST EINZIGES STUDIO MIT KOOPERATION GLEICH NULL.« Daraus hätte der erste Schritt einer Kampagne des staatlichen Drucks gegen Zeichen allzugroßer Unabhängigkeit in Hollywood werden können, aber die Bürokraten taten ihre Arbeit ein wenig gründlicher, als gut für sie war. Im Kongreß gab es immer noch die, für die der Krieg Roosevelts Krieg und jede Kriegspropaganda Roosevelt-Propaganda war, und das nächste Jahr würde ein Wahljahr sein. Im Mai 1943 beschloß der Kongreß über den Kopf des eigenen Bewilligungsausschusses hinweg, den

Etat des Filmbüros von 1,3 Millionen Dollar auf die bloßen Betriebskosten von 50000 Dollar zusammenzustreichen. Sein Chef Lowell Mellett trat erwartungsgemäß zurück und verschwand in der Versenkung einer Sondermission im Nahen Osten.

Daß er die Washingtoner Zensoren ignorierte, bewahrte Sturges allerdings nicht vor den Belästigungen politischer Zensoren. Die Paramount hatte ihren Hauszensor Luigi Luraschi, und auch er wollte sicherstellen, daß Sturges nicht die Kriegsbemühungen sabotierte. Einmal sollte beispielsweise Eddie Brackens Kiste vor Betty Huttons Haus mit quietschenden Reifen zum Stehen kommen, und das stand laut Luraschi »im Gegensatz zum Gummisparprogramm«. Er wollte wissen, ob Sturges nicht das Reifenquietschen ersetzen könne, durch »ein komisches Hupen vielleicht«. Aber das war nicht alles. Die Katholische Anstandslegion, die nicht nur Filme klassifizierte, sondern den Klassifizierungen auch durch Boykott- und Streikdrohungen Nachdruck verlieh, forderte noch mehr Änderungen, wenn sie ihr vorläufiges Verdikt »C« (sprich verboten) in ein »B« (moralisch bedenklich) umwandeln sollte. DeSilva fügte sich, und Sturges mußte einiges neu drehen, um seine Kritiker zu besänftigen.

Während es DeSilva vor dem *Wunder* schauderte (ein echtes Problem der Paramount war jetzt ein Rückstau an fertigen Filmen, die ihrer Freigabe harrten), machte Sturges weiter und drehte sozusagen den Fortsetzungsfilm, der sogar noch zynischer, noch unpatriotischer war – ja, er war eigentlich die einzige echte Satire auf die Kriegsbemühung, die während des Krieges gedreht wurde – und fast ebenso komisch. Sturges war so zufrieden mit Brackens Darstellung im *Wunder von Morgan's Creek*, daß er für ihn ein Skript mit dem Titel *The Little Marine* schrieb. Es erzählte von einem bedauernswerten jungen Mann, der vorgab, zum Marinecorps zu gehören, bei dem sein Vater ein Held gewesen war, obwohl er wegen Heuschnupfens nur als bedingt tauglich eingestuft wurde und in Wahrheit in einer Rüstungsfabrik arbeitete. Dann stieß er in einer Bar auf einen Trupp heimkehrender Marines (angeführt natürlich von Demarest als bulligem Sergeanten, der im Ersten Weltkrieg unter dem Heldenvater des jungen Mannes gedient hatte), und die Marines beschlossen, ihn alle nach Hause zu bringen und für seinen Kampfesmut zu bürgen. In seinem patriotisch getrimmten Heimatort begegneten die Verschwörer und ihr pausenlos protestierendes Opfer all dem, was zeitgenössische Heimkehrfilme zeigten: Der jubelnden Menge, dem Schulorchester, der Mutter mit Schürze, den schönen Mädchen – nur daß diesmal ein Schwindler gefeiert wurde. *Heil dem siegreichen Helden* (Hail the Conquering Hero) hieß der Film, und DeSilva mißfiel er gründlich. Er bestand darauf, ihn selber umzuarbeiten, aber die Testvorführung seiner Fassung war ein Reinfall, und so erlaubte er mürrisch, daß Sturges einige Wochen damit verbrachte, DeSilvas Bearbeitung zu bearbeiten, womit der Film mehr oder weniger seine ursprüngliche Form wiederbekam. Als er im August 1944 endlich freigegeben wurde, war er Sturges' zweiter großer Hit des Jahres. »Dieser umwerfend komische Film«, schrieb die *New York Times*, »diese überragende Kleinstadtkomödie ist auch mit das Weiseste, was je einem großmächtigen Studio entschlüpfte.« Sturges hatte also in vier Jahren sieben Riesenhits geschrieben und inszeniert. Jetzt stand sein Vertrag zur Erneuerung an, und alles, was er wollte, war das Recht weiterzuarbeiten, ohne Einmischung von Buddy DeSilva oder irgendwem sonst. Das war genau das, was weder die Paramount noch eins der anderen großen Studios zusagen wollte. »Ich war hier sehr zufrieden ganz ohne Vertrag«, erklärte Sturges bei seinem letzten Treffen mit DeSilva. »Mir ist durchaus klar, daß mir die letzte Entscheidung über einen Film nicht zusteht, weil er dadurch mein Eigentum würde anstatt Ihres... Ich bitte um das Recht, nach Abschluß eines jeden Films innerhalb von zwei Wochen meinen Vertrag zu kündigen – nicht um Sie unter Druck zu setzen, ich mag nämlich die Paramount und will gar nicht weg, sondern um Ihren Produktionschef, wer immer es auch sei, dazu zu bringen, mich mit der Höflichkeit zu behandeln, die einem erwachsenen Mann von anerkannter Integrität zusteht.«

Nein. Das war die Antwort DeSilvas und Henry Ginsbergs, des Generaldirektors der Paramount. Sturges sollte glücklich sein mit seinem hübschen Gehalt von 3500 Dollar wöchentlich und 30000 Dollar Prämie für jeden fertigen Film, weit mehr, als Präsident Roosevelt für das Führen einer Nation im Kriege verdiente. Diese

Verhandlungen fanden statt, bevor noch *Das Wunder von Morgan's Creek* oder *Heil dem siegreichen Helden* in den Kinos liefen. Nach den Regeln der Sturges-Komödien hätte dieser zweifache Triumph sämtliche Studiomanager in die Knie zwingen müssen. Er tat es nicht. Was Sturges nicht begriff, war, daß es für die Studiobosse weniger wichtig war, erfolgreiche Filme – und noch weniger, gute Filme – zu machen, als die Macht fest in der Hand zu behalten. Den Griff zu lockern hätte letztlich bedeutet, daß sie selbst überflüssig wären.

So trennten sich also Sturges und die Paramount. Andere Studios wollten ihn natürlich haben. Die MGM bot sechstausend Dollar wöchentlich, aber nur unter der erstickenden Kontrolle von Louis B. Mayer, und was Sturges sich am meisten wünschte, war Freiheit. Nachdem er sämtliche Angebote erwogen hatte, traf er eine Entscheidung, die man nur als selbstmörderisch bezeichnen kann. Er vertraute der Freundschaft eines Mannes, der häufiger Gast im »The Players« war, der sich wie er für den Film und das Fliegen begeisterte und der ihm eine totale Unabhängigkeit versprach, die er in Wahrheit nie zulassen würde; Sturges beschloß, eine Filmproduktionspartnerschaft mit Howard Hughes zu bilden. Das *Time*-Magazin fand dafür eins der wenigen guten Beispiele seiner Leidenschaft für witzige Schachtelwörter und nannte diese Gründung den »Cinemanschluß«.

Hughes hatte im Spätsommer 1944 so etwas wie einen Zusammenbruch erlitten. Er stand unter dem starken Druck diverser Probleme, die sich aus seiner Unfähigkeit ergaben, Flugzeuge für den Krieg zu produzieren. Gegen Ende August verschwand Hughes einfach. Erst mehr als dreißig Jahre später enthüllte Joseph Petrali, ehemaliger Techniker der Hughes-Flugzeugwerke, daß er und sein Boss monatelang herumgegondelt seien, von Las Vegas nach Palm Springs, von Palm Springs nach Reno, und unter den verschiedensten falschen Namen in den verschiedensten Hotels gewohnt hätten.

Hughes erholte sich zum Teil und auf seine eigene Weise, und er ging nun tatsächlich daran, die RKO unter seine Kontrolle zu bringen. Zunächst aber, das eine Mal, ließ er Sturges einen eigenen Film einfach machen. Es war ein sehr lustiger Film mit dem Titel

The Sin of Harold Diddlebock. Dann begann Hughes zu telefonieren und einzugreifen. So kam es, daß Sturges, der sich nach Unabhängigkeit sehnte, für Faith Domergue, eine Favoritin Hughes', ein Melodram namens *Vendetta* schrieb. Und so kam es dann schließlich auch, daß Sturges eines Morgens im Jahre 1946 um sieben Uhr früh ans Telefon gerufen wurde, durch das Hughes ihm mitteilte, daß Sturges Partner Hughes die Leitung ihrer gemeinsamen Produktionsgesellschaft übernähme und daß er, Preston Sturges, gefeuert sei.

Zusammenbruch

(1945)

Wenn David Selznick sich verliebte, war er wie ein verwundeter Elefant, der trompetend durchs Rohrdickicht bricht. Seit 1930 war er mit Irene Mayer verheiratet, und es hatte von Zeit zu Zeit kleine Fehltritte gegeben – das wurde von einem Hollywood-Produzenten geradezu erwartet –, aber auf seine Weise war Selznick Irene treu geblieben und sie auf ihre Weise ihm. Wenn er seine Kleider zu Boden warf und darauf herumtrampelte, um dies oder das zu beweisen, befahl sie ihm, sie wieder aufzuheben und ordentlich wegzuhängen. »Wenn ich mit Irene verheiratet wäre«, stellte ihr Vater Louis B. Mayer einmal fest, »würde ich sie verprügeln.« Doch wenn Mrs. Selznick ihren Mann auch herumkommandierte, sie kümmerte sich doch um ihn und seinen Hausstand, und dafür brauchte er sie.

Jetzt, in einer Februarnacht des Jahres 1945, als sie wach im Dunkeln nebeneinander lagen, fummelte Mrs. Selznick in der Schublade ihres Nachttisches herum, um sich noch eine Schlaftablette zu holen.

»Warum schläfst du nicht?« fragte Selznick. »Was ist denn los?«
»Nichts«, sagte Mrs. Selznick. »Ich habe bloß nachgedacht.«
»Und worüber hast du nachgedacht?«
»Ach, nichts.« Es entstand eine Pause. Dann, so erinnert sich Mrs. Selznick später, brach es plötzlich »wie aus dem Nichts« aus ihr hervor: »Mir reicht's.«
»Was soll das heißen?« fragte Selznick.
»Ich hau' ab.«
»Das kannst du mir doch nicht antun!« schrie Selznick. »Mein Gott, sag mir doch wieso!«
Erklären konnte sie es eigentlich nicht. Es war einfach so, daß

sie nach fünfzehnjährigem Zusammenleben mit Selznick das Zusammenleben mit Selznick satt hatte – und das konnte er nicht fassen. Also nahm er an, es könne nur die eine, auf der Hand liegende Erklärung geben, daß sie von seiner jüngsten Affäre gehört hatte. Er beschloß zu beichten, daß er wieder einmal schwach geworden war, und an ihr Verständnis, ihre Zuneigung zu appellieren. Mrs. Selznick war überrascht, jedenfalls hat sie das später behauptet. Sie sagte, davon wisse sie nichts und wolle sie nichts wissen. Selznick erklärte und erklärte, aber umsonst.

Phyllis Walker hatte anfänglich wie ein Mädchen ohne besondere Bedeutung ausgesehen. Nachdem Selznick sie im Frühjahr 1941 kennengelernt hatte, konnte er sich nicht einmal mehr erinnern, wer sie war. In einem Memorandum an Kay Brown in seinem New Yorker Büro verwechselte er Phyllis Walker mit Phyllis Thaxter, einer sympathischen und ziemlich rustikalen Schauspielerin, die er für eine Filmfassung des Broadwayhits *Claudia* in Betracht zog. Dann fügte er hinzu: »Ist das diese Kulleräugige mit den beiden Kindern, die bei uns im Büro war...? Wenn es zufällig die Kulleräugige ist, bin ich sicher, daß sich ein Test lohnte, egal, wann sie zur Verfügung stünde.« Ein paar Tage später allerdings regte Selznick sich auf, weil einer seiner Mitarbeiter der kulleräugigen Mrs. Walker zu viel Geld geboten hatte. »Da kommt ein Mädchen, das noch nichts oder so gut wie nichts gemacht hat, und wir meinen, sie kann bei uns mit 200 Dollar anfangen«, schimpfte er. »Das ist nicht furchtbar schlimm, aber am Ende ihres Vertrags geht sie dann auf 1500 Dollar rauf... Ich glaube, wir verlieren jeden Sinn für Proportionen.« Dann fiel ihm noch etwas ein: »Übrigens – wie sieht's denn mit dem Ehemann aus...? Wir sollten ihm seinen Stolz lassen.«

Bis September hatte Selznick dann das berufliche Leben seines neuen Schützlings umfassend in die Hand genommen. Er schickte seinem Werbedirektor einen Aktenvermerk, daß er »einen neuen Namen für Phyllis Walker« wünsche, daß Namen ihm sonst egal wären, daß er aber Phyllis Walker für »besonders nichtssagend« halte und daß er »für Vorschläge dankbar« wäre. Eine Woche darauf beunruhigten ihn die verderblichen Einflüsse Hollywoods. »Ich habe furchtbare Angst, das Mädchen wird mir verdorben«, schrieb er an Kay Brown. »Schon jetzt hat sie dies Eifrige, Verschämte ein bißchen verloren, was sie so bezaubernd gemacht hat, als wir sie kennenlernten.«

Sie war eine geborene Phyllis Isley, und sie zwar zweiundzwanzig, als sie Selznick, damals neununddreißig, kennenlernte. Sie kam aus Tulsa, Oklahoma, wo ihre Eltern eine Bühnenausstatterfirma betrieben. Sie war recht hübsch, apfelbäckig, eichhörnchenhaft hübsch, aber kaum eine große Schönheit, und sie war beinahe krankhaft schüchtern, unsicher, zurückhaltend. Im schauspielerischen Tun-als-ob fand sie so etwas wie Erleichterung, eine Möglichkeit zu existieren, und so ging sie zur Amerikanischen Akademie der Dramatischen Künste in New York. Dort traf sie einen Studenten, der ihr sehr ähnlich war, scheu, einsam, ängstlich. Er hieß Robert Walker, und sie heiratete ihn 1936. 1940 kam ihr erster, 1941, in dem Jahr, in dem sie David Selznick kennenlernte, ihr zweiter Sohn zur Welt.

Die Walkers hatten zuletzt in Greenwich Village gewohnt und Arbeit gesucht. Walker jobbte gelegentlich beim Rundfunk in einer Seifenoper. Seine Frau beschloß, ihr Glück zu versuchen und einfach in Selznicks New Yorker Büro zu gehen und zu fragen, ob man es für *Claudia* nicht einmal mit ihr probieren wolle. Sie sprach vor, und in ihrer Nervosität brach sie mittendrin in Tränen aus. Selznick war entzückt. Sein Vertragsangebot riß die Familie eine zeitlang auseinander, aber dann hatte auch Walker seine Glückssträhne. Eine Rolle in dem MGM-Film *Bataan* vereinigte beide wieder in einem Häuschen in Pacific Palisades. »Wir haben nichts als drei Betten, einen Eßtisch und einen Kühlschrank«, erzählte Walker fröhlich Hedda Hopper. »Wir werden uns einrichten, wie es uns gefällt.«

Es war Jahre her, daß Selznick tatsächlich einen Film produziert hatte (er fürchtete, *Vom Winde verweht* ließe sich einfach nicht mehr übertreffen), aber er lebte gut von einem Stall voller Stars. Er rechtfertigte seine Wucherprofite, indem er sich als Packmeister darstellte. Mit einem Neuling namens Gregory Peck zum Beispiel besetzte er A. J. Cronins *Schlüssel zum Himmelreich* (The Keys of the Kingdom); dann machte er nicht etwa den Film, sondern verkaufte das ganze Projekt an die Fox. Er redete davon, *Mein*

Kampf zu verfilmen, und versuchte sogar, sich den Titel zu sichern. Meist aber vermietete er bloß seine Stars, wie alle anderen Produzenten auch, und seine Verleihgeschäfte waren über die Maßen einträglich. Einmal vermietete er Joan Fontaine und nahm dafür 150000 Dollar ein, ihr zahlte er 30000 Dollar. Für die Vermietung von Ingrid Bergmann, die gern so viel wie möglich arbeitete, erzielte er allein in einem Jahr 425 000 Dollar; sie erhielt 60000. Als Selznick hörte, daß sein Schwager Bill Goetz für die Titelrolle in *Das Lied von Bernadette* (The Song of Bernadette) nach einer unbekannten Schauspielerin Ausschau hielt, schickte er ihm also Phyllis Walker hinüber, die er Jennifer Jones zu nennen beschlossen hatte.

»Dieses Mädchen *ist* Bernadette«, sagte Henry King, den die 20th Century-Fox mit der Regie beauftragt hatte. Selznick schien es nichts auszumachen, daß seine Entdeckung unter der Ägide eines anderen zum Star avancieren würde. Sie gehörte ihm ja noch; er arbeitete weiter an ihr. Er stellte ein ehemaliges Photomodell namens Anita Colby ein, das ihn beraten sollte, wie seine diversen Darstellerinnen sich kleiden und benehmen müßten, und sie hatte Mrs. Walker ihre besondere Aufmerksamkeit zu widmen. Miß Colby mußte ihr nicht nur beibringen, die richtigen Kleider zu kaufen – und alles falsch Gewählte zurückschicken–, sondern auch, wie man Leuten in die Augen sah, wenn sie mit einem sprachen. Aber es war wohl der Erfolg von Jennifer Jones in *Bernadette*, der Selznick veranlaßte, sich wieder der Produktion eines richtigen Films zuzuwenden. Er kaufte einen ziemlich sentimentalen Roman von Margaret Buell-Wilder über die Heimatfront während des Krieges, *Als du Abschied nahmst* (Since You Went Away), und er beschloß, das Drehbuch selbst zu schreiben. Während er es schrieb oder besser diktierte, umschrieb und neu diktierte, wurde die Rolle für Jennifer Jones, die Rolle der Claudette Colbert, der älteren Tochter im vaterlosen Haushalt immer größer und größer.

Auch für Robert Walker gab es eine ansehnliche Rolle, nicht nur weil er Jennifer Jones' Ehemann war, sondern weil er gerade in der Komödie *See Here, Private Hargrove* als Naiver in Uniform so gut gefallen hatte, daß er ein fast so großer Star war wie seine Frau.

All diese Verwicklungen waren mehr, als die junge Mrs. Walker ertragen konnte, vor allem die Liebesszenen, die Selznick für sie und ihren Ehemann geschrieben hatte, und die Abschiedsszene, als er in den Krieg zog (an demselben Bahnhof, den Selznick einst für *Vom Winde verweht* benutzt hatte). Mrs. Walker brach mitten in dieser Szene in Tränen aus und entfloh in ihre Garderobe. Selznick mußte in die Kulisse gerufen werden und in ihre Garderobe, um sie zu beruhigen und sie wieder vor die Kamera zu bringen, damit sie ihrem Mann Lebewohl sagte. Bald darauf, am Tage nachdem sie für die *Bernadette* den Oscar erhalten hatte, gab sie bekannt, daß sie die Scheidungsklage gegen Walker eingereicht habe.

Walker kam nicht darüber hinweg. Er war immer etwas labil gewesen, jetzt aber begann er wie verrückt zu trinken, Sachen zu zertrümmern und jedem, der zuhören wollte, seine Anklagen gegen Selznick vorzutragen. »David Selznicks Versessenheit auf meine Frau hat mein Privatleben restlos kaputtgemacht«, erzählte er einer anderen jungen Anfängerin namens June Allyson. »Was kann man schon gegen einen so mächtigen Mann machen? Mein Leben war die Hölle...« MGM-Leute überredeten Walker, in die Menninger-Klinik zu gehen, wo er sich an sechs Tagen der Woche psychotherapieren ließ. »Mein Leben lang habe ich mich selbst gehaßt und habe mich schuldig gefühlt für Dinge, an denen ich gar nicht schuld war«, sagte er später. »Ich hatte das Gefühl, daß alle gegen mich wären, mich haßten...«

Nach einiger Zeit überzeugte Walker die Klinik, daß man ihn entlassen könnte, so kehrte er nach Hollywood zurück und begann aufs neue heftig zu trinken. Die Krankenschwester, die für ihn sorgte, rief seinen Psychiater an, und der Psychiater kam, um ihm eine Spritze Sodium Amytal zu geben, ein starkes Beruhigungsmittel. Walker sträubte sich, deshalb wurden ein paar Freunde herbeigeholt, um ihn zu bändigen. Sie hielten ihn fest, während der Arzt die Spritze aufzog. »Geben Sie mir das nicht«, flehte Walker, fest im Griff der Freunde. »Ich habe doch getrunken. Das bringt mich um. Bitte, geben Sie mir diese Spritze nicht.« Der Doktor wußte es natürlich besser. Oft schon hatte man Walker Sodium Amytal gespritzt (und die spätere Autopsie ergab, daß diese letzte Dosis in keiner Weise anormal gewesen war). So, so, hiermit würde er gleich ruhiger werden, und während die Freunde den sich windenden Schauspieler festhielten, verabreichte ihm der Arzt die beruhigende Injektion. Wenige Minuten später erlitt Walker einen Kollaps, und nach zwei Stunden war er tot. Mit dreiunddreißig.

Das war 1951, schon ein Stück Zukunft. Der Bruch in David Selznicks Ehe ging wahrscheinlich weit in die Vergangenheit zurück, weit vor seine Begegnung mit Mrs. Walker bis zu der Zeit, in der die Ehe von Louis B. Mayer zerbrach, Irene Selznicks Vater. Mayer, Chef des größten und erfolgreichsten Filmstudios, hatte lange Zeit den Sittenkodex Hollywoods (und, so könnte man sagen, der Vereinigten Staaten) stark geprägt. Dieser Sittenkodex hielt sich streng an die Ideale des patriarchalischen Anstands, komme, was da wolle. Im Jahre 1904, als Mayer zum ersten Mal einem Mädchen den Hof machte, war es Maggie Shenburg, Tochter des Kantors der Synagoge in der Bostoner Emerald-Street, ein hübsches Mädchen mit höherer Schulbildung, das gesellschaftlich weit über dem kaum des Lesens kundigen Trödler aus New Brunswick stand. Dreißig Jahre später, als Mayer einer der höchstbezahlten Manager der Vereinigten Staaten war, hatte sich seine Frau zur mausgrauen Hausfrau entwickelt, die sich außerhalb ihrer vier Wände in Santa Monica unbehaglich fühlte. Der Erfolg machte Mayer zunehmend zum Tyrannen seiner Familie wie auch seiner Mitarbeiter (was ihm wohl ziemlich eins war). Aber nach allem, was man hört, blieb Mayer seiner Frau »treu«, im praktischen Sinne des Wortes – bis bei ihr Ende 1933 eine Hysterektomie notwendig wurde.

Das war eine psychische Katastrophe für die ganze Familie. Mrs. Mayer versank in »depressive Melancholie«, wie es offiziell hieß, ein postoperativer Zustand, der heute routinemäßig mit einer Hormontherapie behandelt wird. Trübselig schlich sie durch das Haus, weinte und klagte über unbestimmte Schmerzen, die kein Arzt diagnostizieren konnte. Schließlich schickte man sie in das Riggs-Sanatorium in Stockbridge, Massachusetts, eine Nervenheilanstalt. Das war für Mayer gleichzeitig Verdammnis und Erlösung. Man hatte ihm gesagt, was Ärzte damals ihren Opfern oft sagten, daß Mrs. Mayer nach ihrer Operation nie wieder Sex haben dürfte. Er wollte sowieso nicht. Er bekannte einem überraschend großen Kreis von Menschen, seit er wisse, daß man ihr die Gebärmutter herausgenommen habe, sei ihm schon der Gedanke an Sex mit ihr zuwider.

Als nun also seine arme Frau in der Heilanstalt untergebracht war, fühlte Mayer sich zum ersten Mal in seinem Leben frei zur Erforschung aller Möglichkeiten. Der reichste und mächtigste Mann in der Welthauptstadt der Versuchung war bereit, sich versuchen zu lassen. Seine Adlaten und dienstbaren Geister organisierten Parties für ihn und luden willige Mädchen ein, aber Mayer fragte sie immer nur nach ihren Familien aus. Einer der neuen Freunde Mayers, ein Detroiter Spieler namens Lew Wertheimer, sagte von dem Möchtegern-Abenteurer: »Der läßt sich nicht mal im Puff umlegen!«

Einem besorgten Assistenten erklärte Mayer, daß er eigentlich kein Mädchen wolle, das er nicht kenne und gern habe. Von sich aus startete er offenbar Fummelversuche bei einigen seiner weiblichen Stars. Jeanette MacDonald und Myrna Loy mußten ihm, wie der Studioklatsch wußte, klar zu verstehen geben, daß sie nicht interessiert seien. Aber es kamen ja immer neue Mädchen und wurden vor der Kamera getestet, das war schließlich das Geschäft der MGM. Eine dieser Neuen war eine vierundzwanzigjährige Ziegfeld-Tänzerin aus Texas namens Jean Howard. Ihre Probeaufnahmen fielen gut aus, und so wurde sie herumgeführt, um verschiedenen Produzenten vorgestellt zu werden. Als sie Mayer gegenüberstand, fragte er sie in seiner typischen Art: »Haben Sie einen guten Zahnarzt, wenn Sie mal Zahnschmerzen bekommen? Kennen Sie Ärzte für den Fall, daß Sie einen brauchen?« Sie sagte nein. Mayer sagte, sie solle ihn nur anrufen, wenn sie Hilfe dieser Art brauche. Sie lächelte. Mayer verliebte sich.

Das ganze Frühjahr 1934 hindurch stellte Mayer seiner Neuentdeckung nach. Er lud sie zum Mittagessen ein, fragte sie nach ihrer Familie aus, starrte sie an, aber mehr nicht. »Ich wäre bestimmt mit ihm ins Bett gegangen, wenn er mich gefragt hätte«, sagte Miss Howard später von ihrem Bewunderer, aber sie hielt ihn »geistig für einen ewigen Pubertären«. Und natürlich fand sie ihn häßlich wie eine Kröte, außerdem war er zweiundfünfzig und verheiratet. Nichts von alledem konnte Louis B. Mayer, den König der MGM, schrecken. Seine Frau kam aus dem Sanatorium nach Hause, und sie erinnerte ihn an ein Versprechen, das er ihr einst gegeben hatte: Mit ihr nach Paris zu fahren. Nun, warum nicht? Mayer hatte (irrtümlich) gehört, daß es dort leicht sei, sich schnell und geräuschlos scheiden zu lassen. Und so beschloß er, nach Frankreich zu reisen, und mit ihm reisen sollten seine Frau, die dort von ihrem Los erfahren sollte, und sein Mädchen, das ihn dort heiraten würde, und Ethel Borden, die beste Freundin seines Mädchens, die Mayer bezahlte, damit sie als eine Art Vertraute und Vermittlerin bei seinem täppischen Liebeswerben fungierte. Der guten Ordnung halber nahm Mayer auch noch seinen Werbechef Howard Strickling mit.

Das Haupthindernis für Mayers Plan – ein Hindernis, von dem er nichts wußte – war, daß Miss Howard einen jungen Anwalt namens Charlie Feldman liebte. Sie schliefen zusammen, wann immer es sich einrichten ließ, und kurz vor Mayers großer Parisexpedition beschlossen sie zu heiraten. Miss Borden, offenbar in Erfüllung ihrer bezahlten Pflichten gegenüber Mayer, drängte ihre Freundin, sie solle doch nicht eine kostenlose Reise nach Paris einfach wegwerfen, und widerwillig erklärte Feldman sich damit einverstanden, die Hochzeit um einen Monat zu verschieben, bis Miss Howard wieder in New York sei. Davon wußte Mayer zwar nichts, aber er hielt es für eine nützliche Vorsichtsmaßnahme, eine Privatdetektei zu beauftragen, Miss Howard für ein Weilchen zu beschatten, nur so zur Sicherheit. Als die Detektei ihm dann ihren Bericht schickte, stopfte er ihn einfach in die Tasche und sagte sich, daß er bestimmt harmlos sei und daß er ihn später lesen werde.

Im Zug von Le Havre nach Paris klärte Mayer Miss Howard endlich darüber auf, was er vorhatte. Er sagte ihr, so erzählte sie später, daß seine Frau in die Scheidung eingewilligt habe, daß er Miss Howard heiraten wolle und daß er sie mit einem Ehevertrag ausstatten werde, der sie reich machte. Und noch mehr. »Siehst du, welche Macht du hast?« frohlockte Mayer. »Wenn du mich unglücklich machtest, bekäme das jeder im MGM-Studio zu spüren. Aber wenn du mich glücklich machst, sind auch fünftausend andere Menschen glücklich!«

Miss Howard behauptete, vielleicht ein wenig hinterlistig, sie sei »vollkommen platt«. Sie hatte nicht die Absicht, ihren bejahrten Verehrer zu heiraten, aber sie fand, das könnte sie beim Rattern des Zuges nicht richtig erklären. Sie wollte lieber warten, bis sie sich alle in Paris im Hotel George V. niedergelassen hatten. Dort packte sie gerade aus, als Strickling an ihre Tür klopfte und meldete, daß Mayer sie unverzüglich zu sprechen wünsche. »Als wir sein Zimmer betraten«, erinnerte sie sich später, »stand er da, weiß und bebend, mit einem großen Umschlag in der Hand ... Es war von einer Detektei in Hollywood und sagte ihm alles über Charlie und mich. Plötzlich griff er nach einer Flasche Scotch, schenkte ein Glas voll und goß es in einem Zug hinunter. Er trank sonst nie, und nun machte es ihn betrunken. Er wurde aufgeregt. Er tobte durch das Zimmer, und plötzlich machte er Anstalten, sich aus dem Fenster zu stürzen. Wir drei brauchten unsere ganze Kraft, um ihn zurückzuhalten. Wir legten ihn auf den Fußboden, wo er weinte und stöhnte. Ich bin geradewegs nach New York zurückgefahren, und Charlie und ich haben geheiratet.«

Mrs. Mayer erlitt einen Rückfall. Sie weinte nur noch. Mayer ließ Psychiater aus London kommen, die nicht viel ausrichten konnten. Mayer schwor wieder Treue. Er schickte auch Order heim nach Hollywood, daß Charlie Feldman nie wieder den Boden der MGM betreten dürfe.* So versuchten sie es wieder zu kitten, Louis und Maggie, aber es gibt Dinge, die nicht zu kitten sind. Von Zeit zu Zeit wurden wieder Aufenthalte im Riggs-Sanatorium nötig, und obwohl Mrs. Mayer die nächsten zehn Jahre vielleicht zu zwei Dritteln zu Hause verbrachte, wie ihre Tochter Irene sagte, »bekam sie die Fäden ihres Lebens nie wieder richtig in die Hand«.

Für Mayer begann das Jahrzehnt der Heuchelei. Es gab ängstliche nächtliche Ausflüge – zum Beispiel an dem Abend, als die Chefin eines bekannten Hollywooder Etablissements sämtliche

---

* Ein fruchtloses Dekret. Aus Feldmans Unternehmungen wurde am Ende die mächtige Famous Artists Agency.

Kunden zu gehen bat, weil »Mr. Mayer eben angerufen hat, er möchte inkognito kommen. Er wünscht nicht, hier mit Fremden zusammenzutreffen.« Der Mann, der es nicht gern hatte, daß Fremde ihn in einem Bordell sahen, blieb immer derjenige, der verlangte, in seinen Andy Hardy-Filmen dürfe es nicht zu viel Geküsse geben und Mickey Rooney müsse auf die Knie fallen und für die Gesundheit seiner Mutter beten. Dann, nach dem Jahrzehnt der Heuchelei, im Sommer 1944, am Vorabend ihres vierzigsten Hochzeitstages, teilte Mayer seiner Frau schlicht mit: »Ich gehe.« Und zog aus. Zunächst ins San Fernando-Tal auf die Ranch seines geduldigen Werbechefs Strickling, dann in das Haus in Beverly Hills, das einst Marion Davies' Garderobenbungalow bei der MGM gewesen war (später wurde es quer durch die Stadt zur Warner Bros. geschleppt, damit sich Miss Davies dort zu Hause fühlen konnte, und schließlich wurde es zum Benedict Canyon Drive gebracht). In seinen herrschaftlichen Jahren der Macht hatte Mayer ein Vermögen ausgegeben, um Rennpferde zu kaufen und aufzuziehen, und im Herbst nach seiner Scheidung lud er ein paar Freunde ein, damit sie ihm zusähen, wie er über seine Trainingsbahn galoppierte. Das Pferd bäumte sich auf und warf ihn ab. Er brach sich den Beckenknochen und bekam dann im Krankenhaus eine Lungenentzündung. Es war ein hartes Jahr.

Als Louis B. Mayer sein langjähriges Bemühen aufgab, so zu tun, als sei er mit dem Mädchen seiner Jugend glücklich verheiratet, setzte er weithin ein Zeichen für all die anderen rastlosen Magnaten, die nun ähnliches tun durften. Harry Cohn, der immer schnell war, hatte sich schon ein paar Jahre vor Mayers endgültiger Trennung von Maggie von seiner Rose scheiden lassen, und Darryl Zanuck blieb noch ein paar Jahre länger bei seiner Virginia, aber das Prinzip blieb sich gleich: Die Andy Hardy-Serie lief aus. Ein Mensch vernahm die Botschaft naturgemäß am deutlichsten, und das war Mayers Tochter Irene. Kaum ein Jahr nachdem ihr Vater gesagt hatte: »Ich gehe«, sagte sie in die Dunkelheit hinein: »Mir reicht's.«

Bevor sie entschied, daß es reichte, sorgte Irene Selznick allerdings dafür, daß ihr Ehemann zu einem Psychoanalytiker ging. Launenhaft war Selznick ja immer gewesen, aber nun schien er doch immer wunderlicher zu werden. Er trank sehr viel, stopfte sich mit Amphetaminen voll, spielte hemmungslos und stritt sich mit jedermann. Die Scheidung und der Tod seines trinkenden Bruders Myron im März 1944 waren ein schwerer Schlag für ihn. Selznick igelte sich im Waldorf in New York ein, wollte oder konnte keinen Menschen sehen und sagte seiner Frau, er habe »richtige Angst... er fürchte, tatsächlich verrückt zu werden«. Mrs. Selznick bat Dorothy Paley, die Frau des CBS-Chefs, ihr einen Psychoanalytiker zu empfehlen. Mrs. Paley arrangierte ein Treffen mit Sandor Rado, einem der Pioniere der Berliner Psychoanalyse-Bewegung, der 1931 nach Amerika gekommen war, um das Psychoanalytische Institut New York zu übernehmen. Selznick verhielt sich ganz typisch: Er konnte sich nicht überwinden, Dr. Rados Praxis aufzusuchen; er wollte, daß Rado zu ihm käme. Schließlich geleitete Mrs. Selznick ihren Gatten in die Praxis des Psychoanalytikers, und der Arzt brauchte nicht lange für seine Diagnose. Er sagte ihr, Selznick »habe einen Zusammenbruch«. Er riet Mrs. Selznick, sie solle ihren Mann wieder nach Los Angeles bringen und ihn dort in Behandlung geben. In Los Angeles gab es damals wenige Analytiker, und die einzige, für die er sich verbürgen konnte, war Frau Dr. May Romm. Mrs. Selznick befolgte die Instruktionen.

Man kann sich heute nicht mehr so leicht vorstellen, wie esoterisch und wie umstritten die Psychoanalyse Anfang der vierziger Jahre noch war. Sigmund Freud war seit langem als Volksorakel etabliert, als Sexdeuter, nicht aber als Schöpfer eines psychiatrischen Systems, das nach Auffassung seiner glühenden Anhänger viele der fundamentalen Menschheitsprobleme lösen würde. Besonders in Amerika galt die Psychoanalyse weithin als etwas Ausländisches, Fremdes und deshalb nicht ganz Seriöses, nicht ganz Respektables. Amerikanische Psychiater waren oft Mechanisten und widmeten sich dem Studium von Ratten im Labyrinth. Wenn sie in der Phase zwischen den Kriegen ein zeitgenössisches Vorbild gehabt haben, dann wahrscheinlich J.B. Watson, den Begründer der Bewegung, der er mit seinem Buch *Behaviorismus* den Namen gab; in dem Buch wies er »den ausgemachten Unsinn, den die Freudianer geschrieben haben«, zurück. Hitler änderte das alles, indem er die Freudianer aus ihren mitteleuropäischen Brutstätten riß und sie ins goldene Exil verstreute. Freud selbst wurde 1938 nur knapp aus dem nazibesetzten Wien gerettet, und auch das erst, nachdem er eine Erklärung unterschrieben hatte, daß er gut behandelt worden sei (Freud fügte dem noch einen Satz hinzu, den einer seiner Bewunderer als »ironisch« rechtfertigte: »Ich kann die Gestapo jedem nur wärmstens empfehlen«).

Es war keineswegs ein Heer von Psychoanalytikern, das da in die Emigration getrieben wurde. Eine kompetente Quelle schätzte die Gesamtzahl derer, die nach Amerika kamen, auf nicht mehr als etwa zweihundert. Die meisten blieben in New York, aber eine ihrer beliebten Oasen im Westen war Los Angeles, vielleicht einfach wegen des Klimas, das Thomas Mann so entzückte, vielleicht auch, weil Leute wie Thomas Mann dort lebten. Ernst Simmel, ein engagierter Sozialist und Mitbegründer des Berliner Psychoanalyse-Instituts, erhielt Anfang 1933 einen Tip, daß die Nazis unterwegs seien, um ihn abzuholen. Er entschwand durch ein rückwärtiges Fenster und ruhte nicht, bis er in Los Angeles war, wo er selbstverständlich die Psychoanalytische Studiengruppe Los Angeles gründete. Zu ihr stießen dann Berliner Genossen wie Otto Fenichel. (Bevor er seine letzte Zwischenstation Prag verließ, wurde Fenichel, wie er berichtete, gefragt, welches die dringlichste Frage sei, die sich der psychoanalytischen Forschung stelle, und Fenichel antwortete: »Die Frage, ob die Nazis in Wien an die Macht kommen.«) Simmel nahm auch die ganze als Frankfurter Schule bekannte Soziologengruppe unter Max Horkheimer und Theodor Adorno auf. Diese Emigranten aus Frankfurt kultivierten die Idee einer Synthese von Marx und Freud in ihrer Kritik der modernen Gesellschaft, und sie brachten zwar nie etwas Greifbares zustande, taten aber ihr Bestes, um auch in Südkalifornien als Ärgernis zu wirken. Mit Gründungszuschüssen aus dem Osten versehen, veranstalteten sie kleine Seminare über verschiedene kulturelle Themen, die Bedeutung des Jazz oder des Kinos etwa, an denen Mit-Emigranten wie Brecht oder Feuchtwanger teilnahmen.

Was die emigrierten Psychoanalytiker anzog, war mindestens ebensosehr wie das Klima und die Emigrantenatmosphäre auch das Geld. Hollywood wimmelte von Neurotikern, die den Sinn ihres Lebens erklärt haben wollten und die viel Geld hatten, um diese Erklärungen zu bezahlen. Judy Garland zum Beispiel, die einmal in ihrem turbulenten Leben eine nervenaufreibende Affäre mit Joseph Mankiewicz hatte; er schickte sie zur Behandlung zu Simmel. Kaum hatte Simmel angefangen, da berichtete Miss Garlands Mutter Louis B. Mayer über diese Entwicklung, und Mayer ließ Mankiewicz kommen und hielt ihm eine Standpauke, woraufhin Mankiewicz der MGM für immer den Rücken kehrte. Und Miss Garland ihre Therapie abbrach.

Artie Shaw, der die Kriegsjahre als Kapellmeister einer Marineband auf hektischen Tourneen durch ferne Truppenstützpunkte zubrachte, war auch einer von denen, die meinten, sie würden verrückt; die Navy gab ihm recht und gewährte ihm Krankenurlaub. »Das war 1944«, erinnerte sich Shaw, »und ich wünschte mir damals nichts, als mich irgendwo in ein tiefes Loch zu legen und das Loch mit Erde zuschaufeln zu lassen.« Als eifriger Leser fand Shaw binnen kurzem den Weg zur Psychoanalyse und zu Dr. May Romm, die begann, ihn zurückzuführen in die Tage des jungen Arthur Arshawsky aus der Bronx. Kaum war er soweit wiederhergestellt, daß er anfangen konnte, Ava Gardner den Hof zu machen, wollte er auch schon, daß sie sich ebenfalls von Dr. Romm behandeln ließe. Gehorsam bereitete Miss Gardner sich auf die Analyse vor, nun aber kamen Shaw Bedenken, seine eigene Analyse könnte ihn von dem Wunsch heilen, Miss Gardner zu heiraten, und so brach er galant die Sitzungen bei Dr. Romm ab.

Abgesehen von solchen Pannen gab es eine ernsthaftere Auseinandersetzung, mit der sich die Psychoanalytiker herumplagten, als sie sich Anfang der vierziger Jahre in Hollywood niederließen. War Freuds System nun eigentlich eine Philosophie, ein Versuch, die Weltprobleme zu erklären, oder war es eine medizinische Behandlungsmethode, ein Mittel gegen das, was man jetzt »Gemütskrankheit« nannte? 1945, als die Welt nacheinander die Erschütterungen durch die Todeslager der Nazis, die Atombombe und dann das Ende des epochalen Krieges zu verarbeiten hatte, schien die Philosophie wichtiger. Doch obwohl Freuds Schriften Einsichten in die Übel der Zeit vermittelten, zeigten amerikanische

Psychoanalytiker eine gewisse Praxisnähe, wenn sie argumentierten, ihr System sei im Grunde nicht mehr als eine medizinische Therapie, Analytiker seien keine Theoretiker, sondern schlicht Ärzte, die durch akademische Doktortitel ausgewiesen seien und sich der Heilung von Kranken widmeten.

Ein unglückliches Opfer dieser Praxisorientierung war Otto Fenichel, der 1938 mit eindrucksvollen Referenzen als einer der führenden Köpfe des Berliner Psychoanalyse-Instituts nach Los Angeles gekommen war. Fenichel glaubte leidenschaftlich, daß Marx und Freud Antworten auf die Katastrophe boten, die Europa verschlang, aber was konnte ein einsamer Emigrant schon ausrichten. Als Fenichel in Simmels Psychoanalytischer Studiengruppe ein Literaturseminar abhielt, lobte ein Bewunderer deren Bemühen mit dem ein wenig zweideutigen Kommentar, sie sei »eins der letzten Refugien aus der Pionierzeit der psychoanalytischen Bewegung, bevor sie zur kommerzialisierten Spezialität wurde«. Um den Kontakt zu seinen Verbündeten zu halten, zu denen, die an die marxistischen Aspekte der Psychoanalyse glaubten, verschickte Fenichel eine Serie von mehr als hundert *Rundbriefen*, in denen er berichtete, wer was tat und was er selbst davon hielt. Es war ein hoffnungsloses Unterfangen. In seinem letzten *Rundbrief* vom Juli 1945 schrieb Fenichel bekümmert, er habe jüngst mit mehreren sympathisierenden Kollegen gesprochen und darauf gewartet, daß einer von ihnen vorschlagen würde, eine Konferenz politisch denkender Analytiker zu organisieren. »Ich dachte im stillen, daß dieser Wunsch ein Zeichen dafür wäre, daß die *Rundbriefe* noch einen Sinn haben...«, schrieb Fenichel. »Keiner schlug ein Treffen vor.«

Diese Psychoanalytiker von Los Angeles wollten nichts mit Politik zu tun haben. Sie wollten sich etablieren und Geld verdienen. Und in dieser Stadt der Kulte, wo man, wie Nathanael West geschrieben hatte, den Kreuzzug gegen das Salz predigte und das Aztekengeheimnis des Hirnatmens lehrte, strebten die Psychoanalytiker nach Respektabilität, nach medizinischer Anerkennung. Freud hatte sich voll Eifer für »Laien-Analytiker« eingesetzt, die ohne ein jahrelanges Medizinstudium den Glauben verbreiten könnten, aber das psychoanalytische Establishment Amerikas legte Wert auf eben dieses Studium, diese Respektabilität. Fenichel hatte seinen Dr. med. vor langer Zeit an der Wiener Universität gemacht, aber das zählte jetzt in Los Angeles nicht viel. Also beschloß er im Sommer 1945, nachdem er seinen letzten *Rundbrief* verschickt hatte, sich neue Anerkennung zu erwerben, indem er Arzt im Hospital Cedars of Lebanon wurde. Er war siebenundvierzig und sehr dick, und ein Freund, der ihn besuchte, als er Nachtdienst hatte, stellte fest, daß er unförmig aussah in seiner engen, schlecht sitzenden weißen Dienstkleidung. Er klagte über Erschöpfung. Er machte sich Sorgen, ob er fähig sei, mit den neuen Entwicklungen in der Medizin Schritt zu halten. Vage sprach er davon, ein anderes Krankenhaus zu suchen, in dem keine Nachtschichten nötig wären. Binnen sechs Monaten brach er zusammen und starb an einem geplatzten cerebralen Aneurisma.

Hollywood aber fand, daß Psychoanalyse Spaß mache. David Selznick genoß es, für Frau Dr. Romm seine Gedanken zu verströmen, und dieses Verströmen half ihm anscheinend, wieder arbeiten zu können. Dann natürlich begann er, Dr. Romm als eine seiner Angestellten zu behandeln. »Er hatte zu viel zu tun für Dr. Romm«, erinnerte sich Mrs. Selznick. »Er kam vierzig Minuten zu spät, wenn er überhaupt kam. Wenn er rechtzeitig kam, war er oft die ganze Sitzung über nicht aufzuwecken. Er berichtete über diese Dummheiten, als wären sie witzig... Er mißdeutete ihre Geduld als Zuneigung für ihn; ja, er fürchtete, sie würde sich in ihn verlieben. Er klingelte um Mitternacht an ihrer Tür und verlangte, draußen stehend, daß sie ihn anhörte. Er fand es unverständlich, daß sie das ablehnte.« Nach fast einjähriger Behandlung dieser Art beschloß Dr. Romm, Selznick als Patienten zu streichen. Selznick schien es nichts auszumachen. Er sagte seiner Frau, inzwischen »wisse er mehr als sie; *er* könne jetzt *sie* analysieren«.

Ein Ergebnis der Begegnung Selznicks mit der Psychoanalyse war, wie voraussehbar, daß er beschloß, einen Film über das Thema zu machen, einen Film, der die Psychoanalyse dramatisierte, erklärte und gleichzeitig für sie warb. Sein Wunsch machte Selznick verwundbar für die Schlangenlist Alfred Hitchcocks, eines der wenigen Menschen in Hollywood, die Selznick ausselznicken konnten. Hitchcock überzeugte den Produzenten, daß er genau das Gewünschte gefunden habe. Es war ein sonderbarer Roman mit dem Titel *The House of Dr. Edwardes*, erstmals 1927 unter dem Pseudonym Francis Beeding erschienen, eine unheimliche Mordgeschichte mit Hexenwerk und Satanskult in einer Schweizer Heilanstalt für Geisteskranke. Hitchcock erzählte Selznick, diese Geschichte stelle die Psychoanalyse sowohl als Heilmittel für Gemütsqualen wie als Methode zur Aufklärung eines Mordes dar. Er sagte ihm auch bald, daß er alle Rechte an dem Roman erworben habe, die zum Weiterverkauf zur Verfügung stünden. Er entlockte Selznick sogar einen beträchtlichen Vorschuß für ein nichtexistierendes Drehbuch. Selznick schluckte den Köder. »Ich möchte betonen«, sagte er in einem seiner unzähligen Memoranden, »daß ich ganz schrecklich begierig bin, diese... Psychiatriegeschichte mit Hitch zu machen.«

Hitchcocks übliche Methode, ein Filmskript zu konzipieren, bestand darin, daß er stundenlang mit seinem erwählten Autor beriet, dann den Autor für einen oder zwei Tage an seine Schreibmaschine schickte, um sich anschließend wieder mit ihm zusammenzusetzen. Dies kam den Bedürfnissen von Ben Hecht entgegen, der auch in den Wehen der Psychoanalyse lag und der es liebte, eine Geschichte durchzusprechen, während er sie schrieb. Hitchcock, so merkte er später an, »versprühte Handlungsideen wie ein Feuerwerk«. Am Ende eines Monats hatten die beiden ein unwahrscheinliches, aber dramatisches Drehbuch zusammengebraut, dem eine der Sekretärinnen Selznicks später den Titel »Spellbound« gab. Es handelte von einem Psychoanalytiker, der gekommen war, um eine Klinik für Geisteskranke zu übernehmen, aber bald erkennen ließ, daß er selbst am Rande des Wahnsinns stand. Er konnte den Anblick paralleler Linien nicht ertragen, und er konnte Weiß nicht aushalten. Die Abdrücke einer Gabel, die über ein weißes Tischtuch gezogen wurde, machten ihn rasend, und wenn er raste, neigte er dazu, wie tot hinzufallen. Aber da war noch eine Psychiaterin in der Klinik, die sich in den mysteriösen Fremden verliebte und all seine Probleme lösen sollte. »Nur wieder so eine Menschenjagd, in Pseudo-Psychoanalyse verpackt«, sagte Hitchcock achselzuckend.

Hitchcock schrieb für seine beiden Stars Ingrid Bergmann und Gregory Peck eine Reihe psychiatrischer Erklärungen ins Drehbuch, die heute wie Platitüden klingen, aber auch wie Hitchcocks Versuch, sein eigenes heimliches Schuldgefühl zu bekennen und zu erklären. »Ich fühle mich verfolgt, aber ich kann nicht erkennen, wovon«, sagte Peck einmal. »Menschen fühlen sich oft schuldig für etwas, was sie nicht getan haben«, versicherte ihm die Bergmann. »Gewöhnlich geht das auf ihre Kindheit zurück.« Und so weiter. »Ich hatte das Gefühl, daß irgend etwas ihn quälte«, sagte Peck später von Hitchcock, »und ich habe nie verstanden, was es sein könnte.«

Das überraschend Neue an *Ich kämpfe um dich* (Spellbound) war Hitchcocks Idee, die schuldbeladenen Träume Pecks zu dramatisieren und Salvador Dali für die Ausführung zu verpflichten. »Ich fand, wenn ich schon Traumszenen machte, müßten sie bildhaft sein«, sagte Hitchcock. »Ich fand, wir sollten nicht auf die altmodischen Verschleierungseffekte zurückgreifen, für die man Vaseline ums Objektiv geschmiert hat... Dali nahm ich wegen seiner Qualitäten als Zeichner. Ich wollte die Träume mit großer visueller Schärfe und Klarheit vermitteln, schärfer als den Film selber... Chirico hat dieselben Qualitäten, die langen Schatten, die unendlichen Entfernungen, die zusammenlaufenden Perspektivlinien.«

Dali traf mit seinem üblichen Rummel in Hollywood ein und produzierte für den Film mehr als hundert Skizzen und fünf Gemälde (zu tausend Dollar das Stück). Augenzeugenberichte über das Ergebnis differieren. »Es begann mit vierhundert Menschenaugen, die aus schwarzen Samtvorhängen auf Peck herunterstarrten«, so Ingrid Bergmann. »Dann wurde Peck von einer Zange, die fünfzehnmal so groß war wie er, eine Pyramide hinaufgejagt.« Den spektakulärsten Effekt erzielte eine Vision der Bergmann als griechische Statue, die langsam zerfiel und einen Strom von Ameisen aus ihrem Gesicht hervorquellen ließ. Selznick fand das Ganze abscheulich. »Je länger ich mir die Traumsequenz zu diesem Film ansehe, um so schlimmer kommt sie mir vor«, erklärte er in einem seiner Memoranden. Auch Hitchcock war nicht gerade begeistert, und so schrumpfte eine zwanzig-Minuten-

Sequenz Dalischer Alpträume zu wenigen kurzen Visionen zusammen. Nur von der Bergmann kam Bedauern; sie fand, die Original-Traumfolge hätte »viel Wunderbares« und hätte »wirklich sensationell sein können«.

Aber das alles war ohne Bedeutung für die eigentliche Botschaft von *Ich kämpfe um dich*, für die Botschaft, die im Jahre 1945 jeder bewußt oder unbewußt zu hören wünschte: Es ist nicht deine Schuld; du hast es nicht getan. Skifahren über Berg und Tal – so viele parallele Linien! Soviel Weiß! –, und Peck packte der Wahnsinn mehr und mehr, unterstützt von der fiebrigen Musik von Miklos Rozsa*, bis er schließlich stürzte und damit den verdrängten Augenblick neu erlebte, in dem sein jüngerer Bruder eine schneebedeckte Treppe hinuntergerutscht war und sich an einem Zaun aufgespießt hatte. Es war alles nur ein Unfall gewesen, versicherte ihm die Bergmann, nicht Tötung, nicht deine Schuld.

Selznick tat sein Bestes, um in Hitchcocks Werk einzugreifen, aber Hitchcock war zu schlau für ihn. »Als Selznick in die Kulisse herunterkam, blieb die Kamera plötzlich stehen«, erinnerte sich die Bergmann, »und Hitchcock sagte, der Kameramann kriegte sie nicht wieder in Gang. ›Ich weiß nicht, was damit los ist‹, sagte er. ›Sie arbeiten daran, sie arbeiten daran.‹ Endlich ging Selznick, und wie durch ein Wunder fing die Kamera wieder an zu surren.« Selznick ahnte vermutlich, daß man ihn täuschte (andere Regisseure mit Köpfchen wie John Ford und Howard Hawks bedienten sich ähnlicher Taktiken gegen sich einmischende Produzenten), aber er ging ohne Beschwerde. Er war zwar emotional engagiert für *Ich kämpfe um dich*, aber weit engagierter fühlte er sich für ein viel grandioseres und viel wahnsinnigeres Projekt, für *Duell in der Sonne* (Duel in the Sun).

Zuerst, als Selznick den Roman von Niven Busch gekauft hatte, gab er ihn dem Regisseur King Vidor und sagte, er wolle nichts weiter als »einen kunstvollen kleinen Western«. Bald jedoch stellte er Forderungen wie: »Ich will viele Reiter drin haben, wilde Pferde, Viehherden und so weiter.« Als er mehr als zwanzig

---

* Rozsa, klassisch ausgebildeter Ungar, bekam den Oscar für diese Filmmusik, die er auch zu einem vorübergehend populären *Spellbound Concerto* verarbeitete.

Monate lang an verschiedenen Produktionsphasen gearbeitet hatte, überstieg die Investition bereits fünf Millionen Dollar, mehr als die Kosten für »*Vom Winde verweht*«. Selznick gab sich nicht nur Produzentenlaunen hin, indem er zum Beispiel Walter Huston für vier Tage Arbeit vierzigtausend Dollar zahlte, er schrieb auch das Drehbuch selbst und gab sich Autorenlaunen hin, indem er Szenen, die bereits abgedreht waren, umschrieb und darauf bestand, daß Vidor sie neu drehte.

Der Hauptgrund für all diese Überspanntheiten war, daß sein Star Jennifer Jones in *Duell in der Sonne* das Mischlingsmädchen spielte, das den bösen Helden Gregory Peck liebte. Das war eine extrem typuswidrige Besetzung – der superanständige Peck als Killer und die heilige Bernadette als Schlampe. Das Merkwürdige war, daß Miss Jones – vielleicht wegen der Sittsamkeit ihrer früheren Rollen – etwas eigenartig Erotisches hatte, und Selznick fand ein beinahe perverses Vergnügen daran, es aus ihr herauszuholen, es zur Schau zu stellen und es photographieren zu lassen. »Besonders zu den Liebesszenen...« sagte Selznick, als später ein Disput über Regieverdienste entstand, »war ich morgens, mittags und abends in der Kulisse und habe die Schauspieler, die Kamera, sogar die Beleuchtung umdirigiert.«

Diese ständigen Eingriffe, auf die Selznick so stolz war, machten King Vidor schließlich rasend, besonders als das ganze Team bei Außenaufnahmen in der Wüste bei Tucson in der Hitze zerfloß. Einmal schrie Selznick auf Vidor ein, weil er irgend etwas geändert haben wollte, und Vidor sagte grimmig: »Laß das, David. Ich will nicht, daß du das vor den Leuten machst.« Selznick entschuldigte sich, aber er konnte es nicht lassen, sich einzumischen und zu kommandieren. Manchmal wollte er unbedingt den großen Herrn spielen, zum Beispiel als er eine Gruppe seiner Angestellten in ein schäbiges Spielcasino mitnahm, damit sie zusehen konnten, wie er um fünf Uhr morgens Roulette spielte und dreißigtausend Dollar am Glücksrad verlor. Dann ging's zurück an die Arbeit in der Wüste.

Bei dem bombastischen Höhepunkt des Films, als Peck und Miss Jones sich gegenseitig erschossen, dann aber noch durch den Sand aufeinander zukrochen, entschied Selznick unvermittelt, daß die todgeweihten Liebenden nicht todgeweiht genug aussahen, also ging er hin und versprengte noch ein bißchen Blut über sie. Vidors Geduld war zu Ende. »Nimm diesen Film und steck ihn dir irgendwohin«, sagte er zu Selznick. Dann stapfte er von der Szene, kletterte in seine schwarze Limousine und sagte dem Fahrer, er solle nach Los Angeles fahren. Zufällig erstreckte sich die Wüstenstraße fünfzehn Kilometer weit kurvenlos nach Westen. Die gesamte *Duell*-Truppe einschließlich des schwitzenden Selznick und der blutbespritzten Miss Jones sah schweigend zu, wie Vidors schwarze Limousine dem Horizont entgegenbrauste, kleiner und kleiner wurde, bis sie in einer fernen Hügelkette entschwand. »Nun, das war's für heute«, meinte Selznick.

Der Produzent holte schließlich Wilhelm Dieterle, damit er die Reste aufräumte, und so wurde sein »kunstvoller kleiner Western« am Ende fertig. Die Kritiker lachten darüber, aber nach Hollywood-Maßstäben war *Duell in der Sonne* ein großer Hit, Selznicks letzter. Nach seiner Uraufführung, unterstützt von einer Zweimillionen-Werbekampagne, brachte er siebzehn Millionen Dollar ein, mehr als das Dreifache seiner Produktionskosten. (Auch *Ich kämpfe um dich* lief recht ordentlich, er brachte mehr als sieben Millionen Dollar ein, bei einer Investition von 1,5 Millionen, dazu eine Oscar-Nominierung als bester Film des Jahres.) Selznick aber wurde weiter von Dämonen gejagt, und ebenso Jennifer Jones. (Es wurde 1949, bis sie endlich heirateten.) Mrs. Selznick, die nach New York gezogen war und sich dort als Bühnenproduzentin niedergelassen hatte, hörte, daß Miss Jones wiederholt bei ihr anrief. Sie weigerte sich, die Anrufe entgegenzunehmen. Dann gab Miss Jones vor, Dorothy Paley zu sein, die Frau des CBS-Präsidenten, und sie riefe in einer Sache von Leben und Tod an. Mrs. Selznick ging ans Telefon, stellte fest, daß es Miss Jones war, die da wieder anrief, und wimmelte sie ab. Miss Jones dachte sich eine neue Strategie aus: Vor dem Theater zu warten, in dem Mrs. Selznick Proben für ein neues Stück hatte.

»Da war kein Entkommen mehr«, sagte Mrs. Selznick über dieses Treffen mit ihrer Nachfolgerin. »Ich sagte meinem Fahrer, er solle uns durch den Central Park fahren. Sie war außer sich über Davids Elend – er behauptete, sein Leben sei zerstört, und sie gab sich die Schuld dafür. Sie sei nicht gut für ihn. Seine Karriere sei zu Ende. Er liebte nicht sie, er liebte mich... Sie wurde hysterisch und wollte sich aus dem Wagen stürzen – es gelang mir gerade noch, sie zurückzuziehen. Wir fuhren immer rundherum im Park. Als ich sie beruhigt hatte, sagte ich ihr, daß David sein eigener Feind sei und daß nichts, was sie tun oder lassen würde, daran etwas ändern könnte...«

Nach einem Leben der Mißerfolge fand Raymond Chandler seinen Erfolg mit Ende fünfzig ziemlich irritierend. Jahrelang hatte er zu Hause gesessen und sich Schundromane abgerungen, und nun war er Ko-Autor von Billy Wilders *Frau ohne Gewissen*, die Paramount zahlte ihm tausend Dollar pro Woche, das Schriftstellerhaus war mit Getränken gut versorgt und am Schriftstellertisch im Speisesaal des Studios wurden lustige Geschichten erzählt. Chandlers Frau Cissy war jetzt siebenunddreißig, und John Houseman stellte fest, daß »die Anwesenheit von Frauen – Sekretärinnen und Komparsinnen des Hauses – ihn beunruhigte und erregte«. Houseman, der gerade als Produzent bei der Paramount anfing, arbeitete mit Chandler an einem kleineren Thriller mit dem Titel *The Unseen* und behauptete, Chandler betrachte es als festes Band zwischen ihnen, daß sie beide englische Internatsschulen besucht hätten – zwei Gentlemen, die es in die Wildnis verschlagen hatte.

Als Chandler einen neuen Dreijahresvertrag mit der Paramount unterschrieben hatte und sich Anfang Januar 1945 zur Arbeit meldete, befand sich das Studio in beträchtlichem Aufruhr. Der Produktionschef Buddy DeSilva hatte gerade einen Herzanfall erlitten und kehrte nicht wieder zum Studio zurück; Bill Dozier, seine rechte Hand, schied aus und ging zur RKO. Der offizielle Chef des Studios, Y. Frank Freeman, war in erster Linie ein Händeschüttler, der wenig vom Filmemachen wußte, und so rotierten die verbliebenen Manager. Mitten in diesem Wirbel verbreitete sich die Nachricht, daß Alan Ladd, der größte Star des Studios, in drei Monaten eingezogen werden sollte und daß niemand Filme vorbereitet hatte, mit denen man seine Fans während seiner zwangsläufigen Abwesenheit unterhalten konnte. Generaldirektor Henry Ginsberg, der das Chaos offenbar managte, sagte in einer Sitzung von Paramount-Mitarbeitern, wer einen Ladd-Film zustande brächte, der innerhalb eines Monats in die Produktion gehen könnte, würde sich »die ewige Dankbarkeit des Studios verdienen«.

Am selben Tag ging Houseman mit Chandler in Luceys Restaurant mittagessen. Chandler klagte, er säße mit einem Buch über drei heimkehrende Kriegsveteranen fest. Der Held Johnny Morrison entdeckte bei der Heimkehr, daß seine Frau ihm untreu war. Sie zankten sich. Dann wurde sie tot aufgefunden. Chandler wußte nicht genau, wie die Geschichte weitergehen sollte. Vage dachte er daran, einen Film daraus zu machen. Gespannt begleitete Houseman Chandler nach Hause in seinen spanischen Bungalow auf der Drexel Avenue, wo sie die gealterte, in rosa Musselin gehüllte Cissy vorfanden, die ein gebrochenes Bein pflegte. Houseman setzte sich sofort hin und las etwa hundert Seiten von *Die blaue Dahlie* (The Blue Dahlia). Er witterte Erfolg. Zwei Tage später kaufte die Paramount das Buch und beauftragte Houseman und Chandler mit der Bearbeitung. »Sie besetzen schon, ohne daß eine Zeile des Drehbuchs geschrieben wäre«, schrieb Chandler ängstlich an einen Freund. »Warum lasse ich mich immer so in die Klemme bringen?«

Es kam noch schlimmer. Als Chandler die ersten sechzig Seiten des Drehbuchs ablieferte, ungefähr die erste Hälfte des Films, übertrug die Paramount den Streifen George Marshall, einem altgedienten Regisseur, und sagte ihm, er solle schon einmal anfangen zu drehen, während Chandler weiter am Drehbuch arbeitete. Nach etwa einem Monat machte ein Skriptgirl auf die alarmierende Tatsache aufmerksam, daß Marshall schneller drehte, als Chandler schrieb. Nun hatte das Team zweiundsechzig Seiten fertig, der Autor aber hatte nur weitere zweiundzwanzig Seiten produziert.

»Rays Problem mit dem Skript...« erinnerte sich Houseman fröhlich, »war sehr einfach: Er hatte keinen Schluß.« Alan Ladd, der betrogene Kriegsheld, war natürlich der Hauptverdächtige für den Mord an seiner Frau, aber viele andere konnten das Verbrechen ebensogut begangen haben, eigentlich jeder aus dem Schwarm dunkler Geschäftemacher und Schwarzmarkthändler, die sich zu den wüsten Parties der Toten eingefunden hatten. Houseman sagte, er sei immer »ganz zuversichtlich« gewesen, daß Chandler eine interessante Lösung für den Mord einfallen würde, aber als man in der Kulisse angesichts der schrumpfenden Zahl unverfilmter Seiten unruhig wurde, begannen die Drehbuchkonferenzen. »Bei einer dieser Sitzungen«, erinnerte sich Houseman, »eines frühen Nachmittags, kam ein Mann die Studiostraße heruntergelaufen und blieb an verschiedenen Fenstern stehen, um den Leuten drinnen etwas zuzurufen, was wir nicht verstehen konnten. Als er bei uns ankam, schob er den Kopf ins Fenster und sagte uns, daß Franklin D. Roosevelt tot sei.« Sie saßen alle »eine Weile wie gelähmt da«, dann sagten sie wie jedermann »all das Naheliegende«, danach »fielen sie in Schweigen und saßen eine zeitlang trübsinnig herum«. Doch *Die blaue Dahlie* hatte immer noch keinen Schluß, und so nahmen sie die Fahndung nach ihrem Mörder wieder auf. »Wir gingen alle müden Möglichkeiten durch«, sagte Houseman, »wir nutzten sie zur Verdrängung der Realitäten in der Welt draußen, und Ray saß dabei und hörte halb abwesend zu, nickte mit dem Kopf und sagte kaum etwas.«

Zwei Tage später meldete sich Chandler in Housemans Büro und verkündete kummervoll, er müsse sich aus dem ganzen Projekt zurückziehen. Er sah sehr mitgenommen aus. Er konnte den Mord nicht aufklären. Ginsberg, der kommissarische Studiomanager, hatte Chandler zu sich ins Büro bestellt – mit der Aufforderung, Houseman davon nichts zu sagen – und ihm eine Prämie von fünftausend Dollar geboten, wenn er das fertige Skript zur *blauen Dahlie* fristgerecht abliefern könnte. Chandler schien schockiert, tief getroffen. Houseman brauchte ein Weilchen, bis er den Grund herausbekam, und kam dann zu dem Schluß, daß es drei Gründe gab. Erstens: Da Houseman immer so getan hatte, als traue er Chandler die Fertigstellung des Drehbuches zu, brachte Ginsbergs Angebot von fünftausend Dollar erstmals zutage, daß die Paramount beunruhigt war, weshalb Chandlers »Selbstsicherheit nun zutiefst erschüttert war«. Zweitens: Chandler war »beleidigt« worden mit dem Angebot von Zusatzgeld für die Erledigung eines Auftrags, den er ja schon übernommen hatte. Und drittens: Daß Ginsberg das Angebot ohne Wissen Housemans machen wollte, hieß für Chandler, daß er verleitet werden sollte, »einen Freund und Internatsschulkameraden zu hintergehen«.

Das mag selbst für Hollywood ein bißchen zu labyrinthisch klingen, aber das Verwaltungsgebäude der Paramount war mit elisabethanischem Balkenwerk, Flügelfenstern und pseudoantiken Jagdszenen dekoriert, also war es vielleicht ganz passend, daß Houseman und Chandler da saßen und grübelten, wie ein Internatsschulmann zu beleidigen wäre. Inzwischen waren laut Houseman nur noch dreizehn Drehbuchseiten zu filmen, ein Schluß nicht in Sicht und Ladd in zehn Tagen fällig für die Armee. Während Houseman hin und her überlegte, was er tun sollte, kam Chandler am nächsten Tag wieder ins Studio und breitete einen bemerkenswerten Gedankengang vor ihm aus. Er sei zwar nach wie vor überzeugt, daß er das Drehbuch in nüchternem Zustand nie zu Ende bringen würde, ebenso überzeugt aber sei er, daß er es in alkoholisiertem Zustand mühelos fertigschreiben könnte. Die Sache war ernst, denn Chandler hatte nur unter großen Schwierigkeiten zu trinken aufgehört, und sein Arzt hatte ihn gewarnt, daß er sein Leben aufs Spiel setze, wenn er je wieder anfinge. Aber nun, da es um die Ehre und ähnliches ging, zog Chandler einen Bogen gelben Papiers hervor, auf dem er für Houseman seine Grundforderungen aufgelistet hatte:

A. Zwei Cadillac-Limousinen mit Fahrern vor dem Haus, die Tag und Nacht zur Verfügung stehen, um
   1. den Arzt zu holen (Rays oder Cissys oder beide),
   2. Skriptseiten zum Studio zu bringen und von dort zu holen,
   3. das Hausmädchen zum Markt zu fahren,
   4. für besondere Ereignisse und Notfälle.

B. Sechs Sekretärinnen – je zwei in drei Schichten – in ständiger Anwesenheit und Bereitschaft, die jederzeit zum Diktieren, Tippen oder für andere Notfälle zur Verfügung stehen.

C. Eine jederzeit freie Direktverbindung tagsüber mit meinem Büro und nachts mit der Studio-Zentrale.

Aus diesem bizarren Vorschlag sprachen unverkennbar das neurotische Bedürfnis eines Schriftstellers nach Beachtung und der Wunsch eines Trinkers, sein Bedürfnis nach Alkohol zu tarnen. Houseman aber nahm das alles ganz wörtlich. Sein Boss Joe

Sistrom stimmte dem Arrangement zu mit der Begründung: »Wenn der Film nichts wird, werden wir sowieso alle entlassen.« Und so lud Houseman, um das Projekt wieder in Gang zu bringen, Chandler zu einem teuren Mittagessen im Perrino's ein, wo sich der Schriftsteller mit drei doppelten Martinis vor dem Essen und drei doppelten Stinger-Cocktails hinterher stärkte.

Von da an tat Chandler, so Houseman, eine Woche lang »keinen einzigen nüchternen Atemzug«. Er aß auch nichts. Sein Arzt kam zweimal täglich und gab ihm Glukosespritzen. Rund um die Uhr arbeitete er mit Unterbrechungen und trank ununterbrochen. Von Zeit zu Zeit fiel er in einen leichten Schlaf. »Wenn er erwachte, war er in vollem Besitz seiner Fähigkeiten«, erinnerte sich Houseman, »er fing genau da wieder an, wo er aufgehört hatte, welche der sich abwechselnden Sekretärinnen auch gerade bei ihm war. Er machte weiter, bis er merkte, daß er wieder tranig wurde, dann ließ er sich gemütlich zurücksinken in den Schlaf, während das Mädchen ins Nebenzimmer ging, die Seiten tippte und sie auf den Tisch neben ihm legte, damit er sie lesen und korrigieren konnte, wenn er aufwachte.«

Houseman schaute von Zeit zu Zeit herein, um zu sehen, wie Chandler vorankäme, und eines Morgens, als er kam, war der Mordfall geklärt. Chandler lag zwar besinnungslos auf seinem Sofa, aber neben einem halbvollen Whiskyglas lagen mehrere säuberlich korrigierte Skriptseiten, und diese Seiten lieferten die Antwort. Es war Dad Newell, der Hausdetektiv, der Morrisons treuloses Weib umgebracht hatte. Und jetzt wandte sich der Killer seinen Verfolgern zu: »Billig, was? Klar – 'ne Zigarre und 'n Drink und 'n paar dreckige Kröten – das reicht, um mich zu kaufen! Hat *sie* gedacht – hat wohl gemerkt, daß es doch 'n bißchen anders ist, was? Kann sein, daß ich es satt hatte, mich rumschubsen zu lassen von Cops – und Hoteldirektoren – und Luxusdamen in Bungalows...« Sehr plausibel war es nicht, aber das spielte keine große Rolle, denn es gab so viele Verdächtige, daß so gut wie jeder der Mitwirkenden als Täter in Frage kam. Im übrigen war es ein Alan Ladd-Film, und Alan Ladd-Filme brauchten nicht plausibel zu sein. Sie brauchten nur den hübschen Star zu zeigen, den ewigen Einzelgänger, hart, aber verletzlich, verletzlich, aber hart. Er war das, wie Chandler bissig notierte und wie *Mein großer Freund Shane* (Shane) später zeigen sollte, »was ein kleiner Junge sich unter einem harten Burschen vorstellt«.

»Der Film wurde fertig, und es blieben vier Tage übrig«, sagte Houseman zur Abrundung seiner herrlichen Geschichte. »Alan Ladd ging zur Armee und die Paramount verdiente einen Haufen Geld.« Eins der Probleme an dieser herrlichen Geschichte ist allerdings, daß zwar im Herbst zuvor angekündigt wurde, Ladd werde bald eingezogen, daß es aber keinen Beweis dafür zu geben scheint, daß Ladd tatsächlich wieder die Uniform angezogen hat. Anfang 1943 war Ladd zum Luftcorps der Armee gegangen, hatte fast ein Jahr lang bei diversen Werbe- und Sammelaktionen gedient und war dann wegen eines doppelten Leistenbruchs aus medizinischen Gründen entlassen worden. Die Vorstellung, daß einem Mann mit dieser militärischen Vergangenheit die Einberufung drohte, und das 1945, als der Krieg im Grunde vorbei war, ist ziemlich unglaubhaft. Als Houseman auf diesen Schönheitsfehler seiner Geschichte hingewiesen wurde, antwortete er mit Nachdruck: »Die Fakten im Zusammenhang mit der *blauen Dahlie*, wie in meinem Buch umrissen, sind absolut korrekt – glauben Sie mir.« Auf der anderen Seite hat Ladds Biograph Beverly Linet ebenso fest erklärt, daß es eine solche Wiedereinberufung nie gegeben habe. Tatsächlich fuhr Ladd, als der Streifen abgedreht war, hinaus zu seiner Ranch in Hidden Valley, während seine Frau Sue Carol, eine prominente Hollywooder Agentin, mit der Paramount um einen neuen Vertrag für ihn feilschte.

Ein weiteres Problem an Housemans Geschichte ist, daß Chandler von Anfang an eine Lösung für den Mord gehabt zu haben scheint. Nicht der Hausdetektiv, eine kleine Randfigur, war der richtige Mörder, sondern der beste Freund des Helden, Buzz Wanchek. Auch hatte sich Chandler keineswegs mit dem Buch *Die blaue Dahlie* festgefahren. Im Gegenteil, Anfang 1945 schrieb er einem Freund, es mache ihm »viel Spaß«, ein »Original-Filmstück zu schreiben – ein Mordmysterium, aber auch wieder nicht ganz –, und wenn es gut genug wird, kann ich auch ein Buch daraus machen«. Chandlers Idee war ursprünglich gewesen, daß Buzz Wanchek (von William Bendix vollendet dargestellt), ein

Mann von hitzigem Temperament, mit einer schweren Kopfverletzung aus dem Krieg heimgekehrt sei und nun periodisch unter Gewaltausbrüchen und Anfällen von Gedächtnisverlust litte. »Was ich geschrieben hatte«, sagte Chandler später, »war die Geschichte eines Mannes, der unter dem Druck eines großen und berechtigten Zorns die Frau seines Kameraden tötete (hinrichtete wäre ein besseres Wort), dann in Umnachtung fiel und das Ganze vergaß; anschließend tat er absolut aufrichtig sein Bestes, um dem Kameraden aus dem Schlamassel herauszuhelfen, bis er schließlich in Umstände geriet, die seine Erinnerungen zum Teil wieder wachriefen.«

Diese Idee vom Freund als Mörder war wohl aus einem noch älteren Fragment entstanden, als Chandler in seinen Notizbüchern skizziert hatte: daß ein Mann glaubte, seine Frau sei durch Unfall umgekommen, und dann mit ihrem Mörder Freundschaft schlösse. Vielleicht hatte Cissy Chandler ihre Zweifel an all diesen Pantoffelheldenphantasien. Auf jeden Fall hat Chandler wohl mit einiger Berechtigung an einen Freund geschrieben, *Die blaue Dahlie* in der ursprünglichen Fassung sei »eine ziemlich originelle Idee« gewesen. Dann hat anscheinend die US-Marine Einspruch gegen die Unterstellung erhoben, verwundete Kriegsveteranen mit Neigung zu Gewalttaten und Amnesie würden aus der Armee entlassen und auf die zivile Welt losgelassen. Solche imagebewußten Beschwerden waren nicht ohne Gewicht während des Krieges, als die Militärbehörden den Filmemachern nicht nur wertvolle Dienste leisteten, sondern sich auch berechtigt fühlten, zivile Unterstützung für die Kriegsmühen zu fordern; wieso sich aber im Jahre 1945 die Marine berechtigt gefühlt haben soll, die Handlung einer Mordgeschichte zu ändern, und wieso die Paramount sich zum Gehorsam verpflichtet gefühlt haben sollte, bleibt ungeklärt. Dennoch spielte es sich so ab. »Was das Marineministerium mit der Geschichte gemacht hat«, schrieb Chandler einem Freund, »sah ganz danach aus, als sollte ich den Mörder wechseln und damit einen Routinekrimi draus machen.«

Murrend nahm Chandler hin, was die Studiobosse seinem Werk antaten, denn er hielt es mit der Ansicht, daß weder die Produzenten noch ihre Filme wirklich von Bedeutung seien – außer vielleicht als Gegenstand seiner Bücher. Er fand es beispielsweise interessant, daß Y. Frank Freeman bei der Paramount eine spezielle Hunderennbahn gebaut hatte, wo er seine prämierten Boxerhunde trainierte. In *Die kleine Schwester* (The Little Sister) ging Philip Marlowe in ein großes Filmstudio, um Erkundigungen einzuziehen, und befand sich plötzlich in einem Innenhof mit Fliesenwegen, wo ein gutgekleideter älterer Mann auf dem Marmorsitz ruhte und drei lohfarbenen Boxern zusah, die gelbliche Begonien ausbuddelten. Die drei Boxer urinierten abwechselnd an der Marmorbank, und der Alte erläuterte, daß sie das immer in der gleichen Reihenfolge täten, nach ihrem Alter. Auch in seinem Büro hielten sie sich an diese Regel, fügte er hinzu. Marlowe zeigte sich leicht überrascht, während sich der Alte weiter über seine Hunde ausließ. »Ja, an der Schreibtischecke. Machen sie immer. Macht meine Sekretärinnen wahnsinnig. Zieht in den Teppich, sagen sie. Was ist bloß los mit den Weibern heutzutage? Mich stört das nicht.«

Es war Jules Oppenheimer, dem das Studio und einiges mehr gehörte. Er meinte, das Problem im Filmgeschäft sei »zu viel Sex... Wir waten drin. Stehen drin bis zum Hals. Wird klebrig wie'n Fliegenfänger.« Aber eigentlich war Oppenheimer nicht sonderlich interessiert daran, was die Filme seines Studios zeigten. Er führte bloß das Geschäft, und das bestand hauptsächlich, sagte er, in der eigenen Kinokette.

»Fünfzehnhundert Kinos, mehr brauchst du nicht«, sagte Oppenheimer. »Ist verdammt viel einfacher, als reinrassige Boxer zu züchten. Das Filmgeschäft ist das einzige Geschäft der Welt, bei dem du alles falsch machen kannst, was falsch zu machen ist, und du verdienst trotzdem.«

»Muß auch das einzige Geschäft der Welt sein, wo man seinen Schreibtisch von drei Hunden bepinkeln lassen kann«, antwortete Marlowe.

»Man muß einfach fünfzehnhundert Kinos haben«, sagte Oppenheimer.

Das war es ja gerade, was das Justizministerium der Vereinigten Staaten immer noch vor Gericht zu beweisen versuchte.

James M. Cain wollte seinen ersten Roman *Bar-B-Que* nennen. Sein Verleger Alfred Knopf meinte ganz richtig, das sei ein schrecklicher Titel. Cain schlug *Black Puma* vor oder *The Devil's Checkbook*. Auch das gefiel dem Verleger nicht, und er schlug *For Love or Money* vor. Dann fiel Cain ein Titel ein, den er wirklich gut fand: *The Postman Always Rings Twice*. Knopf sagte, er bevorzuge immer noch *For Love or Money*. Cain wurde wütend. »Für Titel kenne ich nur eine Regel«, schrieb er Knopf. »Ein Titel muß nach dem Autor klingen, nicht wie ein unfehlbares Produkt aus der Titelfabrik.« Er meinte, *For Love or Money* wäre ganz brauchbar für eine musikalische Komödie oder einen Film oder dergleichen (die Universal benutzte diesen Titel schließlich 1963 für einen Film mit Kirk Douglas und Gig Young). Dann zählte er noch ein paar Allzwecktitel als Muster aus der Titelfabrik auf, und Knopf gab nach.

Wenn der Postmann zweimal klingelt... bekam hervorragende Kritiken und wurde einer der Bestseller des Jahres 1934. Das mag die MGM veranlaßt haben, 25 000 Dollar für die Filmrechte an einem Buch zu bezahlen, das man nicht verfilmen konnte. Nach den Maßstäben des Jahres 1934 war es einfach zu schockierend – nicht weil es besondere Sexszenen enthalten hätte, die man ja immer tarnen konnte, sondern weil die ganze Handlung zutiefst unmoralisch war. Als der arbeitslose Anhalter Frank in Coras Straßenimbiß einkehrte, nahm er dort hauptsächlich aus Hunger nach Cora Arbeit an, und als die beiden dann beschlossen, Coras ältlichen Ehemann, der allgemein nur »der Grieche« hieß, umzubringen, taten sie es schlicht, um ihn aus dem Weg zu schaffen. Es war Coras Idee.

»Dafür hängen sie dich auf«, protestierte Frank.

»Nicht, wenn du es richtig machst...«

»Er hat mir doch nichts getan. Er ist in Ordnung.«

»Von wegen, er ist in Ordnung. Er stinkt, ich sag's dir. Er ist schmierig und er stinkt.«

So ruhte der Roman unberührt im Lager der MGM, bis Billy Wilder und Raymond Chandler es fertigbrachten, Cains ebenso anstößiges Buch *Frau ohne Gewissen* für die Paramount in einen Hit zu verwandeln. Nun grub die MGM den *Postboten* aus, um zu sehen, ob daraus nicht etwas zu machen sei.* Carey Wilson, Produzent der Andy Hardy-Serie, wurde beauftragt, ihn akzeptabel zu machen. Die Amerikaner hatten inzwischen einen Krieg durchgemacht und waren vielleicht nicht mehr die Unschuldslämmer, für die sie sich gern gehalten hatten. Und wenn das Drehbuch recht viel Nachdruck auf den Schluß legte, an dem das Mörderpaar umkam, unbefriedigt und unglücklich in seiner Sündhaftigkeit, dann vielleicht... Um den Zensoren des Johnston-Büros**, wie es jetzt hieß, die Zustimmung abzuringen, wurde für die ganze Handlung »der Ton angehoben«, wie Regisseur Tay Garnett sagte. »Man könnte sagen, wir haben ihn aus der Gosse geholt und, naja, auf den Bürgersteig gehoben, denke ich.« Garnett verlangte auch, Cora müsse ganz in Weiß sein – nach der Theorie: »Wenn wir Lana weiß anziehen, wird alles, was sie tut, irgendwie weniger sinnlich.«

Das Johnston-Büro hatte Lana Turner nicht berücksichtigt, die damals fünfundzwanzig und in der Blüte ihrer drallen Schönheit war. In Filmen wie *Ziegfeld Girl* und *Honky Tonk* und *Irgendwo werde ich dich finden* (Somewhere I'll Find You) hatte sie bereits gezeigt, daß sie nicht besonders gut spielen konnte und daß sie nicht besonders gut zu spielen brauchte. Sie strahlte. Jetzt war sie auch privat auf der Jagd. Gerade hatte sie ihre zweite Scheidung hinter sich, und sie ging gern aus. »Eben war der Krieg zu Ende, und... die Männer waren daheim«, erinnerte sie sich. »Man erblickte sie, wo man ging und stand, wie das erste Grün nach dem Tauen. Wie liebte ich es, mich schön zu machen und tanzen zu gehen mit einem hübschen Schwarzhaarigen. Das Ciro's war mein

---

* Mitten im Kriege löste der junge italienische Regisseur Luchino Visconti all diese Probleme, indem er Cains Roman einfach stahl, den Schauplatz in eine Trattoria an den Sümpfen der Po-Ebene verlegte und den neuen Titel *Ossessione* erfand (1942). Daraufhin sperrte die MGM seinen Film für die USA.

** Eric Johnston, der 1945 Will Hays als Leiter des Film-Verbandes ablöste, war ein fröhlicher Enthusiast, der sich vom klinkenputzenden Staubsaugervertreter bis zum Präsidenten der US-Handelskammer hinaufgeschwatzt hatte. Johnston pflegte eifrig Verantwortung zu delegieren, und so übertrug er die Verantwortung für Hollywoods Selbstzensur an Joseph I. Breen, einen inbrünstigen Katholiken, der diese Rolle schon unter Hays gespielt hatte. Johnston maß sich selbst die Funktion des Hollywooder Amtsorakels bei. Er hielt viele Reden für das freie Unternehmertum. Später organisierte er die Schwarze Liste Hollywoods.

Lieblingslokal... Das Ciro's war wie geschaffen für dramatische Auftritte und Abgänge, weil es über eine lange Treppe zu den Tischen und zur Tanzfläche ging...«

»Der hübsche Schwarzhaarige« in ihrem neuen Film sollte John Garfield sein, der bescheidene Erfolge in bescheidenen Filmen wie *Der Seewolf* (The Sea Wolf) errungen hatte und nun an der Schwelle zu Größerem stand. Mit seinem Erfolg fühlte Garfield sich auch berechtigt, so gut wie jede Frau anzumachen, die er traf, und so begrüßte er seine neue Partnerin mit den Worten: »He, Lana, wie wär's mit uns beiden mal auf die Schnelle?« Sie gab die passende Antwort: »Dreckskerl!« Dem Studioklatsch zufolge entwickelten sich die Dinge dann doch darüber hinaus, aber das war vielleicht nur Studioklatsch. Damals war es üblich, Liebesszenen größere Wahrscheinlichkeit zu verleihen, indem man ausstreute, daß die Hauptdarsteller ihre Romanze jenseits der Leinwand fortsetzten. Garfield und Miss Turner brauchten solche Reklame nicht. Ihre Liebesszenen, in denen nach heutigen Maßstäben gar nichts passierte, gehörten zum Erotischsten, was je gefilmt wurde. Das Bild der Lana Turner im weißen Badeanzug an der Laguna Beach bleibt jedem, der es gesehen hat, unvergeßlich.

Beinahe wurde es allerdings nicht gefilmt, denn Garnett wollte möglichst viel in Außenaufnahmen drehen, und als er sich mit seiner ganzen Truppe auf den Hundertkilometertreck nach Laguna Beach begab, zog Nebel auf. »Jeden Tag gingen wir zum Strand hinunter und setzten uns da wartend und hoffend in den dicken Nebel«, erinnerte sich Miss Turner. »Nach ein paar Stunden gaben die Produktionsleute auf und schickten uns wieder in die Quartiere.« Weil die Studiomanager über Verzögerungen murrten, beschloß Garnett nervös, dreißig Strandkilometer weiter nach San Clemente zu ziehen – wo noch nicht der Geist Präsident Nixons spukte –, um dort sein Glück zu versuchen. Wieder Nebel. Wieder Beschwerden vom heimischen Büro. Verzweifelt beschloß Garnett, zur Laguna Beach zurückzukehren. Noch mehr Nebel. Noch heftigere Kritik vom Studio. Entlassungsdrohungen. Garnett flehte, ihm Zeit zu lassen. Tage wurden zu Wochen.

»Und da flippte Tay aus«, sagte Miss Turner. Garnett war einer dieser Handwerksgesellen der Regie, die mit sich zufrieden waren, wenn alles seine Ordnung hatte (er hatte am Ende mehr als hundert Filme gemacht, sehr wenige bemerkenswerte). Er hatte heftig getrunken und vor drei Jahren dem Alkohol abgeschworen, jetzt aber waren Nebel, Verspätung sowie ständige Kritik und die Angst zuviel für ihn. »Keiner konnte ihn bremsen«, sagte Miss Turner. »Er war ein brüllender, bösartiger, möbelzertrümmernder Besoffener. Die Freundin, die er sich mitgebracht hatte, blieb eine Zeitlang und gab dann auf. Das Studio schickte Krankenschwestern, aber auch die konnten nicht helfen.«

Niemand an der Laguna Beach wußte so recht, was zu tun sei. Es gab Gerüchte, daß Garnett abgelöst würde, daß die Außenaufnahmen abgesetzt würden, ja, daß der ganze Film gestrichen werde. Um etwas derartiges zu verhindern, suchten Garfield und Miss Turner den betrunkenen Regisseur auf, um zu sehen, was man tun könnte. Garfield beschwatzte die diensttuenden Schwestern und ging allein zu ihm hinein. Erschüttert kam er wieder.

»Es ist furchtbar, Lana«, sagte er. »Er wußte nicht, wer ich bin. Als ich versuchte, mit ihm zu sprechen, sagte er: ›Sicher, Johnny-Boy, ganz wie du willst.‹ Aber im nächsten Moment fing er zu schreien an: ›Wer zum Teufel sind Sie? Scheren Sie sich raus aus meinem Zimmer!‹ Dann ging er mit dem Rohrstock auf mich los, den er immer bei sich trägt.«

»Vielleicht, wenn ich zu ihm ginge...« bot Miss Turner an.

Garfield war skeptisch. Die Krankenschwestern desgleichen. Sie sagten, dann müßten sie Garnett erstmal beruhigen. Es gelang ihnen, ihm den Rohrstock abzunehmen. Dann ließen sie Miss Turner hinein.

»Was ich vorfand, war ein Betrunkener, der bereute, was er getan hatte...« sagte Miss Turner. »Er schniefte und bat mich um Verzeihung. Jetzt war er soweit bei Sinnen, daß man ihn zur Behandlung nach Los Angeles schicken konnte. Als er eine Woche später wiederkam, hatte der Nebel sich gehorsam verzogen und wir waren in der Lage, den Film zu beenden.«

Wenn es einen Schriftsteller gab, der Hollywood noch mehr verabscheute als Raymond Chandler, dann war es William Faulkner. »Hier beten sie den Tod an«, sagte er einmal beim Abendessen zu einem Freund. »Sie beten nicht das Geld an, sondern den Tod.« Faulkner, ein kleiner, adretter Herr mit ergrautem Schnurrbart, war in Hollywood, weil fast niemand seine Bücher kaufte, nicht einmal die Titel *Schall und Wahn* (1929), *Licht im August* (1932). Von seinen ersten vier Romanen waren im Durchschnitt zweitausend Exemplare verkauft worden, und als er versuchte, mit *Die Freistatt* (1931), einen Bestseller zu landen, brach bald darauf sein Verlag zusammen und machte Pleite. So kam er 1932 nach Hollywood und unterschrieb einen Vertrag mit der MGM zu, wie er meinte, fürstlichen fünfhundert Dollar wöchentlich.

Sam Marx, Lektor der MGM, bat ihn, seine Arbeit mit einer Ringkampfgeschichte für Wallace Beery aufzunehmen. »Ich möchte für Mickymaus arbeiten«, sagte Faulkner ganz naiv. Als ihm mitgeteilt wurde, daß die Mickymaus dem Disney-Studio gehörte, sagte Faulkner: »Wie ist es mit Wochenschauen? Ich mag Zeichentrick und Wochenschauen.« Marx schickte Faulkner in einen Vorführraum, damit er sich Wallace Beery in dem Streifen *Das Lager* (The Champ) ansähe, und bat einen Büroboten, mitzugehen und alle Fragen zu beantworten. Zehn Minuten später kam der Junge wieder und berichtete Marx, daß Faulkner verschwunden sei, nachdem er nur eine Frage gestellt habe: »Wie komme ich hier raus?« Anderen Berichten zufolge kam Faulkner aus dem Vorführraum und sagte immer wieder vor sich hin: »Lieber Gott, das ist doch nicht möglich!«

Die MGM setzte den Romancier an die Arbeit des Ausbesserns und Bearbeitens diverser Projekte, von denen fast keines je verfilmt wurde, dann kürzte sie sein Gehalt auf 250 Dollar, und im folgenden Jahr entließ sie ihn schließlich. Gelassen ging er zurück nach Mississippi und begann seinen majestätischsten Roman zu schreiben, *Absalom, Absalom!* (1936). Auch der verkaufte sich nicht, und so ging er wieder nach Hollywood, um für Darryl Zanuck bei der Fox für tausend Dollar pro Woche zu arbeiten.

Zanuck teilte Faulkner einem Film zu, den Nunnally Johnson produzierte, Faulkners Kollege als Schriftsteller und Südstaatler, und der hieß ihn in seinem luxuriösen Büro mit großem Zeremoniell willkommen. Faulkner reagierte damit, daß er in die Tasche griff und eine Whiskyflasche hervorzog. Er begann an der dicken

Stanniolkappe zu kratzen, die den Korken bedeckte, hatte aber Schwierigkeiten, die Flasche zu entsiegeln. Daraufhin ließ er seinen Hut zu Boden fallen, so daß er der Flasche mit beiden Händen zu Leibe gehen konnte, und schnitt sich prompt mit dem Stanniol den Finger auf. Er versuchte, die Blutung mit der Zunge zu stillen. Als das fehlschlug, blickte er sich nach etwas zum Auffangen um, sah aber nichts als seinen eigenen Hut. Laut Roark Bradford, dem Erzähler dieser Geschichte, hielt Faulkner seinen tröpfelnden Finger über seinen Hut, während er »weiterarbeitete, systematisch und schweigend, bis die Flasche endlich entkorkt war. Dann neigte er sie, trank die Hälfte ihres Inhalts und reichte sie Johnson.

›Mögen Sie einen Schluck Whisky?‹ bot er an.

›Ich bin so frei‹, sagte Johnson und beseitigte den Rest. Dies, so besagt die Legende, war der Anfang eines Trinkgelages, das drei Wochen später endete, als Detektive des Studios beide, Faulkner und Johnson, in einem Wanderarbeiter-Camp aufspürten, sie ausnüchterten und an die Arbeit brachten.«

1937 wurde Faulkner wieder gefeuert und kehrte nach Mississippi zurück, um *Wilde Palmen* (1939) und *Das Dorf* (1940) zu schreiben. 1942 schrieb ihm der Verlag Random House dreihundert Dollar gut – die gesamten Tantiemen dieses Jahres für sämtliche Romane, die noch auf dem Markt waren (und im folgenden Jahr war nur noch die *Freistatt*-Auflage für die *Modern Library* im Handel). Faulkner mußte also wieder einmal nach Hollywood gehen, diesmal zur Warner Bros., die ihm im Sommer 1942 einen ihrer Siebenjahresverträge gewährte. Sie zahlte ihm ein Anfangsgehalt von dreihundert Dollar pro Woche, wesentlich weniger, als er bei allen vorherigen Jobs verdient hatte. Am Ende dieses siebenjährigen Warners-Vertrages sollte Faulkner den Nobelpreis erhalten, jetzt aber arbeitete er nach der Lohnskala als »Nachwuchsautor«. Er war fünfundvierzig.

Hal Wallis, Produktionschef der Warners, bestellte Faulkner zu sich ins Büro und sagte, er sei daran interessiert, daß Faulkner Kriegserinnerungen mit dem Titel *God Is My Co-Pilot* für den Film bearbeitete.

»Wollen Sie das machen?« fragte er.

»Nein«, sagte Faulkner.

»Haben Sie das Buch gelesen?«
»Nein.«
»Wollen Sie es lesen?«
»Nein.«
»Was wollen Sie denn eigentlich?«
»Heim nach Mississippi.«
»Sie stehen unter Vertrag, und Sie werden hier arbeiten«, schnauzte Wallis. Und Faulkner arbeitete, er erledigte, was man ihm auftrug. Er schrieb ein ganzes 153-seitiges Drehbuch für ein von Washington angeregtes Epos, das nur als »die De Gaulle-Geschichte« bekannt war und das die Warners zu den Akten legte, als De Gaulle seine Verbündeten zu ärgern begann. Dann wurde Faulkner an die *Liberator Story* gesetzt, die Saga von einem amerikanischen Bomber; und an *Northern Pursuit*, einen Errol Flynn-Film über Nazispione, die sich quer durch Kanada durchschlagen; und an *Luftwaffe*, noch eine Bomber-Saga, diesmal unter der Regie von Howard Hawks. Als er später gefragt wurde, wie er es geschafft habe, jede Woche fünfundzwanzig Skriptseiten zu produzieren, sagte Faulkner: »Ich habe mir einfach immer wieder gesagt: Am Sonnabend zahlen sie, am Sonnabend zahlen sie...«

Vielleicht waren es seine Zusammenstöße mit Leuten wie Hal Wallis, die zu der Legende führten, Faulkner hätte um Erlaubnis gebeten, zu Hause zu arbeiten, und hätte das dann als Erlaubnis genommen, in Mississippi zu arbeiten. Darryl Zanuck behauptete, Faulkner hätte diesen Trick bei ihm angewandt, als er 1936 dabei war, *Der Weg zum Ruhm* (The Road to Glory) für Howard Hawks zu schreiben. »Ich dachte, zu Hause hieße in seiner Wohnung in Beverly Hills!« sagte Zanuck, der nicht gemerkt zu haben schien, daß Faulkner fern von Beverly Hills in billigen Hotels wohnte oder bei Freunden unterschlüpfte. Jack Warner behauptete, er sei fast zehn Jahre später Opfer genau derselben List geworden. »Mr. Faulkner, wie konnten Sie mir das antun?« protestierte Warner per Ferngespräch, wie er berichtete. »Wie konnten Sie die Stadt verlassen, ohne mir Bescheid zu geben? Sie haben gesagt, Sie wollten zu Hause arbeiten.« Und Faulkner antwortete geduldig: »Hier bin ich zu Hause. Ich wohne in

Mississippi.« Theoretisch ist es möglich, daß sich diese Vorfälle so abgespielt haben, wie beide Studiochefs behaupteten, aber es ist kaum wahrscheinlich.* Faulkner selbst hat die Legende in mehreren Varianten erzählt, darunter auch die Behauptung, das Ganze sei »eine nackte Lüge von irgendeinem Pressemenschen«.

Der einzige wichtige Mann in Hollywood, der Faulkner verstand und anerkannte, war Howard Hawks. Hawks, ein Jahr älter als der Schriftsteller, war seit zwei Jahrzehnten Regisseur, und seine Filme waren nicht nur gut gemacht, sie kamen auch gut an, wie *Patrouille im Morgengrauen*, (The Dawn Patrol), *Narbengesicht* (Scarface) oder *Napoleon vom Brodway* (Twentieth Century). Durch seinen Erfolg gewann er beträchtliche Unabhängigkeit, und so trugen seine Filme allgemein den Hawks-Stempel, waren direkt, unprätentiös, auf einer starken, schnellen Handlung aufgebaut, die sich gewöhnlich um Menschen in Aktion drehte. Hawks selbst war so. Er liebte die Jagd, die Fliegerei, Autorennen, Streifzüge durch die Wildnis. Er fuhr Motorrad, fast bis er achtzig war. Er schrieb seine Filme zum großen Teil selbst, und die meisten produzierte er auch.

Hawks hatte Faulkner schon früh für sich entdeckt. Seinen ersten Roman, *Soldatenlohn*, las er, kurz nachdem er 1926 erschienen war. Er kaufte die Filmrechte an *Turn About*, einer Kriegsgeschichte Faulkners, und er begann zu einer Zeit, als noch »nie einer was von Faulkner gehört hatte«, wie er sagte, sich um Faulkner als Mitarbeiter zu bemühen. Nur zögernd machte Faulkner mit, als die MGM *Turn About* verfilmte, und er wurde auch nur als Mitautor des Drehbuchs genannt, aus dem der Film *Today We Live* (1933) mit Gary Cooper und Joan Crawford wurde. Aber Hawks und Faulkner wurden Freunde fürs Leben, und wiederholt fand Hawks Arbeit für ihn. Faulkner hat eigentlich nie ein einziges fertiges Drehbuch für Hawks geschrieben, und so haben Filmforscher vergeblich versucht, genau zu bestimmen, was er zu den Projekten des Regisseurs beigetragen hat. Hawks liebte es, auf der Szene zu improvisieren; er liebte es, Faulkner als eine Art Zim-

---

* Dazu ist anzumerken, daß Jesse L. Lasky, Filmautor in diesen Jahren, erklärt hat, das Opfer von Faulkners Heimweh sei Louis B. Mayer gewesen. Norman Zierold hatte in *The Moguls* geschrieben, daß es Harry Cohn war.

mermann dabei zu haben, vielleicht hatte er ihn auch bloß gerne um sich. »Wenn ich eine Szene oder eine Geschichte haben wollte, rief ich Bill an und bekam sie«, sagte Hawks einmal. »Er konnte beinahe alles schreiben... Wir sprachen dieselbe Sprache. Er wußte, was ich wollte. Bill trank zuviel, aber wenn er nicht trank, war er kolossal gut.«

Hawks nahm Faulkner gern zu Jagdausflügen mit, und als Clark Gable eines Tages hörte, daß der Regisseur morgen früh ins Imperial Valley aufbrechen wollte, fragte er, ob er mitkommen dürfte. Hawks war einverstanden. Zu dritt fuhren sie durch Palm Springs, wie Hawks sich später erinnerte, als das Gespräch auf das Schreiben kam. Gable, von nachgerade klassischer Ignoranz, fragte Hawks grauhaarigen Freund lässig, wen er denn für gute Schriftsteller hielte. »Thomas Mann, Willy Cather, John Dos Passos, Ernest Hemingway und mich«, sagte Faulkner. Gable lächelte leicht überrascht.

»Ach, Sie schreiben, Mr. Faulkner?« fragte er.

»Ja«, bekannte Faulkner. »Und was tun Sie, Mr. Gable?«

Vielleicht war das als sarkastische Erwiderung gedacht, aber Hawks war im Zweifel. »Ich glaube nicht, daß Gable je ein Buch gelesen hat, und ich glaube nicht, daß Faulkner sich je einen Film angesehen hat«, sagte er. »Es kann also sein, daß sie sich beide in nichts nachstanden.«

Wenn Hawks den Chronisten des Yoknapatawpha County auch getreulich bewunderte, noch mehr bewunderte er Ernest Hemingway, der nicht nur die schöpferische Begabung Faulkners hatte, sondern auch das Geld, um wie Hawks zu leben. Wiederholt bemühte sich der Regisseur, ihn anzuwerben, aber Hemingway wies alle seine Versuche mit einem Achselzucken ab.

»Ich will nicht raus nach Hollywood«, sagte Hemingway zu Hawks, als sie Anfang 1943 vor Key West miteinander angelten. »Ich mag es nicht. Und ich wüßte nicht, was ich da sollte.«

»Du müßtest ja nicht nach Hollywood kommen«, sagte Hawks. »Wir können angeln gehen oder jagen. Wir können uns hier treffen, in Sun Valley, in Afrika, wo du willst, und eine Geschichte schreiben.«

Hemingway blieb störrisch, und Hawks begann, ihn aufzuziehen, sagte ihm, er könne so gut wie alles zu einem guten Film machen. »Ich kann aus dem größten Mist, den du je geschrieben hast, einen Film machen«, sagte Hawks.

»Was ist der größte Mist, den ich geschrieben habe?« verlangte Hemingway sofort zu wissen.

»Dieser Mist *Haben und Nichthaben*«, behauptete Hawks gesagt zu haben. Er behauptete auch, daß Hemingway nur geantwortet hätte: »Ich brauchte Geld.«

Haben und Nichthaben war durchaus kein Mist. Harry Morgan war eine der realistischeren Gestalten Hemingways, ungefähr die einzige, die mit einer Frau zusammenlebte und für den Lebensunterhalt arbeitete, und der Höhepunkt, die Schießerei auf Morgans Fischerboot, ergab einen sehr starken Schluß. Aber Hawks kaufte die Filmrechte an dem Roman für bescheidene zehntausend Dollar und ging dann daran, das Buch zu zerlegen. »Im Film war nicht mehr das *geringste* aus dem Buch«, strahlte er später. Als Helfer bei dieser Aufgabe holte er sich einen altgedienten Filmautor namens Jules Furthman sowie seinen alten Freund Faulkner, aber die Verwandlung von *Haben und Nichthaben* war doch weitgehend das Werk des Regisseurs selbst. Er glaubte offenbar, er könnte daraus so etwas wie eine Fortsetzung von *Casablanca* machen. Deshalb verlegte er die Handlung von Key West in den depressionsgeplagten dreißiger Jahren nach Martinique in die Kriegszeit der vierziger Jahre und ließ damit wieder den Hintergrundkonflikt zwischen Vichyisten und freien Franzosen anklingen. Und wer wäre als Harry Morgan besser geeignet gewesen, als der Original-Rick, Humphrey Bogart?

Hawks hatte offenbar schon lange davon geträumt, ein bezauberndes Mädchen zu entdecken, das er wie die schöne Galathee zu einem Star eigener Schöpfung modellieren konnte. Ein solches Wesen hatte er bereits gefunden, ein Fotomodell namens Nancy Roe Gross, aber anstatt sie zum Star zu machen, heiratete er sie gleich nach seiner Scheidung von Norma Shearers Schwester. Die neue Mrs. Hawks war vierundzwanzig, ihr Ehemann fünfundvierzig; sie nannte ihn aus irgendeinem Grunde Steve, er nannte sie Slim. Sie sah auf der Titelseite der *Harper's Bazaar* ein Mädchen, das ihr geeignet schien, Hawks als das Spielzeug zu dienen, nach dem er Ausschau hielt. Ein schönes Gesicht, aber hart, leicht slawisch, mit breitem Mund und weit auseinanderstehenden Augen. Hawks war interessiert. Damals arbeitete er mit Charlie Feldman zusammen, jenem früheren Agenten, der Louis B. Mayers Traumfrau geheiratet hatte, und obwohl auch Selznick und die Columbia sich für das Titelmädchen von *Harper's Bazaar* interessierten, überredete Feldman die junge Dame, nach Hollywood zu kommen und sich von Hawks testen und unter Vertrag nehmen zu lassen.

Als Betty Perske geboren, hatte sie den Namen ihrer Mutter angenommen, als sie sich für die Photomodell-Karriere entschied, und nannte sich nun Bacall. Sie war jetzt achtzehn und bereit, die Welt zu erobern. Feldman führte sie zum Mittagessen ins Brown Derby, damit sie Hawks kennenlernte, und sie war beeindruckt von dem »sehr großen Mann mit dichtem Grauhaar und breiten Schultern«. Hawks machte Probeaufnahmen von ihr und war zufrieden, aber er hatte nichts für sie zu tun. Miß Bacall meinte rückblickend, Hawks sei eine ziemlich furchteinflößende Autoritätsperson gewesen; großspurig habe er von seinen Triumphen geredet, und gelegentlich sei er ihr mit antisemitischen Bemerkungen auf die Nerven gefallen (»Merkst du, wie laut es hier drin plötzlich ist? Kein Wunder, Lee Forbstein ist gerade gekommen – Juden machen immer mehr Lärm«), bei denen sie blaß wurde, aber diskret den Mund hielt. Hawks seinerseits erinnerte sich daran, daß die Stimme dieses attraktiven Mädchens so schlecht war, so hoch und nasal, daß er sie gern wieder losgewesen wäre. »Ich mußte ihr sagen, daß wir Filmrollen mit mehr intellektuellen Frauen besetzen, daß ich im Film einen Mädchentyp mag, der keine nasale Piepsstimme hat. Ich sagte: ›Sie können unmöglich auch nur eine Zeile sprechen von dem Text, den wir schreiben.‹ Das schmisse sie nicht um, sagte sie. ›Was muß ich tun, um meine Stimme zu ändern?‹«

Hawks riet ihr, sie solle sich ein Plätzchen suchen und üben, mit tiefer, rauher Stimme zu sprechen. Miss Bacall fuhr in ihrem gebrauchten Neunhundertdollar-Plymouth den Mulholland Drive hinaus, bis sie eine ruhige Stelle fand, wo sie mit tiefgestellter Stimme laut lesen konnte; sie benutzte dafür Lloyd Douglas' *Das*

Gewand des Erlösers, den aktuellen Bestseller über Jesus Christus. »Wer da vorbeigekommen wäre, hätte mich für eine Anwärterin aufs Irrenhaus gehalten«, erinnerte sie sich. Hawks brachte Miss Bacall auch etwas noch Wichtigeres bei; sich so zu benehmen, wie sich seiner Meinung nach »intellektuelle« Frauen benehmen sollten. Nach der ein wenig sonderbaren Ansicht Hawks' wurden Frauen attraktiver, wenn sie die Aggressive, die Verfolgerin spielten. Miss Bacall hatte durchaus Anlagen dafür, aber sie war jung und nervös. Als Hawks sie einmal fragte, wieso sie sich nicht von seiner Party nach Haus bringen lassen könnte, sagte sie: »Ich kann nicht so gut umgehen mit Männern.« Als Hawks ihr riet, sie sollte es einmal mit einer Beleidigung versuchen, tat sie das und wurde so von Clark Gable nach Hause gebracht.

Nun war Hawks beeindruckt. Er erkannte an ihr »diesen Zug von Frechheit«, den er bis jetzt noch nicht bemerkt hatte. Fast ein Jahr lang hatte er keine Arbeit für sie gehabt, und nun beschloß er, sie zur Hauptfigur seines Hemingway-Films zu machen. Dafür brauchte er neue Probeaufnahmen, die die Billigung Jack Warners fänden. Also schrieb er selbst ein Stückchen Dialog, schrieb für seinen jungen Schützling Worte voller Weltschmerz, die sie berühmt machen sollten: »Du kannst doch pfeifen, Steve, oder nicht? Drück nur die Lippen zusammen und blase.« Hawks zeigte die Proben Warner, der begeistert war, und Bogart, der zu Miss Bacall sagte: »Wir werden viel Spaß miteinander haben.« Alle fanden die Probeaufnahme so gut, daß Hawks den Text, den er geschrieben hatte, irgendwo in den Trümmern des Hemingway-Romans unterbringen wollte. »Faulkner hat die Stelle gefunden, an der wir es einfügen konnten«, erinnerte sich Hawks. »Er sagte: ›Wenn wir diese Leute in einen Hotelflur stellen, wo sonst niemand ist, dann können wir diese Szene hinkriegen, denke ich.‹ So haben wir es gemacht. Ich schrieb den Dialog, aber er schrieb das Zeug, das zu ihm hinführte.«

Das einzige, was Betty Bacall nun noch brauchte, war ein neuer Vorname. Hawks wollte etwas Klangvolles. Er fragte sie, wie ihre Großmutter hieße. Sophie, sagte sie. Das war nicht ganz das, was ihm vorschwebte. Ein paar Tage später traf er sie und teilte ihr mit, ihr Name sei Lauren, und wenn jemand sie fragte, woher der stamme, solle sie sagen, es sei ein alter Familienname. Und so hatte er sie erschaffen, die freche junge Lauren Bacall. Doch ehe er noch von den Früchten seines Werks kosten konnte, verliebte sie sich in den fünfundvierzigjährigen Bogart – und er sich in sie. Zuerst war Hawks ein bißchen eifersüchtig und versuchte, die Romanze in seiner Kulisse auseinanderzubringen, aber schließlich fand er es eine »komische Sache«, daß sie Bogart bezirzt hatte mit »der Rolle, die sie spielte, so daß sie diese Rolle ihr Leben lang weiterspielen mußte«.

Haben und Nichthaben war kein besonders guter Film, und doch wurde er zu einem der großen Erfolge des Jahres 1945. Er war eine typische Hawks-Creation, schnell im Ablauf, stürmisch – der Hawkssche Harry Morgan und seine Frau nannten sich sogar Steve und Slim wie das Ehepaar Hawks zuhause –, aber Bogart und Miss Bacall waren so offensichtlich verliebt ineinander, daß sich ihre romantische Glut über den ganzen Film ergoß. Jack Warner, der ihn ursprünglich als Hawks' Fortsetzung zu *Casablanca* betrachtet hatte, wollte jetzt einen neuen Film als Fortsetzung für diesen. Schon auf der Rückfahrt von der Testvorstellung sagte er zu Hawks: »Wir machen am besten noch einen Film mit den beiden. Wissen Sie eine Story?« Hawks sagte, er wisse eine. Warner fragte, was für eine, und Hawks, der wußte, wie Warners Gedanken arbeiteten, sagte: »Sowas wie *Die Spur des Falken*.« Warner schoß Hawks also 50000 Dollar vor, damit er Raymond Chandlers *Der große Schlaf* kaufen konnte, und Hawks kaufte Chandler den Roman gekonnt für 5000 Dollar ab und behielt die übrigen 45000 Dollar gekonnt für sich. Chandler war nicht frei, um das Drehbuch zu schreiben, da er bei der Paramount unter Vertrag stand; Hawks holte sich wieder Faulkner zusammen mit zwei Profis, Jules Forthman und Leigh Brackett.

Chandler konnte sich Bogart als seinen Privatdetektiv Philip Marlowe sehr gut vorstellen. »Bogart kann hart sein ohne Kanone«, schrieb er einem Freund in England. »Auch hat er Humor mit diesem harschen Beigeschmack von Verachtung. Bogart ist genau richtig.« Da war nur ein Problem. Marlowe hatte für Frauen eigentlich nichts übrig und besonders wenig für die beiden verzogenen Töchter seines Klienten, des alten Generals Sternwood. Als sich die jüngere, die sich am Ende als die Mörderin erwies, in Marlowes Bett stahl, warf er sie hinaus. Als die ältere ihn küßte und sich selbst in seine Wohnung einlud, wehrte er sie mit unangenehmen Fragen ab. »Du Schwein«, sagte Vivian Sternwood.

Das war ganz und gar nichts für Lauren Bacall oder für Hawks und seine Bewunderung für unternehmungslustige Frauen. Als Chandlers Marlowe in einen Buchladen ging, hatte die Verkäuferin nichts als dumme Sprüche für ihn. Hawks' Marlowe lud sie zu einem Drink ein, und sie hängte ein Schild an die Tür: HEUTE GESCHLOSSEN. Als Chandlers Marlowe ein Taxi nahm, um jemanden zu verfolgen, war der Fahrer schlicht »ein Junge mit frischem Gesicht«, Hawks verwandelte den Fahrer in ein hübsches Mädchen und ließ sie Marlowe bitten, sie nächstesmal wieder zu rufen, wenn er einen »Verfolgerauftrag« hätte, am liebsten nachts. Chandlers Roman endet damit, daß Marlowe Vivian Sternwood befahl, ihre mörderische Schwester sicher in einer Heilanstalt unterzubringen, um dann loszugehen und sich mit ein paar Gangstern zu befassen, die die Familie Sternwood bedrohten. Hawks' Film endete selbstverständlich mit Bogart und Bacall in Zweisamkeit. »Was ist los mit dir?« fragt er. »Nichts, was du nicht in Ordnung bringen kannst«, sagt sie.

Chandler konnte sich kaum über Änderungen der Handlung beschweren. Sein Originalroman war ein Gewirr von losen Enden, und als die drei Filmautoren Hawks ihr Drehbuch brachten, sagte einer: »Da ist eine Menge Unlogisches drin.« Hawks machte das nichts aus. »Gut«, sagte er. »Laßt es uns versuchen und sehen, ob das Publikum es mag.« Sie fingen einfach an, und binnen kurzem stießen sie unausweichlich auf die Frage, wer Owen Taylor, den Chauffeur der Familie Sternwood, ermordet habe. Er war keine wichtige Figur und es war kein wichtiger Mord, dennoch – da saß er, tot am Steuer des schwarzen Buick der Vivian Sternwood, drei Meter unter Wasser. Grübelnd blätterten Hawks und die Autoren durch Chandlers Roman, aber Chandler hatte offenbar vergessen zu erklären, wer den Chauffeur umgebracht hatte. Also schickte Hawks ihm ein Telegramm und fragte an, wer den Mord begangen hätte. Chandler ging sein Buch noch einmal durch, dachte über das Mysterium nach und schickte dann ein Antworttelegramm: »Weiß ich nicht.«

Aber das machte Hawks nichts aus. Später sagte er, er habe mit dieser unverständlichen Geschichte »zum ersten Mal bei einem Film einfach beschlossen, nichts zu erklären. Ich habe einfach versucht, gute Szenen zu drehen«. Joseph McBride, der diese Reminiszenzen aus ihm herauslockte, hatte anscheinend geglaubt, Hawks hätte eine zukunftsweisende neue Methode gefunden. »Sie haben da etwas ganz Revolutionäres gemacht«, sagte McBride, »denn es ist zur Methode im modernen Film geworden, daß man sich um die Logik der Handlung nicht kümmert, wenn sie unterhaltsam ist.« Hawks stimmte mit Freuden zu. »Das ist eben meine Art, eine Geschichte zu erzählen«, sagte er.

Die einzigen, die einwandten, daß *Tote schlafen fest*, so der deutsche Titel des Films, eine sinnvolle Handlung haben müßte, waren die Zensoren des Johnston-Büros, und Chandlers Schluß im Originaltext mißbilligten sie. Sie mißbilligten, daß keiner aus der Familie Sternwood bestraft wurde, daß sogar die Verbrecher sich am Ende wieder ihren Geschäften zuwandten. Hawks spielte den Ball an die Zensoren zurück und forderte sie auf, selbst einen Schluß zu liefern. »Ich sagte: ›In Ordnung, schreiben Sie mir eine Szene‹«, erinnert sich Hawks. »Und das taten sie dann auch, und sie war viel heißer, sie war alles, was ich mir wünschen konnte. Ich drehte sie und war sehr zufrieden damit.« In der Schlußszene, ob sie nun wirklich von einem aus dem Johnston-Büro war oder nicht, wurde der Gangsterboss zufällig von der Salve einer Maschinenpistole niedergemäht, Bogart konnte aus der Falle entkommen und in die Arme seiner neuen Frau eilen.

Sie war noch nicht ganz seine neue Frau. Beide waren sich einig, daß sie heiraten wollten, sobald Bogart von der streitsüchtigen Mayo Methot geschieden wäre, aber die dritte Mrs. Bogart ging nicht einfach. Während der ganzen Drehzeit gab es Kämpfe und Szenen. Bogart beschloß auszuziehen. Dann sagten ihm Freunde, daß seine Frau sich umbringen wolle, wenn er ginge. Sie versprach, nicht mehr zu trinken, wenn er bliebe. Sie müsse ins Krankenhaus. Er fand, sie verdiente noch eine letzte Chance. Miss Bacall weinte. Und so weiter. Einmal, als Bogart und Miss Bacall sich an Bord seiner Yacht vergnügten, kam Mrs. Bogart zu früh von einer Einkaufsfahrt zurück. Miss Bacall mußte sich im Bug des Schiffes verstecken, bis Mrs. Bogart wieder ging. Ein andermal ging Miss Bacall ans Telefon und hörte eine wütende Stimme schreien: »Hör zu, du jüdische Nutte – wer wäscht denn seine Socken – du vielleicht?« Anfang Mai gab Mrs. Bogart schließlich auf und wurde geschieden. Keine zwei Wochen später nahm Bogart sich das Wochenende frei und heiratete Lauren Bacall auf der Farm des Romanciers Louis Bromfield in Ohio.

So nahm alles ein glückliches Ende, außer für William Faulkner, der zu dem Schluß kam, daß er es nicht mehr länger ertragen könne, für die Warner Bros. zu arbeiten. »Ich denke, ich habe von Hollywood alles gehabt, was ich aushalten kann«, schrieb er seinem Agenten Harold Ober. »Ich fühle mich schlecht, bedrückt, ein entsetzliches Gefühl der Zeitverschwendung, ich glaube, das sind meistens Symptome irgendeines Ausbruchs oder Zusammenbruchs. So, wie ich mich fühle, habe ich wirklich Angst, noch lange hierzubleiben.«

Zum Teil waren die Schwierigkeiten Faulkners gesundheitlicher Art. Er klagte, es ginge ihm »nicht gut, körperlich, habe abgenommen etc.«, obwohl das für einen Alkoholiker nahe der Fünfzig nichts Ungewöhnliches war. Zum Teil war es Verzweiflung über seinen fortdauernden Mißerfolg als Romanautor. »Meine Bücher haben sich nie verkauft, werden nicht mehr angeboten«, schrieb der Verfasser von *Schall und Wahn* und *Licht im August*. »Mein Lebenswerk (die Erschaffung meines apokryphen Landes) wird, auch wenn ich noch ein paar Dinge hinzuzufügen habe, mich nie ernähren.« Und zum Teil war es einfach Abneigung gegen Los Angeles und das Drum und Dran. »Niemand hier tut etwas«, beschwerte er sich bei einem Schriftstellerkollegen namens Paul Wellman, als sie an einer Straßenecke auf den Bus nach Burbank warteten. »Hier ist niemand mit Wurzeln. Auch die Häuser sind aus Lehm und Maschendraht gebaut. Nichts geschieht, und nach einer Weile fallen ein paar Blätter vom Baum und dann kommt ein neues Jahr.«

Faulkner teilte der Warners im September 1945 mit, er wolle zurück nach Mississippi gehen und einen Roman fertigschreiben.

Es ging darin um eine Meuterei in Frankreich gegen Ende des Ersten Weltkrieges und um eine christusähnliche Gestalt, die als der Unbekannte Soldat endete. Faulkner war von der Idee fasziniert gewesen, seit er sie 1942 zum ersten Mal gehört hatte – von dem Regisseur Henry Hathaway und einem freien Produzenten namens William Bacher, der ihm einen Vorschuß von tausend Dollar gegeben hatte, damit er einen Roman daraus mache, den sie dann zur Verfilmung kaufen könnten. Faulkner teilte der Warners weiter mit, daß er eine Stute besäße, die demnächst fohlen werde, und er wolle, daß sie in Mississippi fohlte, deshalb werde er sie dort hinbringen und dort bleiben. Das Studio bot ihm sechs Monate unbezahlten Urlaub für die Fertigstellung seines Romans an unter der Voraussetzung, daß die Warners das Vorkaufsrecht auf die Filmrechte hätten. Faulkner mußte das natürlich ablehnen, da er die Filmoption ja bereits an die beiden Herren verkauft hatte, die ihm die Idee geliefert hatten. Die Warners sagte, er könne überhaupt keinen Urlaub haben, wenn er die Vereinbarung nicht unterschriebe. Faulkner räumte seinen Schreibtisch aus und ging.

Daheim in Mississippi schrieb Faulkner einen sehr ehrerbietigen persönlichen Appell an Jack Warner, den er sogar als Oberst Warner anredete, und bat um Entlassung aus seinem Vertrag. Das war, nicht zu vergessen, ein Vertrag, nach dem die Warner Bros. Faulkner nichts gab – kein Geld, kein Büro, keine Vorteile irgendwelcher Art. Dennoch behandelte ihn die Warners, wie ihre Schauspieler auch, als einen Menschen, der für die Vertragsdauer von sieben Jahren an das Studio gefesselt bleiben mußte. Und während rebellische Stars wie Olivia de Havilland um das Recht prozessierten, für konkurrierende Studios zu arbeiten, bat Faulkner nur darum, in Mississippi bleiben und seinen Roman schreiben zu dürfen. »Ich habe das Gefühl, daß ich beim Schreiben für den Film ein Versager war und deshalb Zeit vergeudet habe und weiter vergeuden werde, was ich mir in meinem Alter nicht leisten kann«, schrieb er an Warner. Dann listete er die wenigen Filmarbeiten auf, die er für die Warners geleistet hatte. »Nach bestem Wissen und Können« habe er an einem halben Dutzend Skripts mitgearbeitet, aber nur zwei seien produziert worden, und die Anerkennung für seine Mitarbeit daran habe er »zum Teil durch die

Freundschaft des Regisseurs Howard Hawks« erhalten. Und schließlich appellierte er, vielleicht ein bißchen allzu berechnend, an Warners ziemlich unterentwickeltes Ehrgefühl, an »dieselbe Fairneß, die Sie in solchen Situationen früher schon gezeigt haben«.

Warner machte sich nicht die Mühe einer Antwort. Die Erwiderung kam von R.J. Obringer von der Rechtsabteilung des Studios und forderte Faulkner auf, die Vereinbarung zu unterzeichnen. Und so, wie er Miss de Havilland ausgesperrt hatte, schien Warner jetzt zu glauben, er könne ähnliche Macht auf das gesamte Druckgewerbe ausüben. »Er hat bereits unbestimmte, aber schreckliche Drohungen ausgestoßen, er werde alle Verleger warnen, daß sie meine Sachen auf eigene Gefahr kaufen, wenn ich nicht zurückkomme«, schrieb Faulkner an Malcolm Cowley, der gerade den *Portable Faulkner* von Viking zusammengestellt hatte, der wesentlich dazu beigetragen hat, die besten Werke des Schriftstellers wieder auf den Markt zu bringen.

Bis ins Jahr 1946 hinein verfolgte die Warners den flüchtigen Faulkner. Obringer schrieb ihm eine strenge Warnung, er habe seinen Vertrag gebrochen. Erst als Ober der Warners die ersten vierundsechzig Seiten von Faulkners neuem Roman schickte (der damals *Who* betitelt war), als klaren Beweis dafür, daß das nichts war, was das Studio zu verfilmen wünschte, und erst als Bennett Cerf vom Verlag Random House ganz persönlich an Warner appellierte, Faulkner in Ruhe zu lassen, erst dann war Warner bereit, Faulkner wenigstens solange nicht mehr zu belästigen, bis er seinen Roman beendet hätte. Noch ehe dieser Tag kam, sollte der Nobelpreis von 1949 den Warners-Vertrag endgültig zu einem toten Stück Papier machen. Faulkner schrieb also weiter an seinem Buch *Eine Legende*, und es blieb ihm barmherzig verborgen, daß der unvollendete Roman, den er für sein größtes Werk hielt, sich am Ende als sein schlechtestes Buch erweisen sollte – daß seine beste Zeit schon hinter ihm lag.

Eines Nachmittags machte zunächst das Hupen ferner Autohörner die meisten Amerikaner darauf aufmerksam, daß der Krieg endlich sein zwangsläufiges Ende gefunden hatte. Erst einige, bald mehr und mehr Hupen verkündeten es, dann rief man es sich von Fenster zu Fenster zu, und schließlich paradierten alle im Konfettiregen durch die Straßen. Es war ein glücklicher Tag, aber er brachte nicht diese überwältigende Überraschung wie der Kriegsanfang, dieses Gefühl, daß das ganze Leben auf einen Schlag anders geworden sei. Wie das Kriegsende aussehen würde, stand seit langem schon fest, und die wichtigste Änderung, die es versprach – fälschlich versprach –, war, daß der Frieden das Leben so wiederherstellen würde, wie es vorher gewesen war.

Das hieß natürlich nicht die Rückkehr in die Depression. Die Zeit des Schlangestehens für Brot und Sozialhilfe war vorbei. Jeder erwartete jetzt den Aufschwung. Von Opfern war genug geredet worden; es war an der Zeit, sich aufs Geldverdienen zu konzentrieren, aufs Verdienen und Ausgeben. Der Amerikanische Gewerkschaftsbund AFL hatte Präsident Roosevelt zugesagt, daß es für die Dauer des Krieges keine Streiks geben werde, doch schon eine gute Weile vor dem *V-Day*, dem Tag des Sieges, trafen die rivalisierenden Gewerkschaften in Hollywood ihre Vorbereitungen für den Kampf. Im Januar 1945 fand bereits die erste Streikabstimmung statt. Es ging dabei um einen angeblich juristischen Streit, eine jener mörderischen Auseinandersetzungen, die kaum ein Außenstehender begreifen oder beurteilen kann, jedoch begannen sich an allen Fronten dieses Streits die fadenscheinigen Rechts- und Linksbündnisse zu bilden, die Hollywood bald zerreißen sollten.

Im Mittelpunkt der Auseinandersetzung standen siebenundsiebzig Innendekorateure, die schon 1937 eine eigene kleine Gewerkschaft gebildet und einen Fünfjahresvertrag mit den Studios ausgehandelt hatten. Das war die Zeit, in der Willie Bioff von der IATSE versuchte, alles Erreichbare unter seine Kontrolle zu bringen. 1939 organisierte die IATSE eine neue Ortsgruppe 44 für die sogenannten »Kulissengestalter« und forderte ihre Anerkennung durch die Studios. Die Studios erwiderten, sie hätten bereits einen Vertrag mit den unabhängigen Dekorateuren. Als dieser Vertrag 1942 auslief, saßen Bioff und der IATSE-Präsident George Browne wegen räuberischer Erpressung im Gefängnis, und die IATSE war von Richard Walsh übernommen worden, einem kleinen dicken

Iren aus Brooklyn, der einer von Brownes Vizepräsidenten gewesen war. Walsh zog die Forderung der IATSE, die Dekorateure zu vertreten, unter der Bedingung zurück, daß auch keine andere außenstehende Gruppe die Dekorateure vertreten dürfe. Die Studios stimmten dem zu.

Ende 1943 jedoch beschlossen die Dekorateure, ihre kleine Gewerkschaft zu stärken, indem sie sich mit der Ortsgruppe 1421 der Malergewerkschaft zusammentaten, einer etwas undurchsichtigen Organisation, zu der auch Designer, Illustratoren und Modellbauer gehörten. Boss der Malergewerkschaft, das war das Wichtigste, war Herbert Sorrell, ein robuster Ex-Boxer, der wirklich seine Lehre mit Eimer und Pinsel absolviert hatte. Er sagte gern von sich selbst, er sei ja »bloß ein dummer Maler«. Nachdem er bei einem Malerstreik 1937 als Streikführer fungiert hatte, wurde Sorrell zum Führer der Hollywooder Ortsgruppe gewählt und half bei der Organisation des erbittert geführten, aber erfolgreichen Streiks der Karikaturisten gegen das Walt Disney-Studio im Jahre 1941.

Sorrell war auch in anderer Hinsicht ein ungewöhnlicher Mann: Er hatte sowohl den Drohungen als auch den Verlockungen Willie Bioffs widerstanden, der ihm einst zu verstehen gab, sie könnten einiges Geld machen, wenn sie zusammenarbeiteten. Sorrell wies nicht nur Bioffs Offerte zurück, er begann auch ein Anti-IATSE-Bündnis unter dem Namen Konferenz der Studio-Gewerkschaften zu organisieren. Die KSG war alles das, was die IATSE nicht war: kämpferisch, links und ehrlich. Bis 1945 war Sorrells KSG auf neun Mitgliedsgewerkschaften angewachsen, darunter die Maler, die Zimmerleute und die Mechaniker, sie umfaßte insgesamt fast zehntausend Arbeiter – eine ernsthafte Herausforderung für die Macht der IATSE über ihre sechzehntausend Mitglieder. Als Sorrell nun einen neuen Vertrag für die siebenundsiebzig Dekorateure forderte, verlangte die IATSE erneut die Anerkennung ihrer Gruppe von »Kulissengestaltern«. IATSE-Präsident Walsh warnte, alle seine Leute würden die Arbeit niederlegen, wenn die Studios sich Sorrell beugten.

Das Kriegsarbeitsamt entschied zugunsten von Sorrell, aber die Studios versuchten, einen Konflikt zu vermeiden. Sie behaupteten, sie säßen hilflos zwischen den Stühlen zweier rivalisierender Gewerkschaften. Es deutete hingegen ziemlich vieles darauf hin, daß die Studios inzwischen in der IATSE ihren kongenialen Partner sahen. Bioffs Nachfolger als Hollywooder IATSE-Vertreter war ein bulliger Profi namens Roy Brewer, ein Mann, der sich auszukennen schien. Brewer war Führer des AFL-Arbeiterbundes von Nebraska gewesen und sollte zu einer prominenten Figur in den bevorstehenden Hollywooder Arbeitskämpfen und den daraus entstehenden politischen Auseinandersetzungen werden. Er war gerade beim Kriegsarbeitsamt in Washington ausgeschieden, wo er den Krieg über gearbeitet hatte, als Walsh ihn für die Aufgabe gewann, die IATSE-Truppen in Hollywood zu führen. Dort stieß er auf Sorrell, der zur Attacke blies, und auf ängstlich manövrierende Studios, die den unausweichlichen Zusammenprall hinauszuschieben suchten.

Am 12. März 1945 beschloß Sorrell, nicht länger zu warten. Seine KSG rief den Streik aus und umgab die Studios mit Streikpostenketten. Die IATSE-Bosse nahmen die Herausforderung an. Sie schickten Trupps von Arbeitern los, die die Postenketten durchbrachen. William Green, Präsident des AFL, dem beide rivalisierenden Gewerkschaften angehörten, schickte Sorrell ein Telegramm mit der Beschuldigung, er habe die Verpflichtung des Gewerkschaftsbundes, im Krieg nicht zu streiken, gebrochen. »Ich lehne die Anerkennung Ihres Streiks offiziell ab«, erklärte Green. Für Kaliforniens fanatische Rechte war Sorrell schlicht ein Kommunist, ein Unruhestifter. Jack Tenney von der kalifornischen Legislative, Chefpropagandist gegen die Roten, erklärte, Sorrell sei »beharrlich der kommunistischen Parteilinie gefolgt. Er ist Abonnent des kommunistischen Parteiorgans, der *People's World*...« Es traf zu, daß Sorrell oft kommunistische Positionen unterstützt hatte – namentlich die Brandmarkung Roosevelts als »Kriegshetzer« im Jahre 1940, der Zeit des Hitler-Stalin-Bündnisses, und dann die Schwenkung zum Interventionismus, als die Nazis in Rußland einfielen –, aber der eine Punkt, in dem Sorrell und die Kommunisten sich nachdrücklich unterschieden, war der Hollywooder Streik. Loyal unterstützte die *People's World* die Nichtstreik-Verpflichtung des AFL und beschuldigte sowohl Sorrell als auch die Produzenten, sie gebrochen zu haben. Sorrell seinerseits klagte seine Feinde der Konspiration und Korruption an. Obwohl die Gangsterbosse der IATSE nun im Gefängnis saßen, machte Sorrell sich über die Behauptung der größeren Gewerkschaft lustig, sie habe sich reformiert. Später sagte er vor einem Kongreßausschuß aus, die IATSE und die Studios hätten sich seit 1930 immer gegen die eigenen Arbeiter verschworen, und »diese Verschwörung geht noch heute weiter«.

Hollywood teilte sich. Die Filmautorengilde stimmte etwas zögernd für die Unterstützung der KSG-Postenketten. Die Filmschauspielergilde stimmte etwas zögernd dafür, durch die Postenketten zu gehen. Draußen an den Studiotoren trafen die Leute ihre Entscheidung je nach Laune. Salka Viertel erinnerte sich, daß einzelne Gruppen von Schriftstellern und Sekretärinnen sich in der Cafeteria gleich gegenüber der Warner Bros. trafen. Ein Autor behauptete, er könne nur arbeiten, wenn er seiner Sekretärin diktierte, und schlug vor, daß sie alle abwarteten, um zu sehen, was die Sekretärinnen beschlössen. »Wir gingen auf die Straße hinaus, um nachzusehen, was die ›Mädchen‹ tun würden«, sagte Mrs. Viertel. Ungefähr dreißig standen unentschlossen herum und beobachteten die langsam auf und ab gehenden Streikposten und die Studiopolizisten, die den Eingang bewachten. Schließlich warf eine energische junge Frau den Kopf in den Nacken, sagte: ›Ach, zum Teufel!‹ und rannte trotzig über die Straße und zwischen den passiven Streikposten hindurch. Prompt folgten ihr die übrigen...« Mrs. Viertel fragte ihre eigene Sekretärin, was denn bei ihrer Versammlung geschehen wäre, und sie sagte, zunächst hätten die meisten Sekretärinnen mit den Streikenden sympathisiert, aber eine, die für Ayn Rand arbeitete, habe sie umgestimmt. Sie behauptete, »daß die Streikenden nur ein kommunistischer Haufen seien und daß jeder anständige Mensch gegen sie sein müßte«.

Als sich die Schlachtordnung herausgebildet hatte, kündigten die Studios summarisch allen streikenden Dekorateuren, und die KSG weigerte sich, die Kündigungen anzuerkennen. Als das Patt bestehen blieb, aber die Studios nicht lahmlegen konnte, gaben einige Gewerkschaften den Streik auf (die Filmpublizistengilde zum Beispiel), andere schlossen sich dem Streik neu an (die

Filmkarikaturistengilde). Die japanische Kapitulation in diesem August beendete formal die Nichtstreikpflicht des AFL, und damit begannen diverse größere Gewerkschaften, in diesem Hollywooder Kampf die Seite zu wählen. Die große Rivalin des AFL, die CIO, stimmte offiziell für die Unterstützung des Streiks. Die Lastwagenfahrer, damals Mitglied des AFL, waren nachdrücklich dagegen. Lawrence P. Lindeloff, Chef der Zentrale der Malergewerkschaft Sorrells, verurteilte den Streik zunächst und sprach sich dann dafür aus.

Streiks sind zwar teuer für Arbeitgeber, aber die Arbeiter kosten sie noch viel mehr (in diesem Falle in acht Streikmonaten geschätzte fünfzehn Millionen Dollar). Die KSG-Arbeiter standen den ganzen Frühling und Sommer über Posten, aber sie konnten die IATSE-Arbeiter nicht daran hindern, sich den Weg in die schwerbewachten Studios zu bahnen. Anfang Oktober entschied Sorrell, er werde seine Kräfte konzentrieren müssen, und er wählte die Warners als Kampfstätte aus. Die ersten vierzig Streikposten trafen um fünf Uhr morgens am Studio ein, und bald darauf marschierten 750 auf und ab. Als die ersten IATSE-Arbeiter am Tor erschienen, warfen Streikposten drei ihrer Autos um. Die Straße glitzerte von Glassplittern. Die Polizei von Burbank und die Studio-Wachleute der Warners schlugen mit Knüppeln auf die Streikposten ein und spritzten mit Löschrohren Wasser gegen sie. Jack Warner und seine Beauftragten beobachteten den Kampf vom Dach des Studios aus.

Weitere IATSE-Arbeiter eilten herbei, um in den Kampf einzugreifen. Einige versuchten, einen KSG-Lautsprecherwagen umzukippen, und der Fahrer drosch mit dem Schraubenschlüssel auf einen der Angreifer ein. Ein streikender Arbeiter namens A. Kieser wurde von einem Streikbrecher mit dem Federmesser in Nase und Stirn gestochen. Eine postenstehende Sekretärin namens Helen McCall wurde von einer Gasgranate am Auge getroffen. Die Polizei nahm Sorrell fest unter dem Verdacht, Aufruhr angezettelt zu haben, und setzte eine Kaution von fünfzehntausend Dollar fest.

Sorrell war am nächsten Tag wieder auf der Straße, und diesmal schien es den Streikposten zu gelingen, die Warners dicht zu machen. Außer ein paar Ballettmädchen, die eine Tanzszene probten, kam die Arbeit an den drei in der Produktion befindlichen Filmen völlig zum Erliegen. Die Anwälte der Warners waren allerdings bei Gericht, um ein Verbot der massiven Streikpostensperre zu erwirken, und die IATSE-Leute gingen am anderen Morgen daran, das Verbot zu vollstrecken. Mehrere hundert Männer der IATSE formierten sich auf der Olive Avenue, wo die Streikposten das Tor des Warners-Studios bewachten. In Sechserreihen zogen sie auf der gegenüberliegenden Straßenseite auf, und um sechs Uhr morgens setzten sie sich in Bewegung. Die beiden Armeen stießen in einem Sturm der Fäuste, Knüppel und sogar Leuchtraketen aufeinander. Diesmal wurden fast achtzig Menschen verletzt, bevor Polizisten aus vier umliegenden Orten einen Schein von Ordnung wiederherstellen konnten. Acht Kombattanten wurden festgenommen, darunter die neunundzwanzigjährige Sekretärin eines Universal-Produzenten, die beschuldigt wurde, im Besitz eines *blackjack* (einer kleinen Schlagwaffe) gewesen zu sein.

Die vereinten Kräfte der Polizei, des Studio-Werkschutzes und der IATSE waren zuviel für die Streikenden. Sie wurden von den Studiotoren verjagt und durften sich nur noch zum Sitzstreik niederlassen. Washington erlöste sie schließlich. Ende Oktober entschied das Nationale Amt für Arbeitsbeziehungen, daß die Dekorateure das Recht hatten, sich den Malern anzuschließen. Murrend fügten sich die Studios und die IATSE. Für Sorrell und seine Verbündeten war es der Sieg, aber vielleicht war es ein Pyrrhussieg. Das Geschrei über kommunistischen Einfluß in Hollywood war wieder einmal ertönt, und die hinter ihm stehenden Kräfte wurden stärker. Ihr Schrei sollte bald weit über das impulsive Drängen von Ayn Rands Sekretärin hinaus widerhallen.

Am 16. September 1945 um drei Uhr morgens wälzte sich Theodore Dreiser in seinem spanischen Stuckhaus auf der North Kings Road aus dem Bett, schlurfte durch die Räume und knipste überall das Licht an. Er rief nach seiner Frau, die er nach einem Vierteljahrhundert des turbulenten Konkubinats im Vorjahr gerade geheiratet hatte.

17

15+16 Glück im Spiel und Glück in der Liebe: Das Traumpaar Humphrey Bogart und Lauren Bacall als Hauptdarsteller in *Tote schlafen fest* und mit ihrem gemeinsamen Sohn Stephen.

17 Orson Welles als Regisseur und Hauptdarsteller mit seiner Ehefrau Rita Hayworth in dem Zwei-Millionen-Dollar-Film *Die Lady von Shanghai*.

18 Die Welle der Emigranten geht weiter: Thomas Mann in seinem Haus in Santa Monica (Kalifornien).

19 Zwei der ganz großen Produzenten: Louis B. Mayer und Cecil B. DeMille.

18

19

»Helen!«

Helen Dreiser kam aus ihrem Schlafzimmer und fand den Vierundsiebzigjährigen, der das Haus durchstreifte und nach ihr rief. Sie trappelte hinter ihm her und sagte immer wieder, sie sei ja da, aber vergeblich.

»Ich sagte: ›Ich bin doch Helen‹«, schrieb sie später in einigen Notizen über den Vorfall. »Erst sagte er: ›Kann jede sagen, sie ist Helen.‹ Dann sagte ich ihm ganz ruhig, ich könnte es beweisen. Nun sagte T.D.: ›Ich will es glauben, wenn du es sagst.‹« Mrs. Dreiser glaubte, die Runde hätte sie gewonnen, aber ein paar Tage später vertraute Dreiser einem Besuch an: »Es ist seltsam, hier war eine fremde Frau.«

Wegen Helen Patges Richardson war Dreiser im Jahre 1919 zum ersten Mal nach Hollywood gekommen. Sie war damals jung und hübsch, fünfundzwanzig Jahre alt, Sekretärin in einem New Yorker Büro, und sie wollte Schauspielerin werden. Sie bewunderte den Autor von *Schwester Carrie*, der ihr Cousin zweiten Grades und achtundvierzig Jahre alt war, sie ging ihn besuchen, beide verliebten sich ineinander und zogen nach Los Angeles. Helen begann als Komparsin für 7,50 Dollar pro Stunde, dann fand sie ein paar Kleinstrollen für zwanzig Dollar. Sie spielte in Rudolph Valentinos erstem Film *Die vier apokalyptischen Reiter* (The Four Horsemen of the Apocalypse, 1921) mit. Dreiser war nicht sehr glücklich über ihre beginnende Karriere, auch wenn sie half, die Miete zu bezahlen. Er selbst hatte viertausend Dollar Vorschuß erhalten, um den Roman *Solon, der Quäker* zu schreiben, die Geschichte eines Quäkers, dessen Gottessehnsucht ihm nichts als Schwierigkeiten einbrachte. Dreiser beschloß, nach New York zurückzukehren und ihn dort zu schreiben. Helen kam mit.

Dreisers großer Zusammenstoß mit Hollywood geschah erst nach dem Erfolg seines Buches *Eine amerikanische Tragödie*, 1925. Die Paramount kaufte es an, wußte aber nicht, was sie daraus machen sollte. Als Sergej Eisenstein im Jahre 1930 Hollywood besuchte, hatte jemand die fabelhafte Idee, ihn mit der Verfilmung des Dreiser-Romans zu betrauen. Eisenstein fürchtete, das Haysbüro würde es verbieten, aber man versicherte ihm, das Haysbüro sei einverstanden und das Studio habe eine Million

Dollar für das Projekt bereitgestellt. Eisenstein und Ivor Mantagu schrieben ein Drehbuch, das Dreiser aus vollem Herzen guthieß, aber die Paramount-Manager fingen an, nervös zu werden. »Ihr Szenario«, sagte Ben Schulberg, »ist eine ungeheuerliche Herausforderung für die amerikanische Gesellschaft.«

Die Paramount warf das ganze Projekt in den Papierkorb und fing mit dem Dichter Samuel Hoffenstein als Skriptautor und Josef von Sternberg als Regisseur von vorn an. Dreisers Vertrag enthielt eine Klausel, die besagte: »Die Käuferin sagt zu, daß sie nach besten Kräften die möglichen Ratschläge, Vorschläge und Kritiken des Verkäufers übernimmt, sofern das nach dem Urteil der Käuferin ohne Beeinträchtigung möglich ist.« Es war eine vieldeutige Klausel, von der Dreiser glaubte, sie gäbe ihm gewisse Kontrolle über die Verfilmung seines Romans, die aber in Wahrheit der Paramount das Recht gab, sich alles anzuhören, was Dreiser zu sagen haben mochte, und dann zu tun, was ihr beliebte.

Als die Verträge unterzeichnet waren, machte Hoffenstein sich ans Werk, und Dreiser, der ein neues Mädchen entdeckt hatte, fuhr mit ihr nach Kuba, ohne eine Nachsendeadresse zu hinterlassen. Als Hoffenstein sein Drehbuch fertig hatte und Dreisers Billigung einholen wollte, war Dreiser nicht aufzutreiben. Die Paramount schickte offizielle Meldungen, daß die Dreharbeiten in Kürze begännen. Dreiser tauchte in New Orleans wieder auf und bezeichnete die gesamte bisherige Korrespondenz als »das übliche Hollywooder Gewäsch und Gequatsch«. Er verlangte das Recht, über Hoffensteins Drehbuch zu diskutieren. Mit einigem Zittern und Zagen schickte Hoffenstein sein Filmstück nach New Orleans und fragte, ob er Dreiser dort treffen könnte. »Wenn Sie dies freundschaftlich diskutieren können, sonst nicht«, kabelte Dreiser zurück. So freundschaftlich wie nur eben möglich flog Hoffenstein nach New Orleans, um in seinem Hotel eine Notiz vorzufinden, in der Dreiser ihm mitteilte, das Drehbuch sei »nichts Geringeres als eine Beleidigung«, und »um nicht sagen zu müssen, wie tief ich das empfinde, verlasse ich jetzt New Orleans, ohne Sie zu sehen. Ich bin sicher, Sie werden das verstehen.«

Hoffenstein verstand. Die Paramount verstand. Das Studio machte sich ans Werk und begann den Film zu drehen. Noch bevor es damit begonnen hatte, wetterte Dreiser öffentlich gegen diese »billige, geschmacklose, kleinkarierte Beichtgeschichte«. Er drohte mit Rechtsmitteln, wenn die Paramount weitermachte. Die Paramount verzögerte die Arbeiten gerade so lange, um ihn einzuladen, seine Ansichten und Bedenken vorzutragen, dann nahm sie die Arbeit an dem Film wieder auf. Dreiser beschimpfte ganz Hollywood als »Hohlkopfland« und erklärte, seine *Amerikanische Tragödie* sei in »eine mexikanische Komödie übersetzt« worden. Und er reichte Klage ein und verlangte, die Paramount sollte die Gründe darlegen, warum sie nicht daran gehindert werden sollte, den Film herauszubringen. Da eine solche Klage eines Künstlers zum Schutz seines Werkes vor der Hollywood-Adaptation höchst selten war, beinahe ohne Beispiel, neigen Kulturhistoriker dazu, in Dreiser den Helden des Prozesses zu sehen, der 1931 in White Plains, New York, stattfand, in Wahrheit aber schwärzten die Paramount-Anwälte Dreisers Ruf, und der Richter wies seinen Antrag ab.

Fast zehn Jahre später, zehn Jahre ärmer und schwächer ging Dreiser wieder nach Hollywood, um unter anderem über die Verfilmung seines Romans *Schwester Carrie* zu verhandeln. Er haßte den Ort. »Diese Gegend ist vollgestopft mit ausgekochten, rücksichtslosen Emporkömmlingen«, schrieb er seinem alten Freund H. L. Mencken, »politischen Schiebern der untersten Stufe, Marktschreiern in unabsehbarer Zahl und Vielfalt, Gottesrufern aller Grade... und Landstreichern, Prostituierten, Mördern und Perversen.« Einem anderen Freund offerierte er einen weiteren Einwand: »Das Kino ist durch und durch jüdisch. Sie haben sich eingegraben, stellen nur Juden mit amerikanischen Namen ein... Das Dollarzeichen ist der Leitstern – geistig und materiell. Daß Amerika – die Massen – von ihrer Regie gelenkt werden soll, liegt jenseits allen Fassungsvermögens. Zudem sind sie arrogant, unverschämt und hochmütig.«

Aber er dachte, er könnte *Schwester Carrie* an die Universal verkaufen. Um des »Dollarzeichens« willen war der einst kompromißlose Dreiser sogar bereit, dem Johnston-Büro Zugeständnisse zu machen. Auf den Einwand hin, Carries »Sünden« würden nicht bestraft, meinte er, das »kann gerichtet werden«. Er schlug sogar –

für seinen ersten und besten Roman – vor, daß »ein anderer Schluß genommen werden könnte – ein etwas optimistischerer Schluß –, ich habe da einige Möglichkeiten im Kopf«. Jetzt also, da Dreiser gewillt war, vernünftig zu sein, wie es so schön heißt, konnte man ein Geschäft machen. Es war allerdings nicht die Universal, sondern die RKO, die Dreiser im Herbst 1940 vor noch tieferer Armut bewahrte, indem sie *Schwester Carrie* für vierzigtausend Dollar kaufte.

In seiner politischen Haltung indes war Dreiser alles andere als vernünftig. Einzig beständig waren bei ihm, lose verbunden durch seine Sympathie für die Unterdrückten, eine blinde Hingabe für Stalins Rußland und ein ebenso blinder Haß auf das Britische Empire. Das führte Dreiser zu seltsamen Ansichten. Nicht nur Stalin, auch Hitler bewunderte er, und so schämte er sich nicht über den Hitler-Stalin-Pakt, womit er unter den amerikanischen Radikalen fast allein stand. »Hat sich noch niemand die Mühe gemacht, Ihnen die Fakten des Lebens zu sagen?« fragte er einen skeptischen Interviewer. »Sehen Sie nicht, daß Frankreich und England drauf und dran waren, Rußland anzugreifen?« Und über Präsident Roosevelt, der seine Phantasien nicht zu teilen vermochte, schrieb Dreiser an Mencken: »Mir kommt der Verdacht, daß Hitler recht hat. Der Präsident könnte Teiljude sein.«

Um diese Ansichten niederzulegen, stellte Dreiser für tausend Dollar Cedric Belfrage an, einen jungen britischen Romanschriftsteller, der ihm helfen sollte, ein Antikriegsbuch mit dem Titel »Ist Amerika schützenswert?« zu schreiben. Belfrage staunte, wie unbekannt der große Mann in Hollywood war. »Ich kann mich erinnern, ihn Filmleuten vorgestellt zu haben, die ich kannte...«, sagte er, »die offensichtlich noch nie von ihm gehört hatten.« Noch mehr staunte er über Dreisers Arbeitsgewohnheiten: »So um die Mittagszeit fing er an, müde zusammenzusacken, und er und ich schlenderten zum Drugstore... um einen halben Liter Whisky zu holen. Mit dem Whisky im Papierbeutel kehrten wir zurück... und in wenigen Minuten war Dreiser außer Betrieb... Dreiser begann abzuschweifen und konnte seine Gedanken nicht mehr sammeln.« Irgendwie wurde das schreckliche Buch zusammengekleistert, erhielt den Titel *America Is Worth Saving* und erschien, kurz bevor Hitlers Einmarsch in Rußland es überflüssig machte. Dreiser schickte ein signiertes Exemplar an Stalin.

Es ist seltsam und erstaunlich, wie manch sterbender Künstler nicht sterben kann, bevor er vollendet hat, was er für sein wesentliches Werk hält. Wagner zum Beispiel hielt sich aufrecht bis zur Premiere des *Parsifal*, dann fuhr er nach Venedig und starb. Dreiser, jetzt über siebzig, körperlich und geistig gebrechlich, war entschlossen, *Solon, der Quäker* zu vollenden, jenen Roman, für den Horace Liveright ihm noch vor dem Ersten Weltkrieg einen Viertausend-Dollar-Vorschuß gezahlt hatte. Und er vollendete ihn. Dann beschloß er, die Geschichte von Frank Cowperwood zu vollenden, dem rasenden Unternehmer, von dem man seit dem *Titan*, der 1914 erschien (deutsch 1928), nichts mehr gehört hatte. *Der Unentwegte* hieß dieser letzte Band, und obwohl Dreiser nur noch wenig Kraft hatte, mühte er sich den ganzen Sommer über damit ab. »Während er das meiste diktierte und ich es gleich auf der Schreibmaschine schrieb«, sagte Mrs. Dreiser, »gab es immer die notwendige Diskussion über Szenen, Handlung, Aufbau, und er ermüdete leicht... Tag für Tag saßen wir uns an seinem langen Arbeitstisch gegenüber und arbeiteten, Teddy in seinem altmodischen gelbohrigen Schaukelstuhl und ich an der Schreibmaschine... Das war alles, was er wollte.«

Da war noch etwas. Schon 1932 hatte Dreiser Earl Browder, dem Führer der Kommunistischen Partei, mitgeteilt, daß er beitreten wolle. Browder, der den Schriftsteller als »nicht... ganz erwachsen« betrachtete, wies ihn ab. Jetzt aber, im Sommer 1945, wurde Browder aus der Partei ausgeschlossen, und Dreisers alter Freund William Z. Foster trat an seine Stelle. Dreiser erhielt nun auch regelmäßigen Besuch von John Howard Lawson, dem Filmautoren, der sich mit ihm über Literatur und Politik und die Möglichkeiten für Dreisers Parteibeitritt unterhielt. Außerdem stand Dreisers Beliebtheit in Rußland in scharfem Gegensatz zu seinem verblassenden Ruf in Amerika. Als in diesem Frühjahr in San Francisco die Vereinten Nationen gegründet wurden, kamen mehrere Sowjetdelegierte nach Los Angeles und statteten Dreiser Höflichkeitsbesuche ab. Und als Dreiser an Stalin schrieb, um sich zu erkundigen, warum er aus Rußland niemals Tantiemen erhielte (die Sowjets hatten die Berner Konvention nicht unterzeichnet und nie eine Verpflichtung anerkannt, ausländischen Autoren Tantiemen zu zahlen), erhielt er alsbald einen Scheck über 34600 Dollar. Es war also gewissermaßen zwangsläufig, daß Dreiser am 20. Juli 1945 aus Hollywood an Foster schrieb, um »Sie von meinem Wunsch zu unterrichten, Mitglied des politischen Bundes der Kommunisten zu werden«. Eine gewisse Zwangsläufigkeit lag auch darin, daß Dreiser das Schreiben mit dem Aufnahmeantrag, das ein Parteifunktionär aufgesetzt hatte, nur korrigierte und genehmigte. »Lieber Genosse Dreiser«, schrieb Foster zurück. »Ich... begrüße Dich hiermit offiziell in unserer Organisation.«

Kurz vor Weihnachten hatte Helen Dreiser einen seltsamen Traum. »Teddy und ich flogen in einem offenen, eigenartig gebauten Flugzeug... Als ich mich umsah, ob mit Teddy alles in Ordnung wäre, bekam ich einen Schreck, denn er war zur Seite gesunken. Schnell ging ich nach hinten, wo er saß, und küßte ihn auf den Mundwinkel. Dann merkte ich, daß ich eilig wieder auf meinen Platz mußte, sonst würden wir abstürzen. Wir glitten auf die Küste hinunter in Sicherheit...«

Weihnachten war keine sehr glückliche Zeit. Dreiser saß neben einer alten Freundin am Klavier und wurde weinerlich, als sie *On the Banks of the Wabash* und andere Lieder von Dreisers berühmtem Bruder Paul Dreiser spielte. Einer anderen Frau sagte er verdrießlich: »Ich bin der einsamste Mensch auf der Welt.« Er hatte einen Entwurf für seinen neuen Roman *Der Unentwegte* fertiggestellt und an James T. Farrell, einen jungen Kollegen, geschickt, und Farrell hatte ihm gerade mit einem neunseitigen Kommentar geantwortet und Änderungen vorgeschlagen, besonders am Schluß. »Ich habe am Ende einfach zu schreiben aufgehört, weil ich müde war«, bekannte Dreiser und setzte sogleich den Schwur hinzu, er werde die beiden letzten Kapitel irgendwie überarbeiten. Das vorletzte Kapitel schrieb er am 27. Dezember um, aber um fünf Uhr mußte er erschöpft aufhören. Mrs. Dreiser fuhr mit ihm nach Venice ans Meer, und sie gingen auf der Uferpromenade spazieren und bewunderten einen herrlichen Sonnenuntergang, den Mrs. Dreiser als »ein Gemisch unbestimmter Schattierungen von Grau und Blau mit Streifen von Türkis und Kirschrot« beschrieb.

Um drei Uhr morgens rief er: »Helen, ich habe starke Schmerzen.« Er krabbelte mühsam aus dem Bett und fiel zu Boden. Mrs. Dreiser rief einen Arzt, der für Medikamente und ein Sauerstoffzelt sorgte. Dreiser überlebte die Nacht. Am nächsten Tag kam ein Freund und fragte, wie es ihm ginge. Er sagte nur: »Beschissen.« Als Mrs. Dreiser allein neben dem dösenden Mann saß, merkte sie, daß seine Hände kalt waren. Plötzlich sagte er: »Küß mich, Helen.« Ihr fiel der Traum wieder ein. »Ich küßte ihn auf den Mundwinkel«, erzählte sie später, »und dann küßte ich ihn wieder.« Dreiser versank, verlöschte, bis am 28. Dezember um sechs Uhr morgens »sein Atem immer flacher ging, bis ich spürte, daß er aufhörte zu atmen«.

Einige der linken Freunde Dreisers meinten, der alte Radikale hätte wohl nicht gewollt, daß man ihn in Forest Lawn begrub, aber Helen Dreiser wußte es besser. Sie erinnerte sich, daß sie im letzten August zu einer Beisetzung hier in der Abteilung *Whispering Pines* gewesen waren, und Dreiser hatte die Bemerkung gemacht, er habe »nie einen schöneren Ruheplatz gesehen«. Deshalb ließ sie den Begräbnisgottesdienst in der Kapelle in Forest Lawn abhalten, und der Organist spielte Bachs »Komm, freundlicher Tod«. Vor einem Publikum von weniger als hundert Personen sang John Howard Lawson ein Loblied auf die Kräfte, die Dreiser zum Kommunismus geführt hatten. Dann rezitierte Charlie Chaplin eins der Gedichte von Dreiser, das Mrs. Dreiser später auf seine Grabplatte schreiben ließ:

> Oh, Raum!
> Wandel!
> Dem wir entgegenlaufen
> so freudig,
> oder dem wir entfliehen
> in Entsetzen –
> und der uns doch bergen kann
> in sich
> ewiglich.

> Oh, was ist es,
> das den Weg kennt, den ich ging?

Dreiser wurde auf einer teuren Parzelle des Friedhofs unter den »Flüsternden Fichten« begraben. Sie war nicht weit von der Grabstelle, in der Tom Mix lag mit seiner Gürtelschnalle, die in Diamanten eingelegt seinen Namen trug.

Betrug

(1946)

Im Sommer steigen die Temperaturen in der Mojave-Wüste auf über fünfzig Grad. An der Straße, die von Barstow nach Nordosten verläuft, der heutigen US-Route 15, standen die Creosote-Büsche und Salicornias wie kleine Gerippe in der schwärzlichen Salzebene. Alles schien leblos, leblos und unendlich heiß. Deshalb hatten die beiden Männer, die hier an einem Tag des Jahres 1945 hinausfuhren, für die Sechshundert-Kilometer-Reise von Los Angeles aus auch Kanister mit Benzin und Wasser hinten in ihren Wagen geladen. Aber der größere der beiden nörgelte ständig herum, wie mühsam doch die Reise zu diesem fernen Außenposten sei, den man Las Vegas nannte. Der Kleinere, der im Stehen knapp einsfünfundsechzig maß, aber Leiter der Expedition zu sein schien, gab später zu, daß Las Vegas ein »schrecklicher kleiner Oasenort« war, sagte aber, sie beide wären Pioniere. Hier, mitten im Nichts, in diesem gebackenen, versengten Wüstenland wollten sie das größte Spielcasino der Welt bauen. (»Aber hier gibt es Spaß«, hatte Frau Begbick gesagt, »...Gin und Whisky/ Mädchen und Knaben.«)

»Wir beschlossen, ...es Flamingo zu nennen«, sagte der Kleine, ein gebürtiger Pole namens Maier Suchowljansky, besser bekannt als Meyer Lansky. »Der Name fiel uns ein, als wir einmal auf der Rennbahn von Hialeah in Florida waren. Dort liegt ein hübscher kleiner See, und abends kann man beobachten, wie sich Schwärme von rosa Flamingos in den Himmel schwingen. Es gibt in der Gegend eine Legende, nach der Flamingos ein Glückszeichen sind, und wer die Vögel schießt, hat sieben Jahre Pech. Und so hatten Bugsy und ich die Idee, wegen der Beziehung der Flamingos zum Glück, unser Las Vegas-Projekt so zu nennen.«

Bugsy war der seinem Träger verhaßte Spitzname von Ben Siegel. Er und Lansky waren in den Slums von New York aufgewachsen, Lansky in der Lower East Side, Siegel im Williamsburg-Viertel von Brooklyn. Nach einer fragwürdigen Legende lernten sie sich dadurch kennen, daß Lansky sich als guter Samariter betätigte und den zwölfjährigen Siegel aus dem Schlafzimmer eines Mädchens rettete, wo er von Salvatore Luciana, dem jungen Liebhaber des Mädchens und späteren Lucky Luciano, fürchterlich verprügelt wurde. Wahrscheinlicher ist, daß alle drei Gangster der Zukunft sich im Alltag des New Yorker Straßenkrieges kennenlernten.

Lansky wie Siegel stammten aus armen, aber achtbaren Familien. Obwohl keiner der Jungen über die Grundschule hinauskam, beschafften die Eltern Lansky ihrem Sohn Arbeit als Werkzeug- und Stempelmacher; Siegels Bruder Maurice wurde am Ende ein erfolgreicher Internist in Los Angeles. New Yorks East Side bot allerdings zwei strebsamen Knaben unendlich viele Versuchungen, besonders solange die Prohibition dem organisierten Verbrechen so etwas wie Legitimität, ja sogar Glanz verlieh. Die New Yorker Unterwelt war in diesen späten zwanziger Jahren zwischen italienischen Banditen wie Luciano, Frank Costello und Joey Adonis und den jüdischen Gangs unter Führung von Jacob »Gurrah« Shapiro und Louis »Lepke« Buchalter aufgeteilt. Lansky und Siegel organisierten sich bald unter Mithilfe künftiger Berühmtheiten wie Arthur »Dutch Schultz« Flegenheimer und Abner »Longie« Zwillman ihren eigenen illegalen Alkoholhandel. Offenbar kontrollierten sie nicht ein bestimmtes »Territorium«, sondern holten einfach hochwertigen Schnaps, vor allem aus den kanadischen Brennereien von Samuel Bronfman, in großen Mengen ins Land und verkauften ihn, wo immer sich damit etwas verdienen ließ. Lansky und seine Partner machten Schätzungen zufolge Mitte der zwanziger Jahre nach Abzug von fünf Millionen Dollar Unkosten, wie Bestechungsgeldern, einen Jahresprofit von vier Millionen Dollar.

Das Ende der Prohibition im Jahre 1934 zwang die Schnapsdealer, sich neue Betätigungsfelder zu erschließen. Manche wurden, wie Joseph P. Kennedy, zu überaus respektablen Bürgern. Sam

Bronfman entwickelte sich zum philanthropischen Patriarchen der Seagram-Brennereien, und ähnlich machte es Lewis Rosenstiel bei Schenley. Andere verlegten sich auf das, was man allgemein *Racketeering* nannte, räuberische Erpressung in verschiedenen Formen. Buchalter zum Beispiel baute ein ansehnliches kommerzielles Imperium auf, indem er einfach Geld von jüdischen Firmen eintrieb, vor allem von Bekleidungs- und Pelzgeschäften, Fleischerläden, Lebensmittelgeschäften und Restaurants. Er war nur zu erfolgreich. Er war so berüchtigt, daß er bald zur Zielscheibe für Thomas E. Dewey wurde, der 1935 zum Sonderstaatsanwalt für das *Racketeering* ernannt worden war. Lansky verhielt sich diskreter. Er entschloß sich, New York zu verlassen und ein Spieler-Imperium im Süden aufzubauen. Von seiner neuen Operationsbasis in Miami aus entwickelte er die Spielcasinos an Floridas Goldküste, die luxuriösen Ausflugsorte rings um New Orleans und die Vergnügungsdome auf Fulgencio Batistas Kuba. Lansky blieb stets im Hintergrund, ein stiller, höflicher kleiner Mann, den man kaum sah und der nie irgendeines Vergehens überführt wurde, und doch trug er mehr als irgend jemand sonst zur Schaffung des hektisch-protzigen Lebensstils dort am »Sonnengürtel«, wie es heute heißt, bei.

Auch Lanskys Freund Siegel beschloß nach Aufhebung der Prohibition, New York zu verlassen, ihn aber lockte Los Angeles und insbesondere Hollywood. Im Gegensatz zu Lansky liebte Siegel Auftritte, Glanz, Berühmtheit. Als er 1936 nach Westen zog, mietete er zunächst von dem Opernsänger Lawrence Tibbet ein großes Haus am McCarthy Drive. Dann begann er, sich auf der Delfern Avenue in Holmby Hills eine eigene Villa zu bauen. In seinem Badezimmer hatte er Wände aus rotem Marmor, im Salon standen Spielautomaten, und hinter den zurückgleitenden Bücherregalen seiner Bibliothek führten Geheimgänge in den Dachboden hinauf. Er trat dem Hillcrest Country Club bei und meldete seine beiden Töchter in der Reitschule DuBrock an.

In eine Gesellschaft, für die Jack Warner und Harry Cohn vornehme Feudalherren waren, paßte Siegel durchaus hinein. Raymond Chandler, dem solche Dinge auffielen, sah eines Tages einen Trupp Studiomanager vom Mittagessen kommen und blieb stehen, um den Anblick zu bestaunen. »Sie sahen haargenau aus wie ein Haufen Chicagoer Obergangster, im Begriff, das Todesurteil über den geschlagenen Konkurrenten zu fällen«, schrieb er einem Freund. »Blitzartig erkannte ich die seltsame psychische und geistige Verwandschaft zwischen den Operationen des großen Geldgewerbes und den *Rackets*. Dieselben Gesichter, dieselben Mienen, dieselben Gesten. Dieselbe Art, sich zu kleiden und dieselbe übertrieben lässige Art, sich zu bewegen.«

Siegel hat anscheinend den heimlichen Ehrgeiz gehegt, Filmstar zu werden. Er sah auf robuste, eckige Art gut aus, bestimmt so gut wie sein alter Freund George Raft, der einst als Georgie Ranft ein New Yorker Straßenbengel war und jetzt viertausend Dollar die Woche verdiente. Siegel war eitel, was sein Aussehen betraf: Er massierte sein Gesicht mit Hautcremes und schlief mit einer elastischen Binde unter dem Kinn. Aber es war unter seiner Würde, als einfacher Schauspieler zu arbeiten, denn er war bereits reich und erfolgreich. Er bezeichnete sich als »Sportsmann«. Seine Mentorin in der Hollywooder Gesellschaft war eine reiche Frau, die sich, als Dorothy Taylor geboren, mit dem Titel einer Gräfin di Frasso schmückte. Ihr Reichtum, den man auf zehn bis fünfzehn Millionen Dollar schätzte, stammte aus der Lederwarenfabrik ihres Vaters im Staate New York, und der Titel stammte von ihrem zweiten Ehemann, einem mittellosen Römer, der in Rom blieb, während Ihre Hoheit in Beverly Hills Parties gab. Sie hatte gerade eine stürmische Affäre mit Gary Cooper hinter sich, als sie Siegel an der Rennbahn Santa Anita kennenlernte und fand, er würde sich gut machen als Coopers Nachfolger.

Was Bugsy Siegel in Los Angeles wirklich tat, bleibt halb verborgen im Dunst der Polizeispekulation, denn keiner weiß so genau, was sich in der Unterwelt eigentlich abspielt. Siegel spielte gern, und oft setzte er nicht weniger als fünftausend Dollar pro Tag bei Pferderennen, die im allgemeinen so ausgingen, wie er es erwartete. Das, so teilte er dem Finanzamt mit, sei die einzige Quelle seines Einkommens, das rund fünfzigtausend Dollar im Jahr betrüge. Informationen, die etwas anderes behaupteten, seien nur Geschwätz. Soweit die Gangs im Osten jedoch ein nationales Verbrechersyndikat gebildet haben, scheint Siegel ihr führender

Vertreter in Los Angeles gewesen zu sein, und soweit sie alle Formen des Spiels kontrollierten, hatte Siegel großen Anteil daran – Buchmachergeschäfte, Roulette, Würfelspiele, Lotterien, alles. Eine Darstellung besagt, daß er auch, wie Willie Bioff, die Möglichkeiten erkundete, eine Gewerkschaft der Filmkomparsen zu organisieren – die Art von Gewerkschaft, die von den Studios dafür bezahlt wurde, daß sie nicht streike –, aber Siegels eigentliche Berufung war das Spiel.

Ende der dreißiger Jahre gehörte Siegel zu den großen Kapitalgebern (15 Prozent) für die S.S. ›Rex‹, einen Luxusdampfer, eingerichtet als Spielcasino, der vor der Küste von Santa Monica gleich außerhalb der Hoheitsgewässer schwamm, bis ihn die Einsatzkräfte des Gouverneurs Earl Warren schließlich kaperten. Als Moses Annenberg im Jahre 1939 sein nationales Monopol auf die Rennergebnisse, die *Trans-National*, aufgab, richteten die Erben Al Capones ihren eigenen Nachrichtendienst ein, die *Trans-America*, und Siegel war dafür verantwortlich, daß alle Buchmacher der Westküste in den Pferch getrieben wurden. Allein das brachte Siegel 1945 geschätzte 25000 Dollar im Monat ein. Sein Gesamteinkommen ist auf 500000 Dollar im Jahr berechnet worden, rund das Zehnfache der Summe, für die er Steuern zahlte.

Das einzige Verbrechen, für das Siegel sich wirklich vor Gericht verantworten sollte, war 1940 die Erschießung von Harry »Big Greenie« Greenbaum, einem flüchtigen Ganoven, der verdächtigt wurde, der New Yorker Polizei Informationen über Louis »Lepke« Buchalters Aktivitäten angeboten zu haben. Lepke schickte Siegel zwei seiner Killer aus der als *Murder Inc.* bekannten Organisation, und zu dritt lauerten sie Greenbaum vor einer Pension auf und schossen ihn nieder. Siegel wurde festgenommen und des Mordes angeklagt, und so nahm er sich den berühmten Jerry Giesler, der ihn retten sollte. Glücklicherweise stellte sich heraus, daß die Brooklyner Behörden nicht gewillt waren, irgendeinem ihrer Kronzeugen gegen Lepke zu gestatten, nach Los Angeles zu fahren und gegen Siegel auszusagen, so daß die Anklage fallengelassen werden mußte. Als dann die Brooklyner Behörden urplötzlich ihre Meinung änderten und Siegel erneut angeklagt wurde, fiel der Hauptzeuge, der sich in Polizeigewahrsam befand, aus einem New Yorker Hotelfenster, und so mußte die neue Anklage gegen Siegel aufgegeben werden. Vielleicht war es nur Zufall, daß der Staatsanwalt in Los Angeles, der Siegel schließlich entlastete, derselbe John Dockweiler war, der sich später bei der Verfolgung Errol Flynns als so aufrechter Mann erweisen sollte – und daß dieser selbe Dockweiler von Siegel einen Wahlkampfbeitrag von dreißigtausend Dollar erhalten hatte. Dockweiler erklärte lauthals, er habe von Siegels Spende nichts gewußt, und als sie öffentlich bekannt wurde, zahlte er dem frisch in die Freiheit entlassenen Gangster das Geld zurück.

Die Kriegsjahre ließen die Unterwelt von Los Angeles aufblühen, genau wie die wachsende Stadt insgesamt (Siegel gründete, wie sich später herausstellte, eine *California Metals Company* genannte Firma, die in einem Lagerhaus auf der Antonio Avenue »Überschuß«-Materialien im Werte von sechs Millionen Dollar anhäufte), aber es war der bevorstehende Frieden, der Unternehmer wie Lansky und Siegel zu großen Zukunftsvisionen inspirierte. Jetzt endlich war überall Geld da, und die Leute wollten spielen. Überdies würde das Reisen leicht und beliebt sein. Die Leute wollten nicht nur spielen, sie wollten in neuer Umgebung spielen.

Jedem normalen Beobachter mußte Las Vegas als El Dorado ungeeignet vorkommen. Es war flach, heiß, trocken, es hatte überhaupt nichts Empfehlenswertes. Spanische Kundschafter hatten es barmherzig *The Meadows*, »Die Wiesen« genannt, dann waren sie weitergezogen. Mormonensiedler aus Utah hatten sich nach 1850 kurz bemüht, dort einen Vorposten einzurichten, hatten ihn dann aber wieder den Pajute-Indianern überlassen. Die Union Pacific-Eisenbahn richtete dort im Jahre 1905 einen Bahnhof ein, wenn auch nur als Haltepunkt auf der Strecke zur Küste. Der Staat Nevada tat alles Erdenkliche, um Menschen anzulocken – legales Spiel, legale Prostitution, schnelle Scheidungen –, aber die meisten zog es in die etabliertere Stadt Reno rund sechshundert Kilometer weiter nördlich. Obwohl vorübergehend Geld in die Stadt floß, als der nahegelegene Boulder-Staudamm gebaut wurde, blieb Las Vegas eine Stadt der Viehzüchter mit nicht mehr als zehntausend Einwohnern. Ihre wenigen bescheidenen Spielhallen, einige von Lansky und Siegel mitfinanziert, nahmen nur etwa zwei Häuserblocks in der City ein. »Um Gotteswillen, Ben«, protestierte Morris Sidwertz alias Little Moe Sedway, einer von Siegels Bundesgenossen, als er die Planung des legendären Flamingos zum ersten Mal sah. »Dreizehn Kilometer außerhalb der Stadt. Kein Baum in Sicht und nichts als Käfer, Coyoten und Hitze.«

Aber genau das war der Punkt, die eigentliche Idee. »Wir haben uns absichtlich die Wüste ausgesucht«, sagte Lansky. »Man mußte die Touristen nur hinbringen – wenn sie gegessen und getrunken hatten, soviel sie konnten, blieb ihnen nur eins: Spielen gehen.« Am 13. September 1945 erwarb Sedway von einer Witwe in Las Vegas ein Gelände an der Straße, zwölf Hektar rings um den Klotz eines pleite gegangenen Motels. Zwei Monate später übertrug Sedway den ganzen Besitz auf Greg Bautzer, einen fixen jungen Hollywooder Anwalt, der auch den Ruf genoß, die siebzehnjährige Lana Turner defloriert zu haben (»Ich muß bekennen, daß es mir überhaupt keinen Spaß gemacht hat«, sagte sie.) Bautzer seinerseits gab den Besitz an eine Organisation namens *Nevada Projects Corp.* weiter, deren größter Teilhaber Bugsy Siegel war. Ein weiterer ansehnlicher Partner war Meyer Lansky. Siegels Hintermänner stellten ihm insgesamt eine Million Dollar zur Verfügung, um das Flamingo zu bauen. Als Baumeister wählte er Del Webb, einen Unternehmer aus Phönix, der später als Schöpfer der *Sun City*, der »Sonnenstadt«, als Eigner der *New York Yankees* und als Freund von J. Edgar Hoover gefeiert war.

Es sollte eigentlich ziemlich leicht gewesen sein, für eine Million Dollar ein Casino zu bauen, aber Siegel war entschlossen, nicht bloß ein Casino zu bauen, sondern das größte Casino aller Zeiten. Die Leuchtsäule am Eingang sollte kilometerweit über die Wüste hin sichtbar sein, ein Leuchtturm, der den Weg wies zu dem neuen Palast der Freuden, in dem alles erlaubt war. Im Jahre 1946 zappelte die amerikanische Wirtschaft allerdings noch in den Fesseln kriegsbedingter Bestimmungen und kriegsbedingter Knappheiten. Siegel mußte manipulieren, zum Teil Schwarzmarktpreise zahlen, zum Teil seine Beziehungen nutzen. Er wandte sich an den geschmeidigen Senator Nevadas, Pat McCarran, einen Konservativen, der später wegen seiner Untersuchungen gegen mutmaßliche Subversive berühmt wurde und der half, Kupfer, Stahl und andere knappe Materialien zu besorgen. Er überredete Filmmanager, in den Lagerhäusern der Studios nach Holz, Rohren, Zement graben zu lassen. Er schickte nach Mexiko und sogar nach Italien (gab es eine bessere Verwendung für Mafia-Verbindungen?), um an schönen Marmor und seltene Hölzer zu kommen. Er wünschte in jedem Badezimmer eine in den Boden eingelassene Badewanne und ein Porzellan-Bidet. Auch Arbeitskräfte waren knapp. Siegel ließ Zimmerleute und Verputzer einfliegen, und er zahlte ihnen nicht weniger als fünfzig Dollar pro Tag.

Alles lief schief. Der Kesselraum erwies sich als zu klein, und die Erweiterung kostete 115 000 Dollar. Änderungen an der Küche kosteten 30 000 Dollar. Die Air Conditioning genannte Neuerung versagte. Die schweren Vorhänge für den Spielsaal erwiesen sich als hochentflammbar und mußten abgenommen und chemisch behandelt werden. Siegel hatte als drittes Obergeschoß eine besondere Penthauswohnung für sich selbst in Auftrag gegeben und stellte entsetzt fest, daß in nur einsdreiundsiebzig Meter Höhe vom Fußboden ein Stahlträger quer durch sein Wohnzimmer lief. Seine Verlegung kostete ihn 22 500 Dollar.

Siegels Bundesgenossen waren überrascht und irritiert, mit welcher Hingabe der quecksilbrige Siegel seinen Palast baute, wie beharrlich er jede Einzelheit selbst überwachte und auf höchste Qualität achtete, was immer es auch kostete. Viele schrieben Siegels Extravaganz dem Wunsch zu, Virginia Hill, die Frau in seinem Penthaus, zu beeindrucken. Sie war ein Lustgeschöpf, inzwischen dreißig, drall, rothaarig, und sie fluchte wie ein Kesselflicker. Von Haus aus hieß sie Onie Hill, eins von zehn Kindern eines betrunkenen Marmorschneiders in Alabama, aber das FBI listete am Ende zwanzig weitere Namen auf, deren sie sich bedient hatte: Virginia Norma Hall, Virginia Herman, Virginia Oney d'Algy, Virginia Gonzalez... Gonzalez war der richtige Name ihres zweiten Ehemannes, eines mexikanischen Tänzers, und nachdem sie ihn abgeschüttelt hatte, als sie Mitte Zwanzig war, gab sie das Heiraten auf. Sie kaufte teure Kleider und gab teure Parties und trank teuren Whisky. In den Spielsälen Mexikos kannte man sie manchmal unter dem nicht sehr schmeichelhaften Spitznamen »Der Flamingo«, und vielleicht hat auch das bei der Namensgebung für Siegels Palast mitgespielt.

Virginia Hill hatte immer große Summen an Bargeld und gab sie auch aus. Ein Chicagoer Buchmacher namens Joe Epstein, der kurz mit ihr zusammen war, nachdem sie Alabama verlassen hatte, schickte ihr zeitlebens periodisch mysteriöse Päckchen mit Dollarnoten. Joey Adonis, König der New Yorker Spielsäle, brachte sie nach Hollywood mit, wo sie unbestimmt hoffte, Schauspielerin zu werden. Dort lernte Bugsy Siegel sie in einem Nachtclub kennen und, soweit er zu so etwas fähig war, lieben. Siegels Frau Esta hatte bis dahin all seine Schäkereien schweigend hingenommen, aber seine Leidenschaft für Virginia Hill lag so offen zutage, daß sie ihm das übliche Ultimatum stellte. Siegels Reaktion war, daß er ihr sechshundert Dollar wöchentlich zum Leben versprach, also fuhr sie für die Scheidung nach Reno und dann zurück nach New York. Siegel kaufte Virginia Hill einen Ring mit Rubinen und Diamanten, flog mit ihr nach Mexiko und heiratete sie im Herbst 1946.

Inzwischen war der Flamingo-Etat von einer Million Dollar längst überholt; die Kosten stiegen auf zwei Millionen, dann noch höher, und Siegel war immer noch nicht fertig. Er mußte sich noch mehr Geld von Lansky und seinen Freunden pumpen – von Leuten, die es nicht gewöhnt waren, lange auf Rückzahlungen zu warten. Siegel beschloß, das Flamingo-Casino am 26. Dezember 1946, dem zweiten Weihnachtstag, prunkvoll zu eröffnen, obwohl das Hotel noch nicht ganz fertig war. Für die Galavorstellung verpflichtete Siegel Jimmy Durante als Star und Georgie Jessel als Conferencier. Billy Wilkerson, Herausgeber des *Hollywood Reporter*, der auch am Flamingo beteiligt war, schickte der ganzen üblichen Hollywood-Prominenz Einladungen.

Am Nachmittag dieses Eröffnungstages, als Siegel die Inspektionsrunde machte, stellte er fest, daß der illuminierte Plastik-Wasserfall im Entree des Flamingos trocken und unbeleuchtet war. Ein Arbeiter teilte ihm mit, in der vergangenen Nacht sei eine Katze in die Apparatur gekrochen und habe dort Junge geworfen; man werde sie alle ausschwemmen müssen. Siegel verbot es. »Eine

Katze anfassen bedeutet Unglück für einen Spieler«, sagte er. Der Brunnen wurde also am Eröffnungsabend nicht eingeschaltet, und doch konnte Siegels Pech gar nicht größer sein. In Los Angeles kam plötzlich Sturm auf, und die Constellations, die Siegel gechartert hatte, um Filmstars zu seiner Eröffnung einzufliegen, konnten nicht starten. Es schien sich ohnehin niemand nach dem großen Ereignis zu drängeln. Jessel und Durante kamen natürlich und wickelten zusammen mit Xavier Cugat und seiner Band ihre Routine ab. George Raft machte die Reise in seinem Cadillac, aber die einzigen Gäste, die man sonst noch als Hollywood-Prominenz bezeichnen konnte, waren ein nicht gerade imponierender Kreis: George Sanders, Charles Coburn, Sonny Tufts. Man kann sich kaum etwas Freudloseres vorstellen als dieses neu eröffnete Casino in dem halbleeren und halbfertigen Flamingo, das da am zweiten Weihnachtstag allein in der Wüste von Nevada stand.

Und es machte sogar Verlust an den Spieltischen. Siegel bekam nicht heraus, ob seine Angestellten ihn betrogen oder ob die Spieler der Gegend versierter waren, als er dachte – oder ob er schlicht Pech hatte. Aber das Flamingo verlor in den ersten zwei Wochen seines Betriebs allein beim Spiel 300000 Dollar. Und inzwischen nahmen Siegels Baukosten bestürzende Ausmaße an. Die Einrichtung der zweiundneunzig Zimmer belief sich auf 3500 Dollar pro Raum. Insgesamt waren die Kosten für das Flamingo von ursprünglich einer Million auf über vier Millionen Dollar gestiegen. Siegel faßte einen drastischen Beschluß: Er machte den ganzen Betrieb zu, bis er ihn fertigstellen konnte. Virginia Hill, die das Abenteuer satt hatte – und besonders Siegels übellaunige Ausbrüche –, kehrte nach Beverly Hills zurück. Dort mietete sie eine Villa am North Linden Drive und begann Parties zu geben.

Am 1. März 1947 hatte Siegel endlich die Möbel installiert und das Hotel eröffnet. Nun strahlten die Scheinwerfer zwar einladend durch die Wüste, aber das Flamingo brachte immer noch nicht den Geldsegen ein, auf den Siegel schon so lange wartete. Der laufende Betrieb verursachte in den ersten sechs Monaten einen Verlust von 774000 Dollar, die Gesamtkosten betrugen sechs Millionen Dollar. Siegel strampelte sich ab, um neue Gelder aufzunehmen, wo immer er sie bekommen konnte, aber die Gangster, die das

Flamingo ursprünglich finanziert hatten, kamen zu der Überzeugung, das Desaster sei weitgehend Siegels eigene Schuld. Sie beschuldigten ihn nicht nur, das Projekt falsch angepackt zu haben, es gab auch Gerüchte, daß die Verluste nicht ganz so hoch wären, wie Siegel sagte, daß Siegel vielleicht heimlich einiges von dem Geld für sich abgezweigt habe.

Im Dezember 1946, noch vor der ersten Eröffnung des Flamingos, fand ein bemerkenswertes Treffen im Hotel Nacional in Havanna statt. Gastgeber war Meyer Lansky, und der Ehrengast war Lucky Luciano, Lanskys Freund aus der Kinderzeit, dessen Abschiebung aus New York nach Italien lediglich neun Monate dauerte. Danach war er nach Kuba zurückgekehrt, um nach seinen Geschäften zu sehen. Lansky, der im Jahre 1937 das Casino im Hotel Nacional eingerichtet hatte, lud Luciano ein, dort zu wohnen, und er sah mit Freude, daß die Weihnachtsattraktion des Hotels Frank Sinatra sein würde. Er rief sämtliche Bosse zur Feier der Rückkehr Lucianos nach Havanna – Frank Costello und Joe Adonis aus New York ebenso wie Vito Genovese und Joe Bonnano, Carlos Marcello aus New Orleans, Santos Trafficante aus Florida – den ganzen Haufen.

Es war unausweichlich, daß die im Hotel Nacional versammelten Häuptlinge über Bugsy Siegels Unternehmen in Las Vegas berieten. Ebenso unausweichlich waren sie entsetzt, als sie hörten, daß das Flamingo Millionen mehr kostete als geplant, daß manches von ihrem Geld nach den Launen von Virginia Hill ausgegeben wurde und daß manches davon vielleicht auch in die Schweiz ging. »Solches Benehmen bedeutete in der Unterwelt nur eins«, sagte Joseph »Doc« Stacher, einer der engsten Gefährten Lanskys, bei einem Interview kurz vor seinem Tod in Israel. »Man würde Bugsy erledigen. Das wußte auch Meyer, aber er tat, was er nur konnte, um seinen Freund zu retten. Er bat die Männer, Geduld zu haben... Es war das erste Mal, daß ich Meyer so gefühlvoll werden hörte. ... Er flehte sie an, an die großen Dienste zu denken, die Bugsy ihnen allen geleistet hätte. Sie blickten ihn mit steinernen Mienen an, ohne eine Wort.« Stacher zufolge nahm Luciano persönlich später Lansky beiseite und sagte, Siegel müsse bestraft werden.

»Wenn du das nicht fertigbringst, Meyer, werde ich selbst die Anordnung geben müssen.«

Bugsy Siegel hatte alle möglichen Schwierigkeiten. Virginia Hill kam wieder, um ein Wochenende im Flamingo-Penthaus zu verbringen, und Siegel fing Streit mit ihr an, weil er sie beim Lesen der *Time* erwischte, »dieses Schmierblatts«. Er schlug ihr das Magazin aus der Hand und versetzte ihr einen Stoß. Sie hieb ihm den spitzen Absatz ihres Schuhs über die Stirn, schlug ihn noch mehrmals und rannte hinaus. Aber nach all den Mühen und Sorgen Siegels schien das Flamingo nun endlich Gewinn abzuwerfen. Der Mai war einträglich; der Juni würde noch besser. Siegel entschuldigte sich bei Virginia und schlug ihr eine Parisreise vor.

Mitte Juni traf Meyer Lansky selbst im Flamingo ein, um ein paar Tage dort zu verleben. Er war nicht zum Spielen gekommen; offenbar verließ er sein Zimmer nie. Ein paar Sitzungen fanden statt. Niemand weiß, was wirklich vor sich ging. Nach Doc Stachers Darstellung, die vermutlich Lanskys eigene Version ist, tat Lansky sein Bestes, um Siegel bis zum Schluß zu schützen. Andere Spekulationen besagen, daß Lansky selbst zu dem Schluß kam, Siegel müsse bestraft werden, daß sein letzter Ausflug nach Las Vegas seine Variante des Todeskusses war.

Siegel schien nichts davon zu ahnen. Seine letzten Tage verbrachte er mit diversen Geheimsitzungen und Verhandlungen, aber er ließ keine Anzeichen besonderer Angst erkennen. Am 20. Juni kurz nach Mitternacht flog er nach Los Angeles und schloß sich mit einem goldenen Schlüssel, den Virginia Hill ihm gegeben hatte, ihr Haus auf. Sie selbst war nach Paris gefahren, aber ihr Bruder Chick wohnte im Haus.

Am nächsten Abend fuhr Siegel zusammen mit Chick Hill, Chicks Freundin Jerri Mason und einem Geschäftsfreund namens Allen Smiley zu Jacks Fischrestaurant in Ocean Park. Als sie das Restaurant kurz nach neun wieder verließen, reichte jemand Siegel ein Exemplar der *Los Angeles Times* vom nächsten Morgen, die vorn einen Stempel trug: »Gute Nacht. Schlafen Sie gut. Mit den besten Empfehlungen überreicht von Jack's.« Als sie das Haus am Linden Drive betraten, schnüffelte Siegel plötzlich mißtrauisch.

»Es riecht hier drin stark nach Blumen«, sagte er zu Chick.

»Ich rieche nichts«, sagte Chick. »Es ist nicht eine Blume im Haus.«

»Riechst du sie nicht, Jerri?« beharrte Siegel.

»Nein, ich kann nichts riechen«, sagte sie.

Siegel scheuchte Chick und Jerri nach oben, damit er mit Smiley über Geschäfte reden konnte. Chick erinnerte sich später, daß er zu Jerri sagte, seine Großmutter, Virginias Großmutter, habe ihm einst erzählt, »wenn jemand Blumen riecht und es sind keine da, dann bedeutet das, daß er sterben wird«. Jerri erwiderte darauf, als sie sich ins Schlafzimmer zurückzogen, daß das Märchen seiner Großmutter nichts als dummer Aberglaube sei.

Unten, wo Siegel auf dem Sofa saß, die Zeitung aufgeschlagen auf dem Schoß, waren er und Smiley durch das Wohnzimmerfenster, dessen Vorhänge nicht zugezogen waren, deutlich zu sehen. Draußen in der Dunkelheit nahm ein Mann langsam einen Karabiner hoch und zielte durch das Blattwerk des Gartens. Er schoß und schoß wieder, insgesamt neun Mal. Die erste Kugel durchschlug das Fenster, traf Siegel mitten ins Gesicht, schlug ihm das rechte Auge aus und schleuderte es fünf Meter weit auf den gekachelten Fußboden des Eßzimmers. Als Siegels Kopf auf die Sofalehne zurücksank, traf die zweite Kugel seinen Hals. Eine andere Kugel durchlöcherte Smileys Ärmel, als er sich zu Boden warf. Eine Kugel zerschmetterte eine kleine marmorne Bacchusfigur, die auf Virginia Hills Klavier stand, und eine bohrte sich in das Gemälde einer Nackten mit einem Weinglas in der Hand.

Zu den ersten Presseleuten, die auf der Szene erschienen, gehörte Florabel Muir von der *New York Daily News*; sie notierte, daß das Wohnzimmer vom Duft des nachtblühenden Jasmins erfüllt war, der vor dem Fenster wuchs. Sie hob die blutbespritzte Zeitung auf Siegels Schoß an, um zu sehen, was er wohl gerade gelesen hätte. Sie überprüfte die Flugbahn von Siegels Auge. »Am Pfosten des breiten Durchgangs...«, erinnerte sie sich, »hob ich den Fleischfetzen auf, aus dem seine langen Wimpern sprossen.«

Keine zwanzig Minuten nach dem Mord, während Polizisten in dem Haus in Beverly Hills eintrafen, lange bevor irgendeine offizielle Nachricht Las Vegas erreichte, marschierten drei Männer in die Halle des Flamingos. In dieser Nacht tobten heftige Sandstürme über den Himmel, und das Casino war halb leer. Einer der drei Ankömmlinge war Little Moe Sedway, der einst diesen Besitz für Siegel gekauft hatte, sich aber später mit ihm zerstritt; der zweite war Gus Greenbaum, Boß des Spielergeschäfts in Tucson; der dritte war Morris Rosen, ein ehemaliger Einbrecher aus New York, der jetzt für Lansky arbeitete. Sie erklärten den Casinoangestellten, es habe einen Wechsel in der Geschäftsführung gegeben. Sie übernähmen das jetzt. Und so geschah es. Niemand stellte Fragen. Und im ersten Jahr, in dem Gus Greenbaum das Flamingo leitete, wies es einen Gewinn von vier Millionen Dollar aus.

Im Gegensatz zu Hollywoods Gangsterfilmen werden die Morde unter echten Gangstern oft nicht aufgeklärt. Niemand fand je heraus, wer neun Schüsse durch Bugsy Siegels Fensterscheibe gefeuert hatte, ebensowenig wie je herausgefunden wurde, wer den Sprengstoff am Gashebel von Willi Bioffs Transporter angebracht hatte. Übrigens blieb auch ungeklärt, wer schließlich in Gus Greenbaums Haus eindrang und ihm mit einem Fleischermesser die Kehle durchschnitt. Aber Meyer Lansky, der nie erfuhr, daß Verbrechen sich nicht lohnt, hatte ein auf dreihundert Millionen Dollar geschätztes Vermögen angehäuft, als er im Alter von zweiundachtzig Jahren an Krebs starb.

Die Ehe mit der unvergleichlichen Rita Hayworth verlor offenbar ihren Reiz für Orson Welles. »Mr. Welles zeigte kein Interesse an der Einrichtung eines gemeinsamen Heims«, sollte die Schauspielerin 1947, gerade vier Jahre nach der Hochzeit, im Scheidungsverfahren bezeugen. »Mr. Welles sagte mir, er hätte eigentlich nie heiraten dürfen, weil es seine Freiheit beeinträchtige, auf seine Art zu leben.« Ihr rastloser Ehemann hätte diese Ansicht durchaus bekräftigen können. »Frauen sind dumm«, hatte er einmal einem französischen Interviewer gesagt. »Ein paar habe ich kennengelernt, die weniger dumm sind als andere, aber dumm sind sie alle.« Welles' »Freiheit, auf seine Art zu leben«, bedeutete sicher eine Menge lärmenden Ungestüms, aber es gehörte auch eine Menge harter Arbeit dazu. Nach seinem Debakel in Brasilien rang er mit mehreren ehrgeizigen Projekten – darunter *Krieg und Frieden*

(War and Peace) sowie *Schuld und Sühne* (Crime and Punishment)–, dann nahm er sich vor, einem mißtrauischen Hollywood zu beweisen, daß er einen vollkommen konventionellen Film machen konnte, fristgerecht und etatgerecht. Welles führte Regie, spielte die Hauptrolle und schrieb zum Teil das Drehbuch von *Der Fremde* (The Stranger, 1946) für Sam Spiegel (in der Zeit, in der Spiegel sich S.P. Eagle nannte). Der Film war zwar kaum ein Meisterstück, aber er war straff und dramatisch, eine sehr anerkennenswerte Arbeit.

Interessant am *Fremden* war, daß er (was meist nicht zur Kenntnis genommen wurde) der erste Hollywood-Film war, der sich ausdrücklich mit dem Nazi-Holocaust nicht als bloße Mißhandlung von Menschen, sondern als Massenmord befaßte. Welles' Film baute auf der etwas unwahrscheinlichen These auf, ein führender SS-Offizier namens Franz Kindler habe sich als Geschichtslehrer in einem kleinen Dorf in Connecticut verbergen können, aber Welles hatte in die Erzählung von den Bemühungen der Behörden, Kindler zu fassen, dokumentarisches Filmmaterial eingebaut, das erheblich stärker war als alles, was Hollywoods Berufsliberale bis dahin auf die Leinwand gebracht hatten. Hier ist es, das Geschehen in den Konzentrationslagern der Nazis, sagte der Ankläger. Hier – seht es euch an. »Dies ist eine Gaskammer... dies ist eine Kalkgrube...«

Welles selbst war in jenen Tagen ein glühender Liberaler. Geräuschvoll warb er im Wahlkampf von 1944 für Roosevelt und sprang sogar bei einer Diskussion mit Thomas Dewey im New Yorker Astor-Hotel für den Präsidenten ein. Anfang 1945 begann er, in der *New York Post* eine tägliche Kolumne zu veröffentlichen, »Orson Welles' Almanach«. Sie begann mit Geplauder und Kommentaren zum Schaugeschäft, schwenkte aber bald über zur liberal-politischen Predigt. Welles besuchte und begrüßte die Geburt der Vereinten Nationen in San Francisco. Er war besorgt, weil Washington offenbar unfähig war, einen stabilen Frieden zu organisieren. »Immer noch bauen wir unsere Bollwerke gegen den Bolschewismus«, schrieb Welles. »Die Scheinangst vor dem Kommunismus vernebelt die wirkliche Gefahr des wiedererstehenden Faschismus.«

Welles' entfremdete Gattin Rita Hayworth hatte inzwischen einen Gipfel des Ruhms erklommen, der alles überragte, was Harry Cohn begreifen konnte, der auch alles übertraf, was die Schauspielerin selbst verstehen konnte. Sie war für Millionen von Amerikanern zur Personifizierung des Glamours, der weiblichen Schönheit, all des Ungreifbaren und Unbegreiflichen geworden, das man filmen, verpacken und verkaufen konnte. Als die Vereinigten Staaten am 1. Juli dieses Jahres auf dem Bikini-Atoll ihren ersten Atombombentest nach dem Kriege durchführten – der eine ankernde Flotte von fünfundsiebzig Kriegsschiffen mit einer gefangenen Mannschaft von 4800 Ziegen, Schweinen und Ratten vernichtete –, war die Atombombe, die in ihrer Mitte explodierte, mit dem Pinup-Bild von Rita Hayworth bemalt und trug den Namen »Gilda«.

Gilda, in diesem Frühjahr herausgekommen, hatte Rita Hayworth weit über ihren Triumph als Tänzerin in *Es tanzt die Göttin* hinausgetragen und sie zu einem Weltphänomen gemacht, das der Atomexplosion auf dem Bikini-Atoll würdig war. Wie schon oft entstand dieser legendäre Film durch eine Reihe von Zufällen. Das Originaldrehbuch war das Werk einer Marion Parsonnet, aber Harry Cohn beauftragte Virginia Van Upp, die nicht nur *Es tanzt die Göttin* geschrieben, sondern auch Miss Hayworth durch alle Probleme der Produktion geleitet hatte, mit einer Neufassung. Und jetzt schrieb Miss van Upp *Gilda* um, schrieb immer nur eine oder zwei Seiten auf einmal um, oft am Abend bevor eine Szene gedreht werden sollte. »Wir wußten nie, was als nächstes kam, wir fingen den Film sogar an, ohne einen Hauptdarsteller zu haben«, sagte Charles Vidor, der Regisseur.

Gilda hat einen eigenartigen und perversen Zug. Eine Theorie besagt, daß zwischen den männlichen Rollen schlicht eine homosexuelle Beziehung bestünde, bestenfalls eine teilweise unterdrückte. Nach einer anderen Theorie waren die Beziehungen sämtlich sado-masochistisch. Einmal sagte der Held, von Glenn Ford gespielt, verächtlich zu Gilda, er sei beauftragt worden, sich um sie zu kümmern »wie um die Wäsche«. Gilda reagierte damit, daß sie die Verführerin spielte.

Am Schluß mußte man natürlich die Zensoren beschwichtigen,

und so produzierte Miss Van Upp ein Finale, bei dem sich herausstellte, daß Gilda stets treu und tugendhaft geblieben war und anderes nur gespielt hatte, um ihrem Peiniger die Augen zu öffnen. Inzwischen war alles an Rita Hayworth ziemlich unwirklich geworden. Das Markenzeichen, ihre rote Haarpracht, war gefärbt. Die Stimme, mit der sie sang, war die Stimme von Anita Ellis. Und jetzt, da der Star Schauspielerin sein sollte, stattete Miss Van Upp die ziemlich gehemmte Rita Hayworth noch mit der falschen Persönlichkeit der Verführerin aus. Wenn die Zensoren es lieber sahen, daß die Verworfenheit erkennbar vorgetäuscht war, dann war die ihre eigentlich ganz in Ordnung, denn Miss Hayworths angestrengte Bemühungen, mimisch verführerisch zu wirken, setzten erhebliche Einbildungskraft beim Publikum voraus. Doch schien dieses Publikum sich gar nicht so sehr echte Sinnlichkeit zu wünschen als vielmehr die Bestätigung seiner eigenen Unterstellungen. Gilda entstammte einer langen Reihe von Versucherinnen: Circe, Kleopatra, Lukrezia Borgia, Carmen, Nana – lauter schöne, unzuverlässige, letztlich böse *belles dames sans merci*. Die Welle des *film noir* brachte diese Tradition in den vierziger Jahren zu einer Art Apotheose in den treulosen Heldinnen Chandlers oder Cains, interpretiert von Lang oder Wilder. Gilda reizte ihre Männer und verleugnete sie dann, jedenfalls schien es so. Und als Glenn Ford Miss Hayworth ins Gesicht schlug, war es nicht das, was sie verdiente? Wenn sie eine »Liebesgöttin« war, wie die Boulevardpresse gern schrieb, dann war sie eine Göttin, die man fürchtete und der man mißtraute.

Dies war der Augenblick für Harry Cohn, der sich danach sehnte, Herr über Miss Hayworth zu sein, der sie aber nie haben würde, sie zur Arbeit mit Orson Welles zu verpflichten, der sie gehabt hatte, aber nicht mehr wollte. Und Welles, der wußte, daß die berühmte Gilda sehr wenig mit seiner abspenstigen Ehefrau gemein hatte, bemächtigte sich des Bildes, das schon beinahe selbstparodistisch war, und übertrieb es noch ein bißchen mehr. War Gilda Quälgeist und Versucherin, die sich an einen bejahrten Millionär verkaufte, so sollte Elsa Bannister nicht nur die kalte junge Frau eines gelähmten Rechtsanwalts sein, sondern auch eine Frau, die willens und fähig war, zu lügen, zu betrügen, zu morden. Als erstes befahl Welles, das berühmte Hayworth-Haar abzuschneiden.

Und es sollte völlig anders gefärbt werden. Welles zerbrach sich persönlich den Kopf über die vielen Möglichkeiten und blieb dann beim sogenannten »Topasblond«. Helen Hunt, die Chef-Friseuse der Columbia, wurde aus den Flitterwochen in New York zurückgerufen, um den bedeutendsten Star des Studios zu scheren. »Als Rita zu mir kam, um es machen zu lassen, war Orson mit sechzehn Photographen da«, erinnerte sie sich. »Orson stand über mir und die Presseleute standen alle hinten auf Stühlen. Ich glaube, Orson wollte für eine neue Rita werben... Rita hat sich immer von ihren Ehemännern sagen lassen, was sie tun sollte, und sie tat es willig. Viele Leute schrieben wegen einer Locke; sogar ein Pfarrer aus Canada schrieb, es sei gegen die Lehren der Bibel, Haare abzuschneiden... und ob er welche haben könnte? Das Haar wurde am Ende in den Abfall geworfen.«

Die Lady von Shanghai (The Lady from Shanghai) sollte eine typisch Welles'sche Geschichte von Habgier, Betrug und Gewalt werden. Ihre Verfilmung war so chaotisch wie ihr Ursprung. Welles hatte sich offenbar etwas quasi Dokumentarisches vorgestellt, ein bißchen wie Louis de Rochemonts *March of Time* (eine Wochenschau, die ihm einst als Rahmen für *Citizen Kane* gedient hatte), aber sein neuer Film hatte keinen realen Schauplatz, den man dokumentieren konnte, und auch kein sehr genaues Drehbuch. Nach einem Minimum an Vorbereitungen unter den mißtrauischen Blicken von Harry Cohn, der nur eine feste Meinung zu der Sache hatte, nämlich daß er Ritas neue Frisur haßte, fuhr Welles mit seiner Truppe nach Acapulco, wo auch ein wohlorganisiertes und diszipliniertes Team Schwierigkeiten gehabt hätte, einen Film zu machen. Bei jeder Ausfahrt ins Gelände war damit zu rechnen, daß man auf Alligatoren oder Giftschlangen stieß; Wolken von Insekten kamen der Beleuchtung ins Gehege; und eine einzige kleine Sonnenbad-Szene erforderte mehr als zwei Dutzend Mexikaner, die die Felsen von Muscheln freikratzen mußten. Aber Welles war keineswegs organisiert oder diszipliniert. Fast jeden Tag schrieb er den Dialog um, zankte sich mit seinen Darstellern und fuhr dann mit Rita Hayworth davon, um sich in Mexiko City den Stierkampf anzusehen. Der Etat von 1,23 Millionen Dollar und die Frist von sechzig Drehtagen kletterten auf zwei Millionen Dollar und neunzig Tage.

Das Bemerkenswerteste war, daß Welles nie etwas von dem Filmmaterial sah, das er täglich drehte. Alles wurde unentwickelt nach Hollywood geschickt, und dort tat eine eigenwillige Filmredakteurin der Columbia namens Viola Lawrence mit dem Material, was sie konnte. Ihre erste Überraschung war, daß Welles einen Rita Hayworth-Film ohne eine einzige Nahaufnahme seines Stars drehte (was offenbar seine Privatrache an den Maskenbildnern des Studios war, die Stunden damit zubrachten, Miss Hayworth für die Kamera zu präparieren). Miss Lawrence beschwerte sich bei Harry Cohn; Cohn ordnete Großaufnahme an; Welles mauerte; Cohn schäumte. Es gab noch schlimmere Probleme. Das Drehbuch, das Welles aus allerhand Versatzstücken fröhlich zusammengehauen hatte (dazu gehörten nicht nur der Original-Thriller und seine eigenen Erinnerungen an Brasilien, sondern auch ein paar pseudo-konfuzianische Sprüche aus den Werken Lin Yü-t'angs), ergab sehr wenig Sinn. Als Harry Cohn zum ersten Mal auf der Leinwand sah, was Miss Lawrence aus dem Filmmaterial zusammengesetzt hatte, das aus Acapulco gekommen war, war er außer sich. Er setzte tausend Dollar aus für jeden, der ihm die Handlung erklären könne. Niemand bot; niemand bekam das Geld.

Zum Teufel damit, entschied Harry Cohn. Er nahm Welles' wirren, aber brillanten Film als hoffnungslosen Fehlschlag auf Lager. Mehr als ein Jahr verging, bis die Verantwortlichen der Rechnungsabteilung ihn im Frühjahr 1948 überredeten, ein zusammengestückeltes Rudiment freizugeben, damit es wenigstens etwas einbrächte. Es brachte sehr wenig ein. Inzwischen war Orson Welles fertig. Er hatte seinen seltsamen *Macbeth* produziert – alles innerhalb von drei Wochen in regnerischen Mooren und tröpfelnden Höhlen abgedreht, Welles in Pelze gehüllt und einen sonderbaren schottischen Akzent knurrend –, und dann war er nach Europa entflohen.

Seine Ehe mit Rita Hayworth endete im November 1947, als sie bezeugte, daß er seine Abende arbeitend verbrächte. »Was erwarten Sie denn?« meinte Eduardo Cansino, der ewige Vater. »Welles ist ein guter Mann, aber man kann ein junges Mädchen wie Rita nicht einfach sitzenlassen und die ganze Nacht aufbleiben und arbeiten.« Irgendwelche hartnäckigen Reporter baten ihn vermutlich, etwas dieser Art zu sagen, also sagte er es. Louella Parsons, die Welles seit *Citizen Kane* immer gehaßt hatte, verlangte doch tatsächlich von seiner Frau, daß sie in die allgemeinen Hollywooder Anklagen einstimmte, aber sie bekam lediglich zu hören – falls Miss Hayworth das auch wirklich gesagt hat –: »Orson ist ein Genie, und das vergißt er niemals. Aber ich will nicht zu viel gegen ihn sagen, denn er ist der Vater meiner Tochter. Und ich glaube, wenn man einen Mann lieb genug hat, um ihn zu heiraten, ist es das Mindeste, wenn man sich trennen muß, nichts gegen ihn zu sagen.« Das war eine bewundernswerte Philosophie – und Rita Hayworth war eine bewundernswerte Frau –, aber man stellte ihr immer und immer wieder die gleichen Fragen, und schließlich wurden die Antworten schärfer. »Er war zerquält, besitzergreifend, unsicher...« wurde sie von einem Reporter zitiert, »ein Genie, aber völlig verrückt, ein wunderbarer Mensch ohne jeden Blick für die Wirklichkeit.«

Es kann natürlich sein, daß sie nichts von alledem gesagt hat. Und selbst wenn sie es gesagt haben sollte, würde es dadurch nicht unbedingt wahr. Sie war selbst inzwischen so abgehoben von der Wirklichkeit, daß sie vorwiegend nur noch Symbolgestalten verkörperte: 1948 *Carmen*, 1953 *Salome* in den üblichen Varianten. Aus keinem dieser Filme wurde etwas Besonderes. Nach der *Lady von Shanghai* war auch Rita Hayworth, dreißig Jahre alt, am Ende. Ohne ihr Verhängnis zu ahnen, so wie Welles seins nicht ahnte, ging sie auf ihre erste Europareise, und dort sollte sie den hübschen jungen Ali Khan kennenlernen, den *Gilda* im Innersten getroffen hatte. »Alle Männer, die ich kennengelernt habe«, sagte Miss Hayworth später zu Virginia Van Upp, »haben sich in Gilda verliebt – und sind mit mir aufgewacht.«

Thomas Manns Entschluß, sich ein Haus am San Remo Drive in Pacific Palisades zu bauen, entsprang nicht allein seiner Vorliebe für das südkalifornische Klima. Nach Janet Flanner, die 1941 für den *New Yorker* unter dem Titel »Goethe in Hollywood« ein Mann-Porträt schrieb, hatte der Dichter andere Gründe, sich an der Pazifikküste niederzulassen. Er spielte jetzt mit »dem Gedanken, als Pendant zum *Zauberberg* mit seinem Spezialthema Krankheit einen Hollywood-Roman zu schreiben«. Miss Flanner nannte keine Einzelheiten der Handlung oder der Gestalten, berichtete aber, daß Mann »glaubt, es gibt eine nur Hollywood eigene psychische Verfassung, die es zu einer Insel nicht unähnlich seiner Davoser Insel auf ihrem Schweizer Berg macht«.

Da Mann vom Film wenig wußte und wissen wollte und da er die englische Sprache nur begrenzt beherrschte, war es vielleicht das Beste, daß er diese Idee aufgab und sich darauf konzentrierte, seine biblische Tetralogie *Joseph und seine Brüder* (1933–1942) zu vollenden. Dieses Werk kam überraschend gut an, ja, es machte Mann reich. Der letzte Band *Joseph, der Ernährer* (in den USA 1944) wurde 1944 zum »Buch des Monats« gewählt und in rund zweihunderttausend Exemplaren verkauft. Es wurde sogar davon gesprochen, daß es eine andere kalifornische Ambition Manns erfüllen könnte, ein Hollywood-Geschäft. Wenn schon aus Werfels *Bernadette* ein erfolgreicher Film werden konnte, warum schließlich nicht aus Thomas Manns berühmten Romanen?

Den *Joseph* kaufte tatsächlich ein paar Jahre später Louis B. Mayer, der ihn als seine erste unabhängige Produktion nach seinem Ausscheiden bei der MGM plante. Mayer übertrug das Projekt John Lee Mahin, einem altgedienten Drehbuchschreiber der MGM, und schickte dessen Skript dann an David O. Selznick, um zu sehen, ob nicht Jennifer Jones die Rolle von Potiphars Weib spielen könnte. Selznick war einverstanden, vorausgesetzt, die Figur könnte weniger »konsequent schurkisch« dargestellt werden. Er fand, an Mahins Drehbuch müsse »noch sehr viel gemacht werden«, aber die Geschichte von Joseph böte großartige Möglichkeiten. »Da läßt man Sex und Religion, diese größte aller Kombinationen im Schaugeschäft«, für sich arbeiten, erklärte Selznick. »Man hat Vaterliebe, Mutterliebe, Bruderliebe, man hat Wollust und Sentiment; man hat einen treuen Mann und ein untreues Weib; man hat komplette Vorlagen für alle erdenklichen Drehinhalte, für Dramatik, für wunderschöne Außenszenen, für pompöse und zeremonielle Innenszenen, für herrliche Kostüme, gewagte und enthüllende Kostüme, Boudoirszenen, Königstum und volle Rüstung, Familienleben – wirklich den ganzen Katalog der Zutaten für Massenwirkung.« Trotz alledem wurde der Film nie produziert.

Während Thomas Mann reich wurde, versank sein älterer Bruder Heinrich in Armut. Sein wöchentliches Hundertdollar-Almosen als unbrauchbarer Filmschreiber bei der Warner Bros. hatte nach Ablauf eines Jahres aufgehört, und danach lebte er nur von Thomas' kühlen Gaben. Nichtsdestoweniger behielt er seinen Stolz. Als Alfred Knopf seine Memoiren kaufte, aber einige redaktionelle Änderungen wünschte, erlaubte er das nicht. »Er meinte, er sei Schriftsteller genug, um *selbst* zu entscheiden, was ER schreiben müßte«, schrieb seine Frau Nelly an eine Freundin.

Nelly selbst wurde immer alkoholsüchtiger und immer verrückter. Mehrmals nahm sie eine Überdosis Schlaftabletten. »Sie trank heimlich«, laut Salka Viertel, sittsam lehnte sie die Drinks ab, die man ihr auf Parties anbot, und entschlüpfte ins Badezimmer oder in die Küche, um zu trinken; nachher bestand sie darauf, Heinrich nach Hause zu fahren, was er heroisch auf sich nahm. Dennoch – während Mann sich mit Büchern abplagte, die niemand veröffentlichte, mußte Nelly hinaus und sich als Schwester in einem Krankenhaus verdingen. »Es überfordert sie und beschämt mich«, sagte Mann, der inzwischen mit dreiundsiebzig Jahren nirgends mehr eingestellt werden konnte. »Was kann ich denn tun?«

Nelly wurde wegen Trunkenheit am Steuer festgenommen. Auch sie wußte nicht mehr, was sie machen sollte. Zum fünften Male schluckte sie eine Überdosis Schlaftabletten. Salka Viertel schrieb: Sie hatte beschlossen, »ihrem ständigen Konflikt mit der Polizei, ihrem aussichtslosen Ringen mit der englischen Sprache, ihrer Angst vor dem Altwerden und ihrem vergeblichen Kampf gegen den Alkohol ein Ende zu machen.« Thomas Mann, der seine eigenen Prioritäten setzte, berichtete etwas anders über Nellys Ende. »Adrians Gespräch mit dem langerwarteten Besucher... befand sich noch im Anfangsstadium, als wir durch einen Anruf meines Bruders Heinrich erfuhren, daß sie, die so viele Jahre lang das Leben mit ihm teilte, den Tod gefunden hatte.« Nellys Selbstmord war, mit anderen Worten, nur eine kurze Unterbrechung bei dem Werk, von dem Thomas Mann jetzt besessen war: dem *Doktor Faustus*.

Der Gedanke verfolgte ihn seit fast einem halben Jahrhundert, und wenn er in seinen Tagebüchern zurückblätterte, was er häufig tat, fand er da »die dreiteilige Skizze des Dr. Faust von 1901«. Als junger Mann hatte der Dichter es nicht für nötig gehalten, in allen Einzelheiten niederzuschreiben, was ihm durch den Kopf ging, und als nun der alte Mann versuchte, die verblaßte Vision wieder heraufzubeschwören, sah er nicht so sehr den Faust als vielmehr »die Münchner Tage, die nicht verwirklichten Pläne für *Die Liebenden* und *Maja*... Scham und große Sentimentalität bei der Erinnerung an diese Jugendsorgen«. Aber das war pure Nostalgie. Für jeden deutschen Intellektuellen verkörperte der Faust sehr viel Nationalcharakter, und jeder Versuch, Goethes Meisterwerk abzuwandeln, mußte so vergeblich erscheinen wie das Streben nach einer Zehnten Symphonie. »Wird noch die Kraft zu neuen Konzeptionen da sein?« sorgte sich Thomas Mann in seinem Tagebuch. Das war im März 1943. Mann fuhr hinunter in die City von Los Angeles, um Horowitz mit dem Klavierkonzert B-Dur von Brahms zu hören. »Dunkles Wetter, regnerisch, kalt. Unter Kopfschmerzen skizziert und notiert für die Novelle.«

Manns Titelgestalt Faust sollte natürlich Komponist sein und sollte natürlich verrückt werden. Mann las Nietzsche und E.T.A. Hoffmann und Paul Bekkers Musikgeschichte und die Briefe Luthers. Und er hörte die Rundfunknachrichten über das Kriegsgeschehen. »Heftige und systematische Bombardements des Hitler-Kontinents«, notierte er. »Fortschritte der Russen auf der Krim.« Er wollte am liebsten nicht den Faust schreiben, er wollte eigentlich etwas Fröhlicheres schreiben, wollte die seit langem unvollendeten *Bekenntnisse des Hochstaplers Felix Krull* ergänzen. »Und doch saß mir ein Stachel im Fleisch« hielt Mann später fest, »der Stachel der Neugier nach dem Neuen, Gefährlichen.« Gefährlich war das Neue, weil es vielleicht seine Kräfte überstieg; denn er wußte, was er sich damit aufgab mitten in einem Krieg zwischen dem Land seiner Herkunft und dem seines

Exils: »nichts Geringeres als den Roman meiner Epoche, verkleidet in die Geschichte eines hoch-prekären und sündigen Künstlerlebens.«

Ein Problem ergab sich aus Thomas Manns Absicht, seine Hauptfigur zum Komponisten zu machen: Sein eigenes Wissen über Musik war begrenzt, auch wenn er lebenslang Musik gehört und geliebt hatte. Um einen Komponisten zu erschaffen, mußte er mehr darüber erfahren, was Komponisten eigentlich taten, wie sie arbeiteten, wie sie dachten, und dieses Bedürfnis führte ihn mit einem seiner Nachbarn zusammen. »Gesellschaft bei Werfels mit Schönberg«, verzeichnete er in seinem Tagebuch. »Holte ihn viel über Musik und Komponistendasein aus, und es trifft sich gut, daß er selbst auf Verkehr der Häuser dringt...«

Schönberg stand jetzt am Rande einer Krise. Er wurde bald siebzig, und die Bestimmungen der kalifornischen Universitätsordnung verlangten, daß er seinen Lehrauftrag an der UCLA zurückgab. Diese Aussicht trieb ihn zur Verzweiflung. »Mein Berufsweg endet nicht an einer Altersgrenze«, schrieb er protestierend an das Sekretariat der Universitätsverwaltung in Berkely. »Ich fühle mich nicht als alter Mann, so lange ich meine Lehrmethoden immer noch weiter verbessere.« Die Universität blieb unerbittlich. An Schönbergs siebzigstem Geburtstag wurde er, dessen Augenlicht schwand und der erfahren hatte, daß er an Diabetes litt, unwiderruflich in den Ruhestand gezwungen. Und da er nur acht Jahre lang an der Fakultät gelehrt hatte, betrug seine Pension ganze 29,60 Dollar im Monat. Leben mußte er von dem, was er mit einem runden Dutzend Privatschülern verdienen konnte. Er beantragte noch ein Guggenheim-Stipendium, aber die Guggenheim-Stiftung war zweifellos in erster Linie an aufstrebenden jungen Talenten interessiert und wies ihn ab. »Zum Abendessen bei Schönbergs in Brentwood«, schrieb Mann in sein Tagebuch. »Vorzüglicher Wiener Kaffee. Mit Schönberg viel über Musik...« Und wieder: »Soiree bei Werfels mit Strawinsky, über Schönberg...« Schönberg schickte Thomas Mann seine *Harmonielehre*, die Mann durchackerte und als »die seltsamste Mischung von Traditionsfrömmigkeit und Revolution« bezeichnete.

Manns eigentlicher Lehrer war allerdings Theodor Adorno, der offenbar den eigenen Interessen nachgehen wollte und dann von den weit stärkeren Interessen Thomas Manns aufgesogen wurde. Als Theodor Wiesengrund geboren, zog Adorno es vor, den Namen seiner Mutter zu benutzen, einer Sängerin korsischer Herkunft, und von Kind auf fühlte er sich leidenschaftlich zur Musik hingezogen. Er studierte Komposition bei Alban Berg in Wien und Klavier bei Eduard Steuermann (Salka Viertels Bruder). Aber es schien, als fehlte irgend etwas an seiner künstlerischen Begabung, und das führte ihn von der Musik zur Musiktheorie. Mit achtundzwanzig Jahren wurde er Philosophieprofessor an der Universität Frankfurt am Main und Leitfigur jener Soziologenbewegung, die als »Frankfurter Schule« bekannt geworden ist. Von den Nazis zur Emigration getrieben, kam er bis nach Los Angeles, ein brillant streitender Denker auf der Suche nach seinem Publikum. Er begegnete Thomas Mann, der schon tief in der Arbeit am Faustus steckte, und zeigte ihm das Manuskript seiner stark von Schönberg beeinflußten Studie zur *Philosophie der modernen Musik*, »welche die eigentümlichste Affinität zur Idee meines Werkes hatte«, wie Thomas Mann in sein Tagebuch schrieb. »In mir entschied es sich: Das ist mein Mann.«

Wie sein diabolischer Held Adrian Leverkühn saugte Thomas Mann seinem Lehrer das Wissen aus. Wiederholt kam Adorno zu Mann und hielt ihm Vorlesungen, spielte vor, beantwortete Manns tastende Fragen. Mann brachte Adorno dazu, ihm alle Knifflichkeiten der Schönbergschen Zwölftonmethode zu erklären, er zitierte sogar ohne Quellenangabe in seinem Buch wesentliche Passagen aus Adornos Schriften über Schönberg. Adorno allerdings ließ sich gern benutzen, studieren, zitieren, ausbeuten. Einmal, als die beiden über Parallelen zwischen Goethe und Beethoven diskutierten, setzte sich Adorno ans Klavier und spielte Beethovens letzte Klaviersonate opus 111. Mann bediente sich des Stücks auf seine Weise und erging sich in seinem Roman seitenlang in inbrünstigen Darlegungen über die tiefere Bedeutung dieser Musik.

Tagein, tagaus, von neun Uhr morgens bis zur Mittagszeit, schrieb Thomas Mann. Im Hintergrund schlitterte Adrian Leverkühns Deutschland in den Untergang, und immer wieder einmal notierte Thomas Mann ein neues Wegzeichen in sein Tagebuch.

An seinem neunundsechzigsten Geburtstag im Juni 1944 rief eine Freundin an mit der Nachricht von der Invasion in der Normandie, und es war für Mann »eine der Stimmigkeiten meines Lebens..., daß das ersehnte... Ereignis auf diesen Tag, meinen Tag fiel«. Bomber verwüsteten Berlin; Paris wurde befreit; Thomas Mann schrieb weiter am *Doktor Faustus*. »Überleben hieß: siegen«, merkte er an, als er im Frühjahr 1945 von Hitlers Selbstmord erfuhr. »Ich hatte gekämpft und den Lästerern der Menschheit Hohn und Fluch geboten, indem ich lebte.«

Indes versagte die Gesundheit des Überlebenden. Jeden Nachmittag hatte er Fieber bis über neununddreißig Grad. Er probierte es mit dem neuen Wundermittel Penicillin, aber es wirkte bei ihm nicht. Seine Frau packte ihn ins Bett. »Ich schlief viel... und las nicht wenig«, schrieb er. »Viel rekapitulierte ich Nietzsche, besonders... *Nutzen und Nachteil der Historie*.« Röntgenaufnahmen ließen einen Schatten auf seiner Lunge erkennen. Er war erschrocken, daß die Krankheit, die durch den *Zauberberg* spukte, nun ihn selber treffen sollte. Man brachte ihn nach Chicago zur genaueren Diagnose, und dort entschied der Arzt, es sei Krebs. Thomas Mann hat dieses Verdikt wohl nicht gekannt, nicht kennen wollen; stoisch unterzog er sich der Operation, überlebte sie und nahm die Arbeit am *Doktor Faustus* wieder auf. Etwas später, als eine andere Krankheit ihm nachts den Schlaf raubte, schrieb er in sein Tagebuch: »Auch ungeschlafen werde ich arbeiten.«

Schönberg traf es in diesem Jahr 1946 noch härter. Er erlitt einen so schweren Herzanfall, daß sein Herz aufhörte zu schlagen. Er war klinisch bereits tot, aber ein Arzt holte ihn mit einer Injektion direkt ins Herz wieder ins Leben zurück. »Ich bin im wahrsten Sinne des Wortes vom Tode auferstanden und fühle mich jetzt sehr wohl«, schrieb Schönberg in einem Brief. Er beschloß, diese Erfahrung in Musik zu übersetzen, in ein Streichertrio, und da er nicht mehr gut genug sehen konnte, um auf normalem Notenpapier zu komponieren, ließ er sich Spezialpapier mit weit auseinanderstehenden Notenlinien drucken.

Während eines Zusammenseins bei den Manns erzählte Schönberg dem Dichter von seinem neuen Trio und »den Lebenserfahrungen..., die er in die Komposition hineingeheimnist habe«. Jedem uneingeweihten Zuhörer dürfte es schwerfallen, diese versteckten Lebenserfahrungen zu entziffern, aber Schönberg beschrieb sie Mann in allen Einzelheiten. »Er behauptete, er habe darin seine Krankheit und ärztliche Behandlung samt ›male nurse‹ und allem übrigen dargestellt. Übrigens sei die Ausführung äußerst schwierig..., dabei aber sehr dankbar vermöge außerordentlicher Klangwirkungen. Die Verbindung ›Unmöglich, aber dankbar‹ nahm ich in das Kapitel von Leverkühns Kammermusik hinein.«

Am 29. Januar 1947 sagte Thomas Mann schließlich seiner Frau Katja, der *Doktor Faustus* sei fertig. Kaum gesagt, war Mann auch schon unterwegs zu einer Vortragsreise, um seine Gedanken über Nietzsche darzulegen. Die Tournee führte ihn nach Washington, New York und London, aber bei der Vorstellung, wieder nach Deutschland zu fahren, wurde Mann blaß. Es ist gar nicht so einfach, sich heute in Erinnerung zu rufen, mit welcher Schärfe Goebbels die Werke Thomas Manns damals zum Scheiterhaufen verurteilt hat und welche Qualen diese Verdammung einem so vornehmen und wohlerzogenen Autor wie Thomas Mann bereitet haben muß. Daß er in Amerika reich geworden war und Erfolg gehabt hatte, dürfte sein Gefühl als Verschmähter, Verstoßener kaum gelindert haben. Und jetzt erhoben sich aus den Trümmern des besiegten Deutschlands schon wieder murmelnde Stimmen, Thomas Mann habe sein Volk in der Not im Stich gelassen. Es sei viel schwerer gewesen, sich in Deutschland seine Identität zu bewahren, als von drüben aus Botschaften an das deutsche Volk zu senden, räsonnierte einer dieser wiederauftauchenden Ankläger. Verständlich, daß Thomas Mann empört war über solche Äußerungen.

Wahrscheinlich hat Thomas Mann geglaubt, mit dem *Doktor Faustus* darauf seine eigentliche Antwort gegeben zu haben, und er sah mit Bestürzung, als das Werk 1948 herauskam, daß es wie ein großes steinernes Denkmal wirkte, das im Park enthüllt wird. Auch diesmal gab ihm der Club für das Buch des Monats seinen empfehlenden Stempel, aber die Rezensionen klangen eher feierlich als enthusiastisch. Thomas Mann, der ursprünglich erklärt hatte, dieses Werk sei »nichts Geringeres als der Roman meiner Epoche«, beklagte sich nun bei der Tochter Erika, »daß alle die d-e-u-t-s-c-h-e Allegorie so fürchterlich hervorheben«.

Die bemerkenswerteste Reaktion kam allerdings aus der deutschen Emigrantengemeinde von Los Angeles – von dem Manne, der meinte, für Thomas Manns »hoch-prekäres und sündiges Künstlerleben« Modell gestanden zu haben. Selbstverständlich war es Alma Mahler-Werfel, die den Streit provozierte. Sie wieselte hinüber zu Mann und »lobte den wunderschönen Roman«, äußerte aber glucksende Überraschung darüber, wie ausführlich er doch Gebrauch von Schönbergs Atonalitätstheorie gemacht hätte.

»Sie haben sie also erkannt?« fragte Thomas Mann – »leicht verstört«, meinte Alma Werfel. Sie entgegnete, daß das keinem Musiker entgehen könnte. Mann wurde unruhig. »Glauben Sie, Schönberg wird es übelnehmen?« fragte er. Frau Werfel »zuckte nur die Schultern, wollte keine große Diskussion anfangen«, aber dann eilte sie zu Schönberg, um ihn über Manns Taten zu informieren. »Schönberg war empört«, berichtete sie nicht ohne Befriedigung.

Schönberg bat offenbar Frau Werfel, Mann dazu zu bringen, in jedes Exemplar des *Doktor Faustus* einen Vermerk eindrucken zu lassen, daß die Leverkühn zugeschriebene Zwölftontheorie Schönbergs Erfindung sei. Frau Werfel rief, wie sie sagte, bei Mann zu Hause an und bekam seine Frau Katja an den Apparat, die »den Vorschlag zunächst ablehnte«. (»Sie trank immer viel zu viele süße Likörchen und war von Natur aus ziemlich boshaft«, schrieb Katja Mann später über Frau Werfel. »Sie liebte es, Klatsch in die Welt zu setzen, und sie war es, die Arnold Schönberg in diese Geschichte mit dem Zwölftonsystem hineinzog, indem sie ihm erzählte, Thomas Mann hätte ihm die Theorie gestohlen.«) Schönberg hatte natürlich in Wirklichkeit keinerlei Besitzrechte an seiner Theorie, so wenig wie André Breton am Surrealismus oder etwa Einstein an der Relativität. Aber Schönberg war alt und unbeachtet, verarmt und verbittert, und der Gedanke, daß sein reicher und berühmter Mitemigrant ihre Tischgespräche über seine ungespielte Musik in einem Bestsellerroman verwendet hatte – noch dazu ohne ein einziges Mal seinen Namen zu erwähnen –, das war zuviel.

Schönberg las den *Doktor Faustus* nicht einmal, seine Augen seien für eine solche Anstrengung zu schlecht, erklärte er, aber er bereitete eine bizarre Entgegnung vor. Er gab ihr die Form eines angeblichen Beitrags für die *Encyclopedia Americana* von 1988, geschrieben von Arnold Schönberg unter dem Pseudonym Hugo Triebsamen; darin schrieb der irregeführte Triebsamen die Erfindung der Zwölftonmusik Thomas Mann zu. Dieses makabre Werk schickte Schönberg dann an Thomas Mann mit dem grimmigen Vermerk, es solle ihm zeigen, welchen potentiellen Schaden Mann ihm zugefügt habe. Mann war sprachlos, unter anderem weil er wirklich glaubte – sein Ego war sicherlich ebenso groß wie das Schönbergs –, daß er sich Schönbergs Theorie zu eigen gemacht hätte. Denn »die Idee der Zwölftontechnik«, argumentierte er, »gewinnt in der Sphäre des Buches eine Färbung, einen Charakter, die sie – nicht wahr? – in ihrer Eigentlichkeit nicht besitzt und die sie wirklich gewissermaßen zu meinem Eigentum, das heißt: zu dem des Buches machen.«

Thomas Mann war sich indessen darüber klar, daß Schönbergs »Ideen des Verfolgt- und Bestohlenseins« dem »zwischen Verherrlichung und Vernachlässigung schwebenden Dasein« Schönbergs entsprangen, und so willigte er schließlich nach vielen weiteren Telefongesprächen ein, in einer Nachbemerkung zu allen künftigen Neuauflagen des *Doktor Faustus* zu sagen, daß Schönberg die Zwölftontechnik erdacht hat. »Möge er sich doch erheben«, erklärte Mann ziemlich großspurig, »über Bitterkeit und Mißtrauen und Ruhe finden im sicheren Bewußtsein seiner Größe und seines Ruhmes.«

Der häßliche Streik von 1945, der theoretisch durch den Sieg der Studiogewerkschaften Herb Sorrells über die stärkere IATSE beigelegt worden war, blieb ein schwelender Konflikt. Zwei wütend rivalisierende Gewerkschaftsbündnisse standen sich weiterhin gegenüber, und in Hollywood regierte weiterhin eine Produzentenclique, die beide Gewerkschaften ebenso sehr fürchtete und haßte, wie die Gewerkschaften sich gegenseitig fürchteten und haßten. Die Produzenten behaupteten, sie und ihre Mitarbeiter seien sehr zufrieden miteinander gewesen, bis die Gewerkschaften angefangen hätten, Schwierigkeiten zu machen. »Nie haben wir mit den Arbeitskräften in Hollywood Streit über Arbeitslöhne, Arbeitszeiten oder Arbeitsbedingungen gehabt«, bezeugte – log – MGMs Eddie Mannix vor einem Unterausschuß des Kongresses, der die Hollywooder Streiks untersuchte. Ben Kahan, ein Vizepräsident der Columbia, der sich bei derselben Anhörung als der inoffizielle Vorsitzende der für Arbeitsbeziehungen zuständigen Studiodirektoren vorstellte, ging mehr ins Detail. Er sagte, die Arbeitskämpfe, die 1945 ausgebrochen seien, hätten sich »nicht an einer Frage des Arbeitslohns, der Arbeitszeit oder der Arbeitsbedingungen, sondern einzig an juristischen Streitpunkten« entzündet.

Was Kahan großzügig als juristische Streitigkeiten abtat, war jedoch ein bedeutender Kampf um Macht (und natürlich um Löhne, Arbeitszeit und Arbeitsbedingungen, die nach Kahans Behauptung nicht zur Debatte standen). Sowohl für die IATSE als auch für die Produzenten war Sorrells KSG eine gefährliche Bedrohung, wahrscheinlich kommunistisch gelenkt. So lautete jedenfalls die Anklage, mit der sie Sorrells Herausforderung abwehren wollten. Als Anfang 1946 ein neuer KSG-Streik bevorzustehen schien, bezeichnete ihn Roy Brewer, der führende Hollywooder IATSE-Funktionär, als »einen letzten verzweifelten Versuch, gewisse AFL-Gewerkschaften in Hollywood unter kommunistischer Kontrolle zu halten«. Sorrell seinerseits betonte, Brewer und IATSE-Präsident Richard Walsh seien schlicht die Erben des korrupten Imperiums von Willie Bioff und George Browne. Schließlich sei Walsh unter Browne einer der Vizepräsidenten gewesen, und die meisten der übrigen Funktionäre der Gewerkschaft seien in ihren Machtpositionen sitzen geblieben. Sorrell bezeichnete die IATSE als »eine unternehmergelenkte, von einer Erpressergruppe betriebene Gewerkschaft«. Er sagte, die IATSE-Führer hätten eine »kriminelle Verschwörung« angezettelt, um »viele Arbeiter ihrer Rechte zu berauben«.

Während Brewer und Sorrell zweifellos die Missetaten des jeweils anderen übertrieben, sagte Stewart Meacham, der Regionaldirektor des Nationalen Amtes für Arbeitsbeziehungen, wahrscheinlich zu Recht, daß »die Produzenten und die IATSE... nicht den Arbeitsfrieden wollten. Sie waren entschlossen, die Konferenz der Studiogewerkschaften zu vernichten.« Brewer drückte sich noch genauer aus, als er einem anfragenden Priester namens George H. Dunne erklärte, daß »die IATSE und die Konferenz in Hollywood nicht nebeneinander existieren können. Es ist Kampf auf Leben und Tod.«

Der erste Schritt war, daß Sorrell wegen der ganzen Serie von Vergehen angeklagt wurde, die 1945 während des gewalttätigen Streikhöhepunktes begangen worden waren. Am 9. Januar 1946 wurde der KSG-Führer in neun Fällen der Mißachtung des Gerichts schuldig gesprochen, weil er Massen von Streikposten zur Blockade der Tore der Warner Bros. geschickt hatte. Er wurde zu sechzehn Tagen Gefängnis und einer Geldstrafe von siebzehntausend Dollar verurteilt. Er zahlte die Geldstrafe unter Protest, und nach einem Monat in Freiheit aufgrund einer habeas corpus-Verfügung saß er seine Gefängnisstrafe ab. Im April stand er zusammen mit acht anderen wieder vor Gericht, diesmal wegen Aufruhrs bei dem Kampfgetümmel vor den Warners-Toren. Davon sprach das Gericht ihn frei, befand ihn aber des geringeren Vergehens für schuldig, sich »nicht entfernt« zu haben.

Während das alles ablief, war Sorrell bemüht, einen neuen Tarifvertrag für seine Gewerkschaften auszuhandeln. Die Studios boten lächerliche zehn Prozent Lohnerhöhung an; Sorrell forderte ebenso lächerliche fünfzig Prozent. Beide Seiten einigten sich schließlich auf 25 Prozent, dann aber kamen schicksalhaft wieder die »juristischen Streitigkeiten« dazwischen. Diesmal konzentrierte sich der Konflikt auf die Mechaniker, die 1945 mit Sorrells KSG in den Streik getreten waren, und die rivalisierenden Mechaniker, die man an ihrer Stelle angeheuert hatte. Diese Streikbrecher bestanden mit Unterstützung der IATSE auf ihrem Recht, die Arbeitsplätze zu behalten. Sorrell rief alle seine Gewerkschaften zum 1. Juli wieder zum Streik auf. Die Studios beschlossen schnell, den Kampf zu vermeiden. Alle versammelten sich zu einer Konferenz und handelten einen Waffenstillstand aus, der als Vertrag von Beverly Hills bekannt wurde; jeder ging wieder an seine

Arbeit, während die Verhandlungen weiterliefen. Sorrell strahlte, denn es sah nach einem neuen Sieg aus. »Von jetzt an diktieren wir«, sagte er.

Das größte Problem stellten nicht die Mechaniker dar, sondern die Zimmerleute, die traditionell das Recht genossen, sämtliche Filmkulissen zu bauen und aufzubauen. Die IATSE stellte dieses Recht in Frage, zum Teil, weil sie die »grips« vertrat, die Bühnenarbeiter, die Requisiten und Möbel schleppten, zum Teil, weil die Zimmerleute zu Sorrells KSG gehörten. Als sich beide Seiten an William Green wandten, den Präsidenten der AFL, da ja diese streitenden Gewerkschaften alle Mitglieder des desolaten Vereins waren, der sich Gewerkschaftsbund nannte, bestellte Green, wie gehabt, einen Dreimann-Ausschuß zur Prüfung des Problems. Die drei inkompetenten Richter waren William C. Doherty, Führer der Postarbeitergewerkschaft, Felix H. Knight von den Friseuren und William C. Birthright von den Eisenbahnern. Sie bekamen dreißig Tage Zeit, um einen Konflikt zu lösen, an dem erfahrenere Experten viele Jahre lang gescheitert waren; dann machten die drei sich auf den Weg nach Los Angeles, verbrachten ein paar Stunden mit der Besichtigung eines Studios, der Paramount, befragten einige der rivalisierenden Kämpfer und zogen sich dann zurück, um ihren Bericht zu verfassen.

Dieser Bericht erwies sich als Wunder der Vieldeutigkeit. »Alle Zurichtungs- und Werkarbeiten an Kulissen und Bühnen« sollten von den Zimmerleuten gemacht werden, sagten die drei Weisen, während den IATSE-Leuten »der Aufbau von Kulissen auf Bühnen« obliegen sollte. Sofort begannen beide Seiten über das Wort »Aufbau« zu streiten – ob es Kulissenbau bedeute oder einfach den Zusammenbau bereits fertig gebauter Teile. Die IATSE behauptete ersteres und forderte damit rund dreihundert Arbeitsplätze, die von Sorrells Zimmerleuten besetzt waren, für sich ein. Zwar hatte die IATSE gar keine Fachgewerkschaft für diese Arbeiter, aber sie bildete unverzüglich eine neue Ortsgruppe unter der Bezeichnung »Kulissenbauer«. Die Produzenten nahmen unweigerlich Partei für die IATSE und vergaben die Arbeit an deren Mitglieder; ebenso unweigerlich wandten sich die Zimmerleute an die AFL-Zentrale und baten um »Klärung«.

Nun waren die Zimmerleute nicht bloß ein paar Handwerker, die im Hinterhof der Warner Bros. Nägel einschlugen. Ihr Wortführer Bill Hutcheson war ein reizbares altes Großmaul, das zu der erhabenen Funktion eines AFL-Vizepräsidenten aufgestiegen war, ein Mann, der, wenn er um Klärung bat, die Dinge auf seine Weise geklärt zu sehen wünschte. Die drei Weisen reagierten im August weitgehend nach Hutchesons Wunsch. Es sei keineswegs ihre Absicht gewesen, stellten sie klar, einem einzigen Hollywooder Zimmermann einen einzigen Arbeitsplatz wegzunehmen. Zimmererarbeiten jeglicher Art, sagten sie, müssen von Zimmerleuten gemacht werden. Die IATSE-Chefs waren wütend. Ihre Anwälte argumentierten, der AFL-Ausschuß hätte seine Arbeit längst beendet und sei nicht berechtigt, jetzt seine eigenen Entscheidungen auf Kosten der IATSE-Arbeiter zu »klären«. Die Studios standen wie gewöhnlich auf seiten der IATSE. Und sie taten noch mehr. In einer Serie von Geheimtreffen mit Roy Brewer von der IATSE erklärten sich die Studio-Unterhändler bereit, sich einem neuen Streik Sorrells zu widersetzen. Brewer seinerseits versprach, seine IATSE-Arbeiter würden Sorrells Postenketten durchbrechen und die Studios offenhalten. Laut Protokoll einer Produzentensitzung, das später bei einer Kongreßanhörung verlesen wurde, war der Plan erbarmungslos einfach: »Am Montag, 9 Uhr, erst Entfernung aller Zimmerleute, dann Entfernung aller Maler, anschließend Aufnahme von IA-Leuten für die Arbeiten.«

Bis auf den heutigen Tag ist umstritten, ob es sich um einen grundlosen Streik der aggressiven Linken in der KSG gehandelt hat oder um eine bewußte, kalkulierte Provokation und Aussperrung von seiten der Produzenten. Jedenfalls rief Sorrell seine zehntausend Arbeiter zum Streik auf, und Brewer schickte seine sechzehntausend Arbeiter auf deren Arbeitsplätze in den Studios. Die ersten größeren Zusammenstöße gab es vor den Toren der Warners, wo Streikende die hereindrängenden IATSE-Arbeiter mit Steinen bewarfen. Die Burbanker Polizei schoß in die Luft. Rund zweihundert Personen beteiligten sich an dem Handgemenge vor der MGM in Culver City. Steinwürfe, Geschrei, Gerangel – jede Seite beschuldigte die andere, »Schlägertrupps« eingesetzt zu haben. Insgesamt waren acht Studios betroffen, acht Studios, die fünfzig Filme in Arbeit hatten. Inmitten des ganzen Aufruhrs bewies Roy Brewer von der IATSE bald, daß er die Arbeiter liefern konnte, mit denen die Studios offen und funktionsfähig zu halten waren. Die Studiochefs waren dankbar. Die Arbeit ging weiter.

Dann begannen die komplizierten Vermittlungsbemühungen. Eine der ersten und wichtigsten Initiativen wurde von Ronald Reagan geleitet, der gerade Robert Montgomery als Präsident der Filmschauspielergilde abgelöst hatte und der sich dem herrschenden Geist der Gewalt anpaßte, indem er eine 32er Smith & Wesson im Schulterhalfter trug. Reagan verurteilte Sorrell später als Kommunisten, jetzt aber betrachtete er sich noch als Liberalen, und er kam zu dem nicht unvernünftigen Schluß, daß Bill Hutcheson von der Zimmerergewerkschaft die treibende Kraft hinter dem Streik wäre. Er fuhr also mit einer Delegation der Filmschauspieler zum AFL-Kongreß in Chicago und beantragte eine Sitzung mit Hutcheson. Barsch lehnte Hutcheson das ab. Dann »drehte« es Reagan, wie er formulierte, daß seine Gruppe sich mit den drei Schiedsrichtern zusammensetzte, die zuerst zugunsten der IATSE entschieden und dann ihre Entscheidung zugunsten der Zimmerleute »geklärt« hatten. Reagan sagte bei seiner Vernehmung, die drei hätten zugegeben, daß ihre Klarstellung »ein Fehler« gewesen sei, hätten aber hinzugefügt, daß »eine dritte Klarstellung ein weiterer Fehler wäre«. Sie hätten, so ihre Auskunft an Reagan, »aufgrund... monatelangen pausenlosen Drucks von seiten Hutchesons« gehandelt.

Reagans Delegation konnte ein paar ziemlich berühmte Namen vorweisen: Walter Pidgeon, Dick Powell, Gene Kelly, Robert Taylor, George Murphy, Alexis Smith und Reagans Frau Jane Wyman. Sie alle begaben sich laut Reagan zum AFL-Präsidenten Green und machten Hutcheson für den Streik verantwortlich. Sie drohten, Filmstars in jede Großstadt des Landes zu fliegen und gegen Hutcheson aufzutreten. »Zu unserer Bestürzung«, erinnerte sich Reagan, »brach Green in Tränen aus. Mit feuchten Wangen sagte er gebrochen: ›Was kann ich denn tun? Wir sind ein Zusammenschluß unabhängiger Gewerkschaften. Ich habe nicht die Macht, etwas zu tun.‹« Reagan arrangierte schließlich ein Treffen mit Hutcheson und fand ihn tief verstrickt in zwanzig Jahre alte, dreißig Jahre alte Konflikte zwischen seinen Zimmerleuten und anderen Gewerkschaften. Sie stritten, wie viele Arbeitsplätze von Zimmerleuten durch den Streik aufs Spiel gesetzt worden seien, wie viele Zimmerer betroffen wären, wie viele Zimmerleute überhaupt in Hutchesons Gewerkschaft seien. Aber am Ende erklärte Hutcheson laut Reagan, wenn die Schauspieler die IATSE dazu bringen könnten, bei den dreihundert umstrittenen Arbeitsplätzen einen Rückzieher zu machen, »dann kann ich in fünf Minuten Sorrell aus Hollywood verjagen und die KSG sprengen«.* Die Schauspieler dachten über diesen bemerkenswerten Vorschlag nach, als sie im Fahrstuhl von Hutchesons Hotelzimmer nach unten fuhren. Und dann begegneten sie in der verlassenen Hotelhalle Herbert Sorrell. Sie informierten ihn – vielleicht arglos, vielleicht maliziös – über das, was Hutcheson soeben gesagt hatte. »Ist mir verdammt egal, was Hutcheson sagt«, raunzte Sorrell, laut Reagan. »Die Sache geht weiter, da kann er machen, was er will! Wenn sie ausgestanden ist, wird es nur einen Mann in Hollywood geben, der die Gewerkschaftsarbeit bestimmt, und der Mann bin ich!«

Die Mitglieder der Filmschauspielergilde stimmten am 2. Oktober 1946 mit überwältigender Mehrheit dafür, Reagans Kurs zu unterstützen, den KSG-Streik als juristische Auseinandersetzung abzulehnen und durch die Streikposten zu gehen. Auch übernahm es die Filmschauspielergilde federführend, eine von vierundzwanzig anderen Hollywood-Gewerkschaften unterschriebene Erklärung dieses Inhalts zu verfassen. Ein Jahr zuvor war Sorrell von Washington beschützt worden, als das Nationale Amt für Arbeitsbeziehungen zu seinen Gunsten entschied. Jetzt gab es keinerlei Anzeichen für eine Rettung dieser Art. Im Gegenteil. Knapp zwei Monate nachdem Sorrells Gewerkschaften in den Streik gegangen waren, fanden die nationalen Wahlen von 1946 statt, und ihr Ergebnis war niederschmetternd. Eine Nation, die die Beschränkungen der Kriegszeit gründlich satt hatte, stimmte überwältigend

---

* So stellt Reagan es jedenfalls in seinen Memoiren dar. Bei seinem Auftritt vor dem Kongreßausschuß für Unamerikanische Umtriebe im Oktober 1947 bezeugte Reagan, daß Hutcheson wörtlich gesagt habe, er »werde diesen Sorrell und die übrigen Kommunisten verjagen«.

für das, was die wiedererstehende Republikanische Partei an Alternativen anzubieten hatte. Mit ihren besten Ergebnissen seit dem Börsenkrach von 1929 errangen die Republikaner die meisten Gouverneursposten, eine schmale Mehrheit im Senat und eine breite Mehrheit im Kongreß.

Wichtige Posten wechselten den Besitzer. Einer davon war der Vorsitz im Kongreßausschuß für Unamerikanische Umtriebe, der seit dem Rücktritt von Martin Dies unter der Ägide des demokratischen Kongreßabgeordneten Edward J. Hart aus New Jersey vor sich hingewurstelt hatte. Jetzt kam er unter die feurige Führung des Republikaners J. Parnell Thomas, auch aus New Jersey, der wohl der Meinung war, der ganze New Deal sei ein Alptraum, den es zu entlarven, zu verdeutlichen und zu vernichten galt. Einer der neugewählten Abgeordneten, die beauftragt wurden, ihm bei seinen Bemühungen zu helfen, war ein junger Rechtsanwalt aus Los Angeles namens Richard Nixon, Sieger über den unglücklichen Liberalen Jerry Voorhis. Ein weiterer Neuling, der sich bald einen beträchtlichen Ruf erwerben sollte, war der frischgebackene Senator Joseph McCarthy aus Wisconsin. Aber die nationale Krankheit, die später als McCarthyismus bekannt wurde, keimte bereits in Präsident Truman. Nur drei Wochen nach dem Wahlsieg der Republikaner ernannte Präsident Truman einen interministeriellen Ausschuß mit der Aufgabe, die »Loyalität« der mehr als zwei Millionen Staatsbediensteten zu überprüfen.

In der engen kleinen Welt von Hollywood wirkte sich dieser Rechtsruck unmittelbar aus. Es gab keinen New Deal mehr, der Herbert Sorrell und seinen Streikenden geholfen hätte. Sie standen allein und waren weder ihrer Zahl noch ihren Mitteln nach stark genug, um die Kräfte zu besiegen, die herauszufordern sie sich vorgenommen hatten. Nach einer gerichtlichen Verfügung, mit der die Zahl der Streikposten auf nicht mehr als acht an jedem Studiotor beschränkt wurde, schickte Sorrell 1500 Mann zur Belagerung der Columbia. Die Polizei nahm 610 Männer, darunter Sorrell, und 69 Frauen fest. Als diese Novemberwoche zu Ende ging, gab es insgesamt 802 Verhaftete, denen diverse Vergehen vorgeworfen wurden: Überfall mit tödlichen Waffen, Verschwörung zur Nötigung, ungesetzliche Zusammenrottung und

Behinderung der ordentlichen Gerichtsbarkeit. Die Kaution wurde auf fünftausend Dollar pro Person festgesetzt.

Sorrell machte später geltend, diese Verfahren seien alle Teil einer »Verschwörung zur Vernichtung der KSG« gewesen, die Warners habe Polizisten aus Burbank und Glendale auf die Gehaltsliste des Studios gesetzt, die MGM habe jedem Polizisten, der im Studio in Culver City Dienst tat, zweiunddreißig Dollar pro Tag gezahlt, und MGM-Manager Eddie Mannix habe »den Polizisten Anweisung gegeben, wann sie mit den Streikposten Schwierigkeiten machen sollten und wann nicht«. Die Studios unternahmen wohl noch mehr geheime Manöver. Ob es den IATSE-Arbeitern gelingen würde, Sorrells Streikposten zu überwinden, hing natürlich stark davon ab, auf welche Seite sich die Transportarbeiter stellen würden. Die örtlichen Transportarbeiter stimmten zugunsten der Streikposten ab, aber Joe Touhy, der Boß der Ortsgruppe, drohte, er werde Transportarbeiter aus anderen Staaten holen, um die IATSE-Streikbrecher zu unterstützen »und dafür zu sorgen, daß sie durchgebracht werden«.

Eine solche Nötigung hätte Touhy natürlich nicht ohne die Billigung der korrupten Gewerkschaftsführer Dan Tobin und Dave Beck versucht, besonders interessant aber waren Touhys Verhandlungen mit Joseph Schenck, dem Präsident Truman seine Mauscheleien mit Willie Bioff vergeben hatte, der vorzeitig aus dem Gefängnis entlassen und wieder in seine Managerfunktion bei der 20th Century-Fox eingesetzt worden war. Monate vor Ausbruch des Streiks hatte Schenck Touhy zugesagt, ihn als »Direktor für Wirtschaftsbeziehungen« bei der National Theaters unterzubringen, einer Kinokette, deren Direktion Schenck angehörte. Touhy, der von den Transportarbeitern 175 Dollar pro Woche bekommen hatte, erschien am 1. Januar 1947, rund drei Monate nachdem er geholfen hatte, den Streik zu brechen, auf Schencks Gehaltsliste; er erhielt 400 Dollar wöchentlich plus 100 Dollar Spesen auf Grund eines Siebenjahresvertrages, der Steigerungen bis auf 500 Dollar pro Woche in den letzten drei Jahren vorsah.

Dann gab es noch die direkteren Methoden. Anfang März 1947 gingen Sorrell und seine Frau zu einer Gewerkschaftsversammlung in einer Glendaler Kirche. Kurz nachdem er seine Frau abgesetzt hatte, wurde Sorrell von drei Männern in einem anderen Wagen gestoppt. Einer der drei war in Polizeiuniform und hatte ein Polizeiabzeichen und einen Polizeirevolver. »Ich habe mich nicht gewehrt«, sagte Sorrell später, »weil ich dachte, es ginge zu einem Polizeirevier. Er legte mir Handschellen an. Als ich zum Wagen ging, um einzusteigen, gab mir jemand einen Schlag gegen die Schläfe... Sie fesselten mich, und jedesmal, wenn ich mich bewegte oder aufzustehen versuchte, schlugen sie mir den Revolver über den Kopf.« Sorrell sagte, er habe die Männer von einer Belohnung sprechen gehört, wenn sie ihn umbrächten, aber dann fuhren sie davon. Er wurde von einem vorbeikommenden Kraftfahrer am Straßenrand gefunden und in ein nahegelegenes Krankenhaus gebracht. In diesem Falle wurde, anders als bei den wachestehenden Streikposten vor den Filmstudios, niemand festgenommen oder verfolgt.

Der Streik ging weiter. Es ist natürlich unmöglich, daß Arbeiter mit einem Streik wirklich Erfolg haben, wenn sie nicht den Betrieb des Arbeitgebers lahmlegen oder aber die Regierung dazu bringen können, zu ihren Gunsten einzugreifen. Da Sorrell und seine KSG weder das eine noch das andere konnten, waren sie dazu verurteilt, vor den Studios auf dem Bürgersteig zu stehen und den IATSE-Leuten, die Tag für Tag zur Arbeit gingen, Beleidigendes zuzurufen. Die letzte Hoffnung, die ihnen blieb, war, daß sie mit ihrer Beharrlichkeit irgendwie jene nebelhafte Macht, die man öffentliche Meinung nennt, für sich gewinnen könnten. Das allerdings war höchst unwahrscheinlich, da die Presse wenig Interesse und kaum Sympathie zeigte. Und Sorrells Gegner brachten immer wieder das Thema Kommunismus ins Spiel.

Diese Frage schleppte sich noch länger hin als der Streik. Lawrence P. Lindeloff, Führer der Malergewerkschaft, sagte 1948 vor einem Unterausschuß des Kongresses aus, er habe mehrmals mit Sorrell über das Thema gesprochen und sei zu dem Schluß gekommen, daß »er ein Radikaler sein mag, aber ich kann ihm nicht vorwerfen, Kommunist zu sein«. Eine unparteiische Bestätigung kam auch von Pat Casey, der zwanzig Jahre lang dem Arbeitsrat des Filmproduzentenverbandes vorgestanden hatte und der bezeugte: »Ich habe seit 1937 oder 1938 mit Herb Sorrell zu tun gehabt. Meiner Meinung nach ist er kein Kommunist.«

Inzwischen hatten die Behörden allerdings eine Mitgliedskarte der Kommunistischen Partei ausgegraben, die auf Herbert Stewart ausgestellt war, und Stewart war der Mädchenname von Sorrells Mutter. Clark Sellers, Handschriftenexperte in Los Angeles, sagte, die Unterschrift auf der Karte stamme von Sorrell, aber Sorrell bestritt es, bestritt, daß er »je eine Karte der Kommunistischen Partei gesehen« hätte. Der republikanische Kongreßabgeordnete Thomas L. Owens aus Illinois, Mitglied des Unterausschusses zur Untersuchung des Streiks, reichte Sorrell den Ausweis und fragte, ob er nicht meine, die Handschrift sähe aus wie seine. »Ich würde sagen, sie sieht meiner Handschrift sehr ähnlich, aber es ist nicht meine Handschrift«, sagte Sorrell. Er bestätigte, daß der Name seiner Mutter Stewart gewesen sei, und fügte hinzu: »Ich vermute, deshalb haben sie ihn da draufgeschrieben.«

Owens wies ihn darauf hin, daß der zweite Buchstabe des Namenszuges auf der Karte sowohl wie ein t als auch wie ein o aussah. »Es sieht so aus, als hätten sie angesetzt, Sorrell zu schreiben, hätten dann aber Stewart geschrieben, nicht wahr?« fragte Owens. »So sieht es aus«, sagte Sorrell.

FBI-Direktor John Edgar Hoover löste diese Widersprüche, indem er dem Unterausschuß definitiv mitteilte, der Mitgliedsausweis der Kommunistischen Partei sei von Sorrell unterschrieben worden. Damals galt eine solche Entscheidung von Hoover als endgültig. Heute, da man mehr weiß über sein korruptes und willkürliches Regime im FBI, erscheint sein Zeugnis erheblich weniger kompetent, auch wenn es durchaus gestimmt haben kann. Das alles war indes zweitrangig für die Maler und Zimmerer und anderen Streikposten, die vor den Toren der Warners oder der MGM auf und ab gingen. Sie saßen in der Falle, wie sie immer klarer erkannten, führten einen Kampf, den sie nicht gewinnen konnten. Sie marschierten, sie schrien ihre Parolen, aber nichts geschah. Der Winter in Los Angeles ist nicht hart, es war nicht wie ein Streik in Chicago oder Boston, und trotzdem – die Streikenden mußten ohne Lohn auskommen, während sie zusahen, wie die IATSE-

Arbeiter durch die Tore fuhren zu ihren Arbeitsplätzen in den florierenden Studios. Es war kein Ende in Sicht, kaum die Möglichkeit eines Endes.

Das Ende kam wie gewöhnlich indirekt, verschleiert durch eine Nebelwand von Lügen und Ausflüchten. Die Maler, Sorrells eigener Verband, beschlossen im Oktober 1947, daß es Mitgliedern ihrer Gewerkschaft gestattet sei, an den KSG-Streikposten vorbeizugehen, wenn sie unter persönlichen Härten zu leiden hätten. Und wer unter ihnen hätte nach einem Jahr Streik nicht unter persönlichen Härten gelitten? Sorrell unterstützte den Antrag offiziell. Wie hätte er anders gekonnt? Er konnte nicht gewinnen. Und so tröpfelten sie alle zurück an die Arbeit zu den Bedingungen, die man ihnen bot. Die fortschrittliche Arbeiterbewegung in Hollywood war zerschlagen, und die Studios überließen es dem AFL-Apparat, sich mit Herbert Sorrell zu befassen. Die geschlagene KSG zerfiel einfach und verschwand, aber es gab noch Strafen zu verhängen und Rechnungen zu begleichen. Die Bundeszentrale der Malergewerkschaft verlangte 1951, Sorrell müsse als Führer der Hollywooder Ortsgruppe 644 abgesetzt werden, weil er sich »willentlich und wissentlich« mit Organisationen und Gruppen verbündet habe, »die sich den Doktrinen der kommunistischen Parteien verschrieben haben«. Sorrell sagte, er werde zurücktreten, wenn die Mitglieder der Ortsgruppe 644 ihn dazu aufforderten. Die Ortsgruppe 644, die vielleicht dreihundert Mitglieder zählte, lehnte das ab. Sie stimmte für ihren angeschlagenen Führer. Daraufhin setzte die Bundeszentrale Anfang 1952 das Statut der Ortsgruppe außer Kraft und nahm ihr damit jegliche Beschlußkraft. Die Gehaltszahlung an Sorrell von 255 Dollar pro Woche wurde eingestellt. Als er die Bundeszentrale verklagte mit der Begründung, er habe einen Dreijahresvertrag, kam der Fall nicht vor Sommer 1955 zur Verhandlung. Nun machte Sorrell geltend, daß die Gewerkschaft ihm 20670 Dollar schulde. Sorrell verlor.

»Wie konnte der Mann so systematisch mit diesen Frauen ausgehen, sie zerstückeln und in seinem Ofen verbrennen und dann seine Blumen pflegen, während der schwarze Rauch aus dem

Schornstein stieg?« Es war fast eine rhetorische Frage, die Charlie Chaplin im Frühjahr 1946 seinem ältesten Sohn hinwarf, als er sich dem Schluß seines Drehbuchs für *Der Heiratsschwindler von Paris/Monsieur Verdoux* näherte. Charles Chaplin junior, inzwischen einundzwanzig und frisch aus der Armee entlassen, hatte keine Antwort anzubieten, aber das wurde auch kaum erwartet. »Im nächsten Augenblick«, erinnerte sich der Sohn, »kam er aus seinem braunen Studio geschossen und fing an, die grauenhafte Episode pantomimisch darzustellen, und er machte es so komisch, daß ich lachen mußte.« In diesem Sommer wurde die Pantomime eine einleitende Szene von *Monsieur Verdoux*: Chaplin beschneidet seine Rosen, der Verbrennungsofen stößt im Hintergrund dicken Rauch aus, Chaplin tritt beinahe auf eine Raupe, er schaudert vor der Möglichkeit solcher Grausamkeit und rettet die Raupe zärtlich aus der Gefahrenzone.

Chaplin hatte eine seiner Meinung nach einleuchtende Antwort auf seine Frage gefunden: Er porträtierte Verdoux als einfachen Geschäftsmann, der reichen alten Frauen den Hof machte und sie dann wegen ihres Geldes umbrachte. Für Geld täte ein Geschäftsmann alles, war Chaplins Formel, und so führte das Geschäft logischerweise zum Krieg und zu millionenfachem Tod. »Kriege, Konflikte – alles ist Geschäft«, sagt Verdoux kurz vor seiner Hinrichtung in einer Pressekonferenz. »Ein Mord macht einen Schurken, Millionen Morde einen Helden. Die Masse heiligt!« Diese geradezu linke Gleichsetzung von Geschäft und Krieg war eigentlich weniger marxistisch als brechtisch, aber als Chaplin sein Skript erwartungsvoll Bertolt Brecht zeigte, erhielt er eine verwirrende Antwort: »Oh«, kommentierte der Stückeschreiber, nachdem er Chaplins Werk durchgeblättert hatte, »Sie schreiben ein Drehbuch Modell Chinesisch.«

Seriöse Kritiker von der Art, die beklagt, daß Brechts *Mahagonny* das zeitgenössische Leben nicht korrekt wiedergäbe, hatten natürlich Bedenken sowohl gegen das Philosophieren in *Monsieur Verdoux* als auch gegen die Philosophie selbst. Der schärfste Kritiker war vielleicht Dwight MacDonald, der erklärte, Chaplins Vergleich von Mördern mit politischen Führern sei »eine Ironie, wie sie wohl erstmals bei einem Ur-Montaigne zur Zeit des Königs

Belsazer beobachtet wurde«. Allgemeiner gesagt, fuhr MacDonald fort, »war es ein trauriger Tag für Chaplin, als die Intellektuellen ihm einredeten, er sei der tragische Clown, der Kleine Mann... Das Wesen der Wirklichkeit, das er als Mime intuitiv erfaßte, wurde dunkel für ihn, als er versuchte, darüber nachzudenken.«

Das war eine der traurigen Folgen des Tons, der sich zum Film gesellt hatte; er machte Worte nötig, und das bedeutete Denken. Chaplin widersetzte sich dem Ton, so lange er konnte. *Lichter der Großstadt* (City Lights, 1931) und *Moderne Zeiten* (Modern Times, 1936) hielten den Stummfilm noch ein Jahrzehnt am Leben, nachdem *Der Jazzsänger* 1927 als erster erfolgreicher Tonfilm Filmgeschichte machte. Wer aber erklärt, die philosophischen Argumente des *Monsieur Verdoux* seien geläufig oder zu simpel oder falsch oder alles zusammen, der könnte ebensogut gegen den politischen Gehalt von Picassos *Guernica* Einwendungen machen. Wie sehr man an Chaplin auch Anmaßung, Naivität, Sentimentalität und diverse andere intellektuelle Sünden kritisieren mag, ihm ist es immerhin mehr als jedem anderen Filmemacher in Hollywood gelungen, die zentralen Probleme seiner Zeit zu erfassen, seine Filme als Kommentare zu diesen Problemen zu gestalten und auch die richtigen Kommentare zu geben. Daß er 1925 die Geldgier *(Goldrausch)*, 1936 die Technisierung des Lebens *(Moderne Zeiten)*, 1940 die Gefahr des Nationalsozialismus *(Der Große Diktator)* und 1946 die Mehrdeutigkeit des Massenmords dramatisiert hat, läßt auf ein künstlerisches Ahnungsvermögen schließen, das weit über den Argumenten der Kritiker Chaplins steht. Vielleicht eben weil *Monsieur Verdoux* nicht vom Holocaust handelt, spricht das Bild des Verbrennungsofens hinter dem Rosengarten eine so ausdrucksvolle Sprache.

Natürlich wäre keine von Chaplins Leistungen möglich gewesen, hätte er seine Ideen Louis B. Mayer oder Darryl F. Zanuck oder irgendeinem ihrer nervösen Beauftragten unterbreiten müssen. Chaplin setzte auf seinen Glauben an *Monsieur Verdoux* die (für 1946) erstaunliche Summe von zwei Millionen Dollar. Er mußte seine Idee zwar nicht den Ansichten eines Produktionsmanagers unterwerfen, aber er mußte die Zustimmung der Zensoren im Johnstonbüro gewinnen, und die mißbilligten beinahe alles.

Einen Brief an Chaplin leiteten sie mit der Erklärung ein, es ginge ihnen nicht um die politischen Ansichten, die in *Monsieur Verdoux* zum Ausdruck kämen, ließen aber durchblicken, daß sie vielleicht noch darauf zurückkommen würden, auch an dieser Front ihre Bedenken zu äußern. »Wir wollen über jene Elemente hinwegsehen, die nach Ansatz und Inhalt gesellschaftsfeindlich scheinen«, besagte der Brief. »Es sind die Teile des Films, in denen Verdoux das ›System‹ verurteilt und die gegenwärtige Gesellschaftsordnung angreift.« Nachdem sie dieses Thema angesprochen hatten, nur um zu erklären, daß sie »darüber hinwegsehen« wollten, wandten sich die Zensoren vom Massenmord ab und einer ernsteren Sorge zu, einem »widerwärtigen Geschmack nach verbotenem Sex, der nach unserem Urteil nicht gut ist«.

Die Zensoren lieferten, wie es ihr Beruf war, eine Liste und Erläuterungen aller unmoralischen Dinge, die nicht geduldet werden konnten. Als beispielsweise eine seiner Frauen Verdoux bat: »Komm ins Bett«, meinten die Zensoren, das müsse Chaplin zu »Geh ins Bett« ändern. Schwieriger wurde es bei Monsieur Verdoux' Begegnung mit einer jungen Prostituierten, die er vergiften wollte, nur um die Wirksamkeit eines neuen Mittels zu erproben, sich dann aber mit ihr anfreundete, ihr zu essen gab, sie bezahlte und nach Hause schickte. Die Zensoren erhoben Einspruch gegen jeden Hinweis, daß das Mädchen eine Prostituierte sei.

Es ist durchaus möglich, daß das Johnstonbüro seine Arbeit ganz unter dem Blickwinkel des »verbotenen Sex« sah; es ist ebensogut möglich, daß es eigentlich aus politischen Gründen gegen den Film war, den Kampf aber in Fragen des Sex führte, weil das sein eigentlicher Auftrag von den Produzenten war. Auf jeden Fall mußte Chaplin über jeden Einwand der Zensoren diskutieren. Am schwersten hatte er es mit einem Assistenten Breens, »einem langen, finsteren jungen Mann« nach Chaplins Erinnerungen, der fragte: »Was haben Sie gegen die katholische Kirche?« Chaplin stellte die Gegenfrage: »Warum fragen Sie mich das?« Der finstere junge Mann klatschte das Drehbuch für *Monsieur Verdoux* auf einen Tisch und begann zu blättern, um die vorletzte Szene zu finden, in der ein Priester Verdoux in der Todeszelle aufsucht. Warum ließ Chaplin Verdoux den Priester mit »mein guter Mann« anreden?

»Nun, ist er denn kein guter Mann?« parierte Chaplin.

»Machen Sie keine Witze...«, sagte der Zensor. »Man nennt einen Priester nicht ›guter Mann‹, man nennt ihn Vater.«

»Sehr schön, nennen wir ihn Vater«, sagte Chaplin.

Und so ging's weiter. Wie konnte Chaplin den Mörder sagen lassen: »Ich lebe in Frieden mit Gott, Streit habe ich mit Menschen?« Wie konnte er Verdoux sagen lassen: »Wer weiß, was Sünde ist, entspringt sie doch dem Himmel, dem gefallenen Engel Gottes, wer weiß, welch geheimnisvoller Bestimmung sie dient?«

»Ich glaube, daß die Sünde ein ebenso großes Rätsel ist wie die Tugend«, sagte Chaplin.

»Das ist lauter Pseudo-Philosophie...« sagte der Zensor. »Und diese Stelle: ›Möge der Herr unserer Seele gnädig sein.‹ Und Verdoux sagt: ›Warum nicht? Schließlich gehört sie ja Ihm.‹«

»Was gefällt Ihnen daran nicht?« fragte Chaplin.

»›Warum nicht‹... so redet man nicht mit einem Priester... Sie vergreifen sich an der Gesellschaft und am ganzen Staat.«

Das war es. Chaplin vergriff sich an Gesellschaft und Staat. Aber Breen selber war im Gegensatz zu seinem jungen Assistenten bereit, vernünftig zu sein. Er hatte all diese Streitereien satt, immer dasselbe. Einmal faßte er all seine Konflikte mit Hollywoods anspruchsvolleren Filmemachern in einer kläglichen Bitte zusammen. Er sagte zu Chaplin: »Machen Sie das Mädchen nicht wieder zur Prostituierten. Fast jedes Drehbuch in Hollywood hat eine Prostituierte.«

Chaplin bekannte, er sei »bestürzt gewesen«, daß er sich zu einem solchen Klischee habe hinreißen lassen. Er »versprach, die Tatsache nicht zu betonen«. Als der Film dann gedreht war – in bemerkenswert kurzen zwölf Wochen – und Vertretern der Katholischen Legion für Anstand und anderen »religiösen Gruppen unterschiedlicher Bekenntnisse« vorgeführt wurde, war Breen einverstanden, und andere schlossen sich seinem Beispiel an. »Ist in Ordnung, wir können ihn durchgehen lassen, was?« sagte Breen. »Ist gut, Charlie, zieh los.« Fast zehn Jahre waren vergangen seit dem *Großen Diktator*, der eine Menge Geld eingebracht hatte, und Chaplin dachte, *Monsieur Verdoux* würde das auch tun. Er gab eine Privatvorstellung des fertigen Films für einige seiner prominentesten Freunde in Hollywood, und Thomas Mann zum Beispiel stand auf und applaudierte.

Chaplin schien nicht zu merken, wie schnell der politische Wind der Nachkriegszeit umsprang. Während er den Film redigierte, bekam er den Anruf eines US-Marshals, der ihm ankündigte, daß er eine Vorladung erhalten werde, vor dem Kongreßausschuß für Unamerikanische Umtriebe zu erscheinen. Chaplin schien nicht beunruhigt, schien sich nicht bedroht zu fühlen oder gab nicht zu, sich bedroht zu fühlen. Als sein Termin ohne Erklärung verschoben wurde und dann wieder verschoben, schickte er dem Ausschuß ein trotziges Telegramm. »ZU IHRER GEFÄLLIGEN BEDIENUNG WILL ICH IHNEN MITTEILEN, WAS SIE, DENKE ICH, WISSEN WOLLEN«, lautete das Telegramm. »ICH BIN KEIN KOMMUNIST UND BIN IN MEINEM LEBEN NIE EINER POLITISCHEN PARTEI ODER ORGANISATION BEIGETRETEN...« Der Ausschuß dankte ihm höflich für sein Telegramm und sagte, er sei nun doch nicht an seiner Befragung interessiert. Einer der mächtigsten Demokraten im Ausschuß, John Rankin aus Mississippi, attackierte ihn dennoch, weil er sich angeblich »geweigert« habe, amerikanischer Staatsbürger zu werden, und weil er »widerliche Filme« mache, die die amerikanische Jugend verderben könnten.*

Die New Yorker Premiere von *Monsieur Verdoux* im April 1947 erfüllte Chaplin mit Vorahnungen. Es herrschte »an dem Abend eine ungemütliche Atmosphäre in dem Kino, ein Gefühl, daß das Publikum gekommen war, um etwas zu beweisen«, erinnerte er sich. Manche Leute lachten, aber es wurde auch gezischt, und selbst das Gelächter erschien Chaplin wie ein »Lachen der Herausforderung gegen die Zischfraktion«. Er wand sich auf seinem Sitz, drehte sein Programm zu Fetzen und flüsterte dann seiner Frau Oona zu, er ginge in die Halle hinaus. »Ich stehe das nicht durch«,

---

* Nach Rankins Maßstäben war das ziemlich milde ausgedrückt. Bei einer früheren Gelegenheit hatte er Chaplin als »Perversen« gebrandmarkt und gesagt, Chaplin sei »für seine gewaltsame Verführung weißer Mädchen berüchtigt«.

sagte er. Er lungerte ein Weilchen in der Halle herum, »hin- und hergerissen zwischen dem Warten auf Lacher und dem Wunsch, davonzulaufen«. Er krabbelte zur Galerie hinauf, um sich das Publikum dort anzusehen, und überall fand er dieselbe Art von nervösem Gelächter, freudlosem Gelächter.

Am nächsten Tag hielt Chaplin eine Pressekonferenz ab. Der Pressestab der United Artists bezweifelte, daß dieser Schritt klug sei, denn die Presse reagierte ziemlich feindselig auf ihn seit dem Joan Barry-Prozeß, aber Chaplin bestand darauf. Im brechend vollen Ballsaal des Hotels Gotham machte Chaplin gleich zu Beginn den fatalen Fehler, sich defensiv zu geben. »Fangen Sie an mit dem Schlachtfest«, sagte er mit bleiernem Humor. »Feuer frei auf dieses alte graue Haupt.« Nach ein paar Fragen als Vorgeplänkel wollte eine Frau, die ziemlich vorn saß, ohne Umschweife wissen: »Sind Sie Kommunist?«

»Ich bin kein Kommunist!« sagte Chaplin.

»Kommunistischer Sympathisant war die Frage«, sagte jemand anderer, obwohl das nicht die Frage gewesen war.

»Kommunistischer Sympathisant...?« echote Chaplin. »Ich weiß nicht, was Sie meinen mit ›kommunistischer Sympathisant‹. Ich will soviel sagen – während des Krieges habe ich sehr stark mit Rußland sympathisiert, weil ich glaube, es hat die Front gehalten... es hat einen erheblichen Beitrag geleistet an Kampf und an Toten, um den Alliierten den Sieg zu bringen.«

Das war das Stichwort für James W. Fay, den Vertreter einer Publikation namens »Katholische Kriegsveteranen«. Er begann sich aufzuplustern wegen Chaplins häufiger Erklärung, er betrachte sich nicht als Bürger eines Landes, sondern als Weltbürger. »Mr. Chaplin«, proklamierte Fay, »die Männer, die die Brückenköpfe sicherten, die Männer, die im Angesicht des feindlichen Feuers vorgestürmt sind, die armen Kerle, die eingezogen wurden wie ich, und ihre Angehörigen und Kameraden – sie sind empört über diese Bemerkung.«

Chaplin wurde unsicher. Er verwies auf seine Söhne – »zwei von ihnen waren in diesen Brückenköpfen«. Er stammelte Entschuldigendes. »Immerhin, ich – ich – ich habe meinen Teil getan«, plädierte er, »und was ich auch gesagt habe, es war keinesfalls abwertend gemeint für Ihre katholischen – eh – eh – Soldaten.«

Solche Entschuldigungen regten nur den Appetit der Reporter an, jetzt deckten sie Chaplin mit Fragen ein wie: »Was haben Sie eigentlich zur Kriegsanstrengung beigetragen?« Und ob er Hanns Eisler kenne, und: »Ist Ihnen bekannt, daß sein Bruder ein sowjetischer Agent ist, laut Aussage von...«

Etwa zu diesem Zeitpunkt kam ein protestierendes Rumoren von der Galerie, und ein zottelhaariger Filmkritiker stand auf, um eine zottelhaarige Frage zu stellen. »Wie fühlt man sich so als Künstler, der die Welt mit so viel Freude und Verständnis für den kleinen Mann beschenkt hat und der nun von sogenannten Pressevertretern verspottet und mit Haß und Hohn überschüttet wird?«

»Entschuldigen Sie, ich habe Sie nicht ganz verstanden, wollen Sie bitte die Frage wiederholen«, sagte Chaplin, erschrocken und erfreut bei diesem Zeichen der Unterstützung.

»Ich weiß nicht, ob ich das kann«, sagte James Agee, der für die *Time* und für *The Nation* und für sich selbst Filme rezensierte. In der einzigen Niederschrift von dieser Pressekonferenz fehlt der größte Teil von Agees erster Äußerung, und seine Neuformulierung grenzt an Gestammel: »Was sind das für Leute, die sich den Teufel um Freiheit scheren... wem sie wirklich am Herzen liegt... denkt nach über ein Land und seine Menschen, die sich zu diesem Land gratulieren, dem besten auf Erden und einem ›freien Land‹, wenn so viele Leute in diesem Land ihre Nase in die Staatbürgerschaft eines Mannes reinstecken und ihm erzählen wollen, was er zu tun hat von Stunde zu Stunde.« Chaplin war gerührt. Ihm fiel darauf keine Antwort ein außer: »Kein Kommentar, aber danke.«

Agee lobte *Monsieur Verdoux* in der *Time* als »bemerkenswertesten Film seit Jahren«. Wenn er auch nicht der beste aller Chaplin-Filme sei, so »ist er gewiß der faszinierendste«, und Chaplins Darstellung der Titelrolle gehöre zu den »schönsten Einzelleistungen, die je auf Film gebannt wurden«. Dann schrieb Agee eine Folge von drei Rezensionen in *The Nation*, die nicht nur »den großen Dichter und seine große Dichtung« priesen, sondern auch alle Verleumder Chaplins attackierten. Die schlechten Kritiken, sagte er, seien »hauptsächlich als endgültiger Maßstab dafür von Interesse, welcher Unterschied besteht zwischen dem, was ein genialer Mensch der Welt vorlegt, und dem, was die Welt darin zu erkennen vermag«.

Nun, wir müssen leidenschaftlichen Kritikern ihre Leidenschaften nachsehen. Wenn dieser Film Agees Enthusiasmus auch nicht verdient hatte, war er doch weit besser, als die Nörgelei weniger bedeutender Kritiker erkennen ließ. Immerhin war verständlich, daß genörgelt wurde, denn *Monsieur Verdoux* war ein sehr unerfreulicher Film, bitter, griesgrämig, grausam. Von seinem geliebten kleinen Tramp hatte Chaplin sich mit dem *Großen Diktator* verabschiedet, aber eine erkennbare Variante bewahrte er sich in dem kleinen Barbier, und die bewegte Ansprache des Barbiers am Schluß bildete so etwas wie ein Happy-End. Aber Verdoux, der Verführer und Mörder freundloser Frauen, war ein Ungeheuer. Spießig, mit einem spießigen kleinen Schnurrbart und einem spießigen kleinen Akzent war er das Bild des perversen Mörders. Verdoux liebte Frau und Kind, ohne Zweifel, und er liebte auch Haustiere. Genauso wie das Urbild des spießigen Massenmörders, Heinrich Himmler.

Dennoch wollte Chaplin, daß sein Publikum mit Verdoux sympathisierte, sich mit ihm identifizierte, Anteil nahm an seinen monströsen Verbrechen und seinen Rechtfertigungen dieser Verbrechen. Und wenn wir auch dazu neigen, Verdoux' Morde im Zusammenhang mit dem Holocaust zu sehen, ging Chaplin doch einen Schritt weiter und hob hervor, daß Verdoux' Morde nicht bloß die Massaker der jüngsten Vergangenheit widerspiegelten, sondern auch die drohenden Massaker der Zukunft, die Atombombe, unsere Waffe, also uns. Nein, riefen die Kritiker beharrlich, das ist zuviel. Das einzige, was noch schlimmer war als Chaplins Anklagen, das war sein kapriziöser Einfall, seine Anklagen mit brillanter Komik zu garnieren. Da fährt Verdoux mit der absurd eruptiven Gestalt der Martha Ray im Ruderboot ins Dunkle, schleicht sich mit einer Henkersschlinge an sie heran und tritt im letzten Moment wegen ein paar Schweizer Jodlern den Rückzug an – konnte man einen solchen Film als seriös betrachten? Ja, was ist denn seriös? hätte Chaplin fragen können. Er selbst nannte *Monsieur Verdoux* »eine Mordkomödie«.

Der Film lief ein paar Wochen lang sehr gut in den Kinos, dann kam er ins Stocken. Das lag wahrscheinlich an den ersten Zuschauern, denen der Film nicht gefallen hatte und die ihren Freunden sagten, sie sollten nicht hingehen. Aber Chaplin gab militanten Rechtsgruppen die meiste Schuld. Er erinnerte sich später, daß ihm ein Angestellter der United Artists ein Bild in der *New York Daily News* zeigte, auf dem die Katholische Legion New Jerseys zu sehen war, die mit Transparenten wie »Chaplin ist kommunistischer Mitläufer« und »Schickt Chaplin nach Rußland« ein Kino blockierte. Chaplin sagte, überall im Lande seien Bestellungen rückgängig gemacht worden, nachdem die Amerikanische Legion mit dem Boykott jedes Kinos gedroht hatte, das einen Chaplin-Film zeigte. In Denver wurde *Monsieur Verdoux* gleich am Abend nach der Erstaufführung auf Drohungen der Legion hin abgesetzt. Nachdem das sechs Wochen lang so weitergegangen war, zog Chaplin den Film grollend aus dem Verleih zurück und ließ ihn beinahe zwanzig Jahre lang in den Vereinigten Staaten nicht mehr zeigen. Er blieb allerdings bei seiner Überzeugung, das sei »mein bisher gescheitester und brillantester Film«.

Noch eine letzte Anmerkung zu Bugsy Siegels Flamingo-Hotel in Las Vegas, das heute, wohl unvermeidlich, das Flamingo Hilton ist. Es ist rundum super-modern, ausgestattet beispielsweise mit computergesteuerten Pokerspielen, einmal abgesehen von den unerbittlichen Anachronismen wie den Barmixern der *Gay Nineties* mit ihren roten Kordelkrawatten und den müden Kellnerinnen in tiefem Dekolleté und schwarzen Netzstrümpfen. Überall in den fensterlosen Spielsälen, die niemals schließen, hört man fast nur das Klicken der Spielapparate und die leblosen Stimmen der Männer, die sie bedienen.

Las Vegas heute ist, was die Hölle sein könnte, wenn die Hölle von New Yorker Gangstern geplant und gebaut würde. Es ist das Königreich der Vergnügungen, in dem alles erlaubt ist und dann pervertiert und zur Karikatur wird. In dem (wie in *Mahagonny*) Vergnügen als käufliche Befriedigung verstanden wird, als Spiel,

Whisky, Prostitution. Wo man Tausende von Touristen herdenweise in protzige Hotels treibt und ermuntert, ihr Geld in freudloser Lustbarkeit zu verschleudern. Vergnügen, rund um die Uhr erbarmungslos organisiert und verkauft, Massenproduktion für Massenkonsum – was könnte höllischer sein als die Gangstervision des Paradieses?

In seiner äußeren Gestalt hat sich Bugsy Siegels Flamingo im Laufe eines halben Jahrhunderts erheblich verändert. Eine Reihe von Photos an der Wand eines dunklen Korridors dokumentiert die fortschreitenden Erweiterungen und Verwandlungen: Säulen tauchen auf und verschwinden, Kiefern machen Palmen Platz, das Dach wird höher, Seitengebäude sprießen, Neonleuchten werden immer größer und heller. Die gegenwärtigen Eigner und Betreiber machen nicht gerade Reklame mit den Gründern ihres Hotels, aber sie haben die Ursprünge des Flamingos nicht vergessen. Im Hinterhof draußen, nicht weit vom Swimmingpool, liegt ein hübscher Rosengarten. In einer Ecke dieses Gartens weist ein Schild mit sentimentaler Inschrift auf die Besonderheit des Gartens hin. »Nicht viele Menschen wissen«, heißt es da, »daß Bugsy Siegel neben seiner beruflichen Tätigkeit, seinem Handel und Wandel in der Unterwelt, auch ein vorzüglicher Gärtner war... Dies ist der Originalboden seines berühmten Rosengartens. Seit über dreißig Jahren blühen hier die Rosen, und sie blühen jedes Jahr größer und in tieferem Rot als im Jahr zuvor. Es wird gemunkelt, daß Bugsy ein Geheimrezept hatte, um seine Rosen so schön und leuchtend rot zu halten... Erinnern Sie sich an Filthy Frankie Giannattasio? Wie ist es mit dem berüchtigten Big Howie Dennis? Vielleicht kennen Sie noch den skurrilen Mad Dog Neville? Sie waren zu dieser oder jener Zeit mit Bugsy liiert, und sie lösten sich irgendwann alle drei urplötzlich in Luft auf. Niemals wurde eine Spur von ihnen gefunden. Es wird gemunkelt, daß man um Mitternacht bei Vollmond an dieser Stelle drei dumpfe Stimmen murmeln hört: ›Na, Bugsy, wie gefallen dir die Rosen, Bugsy?‹«

Unamerikanismus

(1947)

Charles Laughton war bei den letzten öffentlichen Proben so nervös, daß er die Hände in die Taschen steckte und seine Genitalien massierte. Die Leute im Publikum konnten kaum umhin, es zu bemerken. Einige kicherten. Keiner von der Truppe wagte es, Laughton den Grund für das Gelächter zu sagen. Alle verließen sich darauf, daß Helene Weigel, Bertolt Brechts Frau, schon etwas tun würde. »Helli holte sich seine Hosen unter dem Vorwand, sie müßten gebügelt werden«, erzählte Frances Heflin, die Schwester von Van Heflin, ein junges Mitglied des Ensembles. »Sie wollte, daß er die Hände nicht in die Taschen steckte, also nähte sie sie zu.« Laughton tobte, als er die Taschen zugenäht fand und als er erfuhr, warum. Zwar bestand er darauf, daß die Stiche aufgetrennt wurden, aber er benahm sich dann am Premierenabend besser.

Und das war ein Premierenabend. Charlie Chaplin war da und Ingrid Bergmann und Frank Lloyd Wright, Charles Boyer, Billy Wilder, Olivia de Havilland, John Garfield, Igor Strawinsky – sie alle waren dabei, als das Premierenpublikum in das 260sitzige Coronet-Theater auf dem La Cienega Boulevard drängte, um eines der größten Bühnenereignisse seiner Zeit, wie man rückblickend weiß, mitzuerleben. Es war die Premiere des *Galilei*, des größten Bühnenstücks von Brecht, und Laughton stand zum ersten Mal seit fünfzehn Jahren wieder auf der Bühne. Abgesehen davon, daß das *Leben des Galilei* ein faszinierendes Theaterstück ist, beschäftigt es sich auch mit zwei damals aktuellen Fragen von höchster Brisanz: die Frage nach der Verantwortung der Wissenschaftler, die die Atombombe gebaut hatten, und die nach der Verantwortung der Intellektuellen, die zur Vernehmung über ihre politischen Ansichten vorgeladen wurden. Das Publikum nahm Brechts Sondierungen mit Skepsis auf; es blieb unruhig. Auch die Pressekritiken klangen etwas zweifelnd. Die *New York Times* war einigermaßen repräsentativ, als sie erklärte, das Stück sei »bar aller Höhepunkte und auch arm an bewegenden Momenten«. Hearsts *Los Angeles Examiner* nannte es einen »aufgeregten, pubertären Redeschwall«.

Dieser zwiespältige Abend im Coronet-Theater hatte ungewöhnlich lange auf sich warten lassen. Brecht hatte den *Galilei* im Herbst 1938 in Dänemark in einem einzigen, schöpferischen Rausch von drei Wochen geschrieben; 1943 war das Stück sogar in der kriegsbedingten Isolierung Zürichs schon auf die Bühne gekommen. Zu der Zeit war Brecht in die Auseinandersetzungen um den Film *Auch Henker sterben* verstrickt. Obwohl dieser Streit für ihn so bitter endete, heckte er unerschütterlich immer neue Filmideen aus. Mit Salka Viertels Sohn Hans besprach er Möglichkeiten für einen Film über Shakespeares Schwierigkeiten, finanzielle Unterstützung für das Globe-Theater zu bekommen. Er gab zu, daß er darin manche Ähnlichkeiten mit dem zeitgenössischen Hollywood sah: »Schreibkollektiv, Schnellschreibbefehl, immer wieder dieselben Motive...« Unter dem Titel *Uncle Sam's Property* schrieb er den Entwurf zu einer Geschichte über ein Bajonett, das von einem Besitzer zum nächsten weitergegeben wurde. Er schrieb *The Crouching Venus*, eine ganze Erzählung von einem Museumskurator im besetzten Marseille, der eine berühmte Statue vor einem begehrlichen Deutschen rettete. Er schrieb die Skizze einer Filmfassung des *Kinderkreuzzuges*, eines seiner bewegendsten Gedichte. Er erwog eine moderne Version der *Lysistrata*. Alles in allem arbeitete er an mehr als fünfzig Filmprojekten.

Das einzige, was er verkaufte, verkaufte er indirekt. In den Jahren 1942 und 1943 arbeitete er zusammen mit Lion Feuchtwanger an einem Stück über eine moderne Jeanne d'Arc im französischen Widerstand mit dem Titel *Die Gesichte der Simone Machard*.

Als die beiden Ko-Autoren unausbleiblich in Streit gerieten und auseinandergingen, übernahm Brecht sämtliche Aufführungsrechte an dem Projekt und Feuchtwanger alle Publikationsrechte an dem zukünftigen Roman. Sam Goldwyn lehnte Brechts Stück ab, kaufte aber Feuchtwangers Roman für fünfzigtausend Dollar in der Hoffnung, Teresa Wright als heilige Heroine groß herausbringen zu können. Feuchtwanger gab Brecht ohne Not, aber wohlwollend zwanzigtausend Dollar ab. Goldwyn hat den Film nie produziert.

Brecht wußte sehr gut, daß all diese Filmprojekte zweitrangig waren neben seiner Berufung für die Bühne, und nach dem Streit über *Simone Machard* setzte er sich hin, um am *Kaukasischen Kreidekreis* zu arbeiten, seinem neuen großen Stück aus dieser Hollywooder Zeit. Aber ein Stück zu schreiben war nur der erste Schritt auf dem langen, mühsamen Weg, der zu einer Bühnenproduktion führte – oder auch nicht. Brecht hatte bereits eine ganze Aktenmappe voll früherer Werke, die sich in verschiedenen Stadien der Verhandlungen befanden. Seine Fassung von Hašeks *Bravem Soldaten Schwejk* aus dem Jahre 1928 hatte er 1943 zu *Schweyk im Zweiten Weltkrieg* modernisiert und gehofft, Peter Lorre würde den Schweyk spielen. Er erkundete, ob nicht sein alter Partner Kurt Weill das Stück vertonen könnte. Er erreichte, daß Salkas Ehemann Berthold Viertel 1942 in New York vier Szenen aus *Furcht und Elend des Dritten Reiches* in deutscher Sprache einstudierte (eine vollständige englische Fassung erreichte mit großer Verspätung erst im Juni 1945 die Bühne).

Das wichtigste dieser Manöver begann an einem Sonntagnachmittag im März 1944 in Salka Viertels Salon. Dort begegnete Brecht zum erstenmal der mächtigen Gestalt Charles Laughtons. Er hatte Laughtons beste Vorkriegsfilme gesehen und bewundert – *Rembrandt* und *Das Privatleben Heinrich VIII.* (The Private Life of Henry VIII.) –, deshalb war er bereit, den Schauspieler ernst zu nehmen und – natürlich – sich seiner zu bedienen. Laughton verdiente immer noch eines Stars würdige 100000 Dollar pro Film, obwohl mehrere seiner letzten Filme mißlungen waren (*The Tuttles of Tahiti, Stand By for Action, The Man form Down Under*); und er hungerte danach, ernst genommen, ja sogar benutzt zu werden. Brecht zeigte Laughton das Manuskript des *Schweyk*; Laughton war angemessen beeindruckt. Sie wurden Freunde. Brecht schrieb sogar ein Gedicht mit dem Titel *Der Bauch Laughtons*:

> ...Hier war er: nicht unerwartet, doch nicht gewöhnlich
> Und gebaut aus Speisen, ausgekürt
> In Muße, zur Kurzweil.
> Und nach gutem Plan, vortrefflich ausgeführt.

Laughtons gestrenges Eheweib Elsa Lanchester war weniger beeindruckt von Brecht. »Er rauchte fürchterliche Zigarren«, beobachtete sie. »Vielleicht war es auch der Zug durch Brecht, der den Rauch mit diesem höchst scharfen, beißenden Geruch wieder herauskommen ließ... Er hatte nicht mehr viele Zähne, und sein Mund öffnete sich kreisrund, so daß man einen oder zwei kleine Stümpfe aus diesem schwarzen Loch hervorlugen sah. Ein sehr unerfreulicher Anblick.« Laughton aber war entzückt von seiner Neuentdeckung. »Aber L. kam mir oft schon im Garten entgegen«, schrieb Brecht lange danach, »in Hemd und Hose barfuß über den feuchten Rasen laufend, und wies mir gewisse Neuerungen in der Bepflanzung, denn der Garten beschäftigte ihn ständig...«

Laughton war stolz auf seinen Garten auf den Höhen von Pacific Palisades mit Blick aufs Meer. Brecht schrieb ein Gedicht über den »Garten des Schauspielers«, seine riesigen Eukalyptusbäume, seinen Zitronenhain, seine Farne und Fuchsien, »Cynien und bunte Winden« und seinen »lordlichen Rasen«. In diesem Herbst war Laughton tieftraurig, als am Rande seines Gartens plötzlich zweieinhalb bis drei Meter Boden wegbrachen und den Abhang hinunterrutschten. Im Ton dieser Bestürzung schloß Brecht sein Gedicht: »Leider ist der schöne Garten.../ Auf brüchiges Gestein gebaut.../ Anscheinend/ Bleibt nicht viel mehr Zeit, ihn zu vollenden.«

Laughton und Brecht waren höchst unwahrscheinliche Partner, Fremde aus zwei sich bekriegenden Ländern: einer dick, einer dünn; einer reich und berühmt, einer arm und unbekannt; einer ein Homosexueller mit Schuldkomplex, der andere ein Schürzenjäger ohne Scham; der eine ein politisch indifferenter Connaisseur, der andere ein in jeder Hinsicht Radikaler. Was sie verband, das war der *Galilei*, den Brecht jetzt mit und für Laughton umzuschreiben entschlossen war. Brecht hatte den Galilei von Anfang an als Vater der modernen Physik, als Künder eines »neuen Zeitalters« darstellen wollen. Damals in Dänemark hatte er auch einen Physiker gekannt, der für Nils Bohr arbeitete, und so war er informiert über Bohrs Bemühungen, der Welt Otto Hahns erfolgreiche Atomspaltung Ende 1938 zu erklären. Das Entscheidende an Galilei jedoch war, abgesehen von seinen großen Entdeckungen, daß er sie unter der Drohung der Inquisitionsfolter widerrufen hatte. Ursprünglich wollte Brecht offenbar ganz konventionell den *Galilei* als überragenden Geist porträtieren, der listig Fügsamkeit vor der Obrigkeit vortäuschte, damit er sein Leben und seine Arbeit fortsetzen konnte. So konnte Galilei überleben und seine berühmten *Discorsi* schreiben. Und sein Schüler Andrea später sagte: »Ihre Hände sind befleckt, sagten wir. – Sie sagen: Besser befleckt als leer... Und: Angesichts von Hindernissen mag die kürzeste Linie zwischen zwei Punkten die krumme sein.«

Es gibt die von Trotzkis Biographen Isaac Deutscher mit Nachdruck vertretene These, daß Brechts Darstellung des Kampfes zwischen Galilei und der Kirche zumindest teilweise von den sowjetischen Säuberungsprozessen der Jahre 1936 bis 1938 inspiriert war, daß Brecht, nicht gerade der orthodoxeste Radikale, »gewisse Sympathien für den Trotzkismus« hatte und daß »der Galilei seines Dramas Sinowjew oder Bucharin oder Akowsky in historischer Verkleidung ist«. Daran mag etwas Wahres sein, denn *Leben des Galilei* ist ein kompliziertes Stück, das Hintersinn neben Hintersinn in seinen Texten birgt. Aber der Gedanke, etwas um des Überlebens willen zu sagen oder zu tun, zog sich tief durch Brechts Werk. Er war das Leitprinzip von Mackie Messer und Jenny, von Mutter Courage und Schweyk. In einer Zeit extremer Krise kann dieser Hunger nach Überleben zu häßlichen Partnerschaften führen, er kann aber auch zu der sehr vernünftigen Lösung führen, die der Flüchtling wählte und die sich in der Volksweisheit ausdrückt, daß ein heut' entkommener Mann morgen wieder kämpfen kann.

Das erste, was mit dem *Galilei* zu geschehen hatte, war allerdings die Anfertigung eines Arbeitsentwurfs in englischer Sprache. Brecht, der immer noch wenig Englisch konnte, bot Laughton, der kein Deutsch konnte, eine wörtliche und sehr deutsche Übersetzung an, die »eine Sekretärin« gemacht hatte, wie er sagte. Laughton, anscheinend entsetzt, verdingte Brainerd Duffield und Emerson Crocker, zwei junge Schriftsteller, die er von der MGM her kannte, damit sie etwas Lesbares zu Papier brächten. Auch die zwei konnten sehr wenig Deutsch, so daß die Version, die sie im November 1944 produzierten, sehr frei war. Laughton und Brecht bekundeten, daß sie ihnen gefiele, aber das war erst der Anfang. Laughton sehnte sich danach zu schreiben, und Brecht liebte es, immer wieder umzuschreiben. Und so trafen sie sich regelmäßig in Laughtons Arbeitszimmer, um das ganze Stück umzuarbeiten. Laughton mußte im Febraur 1945 unterbrechen, um *Unter schwarzer Flagge* (Captain Kidd) zu drehen, und im August noch einmal für *Because of Him*, aber danach ging die Arbeit weiter. Brecht schrieb auch darüber ein Gedicht: »Noch zerfleischten sich unsere Völker, als wir/ über den abgegriffenen Heften saßen, in Wörterbüchern/ Suchend nach Wörtern und viele Male/ Unsere Texte ausstrichen.../ Immerfort wandelte ich mich zum Schauspieler, zeigend/ Gestus und Tonfall einer Figur, und du/ Wandeltest dich zum Schreiber. Weder ich noch du/ Sprangen aus unserm Beruf doch.«

Brechts Arbeitsjournal aus dieser Zeit enthielt keinen Eintrag zum 6. oder zum 9. August, den Tagen der amerikanischen Atombombenabwürfe über Hiroshima und Nagasaki, aber Brecht schrieb später, jedermann sei entsetzt gewesen. »Der Tag des Abwurfs wird jedem, der ihn in den Staaten erlebt hat, schwer vergeßlich sein«, sagte er ein paar Jahre später in einigen »Schlußbemerkungen zur amerikanischen Aufführung« des *Galilei*. »Als die ersten Blättermeldungen Los Angeles erreichten, wußte man, daß dies das Ende des gefürchteten Krieges, die Rückkehr der Söhne und Brüder bedeutete. Aber die große Stadt erhob sich zu einer erstaunlichen Trauer. Der Stückschreiber hörte Autobusschaffner und Verkäuferinnen in den Obstmärkten nur Schrecken äußern. Es war der Sieg, aber es war die Schmach einer Niederlage.« Dies war zwar eine im Rückblick stark politisch verfärbte

Erinnerung, aber Brecht hat sicher geglaubt, daß der Galilei von nun an anders gesehen würde. »Von heute auf morgen las sich die Biographie des Begründers der neuen Physik anders«, schrieb er. »Der infernalische Effekt der Großen Bombe stellte den Konflikt des Galilei mit der Obrigkeit seiner Zeit in ein neues, schärferes Licht. ... Galileis Verbrechen (der Widerruf) kann als die ›Erbsünde‹ der modernen Naturwissenschaften betrachtet werden.«

Galileis Verbrechen? Nur wenige Jahre früher hatte Brecht es als listiges Ausweichen dargestellt, das aus mehreren guten Gründen gerechtfertigt sei. Nun widerrief er, Brecht, das alles.

»ANDREA: Sie gewannen die Muße, ein wissenschaftliches Werk zu schreiben, das nur Sie schreiben konnten. Hätten Sie in einer Gloriole von Feuer auf dem Scheiterhaufen geendet, wären die anderen die Sieger gewesen.

GALILEI: Sie sind die Sieger. Und es gibt kein wissenschaftliches Werk, das nur ein Mann schreiben kann.

ANDREA: Warum dann haben Sie widerrufen?

GALILEI: Ich habe widerrufen, weil ich den körperlichen Schmerz fürchtete.

ANDREA: Nein!

GALILEI: Man zeigte mir die Instrumente.«

Als Andrea immer noch zu argumentieren versuchte, es sei zum höheren Nutzen der Wissenschaft gewesen, zwang Brecht Galilei, auch das zu bestreiten. Das einzige Ziel der Wissenschaft besteht nach Galilei darin, »die Mühseligkeit der menschlichen Existenz zu erleichtern«, und »Wissen um des Wissens willen« würde einen Fortschritt bringen, der »doch nur ein Fortschreiten von der Menschheit weg« wäre, bis »euer Jubelschrei über irgendeine neue Errungenschaft von einem universalen Entsetzensschrei beantwortet werden könnte«. Galilei blieb dabei: »Ich habe meinen Beruf verraten. Ein Mensch, der das tut, was ich getan habe, kann in den Reihen der Wissenschaft nicht geduldet werden.«

Dies war zum Teil Brechts Selbstzerfleischung wegen seiner Flucht aus Europa, sein Selbsthaß als Überlebender, wie er in dem Gedicht für Salka Viertel zum Ausdruck kam; ein bißchen Selbstgefälligkeit war bei der Selbstzerfleischung auch im Spiel, wie in dem verdrehten Sprichwort »Wer sich anklagt, entschuldigt sich«.

Außerdem: Brecht hat nie gewollt, daß seine Helden heroisch seien. Wiederholt (und vergeblich) erklärte er, daß Mackie Messer nicht romantisch-attraktiv und die Mutter Courage nicht couragiert dargestellt werden dürfe.

Aber Brecht war nicht allein Schöpfer des *Galilei*. Laughton, der auf die Bühne hinaus und der wissenschaftliche Renegat *sein* mußte, war nicht gewillt, sich zur jämmerlichen Figur zu machen. Laughton widerstand allen Bemühungen Brechts, Galilei zu verdammen, und wenn Galilei sich selbst verdammen mußte, dann machte Laughton ihn dabei zum Helden. »Laughton... hat eine Art von Luzifer im Kopf«, beschwerte sich Brecht in seinem Arbeitsjournal, »bei dem die Selbstverachtung in leeren Stolz übergegangen ist – Stolz auf die *Größe* seines Verbrechens...«

Als sie ein Jahr Arbeit hinter sich hatten, waren sie endlich beide mit ihrem Text einverstanden. Laughton las ihn Orson Welles vor, der mit Freuden die Regie übernahm. Anfang 1946 wurden Verträge unterschrieben, Mike Todd wurde als Produzent gewonnen, und für August wurden Proben angesetzt. Es muß da jedoch eine berechenbare Frist geben, wie lange vier grandiose Ichs an einem Projekt zusammenarbeiten können. Welles war der erste, der ging. »Brecht war heute sehr, sehr schwierig«, schrieb er Laughton, »bis ich (ich sage es mit Bedauern) bockig und ein bißchen mistig wurde. Dann benahm er sich. Ich hasse es, so zu arbeiten.« Was Todd betraf, so sagte er Brecht, daß er vorhabe, bei einem Hollywooder Studio ein paar übriggebliebene Renaissancemöbel und andere Requisiten zu besorgen, und prompt ließ Brecht den Vorhang für ihn fallen.

Andere Helfer waren stets zu finden. John Houseman hatte eine Firma namens Pelican Productions gegründet, und ein Freund hatte glücklicherweise gefunden, was Houseman »gewisse Unterweltelemente« nannte, die »etwas von ihren Las Vegas-Gewinnen ins Hollywooder Schaugeschäft umlenken wollen«. Der Produzent mietete das kleine Coronet-Theater und machte sich daran, Kultur nach Los Angeles zu bringen. Er hatte allerdings Angst, mit dem *Leben des Galilei* zu eröffnen, und beschloß, ihm Thornton Wilders *Wir sind noch einmal davongekommen* vorauszuschicken. Und schließlich legte dann Laughton 25 000 Dollar aus der eigenen Tasche hin, die Hälfte der Produktionskosten, um vier Wochen Laufzeit des *Galilei* sicherzustellen. Laughton fühlte sich tief mit dem Brechtstück verbunden, das inzwischen zum Teil auch sein Stück war. Wieder war er gezwungen gewesen, seine Arbeit mit Brecht zu unterbrechen, um einen Film zu drehen, *Der Fall Paradin* (The Paradin Case) für Alfred Hitchcock und David Selznick, und noch einmal für jenen herrlichen Kenneth Fearing-Alptraum über die *Time Inc.*, *Spiel mit dem Tode* (The Big Clock). Mit Joseph Losey als Regisseur, der Brechts Wünschen willfährig sein würde, und dem neugewonnenen Förderer T. Edward Hableton, der Brechts Rechnungen bezahlte, ging *Leben des Galilei* im Juni 1947 endlich in die Proben.

Brecht war unmöglich, wie immer. Er bestand darauf, alles selbst zu machen, und stritt sich wütend mit jedem, der anderer Meinung war. Er wollte die Kostüme genau so und die Kulissen genau so, er schrieb immer wieder den Text um, fügte neue Rollen hinzu und ordnete wieder Kostümänderungen an. Zum einen war das Perfektionismus, zum anderen pures Temperament, doch der wichtigste Grund für all die Auseinandersetzungen war, daß Brecht den vorherrschenden Stil der amerikanischen Theater ablehnte – verabscheute. Er verabscheute den Gedanken, daß die Bühne »Wirklichkeit« darstellte; »das Publikum soll bei der Überzeugung bleiben, es befinde sich in einem Theater«. Er verabscheute den Gedanken, daß Schaupieler die Gestalten, die sie spielten, zu »sein« versuchten; er wollte, daß sie sie selbst blieben, Spieler, Darsteller. Wenn er versuchte, seine Vorstellungen über das »Wie« der Aufführung seiner Werke durchzusetzen, hatte er es oft mit Leuten zu tun, die nicht verstanden, wovon er eigentlich redete. Seine Ansichten widersprachen allem, was sie gelernt hatten, allem, was für sie bisher selbstverständlich gewesen war. Ein kleiner Wortwechsel mit Abe Burrows macht das deutlich, den Laughton gebeten hatte, ein Lied umzuschreiben, das Brecht einem wandernden Straßensänger zugedacht hatte. »Ich bemühte mich, herauszufinden, welchen Ton das Lied brauchte, das ich schreiben sollte«, erinnerte sich Burrows. »Unsere Unterhaltung verlief ungefähr so:

Ich: Singt dieser Kerl ein Loblied auf Galilei?

BRECHT: Nein.
ICH: Haut er ihm eins rein?
BRECHT: Nein.
ICH: Also – was empfindet dieser Kerl denn für Galilei, Herr Brecht?
BRECHT: Gar nichts.
ICH: Und warum stellt er sich dann dahin und singt ein Lied?
BRECHT: Weil ich es will.«
Diese Art des Dialogs in immerwährenden Wiederholungen hätte jeden an den Rand der Raserei getrieben, aber Brecht war selbst in seinen besten Stunden grob und herrschsüchtig. John Houseman hatte schon »Horrorgeschichten« über Brechts Benehmen gehört, nun fand er sie alle wahr. »Sein Verhalten gab ständig Anlaß zu Kritik und Empörung«, erinnerte sich Houseman. »In seiner Entschlossenheit, genau den Stil und die Interpretation durchzusetzen, die er haben wollte, ... war er barsch, unduldsam und oft brutal und beleidigend.« Hauptzielscheibe solcher Schmähungen war die Choreographin Anna Sokolow, die eigene Ideen für die Gestaltung der Straßenszenen hatte. Brecht erklärte ihr vor der versammelten Truppe, er werde »einen Haufen kommerziellen Broadwaymist« nicht dulden. Als sie nicht von alleine ging, ließ er sie hinauswerfen. Der einzige Beteiligte, den er ohne Einwendungen akzeptierte, war Hanns Eisler, Mitemigrant und Linksgenosse, der die Musik zu *Auch Henker sterben* geschrieben hatte und nun zu *Galilei* eine faszinierende Begleitung für Harfe, kleines Orchester und A-Cappella-Chor komponiert hatte (Strawinsky kam mehrmals zu den Proben, um sie zu hören). Regisseur Losey jedoch überlebte nur, indem er exakt ausführte, was Brecht ihm vorschrieb. Nur einmal fühlte Losey sich so gepiesackt und provoziert, daß er Brecht tatsächlich das Textbuch vor die Füße warf und nach Hause ging. Er arbeitete in seinem Garten, als Laughton ihn anrief und erwartungsgemäß bat, wieder ins Theater zu kommen. »›Ich werde kommen‹, sagte ich, ›wenn Brecht sich bei mir entschuldigt‹«, erinnerte sich Losey. »Laughton legte auf und rief etwas später wieder an, um mir auszurichten: ›Brecht sagt, komm bitte zurück, und außerdem sagt er, du müßtest wissen, daß Brecht sich nie entschuldigt.‹ Ich ging wieder hin.«

So mußte also Laughton, das wabbelnde Riesenbaby, berühmt dafür, daß es andere Regisseure mit seinen genüßlichen Temperamentsausbrüchen zur Weißglut trieb, jetzt, da er es mit einem Menschen zu tun hatte, der noch temperamentvoller war, die ungewohnte Rolle des Diplomaten und Versöhners spielen. Zur freudigen Überraschung aller tat er es. Er lenkte und beschwichtigte und ermutigte, und das alles zum Spitzengehalt der Truppe von vierzig Dollar wöchentlich. Dennoch, der Gedanke an seine erste Premiere seit mehr als einem Jahrzehnt versetzte ihn in Panik. Er flüchtete sich in die eigenartige Beruhigung der Narkolepsie. »Keine Nickerchen, sondern es war tiefer, schwerer Schlaf«, erinnerte sich Houseman, »in den er zu den seltsamsten und überraschendsten Zeiten versank – mitten im Schminken, beim Repetieren des Textes, manchmal sogar zwischen den Auftritten – und es wurde für unsere Spielleiter immer schwieriger, ihn aufzuwecken.«

Dann kam unausweichlich der Augenblick, in dem er explodierte. Der Anlaß war, wie üblich, denkbar geringfügig. Ruth Berlau, die dänische Schauspielerin, Übersetzerin, Mitarbeiterin, Geliebte, die Brecht und seine Familie schon durch ganz Rußland begleitet hatte, betrachtete sich jetzt als Photographin, und so wieselte sie auf der Galerie des Coronet-Theaters herum und knipste die letzten Proben für nicht näher bestimmte Werbezwecke. Klick, klick, klick. Plötzlich rastete bei Laughton etwas aus. »Laughton brach mitten in einer Szene ab«, erinnerte sich Houseman, »und ging langsam nach vorn an die Rampe. Er starrte zur Galerie hinauf mit einer seltsamen Grimasse im Gesicht, die aussah, als werde er gleich in Tränen ausbrechen. Dann begann er auf sie einzubrüllen. Er beschuldigte sie, ihn als Künstler zu beschädigen, seinen Auftritt kaputtmachen zu wollen und ihn als Mann zu vernichten. Je mehr er in Wut geriet, um so mehr raste er: Er werde ihre Kamera zerschmettern, drohte er; er werde sie umbringen, wenn er sie noch ein einziges Mal in diesem Theater sähe, sagte er. Er schrie immer noch, als sie sich längst hinaus auf den La Cienega Boulevard geflüchtet hatte.«

Leben des Galilei hatte schließlich im Juli Premiere, mitten in einer so starken Hitzewelle, daß man auf beiden Seiten der Bühne elektrische Ventilatoren mit Eiskübeln davor installieren mußte. Obwohl die Kritiken »gemischt« waren, war das Theater für die vierwöchige Laufzeit des Stücks schon bis auf den letzten Platz ausverkauft, und Laughton war entschlossen, mit der Produktion anschließend nach New York zu gehen. Das ANTA (American National Theater and Academy) bot ein befristetes Engagement ab 7. Dezember an. Und vielleicht gab es dann noch andere Brecht-Inszenierungen, möglicherweise sogar Filmumsätze. Inzwischen vernahm Brecht allerdings auch Sirenenklänge aus Europa. Die sowjetische Besatzungsmacht in Berlin zeigte sich interessiert an seiner Rückkehr, damit er dort einige seiner Werke inszenierte. Brecht blieb bei seiner typischen Vorsicht, aber er stellte schon einmal Visa-Anträge für einen Besuch in der Schweiz.

Am 19. September, nur einen Monat nachdem der *Galilei* in Los Angeles ausgelaufen war, erschien ein schmuddeliger und leicht beschwipster Mensch an Brechts Haustür in Santa Monica und überreichte ihm ein zusammengefaltetes rosa Dokument, das mit den Worten begann: »Im Namen des Repräsentantenhauses des Kongresses der Vereinigten Staaten von Amerika...« Es enthielt die Vorladung für Brecht, »vor dem Ausschuß für Unamerikanische Umtriebe zu erscheinen... an seinem Sitz in der Stadt Washington... und dort zu Sie berührenden Ermittlungen, mit denen der genannte Ausschuß beauftragt ist, auszusagen... Versäumen Sie nicht zu erscheinen.«

Der Gerichtsbote war solch erhabener Sprache kaum würdig. Er glich eher einer Gestalt aus Brechts Stücken. Helene Weigel bot ihm einen Kaffee an, und er saß da und jammerte über die Härten seiner Arbeit, wie die Leute ihm aus dem Wege gingen, wie seine Füße schmerzten. Er schien die Brechtsche Gastfreundlichkeit zu genießen. Er vertraute ihnen an, daß der Staat den Zeugen, die nach Washington vorgeladen würden, Unkosten und Verdienstausfall pro Tag ersetzte, und wenn Brecht mit dem Zug führe, aber Erstattung für Autokilometer beanspruchte, könnte er an der Reise verdienen. Brecht freute sich über diese Enthüllungen. Der brave Soldat Schwejk lebte und wirkte auch in Hollywood.

Brecht machte sich anscheinend keine großen Sorgen, denn der Kongreßausschuß berief Zeugen überall in Hollywood ein. *Variety* und *The Hollywood Reporter* veröffentlichten (nicht ganz korrekte) Listen von mehr als vierzig Leuten, die Vorladungen erhalten hatten: Clifford Odets, Donald Ogden Stewart, Ring Lardner jr., Dalton Trumbo, John Howard Lawson, Lester Cole... Cole, ein altgedienter Filmautor, dessen Verdienste von einem Charlie Chan-Film bis zu *Das Haus mit den sieben Giebeln* (The House of Seven Gables) reichten, bekam gerade einen Haarschnitt beim MGM-Friseur, als das Telefon klingelte und er am anderen Ende die Stimme von Eddie Mannix hörte.

»Lester?« sagte der Studiomanager. »Hier in meinem Vorzimmer sitzt ein US-Marshal mit einer Vorladung für dich. Willst du abhauen, solange ich ihn festhalte?«

»Abhauen?« echote Cole. »Wozu? Sag ihm, ich sitze beim Friseur auf Platz drei.«

Vornehmer als diese Brut linker Filmschriftsteller waren die konservativen Eminenzen, die der Ausschuß zur Zeugenaussage über die kommunistische Gefahr bat: Louis B. Mayer und Jack Warner und Walt Disney, Gary Cooper und Robert Taylor und Ronald Reagan. Es versprach eine große Schau zu werden.

Obwohl die Untersuchungen in der Filmbranche, die der Kongreßausschuß für Unamerikanische Umtriebe (HUAC) vornahm, zum Status einer nationalen Legende aufstiegen, war Hollywood eigentlich niemals mehr als eine unterhaltsame Abschweifung vom Zickzackkurs seines Kreuzzuges. Der Gründungsvorsitzende des Ausschusses hat in seinen Memoiren *Martin Dies' Story* seine Vorstöße ins Showbusiness Ende der dreißiger Jahre nicht einmal erwähnt. Er hatte es vor allem auf Präsident Roosevelt und die Gewerkschaften, in zweiter Linie auf Liberale, Ausländer und jeden anderen, der seinen Zorn erregte, abgesehen. Als Dies 1944 aus Gesundheitsgründen zurücktrat, gingen seine Vollmachten auf John Rankin aus Mississippi über, der erwartungsvoll verkündete, eine Untersuchung Hollywoods würde »die größte Brutstätte subversiver Umtriebe in den Vereinigten Staaten« zutage fördern, vielleicht sogar »eine der gefährlichsten Verschwörungen, die je den Sturz der Regierung betrieben« hätten. Zu diesen Ansichten kam Rankin wohl durch die jüdische Prominenz in Hollywood, aber er sah die jüdische Gefahr überall. Einmal beschimpfte er Walter Winchell als einen »kleinen schleimscheißenden Itzig«, und er reizte sogar seinen Kongreßkollegen Emanuel Celler, indem er ihn »den jüdischen Herrn aus New York« nannte. Als Celler protestierte, fragte der höfliche Mississippianer: »Hat der Herr Kollege aus New York etwas dagegen, Jude genannt zu werden, oder hat er Bedenken gegen die Bezeichnung Herr?«

Als die Wahlen von 1946 die Republikaner im Kongreß an die Macht gebracht hatten, fiel die Aufgabe, gegen Hollywood zu ermitteln, dem neuen HUAC-Vorsitzenden J. Parnell Thomas zu. Anfänglich hatte Hollywood es ein bißchen schwer, diese gedrungene, wabbelige Figur so recht ernst zu nehmen. Thomas, Sohn eines Polizeikommissars aus Jersey City, war als John Parnell Feeney jr. geboren, hatte aber nach dem Tode seines Vaters den Mädchennamen seiner Mutter angenommen. Einem Menschen, der sich J. Parnell nennt, kann man wohl fairerweise nicht vorwerfen, er versuche seine irische Herkunft zu verbergen; auf der anderen Seite hatte der Kongreßabgeordnete in spe ganz freimütig begründet, warum er fand, der Name Thomas sei dem Namen Feeney vorzuziehen. »Der Antragsteller«, ließ er das Gericht wissen, »glaubt, daß er unter dem Namen Thomas Anerkennung und geschäftliche Möglichkeiten haben kann, die er unter dem Namen Feeney nicht hätte.«

Anerkennung und geschäftliche Möglichkeiten, das waren die angestrebten Ziele. Feeney/Thomas besuchte eine Zeitlang die Finanzschule Wharton, ging von dort im Ersten Weltkrieg zur Armee, wo er zum Hauptmann aufstieg, arbeitete in New York als Hypothekenvermittler und begann an eine politische Karriere zu denken. Da sich das katholische Bekenntnis – nach seiner Meinung – als ebenso hinderlich erweisen könnte wie der Name Feeney, wechselte er nicht nur den Namen, sondern auch die Religion. Demonstrativ ging er in die Baptistenkirche, sagte aber gelegentlich in Interviews, er gehöre einer Episkopalkirche an, und er sei auch Freimaurer. Er wurde 1931 zum Bürgermeister von Allendale, New Jersey, gewählt, dann 1935 ins Parlament des Staates. Dort hatte er ein Erlebnis, das sein Leben veränderte, wie er später sagte. Der Gouverneur des Staates hatte eine Umsatzsteuer vorgeschlagen, mit der eine Arbeitslosenunterstützung finanziert werden sollte, und ein paar dieser Unterstützungsempfänger drangen ins Parlament ein, um für die Annahme des Gesetzes zu demonstrieren. Sie aßen und schliefen dort, spielten Mandoline und waren ganz allgemein ein Stein des Anstoßes für Leute wie J. Parnell Thomas. Er setzte eine sogenannte »stille« Ermittlung gegen die Unruhestifter in Gang und entdeckte, daß einer davon einmal Gouverneurskandidat der Kommunistischen Partei in Ohio gewesen war. Das genügte für Thomas, um die Behörden zur Vertreibung der Demonstranten und gefährlichen Revolutionäre aufzufordern. »Wenn sie aber als Staatsgäste behandelt werden sollen, dann sollten wir das auch ordentlich machen. Dann füttert sie mit Kaviar. Füttert sie mit Schokoladeneclairs.«

Diese lokalen Kontroversen waren noch ungelöst, als Thomas 1936 im Tod des Kongreßabgeordneten für den Wahlkreis Sieben eine größere Chance für sich sah. Thomas kandidierte für den Sitz und gewann. Er hatte Begabung für große Gesten. Mit einem der ersten Anträge, die er einbrachte, verlangte er, daß Kidnapper öffentlich gehängt werden sollen. Er sah Möglichkeiten in der Schaffung eines Ausschusses für unamerikanische Umtriebe. Er erbat und bekam 1938 die Ernennung zum Gründungsmitglied des Ausschusses. Das Dienstaltersystem trug ihn automatisch ins Vorsitzendenamt, und im Mai 1947 war er in der Lage, vor der Presse zu verkünden, daß »uns Hunderte sehr prominenter Leute in der Filmmetropole als Kommunisten benannt worden sind«.

Wie die spätere Erklärung des neuen Senators McCarthy, er habe eine Liste von 205 eingeschriebenen Kommunisten im Außenministerium, war auch Thomas' Gerede von »Hunderten« prominenter Hollywood-Kommunisten reine Phantasie. Es gab sie nicht. Die Anzahl kommunistischer Parteimitglieder in der Filmwirtschaft war nie groß. Nach jahrelangen Verhören, gestützt auf sämtliche Indizien, die das FBI und die Filmstudios zusammentragen konnten, gab der Kongreßausschuß 1952 eine Liste aller Personen in Hollywood heraus, denen man irgendwann einmal vorgeworfen (nicht nachgewiesen) hatte, Kommunist zu sein oder gewesen zu sein, und darauf standen insgesamt 324 Angestellte oder Ehefrauen von Angestellten der Filmwirtschaft. Und das bei einer Beschäftigtenzahl von mehr als dreißigtausend.* Und selbst wenn man den Begriff »bedeutend« so weit faßte, daß auch zweitrangige Regisseure und mediokre Filmschriftsteller darunterfielen, könnte man höchstens von zwei oder drei Dutzend Kommunisten mit irgendeiner Bedeutung reden. Kurz bevor die Kongreßanhörungen begannen, kamen die Studiobosse im Hillcrest Country Club zu einer Sitzung zusammen, um das Kommunistenproblem zu diskutieren; dabei bezeichnete Louis B. Mayer den jungen Sohn eines bekannten Produzenten als Rädelsführer der Hollywooder Radikalen. Sam Goldwyn reagierte mit lobenswerter Gelassenheit: »Wenn dieses rotznasige Jüngelchen der Rote Boss von Hollywood ist, dann, meine Herren, haben wir nichts zu befürchten«, sagte Goldwyn. »Lassen Sie uns nach Hause gehen.«

Was also wollte der Kongreßausschuß erreichen? Die am wenigsten einleuchtende Antwort, die dennoch einen Moment bedacht zu werden verdient, ist die, daß die Abgeordneten von echter Sorge bewegt waren, ein wichtiges Informationsmedium sei möglicherweise kommunistisch gelenkt. Aktuelle Enthüllungen über Sowjetspionage lagen in der Luft, und der Ausschuß rang mit seinem ersten praktischen Stück Gesetzgebung, einem von Rankin vorgelegten Antrag, der eine Gefängnisstrafe von zehn Jahren vorsah für jeden Versuch, »in Kursen oder im Unterricht öffentlicher oder privater Schulen, Colleges oder Universitäten den Kommunismus oder die kommunistische Ideologie zu befürworten oder zum Ausdruck zu bringen oder den Eindruck der Sympathie mit oder der Zustimmung zu ihnen zu erwecken«. Das war selbst für den Ausschuß für Unamerikanische Umtriebe ein bißchen stark. Die Mehrheit der Ausschußmitglieder konnte sich nicht dazu durchringen, dem Plenum Rankins Maßnahme zu empfeh-

---

* Die offiziellen Schätzungen der kommunistischen Einnahmen in Hollywood waren wahrscheinlich ähnlich übertrieben. Der Ausschuß behauptete 1950, für acht Gruppen, die er als kommunistische Tarnorganisationen bezeichnete, seien zusammen 926 568,36 Dollar gespendet worden. Murray Kempton, ein einigermaßen fair denkender Beobachter, meinte, daß die Kommunistische Partei wahrscheinlich »glücklich gewesen wäre, so viel aus ihren Hollywooder Tarngruppen herauszuholen, daß es sich zu einer halben Million Dollar in fünfzehn Jahren summiert hätte«.

len, aber sie berieten weiter über diverse Vorschläge zur Ächtung des Kommunismus.

An zweiter Stelle der unwahrscheinlichen Erklärungen stand die, an die sowohl die Hollywooder Produzenten als auch die dissidentischen Radikalen zu glauben vorgaben: Daß der Kongreßausschuß die Filmindustrie zu beherrschen suche, daß er bestimmen wolle, was für Filme die Produzenten zu machen hätten. Ziemlich typisch war Jack Warner, der, sobald die HUAC-Anhörungen in Gang kamen, die staatliche Einmischung in Hollywood rügte. »Wir können nicht gegen Diktaturen kämpfen, indem wir uns diktatorische Methoden ausleihen«, sagte er in einer vorbereiteten Erklärung, die nach der Handschrift eines anderen klang. »Wir können auch nicht die Freiheit schützen, indem wir Freiheiten beschneiden. Aber wir können angreifen mit einer freien Presse und einer freien Leinwand.« John Howard Lawson, der kommunistische Filmschriftsteller, der bei eben diesen Anhörungen die Rolle des Oberteufels spielen sollte, hörte sich ebenso fromm an, als er zur Notwendigkeit einer »freien Leinwand« aussagte: »J. Parnell Thomas und die unamerikanischen Interessen, denen er dient..., fürchten das amerikanische Volk«, erklärte Lawson in einer Stellungnahme, die Thomas ihn nicht verlesen ließ. »Nicht mich wollen sie knebeln. Sie wollen die öffentliche Meinung knebeln. Sie wollen die große Stimme der Demokratie zum Schweigen bringen...«

Die zutreffende Erklärung der Ziele des Ausschusses dürfte auf der Hand liegen: Parteipolitik. So wie Präsident Truman mehr oder weniger den New Deal Roosevelts fortsetzte, so spielte Thomas die Jägerrolle weiter, die zuerst Dies gespielt hatte. Thomas war wie Dies ein Vertreter jener Kleinstadt-Querulanten, die keinerlei Durchblick hatten, aber vermuteten, daß viele ihrer Alltagsprobleme die Schuld dunkler Mächte irgendwo in der Ferne seien, internationaler Kartelle, riesiger Gewerkschaften, Radikaler im Ausland. Mit andern Worten: Dies und Thomas und der ganze Ausschuß waren die gewählten Vertreter der Verwirrten und der Verstimmten, all jener Menschen, von denen Nathanael West geschrieben hatte, daß sie die Orangen satt hätten, sogar die Avocados... sie, die Verführten und Betrogenen.

Und dann war da noch die Öffentlichkeitsarbeit nicht als Mittel der Politik, sondern als ihr wesentlicher Inhalt. Wer J. Parnell Thomas nur als publicitysüchtig bezeichnet, was er ja war, der läßt außer acht, daß Publicity das Blut der Politik ist. Es gibt keine wirklichen Themen, außer in seltenen Fällen bei Krieg oder Katastrophen, es gibt nur das Image und das rivalisierende Image. Noch ehe dies durch das Fernsehen klar wurde, spürte J. Parnell Thomas, daß ihm seine eigentlich sinnlosen Ermittlungen in Sachen Kommunismus hohen Lohn einbringen könnten (was machte denn Tom Dewey schließlich zum Präsidentschaftskandidaten, wenn nicht seine weithin publizierten Ermittlungen gegen New Yorker Gangster?). Eins von Thomas' Ausschußmitgliedern, der junge Dick Nixon, sah ähnliche Möglichkeiten, war aber gewitzt und geduldig genug, seine Zeit abzuwarten, bis er auf das große Drama stieß, das ihn berühmt machen sollte. Hollywood hatte den Ausschuß für Unamerikanische Umtriebe seit langem gereizt, vor allem das öffentliche Aufsehen, das jede Andeutung einer Untersuchung der Kinobranche hervorrief, aber die vorsichtigen Fühler, die Dies 1941 ausgestreckt hatte, waren ziemlich barsch zurückgeschlagen worden. Und der Ausschuß hatte noch manch anderes Feld zu erforschen. (Als in den frühen dreißiger Jahren der Abgeordnete Dickstein gefragt worden war, gegen wen genau sein Ausschuß für Unamerikanische Umtriebe zu ermitteln bevollmächtigt würde, hatte er prophetisch verkündet: »Gegen jedermann!«) Der Ausschuß begann also das Jahr 1947 damit, daß er die Rolle der Vereinigten Automobilarbeiter im fortdauernden Streik bei Allis-Chalmers und die Rolle der Elektroarbeiter in einem Streik in Bridgeport, Connecticut, und die Rolle der Nahrungsmittel-, Tabak- und Landarbeiter in einem Streik beim Reynolds-Tabakwarenwerk in Winston-Salem untersuchte. Gewerkschaften waren, wie Hollywood erfahren sollte, für den Ausschuß für Unamerikanische Umtriebe eine Angelegenheit beständigen Interesses.

Bei seinen mehr oder weniger blindlings angestellten Nachforschungen war der Ausschuß unausweichlich auf die Tätigkeit von Louis Budenz gestoßen, einem ehemals leitenden Redakteur des Daily Worker, der irgendwie zu Gott gefunden hatte und nun nur noch seine früheren Sünden zu verdammen und zu sühnen suchte. Er begann, in Rundfunkansprachen gegen den Bösen zu wettern, einen allmächtigen Agenten, der als Geheimvertreter des Kreml überall in den Vereinigten Staaten herumreiste, wie Budenz behauptete. »Dieser Mann zeigt nie sein Gesicht«, sagte Budenz. »Kommunistenführer bekommen ihn nie zu sehen, aber sie befolgen stillschweigend seine Befehle und Anregungen.« Der Ausschuß für Unamerikanische Umtriebe war aufgeschreckt. Er ließ Budenz kommen, damit er alles sagte, was er über die weltweite kommunistische Verschwörung wußte, und Rankin begrüßte ihn mit seinem gewohnten Wortschwall. »Sind Sie informiert«, wollte er wissen, »über die Vergewaltigung unschuldiger Frauen, die Ermordung unschuldiger Männer, die Ausplünderung der Bauern und die Beraubung des hilflosen Volkes... durch das kommunistische Regime?«

Budenz identifizierte den Meisteragenten des Kremls, den Mann, der nie sein Gesicht zeigte, schließlich als Gerhart Eisler, einen obskuren Deutschen, der durchaus all das gewesen sein könnte, was Budenz behauptete. Der Ausschuß hatte keine Schwierigkeiten, zu beweisen, daß Eisler wiederholt vor den US-Einwanderungsbehörden gelogen hatte, daß er mehrere falsche Namen benutzte und mit einem gefälschten Paß reiste. Das und mehr war detailliert in der Aussage von Eislers älterer Schwester Elfriede enthalten, die sich jetzt Ruth Fischer nannte und für die *Harvard University Press* eine Abrechnung mit dem deutschen Kommunismus schrieb. Sie bezeichnete ihren Bruder, zu dem sie seit Jahren keinen Kontakt mehr hatte, als sowjetischen Polizeispitzel, als Mörder und als »Terroristen«. Nicht sehr viel freundlicher ging sie mit ihrem anderen Bruder Hanns um, dem Hollywood-Komponisten, den sie als »Kommunisten im philosophischen Sinne« bezeichnete.

Gerhart Eisler befand sich bereits im Gewahrsam der Einwanderungsbehörden, die ihn abschieben wollten. Von zwei Schutzleuten der Einwanderungsbehörde von Ellis Island zum Capitol Hill gebracht, erwies er sich als giftig-störrischer Zeuge. Robert Stripling, Chefermittler des Ausschusses, bat ihn in den Zeugenstand; woraufhin er sagte: »Ich gehe nicht in den Zeugenstand.«

»Mr. Eisler, wollen Sie die rechte Hand heben?« sagte Stripling.
»Nein«, sagte Eisler.
»Mr. Eisler...« sagte der Vorsitzende Thomas, »möchten Sie bitte daran denken, daß Sie Gast in diesem Lande sind.«
»Man behandelt mich nicht als Gast...« sagte Eisler. »Ich bin ein politischer Gefangener.«
Der Ausschuß verklagte Eisler unverzüglich wegen Mißachtung (der Antrag dazu stellte die Jungfernrede des Abgeordneten Nixon dar) und ging zu Hanns Eisler über, von dem sich die Fragesteller des Ausschusses einiges erwarteten. Als sich Eisler 1940 um ein Visum für die Vereinigten Staaten bemüht hatte, wurde sein Antrag von einflußreichen Bewunderern wie Dorothy Thompson, Malcolm Cowley, Clifford Odets und – von allen Leuten, die der Ausschuß gern vor den Kopf stieß, ausgerechnet – Eleanor Roosevelt befürwortet. Anders als sein ungebärdiger Bruder parierte Hanns Eisler die Fragen des Ausschusses mit bemerkenswert frechem Witz. Als Stripling ihn »den Karl Marx des Kommunismus im musikalischen Bereich« nannte, sagte Eisler: »Sehr schmeichelhaft.«
»Mr. Eisler...« beharrte Stripling, »haben Sie nicht bei einer Reihe von Gelegenheiten sinngemäß gesagt, daß die Musik eine der stärksten Waffen zur Schaffung der Revolution ist?«
»Sicher«, sagte Eisler. »Napoleon der Erste hat gesagt...«
»Lassen Sie mal den Napoleon«, unterbrach ihn Thomas. »Erzählen Sie uns, was Sie gesagt haben.«
»Ich betrachte mich in diesem Punkt als Schüler Napoleons«, gab Eisler in keiner Weise eingeschüchtert zurück. »Ich glaube, mit der Musik kann ich aufklären und Menschen in Not beim Kampf um ihre Rechte helfen. In Deutschland ist uns das nicht so gut gelungen... Die Wahrheit ist, daß Lieder den Faschismus nicht vernichten können, aber sie sind notwendig... Wenn Sie sie nicht mögen, tut es mir leid; Sie können sich ja *Open the Door, Richard* anhören.«
Bei der Vernehmung Eislers über seine diversen Kompositionen fragte Stripling ihn wiederholt nach seiner Zusammenarbeit mit Brecht. Ob er die Musik für *Die Maßnahme* geschrieben hätte, Brechts radikales Stück aus dem Jahre 1930; für *Kuhle Wampe*,

den Berlinfilm von 1932; für *Auch Henker sterben*? Fröhlich bestätigte Eisler das alles (obwohl er anscheinend seinen Freund zu schützen meinte, indem er jede Erwähnung des Namens Brecht vermied). Aber er wollte nicht zugeben, Kommunist zu sein. »Ich wäre ein Schwindler, wenn ich mich als Kommunisten bezeichnete«, sagte er. »Dazu habe ich kein Recht. Die Kommunisten aller Länder haben in illegaler Arbeit bewiesen, daß sie Helden sind. Ich bin kein Held. Ich bin Komponist.«

J. Parnell Thomas begann seine Hollywood-Ermittlungen im Mai 1947 mit einer Serie von Vernehmungen in seiner Suite im Hotel Biltmore in Los Angeles. Diese Sitzungen waren eigentlich nichtöffentlich, geheim, aber Thomas und Stripling erzählten nach jeder Nachmittagsitzung Reportern von den Wundern, die sie aufdeckten. Indirekt zielten sie, wie üblich, auf den New Deal und die Gewerkschaften. Thomas erklärte, »die Regierung« habe »die eiserne Faust geschwungen, um die Unternehmen zu zwingen, bestimmte kommunistische Propaganda aufzunehmen«, und das wichtigste Instrument dieser Propaganda, die Filmautorengilde, sei »kommunistisch verlaust«. Als Beweis für diese Beschuldigungen berichtete Thomas, Robert Taylor habe bezeugt, daß Regierungsbeamte 1943 seinen Eintritt in die Marine so lange hinausgezögert hätten, bis er den MGM-Film *Song of Russia* abgedreht hatte – einen Film, den Thomas als »kommunistische Propaganda« bezeichnete, die Rußlands Ideologien, Institutionen und Lebensweisen den Vorzug vor denen Amerikas gab«. Die inkompetenteste Zeugin des Ausschusses, Ginger Rogers' Mutter Lela Rogers, erzählte den Ermittlern, ihre Tochter habe sich tapfer geweigert, ein Stück typischer kommunistischer Propaganda zu sprechen, nämlich: »Teile, und teile gerecht – das ist demokratisch«, einen Text, der in Dalton Trumbos Drehbuch für *Tender Comrade* vorgekommen war.

Es gab vierzehn »freundliche Zeugen«, wie Thomas sie nannte, und auf der Grundlage ihrer Aussagen gab er seine Schlußfolgerungen bekannt. Der Druck des Weißen Hauses hätte die Studios gezwungen, »unverhohlen kommunistische Propagandafilme« zu produzieren; Washingtoner Intrigen hätten kommunistischen Gewerkschaftsführern geholfen, den Studios zu drohen, und kommunistische Schriftsteller infiltrierten den Film subtil mit Moskauer Propaganda. Nach diesem Spruch konnte der Prozeß beginnen. Man mußte all diese unamerikanischen Manöver ans Licht der Öffentlichkeit holen und öffentlich verdammen, und er, J. Parnell Thomas, wollte das tun. Die rosa Vorladungen, die in diesem September in Hollywood zirkulierten, waren der Beweis, daß es ihm damit sehr ernst war.

Herbert Biberman, ein ziemlich aufgeblasener Produzent und Regisseur, der zuletzt Filme wie *Abilene Town* und *New Orleans* gemacht hatte, erkannte als einer der ersten, nach welchem Muster die Vorladungen verschickt wurden, und reagierte. Er setzte sich ans Telephon und lud eine Gruppe der voraussichtlichen Zeugen ein, sich noch am selben Abend um acht Uhr bei Regisseur Lewis Milestone zu versammeln, um mit ein paar Rechtanwälten zu besprechen, wie sie sich verteidigen sollten. Die neunzehn Zeugen waren überwiegend Schriftsteller: Dalton Trumbo, John Howard Lawson, Lester Cole, Alvah Bessie, Richard Collins, Gordon Kahn, Howard Koch, Ring Lardner jr., Albert Maltz, Samuel Ornitz und Waldo Salt. Und Brecht. Einige waren da, die vom Schreiben zum Regieführen und Produzieren aufgestiegen waren: Edward Dmytryk, Irving Pichel, Adrian Scott, Robert Rossen. Und ein Schauspieler: Larry Parks. Die meisten von ihnen waren Mitglieder der Kommunistischen Partei oder waren es jüngst gewesen (wie die Behörden recht gut wußten, da der Parteisekretär der KP in Los Angeles FBI-Informant war). Vielleicht aus Zufall hatte nur einer der neunzehn im letzten Krieg Militärdienst geleistet. Vielleicht aus Zufall waren mindestens zehn von ihnen Juden; vielleicht zufällig, wahrscheinlich aber nicht. *The Hollywood Reporter* war offenbar der erste, der sie »die unfreundlichen Zeugen« nannte, aber sie waren stolz auf diese Bezeichnung und wendeten sie offen für sich selbst an. Es blieb dem bissigen Billy Wilder überlassen, zu sagen: »Nur zwei haben Talent. Der Rest ist bloß unfreundlich.«

Biberman hatte zu der Sitzung vier prominente Verteidiger eingeladen, namentlich Robert Kenny, der trotz seiner Behinderung durch einen gelähmten Arm die Nachfolge Earl Warrens als Generalstaatsanwalt angetreten (und Warrens Bemühungen um die Internierung der Japaner voll unterstützt) hatte. Fast ebenso namhaft war Bartley Crum, ein Wirtschaftsrechtler und Republikaner. Die beiden anderen, Ben Margolis und Charles Katz, waren militante Linke, eingeschriebene Mitglieder der Nationalen Anwaltsgilde.

Die Anwälte prüften alle Möglichkeiten. Extremes Verhalten wäre es, die Beantwortung von Fragen ganz und gar zu verweigern und dem Ausschuß das Recht abzusprechen, jemanden nach seinen politischen Ansichten zu fragen. Dies gefiel den Angriffslustigeren der Neunzehn, hieße aber, daß sie ihren Standpunkt nicht öffentlich darlegen könnten. Ebenso provozierend wäre es, sich trotzig zur Mitgliedschaft in der Kommunistischen Partei zu bekennen und sie zu verteidigen; theoretisch war das legal, aber der kaum je herangezogene Smith-Akt von 1940 machte es jetzt möglich, Kommunisten wegen Befürwortung des staatlichen Umsturzes zu verfolgen. Als dritte Möglichkeit konnten die Zeugen einfach ihre Zugehörigkeit zur Kommunistischen Partei bestreiten, was sie jedoch der Anklage wegen Meineids aussetzte, auf den fünf Jahre Gefängnis standen. Der sicherste Weg, wie spätere Zeugen bald entdeckten, war die Berufung auf Artikel Fünf gegen die Selbstbelastung, aber das gefiel den Neunzehn nicht, weil es zu besagen schien, daß sie ein Verbrechen begangen hätten.

Schließlich entschieden sie sich auf Drängen von Trumbo und Lardner für Artikel Eins, der verkündete, daß der Kongreß kein Gesetz erlassen dürfe, mit dem das Recht der freien Rede und der friedlichen Versammlung eingeschränkt wird, und daß er deshalb vermutlich auch keine Ermittlungen in dieser Richtung anstellen dürfe. Frühere Urteile des Obersten Gerichtshofs schienen diese Argumentation der Verteidigung zu stützen. In einem als *Kilbourn gegen Thompson* bekanntgewordenen Fall aus dem Jahre 1880 hatte das Gericht entschieden, daß der Staat einen Bürger nicht zwingen dürfe, seine politischen Ansichten offenzulegen. In einem Urteil aus dem Jahre 1943, das den zwangsweisen Fahnengruß zurückwies, hatte Richter Robert Jackson erklärt, der Staat dürfe niemanden zur Bekundung seiner Loyalität zwingen oder für die Verweigerung dieser Bekundung bestrafen.

Rückblickend erscheint der Entschluß, sich auf Artikel Eins zu berufen, immer noch als der richtige. Es ist durchaus möglich, daß die Hollywooder Zeugen, hätten sie sich höflich geweigert, Fragen zu beantworten, und als Grund Artikel Eins zitiert, ihren Kampf gewonnen hätten. Aber Kenny konnte sie offenbar überzeugen, daß sie einen stärkeren Stand vor Gericht hätten, wenn sie, statt unter Berufung auf Artikel Eins die Antwort zu verweigern, auswichen, alle Fragen abwehrten und dennoch bestritten, die Antwort zu verweigern. Wenn der Oberste Gerichtshof am Ende alle Mißachtungsklagen zu ihren Gunsten entschiede, dann, so argumentierte Kenny, sei ein ausgezeichneter Verfassungsgrundsatz nachdrücklich und sehr öffentlichkeitswirksam gewahrt worden. »Bis zu dem Augenblick, in dem die Zehn tatsächlich in den Knast gingen, hat keiner geglaubt, daß auch nur einer ins Gefängnis müßte«, erklärte Kenny fast dreißig Jahre später in einem Interview. »Sogar die Richter, die die Urteile sprachen, hielten dies für nicht mehr als einen Testfall. Für Mißachtung des Kongresses – das ist sowieso nur ein hochrangiges Vergehen – gilt das Strafmaß ein Jahr und maximal ein Tausender. Niemand hatte auf Grund dieser Anklage seit den zwanziger Jahren gesessen. Damals verbüßte Harry Sinclair von der Sinclair-Öl dreißig Tage, die er für sein Benehmen bei der Kongreßuntersuchung der *Teapot Dome*-Affäre bekommen hatte.«

Es wurde viel gestritten an jenem Abend bei Bibermans Sitzung und auch bei späteren Sitzungen. Bessie, der ein inbrünstiger Kommunist war und tapfer in Spanien gekämpft hatte, wollte die Taktik anwenden, seine Parteimitgliedschaft zu bekunden und zu sagen, daß er stolz darauf sei. Koch, der kein Kommunist war, wollte das vor dem Ausschuß sagen, aber mehrere andere schrien ihn nieder. Kenny hat später behauptet, alle Zeugen hätten selbst entschieden, welchen Kurs sie einschlagen wollten. »Es war kein Gemeinschaftsbeschluß, auch wenn ihm interne Beratungen vorausgegangen waren«, sagte er. Edward Dmytryk, einer der Zeugen, entsann sich der Szene ganz anders. Er sagte, alle bei der Sitzung Anwesenden seien sich einig gewesen, »daß Beschlüsse nur einstimmig gefaßt würden und, einmal gefaßt, strikt einzuhalten wären. ... Larry Parks beantragte diese Regelung (wie er mir später sagte, auf Anregung eines kommmunistischen Anwalts in der Gruppe), und ich stimmte bereitwillig für ihre Annahme.«*

Der einzige, der sich dieser Strategieplanung entzog, war Brecht. Er entschuldigte sich bei den anderen, wies aber darauf hin, daß er kein amerikanischer Staatsbürger sei. Er hatte starke Zweifel, daß sich der bürgerrechtliche Schutz der *Bill of Rights* auch auf Ausländer wie ihn erstreckte. Er habe gerade die notwendigen Papiere erhalten, um in die Schweiz zu gehen, und er fürchte, wenn er sich dem Ausschuß widersetze, könnte der ihn an der Ausreise hindern. Die anderen sagten, das verstünden sie. »Er schien das unbehagliche Gefühl zu haben«, schrieb Trumbo später, »vielleicht auf Grund früheren Hickhacks über undeutsche Umtriebe, daß all diese humanistisch gelehrten Doktoren, die mit Abhandlungen über seine Stücke und Schilderungen seines Genies ihr Brot verdienten, irgendwie vergessen würden, Alarm zu schlagen, wenn der Tag kam, an dem er ins Gefängnis ginge.«

Aber die Neunzehn beabsichtigten und erwarteten keineswegs, ins Gefängnis zu gehen. »Wir dachten, wir wären die Gewinner«, sagte Lardner. »Wir ahnten nicht, daß unsere Karrieren zerstört würden.« Ebensowenig fühlten sie sich isoliert oder hilflos; dafür gab es auch kaum Anlaß. Nicht lange nachdem die Vorladungen eingegangen waren, traf sich John Huston in Luceys Restaurant zum Mittagessen mit William Wyler, dessen Film *Die besten Jahre unseres Lebens* (The Best Years of Our Lives) 1946 den Oscar erhalten hatte, und dem Schriftsteller Philip Dunne, Sohn von Finley Peter Dunne; zu Dritt beschlossen sie, ein Komitee für Artikel Eins zu gründen. Sie baten Ira Gershwin, sein Haus für die Gründungsversammlung zur Verfügung zu stellen, und, so schrieb einer, der an dem Abend dabei war, »man kam nicht mehr hinein. Die Erregung war gewaltig. Die Stadt war voller Enthu-

---

* So schreibt Dmytryk jedenfalls in seinen Memoiren aus dem Jahre 1978, *It's a Hell of a Life But Not a Bad Living.* 1951 jedoch, als er noch einmal vor dem Kongreßausschuß erschien, nachdem er eine Haftstrafe wegen Mißachtung verbüßt und sich zur Zusammenarbeit mit den Behörden entschlossen hatte, wurde er zu eben diesem Punkt befragt: »Gab es eine Übereinkunft aller, sich an das allgemeine Verfahren der Aussageverweigerung zu halten?« Dmytryk antwortete: »Wir haben sehr darauf geachtet, dies in der Gruppe nicht zu diskutieren. Wir sahen darin eine gewisse Gefahr, das könnte uns als Verschwörung ausgelegt werden.«

siasmus, weil alle das Gefühl hatten, sie würden gewinnen. Alle Stars waren da.«

Das Komitee versammelte eine beeindruckende Anhängerschaft: Humphrey Bogart, Rita Hayworth, Katharine Hepburn, Myrna Loy, Groucho Marx, Judy Garland, Frank Sinatra, Gene Kelly, Paulette Goddard, Frederic March, dazu ein paar Literaten wie George S. Kaufman und Archibald MacLeish und sogar einige große Produzenten: Walter Wanger, William Goetz, Jerry Wald. (Die Aufstellung dieser Armee war vermutlich in gewissem Umfang mit Anwerbung verbunden. Lester Cole erinnerte sich später, daß er zu Ronald Reagan gegangen sei, um ihn zu bitten sich der Artikel-Eins-Gruppe anzuschließen. »Am frühen Abend war ich dort und Jane Wyman, damals seine Frau, kam an die Tür. Ich stellte mich vor, fragte, ob ich ihn sprechen könnte, und sie wurde verlegen. Jane Wyman erklärte, Reagan habe sich hingelegt, er fühle sich nicht wohl, aber sie wolle mit ihm reden. Sekundenschnell war sie zurück, es schien ihr peinlich zu sein, sie bat mich, Humphrey Bogart und Willie Wyler auszurichten, daß es ihm nicht gut ginge, daß er aber ernsthaft daran denke, sich ihnen anzuschließen. Er würde ihnen morgen Bescheid geben. Er ließ nichts hören...«)

Nicht weniger wichtig für die neunzehn Zeugen war, daß die Studiobosse durchaus bereit zu sein schienen, sie weiter zu beschäftigen. Lardner, der in diesem Sommer, einen neuen Vertrag der 20th Century-Fox über zweitausend Dollar wöchentlich in der Tasche, gerade ein großes Haus in Santa Monica gekauft hatte, wurde bald gebeten, mit einem neuen Film zu beginnen. Lester Cole, der eben einen netten MGM-Vertrag ausgehandelt hatte, der im Laufe von vier Jahren von 1250 Dollar auf 2500 Dollar pro Woche steigen sollte, fürchtete, das Studio könnte einen Rückzieher machen wegen der Vorladung, aber Eddie Mannix ließ ihn am nächsten Tag kommen und knurrte, er solle unterschreiben. »Kein blöder Kongreßesel wird der MGM vorschreiben, wie sie zu arbeiten hat«, sagte Mannix.

Die beste Methode, sich gegen einen Kongreßausschuß zu wehren, war gerade in diesem Sommer brillant von einem Mann vorgeführt worden, der einer Untersuchung weit eher wert war als jeder Hollywoodschreiber. Im Gegensatz zu einem Dalton Trumbo oder Lester Cole, die möglicherweise ein paar linke Häppchen am wachsamen Auge von Louis B. Mayer vorbeigeschmuggelt hatten, vielleicht aber auch nicht, hatte Howard Hughes unbestreitbar von der Bundesregierung rund sechzig Millionen Dollar für die Produktion von Kampfflugzeugen kassiert, die er dann nie produzierte. Solche Eskapaden hätten jetzt, da der Krieg vorbei war, leicht in Vergessenheit geraten können, aber dieselben Wahlen von 1946, die den Republikanern den Vorsitz im Kongreßausschuß für Unamerikanische Umtriebe einbrachten, verschafften ihnen auch den Vorsitz in einer Senatsgruppe, die allgemein als Ausschuß für Kriegsermittlungen bekannt war. Präsident Truman, einst ein unbekannter Senator, war mit diesem Ausschuß und dessen Aufklärung diverser Rüstungsfinanzierungsskandale zu Ruhm gekommen. Sein neuer Vorsitzender war Senator Owen Brewster, eine finstere Gestalt aus Maine, die ebenso heftig wie J. Parnell Thomas danach gierte, die Verruchtheit der Roosevelt-Regierung ans Licht zu bringen.

Brewster hatte seine eigenen Gründe, sich auf Hughes zu konzentrieren, und als Ausschußermittler nach Kalifornien fuhren, um Hughes' Geschäftspapiere zu durchforsten, stießen sie auf einen Schatz: die Spesenabrechnungen von Johnny Meyer. Meyer, fett und leutselig, war ein Zwischenträger, ein Händeschüttler und Kontakteknüpfer. Er hatte bei der CBS angefangen, war zur Weizenbörse nach Cleveland gegangen und dann nach Hollywood gekommen, um bei der Warner Bros. als persönlicher Presseagent für Errol Flynn zu arbeiten. Ein Presseagent für Errol Flynn verfügte vermutlich über gewisse gesellschaftliche Fähigkeiten, die auch für Hughes recht nützlich sein konnten, deshalb nahm Hughes ihn in Dienst. Als die Senatsermittler Meyers Spesenkonten ausgruben, entdeckten sie viele saftige Einzelheiten der Hughesschen Werbung um Oberst Elliott Roosevelt, einst Chef des Alliierten Luftbild-Aufklärungskommandos Mittelmeer, der auf Tournee durch die Flugzeugwerke geschickt wurde, um ein neues Aufklärungsflugzeug zu finden, das man dringend brauchte. Roosevelts fünfköpfiges Suchkommando war im August 1943 prompt nach Los Angeles gekommen, und dort stieß es sogleich auf Johnny Meyer, der – neben anderen guten Taten – Roosevelt mit der jungen Schauspielerin Faye Emerson bekanntmachte. Jetzt also, im Sommer 1947, wurde Meyer nach Washington geholt, um Spesenposten wie diese zu erläutern: 1000 Dollar für Hotelunterkunft, Getränke und Rennbahn-Eintritt für den Präsidentensohn und seine neue Freundin Miss Emerson, die er bald zu heiraten gedachte; Nylonstrümpfe für Miss Emerson 132 Dollar; ein »Darlehen« an Roosevelt am Vortage seiner Hochzeit mit Miss Emerson 1000 Dollar; Hochzeitsfeier 850 Dollar, davon 220 Dollar für Champagner; eine Flitterwochenrechnung des Hotels Beverly Hills 576,83 Dollar.

Und mehr: Rechnungen für andere Luftwaffenoffiziere, die Freunde von Oberst Roosevelt waren, und für Mädchen, die Freundinnen dieser Freunde waren. Die Gesamtsumme, sagte Meyer, beliefe sich auf 5083,79 Dollar. Reichliches Material, reichlich Beweis der Opferbereitschaft für den Krieg. Elliott Roosevelt bestand darauf, zu seiner Verteidigung auszusagen: »Ich bestreite aus tiefster Seele, daß Johnny Meyer mir jemals ein Mädchen besorgt hat!« Er verlangte von Meyer zu wissen: »War eins dieser Mädchen speziell zu meiner Unterhaltung da?« Meyer parierte geschickt: »Das ist schwer zu sagen, weil Sie mit Miss Emerson ziemlich beschäftigt waren.«

»Erklären Sie hier«, fuhr Roosevelt zur Verteidigung seiner Offizierskameraden fort, »daß diese Mädchen zu ihrer Unterhaltung da waren?« Meyer war durchaus bereit, darzulegen, wie so etwas funktionierte: »Sie saßen herum mit uns und tranken mit uns und gingen essen mit uns, und wahrscheinlich gehörten die Mädchen nicht zu einem Bestimmten, sie tanzten bloß mit jedem, der sie dazu aufforderte.«

Roosevelt blieb jedoch dabei, daß er und sein Team Hughes' Flugzeug inspiziert und bewundert hätten, und trotz der Kritik anderer Luftwaffenoffiziere (die, wie sich herausstellte, ganz recht hatten mit ihrer Voraussage, daß Hughes' Maschine nicht funktionieren würde) hätten sie es wegen seiner Vorzüge empfohlen. Mehr im allgemeinen schwor Roosevelt, daß Brewster und andere führende Republikaner »seit dem Tode meines Vaters einen guten

Teil ihrer Zeit dazu benutzten, ihn mit Dreck zu bewerfen«. Als man ihm Meyers Spesenkonten vorhielt, konnte Roosevelt nur sagen, daß Meyer sie gefälscht, aufgebauscht, erlogen hätte. Meyer, mit Roosevelts Anschuldigungen konfrontiert, wich aus, sich duckend, sich windend und lächelnd, immer lächelnd. Hughes war kämpferischer. »Sie erzählen Lügen über mich, und das lasse ich mir nicht gefallen«, sagte er einem Bericht zufolge, während er einen Zebrafellsessel quer durch Cary Grants Wohnzimmer kickte. Hughes hatte gute Gründe, mißtrauisch zu sein. Ganz abgesehen von dem Verlangen des republikanisch geführten Ausschusses, den Namen Roosevelt zu schwärzen, war Senator Brewster dafür bekannt, daß er der Pan American Airways, wie es hieß, freundlich gesonnen war. Und Juan Trippe, Präsident der PanAm, war dafür bekannt, daß ihn Hughes mächtig ärgerte, seit er für seine TWA die Genehmigung Washingtons erhalten hatte, auf den lukrativen Transatlantikrouten nach Europa mit der PanAm zu konkurrieren. Jetzt stellte Hughes in einer Presseerklärung fest, daß Brewsters ganze Untersuchung der Hughesschen Flugzeuggeschäfte nur Teil einer Verschwörung sei: »Insbesondere erhebe ich den Vorwurf, daß mir Senator Brewster im letzten Februar bei einem Mittagessen im Hotel Mayflower in Washington, D.C., wortreich erklärt hat, die Anhörungen brauchten nicht weiterzugehen, wenn ich bereit wäre, die TWA-Luftlinie mit der Pan American Airways zu vereinigen.«

Für die Behandlung dieser Anklage bildete Brewster einen Unterausschuß unter Leitung des Senators Homer Ferguson aus Michigan, eines silberhaarigen ehemaligen Richters. Der erste Zeuge im überfüllten, von Flutlicht erhellten Senatssaal war natürlich Hughes. Er sah, wie ein Zeitgenosse berichtet, wie »ein ungeheuer reicher Huckleberry Finn aus, ohne Krawatte und Hut, im schmutzigen Hemd und einer zerknautschten, von seinem Butler-Diener entliehenen Sportjacke, aus deren viel zu kurzen Ärmeln seine langen, dünnen Handgelenke ragten«. Hughes wiederholte seine Anklage gegen Brewster und sagte: »Ich denke, Senator Brewster muß in den Zeugenstand. Erlauben Sie mir, ihn ins Kreuzverhör zu nehmen und Zeugen zu benennen.« Ferguson sagte, er wolle darüber nachdenken, aber Brewster reagierte mit

Senatorendonner: »Es wäre unbegreiflich für jeden, daß ein Mann, der so lange im Licht der Offentlichkeit steht wie ich – im Parlament von Maine, als Gouverneur von Maine, als Mitglied des Repräsentantenhauses der Vereinigten Staaten und jetzt als Senator der Vereinigten Staaten – derart unverhohlen einen Vorschlag gemacht haben sollte, wie er ihn beschreibt. Das klingt wohl mehr nach Hollywood als nach Washington. Niemand mit einiger Kenntnis und Erfahrung könnte einen solchen Vorschlag machen, und ich habe ihn auch nie gemacht.« Weiter erhob er den Vorwurf, Hughes versuche ihn einzuschüchtern, und »wenn Ausschußvorsitzende eingeschüchtert werden sollen, dann können wir Senatsuntersuchungen ebensogut gleich einstellen«.

»Haben Sie noch Fragen?« fragte Ferguson Hughes.

»So ungefähr zweihundert bis fünfhundert Fragen«, antwortete Hughes. Er arbeitete die Nacht durch, um Fragen an Brewster niederzuschreiben, dann kehrte er in einem neuen grauen Anzug in den Ausschußsaal zurück, um seinen Angriff fortzusetzen. Er nannte Brewster »einen der größten Trickartisten in Washington«. Ferguson schlug zurück, Hughes versuchte »diesen Ausschuß zu diskreditieren«. Und dann: »Die Integrität des Senats der Vereinigten Staaten steht auf dem Spiel.« Hughes beharrte, Brewster weiche aus. »Senator Brewsters Geschichte ist ein Lügenpaket«, sagte er, »und ich kann es in der Luft zerreißen, wenn man mir Gelegenheit gibt.« Die Zuhörer brachen in Beifall aus.

Beide Seiten setzten den Austausch ihrer Anklagen in der Presse fort. Hughes sagte, in seinem Hotelzimmer seien auf Geheiß der PANAM Wanzen installiert worden. Brewster höhnte, Hughes' Riesenflugzeug, die hölzerne »Goldene Gans«, sei ein »fliegender Bretterhandel«, nur richtig fliegen würde es nie. Hughes erklärte, »wenn das Flugboot nicht fliegt, werde ich wahrscheinlich aus diesem Lande auswandern... Ich meine es ernst.« Brewster, inzwischen mit dem Wahlkampf für seine Wiederwahl beschäftigt, der für ihn mit einer Niederlage endete, stichelte, Hughes sei »ein junger Mann, der Zeit hatte, *Geächtet* zu produzieren, während andere im Kriege kämpften«.

Während die Ausschußanhörungen vertagt waren, konnte Hughes sich auf seine Goldene Gans konzentrieren. In zwei Tagen und zwei Nächten ließ er zum Preis von 55 000 Dollar das Flugzeug in seine Einzelteile zerlegen, diese von Culver City nach Long Beach karren und dort wieder zusammensetzen. Dann lud er Brewster und seinen Ausschuß ein, ihm Gesellschaft zu leisten, wenn er sein Riesentier zum erstenmal ausführte. Die Senatoren sagten, sie seien beschäftigt. Dann lud Hughes die Presse auf seine Kosten zum Zuschauen ein. Mehrere Dutzend Reporter fanden sich ein, und Hughes brachte sie hinaus in die windige Bucht, trieb sein Riesenflugzeug mit einer Geschwindigkeit von etwa siebzig Stundenkilometern durch die schwappenden Wellen und setzte die Presseleute am Dock wieder ab. Dann sagte Hughes, er wolle noch eine Runde drehen. Er öffnete die Drosselklappen, bis die acht Motoren eine Geschwindigkeit von etwa hundertsiebzig Stundenkilometern erreichten, und dann, langsam, rüttelnd, entstieg die Maschine den Wellen. Hughes bekam sie auf ungefähr fünfundzwanzig Meter Höhe und flog zwei oder drei Kilometer weit, dann brachte er sie glücklich wieder heim. »Es war so ein schwebendes, schönes Gefühl, ich habe sie einfach hochgezogen«, sagte er. Die Goldene Gans flog nie wieder. Aber Hughes konnte nicht aufgeben. Fast drei Jahrzehnte lang gab er rund eine Million Dollar jährlich für ihre Aufbewahrung aus. Nach seinem Tode im Jahre 1976 wurde sie von anderen übernommen, die sie als Touristenattraktion zugänglich machten, und das ist sie bis heute geblieben.

Als die neunzehn Hollywooder Zeugen nach Washington flogen und sich im Hotel Shoreham einmieteten, fühlten sie sich plötzlich in feindlichem Gelände. Zanuck und Goldwyn waren hier bloß Namen, und Eddie Mannix' Unterschrift zog nicht. Howard Koch zum Beispiel war entsetzt über die Atmosphäre des allgemeinen Mißtrauens. »Wir waren in unserer eigenen Hauptstadt, doch keine ausländische Stadt hätte fremder und feindseliger sein können«, erinnerte er sich. »Unsere Hotelzimmer waren alle angezapft. Wenn wir... miteinander oder mit unseren Anwälten reden wollten, mußten wir entweder einen Metallschlüssel herumwirbeln, um die Übermittlung zu stören, oder wir mußten ins Freie gehen.« Gordon Kahn, auch einer der Neunzehn, sagte, daß keiner der »unfreundlichen« Zeugen ein Telefongespräch ohne »seltsames Klicken« in der Leitung führen konnte. »Ober machten sich zu lange an den Tischen zu schaffen, an denen diese Leute aßen«, berichtete er. Wann immer einer der Zeugen in der Hotelhalle jemanden treffen wollte, »belegten müßig herumschlendernde Gestalten benachbarte Sessel und lehnten sich zurück, um besser zu hören«.

Aber die Produzenten standen immer noch hinter ihnen, dachten sie. Am Abend des 19. Oktober suchten Kenny, Crum und die anderen Rechtsanwälte eine Suite im Hotel Shoreham auf, wo sie mit Eric Johnston, dem Präsidenten des Filmproduzentenverbandes, und zwei Anwälten der Produzenten, Paul V. McNutt und Maurice Benjamin, zusammentrafen. Kenny zeigte Johnston die Papiere, die er eingereicht hatte, um gegen die Ausschußanhörungen aus verfassungsrechtlichen Gründen Einspruch zu erheben. »Wir vertreten die Auffassung, daß der Thomas-Ausschuß auf Filmzensur durch Einschüchterung abzielt«, sagte Kenny.

»Wir teilen Ihre Gefühle, meine Herren«, sagte Johnston. »Und wir unterstützen Ihre Position.«

Aber Kenny und seine Verbündeten waren beunruhigt über einige Äußerungen des Vorsitzenden Thomas vor der Presse. »Er wurde mit den Worten zitiert«, erregte sich Kenny, »die Produzenten hätten sich bereit erklärt, eine Schwarze Liste für die gesamte Filmwirtschaft aufzustellen.«

»Die Meldung ist Unsinn!« antwortete Johnston und zeigte sich sehr entrüstet. »So lange ich lebe, werde ich mich niemals für etwas so Unamerikanisches wie eine Schwarze Liste hergeben, und jede Erklärung, die mit Berufung auf mich besagt, ich sei für eine Schwarze Liste, beleidigt mich als guten Amerikaner.«

»Eric, ich wußte ja, daß man Sie falsch zitiert hat«, sagte Crum und schüttelte Johnston die Hand. »Ich habe nie geglaubt, daß Sie sich auf etwas so Übles wie eine Schwarze Liste einlassen würden.«

»Die Zeugen, die wir vertreten, werden mehr als entzückt sein, diese Zusicherung von Ihnen zu haben«, sagte Charles Katz.

»Sagen Sie den Jungens, sie brauchen sich keine Sorgen zu machen«, sagte Johnston. »Es wird keine Schwarze Liste geben.

Wir haben nicht die Absicht, totalitär zu werden, um diesen Ausschuß zufriedenzustellen.«

Der Ausschuß hatte eigene Pläne. Zwei Tage vor Beginn der Anhörungen ließ der Vorsitzende Thomas so etwas wie eine Probe inszenieren für die neun Wochenschau-Kameras, die im strahlend erleuchteten Sitzungssaal im alten Amtsgebäude des Kongresses aufgereiht standen. Er marschierte hinein, nahm seinen Platz hinter dem Rednerpult ein und verschwand fast aus dem Blickfeld. Es mußte ein Washingtoner Telefonbuch aufgetrieben werden, auf das er sich setzen konnte, nicht ohne vorher noch ein rotes Seidenkissen obenauf gelegt zu haben. Nun, am Montag, dem 20. Oktober, marschierte Thomas mit respektabler Verspätung, um zwanzig Minuten nach zehn, wieder in den jetzt überfüllten Sitzungssaal und ließ sich auf seinem Kissen nieder. Die Wochenschaukameras surrten; es war sogar eine Fernsehkamera da. Thomas begrüßte sein Publikum mit einer kurzen Eröffnungsrede über die Bedeutung seines Kreuzzuges. »Mehr als 85 Millionen Menschen gehen jede Woche ins Kino...« sagte er. »Es ist nicht unnatürlich – nein, es ist sehr logisch, daß subversive und undemokratische Kräfte versuchen, dieses Medium zu unamerikanischen Zwecken zu nutzen...«

Kaum hatte Thomas das Zeichen gegeben, daß man den ersten Zeugen rufen solle, als Kenny sich erhob, um den Antrag zu stellen, das ganze Verfahren aus verfassungsrechtlichen Gründen einzustellen.

»Wie ist bitte Ihr Name?« fragte Thomas, der sehr gut wußte, wer Kenny war. Erst als Kenny sich formell ausgewiesen hatte, teilte Thomas ihm mit, daß seine Klienten erst in der nächsten Woche aufgerufen werden würden und daß er seinen Antrag dann vorbringen solle. Kenny fragte, ob er die »freundlichen« Zeugen ins Kreuzverhör nehmen könne. »Sie können diesmal überhaupt nichts mehr fragen«, sagte Thomas. »Bitte, setzen Sie sich.«

Der erste wichtige Zeuge war Jack Warner. Die Chronisten dieser Anhörung neigten dazu, besonders die hammerschlagenden Zusammenstöße Thomas' mit den linken Schriftstellern hervorzuheben, die am Ende als die Zehn von Hollywood ins Gefängnis kamen. Mehr aber war zu lernen aus den Ergüssen der »freundlichen« Zeugen, besonders dieses ersten. Jack Warner war in mancher Hinsicht das verkörperte Hollywood. Er war eitel, unwissend, anmaßend, hinterlistig, gierig, rücksichtslos und ein leidenschaftlicher Liebhaber schlechter Witze. Während das Studio Warner Bros. berüchtigt war für seine billigen Kulissen und knapp kalkulierten Produktionen sowie für seine Prozesse gegen rebellische Stars wie Bette Davis und Olivia de Havilland, häufte sich Jack Warner ein Privatvermögen auf, das auf vierzig Millionen Dollar geschätzt wurde. Dennoch produzierte die Warner Bros. mit Hilfe irgendeiner mysteriösen Alchimie einen beachtlichen Teil der besten Filme, die in dieser ganzen Periode gemacht wurden: *Die Spur des Falken, Sergeant York, Casablanca, King's Row, Yankee Doodle Dandy* – das alles waren Warners-Filme.

Jack Warner hatte auch etwas von einem feigen Schwächling. Jedesmal, wenn ihm ein Kampf mit einem Großmaul wie Errol Flynn bevorstand, geriet er in Panik. Und kaum hatte J. Parnell Thomas ihn im Frühjahr zu den vorbereitenden Anhörungen in Los Angeles geladen, als Warner auch schon zu plaudern begann. Er behauptete gleichzeitig, daß Washington politischen Druck auf ihn ausgeübt habe und daß Kommunisten versucht hätten, die Produktion der Warner Bros. zu beeinflussen, aber er betonte, er habe stets sein Bestes für die Sache des Amerikanismus getan. John Huston erinnerte sich später, daß er Warner gefragt habe, welcher Art Fragen der Ausschuß ihm denn gestellt hätte. »Sie wollten die Namen von Leuten hier draußen wissen, die meiner Meinung nach Kommunisten sein könnten...« sagte Warner nervös. »Ich habe ihnen ein paar Namen gesagt.« Als Huston Mißfallen bekundete, wurde Warner noch nervöser. »Hätte ich wohl lieber nicht tun sollen, was?« flehte er. »Bin 'ne alte Petze, meinste?« In Washington gab Warner trotz seiner Erklärung für den Schutz »einer freien Presse und einer freien Leinwand« eine einleitende Stellungnahme ab, die eines J. Parnell Thomas persönlich würdig gewesen wäre. »Ideologische Termiten haben sich in viele amerikanische Industrien eingegraben«, sagte Warner. »Ich sage: Laßt sie uns ausgraben und sie loswerden.« Und noch einmal: »Subversive Keime brüten in dunklen Winkeln. Laßt uns Licht in diese dunklen Winkel bringen.« Warner erklärte sogar, daß sein Studio gern einen »Pestbeseitigungsfonds« organisieren würde, der »die Leute nach Rußland schickt, denen unsere amerikanische Staatsordnung nicht gefällt«.

Glänzend, glänzend. Aber der Ausschuß wollte, daß Warner seinen Teil dazu beitrug, einige dieser Termiten und subversiven Keime, die er beim Graben in seinem Studio entdeckte, beim Namen zu nennen. Warner versuchte zunächst, sich darum zu drücken. »Ich habe noch nie einen Kommunisten gesehen«, sagte er, »und ich würde ihn nicht erkennen, wenn ich einen sähe.« Stripling, der Chefermittler, erinnerte Warner daran, daß er es bei seiner vertraulichen Aussage in Los Angeles besser gewußt hätte. Stripling las nun einen großen Teil jener Aussage vor. Warner war gefragt worden, ob es eine Zeit gegeben hätte, in der er einen stärkeren kommunistischen Einfluß in Hollywood bemerkt habe, und er hatte gesagt, ihm sei 1936 und 1937 aufgefallen, daß »Texte dieser Art in unseren Szenarios auftauchten«. Jetzt, vielleicht unter dem Einfluß der Studiojuristen, zögerte er, irgendeine Person einen Kommunisten zu nennen, aber er bestätigte, daß »es Leute mit unamerikanischen Neigungen gibt, die Sachen geschrieben haben... sowas wie – was ich persönlich unamerikanische Prinzipien nenne, weil mir eine bessere Bezeichnung dafür fehlt«.

Und wer waren diese Leute mit unamerikanischen Neigungen? Warner suchte Ausflüchte. »Wenn ich sage, diese Leute sind Kommunisten, ...so weiß ich das nur vom Hörensagen«, sagte er. Aber er erklärte immer wieder, daß er sie entlassen hätte. Als Stripling bei den Anhörungen von Los Angeles Namen verlangt hatte, hatte Warner sie schließlich ausgespuckt: Bessie und Kahn, Koch, Lardner, Lawson, Maltz, Rossen, Trumbo, Wexley, Guy Endore, Emmet Lavery, Irwin Shaw, Clifford Odets, Sheridan Gibney, Julius und Phil Epstein. Nicht nur waren die Genannten nicht alle Kommunisten, sie waren auch nicht alle von Warner entlassen worden, und nun wollte er ein paar Änderungen an seiner damaligen Aussage machen. »Natürlich – ich habe mich hinreißen lassen damals«, bezeugte er. »Ich war ziemlich gefühlsbetont, bin ja auch in einem gefühlsbetonten Gewerbe...« Besonders, wolle er sagen, Endore, Gibney und die Epsteins hätten niemals »irgendwas Subversives geschrieben«. Aber es sei schwer, sagte Warner, sich immer auf dem laufenden zu halten, was all diese Schreiber täten. »In diesen Texten gibt es versteckte Anspielungen und Doppeldeutigkeiten und sowas«, sagte er, »und man braucht acht oder zehn Semester Jura, um festzustellen, was gemeint ist.«

Der Kongreßabgeordnete Richard B. Vail regte an, die Hollywood-Produzenten sollten mit vereinten Kräften alle Kommunisten aus ihren Studios vertreiben. Warner hatte Bedenken, vielleicht wieder mit Rücksicht auf den Rat seiner Juristen. »Ich kann mir beim besten Willen nicht vorstellen, daß irgendwo Leute zusammenkommen und versuchen könnten, einem Mann wegen seiner politischen Ansichten auf irgendeine Art und Weise seinen Lebensunterhalt zu nehmen«, sagte er. »Das wäre ja Verschwörung...« Er sollte es bald besser wissen.

Daß der Ausschuß sich von einem scheinbaren Verbündeten so gebremst und zurückgewiesen sah, vergalt er damit, daß er sich Warners Produktion *Botschafter in Moskau* vornahm. In seinen Memoiren, von fremder Hand verfaßt und 1965 erschienen, behauptet Warner, er habe diesen Film auf ausdrücklichen Wunsch von Präsident Roosevelt gemacht – eine Behauptung, die der Ausschuß mit Freuden näher untersucht hätte –, aber bei seinem Kongreßauftritt klang Warner erheblich weniger sicher.

»Sind Sie gebeten worden, *Botschafter in Moskau* zu machen?« hatte Stripling in der Los Angeles-Anhörung gefragt.

»Ich würde sagen, ja, gewissermaßen«, antwortete Warner wachsweich. »Man kann es so ausdrücken – in dieser oder jener Form.«

»Wer hat Sie gebeten, *Botschafter in Moskau* zu machen?« beharrte Stripling.

»Ich würde sagen, der frühere Botschafter Davies«, sagte Warner und offerierte damit nichts Subversiveres als den Wunsch eines Autors, sein Buch verfilmt zu sehen.

Jetzt aber, in Washington, wußte Warner nicht einmal mehr das mit Sicherheit. Er sagte, er könne sich nicht erinnern, ob Davies an Harry Cohn, den Präsidenten der Firma, herangetreten sei oder ob Harry Cohn Davies angesprochen habe, um die Filmrechte an einem Buch zu kaufen, das schließlich ein Bestseller war. Stripling hatte Warners Ungewißheiten allmählich satt. Er begann, aus *The Curtain Rises* (1944) von Quentin Reynolds vorzulesen; Reynolds beschrieb in dem Buch die Verblüffung der amerikanischen Korrespondenten in Moskau, als sie diesen filmischen Lobgesang auf die Errungenschaften Joseph Stalins sahen. Es klang verwirrt, als Warner erklärte, er habe nie von Reynolds Buch gehört.

»Sind Sie der Meinung, ... daß *Botschafter in Moskau* ein den Fakten korrekt entsprechender Film war, und haben Sie ihn als solchen gemacht?« fragte Stripling.

»Ich kann mich nicht erinnern«, sagte Warner.

»Würden Sie ihn als einen Propagandafilm bezeichnen?« beharrte Stripling.

»Einen Propagandafilm...« echote Warner.

»Ja.«

»Inwiefern?«

»Insofern, als er Rußland und den Kommunismus völlig anders darstellte, als sie wirklich waren?«

»Ich bin nie in Rußland gewesen«, protestierte Warner. »Ich weiß nicht, wie es in Rußland ist... wie sollte ich also sagen können, ob er richtig oder falsch war?«

Nun, hätte sich Warner nicht einen Experten holen können, der ihm sagen konnte, ob sein geplanter Film korrekt wäre? »Ungenauigkeit gibt es überall«, sagte Warner. »Ich habe eine Million Bücher gesehen – um eine große Zahl zu nennen –, und es gab immer Ungenauigkeiten im Text. In allem können Ungenauigkeiten vorkommen, besonders in der kreativen Kunst...«

In der kreativen Kunst – allmählich ließ Warner sich hinreißen, verlor er den Sinn für den Ernst der Ausschußsache. Des langen und breiten erläuterte er, daß linke Autoren immer wieder versuchten, bröckchenweise radikale Propaganda in ihre Skripts einzuschmuggeln, da sie aber genau wüßten, daß er, Jack Warner, jegliche Propaganda dieser Art herausstreichen würde, setzten sie ihre Bemühungen »in humoristischer Weise« fort.

»Aber doch nicht nur humoristisch«, sagte J. Parnell Thomas, es klang schockiert.

»Gut, streichen Sie das Wort humoristisch«, sagte Warner. »Ich korrigiere mich.«

»Sie könnten sagen, in heimtückischer Weise«, meinte Thomas.

»Ja, heimtückisch«, stimmte Warner zu.

Der Produzent schien zu spüren, daß ihm möglicherweise Gefahr drohte. Noch einmal befragt, was er von der Aussperrung aller Kommunisten durch eine Schwarze Liste halte, zeigte er zwei Personalfragebögen vor, die sein Studio, wie er sagte, schon seit 1936 von jedem Angestellten ausfüllen ließe. Die Hauptfrage lautete: »Gehören Sie einer Organisation oder Gruppe an, die den Grundsätzen unserer amerikanischen Staatsform entgegengesetzte Ziele verfolgt?« Warner behauptete, manche Stellenbewerber hätten sich gescheut, diese Frage zu beantworten und das Formular zu unterschreiben, und so seien sie entlarvt worden – wie Hexen, denen befohlen wird, fließendes Wasser zu durchqueren –, entlarvt und von der Schwelle der Warner Bros. verbannt. Doch wenn sein Studio auch alles täte, was in seiner Macht stünde, betonte Warner, sei der Unamerikanismus überall. Im Theater, zum Beispiel. (Ob der Ausschuß seine Nachforschungen nicht lieber dem Broadway zuwenden wolle?) Neulich habe er *Alle meine Söhne* von einem neuen Dramatiker namens Arthur Miller gesehen, ein Stück über einen Fabrikanten, der im Krieg defekte Flugzeuge hergestellt habe. »Das Stück hat mich angewidert«, sagte Warner. »Im Foyer bin ich fast in eine Prügelei geraten. Ich sagte: ›Wie können Sie es wagen?‹« Der junge Arthur Miller war wohl nicht bedeutend genug für den Pranger, aber Warner teilte dem Ausschuß mit, der Regisseur des Stücks, Elia Kazan, jetzt mit der Inszenierung eines *Tabu der Gerechten* (Gentleman's Agreement) betitelten Films beschäftigt, sei »einer von der Meute. Ich bin an ihm vorbeigegangen, wollte aber nicht mit ihm reden«.

Der Ausschuß gab vor, er untersuche die Frage, ob er ein Verbot der Kommunistischen Partei empfehlen solle, deshalb stellte er diese Frage auch an Jack Warner, der sein Bestes tat, eine Antwort zu umgehen. »Ich würde es befürworten, vorausgesetzt, daß es einem freien Bürger, einem guten Amerikaner nicht seine Rechte nimmt, sich den Lebensunterhalt zu verdienen«, sagte Warner, »und auch daß es nicht gegen die Verfassung der

22

20+21+22 Nach dem Ende des Zweiten Weltkrieges erfaßt eine Welle des Antikommunismus die Vereinigten Staaten. Viele prominente, als links geltende Kulturschaffende, mußten sich vor dem Ausschuß für unamerikanische Umtriebe verantworten. Bertolt Brecht wird vorgeladen; John Garfield kann sich aus dem Netz der Verdächtigungen nicht mehr befreien und stirbt.

This sign was concieved in Germany, and tho it reads 'Wake up
me4icans' it should read, 'Vake up Germans'. This, concentra
camps and firing squads is what can be expected here in America
these zealots come into control. 'Wake up America' is right.

Tag days are usually held in the day-
time. But Ratzis work during the
night. You are invited to try to
tag us during the day.

23 Antisemitismus/Antikommunismus made in USA.

24 Lunch im Londoner Savoy-Hotel: Jack L. Warner von Warner Brothers spricht bei einem Treffen mit englischen Produzenten.

Vereinigten Staaten und nicht gegen die *Bill of Rights* verstößt.« J. Parnell Thomas sträubten sich die Haare bei der Unterstellung, seine Tätigkeit könnte die Verfassung verletzen.

»Wenn wir ein Gesetz verabschiedeten, dann wäre das ja wohl das ordentliche legale Verfahren, oder?« fragte er.

»Ich als einzelner Bürger bin natürlich für alles, was gut ist für die Amerikaner«, sagte Warner.

»Sind Sie für ein Verbot der Kommunistischen Partei?«

»Meinen Sie, bei den Wahlen?«

»Ja, ihre Erklärung zur illegalen Organisation.«

»Ich bin dafür, sie zu einer illegalen Organisation zu machen.«

Der nächste große Zeuge, der sogar noch mehr als Jack Warner für Hollywood stand, war Louis B. Mayer. Auch er hatte eine von Beauftragten verfaßte Stellungnahme zu verlesen. Darin erklärte er, er habe »gnadenlose Wachsamkeit gegen unamerikanische Einflüsse walten« lassen. Und noch ehe ihn der Ausschuß überhaupt fragen konnte, ob er für das Verbot der Kommunistischen Partei sei, appellierte Mayer hingebungsvoll an den Ausschuß, er möge eine »Gesetzgebung für nationale Maßnahmen zur Regelung der Beschäftigung von Kommunisten in der Privatwirtschaft« empfehlen. Was ihn selbst anginge, fügte er hinzu, so »bin ich der Meinung, man sollte ihnen die Zuflucht in die Freiheit verweigern, die sie zu zerstören suchen«.

Nur eine Woche zuvor hatte Mayer, laut Lester Cole, hinter verschlossenen Türen gezeigt, wie man mit Kommunisten umging. Er bestellte Cole zu sich ins Büro und erklärte ihm, er und Dalton Trumbo seien zwei der besten MGM-Autoren. »Sowas wie Sie wächst nicht auf Bäumen«, sagte er. »Ich möchte Sie nicht verlieren.«

»Vielleicht verlieren Sie uns ja gar nicht«, meinte darauf Cole. »Es sieht eigentlich so aus, als hätten wir das Gesetz auf unserer Seite.«

»Ich scheiße auf das Gesetz«, sagte Mayer. »Es geht um die gottverdammten Roten, mit denen Sie sich eingelassen haben. Brechen Sie mit ihnen. Halten Sie zu uns. Zu mir... Sie können von mir haben, was Sie wollen. Ihre Filme selbst inszenieren? Sagen Sie es nur. Ich glaube, Sie würden das großartig machen. Kies spielt keine Rolle. Wir zerreißen den Vertrag, verdoppeln Ihr

Gehalt. Sie sagen was, und Sie haben es. Bloß – machen Sie Schluß.«

Cole berichtete, daß Mayers Augen sich mit Tränen füllten, wie es oft bei seinen Verhandlungen geschah. Unfähig, sich die rechte Antwort einfallen zu lassen, schüttelte Cole nur den Kopf, woraufhin Mayer explodierte.

»Ich weiß Bescheid über Kommunismus!« brüllte er. »Ich weiß, was aus solchen Leuten wird. Nehmen Sie diesen Kommunisten Roosevelt! Ein Held, ein Mann des Volkes! Und was passiert, fünf Minuten nachdem sie die Erde auf sein Grab geschaufelt haben? Das Volk pinkelt drauf! Ist es das, was Sie wollen, Lester? Bleiben Sie bei uns, seien Sie schlau. Sie haben Kinder, denken Sie an die!«

»Sie sind sehr großzügig«, sagte Cole. »Ich wünschte, ich könnte Ihnen zustimmen, aber ich kann es nicht.«

»Sie sind verrückt!« rief Mayer, sprang auf und zeigte zur Tür. »Gottverdammter, dämlicher Roter! Machen Sie, daß Sie rauskommen! Verdammt noch mal, raus mit Ihnen!«

Jetzt, da Mayer im Zeugenstand war, mußte er diplomatischer sein.

»Gibt es nach Ihrer Kenntnis Kommunisten bei der Metro-Goldwyn-Mayer?« fragte das Ausschußmitglied H. A. Smith. »Dafür gibt es keinen Beweis, es sei denn, sie geben sich als Kommunisten zu erkennen«, sagte Mayer tastend, da er nun keine Stellungnahme mehr vorlesen konnte, »und wenn ich mir die Filme ansehe, die sie für uns geschrieben haben, kann ich keine Stelle finden, wo sie sowas geschrieben hätten... Ich verachte sie mehr als sonst irgendwer auf der Welt.« Aber gab es denn nun Kommunisten bei der MGM? Mayer nahm Zuflucht zu anonymen Informanten und sagte, sie hätten »mir ein paarmal zwei oder drei Schriftsteller genannt«. Smith verlangte Einzelheiten. »Wer sind diese Leute, die Ihnen genannt wurden?« fragte er. Mayer nannte Trumbo, Cole und Donald Ogden Stewart. Warum sich Mayer ihrer nicht entledigt hätte, verlangte Smith zu wissen. »Ich habe mich beraten lassen«, sagte Mayer. »Die Juristen sagen, wenn man nicht beweisen kann, daß sie Kommunisten sind, können sie einen auf Schadenersatz verklagen.«

Es war klar, daß Mayer sich, wie Warner, in jeder Hinsicht für schuldlos hielt. Wenn es Kommunisten bei der MGM gab – und offiziell gab er nichts dergleichen zu –, dann konnte er gar nichts dagegen tun. Der Ausschuß war offenbar der Meinung, der MGM-Chef bedürfe des weiteren Ansporns, und so wandte er sich dem Film *Song of Russia* zu, einer der Schöpfungen Mayers aus der Kriegszeit; es war die rührselige Romanze eines amerikanischen Dirigenten auf Tournee durch die Sowjetunion, der sich in das Land, seine Menschen und speziell eines seiner Mädchen verliebte, und das alles zur Begleitmusik von Tschaikowsky. Robert Taylor, der den Dirigenten spielte, hatte die schlafenden Ausschußhunde geweckt, als er in Los Angeles bezeugte, »Druck des Weißen Hauses« durch »Roosevelt-Leute« hätte ihn gezwungen, den Film zu machen, indem sein Marinedienst so lange hinausgeschoben wurde, bis er ihn gemacht hatte. (»Zu meinen eigenen Gunsten«, bezeugte Taylor später in Washington, »damit ich nicht ein bißchen blöd dastehe mit der Aussage, ich wäre zu dem Film gezwungen worden, muß ich sagen: Ich war nicht gezwungen.«) Jetzt versuchte Mayer zu erklären, wie das in Hollywood so funktionierte während des Krieges. »Taylor erwähnte, daß er bald zum Dienst in der Navy müßte«, sagte Mayer, »ich rief also Marineminister Frank Knox an und erklärte ihm die Situation, erinnerte ihn auch daran, wieviel Positives von *Mrs. Miniver* und anderen Filmen ausgegangen wäre, die wir in der Kriegszeit gemacht haben. Der Minister rief zurück und sagte, er dächte, daß man Taylor Zeit lassen könnte, den Film zu machen, bevor er zum Dienst einberufen würde.«

Doch nun zum Film selbst – wie kam es denn überhaupt dazu, daß er gemacht wurde? Autoren hätten eine Handlung entworfen, sagte Mayer, und sie »sah nach guter Unterhaltung aus und... einem Schulterklopfen für unseren damaligen Verbündeten Rußland«. Mayer fügte als eine Art Rechtfertigung genau das hinzu, was der Ausschuß zu attackieren wünschte: »Der Regierungskoordinator... war mit uns der Meinung, es sei eine gute Idee, diesen Film zu machen.« Gefragt, um welche Autoren es sich gehandelt habe, sagte Mayer, das wisse er nicht mehr. Vielleicht hielt er es für klüger, sich nicht zu erinnern, daß als Drehbuchautor Richard Collins, einer der jetzt vorgeladenen »unfreundlichen«

Neunzehn, und Paul Jarrico genannt waren, der sich am Ende vor diesem Ausschuß auf Artikel Fünf berufen sollte. Jedenfalls – Mayer hatte persönlich das Drehbuch gelesen und Änderungen verlangt. »Sie hatten Bauernkollektive drin und ich hab' das rausgeschmissen«, sagte er. »Ich will keine Ideologie außer der amerikanischen predigen.« Als das revidierte Drehbuch fertig war, sagte Mayer, »war *Song of Russia* nicht viel mehr als eine angenehme musikalische Romanze – die Geschichte von Mann und Frau, die, abgesehen von der Tschaikowsky-Musik, ebensogut in der Schweiz spielen könnte«.

Mayer war vielleicht allzu bescheiden. Die *New York Times* begrüßte den Film, als er Anfang 1944 herauskam, als »echtes Bonbon eines musikalischen Themenfilms, angefüllt mit seltener guter Laune, praller Lebenslust und dem richtigen Respekt für den Kampf der Russen in diesem Krieg«. Und das war nicht alles. Bosley Crowther, Cheffilmkritiker des Blattes, pries *Song of Russia* als »nahe dran, der bisher beste Film über Rußland im so beliebten Hollywood-Idiom zu sein«. Eine so gute Kritik vor eben drei Jahren, und nun wollte der Ausschußermittler von Mayer wissen, ob er zugäbe, daß der Film »Szene für Szene... Rußland grob verzerrt darstellt«. Mayer berief sich wie Warner auf Unkenntnis. »Ich bin nie in Rußland gewesen«, sagte er, wobei er großzügig übersah, daß er dort geboren war. Anders als die Memme Warner versuchte Mayer allerdings den Gegenangriff. »Sagen Sie mir«, fuhr er fort, »wie würden denn Sie einen Film, der in Rußland spielt, anders machen als das, was wir da gemacht haben?«

»Haben Sie bei dem, was Sie gelesen haben, nicht das Gefühl gehabt...«, versuchte Smith es noch einmal, »daß die Szenen nicht in einem Tüpfelchen das Bild Rußlands wiedergaben?«

»Wir haben nicht versucht, das Bild Rußlands wiederzugeben«, versetzte Mayer. »Wir haben versucht, ein russisches Mädchen zu zeigen, das diesen amerikanischen Dirigenten anfleht, ein Konzert in ihrem Dorf zu geben... und wie es nun einmal geht, verliebte sich dieses Mädchen in den Dirigenten und er sich in sie. Dann haben wir den Angriff der Deutschen auf die Russen gezeigt und daß der Krieg diese Verbindung zerriß.«

Für eine kritischere Analyse dieses Meisterstücks rief der Ausschuß als Zeugin die etwas wunderliche Ayn Rand auf, die damals als Filmschriftstellerin in Hollywood arbeitete und hoffte, die Warners werde bald die Filmfassung ihres Romans *Der ewige Quell* aus dem Jahre 1943 produzieren. Miss Rand war 1904 in St. Petersburg geboren, wie sie die Stadt mit Nachdruck und unerschütterlich nannte, aber sie hatte Rußland zum letzten Mal im Jahre 1926 gesehen, es war also nicht ganz einzusehen, warum der Ausschuß sie für eine Expertin in dieser Sache hielt. Allerdings – im Vergleich zu Warner und Mayer konnte man beinahe jeden als Experten betrachten. Miss Rand hatte *Song of Russia* noch gar nicht gesehen, deshalb ließ der Ausschuß eine Sondervorstellung für sie geben, und nun war sie bereit, zu bezeugen, daß der Film von pro-sowjetischer Propaganda strotzte.

Der Abgeordnete John Wood, ein Demokrat aus Georgia, versuchte Miss Rand zu dem Zugeständnis zu bewegen, daß die Vereinigten Staaten ein strategisches Interessse daran hatten, daß die Sowjets weiter gegen Deutschland kämpften, aber sie bestritt sogar das. »Ich denke, wir hätten die Leasing-Güter, die wir denen geschickt haben, viel besser selbst gebrauchen können«, sagte sie. Deshalb war sie absolut nicht der Meinung, ein schillernder Film wie *Song of Russia* könnte einem würdigen politischen Ziel dienen. »Hier ist die Entschuldigung vorgebracht worden, wir hätten den Film im Krieg produzieren müssen, aber wie kann er denn zum Kampf beitragen?« fragte sie. »Wenn er das amerikanische Volk hinters Licht führen soll, ... dann ist eine solche Haltung nicht besser als die These der Naziführung, daß eine auserwählte Gruppe von Intellektuellen oder anderen Führern dem Volk zu seinem eigenen Besten Lügen erzählt.«

Was Miss Rand wohl nicht begriff, was der Kongreßausschuß nicht zu begreifen schien, war, daß der Film *Song of Russia* nicht wegen irgendwelcher subversiver oder sonstiger politischer Zwecke Schund war, sondern daß er Schund war, weil es das Gewerbe der MGM war, Schund zu produzieren. Das war ihre Funktion, ihr Wesen, ihre Mission. Sie wußte kaum, daß es politische Zwecke gab. Die MGM war die Heimat von Andy Hardy, von Judy Garland und Esther Williams, und keine kommunistische Ideologie vermochte je in dieses Traumreich vorzudringen oder gar darin Wurzel zu schlagen. Als Louis B. Mayer aus Minsk beschloß, einen Film über Rußland zu machen, mußte daraus unweigerlich das Rußland Andy Hardys werden, untermalt von Tschaikowsky-Musik.

Die übrigen freundlichen Zeugen des Ausschusses lieferten eine zusammengewürfelte Anthologie konservativer Ansichten ab. Walt Disney beschwerte sich bitterlich über Herbert Sorrell, der 1941 einen Streik im Disney-Studio geführt hatte. Das Ergebnis war, sagte er, daß »sämtliche Gruppen der Roten Schmutzkampagnen gegen mich und meine Filme in Gang setzten«. Roy Brewer bezeugte, seine IATSE-Truppen hätten 1945 und 1946 bei den Streiks Hollywood vor dem Kommunismus bewahrt. »Es hat eine richtige kommunistische Verschwörung gegeben, unsere Gewerkschaften in Hollywood zu übernehmen, das gehörte zu dem kommunistischen Plan, die Filmwirtschaft zu kontrollieren...« sagte Brewer. »Sorrell hat sich fromm an die kommunistische Linie gehalten... Daraus entstand das unglaublichste Ausmaß an Gewalt, das in der Geschichte der amerikanischen Arbeiterbewegung je vorgekommen ist.«

Sam Wood, Kopf der Filmvereinigung für die Wahrung amerikanischer Ideale und damit Hauptanstifter dieser Ausschußanhörungen, bezeugte, Hauptquelle des kommunistischen Einflusses seien die Schriftsteller. Auf die Bitte, einige der subversivsten beim Namen zu nennen, offerierte er die inzwischen wohlbekannten Namen Lawson, Trumbo und Stewart. »Gibt es in Ihrem Gewissen irgendeinen Zweifel, ob Lawson Kommunist ist?« fragte Stripling. »Wenn es ihn gibt, habe ich überhaupt kein Gewissen«, sagte Wood.

Und so ging es weiter. Morrie Ryskind, der an einigen der großen Komödien der Marx-Brothers wie *Tierkekse* (Animal Crackers) und *Die Marx-Brothers in der Oper* mitgeschrieben hatte, sagte von einem anderen Schriftsteller: »Wenn der kein Kommunist ist, dann ist Mahatma Gandhi kein Inder.« Fred Niblo jr., ebenfalls Schriftsteller, hatte Ähnliches zu bieten: »Ich kann ebensowenig beweisen, daß er Kommunist ist, wie Custer beweisen konnte, daß die Leute, die ihn massakrierten, Indianer waren.« Leo McCarey, als Produzent und Regisseur von *Der Weg zum Glück* (Going My Way, 1944) reich geworden, sagte aus, seine Filme hätten in der Sowjetunion keinerlei Geld eingebracht. »Was gibt es denn für Schwierigkeiten?« fragte Stripling.

»Nun, ich glaube, ich hab' da eine Rolle drin, die sie nicht leiden können.«

»Bing Crosby?« vermutete Stripling.

»Nein, Gott«, sagte McCarey.

Dann kamen die Schauspieler. Adolphe Menjou, Nebenfigur in diversen Kostümdramen bezeugte, er habe viele Bücher über Kommunismus gelesen und halte ihn für »eine östliche Tyrannei, eine Kreml-gelenkte Konspiration«. Robert Taylor (geborener Spangler Arlington Brugh) beschwor seinen patriotischen Widerwillen, mit dem er *Song of Russia* gemacht hätte, und erklärte weiter, er würde nie mit einem Kommunisten zusammen in einem Film mitwirken. Gary Cooper war genauso dagegen, mit irgendwelchen Kommunisten zu tun zu haben, konnte sich allerdings nicht recht erinnern, wann er in solcher Gefahr geschwebt hatte.

»Ich habe eine ganze Menge Drehbücher abgelehnt, weil ich dachte, sie wären mit kommunistischen Ideen durchtränkt«, sagte Cooper.

»Können Sie uns solche Drehbücher nennen?« fragte Smith, der Ausschußermittler.

»Nein, mir fällt jetzt keins ein«, sagte Cooper.

»Einen Augenblick«, griff der Vorsitzende Thomas ein. »Mr. Cooper, ein so schlechtes Gedächtnis haben Sie doch gar nicht.«

»Wie meinen Sie, bitte?« sagte Cooper.

»Sie müssen doch in der Lage sein, sich an einige dieser Drehbücher zu erinnern, die Sie abgelehnt haben, weil Sie sie für kommunistische Drehbücher gehalten haben«, sagte Thomas.

»Nun ja, ich kann Ihnen da eigentlich keinen Titel nennen...« sagte Cooper. »Meistens lese ich die Drehbücher nachts, und wenn mir eins nicht gefällt, lese ich es nicht zu Ende, und wenn ich welche zu Ende lese, schicke ich sie so schnell wie möglich an die Verfasser zurück...«

Im Vergleich dazu war Ronald Reagan ziemlich eloquent, geradezu präsidial. Er sprach als Führer der Filmschauspielergilde und sagte, die Gewerkschaft habe es mit einer »kleinen Clique« zu tun, die »im Verdacht steht, mehr oder weniger die Taktiken zu verfolgen, die wir der Kommunistischen Partei zuschreiben«. Er sagte, er habe »keine Ermittlungsvollmacht«, um festzustellen, ob diese Leute wirklich Kommunisten seien, und der Ausschuß drängte ihn nicht, Namen zu nennen.

Reagans Aussage dürfte den Ausschuß kaum überrascht haben, denn Reagan hatte anscheinend alles, was er wußte, schon im vergangenen April dem FBI erzählt. Nach FBI-Dokumenten, die 1985 von der *San Jose Mercury-News* mit einem Antrag auf Informationsfreiheit publik gemacht wurden, war Reagan ein Informant, der beim FBI als »T-10« geführt wurde. Aus den FBI-Dokumenten ging hervor, daß Reagan wie auch Jane Wyman verschiedene Mitglieder der Filmschauspielergilde als Pro-Kommunisten identifizierten, wenn auch das FBI jede Erwähnung von Namen Verdächtiger löschte. Als Reagans Tätigkeit als FBI-Informant über seine eigenen Gewerkschaftsmitglieder 1985 bekannt wurde, sagte ein Sprecher des Weißen Hauses namens Rusty Brashear, Reagans Rolle sei »sehr unbedeutend« gewesen. »Ich bin nicht sicher, ob diese Bezeichnung vertraulicher Informant ganz das ist, wonach sie klingt«, sagte Brashear.

Reagan schloß seine Aussage – wie es seiner Funktion oder seinem Verständnis dieser Funktion zukam – im Ton staatsmännischer Phrasen. »Sir, ich verabscheue, ich verachte ihre Philosophie«, sagte er, »aber noch mehr als das verabscheue ich ihre Tätigkeiten, die Taktiken der Fünften Kolonne, die unredlich sind. Gleichzeitig aber möchte ich als Bürger nie erleben, daß unser Land von Furcht vor dieser Gruppe oder von Empörung über sie so bedrängt wird, daß wir auch nur einen unserer demokratischen Grundsätze mit dieser Furcht und Empörung gefährden. Ich denke doch, daß die Demokratie damit fertig wird.«

Diese erste Anhörungswoche, in der der Ausschuß vermutlich seine stärksten Beweismittel für die kommunistische Infiltration Hollywoods vorgelegt hatte, endete mit einem alles andere als eindeutigen Ergebnis. Die Presse war ganz und gar nicht überzeugt. »Wir glauben nicht, daß der Ausschuß eine faire Untersuchung durchführt«, lautete ein einigermaßen repräsentativer Leitartikel in der *New York Times*. »Wir glauben, der Kurs, den er eingeschlagen hat, droht in größere Gefahren zu führen als die, mit denen er augenblicklich befaßt ist.« Und Hollywoods Liberale verfügten noch immer über beträchtliche Kampfkraft. Sonntagabend, am 26. Oktober, strahlte das Komitee für Artikel Eins landesweit eine Rundfunksendung mit dem Titel »Hollywood schlägt zurück« aus. Darin boten verschiedene Berühmtheiten den Kongreßinquisitoren herausfordernd Trotz. Einer der bedeutendsten war Thomas Mann, der bekundete, er sähe Analogien zwischen den Kongreßanhörungen und den ersten Unterdrückungsmaßnahmen, die Hitler unternommen hatte. Im Unterschied zu vielen Hollywood-Liberalen, die ihre Kritik am Ausschuß mit der Verurteilung des Kommunismus koppelten, bestand Mann darauf, auch Marx und den Marxismus feierlich zu verteidigen. »Die ignorante und heuchlerische Verfolgung der Anhänger einer politischen und ökonomischen Doktrin, die schließlich die Schöpfung großer Geister und großer Denker ist – ich bezeuge, daß diese Verfolgung nicht nur für die Verfolger selbst entwürdigend ist, sondern auch für das kulturelle Ansehen dieses Landes sehr schädlich«, erklärte Mann. »Als Amerikaner deutscher Geburt bezeuge ich schließlich, daß mir gewisse politische Bestrebungen schmerzlich bekannt sind. Geistige Intoleranz, politische Inquisition und schwindende Rechtssicherheit, das alles im Namen eines angeblichen ›Notstands‹... so hat es angefangen in Deutschland. Was dann kam, war der Faschismus, und dem Faschismus folgte Krieg.«

Über die angezapften Telefonleitungen baten die neunzehn Zeugen und ihre Anwälte von Washington aus die Freunde in Hollywood um noch mehr öffentliche Unterstützung. Dies war schließlich eine Publicity-Schlacht, eine Auseinandersetzung um Image und Reputation widerstreitender Gruppierungen, und die Zeugen in Washington baten um eine Flugzeugladung Hollywood-Unterstützung, ein Publikum der Berühmtheiten, das zu den Anhörungen der nächsten Woche kommen sollte. »Es ging mir sehr an die Nieren«, erinnerte sich Lauren Bacall an eine Sitzung der Artikel Eins-Getreuen bei William Wyler. »Ich war auf den Barrikaden – glühend. Ich sagte zu Bogie: ›Wir müssen hin.‹ Auch er war wild entschlossen... so wurde also beschlossen, daß wir mit einer Gruppe nach Washington flogen – John Huston, Phil Dunne, Ira Gershwin, Danny Kaye, Gene Kelly, Paul Henreid, John Garfield, June Havoc, Evelyn Keyes...«[*]

Huston saß beim Essen im Brown Derby, als er einen Anruf von Howard Hughes bekam, der trotz seiner ständigen Unerreichbarkeit immer zu wissen schien, was vor sich ging. »John, ich höre, daß du einen Ausflug nach Washington vorhast, und ich wollte dir bloß sagen, daß du eine meiner Maschinen nehmen kannst«, sagte der Chef der TWA zu Huston. »Nicht umsonst, weil ich dir nach dem Gesetz etwas berechnen muß, aber du kannst es zum niedrigsten Preis haben, der erlaubt ist... und ihr habt es ganz für euch allein.«

»Und so machten wir es dann...« berichtete Huston. »Unser Flugzeug machte ein paar Zwischenlandungen auf dem Weg nach Washington, und jedesmal empfingen uns ein paar sympathisierende Reporter. Wir hatten das Gefühl, das Land stünde zu uns, die nationale Stimmung sei wie unsere eigene – empört und ablehnend gegen das, was geschah.« Lauren Bacall hielt einige Flugplatzreden, ebenso Bogart, Huston, Kaye und Kelly. »Wir waren eine ernstzunehmende Gruppe – einigermaßen gut informiert, intelligent und gepflegt...« erinnerte sich Miss Bacall. »In den Flughäfen trafen wir auf lärmende Menschenmengen – es kamen Jubelrufe – Gott, war das aufregend.

---

[*] Der Kongreßabgeordnete Rankin ließ bald seine eigene Einschätzung des berühmten Besuchs verlauten. »Ich möchte Ihnen einige dieser Namen vorlesen«, erklärte er im Plenum und wedelte mit einer Kopie der Liste. »Ein Name ist June Havoc. Im Filmalmanach ist nachzulesen, daß ihr Name richtig June Hovick lautet. Ein anderer Name ist Danny Kaye, und wir stellten fest, daß sein richtiger Name David Daniel Kaminsky ist. Ein weiterer Name hier ist... Eddie Cantor, der in Wirklichkeit Eddie Iskowitz heißt. Da ist einer, der sich Edward Robinson nennt. Sein richtiger Name lautet Emmanuel Goldberg (tatsächlich war es Goldenberg). Noch einer ist hier, der sich Melvyn Douglas nennt und in Wirklichkeit Melvyn Hesselberg heißt. Da sind noch mehr, zu viele, um sie alle zu nennen. Sie greifen den Ausschuß an, weil er seine Pflicht tut, um dieses Land zu schützen und das amerikanische Volk vor dem schrecklichen Schicksal zu bewahren, das die Kommunisten dem unglücklichen Christenvolk Europas zugedacht haben.«

Ich konnte es kaum erwarten, nach Washington zu kommen. Wäre das nicht unglaublich, wenn wir wirklich einen Umschwung erreichen könnten – wenn wir diesen Ausschuß stoppen könnten?«

Die Artikel Eins-Berühmtheiten hatten verschiedene politische Gesten geplant. Sie hatten eine Protestpetition »für die Beseitigung der Mißstände« mitgebracht. Sie sprachen von einem Marsch aufs Capitol, um ihre Petition dem Sprecher des Hohen Hauses, Joseph Martin, zu überreichen. Sie hofften, sie Präsident Truman zu bringen. Aber sie mußten sich nun nach der langen Reise und den vielen Reden und Pressekonferenzen auf ihr Hauptziel konzentrieren: sich vor den Wochenschaukameras zu zeigen, die am Montag morgen dabei sein würden, wenn der Ausschuß für Unamerikanische Umtriebe wieder zusammentrat.

Vorsitzender Thomas, das Dickerchen aus New Jersey, bewies bald, daß er das Reklamespiel besser verstand als alle die berühmten Filmstars. Zunächst wies er ihnen eine Reihe reservierter Plätze ganz hinten in seinem Theater an. Dann stellte er das Programm um. Anstelle des vorgesehenen ersten Zeugen Eric Johnston, der silberhaarigen Galionsfigur, der Verkörperung der geschäftlichen Ehrbarkeit Hollywoods, rief Thomas John Howard Lawson auf, den von allen vorgeladenen Zeugen aufrechtesten und lautstärksten Kommunisten.

Lawson, gerade siebenundfünfzig geworden, war einst ein Ausbund von linkem Enthusiasmus gewesen. John Dos Passos, der vor langer Zeit einmal mit ihm in Frankreich war, schilderte ihn als »einen höchst ergötzlichen Burschen mit hellen braunen Augen, strubbeligem Haar und einem Riesenzinken von Nase, die einen an Cyrano de Bergerac denken ließ... Er schrieb schon Theaterstücke.« Lawsons zweite Broadway-Produktion *Processional* (1925) brachte ihm als Dreißigjährigem den Erfolg. Die folgenden Titel sagen viel über ihn aus: *Loud Speaker* (1927), *The International* (1928), *Success Story* (1932). Der Erfolg lockte ihn nach Westen, wie er so manchen gelockt hatte, und die Hollywood-Titel begannen etwas anderes zu erzählen: *Dream of Love* (1928), *Our Blushing Brides* (1930), *Bachelor Apartment* (1931), *Success at Any Price* (1934), sein eigenes Drehbuch aus seinem eigenen

Theaterstück *Success Story*. Mit anderen Worten: Der Idealist war zum ehemaligen Idealisten geworden.

Alle diese Kompromisse machten Lawson nur immer aktiver in der Hollywooder Politik. Er war der erste Präsident der Filmautorengilde, und er machte kein Geheimnis aus seiner ideologischen Haltung. In der Zeitschrift *New Theatre* gab er 1934 bekannt, er sei der Kommunistischen Partei beigetreten, und fügte hinzu: »Ich sage ohne Zögern, daß es mein Ziel ist, die kommunistische Position zu vertreten.« Lawsons Bemühungen, die kommunistische Position auf der Leinwand zu vertreten, hatten etwas Trauriges. 1938, im selben Jahr, in dem er zur Einführung von Hedy Lamarr *Algier* schrieb,* schrieb er auch *Blockade*, Walter Wangers Bericht über den Spanischen Bürgerkrieg, der irgendwie zu sagen vergaß, wer auf welcher Seite stand. »Das habe ich akzeptiert, weil der Film nur auf diese Art gedreht werden konnte«, sagte Lawson.

Als inoffizieller Führer der Kommunisten Hollywoods von etwa 1937 bis 1950 war Lawson zu seinen Genossen weniger entgegenkommend. Als Albert Maltz Anfang 1946 in der *New Masses* einen Artikel zu der Frage »Was sollen wir von Schriftstellern verlangen?« schrieb, machte er den Fehler, zu erklären: »Das geltende Verständnis der Kunst als Waffe ist kein brauchbarer Leitfaden, sondern eine Zwangsjacke.« Das war purer Browderismus, und Browder war nun aus der Partei ausgeschlossen und mit ihm seine Bündnis- und Kompromißideen. Maltz wurde zu einer »Diskussion« bestellt, bei der Lawson den Chor dirigierte, der anklagend »Revisionismus«, »Ästhetizismus«, »Elfenbeinturm« und, wie Michael Gold im *Daily Worker* schrieb, »Hollywoodfälschung« schrie. Bei einer zweiten Sitzung eine Woche später nahm der Sünder reumütig alles zurück. »Ich mußte zurückstecken oder mich ausschließen lassen«, sagte Maltz lange danach, »und der Parteiausschluß wegen *dieser* Frage war für mich völlig unannehmbar. Ich fand, die Partei sei die beste Hoffnung der Mensch-

---

* Murray Kempton machte sich über den berühmten Satz »Komm mit mir in die Kasbah« lustig und meinte, er »könnte gleich nach Odets ›Wir können schöne Musik zusammen machen‹ –*Der General starb im Morgengrauen* (The General Died at Dawn) – als der dauerhafteste Kulturbeitrag eines linken Drehbuchautors in der ganzen Periode betrachtet werden«.

heit.« Lawson fand das auch; was immer die Partei sagte, Lawson sagte es auch.

Jetzt aber, im gleißenden Licht vor dem Kongreßausschuß für Unamerikanische Umtriebe sitzend, kostete Lawson die Stunde seines Glanzes aus, des falschen Glanzes. Er kündigte an, er werde eine Stellungnahme verlesen. »Nun gut«, sagte der Vorsitzende Thomas, »lassen Sie mich Ihre Stellungnahme sehen.« Lawson überreichte Thomas die Stellungnahme, und der Vorsitzende begann zu lesen. »Eine Woche lang hat dieser Ausschuß einen illegalen und unanständigen Prozeß gegen amerikanische Bürger geführt, die der Ausschuß ausgesucht hat, um sie öffentlich anzuprangern und mit Schmutz zu bewerfen. Ich bin nicht hier, um mich zu verteidigen oder auf die Ansammlung von Lügen zu antworten, mit denen ich überhäuft worden bin...« Mittendrin in diesem Schwulst hörte Thomas auf zu lesen.

»Ich habe keine Lust, diese Stellungnahme weiter zu lesen«, sagte er. »Die Stellungnahme wird nicht verlesen.«

»Sie haben eine Woche damit verbracht, mich vor der amerikanischen Öffentlichkeit zu verleumden...« begann Lawson.

»Einen Augenblick...« schrie Thomas.

»...und weigern sich, mich eine Erklärung zu meinen Rechten als amerikanischer Staatsbürger abgeben zu lassen«, fuhr Lawson fort. Die einzige Aufzeichnung dieser ungewöhnlichen Auseinandersetzungen ist das amtliche Protokoll, und wer auch protokolliert hat, es war unmöglich, den Ton der zwei wütenden und arroganten Herren wiederzugeben, die laut und beide gleichzeitig redeten (eigentlich drei, denn Thomas und Stripling stellten Lawson abwechselnd Fragen; eigentlich sogar vier, denn Thomas' Hammer hatte auch eine sprechende Rolle). So also zielte nach der üblichen Feststellung von Name, Geburtsdatum, Beruf die erste substanzielle Frage auf Lawsons Vorsitz bei der Schriftstellergewerkschaft. Es war wie ein Stück aus dem Tollhaus.

STRIPLING: Sind Sie Mitglied der Filmautorengilde?
LAWSON: Hier ist keine Frage hinsichtlich Mitgliedschaften, politischen Überzeugungen oder Verbindungen...
STRIPLING: Herr Vorsitzender...

LAWSON: ...zulässig, sie liegt absolut jenseits der Vollmachten dieses Ausschusses.
STRIPLING: Herr Vorsitzender...
LAWSON: Aber... (Der Vorsitzende klopft mit dem Hammer)
LAWSON: Es ist eine öffentlich bekannte Tatsache, daß ich Mitglied der Filmautorengilde bin.
STRIPLING: Ich frage...
(Beifall)
THOMAS: Ich bitte die Zuhörer um Ruhe... Mir liegt nicht an irgendwelchen Beifalls- oder Mißfallenskundgebungen.
STRIPLING: Also, Herr Vorsitzender, ich muß Sie bitten, den Zeugen zu belehren, daß er auf die Fragen zu antworten hat.
THOMAS: Ich denke, der Zeuge wird jetzt mehr auf die Fragen eingehen.
LAWSON: Herr Vorsitzender, Sie haben...
THOMAS: (schlägt mit dem Hammer) Warten Sie ab...
LAWSIN: ...andere Zeugen in diesem Saal gestattet, hier Antworten von drei- oder vier- oder fünfhundert Worten auf Fragen zu geben.
THOMAS: Mr. Lawson, würden Sie bitte auf die Fragen eingehen und nicht weiterhin versuchen, diese Anhörung zu stören?
LAWSON: Ich stehe hier nicht vor Gericht, Herr Vorsitzender. Dieser Ausschuß steht vor dem Gericht des amerikanischen Volkes. Das wollen wir doch mal klarstellen.

Und so weiter. Thomas hielt es wie jeder Kongreßausschußvorsitzende für sein gutes Recht, sich durchzusetzen. Lawson weigerte sich trotzig, beinahe unverschämt, dieses Recht anzuerkennen. »Was im Wirkungsbereich dieses Ausschusses liegt, entscheidet der Vorsitzende«, erklärte Thomas einmal. »Meine Rechte als amerikanischer Staatsbürger sind nichts Geringeres als die Aufgaben dieses Kongreßausschusses«, parierte Lawson. Immer, wenn er genügend provoziert wurde, griff Thomas zu seinem Hammer. Als Thomas drohte, Lawson wegen ungebührlichen Verhaltens zu belangen, gibt das Protokoll höchst unzureichend wieder:
LAWSON: Ich bin froh, daß Sie unmißverständlich klargemacht haben, Herr Vorsitzender, daß Sie die Zeugen bedrohen und einschüchtern wollen.

(Der Vorsitzende schlägt mit dem Hammer)
LAWSON: Ich bin Amerikaner und ich bin keinesfalls leicht einzuschüchtern, glauben Sie das nur nicht.
(Der Vorsitzende schlägt mit dem Hammer)
STRIPLING: Mr. Lawson, ich wiederhole die Frage...

Da Stripling Lawson nicht dazu bringen konnte, entweder zu antworten oder die Antwort zu verweigern – das war nämlich die mysteriöse Strategie, auf die sich die Zeugen verständigt hatten –, griff Thomas schließlich mit seiner vollen Amtsgewalt ein.

THOMAS: (hammerschlagend) Wir werden die Antwort auf diese Frage bekommen, und wenn wir hier eine ganze Woche sitzen müssen. Sind Sie Mitglied der Kommunistischen Partei oder sind Sie einmal Mitglied der Kommunistischen Partei gewesen?
LAWSON: Es ist ein Jammer und eine Tragik, daß ich diesem Ausschuß beibringen muß, welche Prinzipien der amerikanischen...
THOMAS: (hammerschlagend) Das ist nicht die Frage. Das ist nicht die Frage. Die Frage ist: Sind Sie je Mitglied der Kommunistischen Partei gewesen?
LAWSON: Ich habe Ihnen gesagt, daß ich meine Überzeugungen, Zugehörigkeiten und alles andere der amerikanischen Öffentlichkeit offenbaren will, und man wird wissen, wo ich stehe.
THOMAS: (hammerschlagend) Der Zeuge ist entlassen...
LAWSON: Und man weiß es aus dem, was ich geschrieben habe.
THOMAS: (hammerschlagend) Verlassen Sie den Zeugenstand...
LAWSON: ...Ich werde weiter für die *Bill of Rights* kämpfen, die Sie zu zerstören suchen.
THOMAS: Wachtmeister, entfernen Sie den Mann aus dem Zeugenstand.
(Beifall und Buhs)
THOMAS: (hammerschlagend) Es gibt hier keine Kundgebungen.

Nachdem ein Polizeikommando Lawson aus dem Zeugenstand eskortiert hatte, vereidigte Stripling einen seiner Ermittler als Zeugen dafür, daß Lawson Inhaber der Mitgliedskarte Nummer 47275 der Kommunistischen Partei sei. Dann begann Stripling, eine neunseitige Auflistung der politischen Tätigkeiten Lawsons für das Protokoll vorzulesen, angefangen bei der Befürwortung der Wiederwahl Präsident Roosevelts bis hin zur Veröffentlichung von Artikeln im *Daily Worker*.

Demgegenüber war es eher spannungslos, als Eric Johnston dann am Nachmittag aussagte, und doch sollte er eine bedeutende Rolle in der Krise spielen. Als Kopf der Vereinigung der Filmproduzenten hielt Johnston es für seine Aufgabe, die Filmwirtschaft als Ganzes zu verteidigen, und so begann er mit einer gereizten Attacke gegen »Sensationsaussagen über Hollywood... Revolverblattgeschichten, die einer großen amerikanischen Industrie schreiendes Unrecht antun«. Mit Wärme sprach Johnston von der Bedeutung der Redefreiheit. »In einer Atmosphäre der Angst kann man keine guten und ehrlichen Filme machen«, sagte er. »Ich denke nicht, daß der Staat der Filmwirtschaft direkt oder durch Nötigung vorschreiben sollte, welche Filme sie zu machen hat.«

Der Ausschuß schätzte diese Äußerungen nicht sehr. Stripling beschuldigte Johnston ziemlich schroff, er versuche die Untersuchungen des Ausschusses »zu übernehmen«. Um ihm zu zeigen, wozu die Ermittler des Ausschusses fähig waren, fragte Stripling hämisch, ob Johnston wüßte, daß sein eigener Mitarbeiter Edward Cheyfitz Kommunist gewesen sei. Daraufhin las Johnston Zeugnisse für Cheyfitz' guten Charakter vor. »Da ich Mr. Stripling kenne«, sagte er zur Erklärung der Tatsache, daß er die Zeugnisse bei sich hatte, »habe ich mich auf alles vorbereitet.«

Doch obwohl Johnston dem Ausschuß Trotz zu bieten schien, befürwortete er wärmstens dessen selbstgestecktes Ziel, die »Entlarvung« der Kommunisten Hollywoods. »Ich bin mit Leib und Seele dafür«, sagte er. »Ein entlarvter Kommunist ist ein entwaffneter Kommunist. Entlarvt sie, aber entlarvt sie auf die traditionelle amerikanische Weise.« Er erläuterte nicht näher, was diese traditionelle Weise sein könnte, aber er schien nur zu meinen, daß sich die Entlarvung auf ausgewiesene Parteimitglieder beschränken sollte. »Entlarvt den Kommunismus, aber steckt keinen Amerikaner, der kein Kommunist ist, in ein Konzentrationslager des Mißtrauens«, sagte er. Johnston schien keinen Widerspruch darin zu sehen, daß er die Redefreiheit befürwortete, diese Freiheit aber auf Nichtkommunisten beschränken wollte; das wurde allerdings zu einer beliebten Ansicht nicht nur bei ehemaligen Handelskammerpräsidenten, sondern auch bei einer erklecklichen Zahl von Liberalen. Johnston würde bald dazu beitragen, daß sie zur offiziellen Politik Hollywoods wurde.

Die menschliche Spezies, die Johnston zum Schweigen bringen wollte, erschien am nächsten Tag in der schmucken Gestalt Dalton Trumbos im Zeugenstand, Autor vieler erfolgreicher Drehbücher – *Kitty Foyle* (1940), *Dreißig Sekunden über Tokio* (Thirty Seconds Over Tokyo, 1944), *Frühling des Lebens* (Our Vines Have Tender Grapes, 1945) –, dem die MGM jetzt viertausend Dollar wöchentlich zahlte. Ostentativ brachte er einen großen Karton mit, der zwanzig seiner Drehbücher enthielt und sogar mehrere Büchsen mit Kopien seiner Filme. Auch eine Stellungnahme brachte er mit, die Thomas ihn nicht verlesen ließ. Nachdem er den Wirbelsturm John Howard Lawsons erlebt hatte, erklärte Stripling nun Trumbo, der Ausschuß wünsche als Antwort auf seine Hauptfragen ein Ja oder Nein. »Ich werde mit meinen eigenen Worten antworten«, gab Trumbo zurück. »Sehr viele Fragen kann nur ein Schwachsinniger oder ein Sklave mit ›Ja‹ oder ›Nein‹ beantworten.«

Trumbo blieb bei diesem Auftreten. Er bot alle seine Drehbücher zur Prüfung an und forderte Thomas auf, irgend etwas Subversives darin vorzuweisen. Das lehnte Thomas ab. »Zu viele Seiten«, sagte er. Der Ausschuß wolle lediglich wissen, ob Trumbo Mitglied der Filmautorengilde sei, was er war, wie der Ausschuß natürlich wußte. Trumbo erklärte, solche Fragen könnten »das Recht amerikanischer Arbeitnehmer auf unverletzlich geheime Vereinigungsfreiheit« zerstören.

»Werden Sie die Frage beantworten oder halten Sie wieder eine Rede?« fragte Thomas. »Können Sie denn nicht antworten... mit ›Ja‹ oder ›Nein‹ oder ›Ich glaube‹ oder ›Vielleicht‹ oder so?«

Trumbo setzte zu einer neuen Rede an und beschuldigte den Ausschuß, er wolle die Mitgliedschaft in der Gilde mit Kommunismus gleichsetzen.

»Der Zeuge ist entlassen«, schrie Thomas, und donnernd schlug der Hammer auf dem Tisch auf.

»Dies ist der Anfang des amerikanischen Konzentrationslagers!« schrie Trumbo zurück, als er ging.

Blind vor Ideologie oder vielleicht einfach vor Selbstgefälligkeit schienen diese rüden Zeugen zu glauben, daß sie Thomas und seinen Ausschuß mit ihrer Gewitztheit, ihrem Trotz und ihrer Treue zu humanitären Grundsätzen vernichten könnten. Die Wirklichkeit sah ganz anders aus. Mit ihrem Gebrüll und Geprahle boten sie ihrem Publikum im Anhörungssaal und darüber hinaus ein ziemlich unappetitliches Schauspiel. Im Gerangel mit Thomas stellten sie sich auf eine Stufe mit ihm und verloren viele ihrer treuen Anhänger. »Es war eine beklagenswerte Vorstellung«, sagte John Huston, der das Komitee für Artikel Eins mitbegründet hatte und mit einer Maschine voll Sympathisanten aus Hollywood gekommen war. »Man bekam Gänsehaut, und der Magen drehte sich einem um. Ich habe mißbilligt, was den Zehn angetan wurde, aber ich habe auch ihre Reaktion mißbilligt. Sie haben die Chance vertan, ein überaus wichtiges Prinzip zu verteidigen... Vor diesem Spektakel hatte die Presse sich äußerst wohlwollend verhalten. Nun änderte sich das...«

Paul Henreid berichtete, wie alles auseinanderlief. Huston habe alle Freunde zu einer Sitzung um elf Uhr abends in seine Hotelsuite bestellt. Dort habe er unter anderem gesagt, es bestünde keine Aussicht auf ein Mittagessen bei Präsident Truman. »Ich denke, unsere Mission hier ist beendet«, sagte er. »Ihr habt alle eure Rückflugtickets und könnt nach Hause fliegen, wie ihr wollt.« Und das taten sie dann auch, und die Hunde der Rechtspresse bellten bereits hinter ihnen her. George Sokolsky, ein Hearst-Kolumnist, interessierte sich besonders für Bogart und verlangte schwarz auf weiß zu wissen, warum er sich an diesem unangebrachten Kreuzzug beteiligt habe. »Es wurde angeregt«, berichtete Miss Bacall mit einer gewissen Vorsicht, »Bogie solle eine Erklärung abgeben, daß er kein Kommunist sei und keine Sympathien für Kommunisten habe und daß er sich von den unfreundlichen Zeugen distanziere. Das lehnte er ab...« Ein paar Monate später brachte die Zeitschrift *Photoplay* unter Bogarts Namen einen Artikel mit der Schlagzeile »Ich bin kein Kommunist«. Bogart sagte, er sei einfach ein »Depp« gewesen.

Andere kehrten auf andere Weise heim. Ronald Reagan, Präsident der Filmschauspielergilde, kam nach Hollywood zurück und entdeckte, daß seine Frau nichts mehr von ihm wissen wollte. »Ich kam vom Washingtoner Hearing nach Hause und erfuhr, ich ginge«, wie Reagan es etwas seltsam in seinen Memoiren festhielt. »Ich vermute, daß es Warnzeichen gegeben hat, wenn ich nur nicht so beschäftigt gewesen wäre, aber Kleinstadtjungen wachsen in der Überzeugung auf, nur andere Leute ließen sich scheiden...« Reagans Bericht ist bewunderswert zurückhaltend. Miss Wyman ist zugute zu halten, daß sie hinsichtlich ihrer Trennung vom künftigen Präsidenten sogar noch schweigsamer war. Aber »Warnzeichen« hatte es in der Tat gegeben. Ann Sheridan mochte beide Reagans gern, aber manchmal fand sie es schon eine Plage, wie sehr Ronnie mit sich selbst beschäftigt war. »Ronnie hörte sich ein Baseballspiel an und sagte uns Runde um Runde die Ergebnisse an«, erzählte sie von einem Abendessen bei Reagans. »Frag Ronnie nur nicht, wie spät es ist«, hat Miss Wyman laut June Allyson einmal gesagt, »weil er dir sonst erzählt, wie eine Uhr gemacht wird.«

Bei den Washingtoner Anhörungen redeten die Hollywooder Schriftsteller weiter. Albert Maltz, der an *Killer zu vermieten*, *Bestimmungsort Tokio* und *Pride of the Marines* mitgearbeitet hatte, kam ebenfalls mit einer vorbereiteten Stellungnahme, und Thomas verlangte sie wie üblich vorher zu lesen. Daraufhin fragte Maltz, ob Thomas denn verlangt habe, auch die Erklärung von Gerald L. K. Smith, dem berüchtigten Antisemiten, erst zu sehen, bevor er ihn sie verlesen ließ. Thomas wand sich und ließ dann überraschend Maltz vorlesen. »Ich bin Amerikaner«, deklamierte Maltz, »und ich glaube, es gibt kein stolzeres Wort im menschlichen Vokabular.« Und so weiter. »Ich würde lieber sterben«, schloß er, »als ein armseliger Amerikaner sein, der vor Leuten kriecht, die Thomas und Rankin heißen, aber sich jetzt in Amerika betätigen, wie sich in Deutschland Goebbels und Himmler betätigt haben. Das amerikanische Volk wird sich zu entscheiden haben zwischen der *Bill of Rights* und dem Thomas-Ausschuß. Es kann nicht beides haben.« Als Stripling endlich die Möglichkeit bekam, zu fragen, ob Maltz der Filmschauspielergilde angehörte, antwortete Maltz: »Als nächstes fragen Sie mich sicher, zu welcher Religionsgemeinschaft ich mich bekenne.« Statt dessen sagte Thomas als nächstes: »Der Zeuge ist entlassen. Keine weiteren Fragen. Typisch kommunistische Linie.«

Alvah Bessie, zu dessen filmschriftstellerischen Verdiensten nichts Bemerkenswerteres als die Errol Flynn-Epen *Northern Pursuit* und *Der Held von Burma* zählte, erschien ebenfalls mit einer Erklärung. Der Ausschuß bat ihn, nur »die ersten Absätze« vorzulesen und den Rest ungelesen zu Protokoll zu geben. Als er dann gefragt wurde, ob er Kommunist sei, wies Bessie listig darauf hin, daß General Dwight Eisenhower, den sowohl Demokraten wie Republikaner als Präsidentschaftskandidaten umwarben, sich geweigert hatte bekanntzugeben, ob er einer Partei angehörte und wenn ja, welcher. »Was für General Eisenhower gut genug ist, ist auch gut genug für mich«, sagte Bessie. Nachdem all diese ausweichenden Zeugen gehört worden waren, rief der Ausschuß einen seiner Ermittler auf, der sämtliche Beweisdokumente verlas, die man gefunden hatte, angefangen bei der Nummer der KP-Mitgliedskarte des Zeugen bis hin zu seiner Unterschrift unter diversen öffentlichen Aufrufen und Petitionen.

Samuel Ornitz, ein beleibter Mann Ende fünfzig, schon vom Krebs gezeichnet, schrieb seine Vorladung dem Antisemitismus zu. »Ich möchte mich als Jude an diesen Ausschuß wenden...« kündigte er in seiner einleitenden Stellungnahme an, die er nicht verlesen durfte. »Es mag überflüssig sein, zu wiederholen, daß Antisemitismus und Antikommunismus Hitlers Giftwaffen Nummer Eins waren – aber es wäre schrecklich, wenn wir das vergessen würden.«

Herbert Biberman verwickelte Thomas aufs neue in ein lautstarkes Wortgefecht.

BIBERMAN: Für mich ist ganz klar geworden, daß der eigentliche Zweck dieser Untersuchung...

THOMAS: (hammerschlagend) Das ist keine Antwort auf die Frage...

BIBERMAN: ...darin besteht, einen Keil...

THOMAS: (hammerschlagend) Das ist nicht die Frage (Hammerschläge).

BIBERMAN: ...zwischen die Bestandteile...

THOMAS: (hammerschlagend) Nicht die Frage!

BIBERMAN: ... der Filmwirtschaft zu treiben.
THOMAS: (hammerschlagend) Stellen Sie ihm die nächste Frage.
Edward Dmytryk und und Adrian Scott, die mit Regie und Produktion von *Im Kreuzfeuer* (Crossfire) beträchtliches Aufsehen erregt hatten (es war einer der ersten Hollywoodfilme über Antisemitismus), taten ihr Bestes, dem Ausschuß Unterricht in den bürgerlichen Freiheiten zu geben. Im Gegensatz dazu versuchte Ring Lardner jr., einen charakteristischen Zug von Humor einzuführen. Als ihm die unvermeidliche Frage gestellt wurde, setzte er an: »Ich könnte darauf genau so antworten, wie Sie wünschen, Herr Vorsitzender...«
THOMAS: Es geht nicht darum, wie wir uns Ihre Antwort wünschen. Es ist eine sehr einfache Frage. Jeder wäre stolz, sie zu beantworten – jeder echte Amerikaner...
LARDNER: Das hängt von den Umständen ab. Ich könnte sie beantworten, aber wenn ich es täte, könnte ich morgen früh nicht in den Spiegel sehen.
THOMAS: Verlassen Sie den Zeugenstuhl.
Der letzte der Zehn von Hollywood, Lester Cole, zeigte sich so ausweichend und lästerlich wie die anderen. »Dieser Ausschuß führt einen kalten Krieg gegen die Demokratie«, erklärte er in der Stellungnahme, die er nicht verlesen durfte. Lardner und Cole erhielten dann, wie die anderen, eine Anklage wegen Verächtlichmachung des Kongresses. Und danach rief der Ausschuß den Mann auf, der sich als sein letzter Zeuge erwies, der Elfte der Zehn von Hollywood. »Mr. Brecht«, sagte Stripling, »wollen Sie bitte für das Protokoll Ihren vollen Namen und Ihre gegenwärtige Adresse nennen? Sprechen Sie ins Mikrophon.«
»Mein Name ist Bertolt Brecht«, sagte Bertolt Brecht. Er trug einen adretten dunklen Anzug, den ihm vor fünf Jahren ein Schneider in Los Angeles geschenkt hatte; dieser Samuel Bernstein war Brecht bei einer Lesung jiddischer Lyrik (einschließlich jiddischer Übersetzungen von Brecht) begegnet, und da er nicht wußte, daß des Dichters abgetragene Kleidung Ausdruck des bewußten Bemühens war, sich einen proletarischen Anstrich zu geben, hatte er Brecht mit der Post seinen eigenen Hochzeitsanzug geschickt und sogar angeboten, eventuell notwendige Änderungen

kostenlos vorzunehmen. (Nicht lange danach erhielt Bernstein Brechts Dankesbrief mit der Mitteilung, der Anzug passe ihm tadellos.) Brecht sah immer ein bißchen wie ein Waschbär aus oder wie ein Fuchs, scharfäugig, wachsam, fix, jetzt aber mehr denn je. Er rauchte auch eine seiner billigen Zigarren. »Ich bin am 10. Februar 1898 in Augsburg, Deutschland, geboren«, sagte er.

Der Ausschuß schien auf ihn merkwürdig unvorbereitet zu sein. »Wie war doch gleich das Datum?« fragte Thomas, als sei ihm etwas Wichtiges entgangen.

»Würden Sie bitte das Datum noch einmal nennen?« fragte Stripling. Das Datum wurde wiederholt. Repräsentant John McDowell echote: »1898?« Brecht wiederholte: »1898.« Daraufhin bot der Ausschuß Brecht als Dolmetscher David Baumgardt an, Berater für Philosophie in der Kongreßbibliothek, und Stripling nahm sein Verhör wieder auf. »Sie sind in Augsburg, Bayern, Deutschland, am 10. Februar 1888 geboren, ist das korrekt?« Fügsam stimmte Brecht der falschen Feststellung zu. Bartley Crum, einer der Anwälte, griff ein und sagte, es sei 1898. Brecht bejahte wieder. »Ist es nun ›88‹ oder ›98‹?« erkundigte sich Stripling noch einmal. »Achtundneunzig«, sagte Brecht.

Vielleicht hatte er inzwischen schon gemerkt, daß es nicht schwer sein würde, diese Frager zu überlisten. Ein Freund Brechts merkte später an, die ganze Sitzung habe sich angehört, als werde ein Zoologe von Affen ins Kreuzverhör genommen. Doch wenn sich die Affen durch stümperhafte Ignoranz auszeichneten, dann tat sich der Zoologe nicht weniger hervor durch seine Verstellungskunst, seine Mischung von Lügen und Ausflüchten, sein angebliches Nicht-Englisch-Können im Verein mit seinem scheinbar eifrigen Wunsch, alles zur Zufriedenheit zu machen. Das lief so:

STRIPLING: Haben Sie kommunistische Parteiversammlungen besucht?
BRECHT: Nein, ich glaube nicht.
THOMAS: Wie, sind Sie nicht sicher?
BRECHT: Nein – ich bin sicher, ja.
THOMAS: Sie sind sicher, daß Sie nie an kommunistischen Parteiversammlungen teilgenommen haben?

BRECHT: Ja, ich glaube...
THOMAS: Sind Sie sicher?
BRECHT: Ich denke, ich bin sicher.
THOMAS: Sie denken, Sie sind sicher?
BRECHT: Ja, ich habe nicht an solchen Versammlungen teilgenommen, meiner Meinung nach.

Und so weiter. War Brecht bei so einfachen Dingen wie Parteiversammlungen hintersinnig, so wurde er sibyllinisch, als es um seine Werke ging. Aus irgendeinem Grunde, vielleicht weil er sich für die Eislers interessierte, war Stripling besonders neugierig auf *Die Maßnahme*, ein unbestreitbar kommunistisches Stück, das die Ermordung eines Parteifunktionärs zu rechtfertigen versuchte, der seinen Auftrag nicht ausgeführt hatte. Zunächst sagte Brecht, was er da geschrieben habe, sei bloß »die Adaptation eines alten japanischen Mysterienspiels... es zeigt die Hingabe an eine Idee bis in den Tod«. Stripling blieb bei der für seine Begriffe grundlegenden Frage: »Mr. Brecht, darf ich Sie unterbrechen? Würden Sie das Stück als pro-kommunistisch oder als antikommunistisch bezeichnen, oder nimmt es vielleicht eine neutrale Haltung gegenüber Kommunisten ein?« Brecht wich aus: »Nein, ich würde sagen... sehen Sie, Literatur hat das Recht und die Pflicht, der Öffentlichkeit das Denken der Zeit zu vermitteln. Also, in diesem Stück... natürlich, ich habe ungefähr zwanzig Stücke geschrieben... aber in diesem Stück habe ich versucht, die Gefühle und Gedanken der deutschen Arbeiter auszudrücken, die damals gegen Hitler kämpften. Ich habe künstlerisch...«
STRIPLING: Gegen Hitler kämpften, sagen Sie?
BRECHT: Ja.

Mitten in dieser esoterischen Diskussion über ein Stück, das keiner der Befrager Brechts gelesen hatte, ging Brecht zu der absurden Taktik über, bewußt den Inhalt des Stücks *Die Maßnahme* mit dem von *Der Jasager und der Neinsager* durcheinanderzubringen; letzteres war eine etwas frühere und erheblich weniger autoritäre Variante einer ähnlichen Geschichte. Die Frage nach der Handlung des einen Stücks beantwortete er mit der Schilderung des anderen, ziemlich zuversichtlich, daß der Ausschuß den Unterschied nicht kannte. Und das mit Recht, denn bald schwenkte Stripling hinüber zu der Frage, wie oft Brecht in Moskau gewesen sei. J. Parnell Thomas bekam allmählich die Nase voll von alledem. »Mr. Stripling, können wir das nicht beschleunigen?« fragte er. »Wir haben heute nachmittag noch eine sehr gewichtige Tagesordnung.«

Aber Stripling wühlte weiter. In *The People* hatte er ein Lied von Brecht und Eisler gefunden, das ihm subversiv vorkam: »*You must be ready to take over; men on the dole, learn it; men in the prisons, learn it; women in the kitchen, learn it...*« Brecht beanstandete die Übersetzung, und der Dolmetscher unterstützte ihn. »Führung« hieß das Wort, und der Dolmetscher behauptete, es bedeute nicht »*you must take over*«, sondern »*you must take the lead*«. J. Parnell Thomas begann die Geduld zu verlieren bei all diesen blöden deutschen Spitzfindigkeiten im blöden deutschen Akzent. »Ich kann den Dolmetscher ebensowenig verstehen wie den Zeugen«, beschwerte er sich.

Brechts Bewunderer haben behauptet, der Dichter habe den Ausschuß besiegt, indem er ihn ausmanövrierte, indem er ihn auf dunkle Nebenwege lenkte und jedem Versuch auswich, ihn festzunageln. Tatsache aber ist, daß er nur entkam, indem er sich selbst verleugnete. War er Mitglied der Kommunistischen Partei? Brecht beantwortete Striplings unausweichliche Frage damit, er habe gehört, daß seine Hollywooder »Kollegen« solche Fragen als »nicht korrekt« bezeichnet hätten, aber er, Brecht, sei »Gast in diesem Lande«, und deshalb werde er so ausführlich antworten, wie er könne: »Ich war nicht Mitglied und ich bin nicht Mitglied einer Kommunistischen Partei.« Mag sein, das es stimmte, aber als Stripling fortfuhr und Brecht fragte, ob seine Stücke »auf der Philosophie von Marx und Lenin beruhten«, leugnete Brecht weithin, was er in den letzten zwanzig Jahren gedacht, geschrieben und argumentiert hatte. »Nein, ich glaube nicht, daß das ganz richtig ist«, sagte er. Er bestätigte lediglich, daß er als mit Geschichte befaßter Stückeschreiber »Marx' Gedanken über Geschichte studieren mußte«. Stripling nahm einen letzten Anlauf: »Haben Sie jemals einen Aufnahmeantrag bei der Kommunistischen Partei gestellt?« Brechts Antwort war eines Sankt Petrus würdig: »Nein, nein, nein, nein, nein – niemals!«

J. Parnell Thomas dankte Brecht als »einem guten Beispiel«, die Anhörungen wurden vertagt, und Brecht war begnadigt. Und er schämte sich wieder einmal. »Im Taxi, auf der Fahrt ins Hotel«, erinnerte sich Lester Cole, »grämte sich Brecht; er fragte sich, ob einer von uns ihn verstehen und ihm vergeben könnte. Er war allein in diesem Land, ein Ausländer, sie konnten ihn festhalten, konnten ihn wie Gerhart Eisler nach einer der Registrierungsbestimmungen für Ausländer ins Gefängnis stecken für wie lange...? Er wollte nach Hause... Ich legte den Arm um ihn. Geringer Trost. Im Hotel erklärte er. Die anderen verstanden.«

Brecht verstand auch, daß er nicht nur gelogen hatte, sondern auch ein Feigling gewesen war, nicht nur feige gewesen war, sondern auch ein Lügner. Das war es, um was es in seinem Lehrstück *Die Maßnahme* ging: warum läßt ein Mann seine Genossen im Stich, und was muß man dann tun? Als Stückeschreiber war Brecht unerbittlich gewesen; als Zeuge flehte er um Verständnis und Vergebung. Darum ging es auch im *Leben des Galilei*: »Man zeigte mir die Instrumente«, sagt Galilei – was soll ein Mann da machen? Brecht hatten sie die Instrumente noch nicht einmal gezeigt – ja, eigentlich waren da gar keine Instrumente zu zeigen –, aber Brecht hatte auf alle Fälle widerrufen und hatte gebeichtet, was immer gebeichtet werden mußte. Nein, nein, nein, nein, nein – niemals.

Brechts Hauptsorge war nun, aus Amerika hinauszukommen. Trotz aller Bereitwilligkeit, den Behörden zu gehorchen, fühlte er sich bedroht, und im übrigen hatte er schon seine Tickets gekauft. Noch am Tage seiner Zeugenaussage floh er von Washington nach New York, zusammen mit Joseph Losey und T. Edward Hambleton, beide sehr beschäftigt mit der vorgesehenen New Yorker Produktion des *Galilei* – aber was kümmerte das jetzt Brecht? Am 31. Oktober 1947, seinem letzten Tag in den Vereinigten Staaten, traf Brecht Laughton, der sich für seine Rolle einen Bart wachsen ließ. Sollte ein Brechtscher Schauspieler, der einen Bärtigen spielte, einen echten Bart tragen? Wahrscheinlich nicht, aber die wichtigste Frage, die Laughton auf der Seele lag, lautete, ob Brechts Aussage vor dem Ausschuß für Unamerikanische Umtriebe es gefährlich machen würde für Laughton, Brechts

Galilei zu spielen. Nach Brechts kriecherischer Aussage war offenbar alles in Ordnung. Laughton war erleichtert. Brecht wollte nichts weiter als raus. Am Abend des 31. Oktober kletterte er an Bord einer Air France-Maschine mit Ziel Paris.

Als J. Parnell Thomas an diesem Freitagnachmittag seine Anhörungen vertagte, machte er deutlich, daß es keine Vertagung auf ewig sei, daß der Ausschuß »die Anhörungen so bald wie möglich wieder aufnehmen« werde. Im Laufe dieser Woche hatte Thomas erklärt, sein Ausschuß habe sich »weder durch Hollywood-Glamour noch durch organisierten Druck, Drohungen, Hohn oder Erpressungstaktiken hochbezahlter Marionetten und Apologeten der Filmindustrie irritieren, einschüchtern oder beeinflussen lassen«. Jetzt wollte er kundtun, daß er von neunundsiebzig Hollywood-»Prominenten« wisse, die Kommunisten seien oder »eine Vergangenheit kommunistischer Zugehörigkeit« hätten. Elf hätte der Ausschuß gehört, aber »achtundsechzig stehen noch aus«. Aus irgendeinem unerklärlichen Grund hörten die Anhörungen jedoch auf. Waldo Salt, der nach Brecht als nächster Zeuge vorgesehen war, sagte erst 1951 aus.

Die linken Zeugen kehrten in sehr euphorischer Stimmung nach Hollywood zurück. Etwa fünfhundert jubelnde Anhänger hießen sie am Flughafen von Los Angeles willkommen; Lardner hielt eine kleine Rede und sagte, der Kampf müsse weitergehen. Die Führer des Komitees für Artikel Eins kündigten zehn weitere landesweite Rundfunksendungen an. Und da die Studios nichts gegen die zehn unfreundlichen Zeugen unternahmen, hielten sie sich für sicher, für wohlbehütet. Als ersten Schritt zu ihrem Schutz erwarteten sie einen linken Sieg bei den bevorstehenden Wahlen in der Filmautorengilde. Einer der Hauptstreitpunkte war der *Taft-Hartley-Act*, der in diesem Sommer in Kraft getreten war und vorschrieb, daß jeder Gewerkschaftsfunktionär eine eidesstattliche Erklärung abgab, nicht Kommunist zu sein. Die Linken in der Filmautorengilde versprachen, gegen die *Taft-Hartley*-Zumutungen zu kämpfen. Zu ihrer Überraschung erlitten sie bei den Gewerkschaftswahlen am 20. November eine solide Niederlage. Zwei der unfreundlichen

Zeugen, Lester Cole und Gordon Kahn, verloren ihre Vorstandssitze.

Am Tag der Gildewahl verurteilte Eric Johnston die feindlichen Zeugen in *The Hollywood Reporter*. Er schrieb, sie hätten »der Filmwirtschaft einen ungeheuer schlechten Dienst« erwiesen, und er forderte die Filmwirtschaft selbst auf, »positive Schritte zur Lösung dieses Problems« zu unternehmen. Johnston seinerseits bereitete solche Schritte schon vor. Am 24. November bat J. Parnell Thomas den Kongreß, die Zehn wegen Verächtlichmachung zu verklagen, Nixon hielt eine der Hauptreden zur Unterstützung des Antrages, und der Kongreß nahm ihn mit der überwältigenden Mehrheit von 347 zu 17 Stimmen an. Am selben Tag präsidierte Johnston eine Sitzung von etwa fünfzig Chefmanagern und Produzenten Hollywoods in einem Versammlungsraum des Waldorf-Astoria-Hotels in New York. Sie waren alle da, Mayer und beide Brüder Schenck, die Warner-Brüder, die Cohn-Brüder, Y. Frank Freeman und Barney Balaban von der Paramount, Peter Rathvon von der RKO, Sam Goldwyn und Walter Wanger, und als neuer Rechtsberater der Filmwirtschaft war der ehemalige Staatssekretär und frühere Richter am Obersten Gerichtshof James F. Byrnes dabei.

Die Frage sei, sagte Johnston, wie die Filmwirtschaft insgesamt mit kommunistischen Angestellten verfahren solle, speziell mit den zehn Zeugen, die jetzt, am heutigen Tage, wegen Mißachtung des Kongresses vor Gericht zitiert würden. Seine persönliche Antwort sei, daß sie alle entlassen werden müßten. Schon gebe es in Kalifornien, Kansas und North Carolina vereinzelt Boykotts und Demonstrationen gegen Filme, an denen die Zehn beteiligt seien. Die Amerikanische Legion drohe mit einem landesweiten Boykott. Die Presse habe dem Kongreßausschuß zunächst kritisch gegenübergestanden, jetzt aber wende sie sich gegen Hollywood. Zwei Studios, die Fox und die RKO, hätten bereits beschlossen, die drei Zeugen, die für sie arbeiteten, zu entlassen (Lardner bei der Fox, Dmytryk und Scott bei der RKO), und nun sei es an der Zeit, daß die Studios gemeinsam handelten. »Ich... habe gesagt, daß sich diese Leute meiner Meinung nach entscheiden müssen...« sagte Johnston selber später aus. »Entweder – oder.«

Mayer und ein paar andere äußerten polternde patriotische Zustimmung. Der einzige, der sich gegen Johnstons Plan aussprach, war Sam Goldwyn.* Dore Schary, der einstige Drehbuchschreiber, der jetzt Produktionschef der RKO war, erinnerte sich, daß Goldwyn »die Kühnheit hatte, zu meinen, es hinge ein Hauch von Panik im Raum. Goldwyn, kerzengerade, kahlköpfig und mit leicht asiatischer Schlitzäugigkeit, sprach sarkastisch und irritierte Johnston, der mit einer wütenden Rede antwortete... und uns fragte, ob wir Mäuse wären oder Männer«. Schary sagt, er sei nun zu Goldwyn übergegangen, denn es sei noch keiner einer Übeltat überführt worden, es gebe kein Gesetz, das es verbiete, Kommunist zu sein, und, wie er sagte, »wir würden unsere Industrie entehren mit einer Aktion, die unausweichlich zu einer Schwarzen Liste führen würde«. Goldwyn nahm wieder das Wort und erklärte grollend, er wolle »zu einem solchen Unsinn, wie von Johnston vorgeschlagen, nicht seine Hand reichen«. Auch Walter Wanger war gegen die Entlassung der zehn Zeugen, desgleichen Eddie Mannix von der MGM, der darauf hinwies, daß es ein kalifornisches Gesetz gebe, das es verbiete, jemanden wegen seiner politischen Ansichten zu entlassen.

Das provozierte eine bemerkenswerte Reaktion des erhabenen Jimmy Byrnes. Er bezweifle, sagte er, daß irgendein Regierungsbeamter »gegen den Beschluß der Industrie, sich der ›Roten‹ zu entledigen, Einwendungen erheben würde«. Außerdem könnte man sich gegen die Zehn mit Sicherheit auf die »Moralklausel« im Hollywooder Standardvertrag berufen, die es jedem Studio gestattete, einfach jeden mit einfach jeder Begründung zu feuern. Johnston folgte dem Stichwort von Byrnes, schleuderte wütend seinen Hotelzimmerschlüssel auf den Tisch und drohte mit Rücktritt, wenn die Produzenten seine Vorschläge nicht unterstützten.

»Es wurde überhaupt nicht abgestimmt«, erinnerte sich Schary.

---

* Goldwyn und Mayer waren sich seit Jahren spinnefeind. Laut Gary Careys Geschichte der MGM, *All the Stars in Heaven*, »ging ihre schwelende Feindseligkeit weit zurück in die Zeit, in der Goldwyn Lasky-Famous Artists-Filme verhökerte und Mayer Kinobesitzer/Verleiher war; sie kam eines Nachmittags in den dreißiger Jahren zum Ausbruch, als sie sich gegenseitig im Umkleideraum des Hillcrest Country-Club herumjagten, Beleidigungen austauschten und einander die Handtücher auf den Hintern klatschten«.

»Johnstons Drohung plus Byrnes' Argument hatten den Ausschlag gegeben, die verklagten Leute zu entlassen.« Schary, Goldwyn und Wanger wehrten sich bis zum Schluß gegen die Entscheidung, aber sie waren nur drei von fünfzig. Die Mehrheit wählte ein Komitee, das die notwendige öffentliche Verlautbarung ausarbeiten sollte, eine Verlautbarung des Inhalts, daß Hollywood leidenschaftlich an Meinungsfreiheit und Bürgerrechte glaube, aber alle Kommunisten aussperren werde, daß es zwar unbezähmbar unabhängig, aber auch bestrebt sei, gefällig zu sein. Das Komitee war wunderbar ausgewogen besetzt: Mayer und der begnadigte Ex-Häftling Joseph Schenck für das Establishment, Wanger und Schary für die machtlose Opposition und Mendel Silberberg, ein langjähriger Anwalt der Produzenten, als Vorsitzender. Schary sagte später, er hätte diese Ehre gern ausgeschlagen, Goldwyn aber habe ihn dazu gedrängt mit einem geflüsterten: »Mach es – vielleicht drehen sie nicht ganz durch.«

Durchzudrehen hatte das Komitee kaum vor. Zunächst teilte es mit, daß die Produzenten das Verhalten der zehn angeklagten Zeugen »bedauerten«. Die Produzenten wollten nicht »ihre legalen Rechte antasten«, sagten sie, aber das Verhalten der Zeugen »ist nachteilig für ihre Arbeitgeber gewesen und hat ihre Brauchbarkeit für die Filmwirtschaft gemindert«. Deshalb würden sie, ohne jede Vorverurteilung, alle entlassen. »Wir werden künftig jeden Angestellten solange entlassen oder unbezahlt beurlauben, und wir werden keinen der Zehn wieder beschäftigten, bis er von Schmach freigesprochen ist oder sich selbst davon gesäubert hat und unter Eid erklärt, daß er kein Kommunist ist«, besagte das Dokument, das als Waldorf-Erklärung bekannt wurde. »Was die Frage der mutmaßlichen subversiven und illoyalen Elemente in Hollywood allgemein betrifft, ... werden wir nicht wissentlich Kommunisten beschäftigen oder Mitglieder einer Partei oder Gruppierung, die den Sturz der Regierung der Vereinigten Staaten betreibt... Wir geben offen zu, daß eine solche Politik mit Gefahren und Risiken verbunden ist. Es besteht die Gefahr, unschuldigen Menschen zu schaden. Es besteht das Risiko, eine Atmosphäre der Angst zu schaffen. Wir werden auf der Hut sein vor dieser Gefahr, diesem Risiko, dieser Angst.«

So geschah es also. Die MGM suspendierte einfach den Vertrag über 1250 Dollar wöchentlich, den Eddie Mannix Lester Cole knapp einen Monat zuvor so großzügig gewährt hatte. Das Studio setzte nicht nur Dalton Trumbos 3000 Dollar pro Woche aus, sondern verweigerte auch die Zahlung der 60000 Dollar, die es ihm für bereits geleistete Arbeit schuldete. (Sowohl Trumbo wie Cole verklagten die MGM und erreichten schließlich einen 125000 Dollar-Vergleich). Bei der 20th Century-Fox konnte Darryl Zanuck sich nicht überwinden, Lardner zu entlassen, der nicht nur sehr begabt war, sondern auch sehr liebenswert. Der Produzent erklärte, wie Lardner sich erinnerte, »er wolle meinen Vertrag respektieren, solange ihm sein Direktorium keinen anderslautenden Befehl erteile. Prompt trat sein Direktorium in New York zusammen und befahl anders«. Bezeichnenderweise vermied Zanuck, es Lardner persönlich mitzuteilen, und schickte einen Adjutanten. »Man erreichte mich«, berichtete Lardner, »in einer Besprechung mit Otto (Preminger) in dessen Büro und forderte mich auf, das Betriebsgelände zu verlassen, was ich tat.« (Auch die Fox mußte sich am Ende auf Lardners Klage hin vergleichen und zahlen.) Als das RKO-Direktorium für die Entlassung von Scott und Dmytryk stimmte, die vor kurzem den erfolgreichen Film *Im Kreuzfeuer* produziert und inszeniert hatten, tat Dore Schary sein Bestes, um nicht dafür verantwortlich gemacht werden zu können. Zunächst argumentierte er gegen die Entlassung, dann verlangte er, daß seine Nein-Stimme im Protokoll ausdrücklich vermerkt werde, und schließlich sagte er, er »werde die Order, Scott und Dmytryk zu entlassen, nicht vollstrecken«. Vorstandsvorsitzender Floyd Odlum »war geduldig«, sagte Schary. Er wandte sich an den Präsidenten Rathvon und »wies Rathvon an, den Rausschmiß zu erledigen«. Rathvon gehorchte. »Rathvon rief Scott und mich in sein Büro und bat uns noch einmal, zu widerrufen«, erinnerte sich Dmytryk. »Wir lehnten ab und fühlten uns fast gar nicht als Märtyrer. Wenn es so sei, teilte er uns mit, seien wir nicht länger bei der RKO beschäftigt. So viel zu panzerharten Verträgen. Wir gingen und räumten unsere jeweiligen Büros aus. Am nächsten Tag war Erntedankfest. Nicht einmal ein B-Schreiber hätte einen so platten Gag gewagt...«

Es ist immer noch unklar, wieso die Hollywood-Manager, die sich für die Zudringlichkeiten des Ausschusses für Unamerikanische Umtriebe gerade noch so unzugänglich gezeigt hatten, nun so schnell und auf so niederträchtige Art kapituliert haben sollen. Die einfache Erklärung, oft und ohne viel Beleg vorgebracht, lautet, daß die Entscheidung von den Geldleuten in New York getroffen worden sei, von den Managern in den Zentralen der Filmgesellschaften und Banken sowie anderer Kapitalinteressen, die hinter ihnen standen. Studiobosse wie Mayer oder Zanuck waren nur in Hollywood Bosse. Ihre Bosse saßen in New York und maßen der geheiligten Unabhängigkeit der Filmemacher weniger Bedeutung bei, wenn sie sie gegen sinkende Kinoeinnahmen und drohende politische Boykotte abwogen.

Die New Yorker Bosse waren nicht nur ein bißchen abgehoben vom eigentlichen Prozeß des Filmemachens, sondern sie mußten auch ihre Stellung unter noch abgehobeneren finanziellen Bundesgenossen wahren. Die Warner Bros. hatte enge Verbindungen zu J.P. Morgan; die 20th Century-Fox zu New York Trust, General Foods und PANAM; die RKO zu United Fruit und National Can. Zanuck erklärte Philip Dunne, er habe gegen die Entlassung Lardners »gekämpft«, aber »die eigentliche Entscheidung ist an der Wall Street getroffen worden, von den Geldleuten, die die Filmgesellschaften finanzieren«.

Das mag wohl richtig sein. Aber richtig ist auch, daß anonyme Wallstreet-Mächte für liberale Kommentatoren und für die Hollywood-Manager selbst einen bequemen Sündenbock abgeben. Was passiert wäre, wenn nur einer der Studiobosse sich geweigert hätte, die Bestrafung der zehn Zeugen zu akzeptieren – oder ihrer Kollegen, die ihnen später reihenweise auf die Schwarze Liste folgten –, bleibt ungewiß. Immerhin ist durchaus möglich, daß die Waldorf-Erklärung bloß deswegen zustandekam, weil in jenem Saal voll ängstlicher Produzenten Eric Johnston der einzige war, der eine feste Vorstellung davon hatte, was zu tun sei, und der zum Rücktritt bereit war, um sich durchzusetzen. Es ist natürlich auch durchaus möglich, daß Johnston nicht aus eigener Überzeugung handelte (»Ich werde mich niemals für etwas so Unamerikanisches wie eine Schwarze Liste hergeben«, hatte er gesagt), sondern schlicht als gutbezahlter Repräsentant eben jener fernen Wallstreet-Interessen.

Knapp eine Woche nach Entlassung der Zehn veranstaltete eine Organisation namens »Volkstanz-Club Goldener Pantoffel« in Philadelphia ein Dinner, um ihren jährlichen Humanitätspreis an die Schöpfer von *Im Kreuzfeuer* zu verleihen. Scott und Dmytryk konnten den Preis kaum annehmen, da sie gerade entlassen worden waren. Schary wurde eingeladen, ihn entgegenzunehmen, aber er brachte es nicht über sich, hinzufahren. So war es also Eric Johnston, der hinging, um sich für Humanität feiern zu lassen. Als er den Preis in Empfang nahm, erklärte er kühn, Hollywood sei frei von jeder Form der Diskriminierung. »Hollywood«, sagte der Vater der Schwarzen Liste, »hält das Tor der Möglichkeiten offen für jeden Mann und jede Frau, die seinen technischen und künstlerischen Maßstäben entsprechen... Was (unsere Filmwirtschaft) sucht, ist ihr Können und ihre Begabung, ihre Fähigkeit, Filme zu machen zur Freude und für den Fortschritt der Menschheit.«

Sobald Bert Brecht wieder in Europa war, konnte er alles sagen, und alles, was er sagte, wurde brechtisch. Dahin und vergessen (außer wahrscheinlich für Brecht) waren all die Demütigungen des Lebens in Santa Monica, die vergeblichen Telephonanrufe bei der MGM, das Ringen um die Bezahlung der Miete, die abgelehnten Skripts, die Pflicht, sich an die Ausgangssperre für feindliche Ausländer zu halten – die Namenlosigkeit, die schreckliche Namenlosigkeit in der Hauptstadt des Ruhms. Jetzt aber, nach Kapitulation und Flucht, konnte er sich als politischer Märtyrer hinstellen. »Als sie mich beschuldigten, ich wolle das Empire State Building stehlen«, sagte er ziemlich großspurig zu Donald Ogden Stewart, selbst politischer Flüchtling, »da dachte ich, es sei höchste Zeit zu gehen.«

Alles rief ihn zurück nach Berlin, aber Berlin war jetzt eine geteilte und besetzte Stadt; Brecht entsann sich wohl der Demütigungen von Santa Monica, aber er entsann sich auch seiner Demütigungen als Flüchtling in Moskau. Er ging in die Schweiz und ließ sich in Zürich nieder, einem guten Platz zum Pläneschmieden, einem guten Platz, um Verhandlungen aufzunehmen. Er handelte einen Vertrag für die Bearbeitung und Inszenierung der *Antigone* aus, in der Hauptrolle seine begabte Frau Helene Weigel, die in Hollywood wenig mehr war als Köchin und Haushälterin. Er erhandelte sich einen lukrativen Autorenvertrag beim westdeutschen Suhrkamp Verlag und ein Schweizer Bankkonto zur Aufbewahrung der hereinkommenden Tantiemen. Er handelte sich sogar einen österreichischen Paß ein mit dem Versprechen (das er dann wieder zurücknahm), einen marxistischen *Jedermann* für die Salzburger Festspiele zu schaffen. »Plötzlich... hatte er wieder das Häftlingsgesicht«, beobachtete der Schweizer Schriftsteller Max Frisch in jenen Tagen, »die klein-runden Augen irgendwo im flachen Gesicht vogelhaft auf einem zu nackten Hals... Ein erschreckendes Gesicht... Man hätte ihm ein dickes Halstuch schenken mögen.«

Es bedurfte eines Jahres der Verhandlungen, bis Brecht bereit war, nach Berlin zu gehen, und inzwischen hatte die sowjetische Blockade begonnen. Er ging hinüber auf die Seite der Blockierer, um über eine Inszenierung von *Mutter Courage und ihre Kinder* im Ostsektor zu verhandeln, wieder mit Helene Weigel in der Hauptrolle. Im folgenden Sommer, im Juni 1949, kehrte Brecht endgültig nach Berlin zurück, um sein eigenes Theater zu leiten, das Berliner Ensemble im Theater am Schiffbauerdamm, wo seine *Dreigroschenoper* im Jahre 1928 uraufgeführt worden war. Dort blieb er, ein williger Gefangener unter unwilligen Gefangenen, und als die Arbeiter Ostberlins sich rebellierend erhoben und mit Steinen gegen sowjetische Panzer kämpften, gab Brecht eine Erklärung zur Unterstützung des stalinistischen Regimes heraus. Er hatte jetzt sein Schweizer Bankkonto, seinen österreichischen Paß und sein eigenes Theater. Aber in dem Gedicht *Radwechsel* aus dem Jahre 1953, dem Jahr des Aufstands, machte er sich Gedanken über seinen späten Erfolg:

>Ich sitze am Straßenrand
>Der Fahrer wechselt das Rad.
>Ich bin nicht gern, wo ich herkomme.
>Ich bin nicht gern, wo ich hinfahre.
>Warum sehe ich den Radwechsel
>Mit Ungeduld?

Vorurteil

(1948)

Als Dore Schary kurz vor dem Kriege Louis B. Mayer kennenlernte, war der engelhafte junge Schriftsteller tief beeindruckt von diesem Mann, der »Macht ausstrahlte – physische und psychische Macht«. Und dann noch all das Melvillesche Weiß. Mayers Büro, wie Lillian Ross es später beschrieb, hatte Wände aus weißem Leder, einen ungeheuren weißen Schreibtisch mit vier weißen Telefonen, eine weiße Bar, einen weißen Flügel und einen weißen Kamin mit weißen Feuerböcken. Hinter dem Schreibtisch des großen Mannes stand eine amerikanische Flagge und eine Reihe von Photographien seiner großen Freunde, deren prominenteste Herbert Hoover, Kardinal Spellman und J. Edgar Hoover waren. »Er streckte eine Hand aus, kurzfingrig und wohlmanikürt«, erinnerte sich Schary, »dann ließ er sich seitwärts in den Sessel sinken...«

Schary hatte sieben Jahre lang bei der MGM gearbeitet, hatte mehrere erfolgreiche Filme geschrieben, namentlich *Teufelskerle* (Boys Town, 1938) und *Young Tom Edison* (1940), und nun wollte er sich als Regisseur versuchen. Mayer erhob diverse Bedenken. Irgendwie kam die Rede auf B-Filme mit geringem Etat, ein Thema, das relativ wenig Bedeutung hatte in Mayers Reich. Schary bekundete großes Interesse. »Ich finde, daß kostengünstige Filme etwas wagen sollten – herausfordern sollten...« erklärte er laut eigener Darstellung. Mayer war so beeindruckt von Scharys atemlosem Enthusiasmus, daß er ihn am folgenden Tag wieder rief und ihn ohne Erklärung mitnahm zur Rennbahn im Hollywood-Park, wo sie eins der Pferde Mayers verlieren sahen. Dann bot Mayer Schary den Job der Aufsicht über sämtliche B-Filme des Studios an, achtzehn pro Jahr. Schary holte tief Luft, ging nach Hause, um mit seiner Frau zu beraten, und nahm das Angebot an.

Es gab nur ein Problem dabei: Harry Rapf. »Ich gebe Ihnen Harry Rapf bei, der kümmert sich ums Finanzielle«, sagte Mayer. »Mit den Filmen hat er nichts zu tun. Er tut Ihnen nichts – er wird dankbar sein.« Das versprach Ärger. Rapf war ein Stolperstein bei der MGM. Dereinst war Rapf, ein ergrauender Mann mit langer, grämlicher Nase, Miteigentümer des Studios gewesen, war aber bei den Machtspielen der Umstrukturierung in den zwanziger Jahren hinausgedrückt worden. Er war dann Studiomanager geworden, zuständig für sämtliche Routinefilme, die das Geld für Thalbergs anspruchsvollere Extravaganzen hereinholten. Aufs neue degradiert zu einem Produzenten unter vielen, tyrannisierte Rapf alle, die zur Mitarbeit an seinen Projekten engagiert wurden. Einen unbekannten jungen Schriftsteller namens Dore Schary hatte er nicht einmal, sondern zweimal hinausgeworfen. Jetzt suchte der wiedererstandene Schary ihn auf, um ihn von Mayers Wunsch zu unterrichten, daß sie zusammenarbeiteten, und stellte fest, daß Mayer bereits angerufen hatte. »Er stand auf und sagte: ›L.B. hat es mir gerade gesagt‹«, erinnerte sich Schary. »Dann fing er an zu weinen, Tränen stürzten aus seinen blaßblauen Augen. Er sagte, wie dankbar er mir sei, daß ich mich mit dieser neuen Regelung einverstanden erklärt hätte, und während er immer weitersprach, konnte ich vor Verlegenheit nur kurz entgegnen: ›Ist schon in Ordnung‹, ›Machen Sie sich keine Sorgen‹, ›Es wird schon alles glatt gehen‹, ›Keine Tränen, bitte‹.«

Schary erwies sich bald als Erfolg für seine B-Filme, denn sie machten die MGM reich zu mäßigen Kosten – zum Beispiel *Heimweh* (Lassie Come Home, 1943) für eine Investition von 400000 Dollar. Aber der dankbare Harry Rapf konnte es nicht lassen, sich einzumischen; erst wollte er Drehbücher sehen, dann äußerte er Meinungen. Einmal zeigten Jules Dassin und Fred Zinnemann, zwei junge Entdeckungen Scharys, die Ergebnisse eines Drehtages für einen neuen Film; plötzlich klingelte Rapf dem Vorführer, den Film anzuhalten, und verkündete: »Diese Aufnahmen sind jämmerlich. Ich würde die beiden Kerle nicht einmal den Verkehr regeln lassen.«

Schary scheuchte alle aus dem Vorführraum, auch die beiden kritisierten Regisseure. »Dann wandte ich mich an ihren Kritiker«, sagte Schary, »und fragte ihn, was zum Teufel und warum zum Teufel.« Rapf gab zurück, er »sei kein Laufbursche« und »dieses Studio habe ihm einmal zum Teil gehört«. Schary erklärte scharf, daß ihm, Schary, die volle Verantwortung für alle B-Filme übertragen worden sei. »Das werden wir ja sehen«, sagte Rapf, als er hinausstapfte.

Schary erschrak, als er kurz danach hörte, Rapf sei gegangen, um das Wochenende mit Mayer zu verbringen. Was würde der verbitterte Alte dem großen Oberboß erzählen? Schary machte sich Sorgen. Als Gegengewicht zu dem, was Rapf Mayer sagen mochte, berichtete Schary Eddie Mannix die Sache aus seiner Sicht. Am Montag, als Schary in Erwartung einer Auseinandersetzung zur Arbeit kam, erfuhr er verblüfft von Mayer, daß Rapf während ihres angenehmen Wochenendes mit keinem Wort einen Streit erwähnt hatte. Allerdings hatte Mannix Mayer bereits über den Spektakel informiert, und nun zitierte Mayer Rapf über die Haussprechanlage herbei: »Komm sofort hier rauf, auf der Stelle!« raunzte er.

Schary ahnte Schlimmes, war aber auf Mayers heftige Explosion nicht vorbereitet. Kaum hatte Rapf das weiß-in-weiße Büro betreten, als Mayer auch schon zu brüllen begann.

»Verdammt nochmal, Harry, du bist das ganze Wochenende über bei mir und bringst kein Wort raus. Mannix hat mir alles gesagt. Du blöder Bastard von Itzig – du müßtest diesem Mann die Füße küssen – vor ihm auf die Knie gehen.«

Schary war entsetzt. Er stand taumelnd auf und wollte Frieden stiften. (»In all den Jahren hatte ich oft erlebt, wie jüdische Studiomanager der obersten Etage bei Sitzungen oder beim Kartenspiel die Beherrschung verloren, und immer war ich fassungslos, wenn sie als eins der ersten Schimpfwörter ›Itzig‹ benutzten – gewöhnlich ›dreckiger Itzig‹.«) Mayer winkte ihn in seinen Sessel zurück. Rapf sagte kein Wort. Er stand bloß da und ließ es über sich ergehen. Schary wurde übel. »Mayer deckte Rapf weiter mit Flüchen ein«, sagte Schary, »und dann richtete L. B. plötzlich den Zeigefinger auf Rapf und erklärte: ›Raus hier, du bist gefeuert, verlasse dein Büro. Du hattest deine letzte Chance, du Scheißkerl!‹ Rapf drehte sich um und hastete hinaus.«

Auch Schary hastete hinaus. Er stolperte in die nächstgelegene Toilette und übergab sich. Dann stieg Reue in ihm auf, nicht weil er degradiert worden wäre, sondern weil er gesiegt hatte. Er sagte Mayer, er wolle, daß Rapf wieder auf seinen Stuhl gesetzt würde, daß er selber gehen würde, wenn Rapf so erbarmungslos vertrieben würde. Mayer meinte, er solle kein Narr sein, meinte, er müsse lernen, hart zu sein. »Wenn man einen Strich ziehen muß, dann muß man ihn rasch ziehen, schnell Schluß machen«, sagte Mayer. Doch Schary bestand auf Rapfs Wiedereinsetzung, und so zuckte Mayer die Achseln und fügte sich. Er hatte größere Probleme. Krieg drohte. Dann wurde Pearl Harbor angegriffen. Als Mayer seine Mitarbeiterschwärme zu einem vorweihnachtlichen Mittagessen versammelte, erklärte er ihnen, sie alle müßten neue Verpflichtungen im nationalen Kampfe auf sich nehmen. »Viele unserer jungen Männer werden in den Krieg ziehen und mancher wird sterben«, sagte Mayer, »aber wir, die zu Hause bleiben, müssen beitragen, so viel wir können. Bitte, erheben Sie mit mir Ihr Glas auf unseren Präsidenten – Nicholas Schenck!«

Im Gegensatz zu Mayer, der sich auf die Firmenmacht der MGM konzentrierte, machte sich Schary bedeutende Gedanken, weltpolitische Gedanken. Er wollte einen Film machen, den nur er beschreiben konnte: »Ich wollte die Geschichte von Hitler, Churchill, Mussolini und den Vereinigten Staaten als amerikanisches Western-Epos erzählen. Schauplatz sollte ein großes Gebiet im Westen sein; es sah ein bißchen wie Europa aus. Die Handlung spielte ein paar Jahre nach dem Bürgerkrieg. Hitler, Goebbels und Göring waren drei entflohene Sträflinge...« Als »Mitarbeiter« an diesem voraussichtlichen Reinfall wünschte Schary einen angemessen berühmten Schriftsteller, und es gelang ihm, sich dafür Sinclair Lewis zu angeln. Nach monatelanger Zusammenarbeit produzierten die beiden ein Skript mit dem Titel »Sturm im Westen«. Mayer fand es gräßlich. Nicht, weil es bombastisch und absurd war, sondern, wie Schary erklärte, weil »es zu viele andere Kriegsfilme gab«. So wurde die Idee nach New York abgeschoben, zu Nicholas Schenck, und auch Schenck zeigte sich nicht interessiert.

Und da nahm Schary seinen Hut. Das war charakteristisch für den Mann, für seine jugendlichen Fähigkeiten und sein jugendliches Vertrauen in diese Fähigkeiten. Mayer war fassungslos. Hatte es das in Hollywood je gegeben, daß einer mit achtunddreißig Jahren aus einer hohen Führungsposition mit einem Gehalt von fünfzehnhundert Dollar pro Woche ausschied, nur weil eins seiner Skripts abgelehnt wurde? »Sie haben schon was anderes«, sagte Mayer anklagend. Schary verneinte. Er wolle einfach gehen.

David Selznick nahm Schary als autonomen Produzenten unter Vertrag, und zwar zu seinem hart erarbeiteten Satz von fünfzehnhundert Dollar wöchentlich plus 15 Prozent der Gewinne aller Filme, die er machte. Scharys erstes Projekt war die Romanze eines bombengeschockten Soldaten auf Heimaturlaub. Selznick schickte Schary eins seiner langen Memoranden, mit dem er das Skript zerpflückte und seinem autonomen Produzenten untersagte, es zu produzieren. Wieder nahm Schary seinen Hut. Selznick konsultierte seine Frau Irene, die sagte: »Schary ist in Ordnung. Du hast einen guten Kauf gemacht – du solltest ihn behalten.« Unter dem Titel *I'll Be Seeing You* (1945) brachte Scharys erstes »unabhängiges« Projekt sieben Millionen Dollar ein. Ihm ließ er eine Kette von Hits folgen: *Die Wendeltreppe* (The Spiral Staircase), *So einfach ist die Liebe nicht* (The Bachelor and the Bobby-Soxer), *Die Farmerstochter* (The Farmer's Daughter), welch letzterer Loretta Young den Oscar als beste Schauspielerin des Jahres 1947 eintrug. Dann wurde Charles Koerner, Produktionschef der RKO, plötzlich krank und starb an Leukämie. RKO-Präsident Peter Rathvon lud Schary zum Mittagessen ein und bot ihm den Posten an. Schary lehnte unter Hinweis auf seinen Vertrag mit Selznick ab, aber Selznick lachte ihn aus wegen seiner Skrupel. »Machen Sie sich meinetwegen keine Sorgen«, sagte er. »Sie bezahlen einen guten Preis für Sie – ich werde mich schon mit ihnen einigen.«

Eins der ersten Projekte, auf die Schary bei der RKO stieß, war das Skript eines Romans mit dem Titel *The Brick Foxhole* von Peter Brooks. Edward Dmytryk, der Autor-Regisseur, bezeichnete es später als eine »lockere, unzusammenhängende Geschichte von den Frustrationen der GIs bei Kriegsende«, in der es unter anderem »um die Ermordung eines Homosexuellen durch einen sadistischen Glaubensfanatiker ging«. Das ganze Thema Homosexualität wurde natürlich von den Zensoren des Johnston-Büros verboten, aber Adrian Scott, der Produzent, der den Roman gekauft hatte, hatte »eine Inspiration«, wie Dmytryk es nannte. Wie wäre es, wenn man aus dem homosexuellen Opfer einen heterosexuellen Juden machte? Das war keine Gleichsetzung diskriminierter Minderheiten, wie jeder Jude es empfunden hätte, sondern Scott und Dmytryk, beide Nichtjuden, meinten, daß eine Attacke auf den Antisemitismus ein empfehlenswertes Vorhaben wäre. »Adrian besprach es mit unserem Freund Dore Schary«, berichtete Dmytryk von den ersten Erkundungen, als Schary noch für Selznick arbeitete, »und Schary riet ihm davon ab«.

Schary entsann sich der Dinge natürlich anders. Er sagte, daß Rathvon, Koerner und andere RKO-Leute das Projekt, das jetzt den Titel *Im Kreuzfeuer* trug, ausnahmslos abgelehnt hätten. Er aber habe geschworen, es zu einer seiner ersten Produktionen zu machen. Die Geschäftsleitung der RKO veranstaltete Umfragen, die zeigten, daß weniger als 10 Prozent eines repräsentativen Publikumsquerschnitts einen solchen Film zu sehen wünschten. Das einflußreiche Jüdische Komitee Amerikas, Herausgeber der *Commentary*, forderte das Studio auf, die Produktion zu stoppen oder den Juden in einen Schwarzen zu verwandeln. Die Warner Bros. kündigte sogar an, dieser Film werde in keinem Warners-Kino gezeigt werden. Schary blieb jedoch fest. Er half auch, eine gute Besetzung zusammenzustellen, namentlich Robert Ryan als psychotischen Mörder. *Im Kreuzfeuer* mit seiner etwas wuchtigen Aussage, daß es falsch sei, einen amerikanischen Soldaten umzubringen, nur weil er Jude war, wurde so zu einem begrenzten, aber offenbar überraschenden kommerziellen Erfolg.*

Schary hatte ein bemerkenswertes Geschick, Selbstverständ-

---

* Überraschenderweise gehörte Charlie Chaplin zu den Kritikern. In einer Diskussion mit dem auf die Schwarze Liste gesetzten Alvah Bessie nannte Chaplin *Im Kreuzfeuer* einen antisemitischen Film. »Ich fragte ihn, wie er zu dieser Auffassung komme«, berichtete Bessie, »und er sagte: ›Denken Sie an Sam Levene, wie er die Rolle gespielt hat.‹ Dann veränderte sich sein Gesicht; er ging in Pose; er machte die Geste des ›Händewaschens‹. Mit erfundenem Text illustrierte er, was Levenes Interpretation der Rolle des jüdischen Opfers seiner Meinung nach aussagte, und deklamierte schleimig: ›Warum hackt ihr auf mir herum? Ich bin ein netter Kerl; bestimmt, ich bin ein netter Kerl...‹ Es war eine erschütternde Vorstellung.«

liches neu und lebendig darzustellen. Melancholie war sichtlich nicht seine Art. Aber trotz seiner fröhlichen Erfolge machte die RKO Verluste. Die melancholische Bilanz für 1947 wies ein Minus von fast zwei Millionen Dollar aus. Floyd Odlum, der größte Aktionär, war kein Mann vom Film, sondern Rancher und Flieger, ein Mann, der es liebte, mit Geld zu jonglieren. Nach einer Reihe nächtlicher Geheimtreffen in geparkten Autos und obskuren Rasthäusern war er bereit, die ganze RKO einschließlich des Produktionsstudios mit seinen 2000 Angestellten und 124 Kinos für die Summe von genau 8 825 690 Dollar an den finsteren Rachegott Howard Hughes zu verkaufen.

Dore Schary war entsetzt. Er beschwerte sich bei Rathvon über die Heimlichtuerei, und Rathvon arrangierte ein Treffen im Garten hinter seinem Hause. »Ich höre, Sie wollen kündigen«, sagte Hughes zur Begrüßung. »Wenn ich reich wäre und mir ein Studio kaufte, würde ich es auch leiten wollen«, sagte Schary laut eigener Darstellung. »Sie brauchen aber mich nicht zu meinem Preis, nur um Ihre Befehle zu erteilen.«

»Sie können das Studio leiten«, sagte Hughes nach einer anderen Darstellung. »Ich habe dazu keine Zeit.«

Schary, der Mayer gekündigt und Selznick verlassen hatte, um sich seiner Unabhängigkeit zu versichern, der dann hehre Gründe fand, nicht zu kündigen, als das RKO-Direktorium Scott und Dmytryk als Unamerikaner feuerte, fand nun Gründe zu bleiben, als Howard Hughes die Macht übernahm. Und er lernte allmählich, daß man sich niemals auf das verlassen konnte, was Hughes sagte. »Studiopersonal berichtete mir, daß Hughes spätabends zu kommen pflegte, um sich anzusehen, was am Tage gedreht worden war«, erinnerte sich Schary. »Drehbücher wurden ihm zugeschickt; er prüfte die Gehaltslisten. Schließlich gehörte ihm jetzt der ganze Kram, und er wollte wissen, was sich so tat.«

Als Hughes erst einmal wußte, was sich so tat, wollte er natürlich einiges verändern. Er fing an, Schary spätabends anzurufen und Anweisungen zu geben. Er wünschte, daß die Arbeit an einem Lieblingsprojekt Scharys, dem Film *Kesselschlacht* (Battleground), eingestellt würde. Die Leute hätten Kriegsfilme satt, sagte Hughes. Er wünschte auch, daß eine junge Schauspielerin namens Barbara Bel Geddes entlassen würde. Der Sturm von Telefonanrufen zeigte Schary, was ihm bevorstand. Und so kündigte er wieder einmal. Dasselbe tat Rathvon. Hughes übernahm.

Schary erhielt unverzüglich einen Anruf von Louis B. Mayer. Der höchstbezahlte Manager der Nation fand sich in tiefen Schwierigkeiten – tiefer, als er selbst wußte –, und mit ihm die MGM, mit ihm das gesamte Kinogewerbe. Experten meinten, das Publikum habe sich seit dem Kriege verändert. Die Menschen seien ernsthafter geworden, hieß es, anspruchsvoller, weniger bereit, die gekünstelten und inhaltsleeren Filme zu akzeptieren, die vom Fließband der MGM rollten. (Esther Williams, eine hübsche Schwimmerin ohne Talent auf dem Trockenen, war jetzt die größte Kinoattraktion des Studios.) Andere Experten meinten, daß die Leute das Kino überhaupt satt hätten. Es stünde ihnen jetzt frei, ihr Geld und ihre Zeit für Reisen, Kleider, Sport zu verwenden, für alles das, was für sie zum guten Leben gehörte.

Der tödlichste Rivale erwuchs dem Kino jedoch mit der neuen Mode, die Fernsehen genannt wurde. Bei Kriegsende hatte es erst 6500 Fernsehempfänger gegeben, meistens in Bars installiert, und es war nicht sehr viel zu sehen in ihnen. Im Jahre 1948 war die Empfängerzahl auf über eine Million gestiegen; 1949 sollte sie sich vervierfachen und 1950 noch einmal fast verdreifachen auf mehr als elf Millionen. Die Zahl der kommerziellen Fernsehsender stieg von sieben auf siebzehn im Jahre 1947 und auf einundvierzig im Jahre 1948, und siebzig weitere wurden zugelassen. Tüchtige Organisatoren begannen, Sender zu Netzen zu verknüpfen. Daß an der Ostküste Fernseh-Übertragungskabel verfügbar waren, veranlaßte beide politische Parteien, 1948 ihre Präsidentschaftskongresse in Philadelphia abzuhalten. Milton Berle wurde zur nationalen Berühmtheit durch das *Texaco Star Theatre* am Dienstagabend, und dann kam das *Kraft Television Theatre*, das *Philco Television Playhouse*, das *Alcoa Theatre*, das *General Electric Theatre* (bei dem bald Ronald Reagan groß herauskaum). Zu sehen waren auf dem Dreißig-Zentimeter-Bildschirm nicht die »Anregungen für vitale, denkende Menschen«, die nach Auffassung von Darryl Zanuck nach dem Kriege nötig wären, aber dieser Bildschirm war überall im Wohnzimmer (oder in der Bar) verfügbar, und, das war das wichtigste, was er bot, bot er umsonst.

Millionen hörten plötzlich auf, ins Kino zu gehen. Die Zuschauerzahlen sanken von achtzig Millionen pro Woche im Jahre 1946 auf siebenundsechzig Millionen im Jahre 1948 und sechzig Millionen im Jahre 1950, und sie nahmen weiter ab. Die MGM, lange Zeit das größte und reichste Studio in Hollywood, litt schwer unter diesen finanziellen Rückschlägen. Die Loew's Inc., die in den ersten zwölf Monaten nach Kriegsende einen Bruttogewinn von 18 Millionen Dollar gemacht hatte, schrumpfte im Veranlagungsjahr September 1947 bis August 1948 auf 4 Millionen Dollar, und das bedeutete 1947/48 einen Nettoverlust von 6,5 Millionen Dollar. Louis B. Mayer, angeblich der große *Showman*, wußte nicht, was er tun sollte, und ebensowenig wußte es der Präsident der Filmgesellschaft, Nicholas Schenck. Eines Tages im Jahre 1948 bat David Sarnoff von der Fernsehgesellschaft NBC um ein Treffen mit Schenck, um über ein Bündnis zu sprechen, und Schenck lehnte höflich ab. »Ich sagte: ›Was haben Sie denn anzubieten, David? Wir haben die Filme‹«, erzählte Schenck ein paar Jahre später Schary, offenbar ohne im geringsten wahrzunehmen, daß er sich wie ein Narr verhalten hatte. »Und so ist es bis heute. Was haben Sie denn anzubieten?«

Eins wußte Schenck allerdings: Daß man Mayer die Despotenmacht in der MGM nicht mehr überlassen durfte. Mayer mit seiner ganzen weißen Einrichtung und seinem Millionengehalt hatte nie wirklich einen Film gemacht, und sein lordliches Regime über seine Produzenten reduzierte sie eher zu untertänigen Kreaturen, die nur das eine Ziel hatten: Ihm zu gefallen. Aber irgendwer mußte ja die Arbeit tun, Filme produzieren. Der legendäre Thalberg, mochte er auch seine Fehler gehabt haben, hatte wirklich eine Vorstellung davon gehabt, wie Filme sein müßten, und das war mehr, als man von Benny Thau und den übrigen Ohrenbläsern sagen konnte, die sich um den Thron Louis B. Mayers drängten. Schenck verlangte, Mayer müsse einen neuen Thalberg finden, und Mayer, der Thalberg insgeheim gehaßt hatte, konnte sich dem nur beugen. Schenck war der Boss, von vielen seiner Untergebenen »der General« genannt. Zunächst schlug Mayer, wie auch anders, seinen verlorenen Schwiegersohn Selznick vor, und Selznick, wie auch anders, lehnte ab. Dann versuchte Mayer es mit ein paar noch unwahrscheinlicheren Spielchen. Er sprach Walter Wanger an und sogar Joe Mankiewicz, der die MGM verlassen hatte, nachdem er wegen seiner Affäre mit Judy Garland mit Mayer zusammengerasselt war. Diese ins Auge gefaßten Opfer wiesen beide die Avancen Mayers zurück. Dann erfuhr Mayer (oder Schenck), daß Schary sich von Howard Hughes getrennt hatte.

Mayer lud Schary zu sich ein und bot ihm ohne viel Umschweife den Posten des für die Produktion verantwortlichen Vizepräsidenten an, denselben Posten, den er selbst offiziell innehatte. Mayer sprach davon, sich in einem bis zwei Jahren zur Ruhe zu setzen. Dann schweifte er ab, wie gewöhnlich, und erzählte von der guten alten Zeit mit Thalberg. »Glauben Sie mir, er war ein Genie, aber er war geldbesessen«, sagte Mayer. »Das war sein Problem. Geld – Geld – das hat ihn ruiniert.« Schary hatte dieses Problem nicht. Alles, was er verlangte, waren sechstausend Dollar wöchentlich (dies etwa um die Zeit, als Arnold Schönberg mit einer Pension von monatlich 29,60 Dollar in den Ruhestand gezwungen wurde) und die unbeschränkte Verantwortung für alle Studioproduktionen. Nick Schenck sperrte sich ein bißchen gegen Scharys Bedingungen. Mayer sagte Schary telefonisch, er solle keinen Kompromiß machen. »Schenk wird nachgeben – er muß – er braucht Sie«, sagte Mayer.

So wurde der Handel perfekt. Im Juni 1948 trat Schary bei der MGM ein, und er brachte einige Gemälde seiner Frau, eine Kegel-Trophäe, eine Sammlung von Bleisoldaten und das Drehbuch zur *Kesselschlacht* mit, das er Hughes abgekauft hatte. Auch Mayer mochte *Kesselschlacht* nicht, aber jetzt hatte Schary zu bestimmen und Schenck hinter sich. Also gab er den Film in die Produktion (und er brachte hübschen Gewinn). Mayer, der die Rolle des Mentors spielte, warnte Schary vor Schenck. »Trauen Sie ihm nicht«, sagte Mayer. Er sagte auch, er habe Schary gegen die Ansicht von Westbrook Pegler verteidigt, daß er Kommunist sei. »Nun, vielen Dank, L.B.«, sagte Schary. »Aber Sie wissen ja, wie die Leute sind. Vor ungefähr einem Monat hat mich ein Bekannter gefragt: ›Wie können Sie, Dore, ein Liberaler, nur für einen Faschisten arbeiten?‹ Ich habe Sie verteidigt und ihn auf seinen Platz verwiesen.«

Ja, Schary war ein Ärgernis, aber Mayer hatte an anderes zu denken. Auch an Romantischeres. Da gab es eine russisch-jüdische Ärztin namens Jessie Marmorston, eine Drüsenspezialistin, die 1942 in sein Leben getreten war. Sie war eine dunkle, hübsche und sehr kraftvolle Frau, die ihn faszinierte, aber nicht ganz das war, was er sich wünschte. Er machte einer etwas weniger kraftvollen Tänzerin namens Ann Miller und einer etwas weniger kraftvollen Sängerin namens Ginny Simms den Hof, aber keine von ihnen war besonders erpicht darauf, die alternde Maggie Mayer zu ersetzen, obwohl das Scheidungsgericht Mayers finanzielle Angreifbarkeit bestätigt hatte, indem es ihm auferlegte, seine Frau mit der eindrucksvollen Summe von drei Millionen Dollar abzufinden. Und als er dann gerade dabei war, alle seine Reitpferde zu verkaufen, lernte Mayer Lorena Danker kennen, einst Tänzerin bei der Warner Bros., Witwe des Werbefachmanns Danny Danker. Wieder einmal, mit dreiundsechzig Jahren – oder waren es sechsundsechzig? –, war er verliebt.

Im Dezember 1948 schlug Mayer ihr vor, nach Yuma, Arizona, zu fliegen und dort ganz allein, fern der Hollywoodpresse zu heiraten. Dann kam Sturm auf und machte alle Flüge unmöglich, und Mrs. Danker, nicht so zimperlich wie ihre Vorgängerinnen, sagte: »Jetzt oder nie.« So nahmen Mayer und seine Braut den Zug, gemeinsam mit dem unumgänglichen Publicitymann Howard Strickling und dem Chef des MGM-Werkschutzes Whitey Hendrey, außerdem mit Mrs. Dankers elfjähriger Tochter Suzanne. Um vier Uhr morgens trafen sie in Yuma ein und versuchten, in einem Motel ein Frühstück zu bekommen, und unausweichlich begannen sich die Reporter und Photographen dort zu versammeln. So flüchteten sie sich schließlich ins Büro des Sheriffs J. A. Beard, wo sich mit Ausblick auf den nackten Hof des Bezirksgefängnisses von Yuma Louis B. Mayer seiner neuen Ehefrau versprach.

»Die ist ein zäher Brocken«, sagte Dore Schary immer wieder in die Telefonverbindung nach New York. »Aber wir meinen, wir müssen sie nehmen, weil wir sonst in ein Loch fallen – und Sie kriegen Ihren Film nicht.«

»Tun Sie, was Sie tun müssen«, sagte Nick Schenck.

Das Problem, das sie zu lösen hatten, hieß Judy Garland, die praktisch das Synonym für die großen MGM-Musicals war und für die das Studio Irving Berlins *Annie Get Your Gun* erworben hatte. Aber sie, der Star, war inzwischen so sehr Gefangene ihrer Drogenabhängigkeit und ihrer wilden Ängste, daß sie oftmals gar nicht ins Studio kommen konnte und daß ihre Auftritte dort nahezu wertlos waren. Mehr als eine Million Dollar hatte man bereits investiert, und bisher war nichts Vorzeigbares herausgekommen. Und dabei war Judy Garland erst sechsundzwanzig. »Tun Sie, was Sie tun müssen«, sagte Nick Schenck.

Nach Hollywoodmaßstäben war die MGM außerordentlich zuvorkommend und verständnisvoll mit ihr verfahren. Aber sie hatte sich oft zwei oder drei Tage hintereinander nicht in der Kulisse gezeigt, und wenn, dann mußte ihr Ehemann und Regisseur Vincente Minnelli sie direkt vom Studio aus zu ihrem Psychiater fahren, dem prominenten Dr. Simmel. Simmel war alt und weigerte sich, sie auch bei den Dreharbeiten zu beobachten, deshalb wurde Frederick Hacker bestellt, ein anderer Psychiater, der im Studio für sie bereitstand. Aber das alles fruchtete nichts. Bald täuschte sie einen Selbstmordversuch vor. »Ich bringe mich um!« schrie sie mitten in einem Streit mit Minnelli. Sie rannte ins Bad, schloß sich ein, zerbrach ein Wasserglas und ritzte sich quer übers Handgelenk. Minnelli brach die Tür auf, um sie zu retten, aber ein Heftpflaster genügte, um das Blut zu stillen.

Nach einigen Wochen in zwei verschiedenen Sanatorien erschien Judy Garland wacklig wieder zur Arbeit bei der MGM; *Osterparade* (Easter Parade) wurde gedreht, wieder mit Minnelli als Regisseur. Aber mitten in den Proben erklärte der neue Psychiater Dr. Kupper dem Produzenten Arthur Freed, daß es für Miss Garland nicht gut sei, für ihren Ehemann zu arbeiten, und so wurde Minnelli kurzerhand abgelöst. »Einzeln sind wir glücklicher«, sagte Minnelli, als er im Sommer 1948 die Trennung bekanntgab, die seine Ehe beendete. Aber *Osterparade* war ein solcher Erfolg, daß die MGM einen Rekordpreis für *Annie Get Your Gun* zahlte und ankündigte, sie werde eine Dreimillionen-Dollar-Produktion speziell auf Miss Garland zuschneiden. Der Star stand es nicht durch.

Nächtelang lag Judy Garland wach, rief Leute an und stellte ihnen Fragen wie: »Was glaubst du, was für ein Tag morgen ist?« Sie schluckte Pillen – Amphetamine, Tranquilizer. Sie bekam Hautausschlag. Ihr Haar begann auszufallen. Fred Pobirs, wieder ein anderer Arzt, steckte sie ins Krankenhaus und unterzog sie sechs Elektroschock-Behandlungen. Als sie im Frühjahr 1949 wieder arbeiten konnte, kam sie wiederholt zu spät zur Arbeit, so daß ganze Teams müßig herumstanden. Mayer, seit ihrer Kindheit ihr Boss, führte ein väterliches Gespräch mit ihr; auch Schary versuchte mit ihr zu sprechen. Sie sagte immer wieder, daß sie sich so viel Mühe gäbe, wie sie könne. »Tun Sie, was Sie tun müssen«, sagte Nick Schenck.

Am Sonnabend, dem 7. Mai, kam Miss Garland zu spät ins Studio, dann lief sie von der Szene, setzte sich einfach in ihre Garderobe und hämmerte mit dem Kopf gegen die Wand. Am Montag erschien sie überhaupt nicht. Am Dienstag kam sie zu spät und wurde mit dem warnenden Schreiben eines MGM-Vizepräsidenten namens Louis K. Sidney begrüßt: »Sie müssen sich der Tatsache bewußt sein, daß Ihr Vertrag mit uns Sie zur pünktlichen Befolgung unserer Instruktionen verpflichtet...« Wenn sie sich weiterhin verspäte, sagte der Brief, würde das Studio seine Rechte geltend machen, »einschließlich, aber nicht beschränkt auf Ihre Entlassung aus *Duell in der Manege* (Annie Get Your Gun)«. Sie erhob Protestgeschrei bei jedem, der es hören wollte. »Noch nie im Leben hat einer mit mir Geld verloren!« schrie sie und wedelte überall mit dem Brief herum.

Die Meldungen vom Schlachtfeld erreichten bald die MGM-Geschäftsleitung, und nach dem Mittagessen erschien ein offizieller Abgesandter namens Lester Peterson in Miss Garlands Garderobe und brachte einen neuen Brief von Sidney. »Sie haben sich geweigert, unseren Instruktionen Folge zu leisten«, hieß es darin. »Hierdurch teilen wir Ihnen mit, daß wir es aus stichhaltigen und ausreichenden Gründen und gemäß der uns nach Paragraph 12 ihres Arbeitsvertrages zustehenden Rechte... ablehnen, Ihnen weitere Vergütungen zu zahlen, beginnend mit dem...« Und so weiter.

Zu Petersons Entsetzen schrie Miss Garland vor Überraschung und Wut auf, warf sich auf den Boden ihrer Garderobe und wälzte sich schreiend herum: »Nein, nein, nein!« Peterson trat den Rückzug an, und bald darauf nahm Miss Garland einen Drink mit Regisseur Chuck Walters. »Ich kann es nicht glauben«, sagte sie immer wieder, weinend und lachend zugleich. »Nach dem Geld, das ich für diese Dreckskerle verdient habe! Diese Bastarde!«

Dore Schary hatte wohl etwas Midassches an sich, und das beschützte ihn während all der Konflikte seiner ersten Zeit bei der MGM. Er war genau so sentimental wie Mayer, aber fähiger und jünger. Nicht nur machte Betty Hutton aus Judy Garlands Rolle der Annie einen strahlenden Erfolg; zu den achtunddreißig Filmen, die MGM in Scharys erstem Jahr ausstieß, gehören *Heute geh'n wir bummeln* (On The Town), *Asphalt Dschungel* (The Asphalt Jungle), *Vater der Braut* (Father of the Bride), lauter Hits der guten Mittelklasse. Nach einem Defizit von 6,5 Millionen Dollar im Steuerjahr vor Scharys Eintritt konnte das Studio seinen Abstieg aufhalten und 300000 Dollar Gewinn verbuchen; im folgenden Jahr stiegen die Gewinne auf 3,8 Millionen Dollar. Schenck war zufrieden. Er gab Schary eine große Aktienoption, ohne es Mayer auch nur zu sagen. Mayer war wütend auf Schenck und Schary, die er mit einigem Recht verdächtigte, sich gegen ihn verbündet zu haben. Er sammelte seine Untergebenen, um sich dem neuen Regime zu widersetzen. Mitte 1951 drangen Gerüchte über Unstimmigkeiten in der Geschäftsleitung in die Presse. Ohne Scharys Wissen schrieb Mayer einen Brief an Schenck, in dem er erklärte, entweder er oder Schary müsse die Führung der MGM ganz in die Hand nehmen, einer müsse gehen. Schenck schrieb zurück, wenn er vor diese Wahl gestellt werde, wähle er Schary. Nach Scharys Darstellung befand er sich bei Mayer im Büro, um Produktionspläne zu besprechen, als das Telefon klingelte und er mit anhörte, wie Mayer wütend mit Schencks Rechtsanwalt in New York sprach.

»Sie können Mr. Nicholas Schenck ausrichten, er und Dore Schary können das Studio nehmen und daran ersticken«, schrie Mayer und hängte ein. (Mayers Ausdrucksweise war sicherlich beißender, als Schary sich überwinden konnte wiederzugeben.)

»Um was ging es denn, L. B.?« erkundigte sich Schary.

»Setzen Sie sich, ich erzähle Ihnen alles«, knurrte Mayer, »Sie kleiner Itzig...«

Das wichtigste Hollywooder Ereignis des Jahres 1948 erregte bemerkenswert wenig Aufmerksamkeit. Es fand auch nicht in Hollywood statt. Eigentlich war es auch kein Ereignis, sondern eine monatelange Kette von Ereignissen. Entscheidend war die Tatsache, daß das Justizministerium den Obersten Gerichtshof davon überzeugte, daß das ganze Hollywooder System, alle diese reichen und mächtigen Studios mit all den hochbezahlten Managern, die von ihren Gaben als *Showmen* redeten – daß all das in Wahrheit eine kriminelle Verschwörung war.

Die Kontroverse ging bis fast zu den Anfängen der Filmwirtschaft zurück. Schon 1921 ermittelte die Bundes-Handelskommission wegen Hollywooder Praktiken wie Blockbuchung und Blindverkauf. Die Produzenten, von denen viele damit angefangen hatten, daß sie bedenkenlos die Patentinhaber überspielten, die sie den »Trust« nannten, pochten jetzt auf ihr Recht, die eigenen Interessen zu schützen.

Im Jahre 1940 hatten sich die Kontrahenten auf eine dreijährige Kompromißregelung geeinigt, nach der der Staat den Studios ihre Kinos beließ, während die Studios zusagten, keine weiteren Kinos zu kaufen und die Blockbuchung auf fünf Filme pro Block zu beschränken. Am Ende der drei Jahre waren beide Seiten unzufrieden. Die Behörden wollten immer noch die Studios von ihren Kinos trennen und die Studios wollten immer noch frei sein von behördlichen Beschränkungen. 1947 entschied das New Yorker Bezirksgericht, daß es nicht darum ginge, wem die Kinos gehörten, sondern darum, wie ihnen Filme verkauft würden. Es verlangte den Verkauf durch Auktion – freien Wettbewerb und das alles. Das einzige, auf das sich Produzenten und Kinobesitzer einigen konnten, war, daß Auktionen nicht funktionieren könnten. Beide Seiten legten Berufung beim Höheren Gerichtshof ein.

Im Februar 1948 erschien Generalstaatsanwalt Tom Clark vor dem Höheren Gericht und trug noch einmal vor, die Studios müßten ihre Kinos aufgeben. Es gebe keinen anderen Weg, sagte er, »die Handelskanäle in der Wirtschaft effektiv für den Wettbewerb aufzubrechen«. Das Justizministerium hatte dem Gericht bereits einen Antrag unterbreitet, in dem es argumentierte, bei seiner Forderung ginge es nicht bloß um freien Handel im Filmgeschäft, sondern um freien Austausch von Ideen. »Der Inhalt von Filmen wird, unabhängig davon, wer sie herstellt oder zeigt, notwendigerweise in gewissem Umfang von den Vorurteilen und Moralvorstellungen derjenigen bestimmt, die die Distributionswege kontrollieren«, sagte das Justizministerium. »Nur wenn sichergestellt ist, daß der Distributionsbereich allen offensteht, ist die weitestgehende Diversität der Filminhalte möglich.«

Die etablierten Filmstudios hätten sich als nicht bereit oder nicht fähig erwiesen, eine solche Diversität zuzulassen, sagte das Justizministerium. Im Gegenteil, bisher hätten ihre Bemühungen darin bestanden, »eine Kontrolle des Filmmarktes zu schaffen und zu bewahren, die ausdrücklich auf die Verhinderung« anderer als ihrer eigenen Meinungen gerichtet gewesen sei. »Diese Vergangenheit«, sagte das Justizministerium, »läßt wenig Hoffnung, daß sie in Zukunft die Produktion der breiten Vielfalt von Filmen fördern werden, die nötig ist, um die breite Vielfalt des Geschmacks zu befriedigen, die dem potentiellen amerikanischen Filmpublikum eigen ist, und nicht ein standardisiertes Massenprodukt, das der gewinnbringenden Verbreitung auf einem kontrollierten Markt angepaßt ist.«

Es hatte natürlich von Anfang an unabhängige Produzenten gegeben. Cecil B. DeMille zum Beispiel war nach Hollywood gekommen, lange bevor es die Paramount überhaupt gab, und er benutzte zwar das Studio der Paramount und ihr Vertriebssystem, aber er blieb doch sehr weitgehend sein eigener Herr. Die United Artists wurde 1919 als Partnerschaft der höchst unabhängigen Menschen Charlie Chaplin, Mary Pickford, Douglas Fairbanks und D. W. Griffith gegründet. Die beiden Produzenten, die absolut unfähig waren, für irgend jemanden zu arbeiten, David Selznick und Sam Goldwyn, waren so lange unabhängig gewesen, daß sie die Aura von Studios gewonnen hatten. Und nach dem Kriege begann eine ganze Schar von Regisseuren und Schauspielern unabhängig zu arbeiten, zum Teil, um sich so ihre Freiheit zu sichern, zum Teil, um den 85 Prozent Steuern auf ihre Spitzengehälter zu entgehen.

Einer der ersten von ihnen war Oberst Frank Capra. Noch ehe der Krieg zu Ende war, gründete er im Frühjahr 1945 mit seinen Partnern William Wyler und George Stevens, Kollegen als Oberste und als Regisseure, die Liberty Films. Capra war entschieden der Meinung, Hollywoods Kriegsboom hätte die großen Studios in Fließbänder der Mittelmäßigkeit verwandelt, und er spottete über viele sogenannte unabhängige Produzenten, sie seien »Kriegsgewinnler auf Statussuche, Salonlöwen auf Glamoursuche, flotte ›Onkels‹ als Mentoren hübscher ›Neffen‹, große Papis, die blonden Küken Starrollen kaufen et cetera ad nauseam«. Capra, Wyler und Stevens waren erfahrene Profis, alle drei; sie wollten je fünfzigtausend Dollar aufbringen, um von den Einrichtungen der RKO Gebrauch zu machen, dann wollten sie sich selbst dreitausend pro Woche zahlen und jedes Jahr einen Film drehen.

Mit diesem Etat konnte man keine großen Sprünge machen, aber es klang doch reizvoll, und Capra stürzte sich gleich in die Arbeit an seinem typischsten Capra-Werk. Es war eine bewegende Geschichte vom guten Menschen (Jimmy Stewart natürlich), der so schrecklich scheiterte, daß er wünschte, er wäre nicht geboren worden, bis ein Schutzengel erschien und ihm zeigte, wie es in seinem Städtchen aussähe, wenn alle seine unbesungenen guten Taten ungetan geblieben wären. *Das Leben ist wundervoll* (It's a Wonderful Life, 1946) war für Capra nicht nur »der größte Film, den ich je gemacht habe«, sondern »der größte Film, der überhaupt je gemacht worden ist«. Er kommt zwar immer noch im Fernsehen, gewöhnlich um die Weihnachtszeit, aber er war kein großer kommerzieller Erfolg, nicht groß genug, um die Liberty Films über Wasser zu halten.

Capra probierte es also noch einmal mit *Die Lage der Union* (State of the Union), einer mit dem Pulitzerpreis ausgezeichneten

Politkomödie von Howard Lindsay und Russel Crouse. Er bekam Spencer Tracy und Katharine Hepburn als Stars, und sogar Präsident Truman gefiel der Film. Aber als er 1948 herauskam, hatte Capra bereits festgestellt, die Liberty Films sei »der schnellste und vornehmste Weg in die Pleite, der je erfunden worden ist«. Und als Capra an die Paramount verkaufte, verhandelten bereits viele seiner Kollegen Unabhängige über ihr eigenes Verschwinden. Die Zeiten wurden härter im Nachkriegshollywood. »Mindestens 76 unabhängige Gruppen auf der Liste der ›aktiven‹ Produzenten sind ausgefallen...« berichtete *The Hollywood Reporter* im Sommer 1949. »Die Cary Grant/Alfred Hitchcock-Gruppe, Leo McCareys Regenbogen-Produktionen, Bill Dozier/Joan Fontaine, Frank Borzage, Douglas Fairbanks jr., Robert Montgomery...«

Während hier also ziemliches Durcheinander herrschte, beriet der Obere Gerichtshof drei Monate lang über die Forderung des Justizministeriums nach »weitestgehender Diversität der Filminhalte«. Dann erklärte er im Mai 1948, das Hollywooder System sei in der Tat Verschwörung und er werde endlich seine Auflösung anordnen, wie Thurman Arnold schon vor dem Krieg verlangt hatte. »Was die fünf Größten betrifft, so steht fest, daß das Ziel der Verschwörung die Ausschließlichkeit war, d.h. sie war dazu bestimmt, ihre Macht im Aufführungsbereich zu stärken«, hieß es in dem Sieben-zu-Eins-Spruch, den Richter William O. Douglas verfaßt hatte. »Mit anderen Worten: Eins der Ziele der Verschwörung war das Aufführungsmonopol.« Statt nun aber das Monopol hier und jetzt aufzulösen, gab das Gericht den Fall zur weiteren Beratung zurück an das Bezirksgericht New York-Süd.

Im Oktober erklärte das Justizministerium erneut, die fünf führenden Studios müßten ihre Beteiligung an rund vierzehnhundert Kinos aufgeben. Es unterrichtete Paramount, Loew's, RKO, Warners und Fox, daß es diese Position vertreten werde, wenn das Bezirksgericht in New York den Fall wiederaufnähme. Von all den mutmaßlichen Verschwörern war es ausgerechnet Howard Hughes, der als erster umfiel. Ende Oktober teilte die RKO den Bundesbehörden mit, sie gäbe den Kampf auf und werde innerhalb eines Jahres ihre Beteiligungen an 241 Kinos verkaufen. Zehn Tage später kapitulierte auch die Loew's, und dann gaben die anderen auf. Justizministerium, Studios und Gericht stimmten einer einvernehmlichen Regelung zu. Auch wenn es noch ein Jahr dauern sollte, bis alle Kinos verkauft waren, und noch viel länger, bis die Studios merkten, welch verheerende Folgen das hatte, was ihnen da widerfahren war – jetzt neigte sich das goldene Zeitalter Hollywoods, das auf einer Verschwörung beruhte, seinem Ende zu.

Mitten im eintönigen Alltag der Filmmetropole – den Drehbuchkonferenzen, den Geschäftsessen, den sonnabendlichen Pokerspielen – gab es hier und da auch seltsame und ausgefallene Begegnungen. Beispielsweise den ersten Besuch W.H. Audens bei Igor Strawinsky.

Strawinsky, der vor kurzem seine schwermütige *Messe* vollendet hatte, wollte eine Oper schreiben, etwas Leichtes und bewußt Altmodisches, Unzeitgemäßes, prä-modern und prä-romantisch sollte es sein, geradezu mozartisch. Im Frühjahr 1947 hatte er im Chicagoer Kunstinstitut eine Hogarth-Ausstellung gesehen, und die schien ihm weite Perspektiven zu eröffnen. Wieder in Hollywood, bat er Aldous Huxley, ihm einen Dichter zu empfehlen, der ein Libretto für *The Rake's Progress* schreiben könnte, und Huxley konnte ihm Auden nur warm empfehlen. Strawinsky war ein sehr genügsamer Mensch, aber er lud den gewöhnlich abgebrannten Auden nicht nur ein, in diesem November eine Woche bei Strawinsky in Hollywood zu verleben, er bezahlte dem Dichter sogar die Fahrkarte ab New York. Außerdem bat er seinen Verlag Boosey & Hawkes, ihm die Orchesterpartituren der vier wichtigsten Mozartopern zu schicken, die er als »Quelle der Inspiration für meine künftige Oper« bezeichnete.

Auden machte sich Sorgen um die Ausstattung. Sollte er einen Abendanzug einpacken? Strawinsky machte sich Sorgen um die Unterbringung. Ob die Couch in seiner Bude lang genug war für Auden? Wie groß war Auden überhaupt? Strawinsky, selbst kleinwüchsig, forschte vergeblich in Audens Lyrik nach einem Hinweis. Als der Besucher eintraf, war sofort klar, daß er in den verfügbaren Raum nicht hineinpaßte. Aber es machte nichts. Nach einem üppigen Abendessen mit reichlich Wein baute Strawinsky aus einem Sessel und ein paar Kissen eine Verlängerung für die

Couch, und dort bettete sich Auden mitten unter die sanft raschelnde Versammlung der vierzig Papageien und Wellensittiche Strawinskys.

Die beiden ungleichen Gesellen kamen überraschend gut miteinander aus. Auden bekannte später, er sei »gelähmt vor Angst« gewesen (Strawinsky war unter anderem fünfundzwanzig Jahre älter als Auden). »Es ging das Gerücht, Strawinsky sei in der Zusammenarbeit ein schwieriger Mensch. Das Gerücht hatte gelogen. Er war ein professioneller Künstler, dem es nicht um persönlichen Ruhm, sondern allein um das werdende Werk ging.« Strawinsky seinerseits bewunderte gleichermaßen Audens Professionalität und seine Mischung aus technischer Virtuosität und gedankenreichem lyrischem Empfinden. »Er war inspiriert«, schrieb Strawinsky, »und er inspirierte mich.«

Sie arbeiteten hart. Innerhalb einer Woche hatten sie sich auf ihre Hauptfiguren geeinigt, auf die Handlung und den allgemeinen Aufbau. Wieder in New York, ging Auden an die Arbeit der Ausgestaltung des Librettos, und bald schickte er den ersten Akt nach Hollywood ab. Strawinsky ging methodisch vor. Er begann damit, daß er über jedem Wort in Audens Libretto Betonungszeichen markierte. Dann sagte er, auf- und abschreitend, den Text Zeile für Zeile auf. Nachdem er alle Absätze rezitiert hatte, ging er zu der seltsamen Methode über, genau zu notieren, wie lang die Musik sein mußte, bevor er eine Note der eigentlichen Musik schrieb.

Strawinsky war nicht glücklich darüber, daß Auden seinen siebenundzwanzigjährigen Geliebten Chester Kallman als Mitarbeiter herangezogen hatte und daß das Manuskript für den ersten Akt beide Verfassernamen tug. Aber als Auden ihm schließlich Anfang 1948 den dritten Akt brachte – er brachte ihn persönlich nach Washington, wo Strawinsky dirigierte –, versicherte der Dichter ihm, daß Kallmann »ein besserer Librettist ist als ich« und daß die Szenen, die Kallmann geschrieben hätte, »mindestens so gut wie meine« seien. Also fügte sich Strawinsky. Und arbeitete weiter.

»Itzig«. Heute wird dieses Wort kaum noch gebraucht, und so mag es besonders brutal klingen. Aber es war kaum weniger brutal, als Mayer es für Rapf und Schary benutzte. Es ist wohl schwierig, sich zu erinnern, wie grausam und wie alles durchdringend der Antisemitismus im Amerika der vierziger Jahre war, und nicht weniger schwierig ist zu erkennen, daß es sich dabei um eine relativ junge Erscheinung handelte. Erst im Jahre 1861 beschloß der Kongreß, daß Militärseelsorger ausnahmslos Geistliche »eines christlichen Bekenntnisses« sein müßten (eine Regelung, die auf Druck der Vertretung der Amerikanischen Israeliten wieder zurückgenommen wurde); erst im Jahre 1864 versuchten protestantische Führer eine Verfassungsänderung durchzusetzen, mit der die Vereinigten Staaten zur christlichen Nation erklärt werden sollten (und sie scheiterten wiederum an den Amerikanischen Israeliten); erst 1877 kam es zu dem Skandalereignis, daß dem New Yorker Bankier Joseph Seligman im Grandhotel Union in Saratoga Springs die Unterkunft für ihn und seine Familie öffentlich verweigert wurde.

Gewiß, es hatte immer ein gewisses Maß an Voreingenommenheit und Ablehnung gegeben, denn die ersten Amerikaner kamen alle aus Europa und brachten Europas Vorurteile mit. Dennoch, die Verfassung von 1787 war das erste nationale Grundgesetz der Welt, das jede Ungleichheit auf Grund des Glaubens verbot und damit Juden und Christen absolut gleich behandelte. Es gab allerdings nur sehr wenige Juden. Bei der ersten Volkszählung im Jahre 1790 verzeichnete man rund zweitausend, ein Zehntelprozent in einer Zweimillionenbevölkerung. Immerhin, es war eins der grundlegenden Prinzipien der neuen Nation, daß Juden, gleich welchen nationalen Ursprungs, nichts anderes waren als englische Quäker oder italienische Katholiken oder französische Hugenotten oder wer immer sonst.

Wahrscheinlich war dabei eine gewisse Heuchelei im Spiel, da die Bevölkerung weit überwiegend britisch und weit überwiegend protestantisch war, es tat ja niemandem weh, daß man kleinen Minderheiten gegenüber tolerant war. Diese Ordnung und diese Heuchelei änderten sich endgültig während der großen Wanderungen, die kurz vor dem Bürgerkrieg einsetzten. Zwischen 1840 und 1870 strömten mehr als 6,5 Millionen Einwanderer ins Land, darunter auch die erste kleine Welle deutscher Juden wie die Seligmans, die Warburgs, Schiffs, Morgenthaus und Rosenwalds. Die Vereinigten Staaten waren so sehr mit ihren schwarzen Sklaven und Exsklaven beschäftigt, daß sie erst nach und nach merkten, wie ihre weiße Bevölkerung sich veränderte. Allein in den 1870er Jahren kamen 2,8 Millionen Einwanderer; in den 1880er Jahren stieg die Gesamtzahl auf 5,2 Millionen. Einen Rekordstand erreichte die Flut 1905 mit einer Million im Jahr und stieg dann auf ihren absoluten Höchststand von 1285000 im Jahre 1907. Jetzt kamen nicht mehr Puritaner und Siedler, sondern schlicht die Armen, die Polen und Italiener und Griechen, die als Arbeiter gebraucht wurden in den Fabriken und Bergwerken, die die amerikanische Wirtschaft aufbaute. Jetzt kamen auch die mittellosen Juden Osteuropas, manche von zaristischen Pogromen vertrieben und weiter nach Westen geschleust, weil die anderen europäischen Nationen nicht gewillt waren, sie aufzunehmen. Um die Jahrhundertwende nahm England nur 2500 jüdische Einwanderer im Jahr auf, während New York mehr als zehntausend im Monat in Empfang nahm.

Und so begannen die staatlichen Beschränkungsmaßnahmen. Nicht nur gegen Juden natürlich; 1882 kam das Gesetz zur Aussperrung von Chinesen, in den 1890er Jahren kamen die Jim Crow-Gesetze und schließlich 1924 mit dem Einwanderungsgesetz das ethnische Quotensystem. Schlimmer aber war die inoffizielle Diskriminierung. Untersuchungen der Stellenangebote in Chicagoer Zeitungen haben gezeigt, daß der Zusatz »Nur Christen« oder »Nur Nichtjuden« im Jahre 1911 in 0,3 Prozent der Anzeigen auftaucht und dann auf 4 Prozent im Jahre 1921 und 13 Prozent im Jahre 1926 stieg; noch 1937 hielt er sich auf 9,4 Prozent. Henry Fords Zeitung *Dearborn Independent*, die eine Auflage von 700000 Exemplaren hatte, begann 1920 gegen »das Judenproblem«, wie sie es nannte, zu Felde zu ziehen und ihre Kampfartikel dann in Buchform neu herauszubringen, unter Titeln wie *Der Weltjude* (The International Jew) und *Aspekte jüdischer Macht in den USA* (Aspects of Jewish Power in the United States).

Das war nicht einfach eine der Eigenheiten Henry Fords. Die Handelskammer Philadelphias gab ein Bulletin heraus, in dem spezielle Restriktionen gegen »das hebräische Element« befürwortet wurden. Eine Handelskammer in Connecticut bat Grundstücksbesitzer öffentlich, nicht an Juden zu verkaufen. Ein Golfclub in Milwaukee verlangte, daß acht jüdische Clubmitglieder austräten. Der Century Club in New York lehnte den Aufnahmeantrag von Dr. Jacques Loeb ab, einem prominenten Wissenschafter des Rockefeller-Instituts.

Harvard-Präsident A. Lawrence Lowell trat 1922 in seiner Promotionsrede offen für Quoten ein, um den Hochschulzugang für Juden zu beschränken, ein Vorschlag, der von den Harvard-Kuratoren formell abgelehnt wurde, der aber in den zwanziger Jahren an den Prestige-Universitäten weithin praktiziert wurde. Am Ende dieses Jahrzehnts war die antisemitische Diskriminierung im Bildungswesen, in den gesellschaftlichen Organisationen, auf dem Arbeits- und Wohnungsmarkt der Vereinigten Staaten weiter verbreitet und offener als in Europa, Vor-Hitler-Deutschland eingeschlossen. »Es ist heute kein Geheimnis, daß Juden große Schwierigkeiten haben, sich Zugang zu den Einrichtungen der höheren Bildung zu verschaffen«, hieß es in einem Artikel der *Harper's* im Jahre 1933, »und daß ihre Möglichkeiten für juristische oder medizinische Ausbildung auf ein Minimum beschränkt sind. Ebenso ist bekannt, daß die Bank-, Ingenieur- und Lehrberufe Juden bis auf ganz wenigen verschlossen bleiben, und die dem öffentlichen Dienst gleichgestellten Dienstleistungsfirmen schließen sie rigoros aus. In den handwerklichen Berufen ist die Diskriminierung fast ebenso verbreitet wie in den geistigen, und in der Seelsorge, ganz allgemein gesagt, ist es am allerschlimmsten.«

Das war die Atmosphäre, in der die Mayers und Warners und Goldwyns aufwuchsen und die Realitäten des amerikanischen Lebens kennenlernten, in der sie nach Hollywood kamen und kämpften und erpreßten und prosperierten. Im Grunde aber sehnten sie sich in all diesen Konflikten nach Assimilation, glaubten sie an die Legende vom »Schmelztiegel« und versuchten, alles Jüdische zu verdrängen oder auch symbolisch zu verleugnen. Und sie hielten unerschütterlich an der Vorstellung fest, wenn sie selbst schon nicht die volle Eingliederung erreichten, dann könnten sie es doch für ihre Kinder schaffen. Daß sie beharrlich Namen änderten, war gewissermaßen die einfachste und unbedeutendste Ausflucht – schließlich wurde sogar eine Julia Turner in Lana umbenannt –, und doch war etwas zutiefst Entwürdigendes an der ungeschriebenen Regel, daß kein Star einen jüdischen Namen tragen durfte.

Emmanuel Goldenberg, der aus Rumänien gekommen war, hinterließ eine bissige Schilderung seines Kampfes wegen der Standardmeinung, sein Name sei »zu lang, zu ausländisch... zu jüdisch«. Er dachte daran, ihn zu übersetzen in Goldenhill oder Goldenmount oder sogar Montedore, aber das klang »zu aufgeblasen... und Gott weiß wie erfunden«. Dann sah er ein Schauspiel, in dem der Butler meldete: »Madam, ein Herr wünscht Sie zu sprechen – ein Mr. Robinson.« Das gefiel ihm, aber als er seinen Freunden auf der Akademie der Dramatischen Künste erzählte, er habe vor, sich Emmanuel Robinson zu nennen, spürte er »nicht gerade Begeisterung«. Nachdem er alle Vornamen erwogen hatte, die mit seiner eigenen Initiale begannen – Edgar? Egbert? Ellery? Ethan? –, beschloß er, sich nach Edward VIII., König von England, zu nennen. »Aber ganz verlassen konnte ich den Goldenberg nicht«, erinnerte sich Edward G. Robinson. »Er wurde das G., mein heimlicher Vertrag mit meiner Vergangenheit. Tief im Grunde meines Herzens bin ich und war ich immer Emmanuel Goldenberg.«

Julius Garfinkle war kämpferischer veranlagt, er änderte zwar für die New Yorker Bühne seinen Namen in Jules Garfield, wollte aber auch in Hollywood diesen Namen behalten. Jack Warner war damit nicht einverstanden. Er verlangte, der Neue müsse James Fielding genannt werden. Garfield protestierte, er hätte das Recht, seinen Theaternamen weiterzuführen.

»Was für ein Name ist das überhaupt – Garfield?« fragte Jack Warner. »Klingt nicht amerikanisch.«

Garfield sagte, es sei der Name eines amerikanischen Präsidenten gewesen. Warner schlug einen Kompromiß vor: Bei Garfield zu bleiben, aber Jules in James zu ändern. »Aber so hieß doch der Präsident«, sagte Garfield. »Sie würden doch einen verdammten Schauspieler nicht Abraham Lincoln nennen, oder?«

»Nein, Kleiner, das würden wir nicht«, sagte einer von Warners Mitarbeitern, »weil Abe ein Name ist, den die meisten Leute für jüdisch halten würden, und wir möchten nicht, daß die Leute was Falsches denken.«

»Aber ich *bin* Jude«, sagte der künftige John Garfield.

»Selbstverständlich sind Sie das«, sagte der Warners-Mitarbeiter. »Wir auch... die meisten. Aber viele Leute, die Kinokarten kaufen, glauben, sie können Juden nicht leiden... Und Jules ist ein Judenname.«

Die Studiobosse, die sich selbst die Demütigungen ersparten, die sie ihren Stars auferlegten, sühnten ihre Sünden auf eigene Art – indem sie Geld sammelten. So gelang es Goldwyn, der 1947 den begnadigten Joe Schenck als Präsident des Vereinigten Jüdischen Appells (United Jewish Appeal) ablöste, durch »unermüdlichen Einsatz«, wie sein Biograph es ausdrückte, 8,8 Millionen Dollar für jüdische Wohltätigkeit zusammenzubringen. Alvah Bessie, einer der verbannten Zehn in Hollywood, schilderte plastisch, wie solche Dinge bei der Warners erledigt wurden. »Jeder nominell jüdische Schriftsteller, Schauspieler, Regisseur und Produzent wurde praktisch hinbefohlen...« erinnerte er sich. »Als wir alle versammelt waren, ...marschierte Jack Warner herein und schwang zu unserer Verblüffung einen Gummiknüppel, wahrscheinlich ein Requisit aus einem der Antinazifilme, wir machten.

Er stellte sich hinter seinem Tisch auf und knallte das Gummirohr in voller Länge auf das Holz, dann lächelte er und sagte: ›Ich habe mir die Ergebnisse des Spendenaufrufs des Jüdischen Appells angesehen, und glauben Sie mir, sie sind gar nicht gut.‹ Hier machte er eine Kunstpause und sagte dann: ›Jeder wird seinen Beitrag verdoppeln, hier und jetzt – sonst...‹ Der Gummiknüppel krachte wieder auf den Tisch, während alle Anwesenden, darunter John Garfield, Jerry Wald, ...Albert Maltz und ich, ihr Scheckbuch zückten.«

Harry Cohn hatte, wie immer, seine eigene Meinung zu der Sache. »Unterstützung für die Juden?« sagte er, als er um eine Spende gebeten wurde. »Was wir brauchen, ist Unterstützung gegen die Juden. Aller Ärger der Welt kommt von Juden und

Iren.«* Cohn, der es durchaus gewöhnt war, einen Schriftsteller als »Judenbengel« anzureden, prahlte gern damit, daß die einzigen jüdischen Schauspieler, die er bei der Columbia unter Vertrag hatte, Indianer spielten. Ja, die meisten Studiobosse hatten für die meisten Minderheiten nicht mehr Achtung, als sie den Juden zugestanden. Jack Warner zum Beispiel befahl einmal, daß eine Kußszene zwischen zwei Schwarzen nicht nur aus dem Film entfernt, sondern vernichtet werden müsse. »Es ist, als sähe man zwei Tieren zu«, sagte er. »Schrecklich!« Jeder Kuß zwischen Schwarz und Weiß war selbstverständlich nach dem Produktionskodex des Studios verboten. Louis B. Mayer mißfiel die hochgelobte Filmfassung von Faulkners *Griff in den Staub* (Intruder in the Dust) aus seinem eigenen Studio. Der schwarze Held sei »zu salopp«, erklärte er Schary. »Er sollte seinen Hut abnehmen, wenn er mit einem Weißen spricht.«

Mit all diesen Roheiten drückten die Hollywood-Manager nicht bloß ihre eigenen kruden Vorurteile aus, sondern auch ihr krudes Bild des amerikanischen Selbstverständnisses: das einer vollkommen homogenen, weißen, nichtjüdischen Gesellschaft. Und doch wurden sie immer wieder daran erinnert, daß es nicht stimmte. Hedda Hopper erinnerte sich, daß Louis B. Mayer sie bat – »bettelte« war das Wort, das sie benutzte –, »seine Töchter in der privatesten unserer Privatschulen unterzubringen, deren Prinzipalin eine Freundin von mir war«. Mrs. Hopper wehrte ab.

»Mr. Mayer, sie nehmen sie nicht an«, sagte sie.

»Aber sie werden doch meine Töchter nehmen«, sagte Mayer. »Können Sie nicht der Vorsteherin sagen, wie bedeutend ich bin?«

»Das würde auch nichts helfen...« sagte Mrs. Hopper. »Sie nehmen keine Juden.«

Der verbindliche Rabbi Edgar Magnin stand dem Tempel B'nai B'rith in der City von Los Angeles vor – ja, er baute einen

---

* Andere verspürten das Bedürfnis nach Hilfe gegen Harry Cohn. Als der Columbia-Boss Rosalind Russell für ein paar Studio-Kleider, die sie während des Krieges auf einer Tournee durch Militärbasen benutzen wollte, eine Rechnung schickte, vergalt sie es ihm mit einer Rechnung für die Verwendung ihres Pelzmantels in einem Columbia-Film. Als sie, ostentativ mit Cohns Scheck über 2700 Dollar fächelnd, zur Tür hinausging, schrie Cohn hinter ihr her: »Jüdin!«

glitzernden neuen Tempel am Wilshire Boulevard und leitete ihn bis weit in die achtziger Jahre hinein. Aber das war ein Reformtempel, so reformiert, daß er eine Sonntagsschule für die reichen Kinder des reichen Hollywood bot. Ihre Großeltern, die Budd Schulberg als »greise Anachronismen« bezeichnete mit »ihren schwarzen Anzügen und langen Bärten, mit Jiddisch als Umgangssprache und Hebräisch für ihre täglichen Gebete«, waren entrüstet. Ihre Söhne hatten sie stolz aus New York in den Westen geholt und hatten sie in Villen mit Orangenbäumen gesetzt, aber sie liebten diese ganze Extravaganz nicht. »Die Alten kamen zusammen und hielten religiösen Kriegsrat«, erinnerte sich Schulberg. »Sie wollten eine richtige *schul* wie die, die sie zurückgelassen hatten.« Die Studiomanager beeilten sich, ihre Väter und Vorväter zu besänftigen. Die Alten mieteten für neunzig Dollar im Monat einen Bungalow, dann schickten die Manager die Zimmerleute und Maler des Studios hin, damit sie, als wäre es die Kulisse für eine Dramatisierung des *Sholem Aleichem* (die eben jene Produzenten niemals produziert hätten), das geistliche Zentrum des halbvergessenen *Städtel* neu erschufen.

»Das Ergebnis war erstaunlich«, erinnerte sich Schulberg. »Von außen sah Opas *schul* wie jeder andere kleine weiße Bungalow an der Straße aus, komplett mit kleinem grünem Rasen und dem obligatorischen Miniatur-Orangen- oder -Zitronenbäumchen. Doch sobald man eintrat, schritt man in eine alte, von jüdischer Tradition durchtränkte Welt, wo Großvater Max und der Alte Mayer und der Alte Warner (so schienen sie offiziell zu heißen) und die übrigen eingewanderten Talmudisten sich endlich zu Hause fühlten. Sie bestellten sich in New York einen *echten* Rabbi, einen kleinen Moses, der dafür sorgen würde, daß die Gesetze der Thora hochgehalten wurden... Als der Rabbi eintraf, ein junger Mann, dessen Gesichtszüge hinter einem buschigen schwarzen Bart verborgen blieben, wie es sich gehörte, wurden Großvater und seine orthodoxen Gefährten als Empfangskomitee in Studio-Limousinen zum Bahnhof von Santa Fe hinuntergefahren...«

Was meistens weder die alten Männer in ihrer *schul* noch ihre Söhne in ihren Managerbüros wahrzunehmen schienen, das war die Tatsache, daß alle Verwandten, die sie zurückgelassen haben mochten, zur Vernichtung vorgesehen waren. Hiermit standen sie natürlich nicht allein da. Präsident Roosevelt nahm es nicht wahr und wollte nichts davon hören. Auch das Außenministerium und das Kriegsministerium wollten nicht, daß man es ihnen sagte, und als man es ihnen sagte, taten sie alles, um die Information zu ignorieren und sogar zu unterdrücken.*

Einer von denen, die hörten und redeten, war der unangenehm freche Schriftsteller Ben Hecht, einst Pressemann in Chicago. Hecht war der schnellste Lohnschreiber Hollywoods, und er wurde entsprechend bezahlt. Er brauchte nur eine Woche, um sein erstes Drehbuch zu schreiben, und die Paramount zahlte ihm zehntausend Dollar dafür. Sechzig Filme schrieb er schließlich, wie er einmal schätzte, und für mehr als die Hälfte davon brauchte er weniger als zwei Wochen. Er verdiente bis zu zehntausend pro Woche.

Während Hecht Drehbücher auswarf – einmal schrieb er mit jeweils anderen Mitarbeitern vier gleichzeitig–, schrieb er auch eine tägliche Kolumne unter dem Titel *Tausendundein Nachmittag* für das liberale New Yorker Blatt *PM*. Für fünfundsiebzig Dollar pro Woche. Das versetzte ihn unter anderem in die Lage, seinen persönlichen Begriff vom Judentum zu verkünden. Er hatte sich, wie er formulierte, »1939 in einen Juden verwandelt. Vorher war ich den Juden nur verwandt gewesen. In jenem Jahr wurde ich ein Jude und sah die Welt mit jüdischen Augen.« Das war kein populärer Blickwinkel. »Die amerikanisierten Juden, die Zeitungen und Filmstudios leiteten«, erinnerte sich Hecht später, »die Stücke und Romane schrieben, die oben waren im Staat und mächtig im finanziellen, wirtschaftlichen und auch gesellschaftlichen Leben der Nation, schwiegen.« In einer Kolumne mit dem Titel *Mein Stamm wird Israel genannt* schlug Hecht 1941 zurück. »Alle meine wütenden Kritiker schreiben, daß sie stolz darauf

---

* Es lohnt sich auch, daran zu erinnern, daß niemand im angeblich unabhängigen Hollywood einen kritischen Film über den Vietnamkrieg gemacht hat, bevor alles vorbei war.

sind, Amerikaner zu sein und Nelken zu tragen und daß sie es auf den Tod nicht ausstehen können, wenn Leute wie ich versuchten, sie zu judaisieren und allgemein das Judenbewußtsein der Welt zu schärfen. Ihr guten Juden mit Nelke, nicht ich bin es, der dieses Judenbewußtsein wieder in die Welt schafft. Es ist in sämtlichen Radios der Welt wieder da. Ich rate euch nicht, eure Nelke abzulegen. Ich empfehle euch nur, euch nicht allzusehr hinter ihr zu verstecken. Sie verbirgt sehr wenig.«

Diese letzte Kolumne trug ihm den Brief eines Mannes namens Peter Bergson ein (eigentlich Hillel Kook, Neffe des ehemaligen Oberrabbiners von Palästina, aber er hatte seinen Namen geändert, um seinen Angehörigen Schwierigkeiten wegen seiner politischen Tätigkeit zu ersparen). Bergson wollte, daß Hecht der amerikanische Führer der Organisation würde, für die er selber arbeitete, eine radikale palästinensische Untergrundgruppe, die sich *Irgun Zvai Leumi* nannte. »Sie hätten sich keinen unqualifizierteren und uninformierteren und weniger palästinisch gesinnten Mann im ganzen Land aussuchen können«, schrieb Hecht. »Ich mochte hehre Ziele nicht. Ich mochte keine öffentlichen Reden halten... Ich ging nie zu Versammlungen irgendeiner Art. Nichts verband mich mit Palästina.« Bergson war nicht abzuweisen. Hecht verschrieb sich dem hehren Ziel.

Die *Irgun* war klein und arm und wurde heftig bekämpft von Rabbi Stephen Wise und all den anderen Führern der jüdischen Respektabilität. Vor allem eins aber hatte Bergson in Hecht gefunden, und das brauchte die *Irgun* in Amerika am meisten: einen brillanten Propagandisten. Bergson stellte sich vor, Hecht könnte Hollywood mobilisieren und Millionen von Dollars zusammenbringen für die jüdische Armee, die gegen die Nazis kämpfte, aber Hecht stieß bald bei den reichen Produzenten auf soliden Widerstand. Mayer wies ihn ab; Goldwyn wies ihn ab; Harry Warner warf ihn hinaus. (Keiner dieser Magnaten ließ ein Wort darüber verlauten, daß sie jüngst zu einer vertraulichen Sitzung mit Joseph P. Kennedy zusammengetroffen waren, dem einstigen Mitbegründer der RKO und neuen US-Botschafter in London, der diese Versammlung von etwa fünfzig führenden Produzenten gewarnt hatte, alle jüdischen Proteste gegen den Nazismus würden nur zu wachsendem Antisemitismus in Amerika führen.) Als nächsten suchte Hecht Selznick auf und bat ihn, als Miteinlader für ein Benefiz-Diner zu fungieren.

»Ich möchte mit Ihrer Sache nichts zu tun haben«, sagte Selznick, »und zwar aus dem einfachen Grunde, weil es eine jüdisch-politische Sache ist. Und ich bin an politischen Problemen der Juden nicht interessiert. Ich bin Amerikaner, nicht Jude...« Hecht konterte mit einer für ihn typischen Herausforderung. Wenn Selznick meine, er sei Amerikaner und nicht Jude – wäre er denn bereit zu wetten, was andere Leute von ihm hielten? Hecht schlug vor, Selznick solle ihm drei beliebige Leute in Hollywood nennen, dann würde er, Hecht, diese Leute anrufen und sie fragen, ob Selznick für sie »ein Amerikaner oder ein Jude« sei. Wenn auch nur ein einziger von ihnen meinte, Selznick sei das, wofür er sich halte, »ein Amerikaner«, dann würde Hecht sich geschlagen geben und den Rückzug antreten.

Selznick, der Erzspieler, konnte nicht widerstehen. Der erste Name, den er wählte, war Martin Quigley, Herausgeber des *Motion Picture Exhibitor's Herald*. Hecht rief ihn an und stellte ihm die vergiftete Frage. »Ich würde sagen, David Selznick ist Jude«, sagte Quigley.

Der zweite Name war Nunnally Johnsohn, prominenter Drehbuchautor von Filmen wie John Steinbecks *Früchte des Zorns* und *The Moon is Down*. »Er räusperte sich erst verlegen«, erinnerte sich Hecht, »gab aber schließlich dieselbe Antwort.«

Der dritte Name war Leland Hayward, der Agent. »Du lieber Gott, was ist denn mit David los?« sagte Hayward. »Er ist Jude, und das weiß er auch.«

Das sei zu Selznicks Ehren gesagt: So wie er die Tausende von Dollars seiner Spielschulden zahlte, so setzte er jetzt auch seine Unterschrift unter Hechts Benefiz-Einladung. Plötzlich besann Harry Warner sich eines anderen und nahm an; desgleichen Goldwyn. Doch als sich dann die Honoratioren alle in der Kantine der 20th Century-Fox versammelten, hörten sie mit Schrecken, wie einer der Redner, ein britischer Oberst, der im Ersten Weltkrieg die jüdische Legion befehligt hatte, die Palästina-Politik der jetzt belagerten Briten kritisierte. »Hinsetzen! Hinsetzen!« schrie

Goldwyn ihm zu. Selznick wand sich. Als die Reden zu Ende waren, saßen die Juden schweigend da. Die erste Spende war das bescheidene Angebot von 300 Dollar von Hedda Hopper. Dann kamen weitere Zusagen, insgesamt wurden es 130000 Dollar, aber von den zugesagten Spenden wurden nur 9000 Dollar tatsächlich gezahlt.

Hecht wollte sich nicht zum Schweigen bringen lassen. Er schrieb ein Festspiel über die Geschichte der Juden mit dem Titel *Wir Werden Niemals Sterben*, das im Madison Square Garden aufgeführt werden sollte zum Gedenken an die steigende Zahl der Opfer des Holocaust, den man noch nicht so nannte. Das Spiel begann mit einem Rabbi in Amtstracht, der ein Gebet sprach: »Allmächtiger Gott, Vater der Armen und der Schwachen, Hoffnung aller, die von Güte und Gerechtigkeit träumen... hier stehen wir, um unsere Gebete zu sprechen für die zwei Millionen, die in Europa getötet wurden, weil sie den Namen Deiner ersten Kinder tragen – der Juden.« Kurt Weill schrieb die Musik, Billy Rose produzierte, Moss Hart führte Regie, Paul Muni und Edward G. Robinson dienten als Erzähler. Die Rekordzahl von vierzigtausend Menschen drängte an einem kalten Abend Anfang 1943 in den Madison Square Garden, um die zwei aufeinanderfolgenden Aufführungen zu sehen, und Tausende mehr warteten draußen in der Hoffnung, daß sie noch einmal wiederholt würde. Danach ging Rose mit der Produktion auf eine höchst erfolgreiche Tournee nach Washington, Philadelphia, Chicago, Boston und Hollywood. Daß das Festspiel aber zur Aufstellung einer jüdischen Armee aufrief, erregte den heftigen Widerspruch der konservativeren jüdischen Organisationen. Es kamen Drohanrufe, die Spendenzusagen schwanden, und das Festspiel lief aus.

Es gab akutere Probleme. Die rumänische Regierung gab bekannt, sie würde siebzigtausend Juden die Ausreise gestatten, wenn ihnen jemand eine Heimat böte und die Transportkosten für sie übernähme. Das Außenministerium reagierte wie gehabt: Es gab vor, der Vorschlag sei nicht ernst gemeint, und da könne man nichts machen. Hecht schrieb und unterzeichnete eine ganzseitige Anzeige in der *New York Times*, die mit einer schreienden Schlagzeile begann:

An die Menschheit zu verkaufen
70000 Juden
garantiert menschliche Wesen, 50 Dollar pro Stück

»Rumänien hat das Judenmorden satt«, hieß es weiter in der Anzeige. »100000 davon hat es in zwei Jahren umgebracht. Jetzt will Rumänien Juden praktisch umsonst hergeben.« Das jüdische Establishment verurteilte die Anzeige wütend als unverantwortlich, sensationslüstern, an Betrug grenzend, und getan wurde selbstverständlich nichts. Die rumänischen Juden gingen in den Tod. »Ich sah«, schrieb Hecht später, »daß Propaganda nicht imstande war, irgend etwas ringsum zu verändern. Mit der Zeit mochte sie reifen, ... aber sie konnte die Gegenwart nur verwirren oder erregen oder im Wörterlärm ihres Tages spurlos untergehen.« Hecht ging dennoch wieder zum Angriff über und schrieb eine neue starke Anzeige mit dem Titel »Mein Onkel Abraham berichtet«. Anlaß war eine Konferenz Ende 1943 in Moskau, auf der die Alliierten die Bestrafung der Naziverbrechen gegen einzelne Gruppen versprachen – gegen die Tschechen, die Franzosen, die Serben –, die Juden fehlten auf der Liste. »Ich habe einen Onkel, der ist ein Geist«, begann Hechts Anzeige. »Im vergangenen April haben ihn die zwei Millionen Juden, die von den Deutschen ermordet wurden, zu ihrem Welt-Delegierten gewählt. Wo immer es eine Konferenz darüber gibt, wie man die Welt vielleicht zu einem schöneren Ort machen kann, erscheint mein Onkel Abraham und sitzt auf der Fensterbank und macht sich Notizen... Gestern Abend war mein Onkel Abraham zurück an dem gewissen Ort, wo die zwei Millionen ermordeten Juden zusammen sind...›Entehrte Tote‹, sagte mein Onkel Abraham...« Dann erstattete er Bericht über die Moskauer Konferenz, auf der allen verfolgten Opfern außer den Juden Vergeltung versprochen worden war. Zum Schluß hieß es in der Anzeige: »Mein Onkel Abraham ist ins Weiße Haus in Washington gegangen. Er sitzt auf dem Fensterbrett, zwei Schritt entfernt von Mr. Roosevelt. Aber sein Notizbuch hat er nicht mitgebracht...«

Roosevelt soll über Hechts Attacke sehr erregt gewesen sein, aber getan wurde wie üblich nichts. Alle Juden, die umgebracht werden konnten, wurden umgebracht, und als es einigen knapp Entronnenen nach dem Kriege gelang, Palästina zu erreichen, wurden sie von britischem Stacheldraht empfangen. Zutritt verboten. Das zionistische Establishment verhandelte um die versprochene Heimat in Palästina – erfolgreich, wie sich herausstellte –, während die *Irgun* ihren Teil beitrug zu Gewalttaten, Unverantwortlichkeit, Kampf. Sie warf Bomben auf Zivilisten im Hotel King David. Sie exekutierte britische Soldaten als Vergeltung für britische Exekutionen. Und wer weiß, welche mysteriöse Mischung von Verhandlungen und Schüssen, hohen Prinzipien und Schuld die Briten am Ende dazu brachte, zu gehen?

»Itzig.« Der Abgeordnete John Rankin hatte das Wort im Plenum des Kongresses als Bezeichnung für Walter Winchell benutzt. Das *Time*-Magazin brachte in seiner Ausgabe vom 14. Februar 1944 einen Bericht über den Vorfall. »Das war ein neuer Tiefpunkt der Demagogie, selbst für Rankin«, hieß es in der *Time*, »aber im ganzen Hohen Hause erhob sich nicht einer, um zu protestieren.« Im Gegenteil, als Rankin ans Ende seiner Rede gelangte, so berichtete die *Time*, »erhob sich das Haus und spendete ihm langanhaltenden Beifall«.

Dieser Bericht machte starken Eindruck auf Laura Z. Hobson, die sich die Seite herausriß und aufhob. Mrs. Hobson war eine Frau mit viel Schwung. Als Werbetexterin lernte sie bei einer Cocktailparty Henry Luce kennen, erplauderte sich eine Stellung als Werbetexterin der *Time* und wurde bald Werbeleiterin. Sie wurde auch die Geliebte von Ralph Ingersoll, dem Generaldirektor der *Time Inc.*, und dann die von Eric Hodgins, dem geschäftsführenden Herausgeber der *Fortune*. Ihr erster Roman *Die Rechtsbrecher* (The Trespassers) war 1943 ein beträchtlicher Erfolg. Ein Drehbuchredakteur bei der United Artists fragte sie, ob sie nicht versuchen wolle, einen Film für William Bendix zu schreiben, versuchsweise. Das Resultat, sagte er ihr dann, sei wundervoll, aber »unspielbar«. Mrs. Hobson beschloß, typisch für sie, auf eigene Faust nach Hollywood zu fahren und herauszufinden, »was denn spielbar wäre«. Sie lieh sich zweitausend Dollar. Sie bekam einen Job bei der MGM, dann verlor sie ihn wieder. Ihre Schulden stiegen auf elftausend Dollar, bis sie endlich eine Original-Filmhandlung namens *Threesome* für genau elftausend Dollar an die Columbia verkaufte. Die Columbia stellte sie auch für 750 Dollar wöchentlich ein.

Inzwischen war der *Time*-Bericht über Rankins »Itzig«-Polemik gegen Winchell zur Idee für einen Roman über den Antisemitismus herangereift. Als Handlung fiel Mrs. Hobson allerdings nichts anderes ein, als daß ein nichtjüdischer Journalist den Auftrag erhielte, eine Artikelserie über Antisemitismus zu schreiben, und dabei stellte er fest, – was denn? Das hörte sich alles ziemlich abgedroschen, lehrhaft, langweilig an. Und dann fand Mrs. Hobson, geborene Laura Zametkin, Tochter des Herausgebers der *Jewish Daily Forward*, den Faden, den sie brauchte: Wie würde es einem normalen, gutbürgerlichen Nichtjuden ergehen, wenn er anfinge, sich als Jude zu maskieren? Sie schrieb eine neunseitige Zusammenfassung und schickte sie an ein paar einflußreiche Freunde.

Sie schickte ihr Angebot an ihren Verleger Richard Simon von Simon und Schuster. Sie schickte es an Norman Cousins, den Herausgeber der *Saturday Review of Literature*, an die Kolumnistin Dorothy Thompson, an Harry Scherman vom Club Buch-des-Monats. Nicht umsonst war Mrs. Hobson ein As als Reklame- und Werbetexterin gewesen. Als erster antwortete Cousins mit einem Telegramm, das besagte: »EHRLICH BEGEISTERT – WUNDERBARE IDEE...« Die anderen hatten ihre Zweifel. Simon prophezeite, die Leser würden nicht glauben, daß ein Nichtjude sich als Jude ausgäbe, und Dorothy Thompson zürnte: »Anti-Antisemitismuskampagnen sind sehr zweifelhafte Mittel, die Intoleranz zu überwinden.« Mrs. Hobson wußte es besser. Sie hatte vor, ihrem Roman den Titel »Laßt den Stamm verderben« (»Make the Tree Corrupt«) zu geben.

Es gab Unterbrechungen. Sie arbeitete an einigen erfolglosen Filmprojekten mit. Sie trat in den Freiwilligendienst Amerikanischer Frauen ein und fuhr jede Woche einen Tag Lastwagen für die Marine. Erst als der Krieg fast vorbei war, schrieb sie aufgeregt in ihr Tagebuch: »Seiten 16, 17, 18, 19 Der Durchbruch? Endlich?? Kap. I beendet. Kapitel II angefangen!!!!!« Wie immer in solchen

Büchern verwendete Mrs. Hobson viele Seiten darauf, ihren Helden das Selbstverständliche entdecken zu lassen. Phil Green, beauftragt, für die *Smith's Weekly* über Antisemitismus zu schreiben, zerbrach sich den Kopf, um »einen Ansatzpunkt zu finden«. Es fiel ihm überhaupt nicht auf, als seine Schwester den Ausdruck »sie wollen uns herabjuden« benutzte, und als es ihm dann wieder einfiel, traf es ihn wie eine Offenbarung. Er las den *Times*-Bericht über Rankins Rede und fühlte sich entsprechend empört. Er las noch mehr, und plötzlich fand der ernste Phil seine große Idee: »Oh Gott, ich hab's. So geht's. Nur so geht's. Ich werde ein Jude sein... ›Sechs Monate lang war ich Jude‹. Das war der Titel. Er sprang ihn an. Es gab keinen Zweifel.«

Wie der fieberhafte Stil andeutet, stieß Phil Green bald viel Aufregendes zu. Ja, Mrs. Hobson übertrug jede kleine Geringschätzung, die ihr im Leben angetan worden war, jede Herabsetzung, von der sie gehört hatte, nun auf ihren Helden. Jede beiläufige Unterhaltung enthielt anstößige Ausdrücke wie »kleiner Judenbengel«. Ein betrunkener Soldat sagte: »Off'schiere kannisch nisch leiden. Und schpessiel nisch jüdische!« Ein feinerer Arzt lobte einen jüdischen Kollegen, der »nicht zu überhöhten Rechnungen neigt... wie andere«. Green begann auf die Barrieren zu stoßen. Seine Reservierung in einem Skiort wurde storniert, als er anfragte, ob es dort »Restriktionen« gäbe. Seine Assistentin bei den Recherchen bekannte, sie habe ihren Namen Walowsky zu Wales geändert, um ihre Stellung bei diesem liberal gesinnten Blatt zu bekommen, aber sie protestierte dagegen, »die Itzige« hereinzulassen. Energisch entgegnete Green, »Worte wie Itzig und Nigger machen mich einfach krank, egal wer sie ausspricht«. Miss Wales wurde eisig. Ebenso Greens Verlobte Kathy, die nicht wollte, daß er bei der Party ihrer Schwester in Connecticut erwähnte, er sei Jude. Sie stritten sich. Greens Sohn wurde in der Schule verprügelt. »Sie haben mich ›dreckiger Jude‹ und ›stinkender Itzig‹ genannt...«

Ob *Tabu der Gerechten* eine zutreffende Darstellung des Antisemitismus im Amerika des Jahres 1946 war, ist heute, fast ein halbes Jahrhundert später, nicht leicht zu beurteilen. Obwohl sie zwangsläufig überspitzte, weil sie viele Episoden in eine relativ kurze Zeitspanne preßte, war sie wahrscheinlich zutreffend. Man sollte meinen, daß der Krieg gegen Nazideutschland die Ansicht der Amerikaner über die am grausamsten mißhandelten Opfer der Nazis geändert haben müßte, aber so war es nicht, zumindest nicht vor Ablauf einiger Jahre. Im Gegenteil, während des Krieges und unmittelbar danach hörte man überall, daß die Juden an allem schuld seien, daß sie den Krieg provoziert, am Krieg verdient und das Mitkämpfen vermieden hätten. »Im Laufe des Zweiten Weltkrieges... trat eine qualitative Veränderung des Antisemitismus ein«, schrieb der Psychoanalytiker Ernst Simmel in *Anti-Semitismus: Eine Krankheit der Gesellschaft* (1946). »Er nahm die Färbung des deutschen Antisemitismus an. Er erfaßt einen immer weiteren Kreis der amerikanischen Bevölkerung, und je mehr er sich ausweitet, um so irrationaler wird die Diffamierung der Juden.« Ende 1947 machte Elmo Roper für die *Fortune* eine Untersuchung und fragte, ob einzelne Gruppen »mehr wirtschaftliche Macht hätten, als für das Land gut sei«. Fast 40 Prozent antworteten, das treffe auf die Juden zu. Auf eine ähnliche Frage mit Bezug auf politische Macht sagten rund 20 Prozent, die Juden hätten zuviel davon, hingegen nannten nur 4 Prozent die Protestanten, die in Wirklichkeit die meiste Macht hatten.

Und die antisemitische Diskriminierung ging unvermindert weiter. Dr. Ernest M. Hopkins, Präsident des Dartmouth-College, gab 1945 nicht nur zu, daß er ein Quotensystem praktizierte, sondern rechtfertigte es auch mit der Erklärung, Dartmouth sei »ein christliches College, das für die christliche Erziehung seiner Schüler gegründet worden ist«. Die meisten Universitäten gingen zwar diskreter vor, aber eine Nachkriegsstudie zeigte, daß beispielsweise Princeton die Immatrikulation von Juden auf vier Prozent beschränkte, daß Colgate von mehr als zweihundert jüdischen Bewerbern nur vier oder fünf aufnahm. Das gleiche System wurde im Geschäftsleben angewendet. Banken und Versicherungen, Stahl-, Kohle-, Öl-, Chemiewirtschaft, Luft- und Seefahrt, das alles blieb nach der *Fortune*-Untersuchung von 1947 zuverlässig nichtjüdisch. Diese Diskriminierung ging auch nicht ganz friedfertig vor sich. 1946 wurden innerhalb kurzer Zeit in Los Angeles fast zwanzig Fälle von antisemitischem Vandalismus gemeldet, darunter die Schändung des Tempels Israel und die Zerstörung einer historischen Thora, die ein emigrierter Rabbi aus Berlin mitgebracht hatte. Keines dieser Verbrechen wurde geahndet.

Immerhin ist doch bemerkenswert, daß *Tabu der Gerechten* den Antisemitismus nur anhand abfälliger Redensarten und »judenfreier« Skiorte attackierte und nicht mit einem Wort andeutete, daß gerade eben in Europa Millionen von Juden hingeschlachtet worden waren. Ebenso bemerkenswert ist, daß ein derart triviales und konventionelles Buch als »umstritten« gegolten haben soll. Rückblickend scheint Mrs. Hobson selbst ein bißchen erstaunt gewesen zu sein, wie falsch die jeweiligen Übelstände allgemein beurteilt werden. »Es erscheint heute unbegreiflich«, schrieb sie 1983 in ihren Memoiren, »daß die Welt im ganzen noch 1944 nur eine begrenzte Vorstellung davon hatte, wie weit Hitlers ›Endlösung‹ gegangen war oder gehen würde.« Das traf für die »Welt im ganzen« wahrscheinlich zu, es traf wahrscheinlich auch für die Hollywooder Geldsammlung zu, die Jack Warner mit dem Gummiknüppel dirigierte, aber ganz bestimmt nicht für alle Menschen. Es traf zum Beispiel nicht zu für das Weiße Haus und das Außenministerium, es traf nicht zu für die Leute, die Ben Hechts ganzseitige Anzeige in der New York Times gelesen hatten, in der »garantiert menschliche Wesen, 50 Dollar pro Stück« angeboten wurden.

Vielleicht eben weil Mrs. Hobson das Entsetzliche ungewollt trivialisierte, die unerträgliche Realität von Auschwitz auf die leicht zu kritisierenden Vulgaritäten der gesellschaftlichen Diskriminierung in Connecticut reduzierte, erzielte ihr Buch *Gentleman's Agreement* einen Erfolg, den jeder außer ihrem Verleger vorausgesagt haben könnte. Richard Simon bestellte als Erstauflage 17 500 Exemplare, und noch ehe das Buch offiziell auf dem Markt war, im Februar 1947, mußte er weitere 40 000 in Auftrag geben. Das lag vor allem an Hollywood. Mehrere Studios überboten sich, um die Druckfahnen zu bekommen, und Darryl Zanuck kaufte das Buch für 75 000 Dollar. »*Gentleman's Agreement*... ist mit Sicherheit einer der meistdiskutierten Romane des Jahres«, schrieb die *New York Times*.

Zanuck ließ verlauten, *Tabu der Gerechten* (Gentleman's Agreement) werde seine einzige »persönliche Produktion« des Jahres 1947 sein, ein Hinweis darauf, welches kommerzielle Gewicht er dem Film geben wollte. Zanuck war der wohl namhafteste nichtjüdische Produzent, und das Thema, das viele jüdische Filmemacher offenbar mieden, fürchteten, ignorierten, empfand er als »aktuell« und »kontrovers«. Wie schrieb doch James Agee über Hollywoods erste Versuche, sich mit dem Rassismus auseinanderzusetzen: »Wenige Dinge zahlen sich besser in Prestige und barem Geld aus ... als gefahrlose Furchtlosigkeit.«

Zanuck wollte sich natürlich möglichst das alleinige Verdienst erwerben, Hollywoods erste filmische Verdammung des Antisemitismus gewagt zu haben, und es ärgerte ihn, daß die RKO bereits mit *Im Kreuzfeuer*, einem preiswerten Thriller zum selben Thema, in die Produktion gegangen war. Laut Schary erhob Zanuck schriftlich Protest. »Wir tauschten ein paar Noten aus ...« erinnerte sich Schary, »dann kam ein Anruf, bei dem ich ihm sagen mußte, daß er nicht der Erfinder des Antisemitismus sei und daß wohl mehr als zwei Filme nötig wären, um den auszurotten. Das Gespräch endete, ohne daß einer von uns sich einen Millimeter bewegt hätte.«

Da es ihm nicht geglückt war, Schary zu überreden, ihm Platz zu machen, befahl Zanuck volle Kraft voraus für sein Projekt. Er holte sich Moss Hart für das Drehbuch, Elia Kazan als Regisseur und Gregory Peck für die Hauptrolle. Auch Kazan fand, Mrs. Hobsons Roman sei ein Wagnis. »Viele reiche Juden in Hollywood wollten *Tabu der Gerechten* nicht«, sagte er. »Rührt es nicht auf!« Kazan versäumte es, näher zu erläutern, was denn »es« sei, das reiche Hollywooder Juden nicht aufgerührt haben mochten, und welche Formen ihre Opposition annahm, und es ist durchaus möglich, daß sein eigener Ehrgeiz als Regisseur kontroverser Filme ihn mehr Kontroverse sehen ließ, als es tatsächlich gab. Als Kazan später vor dem Kongreßausschuß für Unamerikanische Umtriebe aussagte und jeden Menschen angab, den er einmal bei einer kommunistischen Versammlung gesehen hatte, berief er sich auf *Tabu der Gerechten* als einen Film »in gesunder amerikanischer Tradition, denn er zeigt Amerikaner, die ein Problem erforschen und seine Lösung anpacken... Er ist das Gegenteil von dem Bild, das Kommunisten von Amerikanern zeichnen.«*

Aber wie hat sich dieser Film nun eigentlich auf die »gesunde amerikanische Tradition« ausgewirkt? In einem Aufsatz von Irwin Rosen, 1948 im *Journal of Psychology* erschienen, hieß es, daß 73 Prozent der Menschen, die den Film gesehen hätten, den Juden anschließend positiver gegenüberstanden (jedenfalls sagten sie das), während wichtige 26 Prozent verstärkt antisemitisch wurden. Diese etwas fragwürdigen Zahlen wurden noch fragwürdiger durch eine Kontrollgruppe, in der sich 47 Prozent als positiv und 52 Prozent als negativ berührt bezeichneten. Obwohl der Film zu seiner Zeit ein Schlager war, hat *Tabu der Gerechten* wahrscheinlich das harte Urteil verdient, das Nora Sayre fällte: er besage, »man brauchte sich nur nicht schlecht zu benehmen oder grobe Ausdrücke zu gebrauchen, dann wäre das ›Vorurteil‹ ausgemerzt – wenn jeder gute Manieren lernte, gäbe es kein Problem mehr«. Oder, wie sie die Reaktion von Ring Lardner jr. nach der Uraufführung wiedergab, »die Moral aus dem Film ist, sei nie gemein zu einem Juden, denn er könnte am Ende ein Nichtjude sein«.

Was bleibt, ist eine schwache, aber nachhaltige Erinnerung an einen sehr gütigen Gregory Peck, der immer wieder sagt, bei jedem Zusammenprall mit der Country-Club-Gesellschaft Connecticuts, daß alle guten Menschen sich zusammentun müssen, um dieses »Komplott des Schweigens« zu brechen. Das war Hollywoods schweigender Kommentar zum Holocaust. Onkel Abraham wäre ein besserer Zeuge gewesen.

Desgleichen Arnold Schönberg. Er saß dort in seinem Häuschen in Brentwood und hörte sehr wohl die Botschaft, die aus dem Warschauer Ghetto gekommen war, die Botschaft, die Hollywood ignorierte, die Botschaft, daß Juden um ihr Leben kämpfen müssen und daß kein anderer ihnen bei diesem Kampfe helfen würde. Aber Schönberg war nun sehr alt. Fast sechzig war er

---

* Es sei daran erinnert, daß Jack Warner als Zeuge vor dem Ausschuß speziell Kazan, der gerade mitten in der Regiearbeit an *Tabu der Gerechten* stand, als einen Subversiven, als »einen von der Meute« bezeichnet hatte.

gewesen, als die Nazis ihn aus Berlin vertrieben, als er trotzig vom Christentum zum Judaismus übertrat, und er war über siebzig, als der Krieg zu Ende ging und das ganze Ausmaß der Schrecken von Auschwitz und Treblinka sichtbar wurde. Und doch hatte er in seinen Siebzigern dort in Brentwood noch etwas auf dem Herzen, das er ausdrücken wollte.

Schönbergs Kantate *Ein Überlebender aus Warschau* war unglaublich dicht, komprimiert, ein Schwarzes Loch im kulturellen Raum. Sie begann mit einem Aufschrei des Orchesters, und dann begann der Erzähler mit seiner furchtbaren Geschichte. Er hatte sich mit anderen Juden in der Kanalisation unter den Ruinen des Warschauer Ghettos versteckt. Vor Morgengrauen entdeckten die Deutschen sie und befahlen ihnen, herauszukommen. Sie taumelten hervor, einige alt und krank. Ein deutscher Feldwebel brüllte: »Achtung! Stillgestanden!« Die Deutschen schlugen jeden, der herauskam, und brüllten: »Na, wirds mal!« Der Erzähler wurde brutal geschlagen, so sehr, daß er umfiel. Andere wurden über den Kopf geschlagen und fielen auf ihn. »Ich war wohl besinnungslos. Als nächstes hörte ich einen Soldaten sagen: ›Alle sind tot.‹« Dort lag der Überlebende unter den Leichen und hörte den Feldwebel schreien »Abzählen!« zu den anderen Juden, und: »Rascher! In einer Minute will ich wissen, wieviele ich zur Gaskammer abliefere!« Und sie zählten, erst langsam, dann immer schneller, und plötzlich mittendrin fingen sie an, in ihrem halbvergessenen Hebräisch das Schema Israel zu singen.

Ein Überlebender aus Warschau ist ein vollständiges Drama, ein Drama von ungeheurer Kraft – randvoll von Schönbergschem Ungestüm mit einem schrillen Posaunentriller, schnarrenden Schlagzeugwirbeln und einem Xylophon-Tremolo – und doch ist es nur sechs Minuten lang. Schönberg schrieb im Sommer 1947 sehr schnell den Text und die Musik, dann versuchte er jemanden zu finden, der das Werk aufführte. Erst im nächsten Frühjahr wurde *Ein Überlebender aus Warschau* an der Universität von Neu-Mexiko vom Albuquerque-Orchester unter Kurt Frederick uraufgeführt. Als diese Aufführung verklungen war, blieben die Zuhörer in schockiertem Schweigen regungslos sitzen. Frederick spielte das Ganze noch einmal, und dann brach das Publikum in

Ovationen aus. In diesem Frühjahr, in dem Schönbergs Bericht über das Warschauer Ghetto uraufgeführt wurde, erhielt auch *Tabu der Gerechten* den Oscar als Hollywoods bester Film des Vorjahres.

Ein weitaus interessanterer Film wurde 1948 mit dem Preis der New Yorker Filmkritiker als bester ausländischer Film ausgezeichnet. Er befaßte sich mit dem Nazismus, und die Dreharbeiten für ihn hatten schon begonnen, als die deutsche Wehrmacht noch dabei war, Rom zu räumen. Das war Ende 1944, und Roberto Rossellini mußte sein *Rom, offene Stadt* (Roma città aperta, 1945) ohne alle Studiokulissen, überwiegend mit Amateurschauspielern und mit zusammengekratzten Resten Filmmaterials vom Schwarzen Markt drehen. Bis dahin hatte er für Mussolinis staatlich gelenkte Filmindustrie hauptsächlich Propagandafilme gedreht, aber er stellte sich der Aufgabe, die deutsche Besatzung halbdokumentarisch zu filmen, hart, körnig, ungeschliffen, lebendig.

Die Lords von Hollywood ließ das kalt, denn *Rom, offene Stadt* konnte nicht vorweisen, was sie gern »Produktionswerte« nannten. Eine wichtige Zuschauerin allerdings war tief beeindruckt. »Da waren Dunkelheit und Schatten, manchmal hörte man nichts und manchmal konnte man nicht einmal etwas sehen«, sagte Ingrid Bergmann, »aber so ist es im Leben auch...« Als die Bergmann Freunde bat, ihr mehr über Rossellini zu erzählen, schien keiner etwas über ihn zu wissen. »Im Jahre 1948 galten ausländische Filme in Hollywood nicht viel«, erinnerte sie sich.

Ein paar Monate später schlenderte sie allein über den Broadway und sah ein Plakat für den Film *Paisa* (Paisà 1947), Rossellinis Folgefilm zu *Rom, offene Stadt*. Sie ging hinein und sah »wieder einen großen Film«, wie sie fand, und doch war das Kino beinahe leer. Sie selbst hatte nun genug von Hollywoods »Produktionswerten« – den kunstvollen Kulissen, den stets perfekten Frisuren, der im Hintergrund aufrauschenden Orchestermusik. Sie entschied, sie wolle einen Film mit Rossellini machen. Und wie sie eben war, schrieb sie ihm einfach einen Brief: »Lieber Herr Rossellini, ich habe Ihre Filme *Rom, offene Stadt* und *Paisa* gesehen und sehr genossen. Falls Sie eine schwedische Schauspielerin gebrauchen können, die sehr gut Englisch spricht, die ihr Deutsch nicht vergessen hat, die auf Französisch noch nicht sehr verständlich ist und die auf italienisch nur ›ti amo‹ kennt, dann bin ich bereit, zu kommen und einen Film mit Ihnen zu machen.«

Fast jeder Regisseur der Welt hätte auf der Stelle nach dem Telefon gegriffen und sie gebeten, den nächsten Flug zu nehmen. Der schöne Star von *Casablanca* und *Wem die Stunde schlägt* hatte 1944 für *Gaslicht* einen Oscar erhalten. Rossellini jedoch hatte von Ingrid Bergmann noch nie gehört. Ihr Brief traf an dem Tage in Rom ein, an dem das Minerva-Studio abbrannte. Irgend jemand stocherte in den Trümmern herum, fand den Brief und öffnete ihn. Rossellini prozessierte damals gerade um dieses oder jenes mit der Minerva, aber eine freundliche Sekretärin rief ihn an, um ihm zu sagen, da sei »ein sehr komischer Brief für Sie«. Rossellini erklärte, er rede nicht mit der Minerva, und legte auf. Es bedurfte mehrerer weiterer Anrufe, bevor Rossellini bereit war, sich die Botschaft aus Hollywood anzuhören, und erst als er nochmals herumtelefoniert hatte, wußte er, was der Name seiner Briefpartnerin bedeutete (Geld!). Nun kabelte er eine charakteristische Antwort: »HABE GERADE TIEFBEWEGT IHREN BRIEF BEKOMMEN ZUFÄLLIG AN MEINEM GEBURTSTAG ALS KOSTBARSTES GESCHENK...« Und so weiter.

Trotz ihrer koketten Bemerkung über »ti amo« scheint Ingrid Bergmann keine Romanze mit Rossellini im Sinn gehabt zu haben, aber sie war voller Unrast, beruflich und privat. In ihrer angeblich glücklichen Ehe mit dem schwedischen Arzt Petter Lindstrom kriselte es schon eine Weile. Lindstrom managte ihre Karriere, feilschte um ihre Verträge und kommandierte sie herum. Das war zu jener Zeit durchaus üblich, und Ingrid Bergmann sah sich ganz gern in der Rolle der Nora im Puppenheim, aber es gab doch Grenzen. Einmal gab es eine kleine Auseinandersetzung. »Na schön, ich habe mal wieder einen Fehler gemacht«, sagte Ingrid Bergmann. »Aber jeder macht mal Fehler, du machst Fehler, ich mache Fehler...«

»Ich... ich mache Fehler?« echote ihr Mann.

»Nun ja, machst du denn keine Fehler?«

»Nein«, sagte Lindstrom. »Wieso sollte ich? Ich denke nach,

bevor ich etwas tue. Ich wäge ab. Ich erwäge, und dann entscheide ich.«

Diese Bemerkung überzeugte Ingrid Bergmann, daß es Zeit war, etwas zu ändern. »Ich fragte Petter, ob er etwas dagegen hätte, daß wir uns scheiden ließen«, erinnerte sie sich. Er hatte in der Tat etwas dagegen. »Warum sollten wir uns scheiden lassen?« fragte er. »Wir hatten doch keinen Streit.« Also ließen sie sich nicht scheiden, noch nicht. »Ich glaube, ich habe bloß darauf gewartet«, sagte sie später, »daß einer kommen und mir aus dieser Ehe heraushelfen würde.«

Der Mann, der dann kam, war der ungarische Photograph Bob Capa,* damals auf der Höhe seines Ruhms als alles-sehender Kriegschronist. Ingrid Bergmann lernte ihn gleich nach dem Krieg in Paris kennen und war entzückt von ihm. Capa konnte unwiderstehlich charmant sein. In Berlin traf sie ihn wieder, dann noch einmal in Paris. »Und ich glaube, dort habe ich angefangen, mich in ihn zu verlieben«, sagte sie später. Es war eine sehr intensive Beziehung, auch wenn sie getrennt waren, aber Capa konnte seinen Beruf als vagabundierender Star der Illustrierten *Life* nicht aufgeben, genausowenig wie sie ihren Beruf aufgeben konnte. »Er sagte mir: ›Ich kann dich nicht heiraten. Ich kann mich nicht binden. Wenn sie mir sagen: Morgen Korea, und wir wären verheiratet und hätten ein Kind, dann könnte ich nicht nach Korea gehen. Und das ist unmöglich.‹« (Gar nicht so viele Jahre später ging er nach Vietnam und lief auf die Tretmine, die ihn tötete.)

Ingrid Bergmann arbeitete wieder. Zeitlebens hatte sie sich gewünscht, die heilige Johanna zu spielen – diese unmögliche Mischung aus Heroismus, Mystik und Märtyrertum –, aber mehrmals war ihr die Rolle entgangen. Als sie zum ersten Mal nach Amerika aufbrach, hatte Selznick ihr telegraphiert, sie solle der Presse in New York mitteilen, daß sie gekommen sei, um die Johanna zu spielen, aber dann holte ein Werbemann Selznicks sie

---

* So stellt es Ingrid Bergmann selber dar. Laurence Leamer, ein neuerer Biograph, behauptet – ohne es recht zu belegen –, daß sie seit ihren ersten Hollywooder Jahren eine Reihe ziemlich flüchtiger Affären gehabt habe. Ihre Liebhaber sollen Gary Cooper, der Regisseur Victor Fleming, der Harmonika-Virtuose Larry Adler und verschiedene andere, nicht namentlich genannte Männer gewesen sein.

vom Schiff ab und warnte sie: »Reden Sie nicht allzuviel über Jeanne d'Arc.« Aus dem Projekt wurde nichts. Sieben Jahre später rief der Dramatiker Maxwell Anderson bei ihr an und sagte, er habe sich »gerade gefragt, ob Sie nicht einmal für ein Stück an den Broadway kommen möchten«?

»Ja, natürlich, gerne«, sagte sie. »Sagen Sie, um was geht es denn in Ihrem Stück?«

»Johanna von Orleans«, sagte er.

Sie sagte zu, ohne es auch nur gelesen zu haben. Und als sie es gelesen hatte, ging sie mit Anderson am Strand von Santa Monica spazieren und unterschrieb den Vertrag gleich dort am Strand, während Selznick und Lindstrom immer noch mit Andersons Agenten um die Bedingungen feilschten. Eine Woche nachdem sie zu den Proben nach New York gefahren war, teilte Selznick der Presse mit, er werde einen Film über Jeanne d'Arc mit Jennifer Jones in der Titelrolle machen. Auch aus diesem Projekt wurde nichts.

Andersons *Johanna von Lothringen* war eigentlich kein Stück über die heilige Johanna, sondern mehr über eine Theatertruppe, die ein Stück über die heilige Johanna probte. Die Bergmann stachelte Anderson immer wieder an, mehr über seine Heldin hineinzuschreiben, und er gehorchte ihr immer wieder. Was dann am Broadway Premiere hatte, war ein Zwitter, ein ziemlich anspruchsvoller noch dazu, aber die Leistung der Bergmann fand hohes Lob. *The New Yorker* beispielsweise fand sie »unvergleichlich auf den Bühnen unserer Tage«.

Victor Fleming, der 1941 Ingrid Bergmanns Regisseur für *Arzt und Dämon* (Dr. Jekyll and Mr. Hyde) war, drängte sie jetzt, mit ihm zusammen das Stück zu verfilmen. Sie gründeten eine unabhängige Produktionsgesellschaft mit Walter Wanger als Produzenten. Die Bergmann erhielt auch diesmal für ihre Darstellung herzlichen Beifall, aber das Anderson-Skript blieb eine Belastung. Als sie diesen Film aus dem Jahre 1948 in den siebziger Jahren noch einmal sah, erkannte sie, wie künstlich er gewesen war. »Es war ein glatter, polierter Hollywood-Film«, sagte sie. »Alle Schlachtenszenen wurden im Studio gemacht: Die Türme von Chinon und die französischen Dörfer waren gemalter Hintergrund. Ich fand, ich sah überhaupt nicht wie ein Bauernmädchen aus. Ich sah aus wie ein Filmstar, der die Johanna spielt. Glattes Gesicht, hübsche Frisur... Wenn ich so zurückblicke, glaube ich, hier hat meine instinktive Auflehnung und Verstimmung angefangen.«

Rossellini ließ seinem Telegramm an Ingrid Bergmann einen langen Brief folgen, in dem er ihr seine Arbeitsmethoden erklärte: »Ich muß sagen, daß ich eine höchst individuelle Arbeitsweise habe. Ich bereite ein Szenario nicht vor, weil ich finde, das schränkt den Spielraum der Arbeit ein. Natürlich gehe ich mit sehr präzisen Vorstellungen an die Arbeit und mit einer Menge Dialogen und Absichten, die ich im Laufe der Arbeit auswähle und verbessere.« Er hatte auch die Idee zu einem Film, den er *Terra di Dio* nennen wollte. Auf dem Land in der Nähe von Rom hatte er ein Flüchtlingslager hinter Stacheldraht gesehen und hatte angehalten, um es sich anzusehen. Ein Wachmann hatte ihm befohlen, weiterzufahren. Er hatte eine Frau bemerkt, die abgesondert von den übrigen stand, eine blonde Frau ganz in Schwarz, und sie hatte ihm gesagt, sie sei Lettin. Dann hatte der Wachmann ihn weggejagt. »Die Erinnerung an diese Frau hat mich verfolgt«, schrieb Rossellini. »Sollen wir zusammen hingehen und sie suchen? Sollen wir zusammen ihr Leben sichtbar machen?«

Begeistert nahm Ingrid Bergmann Rossellinis Angebot an. Aber sie war verpflichtet, in diesem Sommer in London einen Hitchcock-Film zu drehen. Ob sie vielleicht einen kleinen Urlaub nehmen und nach Italien kommen könnte, um alles zu besprechen? Sie vereinbarten, sich in Amalfi zu treffen, wo er sich mit seiner Geliebten Anna Magnani aufhielt, dem ungestümen Star der *Offenen Stadt*. Noch bevor er die Bergmann überhaupt kennengelernt hatte, bat Rossellini den Chefportier seines Hotels in Amalfi vorsichtshalber, Briefe oder Telegramme aus London ihm persönlich und diskret auszuhändigen. Und obwohl auch Anna Magnani die Bergmann noch nicht kannte, war sie argwöhnisch. Als der Chefportier das Telegramm aus London erhielt, das Ingrid Bergmanns Ankunft in Amalfi ankündigte, meinte er wohl, daß keine Nachricht so privat sein könnte, daß Rossellinis berühmte Reisegefährtin sie nicht hören durfte, also ging er in den Speisesaal, wo

Rossellini zu Mittag aß und wo Anna Magnani gerade die Spaghetti würzte, und mit Bühnenflüstern sagte er: »Sie haben gesagt, wenn ein Telegramm aus London für Sie kommt, soll ich es Ihnen heimlich geben. Hier ist es...«

»Ah, grazie«, sagte Rossellini so unbeteiligt wie möglich und schob das Telegramm ungelesen in die Tasche, als wäre es ohne jede Bedeutung. Anna Magnani fuhr fort, Gewürze in die Spaghetti zu rühren.

»Nun«, sagte sie schließlich und hielt die Schüssel hoch, »ist es gut so – na, Roberto?«

»Ah, si, si, grazie«, sagte Rossellini, ganz Unschuld.

»Fein«, sagte die Magnani. »Hier hast du's.« Damit warf sie ihm die ganze Schüssel voller Spaghetti ins Gesicht.

So wie der Holocaust am Ende das Selbstverständnis aller Juden veränderte – indem er für alle Zeiten bewies, daß es so etwas wie Assimilation nicht gab und daß Jude sein bedeutete, ständig verwundbar und gefährdet zu sein –, so veränderte der Tag, an dem die britische Flagge über dem Regierungsgebäude in Jerusalem eingeholt wurde, dieses Selbstverständnis von Grund auf. Mit diesem Akt übergab General Sir Alan Gordon Cunningham, der britische Generalgouverneur Palästinas, die Stadt. Mit einer Maschine der Royal Air Force flog er zum Hafen von Haifa, wo ihn Dudelsackpfeifer an Bord des leichten Kreuzers ›Eurylus‹ geleiteten. Am 15. Mai 1948 genau um Mitternacht dampfte die ›Eurylus‹ aus der Dreimeilenzone und feuerte eine Leuchtkugel ab, um das Ende des britischen Mandats über Palästina zu feiern. Wenige Stunden zuvor hatte sich David Ben Gurion mit einem Dutzend seiner Vertrauten und vierhundert seiner Anhänger in dem schwerbewachten Saal des Tel Aviver Museums versammelt. Dort standen sie unter der blau-weißgestreiften Zionistenfahne, trugen stolz den Davidstern, den die Juden des Holocaust als Zeichen ihrer Entwürdigung tragen mußten, und sangen die Zionistenhymne *Hatikvah*: »Die alte Sehnsucht wird sich erfüllen, daß wir heimkehren ins Land... unserer Väter.« Dann schlug Ben Gurion mit der Faust auf den Tisch und begann ein Dokument zu verlesen, das »die Gründung des jüdischen Staates in Palästina mit Namen Israel« verkündete.

Drüben in Südkalifornien nahm Dore Schary diese Ereignisse auf seine Weise auf. Er hatte zwar dafür gesorgt, daß die RKO *Im Kreuzfeuer* produzierte, aber sein wichtigster Beitrag zum Anti-Antisemitismus sollte *Ivanhoe* (1952) werden, der die mittelalterliche Diskriminierung einer schönen Jüdin namens Rebecca beklagte, gespielt von Elizabeth Taylor. Natürlich. Eine Zeitlang bemühte Schary sich auch um die Produktion einer John Huston-Abwandlung von *Quo Vadis?* (1951), in der Nero zu einer Art Hitlerfigur wurde, die im Kolosseum eine Art Holocaust inszenierte. Dennoch, die Geburt Israels bewegte Schary, und er beauftragte den marktgerecht schwülstigsten Romancier, den er sich denken konnte, Leon Uris, für die MGM die große Saga zu schreiben.

»Sie müssen einen dramatischen Roman über die Geburt Israels schreiben«, sagte Schary zu Uris. Die MGM werde sämtliche Kosten übernehmen, damit Uris nach Israel gehen, mit vielen Leuten reden und die ganze große Geschichte aufzeichnen könne. Uris ging nach Israel, sprach mit vielen Menschen und schrieb dann in zweijähriger Arbeit den Bestsellerroman *Exodus*. Schary kaufte die Filmrechte für 75 000 Dollar, was damals als ziemlich beträchtliche Summe galt. Und dann geschah nichts mehr. Anscheinend machte sich das Oberkommando bei der Loew's Sorgen, daß ein Film, der den Sieg des Zionismus ausrief, die Briten verärgern könnte, und es waren schwere Zeiten fürs Filmgeschäft und die britischen Märkte waren wichtig...

Zehn Jahre nach der Gründung Israels – nun schweifen wir in die letzten fünfziger Jahre ab – kramte Otto Preminger einmal im Büro seines Bruders Ingo herum, der Uris' Agent war, und dabei grub er »einen Stoß verstaubter Pappkartons voller Manuskriptblätter« aus, wie er später schrieb. Es war *Exodus*, das Schary in Auftrag gegeben und gekauft, aber nie produziert hatte. Preminger, der aus dem Aufspüren von Gelegenheiten eine ganze Karriere gemacht hatte, spürte eine Gelegenheit. Er rief Joseph Vogel an, den Mann, der nun Präsident der MGM war und Dore Schary zwei Jahre zuvor entlassen hatte. Ihm sagte er, daß er, Preminger, bereit sei, der MGM einen Haufen Geld zu retten.

»Wovon sprechen Sie?« sagte Vogel.

»Sie haben da ein Buch von Leon Uris über den Exodus der Juden nach Israel, aber sie werden es nie produzieren«, sagte Preminger laut eigener Darstellung. »Ich bin hier, um es Ihnen abzunehmen.«

»Blödsinn«, sagte Vogel. »Natürlich produzieren wir es. Alle sagen, es ist ein großartiges Buch.« Womit er zugab, daß er es gar nicht kannte.

»Das ist es«, sagte Preminger. »Aber wenn Sie es verfilmen, werden die Araberstaaten sämtliche MGM-Kinos schließen und sämtliche MGM-Filme verbieten. Sie können sich einen arabischen Boykott nicht leisten, aber ich kann. Da ich ein unabhängiger Produzent bin, können sie mir nicht allzuviel anhaben.«

Vogel sagte, die MGM habe nicht die Absicht, *Exodus* aufzugeben. Aber anscheinend erwähnte er die Sache bei der nächsten Sitzung seines Direktoriums. Eine Woche später rief er Preminger an. »Wenn Sie es immer noch kaufen wollen, sind wir bereit, uns mit Ihnen zu einigen. Wieviel bieten Sie?«

»Es hat sie 75 000 Dollar gekostet, also bezahle ich 75 000 Dollar«, sagte Preminger.

»Wir haben das Buch in Auftrag gegeben«, protestierte Vogel. »Es war von Anfang an unsere Idee.«

»Aber Sie können es nicht produzieren«, sagte Preminger.

So verkaufte die MGM den *Exodus* für 75 000 Dollar an Preminger, und der ging unverzüglich zu Arthur Krim von der United Artists und machte 3,5 Millionen Dollar für die Produktion locker. Die Israelis waren begierig, ihm zu helfen, wo immer sie konnten. Preminger begann mit dem üblichen Verfahren und versuchte, täglich ein paar Stunden mit Uris an einem Drehbuch zu arbeiten. Da Preminger es für seine Aufgabe hielt, »den Schriftsteller zu dirigieren«, genauso wie »ich die Schauspieler dirigiere«, wie er später schrieb, geriet er mit Uris unvermeidlich in Streit. Preminger, immer sparsam, fuhr nach Mexiko, um eine ähnliche Zusammenarbeit mit Albert Maltz zu versuchen, einem der Zehn von Hollywood, der jetzt davon lebte, daß er unter Pseudonym gegen geringeres Entgelt schrieb. »Maltz bot einen eindrucksvollen Anblick«, sagte Preminger. »Jedesmal, wenn ich zu ihm kam, umgaben ihn Tische mit Stößen von Quellenmaterial, das er sammelte. Aber er kam nie dazu, eine Zeile zu schreiben.«

Dann entschied sich Preminger für Dalton Trumbo, der ebenfalls unter Pseudonym als Lohnschreiber arbeitete. Trumbo machte sich relativ wenig aus Israel und noch weniger aus den Annehmlichkeiten der Autorenschaft. »Er zeigte mir die Szene, die er gerade geschrieben hatte«, sagte Preminger, »und während ich daran arbeitete, schrieb er eine andere, dann machte er die vorgeschlagenen Änderungen an der ersten Szene. Danach studierte ich die zweite, während er an der dritten arbeitete, und so weiter...« So erreichte die Geschichte von der Geburt Israels – oder zumindest die von der MGM in Auftrag gegebene Darstellung dieser Geschichte – schließlich im Jahre 1960 doch noch die Kinos.

Vertreibung

(1949)

Die Nackten und die Toten war einer der großen Romane des Jahres 1948, und natürlich gab es Leute in Hollywood, die meinten, Norman Mailers Saga vom Pazifikkrieg könnte in den großen Film des Jahres 1949 verwandelt werden. Eine Schwierigkeit dabei war allerdings, daß der sechsundzwanzigjährige Autor das Drehbuch selbst schreiben wollte. »Wir dachten alle, Kino wäre eine große Kunstform«, sagte seine Frau Bea später. »Norman hatte den großen Roman geschrieben, und nun wollte er den großen Film schreiben.« Mailer wollte vielleicht sogar mehr, wollte die legendäre Festung Hollywood stürmen, wollte das große Ungeheuer, den Riesenmoloch stellen, sich von Sinnenlust und Korruption versuchen lassen und heil bleiben, um darüber zu berichten.

Sam Goldwyn war interessiert. Er wünschte, daß Mailer ihm ein Original-Filmstück schriebe. Mailer, gerade mit seiner schwangeren Frau in ein Häuschen in den Bergen über dem Laurel Canyon gezogen, brauchte Hilfe. Er schrieb an Jean Malaquais, einen polnisch-französischen Romancier, der damals an der New Yorker Universität lehrte, und bat ihn, in den Westen zu kommen und mit ihm zusammenzuarbeiten. Zu zweit begaben sie sich zu Goldwyn.

»Das Wohnzimmer war riesig, an den Wänden Buchattrappen, und Goldwyn empfing uns im Bademantel«, erinnerte sich Malaquais. »Es war an uns, zu reden, Goldwyn stand da und machte Bemerkungen, und immerzu schob er seine falschen Zähne zurecht, immerzu sprach er lispelnd. Ein paar Tage später bekamen wir einen Vertrag über 50000 Dollar für ein Original-Filmbuch, abgestellt auf Montgomery Clift und Charles Boyer...«

Ihre »Original«-Idee war ein schwacher Abklatsch von Nathanael Wests *Schreiben Sie Miss Lonelyhearts*. Nach ungefähr einem Monat hatten die beiden rund neunzig Seiten fertig. Goldwyn war nicht zufrieden. Noch einmal bestellte er die Schriftsteller zu einer Konferenz. »Er kam auf mich zu«, erinnerte sich Malaquais, »und fing zu predigen an, was ein Film sein müßte, und die ganze Zeit lispelte er. ›Für unß Amerikaner ißßeß Herßenßßache, einen Film ßu machen!‹ Er hatte einen Knopf meines Jackets gepackt und drehte daran herum, während er da stand und mir einen Vortrag hielt, bis er plötzlich damit herauskam. ›Aber wenn ihr Franßßoßen einen Film macht, ißßer trocken und intellektuell. Gute Geßinnung mußß belohnt werden, ßßlechte Geßinnung *mußß* beßtraft werden!‹«

Aus dem Projekt wurde natürlich nichts, und die *Variety* meldete pflichtschuldigst, Mailer und Malaquais hätten ihren Vertrag gebrochen. Mailer verkaufte schließlich *Die Nackten und die Toten*, nicht an Louis B. Mayer, wie er es wahrscheinlich gern getan hätte, sondern an die Norma-Produktionen, eine neue, kleine, unabhängige Firma unter Leitung von Burt Lancaster und einem Agenten namens Harold Hecht. »Für den Film war *Die Nackten und die Toten* ein so fremdes, schwieriges Buch, daß Burt und ich die einzigen in Hollywood waren, die sich dafür interessierten«, sagte Hecht später. »Deshalb wollte Mailer auch zu uns kommen.«

Um den Abschluß zu feiern, beschloß Mailer, eine Party zu geben und ganz Hollywood in seine Berghütte einzuladen, damit es ihn bewundere. Ganz Hollywood nahm die Einladung des gefeierten Romanautors an, und ganz Hollywood war überrascht, sich plötzlich sich selbst gegenüberzusehen. »Es war ein Fiasko von Party«, sagte Shelley Winters, die zusammen mit Marlon Brando während eines wolkenbruchartigen Gewitterregens eintraf, »weil Norman *alle* in Hollywood, links wie rechts, eingeladen hatte, und das tat man nicht im Jahre 1949. Adolphe Menjou war da und ließ Charlie Chaplin abfahren. Bogart blickte ausdruckslos durch Ginger Rogers hindurch. Monty und Elizabeth und Marlon fanden es höchst ungemütlich.«

Es war schlimmer. Auch John Ford war da und Cecil B. DeMille, der den Feind ins Auge faßte. Dann begannen alle die

Feinde, sich zu streiten und die Muskeln spielen zu lassen. »Ich wollte mich mit Leuten unterhalten, wollte sexy sein und alles, aber mein Kleid war ganz naß«, erinnerte sich Miss Winters. »Monty hatte sich mit jemandem geprügelt...«

Mittendrin betätigte sich Bea Mailer entschlossen als Gastgeberin. Sie fing an, kleine Tischchen aufzubauen und ein typisch New Yorker Feinkost-Buffet aufzutragen. »Große Schinken und Puter«, erinnerte sich Miss Winters, »das Zeug, das Norman immer auf seinen Parties serviert, gebackene Bohnen, Kartoffelchips. Es war gut, aber mehr ein Picknick, nicht die eleganten Häppchen wie Täubchen oder Quiche, die gewöhnlich in Hollywood serviert wurden.«

Marlon Brando wollte plötzlich nach Hause. Es wurde ihm zuviel politisch diskutiert. »Diese Party macht mich nervös«, sagte er. Erschrocken sah Mailer, daß Brando gehen wollte. »Wohin wollen Sie denn?« hielt er ihn auf. »Sie haben doch noch niemanden gesehen.« Brando reagierte auf seine Weise. »Was zum Teufel tun Sie eigentlich hier, Mailer?« fragte er. »Sie sind gar kein Filmautor. Warum sind Sie nicht in Vermont und schreiben Ihr nächstes Buch?« »Ich glaube«, erinnerte sich Miss Winters, »Norman selbst sah Hollywood mit sehr gemischten Gefühlen...«

Gemischte Gefühle, das ist wahrscheinlich eine Untertreibung für den emotionalen Aufruhr, dem schließlich *Der Hirschpark* (The Deer Park) entsprang mit seiner ganzen Sehnsucht nach Hollywoods Reichtum und Ruhm und seinem ganzen Ekel vor dieser Sehnsucht. Mailer sah seine eigenen Sünden ebenso klar wie die Sünden seiner Umgebung. »Da draußen in Hollywood«, schrieb er, »habe ich gelernt, was Schweine tun, wenn sie ein Rätsel lösen wollen. Sie nähern sich ihm voller Angst und üben größte Disziplin. Angst + Disziplin = gesellschaftliche Macht.«

Langsam, fast unmerklich wuchs die Schwarze Liste. Anfangs schien es eigentlich, als seien sich alle in einem Punkt einig: daß es keine Schwarze Liste geben dürfe. »Wir werden uns nicht von Hysterie oder Einschüchterung, woher sie auch kommen, beeinflussen lassen«, hatten die beeinflußten und eingeschüchterten Produzenten nach der sogenannten Waldorf-Konferenz von 1947 erklärt. »Es besteht die Gefahr, unschuldigen Menschen zu schaden. Es besteht das Risiko, eine Atmosphäre der Angst zu schaffen... Wir werden auf der Hut sein vor dieser Gefahr, diesem Risiko, dieser Angst.«

Als sie dann die Entlassung der Zehn von Hollywood bekanntgaben und versprachen, »wissentlich keinen Kommunisten« zu beschäftigen, ließen die Produzenten die Frage, wer denn Kommunist sein könnte, weit offen. Ungeklärt blieb, wer eine kompetente Antwort auf diese Frage geben könnte und was man in Zweifelsfällen tun sollte. Und da Kommunisten ihre Parteizugehörigkeit normalerweise nicht bekanntzugeben pflegten, was sonst konnte es geben als Zweifelsfälle?

FBI-Leute liefen herum und stellten Fragen. Sie konnten natürlich niemanden zwingen zu antworten, aber auch eine verweigerte Antwort kam in die Geheimakte. Ermittler des Kongreßausschusses für Unamerikanische Umtriebe liefen ebenfalls herum und stellten Fragen, obwohl offenbar niemand wußte, wann der Ausschuß neue Anhörungen einberufen würde (nicht vor 1951, wie sich herausstellte). Die verschiedensten selbsternannten Experten äußerten ihre Meinung. Die Säulen der Amerikanischen Legion äußerten sich. Desgleichen die Katholische Anstandslegion und Presse-Kolumnisten wie George Sokolsky und Hedda Hopper.[*] Nachdem eine Reihe von Meinungen öffentlich kundgetan worden waren, galt der Gegenstand dieser Meinungen als »umstritten«. Produzenten, die ihre finanzielle Verantwortung ernst nahmen, suchten natürlich Schwierigkeiten zu vermeiden, und wenn man sich mit umstrittenen Leuten einließ, konnte man in Schwierigkeiten kommen.

Was aber hatten die einzelnen Leute nun eigentlich getan? Wer konnte einem das sagen? Die Produzenten, die Schwierigkeiten vermeiden wollten, hofften, die sogenannten Intelligenzgilden, die

---

[*] Mrs. Hopper hatte eine Vorliebe für versteckte Anspielungen. Als Dore Schary 1948 zur MGM ging, schrieb sie, nun werde »das Studio zu Metro-Goldwyn-Moskau«. Sofort drohte Schary an, sie und die *Los Angeles Times* auf fünf Millionen Dollar zu verklagen, was die *Times* veranlaßte, den Artikel in ihren späteren Ausgaben wegzulassen und sich zu entschuldigen.

Gewerkschaften der Schauspieler, Schriftsteller und Regisseure, könnten dabei helfen, indem sie einen Weg fänden, ihre Mitgliedschaft zu durchleuchten und zu säubern. Oder einfach eine Möglichkeit, festzustellen, wer zu brandmarken war und wer nicht. Die Gewerkschaften selbst waren in der Frage gespalten. Die Zehn von Hollywood baten die Filmautorengilde, ihnen bei der Finanzierung ihrer geldverschlingenden Berufungsverfahren zu helfen, was die Gilde ablehnte. Das hieß aber nicht, daß die Gilde bereit gewesen wäre, andere Schriftsteller zu maßregeln, die möglicherweise Kommunisten waren, oder auch nur zu untersuchen, wer denn tatsächlich Kommunist sei.

Die Zeit des Treueids brach an. Die Behörden in Los Angeles verlangten 1948 allen Angestellten der Stadt und des Bezirks einen solchen Eid ab, die Universität von Kalifornien führte ihn 1949 ein und verlangte die Entlassung aller Personen, die ihn verweigerten. Manche versuchten auf Drängen der Hollywooder Studios, sich vom Verdacht zu reinigen, indem sie nicht einen formellen Eid ablegten, sondern einfach erklärten, daß sie sauber seien und patriotisch dächten. »Ich habe keine Beziehungen zu kommunistischen Organisationen oder Anhängern des Kommunismus noch habe ich sie jemals gehabt«, sagte Gregory Peck. »Ich bin kein Kommunist, war niemals Kommunist und hege keine Sympathie für kommunistische Umtriebe«, erklärte Gene Kelly. »Die einzige Linie, die ich einzuhalten verstehe, ist die amerikanische Linie.«

Auch in dieser Frage des Treueids waren die Hollywooder Gewerkschaften gespalten. Auf Antrag von Cecil B. DeMille verabschiedete der Vorstand der Filmregisseurgilde im Herbst 1950 eine Satzungsbestimmung, die alle Mitglieder zum Treueid verpflichtete. Joseph Mankiewicz, der Gildepräsident, war auf Reisen, als DeMille diesen Vorstandsbeschluß durchsetzte. Als Mankiewicz zurück war, berief er eine Mitglieder-Vollversammlung ein, um den Vorstandsbeschluß rückgängig zu machen. DeMille tat sein Bestes, um die Versammlung zu verhindern, aber schließlich trafen sich die Mitglieder und überstimmten den Vorstand. Nachdem Mankiewicz diesen Punkt gewonnen hatte, forderte er alle Regisseure auf, einen »freiwilligen« Treueid zu leisten.

Loyalitätsbeteuerungen wurden allerdings häufig als unzureichend betrachtet, da Kommunisten ja dafür bekannt waren, daß sie wie Hexen ihr wahres Denken leugneten. Der einzig echte Beweis der Rechtgläubigkeit war der Ritus, gegenwärtige und frühere Sünder beim Namen zu nennen. Um dieser Probe zu entgehen, machte sich mancher Schuldige und mancher Unschuldige einfach davon. Laszlo Löwenstein, der wie Peter Lorre Filme wie *Die Spur des Falken* und *Casablanca* bereichert hatte, war nur ein gemäßigter Sozialist, aber es gefiel ihm nicht, daß FBI-Agenten in sein Haus kamen und ihn nach Namen von Subversiven ausfragten, deshalb kehrte er 1949 nach Deutschland zurück, das er 1933 fluchtartig verlassen hatte. Gordon Kahn, ursprünglich einer der »unfreundlichen« Neunzehn, die der Ausschuß für Unamerikanische Umtriebe vorgeladen hatte, reagierte auf Gerüchte über neue Anhörungen mit der Flucht nach Mexiko. »Das Leben wurde zu einem Alptraum des Mißtrauens und der Angst«, sagte seine Frau Barbara. »Briefe an Gordon mußten in einem Umschlag mit der Adresse einer mexikanischen Familie verschlossen werden, um sie dem Zugriff des FBI zu entziehen. Von FBI-Agenten gehetzt mußte ich über den Verkauf unseres Hauses und unserer Habe verhandeln.«

»Neunundvierzig – es war neunundvierzig«, sagte Donald Ogden Stewart, der wohl Kommunist war, aber auch ein drolliger und gutmütiger Mensch, Modell für den Bill in Hemingways *Fiesta* (1928). Er wurde gebeten, ins MGM-Büro in New York zu kommen und »ein paar Fragen zu beantworten«. »Ich sollte mich entlasten ... und Namen nennen und so weiter. Und das war das Ende dieses schönen Vertrages.«

Systematisch organisiert wurde die Schwarze Liste erst nach den Anhörungen des Kongreßausschusses für Unamerikanische Umtriebe im Jahre 1951. In seinen Jahresbericht für 1952 nahm der Ausschuß eine alphabetische Liste von 324 Personen auf, die von kooperativen Zeugen als Kommunisten benannt worden waren. Auch private Listen begannen zu zirkulieren. Die Amerikanische Legion stellte eine Auswahl von dreihundert Namen zusammen, die sie zugegebenermaßen »vereinzelten öffentlichen Quellen« entnommen hatte. Diese Liste schickte sie an acht führende Studios mit der Bitte um »die nach Ihrem Ermessen geeignete Rückäußerung«. Kleinere private Organisationen schlossen sich an: Red Channels, Counterattack, Alert.

Die diese Listen zusammengestellt hatten, konnten niemanden bestrafen, dazu hatten sie keine Vollmacht. Sie überließen es den Hollywooder Studios, ihre Beschäftigten zu verjagen oder zu »entlasten«. Da das »Entlastungs«-Verfahren auf diese Weise die Schwarze Liste bestätigte, wollten die Hollywooder Verantwortlichen natürlich das Verfahren in den Griff bekommen, noch bevor die Schwarzen Listen offiziell aufgestellt und veröffentlicht worden waren. Besonders energisch war da Roy Brewer, der siegreiche Führer der IATSE-Gewerkschaften. Er organisierte im März 1949 einen Rat der Filmindustrie, der sich mit dem »kommunistischen Problem« befassen sollte. »Die Kommunisten wollen den Film dazu benutzen, das Denken der Welt aufzuweichen«, teilte Brewer einem Reporter mit. »Sie dürfen nicht in Hollywood arbeiten, weil wir es ihnen nicht ermöglichen sollten, die freie Welt zu untergraben.«

Brewer forderte andere Gilden und Gewerkschaften auf, Vertreter zu entsenden, damit sein Rat die Subversiven ausmachen und die Unschuldigen entlasten könne. Zu den ersten Präsidenten des Rates gehörten Dore Schary und Ronald Reagan. Im Herbst 1949 schloß sich der Rat mit den Produzenten und Kinobesitzern zum Rat der Filmbetriebe als einem »nationalen politischen Gremium« zusammen. Zweck des Ganzen war, Außenstehenden zu beweisen, daß Hollywood keine Überwachung nötig hatte, weil es sich nach Kräften selbst überwachte.

Unter Reagans Führung entwarf die Filmschauspielergilde 1950 einen Treueid, und im Jahr darauf rechtfertigte sie offen die Schwarze Liste. Sie gab an, sie würde »jede geheime Schwarze Liste bekämpfen«, andererseits jedoch, »wenn ein Schauspieler so gegen die öffentliche Meinung Amerikas verstößt, daß er sich an den Kinokassen selbst unverkäuflich gemacht hat, kann und will die Gilde keinen Arbeitgeber zwingen, ihn zu beschäftigen«.

Merkwürdig an der noch nicht anerkannten, aber immer offizieller werdenden Schwarzen Liste war, daß nicht ein einziger Spitzenstar auf Dauer ausgesperrt wurde. Einige wurden belästigt und eingeschüchtert, aber nicht verbannt. Leute wie Howard Da

Silva und Gale Sondergaard standen zusammen mit einer Reihe erfolgreicher Schriftsteller und Regisseure auf der Schwarzen Liste, aber keine der Glamour-Berühmtheiten. Ein Grund dafür war, daß die Studios ihre Investitionen in diese Stars schützen mußten; ein zweiter bestand darin, daß die Stars, die in Gefahr gerieten, so gut wie alles taten, um ihre Karriere zu retten.

Eins dieser namhaften Opfer war Edward G. Robinson, den der kalifornische Senatsausschuß für Unamerikanische Umtriebe 1949 beschuldigte, »häufig mit kommunistischen Tarngruppen und Zielen zu tun« zu haben. Dieser Ausschuß legte eine recht typische Liste von Unternehmungen vor, die einst sehr ehrenwert schienen: »Angehöriger des Amerikanischen Komitees zum Schutz im Ausland Geborener, kommunistische Tarnorganisation. Förderer des Amerikanischen Komitees für Jugoslawienhilfe, kommunistische Tarnorganisation.... Genannt als Anhänger und Lobredner der Amerikanischen Jugend für Demokratie, kommunistische Tarn-Jugendorganisation... Gründungs-Sponsor des Nationalkongresses für Bürgerrechte... Nahm an Sitzung der kommunistischen Tarnorganisation Komitee für Artikel Eins teil.« Und so weiter.

Robinson gab all diese Tätigkeiten freimütig zu, bestritt aber, je gehört zu haben, daß die kritisierten Gruppen kommunistische Tarnorganisationen seien, oder bestritt überhaupt, daß sie es seien. Von nun an spürte er zunehmend eine gewisse Kälte, die er sehr anschaulich machte, indem er sie in die Form von Äußerungen seines Agenten kleidete: »Phase 1: ›Verdammt, Eddie, ich habe einen Haufen Skripts gelesen, die für dich gekommen sind, und da ist nicht eins dabei, das für dich richtig ist. Nur das Beste für dich, Jungchen. Das weißt du ja.‹ Phase 2: ›Viel Ärger im Geschäft, Eddie. Nachkriegsanpassung und der ganze Mist. Aber ich hab' was ganz Heißes auf der Pfanne. Glaub mir, Jungchen.‹ Phase 3: ›Du, Eddie, so leicht ist das nicht in deinem Alter. Charakterrollen, du weißt ja. Schließlich bist du ja nicht mehr der Jüngste, was, Eddie?‹ Phase 4: ›Da scheint's Widerstand gegen dich zu geben, Eddie. Ich bleib' dran. Was es auch ist, wir kämpfen das durch mit dem letzten Pfennig, den wir haben. Das weißt du doch.‹ Phase 5 (die Sekretärin des Agenten): ›Es tut mir leid, Mr. Robinson, aber Mr. B. ist verreist. Ich werde es ihm ausrichten. Er ruft Sie bestimmt an, sobald er kann.‹«

Robinson kam nicht richtig auf die Schwarze Liste. Er spielte in *Alle Meine Söhne* bei der Universal, in *Hafen des Lasters* (Key Largo) bei der Warners, in *Night Has a Thousand Eyes* bei der Paramount (1948), in *House of Strangers* bei der Fox und in *Ein tolles Gefühl* (It's a Great Feeling) bei der Warners (1949). Aber die Rollen, die man ihm anbot, wurden seltener und kleiner. Und es gab andere Ärgernisse. Hearsts *Chicago Herald-American* lud ihn als Redner zu einer Feierstunde ein, bei der fünfhundert neuen Amerikanern die Staatsbürgerschaft verliehen werden sollte, dann wurde die Einladung zurückgezogen mit der Begründung, Robinson sei »nicht tragbar«. Robinson beschwerte sich bei Hearst persönlich und erhielt daraufhin von einem Subalternen ein Entschuldigungstelegramm und eine erneute Einladung. Dalton Trumbo bat ihn um einen Kredit für seine Familie, und Robinson schickte ihm einen Scheck über 2 500 Dollar; das wurde irgendwie publik und rief das Gekeife rechter Hearst-Kolumnisten wie George Sokolsky und Viktor Riesel hervor. Robinson und seine Buchhalter stellten eine ausführliche Liste sämtlicher Beiträge zusammen, die er an liberale Organisationen geleistet hatte, und er schickte das ganze Bündel an J. Edgar Hoover, der Robinson einst Lobendes über seine Darstellung von FBI-Agenten geschrieben hatte. Hoovers Büro bestätigte den Eingang mit einem Formschreiben.

»Hört mich an! Wer es auch sei!« schrie Robinson in der Erinnerung an diese Jahre auf. »Gott im Himmel, an wen kann ich mich wenden? Ruft mich als Zeugen auf. Stellt mich auf die Probe. Fragt mich aus. Schwört mich ein. Ich will unter Eid aussagen. Der Kongreßausschuß für Unamerikanische Umtriebe weigert sich, mich zu laden. Es gäbe keine Beschuldigungen gegen mich.«

Hartnäckig bemühte sich Robinson, Loyalität schwören zu können. Mit Unterstützung des Bürgermeisters von Los Angeles, Sam Yorty, bekam er Ende 1947 Gelegenheit, vor dem Kongreßausschuß aufzutreten, und dort breitete er sein Innerstes aus. »Ich war vielleicht kein so guter Ehemann oder Vater oder Freund, wie ich hätte sein müssen«, sagte er, »aber ich weiß, mein Amerikanismus ist makellos und gut und wundervoll, und ich bin stolz darauf.« Der Ausschuß hörte ihm höflich zu und nickte und tat gar nichts. Der Ausschuß hatte Robinson doch keinerlei Vorwürfe gemacht, was also sollte er tun? Aber in der Presse erschienen weiterhin kritische Kommentare, die Rollenangebote nahmen weiterhin ab, und Robinson appellierte wieder an den Kongreßausschuß für Unamerikanische Umtriebe, das, wie er sagte, »einzige Tribunal in den Vereinigten Staaten, an das sich ein amerikanischer Bürger mit der Bitte um diese Art von Hilfe wenden kann«.

Es dauerte drei Jahre, bevor der Ausschuß Robinson noch einmal gestattete, seine Geschichte aufzusagen. »Ich... habe immer und immer wieder gesagt, daß ich nicht Mitglied der Kommunistischen Partei bin und es auch niemals war«, sagte er später. »Was zum Teufel hat es mir genutzt...? Was sie von mir hören wollten, war, daß ich ein Gimpel sei, ein Naivling, ein Narr, ein Idiot... daß ich ein Werkzeug sei, ein argloses Mittel des kommunistischen Komplotts. Ich habe es nicht gesagt, weil ich es nicht geglaubt habe. In der dritten Runde, zwei Jahre später, habe ich es gesagt. Meine Widerstandskraft war erschöpft und ich sagte es. Mein Verstand war durcheinander, und ich sagte es. Mein Herz tat weh und ich sagte es.«

John Garfield sah sich ähnlich verfolgt und versuchte auf ganz ähnliche Weise, sich zu retten. Er war nie Kommunist gewesen, aber er hatte stets alles unterstützt, was nach einer guten Sache klang. »Ich *wollte* in die Kommunistische Partei eintreten, weißt du«, erzählte er einem Freund. »Wirklich... ich habe es versucht. Aber sie wollten mich nicht aufnehmen. Kannst du dir das vorstellen? Sie dachten, ich wäre zu dumm. Sie sagten, man könnte mir nicht trauen.«

Garfield bekam wie Robinson Ende der vierziger Jahre weniger Rollen, aber das lag zum Teil daran, daß er sehr wählerisch war, zum Teil auch daran, daß die Filme, die er wählte, oft keinen Gewinn machten. *Wir waren Fremde* (We Were Strangers, 1949) hatte nach einem vielversprechenden Projekt ausgesehen, er handelte von lateinamerikanischen Revolutionären, Regie führte John Huston, die weibliche Hauptrolle spielte Jennifer Jones; aber in den Kinos lief er schlecht. Schlecht liefen *Unter meiner Haut*

(Under My Skin, Fox, 1950) und *Menschenschmuggel* (The Breaking Point, Warners, 1950). Schlecht liefen auch zwei anerkennenswerte Versuche, Hemingways *My Old Man* und *Haben und Nichthaben* zu verfilmen. Und dann, während er *Unter meiner Haut* drehte, mitten in einem Tennisspiel, erlitt Garfield einen Herzanfall und mußte ins Krankenhaus. Er war entschlossen, seine Krankheit geheimzuhalten und sein Möglichstes zu tun, sie zu ignorieren.

Er kehrte nach New York zurück, um die Hauptrolle in Clifford Odets' neuem Stück *Hollywood-Story* (The Big Knife) zu spielen, in dem es nur um den kommerziellen Druck Hollywoods auf die geistige Freiheit ging. Garfield spielte einen idealistischen jungen Schauspieler, der ihm selber sehr ähnelte. J. Edward Bromberg spielte einen boshaften alten Produzenten, der sehr an Louis B. Mayer erinnerte. *Hollywood-Story* hatte im Februar 1949 Premiere, lief aber nur drei Monate, und alle seine Hauptfiguren nahmen ein böses Ende. Der kränkelnde Bromberg wurde von Kongreßermittlern vorgeladen und berief sich auf Artikel Fünf, dann ging er nach London, um in Dalton Trumbos neuem Stück *The Biggest Thief in Town* aufzutreten. Dort erlag er plötzlich einem Herzanfall. »Ich persönlich würde vorschlagen, ... hier auf ›Tod durch politischen Unfall‹ zu erkennen«, sagte Odets in seiner Grabrede für Bromberg. »Die Menschen werden irgendwie kleiner, und das Leben wird zu einer drückenden und ermüdenden Last, wenn solche unnatürlichen Tode alltäglich werden – jetzt, da Bürger unserer Welt aus ihrem Heim, ihrer Ehre, ihrem Lebensunterhalt, ihrer mühsam aufgebauten Karriere verjagt werden durch die Tricks und Kniffe schamloser, schäbiger, zu geifernden Meuten zusammengerotteter Politiker.« Das war in seiner ungebildeten Art wohlgesprochen, doch kaum ein Jahr später sollte Odets den schamlosen, schäbigen Politikern eine Lektion in schamloser Schäbigkeit erteilen. Vor dem Kongreßausschuß für Unamerikanische Umtriebe nannte er zur eigenen Enlastung unter anderem den Namen des verstorbenen Joe Bromberg.

Garfield versuchte tapfer, seine Stellung zu halten. Als ein ehemaliger Geheimagent des FBI namens John J. Huber behauptete, Garfield gehöre zu den zehn höchsten »Trumpfkarten«, deren sich kommunistische Organisationen bedienten, entgegnete der Schauspieler, das FBI habe ihn für seine Unterhaltungstourneen bei den Truppen während des Krieges freigegeben. »Wenn sie nun einen Mann aufhängen wollen, weil er liberal ist«, fügte er hinzu, »dann sollen sie kommen mit ihrem Strick.« Aber daß irgend jemand Liberale aufhängen wollte, das meinten nur Liberale. So funktionierte das Verfahren nicht.

Garfield blieb bei seinem Kurs der hochgesinnten beruflichen Mißerfolge. Er kaufte die Filmrechte an Nelson Algrens *The Man with the Golden Arm*, obwohl er wußte, daß der Produktionskodex Filme über Drogenabhängigkeit verbot. Er ging wieder zur Bühne, um Ibsens *Peer Gynt* zu spielen – mit den absehbaren Folgen. Als er schließlich im März 1951 vom Kongreßausschuß für Unamerikanische Umtriebe seine Vorladung erhielt, hoffte er inständig, er könne jede Verbindung zum Kommunismus bestreiten und der Denunziationsfalle entrinnen, indem er bekannte, überhaupt gar nichts von der Welt ringsum zu wissen. »Sie wollen mich unbedingt am Arsch kriegen«, ließ er sich vernehmen, kurz bevor er in den Zeugenstand ging, »aber nicht mit mir.«

»Ich habe den Kommunismus immer gehaßt«, hatte Garfield kurz zuvor der *New York Times* gesagt, und jetzt im Zeugenstand bekräftigte er das. »Er ist eine Diktatur, die unser Land und den Weltfrieden bedroht. ... Ich bin niemals Mitglied der Kommunistischen Partei oder Sympathisant einer ihrer Lehren gewesen.« Die Frager bestanden auf Einzelheiten. »Es sieht so aus«, sagte Frank Tavenner, »als wären Sie Veranstalter eines Abends am 4. Februar 1945 im Hotel Ambassador in Los Angeles gewesen, der dem Zweck diente, Geld für das Vereinigte Antifaschistische Flüchtlingskomitee zu sammeln.«

»Mir ist völlig unbekannt, daß ich Mitglied dieser Organisation wäre«, sagte Garfield, »und ich kann mich nicht entsinnen, diesen Abend veranstaltet zu haben.«

»Lassen Sie mich fragen«, stieß Tavenner nach, »ob Sie sich erinnern, auf einer solchen Veranstaltung Paul Robeson vorgestellt zu haben?«

»Nicht, daß ich wüßte«, sagte Garfield.

Und so weiter. Donald Jackson, der den neuen Senator Nixon

25 Orson Welles spielt zwar noch unter dem Regisseur Hathaway den Dschingis Khan in dem Historienschinken *Die schwarze Rose*, kehrt aber nicht mehr nach Hollywood zurück.

26 Ingrid Bergman hat Hollywood verlassen und dreht mit ihrem späteren Mann Roberto Rossellini auf der Insel Stromboli.

27 Auch Heinrich Mann ist Hollywood keine zweite Heimat geworden. Er nimmt die Einladung, in Ost-Berlin zu leben, an.

28 Am Ende der Hoch-Zeit Hollywoods ein Film von Billy Wilder, der diesen Niedergang spiegelt: *Boulevard der Dämmerung* mit Gloria Swanson, William Holden und Erich von Stroheim in den Hauptrollen.

als Vertreter Los Angeles' im Ausschuß abgelöst hatte, war gar nicht zufrieden. »Ich bin noch nicht davon überzeugt, daß alles ganz korrekt ist, was Sie diesem Ausschuß bieten«, sagte er. »Sie wollen behaupten, Sie haben in all den... Jahren, die Sie in Hollywood waren, ...nicht ein einziges Mitglied der Kommunistischen Partei gekannt?«

»Das ist absolut richtig«, sagte Garfield, »denn ich war nicht Mitglied der Partei oder in irgendeiner Art und Form mit ihr verbunden.«

Garfield dachte, er hätte gewonnen, aber keiner glaubte wirklich, was er bezeugte. Der Ausschuß ließ durchsickern, er erwäge eine Anklage wegen Meineids. Auf der anderen Seite wurde Garfield von seinen liberalen Freunden (und seiner streitbaren Frau) kritisiert, weil er überhaupt ausgesagt hatte. Garfield befand sich in jenem Nebelfeld, in dem es keinerlei Beweis oder Gegenbeweis gab, weil offiziell keine konkreten Vorwürfe erhoben wurden. Er hörte, daß ein Hollywood-Studio nach einem »John Garfield-Typ« suchte, aber als er sich selbst anbot, wurde seinem Agenten mitgeteilt: »Wir brauchen einen Garfield-*Typ*, aber Garfield können wir nicht gebrauchen.«

Garfield hörte, daß Arnold Forster, Rechtsberater der Liga gegen Diffamierung *B'nai B'rith*, erfahren sei als Vermittler zwischen Leuten, die nicht angeklagt waren, und Leuten, die jene nicht anklagten. Forster sorgte dafür, daß die Illustrierte *Look* bei Garfield einen Bekennerartikel bestellte. Garfield, inzwischen tief in einer Ehekrise, zog in eine Suite des Hotels Warwick in New York und begann, seine Bekenntnisse niederzuschreiben. Dort hörte er auch die Geschichte von Canada Lee.

Eigentlich hieß er Leonard Cornelius Canegata, aber die Sprecher am Ring, die seine Kämpfe als Mittelgewichtsboxer beschrieben, fanden das zu kompliziert, und so wurde er zu Canada Lee. Er war vielseitig begabt. »Mein Leben lang bin ich immer beinahe etwas geworden«, sagte er einmal. »Beinahe wurde ich Konzertgeiger, bin aber weggelaufen zum Pferderennen. Beinahe wurde ich ein guter Jockey, war dann aber zu schwer. Beinahe wurde ich Preisboxer-Champion, aber dann ließen meine Augen nach.«

So wurde er Schauspieler, ein leidenschaftlicher Schauspieler mit schwarzem Gesicht. Dann tauchte sein Name in der Wolke von Gerüchten auf, die im Laufe des Spionageprozesses gegen Judith Coplon den FBI-Akten entstieg – dem »Geifer, der aus den sogenannten Geheimakten des FBI kommt«, wie Lee 1949 auf einer Pressekonferenz sagte. »Ich bin kein Kommunist. ... Ich werde weiter meine Meinung sagen, ich werde weiter meinem Volk helfen, seinen rechtmäßigen Platz in Amerika zu erlangen.«

So redeten sie alle. Das nächste Mal, als Canada Lee im Fernsehen eine Rolle übernehmen sollte, wurde er von der Amerikanischen Tabak-AG., dem Sponsor der Sendung, ausgesperrt. Im Laufe der folgenden drei Jahre wurde er für rund vierzig Shows ausgesperrt. »Wie lange wohl, wie lange kann ein Mensch so ungerechte Behandlung ertragen?« fragte er die Herausgeber der *Variety*. Wenige Monate danach, immer noch arbeitslos und inzwischen völlig verarmt, bekundete er endlich seinen Patriotismus, indem er sich an der öffentlichen Verurteilung Paul Robesons beteiligte. Vielleicht infolgedessen – wer wird es je wissen? – gab man ihm eine Rolle bei der Verfilmung von Alan Patsons *Denn sie sollen getröstet werden* (Cry the Beloved Country). Es war nur eine vorübergehende Begnadigung, danach fiel der Vorhang wieder. »Ich kann es nicht mehr ertragen«, ließ Lee nach weiterer monatelanger Arbeitslosigkeit Walter White von der NAACP wissen. »Ich besorge mir jetzt einen Schuhputzkasten und setze mich vor das Astor-Kino. Da läuft mein Film vor brechend vollem Haus, und ich, mein Gott, ich bekomme nicht Arbeit für einen Tag.« White riet ihm zu Zurückhaltung und Geduld, und Lee, voller Wut und Verzweiflung, nahm den Rat an. Wenige Monate später war er tot, gestorben durch Bluthochdruck im Alter von fünfundvierzig Jahren.

Und John Garfield schrieb weiter an seiner Beichte für die *Look*. Er schrieb sechzehn Seiten. Dann begann er, Freunde anzurufen auf der Suche nach einem Menschen, mit dem er reden konnte. Mit dem Stückeschreiber Howard Lindsay ging er sich ein Baseballspiel ansehen und verabredete sich zu einem Pokerabend bei Lindsay zu Hause. Auch Oscar Levant war da und Lindsays Schreibpartner Russell Crouse. Garfield trank viel und verlor einen Haufen Geld. Sie redeten über Odets' Aussage vor dem

Kongreßausschuß. Garfield lief in die Nacht hinaus. Er aß nicht und schlief nicht an diesem Tag und auch nicht am nächsten.

Die junge deutsche Schauspielerin Hildegard Knef war nach ihrer zweiten erfolglosen Begegnung mit Hollywood im Begriff, sich auf den Heimweg zu machen. Zufällig traf sie in der Halle ihres New Yorker Hotels Plaza auf Garfield. Sie hatte ihn als »Kettenraucher mit einem Anzug wie ein ungemachtes Bett« in Erinnerung. »Bin Garfield«, nuschelte er, wie sie sich erinnerte. Und dann: »Ha'm Sie was vor? Fühl' mich einsam.« Die Knef sagte, sie müsse zu einer Party, die Spyros Skouras ihr zu Ehren gab. Sie lud ihn ein, mitzukommen, aber er winkte ab. Sie vereinbarten, sich telefonisch zu verständigen – am nächsten Morgen sollte die Knef nach Deutschland zurückfliegen. Das Fest war in vollem Gange, als er anrief. »Können Sie weg?« fragte Garfield. »Mir ist, als fiele mir gleich die Decke auf den Kopf.« Die Knef sagte, es würde wohl noch eine oder zwei Stunden dauern. Um eins rief Garfield wieder an und sagte mit alkoholschwerer Zunge: »Ich muß Sie sehen, muß reden, laufen, sprechen. Machen Sie schnell!« »Noch eine Stunde«, sagte sie. Aber als sie ihn dann nach einer Stunde anrief, meldete er sich nicht, und so stieg sie in ihre Frühmaschine nach Frankfurt.

Garfield war zu Iris Whitney gegangen, einer neuen Freundin, die eine Wohnung am Gramercy Park hatte. Sie gingen essen. Sie saßen im Park. Garfield sagte, er fühle sich nicht gut. Miss Whitney nahm ihn mit nach Hause und packte ihn ins Bett. Später gab es völlig unbelegte Gerüchte, er sei inmitten wilder sexueller Ausschweifungen gestorben. Vielleicht. Aber diesmal ist die offizielle Version doch plausibler: Daß John Garfield nach drei Tagen Angst, Schlaflosigkeit und Saufen, nach dreitägigem Streifzug durch die Trümmer seines Lebens einfach zusammenbrach. Miss Whitney brachte ihn zu Bett mit einem Glas Orangensaft auf dem Nachttisch. Als sie am anderen Morgen aufwachte, fand sie den Orangensaft unberührt und John Garfield tot.

Für das Vertreibungsverfahren gab es Mittel und Wege genug, politische, unpolitische, finanzielle, moralistische oder verschieden kombinierte. Wo soll man da schon Grenzen ziehen?

Nehmen wir den Fall Orson Welles. Hätte der Kongreßausschuß für Unamerikanische Umtriebe wirklich vorgehabt, alle Regungen des Liberalismus auszurotten, wie Hollywoods Liberale inbrünstig glaubten, dann hätte er sicherlich Welles vorgeladen. Welles hatte emsig für Roosevelt Wahlkampf gemacht, und seine Zeitungskolumnen und Radiosendungen machten ihn zu Hollywoods vernehmlichstem Verfechter des New Deal-Erbes, der Bürgerrechte für Schwarze und der friedlichen Beziehungen zur Sowjetunion. Welles hatte davon gesprochen, für den Kongreß zu kandidieren, und er mag durchaus auch von weiterreichenden Möglichkeiten geträumt haben. Frank Fay, ein trunksüchtiger Kabarettist, erregte im Herbst 1947 Aufsehen, als er in einem Interview sagte, Welles sei »rot wie ein Knallfrosch«.

Die Ermittler des Kongreßausschusses zeigten allerdings kein besonderes Interesse für Welles. Sie zogen nachweisliche Kommunisten vor, die ihren Kommunismus geräuschvoll bestreiten würden und dann gerichtlich belangt werden konnten, oder auch nachweisliche Ex-Kommunisten, die kriechen und um Vergebung flehen würden. Hingegen schienen Welles' komplizierte finanzielle Verhältnisse von erheblichem Interesse für die Finanzämter zu sein. Welles hatte die Tausende von Dollar, die er in den Film *In 80 Tagen rund um die Welt* gesteckt hatte, als Betriebskosten abgesetzt, und nun wollte das Finanzamt (IRS) diese Absetzungen nicht anerkennen. Es ist im Einzelfall schwer nachzuweisen, daß das IRS aus politischen Gründen tätig wird, aber Präsident Roosevelt hatte längst eine Strategie eingeführt, nach der er das Schatzamt beauftragte, alle Personen steuerlich zu überpüfen, die er als lästig empfand, und die Liste der Opfer reichte von Vater Coughlin über Mo Annenberg bis hin zur *New York Times*. Präsident Roosevelts Sorge um die staatsbürgerlichen Freiheiten hatte der seines Vorgängers nichts Nennenswertes voraus, und es war bemerkenswert, wie beharrlich die Steuerfahnder ihre Aufmerksamkeit auf ausgesprochene Liberale konzentrierten. Mag sein, daß Welles wirklich versucht hat, einen Teil seiner Steuern zu hinterziehen, desgleichen Charlie Chaplin, desgleichen Ronald Reagan, der damals noch als Liberaler galt, desgleichen auch freie Geister wie Preston Sturges und William Saroyan, doch während das IRS ihnen allen auf den Fersen blieb, zeigte es erheblich weniger Interesse für die Abgaben konservativer Ikonen wie Walt Disney oder Cecil B. DeMille.

Welles verließ Hollywood nicht, um seinen Steuerproblemen zu entkommen, obwohl das IRS ihn schließlich bis nach Europa verfolgte und seine sämtlichen Einkünfte in den USA pfänden ließ. Es gibt auch keinen klaren Beweis dafür, daß Hollywood aus politischen Gründen aufgehört hätte, Welles-Filme zu finanzieren. Es gab sehr gute geschäftliche Gründe für die RKO, vor Gericht zu gehen und sämtliche Rechte an *Es ist alles wahr* einzuklagen, weil Welles einen 200000 Dollar-Kredit nicht zurückgezahlt hatte; es gab sehr gute Gründe für die Republic, Welles zu grollen, der den *Macbeth* ein Jahr nach Abschluß der Dreharbeiten immer noch nicht fertiggestellt hatte. Inzwischen, im Jahre 1948, übte Europa seine eigene Anziehungskraft als Ort zum Filmemachen aus. Hollywood-Produzenten hatten entdeckt, daß europäische Filmteams und Schauplätze billig zu haben waren, und europäische Produzenten hatten eigenes Geld zu bieten. Welles verhandelte angestrengt mit Alexander Korda in London um einen Film über Rostands *Cyrano de Bergerac* und einen zweiten über Wildes *Salome*. Weniger interessiert, aber immerhin interessiert war er an dem Vorschlag von Gregory Ratoff, einem der Gefolgsleute Zanucks, er solle nach Rom kommen und die Titelrolle in einem Film über den Grafen Cagliostro übernehmen, den bekannten Alchimisten, Magier und Scharlatan des achtzehnten Jahrhunderts.

Welles wurde also nicht eigentlich aus Hollywood vertrieben und schon gar nicht aus politischen Gründen, aber es ergab sich eben so, daß Europa im Herbst 1947 durch eine Reihe von Umständen erheblich reizvoller schien als Hollywood. Als also William Wyler Welles zu sich einlud, damit er das Komitee für Artikel Eins zum Schutz der Zehn von Hollywood mitbegründete, blieb Welles zurückhaltend. Er würde das Komitee sehr gern unterstützen, sagte Welles, aber er habe Verpflichtungen in Europa. Seine einzige wirkliche Verpflichtung hatte er in Hollywood, wo *Macbeth* noch der Fertigstellung des Tons bedurfte, ganz zu schweigen von den Verhandlungen über eine neue Musik von Jaques Ibert. Aber Welles scheint das dringende Bedürfnis gehabt zu haben, hier zu verschwinden. Da Korda jetzt jeder konkreten Vereinbarung auswich, unterschrieb Welles für die Rolle des Cagliostro.

Er flog so überstürzt nach Rom ab, daß er mehrere »Gesundheitsgürtel« zurückließ, mit denen ein Dicker sich angeblich sein Fett abschwitzen konnte. Zurück blieben auch Spezialschminke und eine Menge falscher Nasen, die für seine Cagliostro-Verkörperung gedacht waren. Welles scheint einen lebenslangen Nasenkomplex gehabt zu haben, das Gefühl, er habe eine Himmelfahrtsnase, zu klein, zu niedlich, nicht seriös. Einer seiner Assistenten schrieb an das Hotel Excelsior in Rom, es sei eine Sendung falscher Nasen unterwegs, und »die Nasen können sieben oder acht Mal benutzt werden, wenn Orson sie vorsichtig abnimmt«. Der Assistent schickte auch eine Ladung Traubenzucker und Vitamintabletten. Und das wurde dringend gebraucht. Während Welles in den ersten Monaten des Jahres 1948 den *Cagliostro* spielte, widmete er seine Abende in Rom der Überarbeitung und Vertonung von *Macbeth*; außerdem verhandelte er mit Korda über *Cyrano* und begann mit einer Arbeit, von der er wirklich besessen war, seiner eigenen *Othello*-Produktion. Welles hatte keinen Produzenten im Rücken und infolgedessen kein Geld für einen weiteren Shakespearefilm. Er hatte vor, das Projekt mit dem Geld zu finanzieren, das er als Schauspieler verdienen konnte.

Dann machte Korda Welles endlich ein Angebot, keinen Regieauftrag, sondern eine Rolle in einem Film, den Carol Reed machen sollte. Nur widerwillig und hauptsächlich des Geldes wegen sagte Welles zu, die relativ kleine Rolle eines größenwahnsinnigen Schwarzmarkthändlers in *Der dritte Mann* zu spielen. Er war mehr als widerwillig. Am Schauplatz in Wien, wo Reed die Dreharbeiten mit der Verfolgung des flüchtigen Schwarzmarkthändlers durch die Kanalisation der Stadt beginnen wollte, schauderte Welles vor dem Gestank, klagte über eine Erkältung und sagte, er müsse seine Mitwirkung an dem Film überhaupt rückgängig machen. Reed mußte seine ganze Beredsamkeit aufwenden, um ihn zu bewegen, an die Arbeit zu gehen. Reed ließ ihn sogar Teile des glänzenden Drehbuchs von Graham Greene umschreiben, so daß die Rolle des Harry Lime größer wurde und er oben auf dem Riesenrad des Praters jenen rundum Wellesschen Vortrag halten konnte, daß dem Zeitalter der Borgias, Michelangelo und Leonardo da Vinci entsprungen seien, während sechs Jahrhunderte Schweizer Demokratie nichts als die Kuckucksuhr hervorgebracht hätten. Der flüchtige Welles war nie besser.

Inzwischen war Welles intensiv mit *Othello* beschäftigt. Er überredete Micheál MacLiammóir vom Gate-Theater in Dublin, für das bloße Versprechen einer Gage den Jago zu spielen, aber nach einer Desdemona suchte er noch. Er hatte vor, mit den 100 000 Dollar, die er als Schauspieler für *Die schwarze Rose* (The Black Rose) erhalten würde, ein Dschingis-Khan-Epos der 20th Century-Fox, die Dreharbeiten zu *Othello* zu beginnen. Jetzt aber, im Frühjahr 1949, hieß es erst einmal, nach Marokko zu fahren und *Die schwarze Rose* zu drehen.

Es war die Zeit, in der Hollywooder Produzenten nicht nur entdeckten, daß man Filme billiger im Ausland drehen konnte, sondern in der sie ihre offiziell eingefrorenen Auslandseinkünfte gar nicht anders ausgeben konnten. Und so begannen sie nun, mit demselben Pomp, mit dem sie über die Sperrholz- und Pappmachékulissen ihrer Hollywooder Hinterhöfe zu regieren gewohnt waren, über bestürzte Dörfchen und Wildnisse der Dritten Welt herzufallen, die noch nicht so genannt wurde. Was *Die schwarze Rose* betrifft mit Tyrone Power als Star, so hatte Zanuck den Regisseur Hathaway beauftragt, seine Operationsbasis in der marokkanischen Stadt Meknès zu errichten und sein Dschingis Khan-Märchen an Wüstenschauplätzen wie der Oase Tinrir zu drehen.

Zur Unternehmenslogistik gehörte, daß nicht nur die Filmkameras und 150 Tonnen Kabel in die Wüste transportiert werden mußten, sondern auch 12 000 Pfeile, Bogen und Schilde. Und viertausend arabische Komparsen mußten daran gehindert werden, alles zu stehlen, was nicht niet- und nagelfest war, während sie sich von Szene zu Szene bewegten. Orson Welles als Bajan der Eroberer trug ein seinem Namen gemäßes Kostüm: Einen nerzgefütterten russischen Lederumhang, aus dreihundert Fellen gemacht, der ihm von den Schultern bis auf die Füße fiel, dazu einen spitzenbewehrten Sarazenenhelm mit einem Schleier aus Panzerketten. Und das alles in der glühenden Hitze der marokkanischen Wüste.

Inmitten dieses ganzen Betriebsaufwands tat Welles sein Bestes, um seine eigenen Truppen zu sammeln. Er beschwatzte seinen Jago MacLiammóir, von Dublin nach Marokko zu fliegen, damit schon mal etwas gedreht werden könnte, und als es nichts zu drehen gab, weil Welles immer noch draußen in der Wüste Bajan den Eroberer spielte, telegraphierte er an MacLiammóir: »Tut mir sehr leid aber... wollen Sie nicht Fez besuchen? Rabat? Marrakesch?« Schließlich versammelte Welles seine unbezahlten und mittellosen Darsteller in der marokkanischen Küstenstadt Mogador, wo er ein portugiesisches Fort aus dem fünfzehnten Jahrhundert gefunden hatte, das ihm der passende Ort schien, um Shakespeares Vorstellung von Zypern wiedererstehen zu lassen. Welles startete einen Versuch, Kostüme aus dem Fundus der *Schwarzen Rose* auszuleihen, und als das Manöver fehlschlug, beschloß er, die Arbeit an *Othello* mit der Ermordung Rodrigos im Dampfbad zu beginnen, denn dazu brauchte man keine Kostüme. »Wir mußten ins öffentliche Bad gehen und in unseren Nachthemden durch die Straßen laufen, es war himmlisch!« erzählte Welles träumerisch einem Interviewer.

Bald holten die Hollywooder Realitäten Welles aus seinen himmlischen Gefilden auf die Erde zurück. Hathaway brauchte ihn in London für ein paar zusätzliche Aufnahmen zur *Schwarzen Rose* in der gesegneten Bequemlichkeit eines Studios. Welles schickte seine Marokkotruppe – etwa sechzig Leute – in ein Luxushotel in Venedig, wo sie ihren Aufenthalt selbst bezahlen und weitere Instruktionen abwarten sollten.

Und dann ging ihm das Geld aus, restlos. Welles war in Rom, als er beschloß, Rettung im zweifelhaften Wohlwollen von Darryl F. Zanuck zu suchen, der schließlich einen Schinken wie *Die schwarze Rose* finanziert hatte und von dem es jetzt hieß, er investiere einen guten Teil seines Privatvermögens in das lustige Leben an der französischen Riviera. Welles bestellte sich ein römisches Taxi und befahl dem Chauffeur, nach Frankreich zu fahren. Nach einer Vierhundertdollar-Reise erreichte er um vier

Uhr morgens das Hôtel du Cap d'Antibes. Dort erklärte er, daß er nicht aus der Halle weichen werde, bis Zanuck ihn angehört hätte. Als Zanuck schließlich erschien, warf sich Welles auf die Knie. »Ich brauche 75 000 Dollar, um den *Othello* zu beenden«, heulte Welles. »Sie sind der einzige auf der Welt, der mich retten kann!«

»Stehen Sie auf! Stehen Sie auf!« sagte der bestürzte Zanuck. Man muß bedenken, daß Zanuck sehr klein war und Welles ein Riese. Zanuck war an Szenen wie diese gewöhnt, und er genoß sie in der Abgeschiedenheit seines Büros, aber was sollte er mit diesem plärrenden Bittsteller anfangen, der in einer Hotelhalle vor ihm auf den Knien lag? Und wie konnte Welles sich in ein so entwürdigendes Spektakel stürzen, es sei denn, natürlich, er habe es kontrolliert in Szene gesetzt?

»Ich bin pleite!« weinte Welles, der sich nichts dabei gedacht hatte, von Rom aus ein Taxi zu nehmen. Zanuck war genauso theatralisch wie Welles, aber ein bißchen praktischer veranlagt. Er zog sich zurück, um ein paar Telefongespräche zu führen, dann bestellte er einen Kurier, der ihm 75 000 Dollar in Hundertfrancscheinen bringen sollte. Dafür verlangte er, fast eine Selbstverständlichkeit, 60 Prozent aller Gewinne, die Welles' Film einspielen mochte.

Statt nun den *Othello* zu beenden (es sollten weitere drei Jahre vergehen, bis der Film tatsächlich in die Kinos kam), trat Welles lieber auf der Pariser Bühne auf. Dort lief eine seltsame Kombination zweier Welles-Stücke, in der auch eine junge schwarze Tänzerin namens Eartha Kitt mitwirkte und Musik von Duke Ellington gespielt wurde. Als diese schlappe Show in Paris auslief, zockelte sie auf Tournee durch die Vereinigten Staaten und die britische Besatzungszone in Deutschland. Sie hieß jetzt *Ein Abend mit Orson Welles*. Er war nun wahrhaft zum Flüchtling geworden.

In seinen späteren Jahren, als Robert Mitchum schwer und beleibt geworden war, liebte er es, Geschichten aus seiner dürren Jugend in der Depressionszeit der dreißiger Jahre zu erzählen, als er Hollywood noch nicht kannte. Damals hatte er als Packer gearbeitet und als Grabenschaufler. Er sprang auf Eisenbahnzüge auf, wurde wegen Landstreicherei festgenommen und diente sogar eine

Freiheitsstrafe mit Schwerarbeit als Kettensträfling in Georgia ab. »Einmal fuhr ich einen Kühlwagen nach Idaho Falls und aß gefrorene Birnen, und es war so kalt, daß ich mir Zeitungspapier in die Hose gestopft hatte, um mich warmzuhalten«, erzählte er einem wißbegierigen Interviewer. »Irgendein Kerl hat im Wagen ein Feuerchen gemacht, und als ich aufwachte, war meine Hose verbrannt. Da stand ich um zwei Uhr morgens nackt in einer kalten, fremden Stadt. Das hat mich immer verfolgt: ›Da hast du's, du Arschloch, sieh zu, wie du damit fertig wirst.‹«

Daran mag Mitchum im Februar 1949 gedacht haben, als Photographen ihn in Gefängniskluft beim Aufwaschen des Fußbodens im Bezirksgefängnis von Los Angeles knipsten. Soeben war er zu sechzig Tagen Haft plus zwei Jahren Bewährung wegen gemeinschaftlichen Besitzes von Marihuana verurteilt worden. Das galt in jenen Tagen als skandalös, aber David O. Selznick, Teilinhaber von Mitchums Vertrag, wagte die Prophezeiung, daß der junge Schauspieler »als besserer Mensch aus seinen Schwierigkeiten hervorgehen« würde.

Marihuana war in den vierziger Jahren etwas derart Exotisches, daß sich das *Time*-Magazin genötigt sah, seinem Bericht über Mitchums Festnahme im September zuvor eine gelehrte Fußnote anzufügen, in der erklärt wurde: »Marihuana, eine aus indischem Hanf gewonnene Droge, soll... einen Zustand der heiteren Unbeschwertheit hervorrufen...« In Wirklichkeit war die Droge gar nicht so exotisch, man redete nur nicht öffentlich darüber. »Klar, ich rauche Marihuana seit meiner Kindheit«, sagte Mitchum zur Zeit seiner Festnahme. In Hollywood aber ließ das ganze Thema Drogen einige tödliche Skandale der zwanziger Jahre wieder aufleben. Olive Thomas, die in Lewis Selznicks *The Flapper* als die »ideale Amerikanerin« ausgespäht worden war, sprang in einem Pariser Hotel aus dem Fenster, als sie das Heroin nicht beschaffen konnte, das sie brauchte – für sich selbst und für ihren Ehemann Jack Pickford, Mary Pickfords Bruder, der in *Seventeen* der »ideale Amerikaner« gewesen war. Vorkommnisse wie dieses hatten Hollywood an den Rand des Zusammenbruchs gebracht, hatten zur Schaffung des Haysbüros, des Produktionskodex und der Moralklausel und zum strikten Verbot jeglicher Erwähnung von Drogen geführt. So etwas gab es einfach nicht.

Und hier war nun Bob Mitchum, der in *Schlachtgewitter am Monte Cassino* (The Story of G I. Joe, 1945) zum Star geworden war, und nicht nur zu einem neuen Star, sondern einem neuen Typ, zynisch, lakonisch, sexy – hier war Mitchum, der 3250 Dollar die Woche verdiente, ertappt bei dem Versuch, an einer Marihuana-Zigarette zu schnüffeln. Die Umstände der Festnahme waren etwas eigenartig. Aber Mitchum sagte: »Das also ist das bittere Ende für alles – meine Karriere, mein Heim, meine Ehe.«

Der Bericht der *Time* eine Woche später klang sogar noch apokalyptischer: »Der selbstbewußtesten Stadt einer selbstbewußten Nation stand ein Skandal erster Ordnung ins Haus... Tatsache ist, daß... ihre superharten Bürger manchmal ausflippen und sich dem Trunk, der Unzucht, dem Rauschgift hingeben... Im Namen der gesamten Filmwirtschaft bat Dore Schary das Publikum, ›nicht das ganze Personal von 32000 ordentlichen und sauber lebenden amerikanischen Bürgern zu verurteilen‹.«

Wie damals, als Errol Flynn und Charlie Chaplin in Schwierigkeiten waren, ging auch diesmal ein Hilfeschrei an Jerry Giesler. Der berühmte Verteidiger kam bald zu dem Schluß, daß Mitchum hereingelegt worden sei. »Seine Bedrängnis«, erklärte Giesler ziemlich geheimnisvoll, »war das Ergebnis eines ausgefeilten Plans von Seiten einer Person, die ihm übelwollte.« Mitchums Frau war in den Osten gereist, als der Schauspieler zu einer Party in Laurel Canyon eingeladen wurde, berichtete Giesler. Dort reichte ihm jemand einen Joint. Im nächsten Moment flog krachend die Tür auf, Mitchum und andere wurden mit brennenden Marihuana-Zigaretten erwischt. Das war nicht alles. »Der Raum wurde abgehört«, sagte Giesler, »ein Mikrophon war an der Wand angebracht. Das Merkwürdigste an der ganzen Sache aber war, daß die Presse die Geschichte schon hatte, bevor die Polizisten das Haus stürmten.«

Das klang ziemlich plausibel, aber weder Giesler noch irgend jemand sonst ließ je verlauten, wer Mitchum eine Falle stellen wollte und warum. Normalerweise hätte sich für Mitchum wahrscheinlich ein Weg finden lassen, seine Schwierigkeiten mit Geld zu bereinigen, aber durch das öffentliche Aufsehen um die Festnahme war das nicht mehr so einfach. Giesler entschied sich für eine andere Strategie. Es gelang ihm, jede Möglichkeit zu einem aufsehenerregenden Prozeß zu ersticken, allerdings zu dem Preis, daß Mitchum sechzig Tage Haft absaß (abzüglich zehn Tage wegen guter Führung).

Ganz gleich, um was es bei dem ganzen Handel gegangen sein mochte in jenen angstvollen 1949er Tagen, er fußte auf der Annahme, daß die amerikanische Öffentlichkeit entsetzt und fassungslos wäre bei der Vorstellung, ein Filmstar rauchte Marihuana. Was keiner in Hollywood zu bemerken schien, war die Tatsache, daß sich das amerikanische Publikum veränderte. Eine Flut von Briefen setzte ein, in denen Mitchum verteidigt wurde. Die RKO, die zitternd damit rechnete, ihre Aufwendungen für fertige Mitchum-Filme in den Kamin schreiben zu müssen, gab nervös einen davon frei, *Ehe ohne Liebe* (Rachel and the Stranger), und erlebte voller Staunen, daß der Film bald im ganzen Lande zur Nummer eins der Kinohitliste wurde.

Mitchum, der eigentlich im Gefängnis sitzen und leiden sollte, ging als eine Art Volksheld aus der Affäre hervor, immer noch zynisch, lakonisch, sexy und vollkommen ungebessert durch seine Haft. »Ich hatte dort meine Ruhe«, sagte er. »Keiner beneidete mich, keiner wollte etwas von mir. Keiner wollte meine Gitterstäbe oder die Schüssel Pudding, die sie mir durch die Klappe schoben.«

Trotz der harten Prüfung des *Monsieur Verdoux* konnte Charlie Chaplin nicht glauben, daß er wegen seiner politischen Auffassungen geächtet werden könnte. Er konnte nicht glauben, wie er sagte, das amerikanische Volk wäre »politisch so selbstsicher oder so humorlos, daß es jemanden boykottierte, der es amüsieren will«. Er beschloß allerdings, daß sein nächster Film vollkommen unpolitisch sein würde, zum ersten Mal seit *Lichter der Großstadt* im Jahre 1931. Es sollte eine Liebesgeschichte sein, »das genaue Gegenteil des zynischen Pessimismus von *Monsieur Verdoux*«, wie Chaplin sagte. Bald war er ganz von der Idee besessen.

Anfang 1948 begann Chaplin daran zu schreiben. Er schrieb die dramatische Legende vom alten Mann, der einer jungen Frau nach oben hilft und untergeht, wenn sie zum Ruhm aufsteigt. Chaplin stattete seine Geschichte reich mit autobiographischen Zügen aus und faßte Erinnerungen an sein jugendliches Selbst mit Erinnerungen an seinen trunksüchtigen Vater zusammen. Und dann fügte er einen neuen Zug hinzu und ließ spüren, was es für einen Berufskomödianten bedeutete, den Mut zur Komik zu verlieren. *Der große Diktator* war Slapstick gewesen, und auch *Monsieur Verdoux* trug den Untertitel »eine Mordkomödie«, und in beiden Filmen hatte Chaplin eine eigentlich clowneske Figur gespielt. In *Rampenlicht* (Limelight), wie sein neuer Film am Ende hieß, spielte er zum ersten Mal sich selbst, einen weißhaarigen Ehemann namens Calvero, der sich mit lustigen Kostümen verkleiden und komische Verrenkungen auf der Bühne machen mochte und doch eine im Grunde seriöse Persönlichkeit blieb, oft sentimental, gelegentlich hochnäsig.

Den alternden Calvero konnte natürlich nur Chaplin spielen, aber sein junger Schützling Terry hätte so gut wie jede sein können. Wie fast alle Heldinnen Chaplins (und die meisten seiner Frauen) sollte sie jung und hingebungsvoll und fügsam sein. Hollywood wimmelte von hübschen Mädchen, aber Chaplin suchte nach etwas ganz Bestimmtem, das er nicht genau beschreiben konnte, das er aber erkennen würde, wie er meinte. Der Dramatiker Arthur Laurents hatte in London ein schönes Mädchen auf der Bühne gesehen und drängte Chaplin, es sich anzusehen. Sie hieß Claire Bloom und war neunzehn, und Chaplin lud sie mit ihrer Mutter zu Probeaufnahmen nach New York ein. Und er erkannte sie.

Erst als sie engagiert und nach Kalifornien gebracht und Chaplins junger Frau Oona vorgestellt worden war, sah sie, was Chaplin in ihr erkannt hatte. Nachdem er drei Jahre lang an dem Drehbuch gearbeitet hatte, redete Chaplin jetzt wie besessen von seinen verblassenden Erinnerungen an das London, das Miss Bloom gerade verlassen hatte. Stundenlang habe er in Erinnerungen an seine Londoner Zeit geschwelgt, erzählte Miss Bloom, und er »war erpicht darauf zu hören, daß nichts von dem, was er einst kannte, sich verändert hätte. In den letzten Jahren habe er tiefes Heimweh gehabt, sagte er, aber er wage nicht, Amerika zu verlassen, weil er fürchte, die Vereinigten Staaten würden ihm die Wiedereinreise in das Land nicht erlauben. Familie, Heim, Studio, Geld – alles habe er in Amerika.«

Das klingt wie Wahnsinn. Tatsache aber ist, daß das FBI seit 1922 Akten über Chaplin führte. Damals hatte ein Verbindungsmann gemeldet, Chaplin habe für den kommunistischen Gewerkschaftsführer William Z. Foster einen Empfang gegeben, an dem viele »Salon-Bolschewiki« teilgenommen hätten. Dieser Akte, die auf nahezu zweitausend Seiten anschwoll und schließlich von David Robinson, einem Chaplin-Biographen, geöffnet wurde, fügten die Verbindungsleute laufend all das hinzu, was Robinson als »Klatsch, Gerüchte, Schmähbriefe und verschrobene unerbetene Korrespondenz sowie die öffentlichen Enthüllungen von Hedda Hopper, Ed Sullivan und anderen Klatschkolumnisten des Syndikats« bezeichnete. Irgendwann entdeckten FBI-Beamte ein Buch mit dem Titel *Who's Who im amerikanischen Judentum*, in dem behauptet wurde, Chaplins Familienname sei in Wahrheit Thonstein, und so bezeichneten ihn einige der späteren Berichte als »alias Chaplin; alias Israel Thonstein«.

Insgeheim hatte das FBI bei den absurden Verfahren gegen Chaplin wegen Verstoßes gegen den *Mann-Act* seine Hand im Spiel. J. Edgar Hoover persönlich beauftragte seine Truppen, Beweise gegen Chaplin zu sammeln. Sie befragten reihenweise Zeugen (solche wie Hedda Hopper zum Beispiel), zapften Hotelzimmer und Telephone an und trugen Material von mehr als vierhundert Seiten zusammen, das nichts bewies, nur die seltsamen Neigungen des FBI. 1947 verlangte Hoover die Kopie eines lobenden Prawda-Artikels über Chaplin zu sehen, einen Artikel, der aus Anlaß der ersten Vorstellung eines Chaplin-Films in der Sowjetunion im Jahre 1923 erschienen war. Anschließend schickte das FBI diesen Leckerbissen an Mrs. Hopper, die somit gleichzeitig als Sprachrohr und als Informationsquelle des FBI diente.

Hoover an Hopper, Hopper an Hoover, das alles war Klatsch. Aber im November 1949 wurde es dem FBI ernster. Der stellvertretende Generalstaatsanwalt Alexander Campbell bat das FBI um die komplette Chaplin-Akte zum Zwecke einer »Sicherheitsüberprüfung«. Beim Durchforschen der voluminösen Sammlung zeigte sich, daß sie kaum mehr als Klatsch enthielt. »Es ist festgestellt worden«, laut amtlicher Analyse, »daß keine Zeugen zur Verfügung stehen, die aussagen könnten, daß Chaplin in der Vergangenheit Mitglied der Kommunistischen Partei gewesen ist, gegenwärtig Mitglied ist oder finanzielle Beiträge an die Kommunistische Partei geleistet hat.«

Chaplin machte also weiter seinen Film *Rampenlicht* nach allen Regeln der hergebrachten Hollywooder Kunst. Claire Bloom, die Chaplin sehr bewunderte, ihn beinahe liebte, fand seine ganze Produktion seltsam antiquiert. *Rampenlicht* ist unbestreitbar altmodisch. Er ist auch unheilbar sentimental. Aber genau so wollte Chaplin ihn haben.

Anfang 1952, als Chaplin den Film endgültig fertig hatte, wollte er schöne, lange Ferien machen, wollte mit Oona nach England fahren und über die Londoner Premiere des Films präsidieren. Das einzige Problem wäre eigentlich eine Routinesache gewesen – er brauchte ein Wiedereinreisevisum. Das FBI wünschte, daß er ein paar Fragen beantwortete. Vor Chaplins Tür stand ein Beamter mit einem Stenographen. Er wollte wissen, ob Chaplin sein richtiger Name sei. Chaplin sagte, er sei es. Der Agent erklärte, laut Chaplin: »›Es wird gesagt, Sie heißen (er nannte einen sehr ausländischen Namen) und wären aus Galizien.‹« Chaplin bestritt es. Der Agent stieß nach. »Sie sagen, Sie seien nie Kommunist gewesen?« Chaplin bestritt auch das, bestritt, jemals irgendeiner politischen Organisation angehört zu haben. Und ob er einmal Ehebruch begangen hätte? »Was soll ein gesunder Mann, der seit fünfunddreißig Jahren in diesem Lande lebt, darauf antworten?« lautete Chaplins Gegenfrage. Und warum er nicht amerikanischer Staatsbürger geworden sei? »Das ist doch nicht verboten«, sagte Chaplin. »Immerhin, ich zahle meine Steuern hier.«

Das zog das Finanzamt in Zweifel, zumindest war es anderer Meinung über die fälligen Steuerbeträge, und das seit vielen Jahren. Bei ihrer letzten Auseinandersetzung, kurz nachdem *Der große Diktator* herausgekommen war, hatte das Finanzamt eine umfangreiche Nachzahlung verlangt, aber ein Gericht hatte zugunsten der Gegenklage Chaplins entschieden, er hätte in Wirklichkeit 24 938 Dollar zu viel entrichtet. Jetzt erhob das Finanzamt bei der Nachricht, Chaplin plane, das Land zu verlassen, eine Forderung über 200 000 Dollar und verlangte, daß er zwei Millionen Dollar als Pfand hinterlegte. Chaplin beantragte ein sofortiges gerichtliches Verfahren, und das Finanzamt reagierte laut Chaplin mit »einer schnellen Einigung auf eine sehr namhafte Summe«. So erhielt er schließlich sein Wiedereinreisevisum.

Aber kaum war Chaplin mit Oona in New York eingetroffen, als er eine Warnung seines Anwalts erhielt: Ein ehemaliger Angestellter der United Artists hatte das Studio verklagt, er werde Chaplin, dem das Unternehmen inzwischen zur Hälfte gehörte, möglicherweise vorladen lassen. Chaplin mußte seine letzten Tage in New York überwiegend in seinem Hotelzimmer eingesperrt zubringen; dann schlich er sich um fünf Uhr morgens an Bord der ›Queen Elizabeth‹ und verkroch sich in seiner Kabine, bis das Schiff auf See war.

Nach zwei Tagen auf See, Chaplin hatte gerade mit Arthur Rubinstein zu Mittag gegessen, erfuhr er es: Die Truman-Administration gab bekannt, daß Chaplins Wiedereinreisevisum für ungültig erklärt werde. Sollte Chaplin versuchen, nach Hollywood zurückzukehren, sagte Generalstaatsanwalt James McGranery, dann würde die Einwanderungs- und Einbürgerungsbehörde ihn festnehmen, um »zu klären, ob seine Einreise nach den Gesetzen der Vereinigten Staaten zulässig ist«. Ein Sprecher des Justizministeriums erklärte, das beziehe sich auf das Ausländer- und Staatsbürgerschaftsgesetz der Vereinigten Staaten, Abschnitt 137, Paragraph C. Dieser Paragraph sperrte mit einem wundervollen Gemisch von Mißbilligungsgründen Ausländer aus, die hinsichtlich »Moral, Gesundheits- oder Geisteszustand, als Befürworter des Kommunismus oder als Genossen von Kommunisten oder prokommunistischen Organisationen« nicht einwandfrei wären.

Als die *United Press* Chaplin um seinen Kommentar bat, zögerte er. »Zu gern hätte ich ihnen gesagt: Je eher ich diese haßgeladene Atmosphäre los bin, um so besser«, schrieb er später, »ich habe Amerikas Beleidigungen und seinen Moralbombast satt, und das ganze Thema ist verdammt lästig. Aber alles, was ich besaß, befand sich in den Staaten, und ich hatte furchtbare Angst, sie könnten einen Weg finden, es zu konfiszieren... Also kam ich statt dessen mit einer hochtrabenden Erklärung heraus, daß ich zurückkommen und auf ihre Anklagen antworten würde, daß meine Wiedereinreiseerlaubnis ein Dokument sei, das ich guten Glaubens von der Regierung der Vereinigten Staaten erhalten hätte – und blah, blah, blah.« Als die ›Queen Elizabeth‹ in Southampton anlegte, scharten sich Reporter um Chaplin, um mehr zu hören. Er klang hochtrabender denn je. »Dies ist nicht der Tag der großen Künstler. Dies ist der Tag der Politik... Ich war nie politisch...«

Nicht jeder unterstützte die Truman-Administration bei der Verbannung Chaplins. »Keine politische Situation, keine internationale Gefahr kann das Faktum zerstören, daß er ein großer Künstler ist, der vielen Millionen unendlich viel Freude geschenkt hat...« schrieb die *New York Times*. »Wenn es nicht weit mehr Beweise gegen ihn gibt, als zur Zeit erkennbar, dürfte es dem Außenministerium nicht zur Ehre gereichen oder die nationale Sicherheit erhöhen, ihn ins Exil zu schicken.« Generalstaatsanwalt McGranery hatte eigentlich keinen Beweis, aber er tobte und schnaubte. Gegen Chaplin werde der Vorwurf erhoben, Kommunist zu sein, sagte er, und außerdem »schwerwiegende moralische Beschuldigungen«. Ferner, sagte der Generalstaatsanwalt, werde Chaplin vorgeworfen, boshaft, höhnisch über das Land zu reden, »dessen gütige Gastfreundschaft ihn reich gemacht hat«. Im übrigen, sagte der Generalstaatsanwalt, »wenn es wahr ist, was über ihn gesagt worden ist, dann ist er nach meiner Meinung ein widerlicher Charakter«.

Diese etwas konditional formulierten Anklagen aus Washington mögen grob ungerecht klingen – sie waren in der Tat grob ungerecht –, aber es gab Leute, denen der Generalstaatsanwalt zu zahm war. Hedda Hopper, die Freundin des FBI, schrieb, Chaplins unbestreitbare Talente gäben ihm nicht »das Recht, gegen unsere Sitten zu handeln, alles zu schmähen, wofür wir einstehen, uns unsere Gastfreundschaft ins Gesicht zu werfen... Ich verabscheue das, wofür er steht... Ein Glück, daß wir den Dreck los sind«. Manchen genügte nicht einmal das. »Ich stimme Ihnen zu, daß die Art, in der der Fall Chaplin behandelt worden ist, eine jahrelange Schande war«, schrieb einer der Leser Mrs. Hoppers. »Leider können wir daran nicht viel ändern, solange ganz oben Typen wie Acheson und McGranery entscheiden. Sie können aber sicher sein, daß ich den Fall im Auge behalten werde, und nach dem Januar werden wir möglicherweise in der Lage sein, mit einer Administration zu arbeiten, die auf Chaplin dieselben Regeln anwendet wie auf normale Bürger.« Der Brief war mit »Dick Nixon« unterschrieben.

Chaplin mag mit Recht befürchtet haben, daß all sein Reichtum beschlagnahmt würde. Schon hatte die Amerikanische Legion begonnen, Kinos zu belagern, die *Rampenlicht* zeigten, und große Kinoketten wie Fox, Loew's und RKO lehnten es ab, den Film zu zeigen. Aber Chaplin fand einen so einfachen Ausweg aus der Gefahr, daß vielleicht niemand in Washington darauf gekommen war. Er schickte seine sechsundzwanzigjährige Frau heim nach Kalifornien, damit sie sein gesamtes Firmenimperium liquidiere. Empört stellte sie fest, daß das FBI alle verhört hatte, die alte oder neue Skandale enthüllen könnten – sämtliche Hausangestellten, Chaplins ehemalige Gattinnen, Angestellte, Verwandte, einfach jeden. Aber niemand hatte etwas unternommen, um Oona daran zu hindern, schlicht zur Bank zu gehen, Chaplins Tresorfach zu leeren und abzureisen, und genau das tat sie, alles innerhalb von zehn Tagen. Dann kauften sich die Chaplins eine Fünfzehnzimmer-Villa auf einem Zwölf-Hektar-Grundstück oberhalb der Schweizer Stadt Vevey mit wunderschönem Blick auf den Genfer See, und dort lebten sie von nun an mehr oder weniger glücklich. Chaplin schuf zwei weitere Filme, *Ein König in New York* (A King in New York, 1957) und *Die Gräfin von Hongkong* (A Countess from Hong Kong, 1967), und vier weitere Kinder – das machte acht von Oona, zehn im ganzen. Als Chaplin 1977 sanft entschlief, würdigten viele Menschen auf der ganzen Welt ihn und seine Leistungen. Nur sehr wenige haben sich je gefragt, was eigentlich aus James McGranery geworden ist, dem einstigen Generalstaatsanwalt der Vereinigten Staaten von Amerika.

1947 hatte der Abgeordnete Nixon bei den Anhörungen des Kongreßausschusses für Unamerikanische Umtriebe Jack Warner gefragt, ob er denn antikommunistische Filme mache, vergleichbar den Antinazifilmen der Kriegsjahre. Warner fiel nur einer ein, ein Projekt mit dem Titel *Up Until Now*. Das war sichtlich zu wenig, um Nixon zufriedenzustellen. Hollywood habe »die unbedingte Pflicht«, antikommunistische Filme zu machen, sagte er. J. Parnell Thomas stellte eine ähnliche Frage an Louis B.J. Mayer, und Mayer lobte sich selbst, weil er den Kommunismus mit *Ninotschka* und *Genosse X* (Comrade X) vergnüglich gemacht hatte, obwohl beide Filme entstanden, bevor Amerika in den Krieg eintrat. Die Fragen des Ausschusses machten deutlich, daß Washington mehr von Hollywood erwartete.

Das Problem war, daß »Tendenzfilme« im allgemeinen Verluste einspielten. Hast du etwas mitzuteilen, bediene dich des Telephon- und Telegraphennetzes, lautete eine traditionelle Hollywood-Weisheit. Einige Filmemacher hatten diese Weisheit unter dem Einfluß dessen, was sie in den Streitkräften gesehen und empfunden hatten, seit einigen Jahren schon in Frage gestellt. William Wyler beispielsweise hatte für *Die besten Jahre unseres Lebens* einen Oscar bekommen, und Darryl Zanuck erzielte Erfolge mit *Tabu der Gerechten* (1947), *Die Schlangengrube* (The Snake Pit, 1948) und *Pinky* (1949). Aber die »Aussage« all dieser Filme war wenig mehr als das idealistische Gebot: Liebe deinen Nachbarn, denn er ist eigentlich wie du. Nicht nur war Gregory Peck kein Jude, wie Ring Lardner jr. festgestellt hatte, sondern Olivia de Havilland war in *Die Schlangengrube* auch nicht wirklich verrückt und Jeanne Crain war in *Pinky* keine echte Schwarze.

Dennoch, die Ausschußanhörungen zusammen mit Blockade- und Boykottdrohungen rechter Gruppen wie der Amerikanischen Legion schreckten Hollywood in einen Kurswechsel. Nach einer detaillierten Studie von Dorothy B. Jones in John Cogleys *Report on Blacklisting* sank die Zahl der Filme mit sogenannten »sozialen und psychologischen Themen« von 28 Prozent der Hollywoodproduktion im Jahre 1947 auf 20 Prozent 1948 und 18 Prozent 1949. Während sich das Schwergewicht auf die leichte Unterhaltung verlagerte, stieg gleichzeitig die Produktion gezielt antikommunistischer Filme beträchtlich an: Von drei im Jahre 1948 auf dreizehn im Jahre 1952. Einige der längstvergessenen Titel sprechen für sich: *The Iron Curtain* (1948); *The Red Menace, The Red Danube* und *Guilty of Treason* (1949); *I Married a Communist* (1950); *I Was a Communist for the FBI* (1951); *Red Planet Mars* (1952).

Dorothy B. Jones, die die Abteilung Filmbeobachtung und -analyse im Kriegsinformationsamt geleitet hatte, unterzog diese Filme einer gnadenlosen Prüfung. Sie ließen sich in drei Kategorien einordnen, sagte sie. »Die überwiegende Mehrheit bestand aus antikommunistischen Spionage-Thrillern... Nur die Identität der betroffenen ausländischen Macht hatte gewechselt, sonst waren sie nicht zu unterscheiden von den Geschichten über nazideutsche oder japanische Spione des Zweiten Weltkriegs oder den ewiggleichen Geschichten von nicht näher bezeichneten ausländischen Spionen und Geheimagenten, die in früheren Jahren die Hollywoodfilme bevölkerten.« Die zweite Kategorie antikommunistischer Filme versuchte zu zeigen, wie und warum sich die Kommunistische Partei in den Vereinigten Staaten entwickelt habe. »Amerikanische Kommunistenführer«, schrieb die Autorin, »wurden in hergebrachter Gangstermanier als harte Männer dargestellt, die mit eiserner Hand regieren und Gewalt als bevorzugte Waffe anwenden.« Die dritte Kategorie »dramatisierte Ereignisse des Kalten Krieges, die sich im Ausland abgespielt haben«.

Generell also entsprach Hollywood seiner »unbedingten Pflicht«, wie Nixon es genannt hatte, indem es seine ältesten melodramatischen Traditionen und Klischees hervorholte. Die antikommunistischen Filme, die es Ende der vierziger Jahre ausstieß, waren eigentlich B-Filme. Sie waren dementsprechend besetzt, entworfen und inszeniert. Und wenn die Konservativen in Hollywood wie in Washington auch meinten, ein Millionenpublikum hungere nach antikommunistischen Filmen, brachte doch keiner davon etwas ein. Vielleicht kam das daher, daß sie so billig produziert wurden, vielleicht waren sie billig produziert, weil die Produzenten den Mißerfolg ahnten, vielleicht aber hatte auch die überlieferte Spruchweisheit recht, daß einfach niemand Tendenzfilme mochte.

Filme können eine Aussage allerdings auf verschiedene Weise transportieren. Heute gelten beispielsweise die Krieg-im-All-Filme der fünfziger Jahre allgemein als unbewußter Ausdruck politischer Ängste, aber eine kleine Perle wie Don Siegels *Die Dämonischen* (Invasion of the Body Snatchers, 1956) kann als Angst vor kommunistischer Gehirnwäsche wie vor konservativer Konformität gedeutet werden. So dachte sich wohl auch Carl Foreman, als er *Zwölf Uhr mittags* (High Noon, 1952) schrieb, sein Kinostück vom einsamen Sheriff gegen eine Bande von Gesetzlosen als politische Allegorie. Da er ein Linker war (er wurde vom Kongreßausschuß vorgeladen, während der Film sich in der Produktion befand), sah Foreman in Sheriff Gary Cooper natürlich einen mutigen Liberalen, der sich allein den Killern des FBI und der Amerikanischen Legion entgegenstellte. Aber *Zwölf Uhr mittags* wurde zu einem Lieblingsfilm Präsident Eisenhowers, den er gern Besuchern im Weißen Haus vorführte. Die *Prawda* hingegen kritisierte den Film als »Glorifizierung des Individuums«. Foreman brüstete sich in einem Fernsehinterview nicht lange vor seinem Tode mit Eisenhowers Wohlgefallen. Er schien stolz darauf zu sein, daß seine liberal gedachte Aussage einen prominenten Konservativen angesprochen hatte, und dabei den zwangsläufigen Schluß zu ignorieren, daß seine Aussage gründlich mißverstanden worden sein mußte.

Der eigentümlichste aller antikommunistischen Filme, ebenfalls mit Gary Cooper als Star, ebenfalls eine Hymne auf den Individualismus, war eine Attacke nicht nur auf den Kommunismus, sondern auf alle Formen des Kollektivismus, der Gleichmacherei und sogar der Uneigennützigkeit. Ayn Rand, seine Schöpferin, war selbst nach Hollywooder Eigenheitsmaßstäben eine höchst eigentümliche Frau. Immerhin, sie war recht eindrucksvoll in dem Eifer, mit dem sie ihre Ansichten verfocht.

Als Alice Rosenbaum wurde sie 1905 in St. Petersburg geboren, sie war also gerade zwölf, als die Bolschewiki den Winterpalast besetzten. Beide Eltern waren nichtpraktizierende Juden. Ayn studierte Geschichte an der Universität Petrograd und entdeckte Nietzsche und Dostojewski sowie die Filmepen, die in Berlin produziert wurden, Lubitschs *Madame DuBarry*, Langs *Siegfried*.

Dann kam ein Brief von halbvergessenen Verwandten in Chicago. Mit einem befristeten Paß feierte Ayn ihren einundzwanzigsten Geburtstag in Berlin und landete ein paar Wochen später in New York, in der Tasche fünfzig Dollar und im Kopf Ideen für ein Dutzend Stücke und Filme.

In Chicago setzte sie sich in der Wohnung ihrer Verwandten hin und schrieb vier Original-Filmszenarios. Sie konnte nicht einmal besonders gut Englisch, aber es war ja noch die Zeit des Stummfilms. Sie lieh sich hundert Dollar, besorgte sich von einem Chicagoer Filmverleiher ein Empfehlungsschreiben an einen Mann bei Cecil B. DeMille und fuhr nach Hollywood. Als sie ihren Empfehlungsbrief präsentierte, wurde ihr erklärt, es sei kein Arbeitsplatz frei. Beim Hinausgehen sah sie am Studiotor einen offenen Sportwagen, und darin saß Cecil B. DeMille. Sie blieb stehen, starrte ihn an, dann ging sie weiter. Prompt folgte ihr der Sportwagen.

»Warum haben Sie mich so angesehen?« fragte Cecil B. DeMille.

Miß Rand erklärte, sie sei eben aus Rußland gekommen, und sie habe seine Filme bewundert. DeMille öffnete den Wagenschlag und sagte: »Steigen Sie ein.«

Während der Fahrt erzählte Ayn Rand ihm von ihrem Ehrgeiz als Filmautorin. Er lud sie ein, zu bleiben und sich anzusehen, wie Filme eigentlich gemacht wurden. Sie kam jeden Tag und beobachtete aufmerksam. Nach Ablauf einer Woche bot DeMille ihr einen Job als Komparsin an. Sie war nicht gerade hübsch mit ihrem kurzen Haar und ihren stechenden Augen, aber sie hatte ein gewisses Knistern.

Sie legte ihre vier Szenarios DeMille vor, und er lehnte sie alle ab. Sie schrieb ein fünftes, das ihm gefiel, das er aber ebenfalls ablehnte. Doch stellte er sie als Nachwuchsautorin ein mit dem Auftrag, von Büchern, die er bereits gekauft hatte, kurze Zusammenfassungen zu schreiben. Er zahlte ihr fünfundzwanzig Dollar pro Woche. Sie fühlte sich reich, bis DeMille sein Studio schloß und sie auf der Straße stand. Sie heiratete den Schauspieler Frank O'Connor, der ausreichend regelmäßig beschäftigt war, daß sie sich wieder der Schriftstellerei widmen konnte.

1930 begann sie einen Roman über die Sowjetunion, *We, the Living*, den sie »einen Roman von Mensch gegen Staat« nannte. Um das zu finanzieren, schrieb sie ein Filmskript, das von einem Lager in Sibirien handelte, und nach ein paar Ablehnungen verkaufte sie es für fünfzehnhundert Dollar an die Universal. Ihr Roman erschien schließlich 1936 und erhielt dürftige Kritiken und manchen Tadel für ihre antisowjetischen Ansichten.

Inzwischen ging sie bereits ganz in der Arbeit an einem viel größeren und komplizierteren Roman mit dem Titel *Der ewige Quell* (The Fountainhead) auf. Der wichtigste Zweck dieses Buches, notierte sie einmal, sei »die Verteidigung des Egoismus in seiner eigentlichen Bedeutung«. Drei Jahre brauchte sie zum Planen und Recherchieren, zwei weitere zum Schreiben und Umschreiben der ersten Kapitel. Ihr Agent drängte sie, das erste Drittel einem Verleger zu geben. Offenbar kam ihr nie der Gedanke, daß irgend jemand ästhetische Bedenken gegen ihren Roman und dessen harten, hitzigen, kompromißlosen Helden Howard Roark haben könnte. Einige Verleger erhoben allerdings politische Einwände gegen die Rand-Roark-Tiraden über »die Herrschaft des Mobs«. Sie entsprächen nicht dem Zeitgeist, meinten die Verleger beschönigend, seien zu intellektuell, zu polemisch.

Miß Rand kam zu dem Schluß, daß Präsident Roosevelt ihr neues Vaterland in denselben »Kollektivismus« führe, dem sie entflohen sei. Sie bot dem republikanischen Präsidentschaftskandidaten Wendell Willkie ihre Wahlkampfdienste an und verbrachte einige Monate damit, Wahlpolemik zu schreiben und auf Straßenversammlungen in New York zu sprechen. Daß Willkie es nicht fertigbrachte, einen aggressiv konservativen Wahlkampf zu führen, erschütterte sie; ihm fehlte die Roarksche Kompromißlosigkeit. Da sie Geld brauchte, begab sie sich wieder in die Sklaverei des Skriptelesens bei der Paramount, um sich nachts mit dem Roman abzumühen, den keiner zu wollen schien. Endlich, gegen Ende 1941, fand sie einen konservativ angehauchten Verleger, Bobbs-Merrill, und nach zwei weiteren Jahren harter Arbeit beendete sie ihren Roman.

Wieder waren die meisten Rezensionen feindselig, auch wenn eine Frau namens Lorine Pruette auf der Literaturseite der *New*

York Times Miss Rand als »Schriftstellerin von großer Kraft... und subtilem und erfinderischen Geist« lobte. Das Buch verkaufte sich schleppend, aber nach ein paar Monaten stiegen plötzlich die Verkaufszahlen auf unerklärliche Weise, als hätte Miss Rand eine politische oder psychologische Quelle freigelegt, die niemand sonst gesehen hatte. Die Warner Bros. begann sich nach den Filmrechten zu erkundigen. Miss Rand verlangte kühne 50000 Dollar. »Eines Tages werden die Rechte an *The Fountainhead* viel mehr wert sein«, sagte sie. Die Warners willigte ein, ihr den Preis zu zahlen. Zwei Jahre später, als die Auflage des Romans erstaunliche 100000 Exemplare erreicht hatte, bot die Paramount der Warners 450000 Dollar für die Filmrechte, und die Warners lehnte ab.

Ayn Rand, die 1934 Hollywood als unbekannte und schlecht bezahlte Skriptschreiberin verlassen hatte, kehrte neun Jahre später im neuen Nerzmantel zurück, in der Tasche einen Warners-Vertrag für die Filmbearbeitung ihres Bestseller-Romans. Sie kaufte eine Sechs-Hektar-Ranch im San Fernando-Tal mit einem Haus aus Stahl und Glas, das aussah, als hätte es Howard Roark entworfen. Ultrakonservativ war sie immer gewesen, gewiß, aber jetzt in ihrem neuen Wohlstand war sie entsetzt, in welchem Ausmaß sich »kollektivistische« Vorstellungen im Hollywood der Kriegszeit festgesetzt hatten. Sie gehörte zu den ersten Mitgliedern der Filmallianz für die Bewahrung Amerikanischer Ideale, der 1944 von Sam Wood gegründeten Organisation, die für die Ansicht warb, das Filmgeschäft sei »der Bewahrung und Entwicklung der amerikanischen Szene gewidmet«.

Sie stellte ihr *Fountainhead*-Kinostück in sechs Monaten fertig, und Mervyn LeRoy hoffte es mit Humphrey Bogart und Barbara Stanwyck in den Hauptrollen zu verfilmen. Aber die Warners entschied, diese Produktion sei zu groß, man könne sie erst in Angriff nehmen, wenn die Kriegsbeschränkungen aufgehoben seien. Miss Rand fand anderweitig Beschäftigung. Nicht nur unterschrieb sie einen langfristigen Vertrag mit der Warners, sie schrieb auch ein interessantes Traktat mit dem Titel »Film-Leitfaden für Amerikaner«. »Ziel der Kommunisten in Hollywood«, sagte sie, »ist nicht die Produktion von Filmen, die offen für den

Kommunismus werben. Ihr Ziel ist, unsere moralischen Prämissen zu korrumpieren, indem sie unpolitische Filme beeinflussen – indem sie kleine, beiläufige Propagandahäppchen in harmlose Geschichten schmuggeln – und so erreichen, daß man die Grundgedanken des Kollektivismus indirekt und unterschwellig aufnimmt.«

Ayn Rand lieferte eine handliche Sammlung von Regeln, die jeder patriotische Filmemacher zu befolgen habe:

>»Beschmutze nicht das freie Unternehmertum.
>Vergötze nicht den ›kleinen Mann‹.
>Glorifiziere nicht den Mißerfolg
>Beschmutze nicht die Industriellen.
>Beschmutze nicht den Erfolg.«

»Allzu oft«, erklärte Miss Rand, »werden Industrielle, Bankiers und Geschäftsleute auf der Leinwand als Schurken, Schwindler, Betrüger oder Ausbeuter dargestellt. Es ist die moralische (nicht nur die politische, auch die moralische) Pflicht jedes anständigen Menschen in der Filmwirtschaft, alle Filmbücher, die Industrielle als solche anschwärzen, in den Mülleimer zu werfen, wohin sie gehören... Es ist die Absicht der Kommunisten, daß wir denken, persönlicher Erfolg ginge irgendwie auf Kosten anderer und jeder schade einem anderen, wenn er erfolgreich ist... Laßt euch nicht irreführen, wenn die Roten euch erzählen, sie wollten Männer wie Hitler und Mussolini vernichten. Was sie vernichten wollen, sind Männer wie Shakespeare, Chopin und Edison.«

Kein kommunistischer Propagandist war je feindseliger gegen erfolgreiche Geschäftsleute als Miss Rand selber – *The Fountainhead* wimmelt von Tiraden gegen ihr Philistertum –, aber ihre Verdienste als rechte Polemikerin brachten sie beinahe zwangsläufig als »freundliche« Zeugin bei den Anhörungen von 1947 vor den Kongreßausschuß für Unamerikanische Umtriebe. Und da *The Fountainhead* inzwischen in der atemberaubenden Auflage von 400 000 gebundenen Exemplaren verkauft worden war, behandelte die Warners es als Prestigeprojekt, als sie es schließlich 1948 in die Produktion nahm. Gary Cooper, der nach dem gescheiterten Versuch einer unabhängigen Produktion gerade einen Vertrag über sechs Filme unterschrieben hatte, entschied sich für *The Fountainhead* als erste Wahl. Als seine Partnerin Dominique suchte die Warners eine junge Schauspielerin aus, die sie zu einem großen Star zu entwickeln hoffte, Patricia Neal. Als Regisseur engagierte das Studio King Vidor.

Für Ayn Rand eröffnete sich hier nur ein neues Schlachtfeld, auf dem sie jedes Wort ihrer Geschichte verteidigen mußte. Und sie gewann. Ihr Skript wurde genau so gedreht, wie sie es geschrieben hatte. Vielleicht lag es daran, daß sich diese kostspielige Hochglanzproduktion so lustlos dahinschleppte. Altgediente wie Gary Cooper und Raymond Massey wirkten, als hätten sie Schwierigkeiten, die Rhetorik zu glauben, die Ayn Rand für sie geschrieben hatte.

Wenn Pat Neal etwas glaubwürdiger war als das Skript, dann deshalb, weil ihre Hauptfunktion darin bestand, Cooper zu lieben, und das tat sie. In seinen jüngeren Tagen war Cooper dafür bekannt, daß er jeder erreichbaren Schauspielerin nachstieg, aber seit er 1933 eine reiche New Yorkerin namens Veronica Balfe geheiratet hatte, war er gewissenhaft bemüht, ihr treu zu bleiben. Damit machte Pat Neal Schluß. Sie war zweiundzwanzig und schön und begabt, und sie liebte ihn. Sie wollte ihn heiraten. Er war siebenundvierzig, hatte den Höhepunkt seiner Karriere überschritten und war empfänglich. Es wurde ein dauerhaftes Verhältnis. Als Coopers Gesundheit in einer Serie von Bruch- und Geschwulstoperationen verfiel, saß Pat Neal an seinem Bett; seine Frau schickte Blumen.

Cooper erklärte Pat Neal wiederholt, daß er seine Frau nicht verlassen könnte; es gab Trennungen und Versöhnungen. Als Veronica Cooper die Situation klar wurde, schwankte auch sie zwischen Ja und Nein. Einmal erklärte sie: »Ich bin Katholikin, und eine endgültige Scheidung kommt für mich unter keinen Umständen in Betracht.« Ein andermal soll sie gesagt haben: »Wenn Gary die Scheidung will, kann er sie jederzeit haben.« Cooper konnte sich jedoch nicht entschließen, und nach fünf Jahren beschloß Pat Neal, den englischen Schriftsteller Roald Dahl zu heiraten.

(*The Fountainhead*) erwies sich als ein weiterer Tendenzfilm, der nicht so richtig lief. Sogar in der Atmosphäre des Kalten Krieges Mitte 1949 waren die Kritiken lau, und der Kartenverkauf der Kinos brachte keine Gewinne ein.

Roberto Rossellini hätte wahrscheinlich nicht nach Amerika zu kommen brauchen, um Ingrid Bergmann für seinen neuen Film zu verpflichten, aber im Januar 1949 wählten die New Yorker Filmkritiker *Paisa* zum besten ausländischen Film des vergangenen Jahres und luden Rossellini ein, nach New York zu kommen und ihren Preis entgegenzunehmen. Bevor er Rom verließ, sagte er, wie der Korrespondent einer Zeitung in Los Angeles berichtete: »Ich gehe dem Herrn Bergmann Hörner aufsetzen.« In New York schickte er Ingrid Bergmann ein Telegramm: »SOEBEN FREUNDSCHAFTLICH EINGETROFFEN.« Sie telegraphierte zurück: »ERWARTE SIE IM WILDEN WESTEN.«

Rossellini brauchte keine weitere Einladung, um den Zug nach Kalifornien zu nehmen und sich im Beverly Hills-Hotel einzumieten. Prompt lud die Bergmann ihn ein, Geld zu sparen und bei ihr am Benedict Canyon Drive zu wohnen. Sie fing auch an, Geld für seinen Film locker zu machen. Seit langem wünschte Sam Goldwyn, daß sie Star in einem seiner Filme wäre, aber es war ihm nie gelungen, den richtigen Stoff zu finden. Jetzt rief sie ihn an und sagte: »Sam, ich habe einen Stoff, der mir gefällt. Würden Sie den gern produzieren? Er ist von einem Italiener namens Roberto Rossellini.«

»Klar«, sagte Goldwyn. Erst dann wagte er einen Blick auf die düstere Inhaltsübersicht zu werfen, die Rossellini der Bergmann geschickt hatte. »Klingt ziemlich künstlerisch«, sagte er. Ingrid Bergmann brachte die beiden zusammen und diente als Dolmetscherin für Rossellinis Lesart des Französischen und Goldwyns Lesart des Englischen. Dann wurde die Presse gerufen, die Zeuge wurde, wie Goldwyn und Rossellini Verträge unterschrieben. Goldwyn lud diverse Hollywoodgrößen zum Abendessen in seinem Hause ein, wo ihnen Rossellinis neuer, noch nicht freigegebener Film *Deutschland im Jahre Null* (Germania anno zero, 1947) vorgeführt wurde, ein karger, halb dokumentarischer Streifen, von Rossellini als Vollendung einer Trilogie gedacht, die er mit

Rom, offene Stadt und *Paisa* begonnen hatte. »Der Film war zu Ende, das Licht ging an«, erinnerte sich Ingrid Bergmann. »Und keiner sagte ein Wort... Instinktiv stand ich auf und ging zu Roberto, warf einen Arm um ihn und küßte ihn auf die Backe... ich mußte ihn beschützen.«

Goldwyn verstand die Zeichen. Nicht den Kuß der Bergmann für Rossellini, wohl aber das Schweigen seiner Dinnergäste. Kurz darauf rief er die Bergmann an und zog seine finanziellen Zusagen zurück. »Es tut mir leid, ich kann den Film nicht machen«, sagte er. »Ich verstehe den Mann nicht. Ich weiß nicht, was er will und wovon er eigentlich redet.«

Nun, wen gab es sonst noch? Gewiß, blieb immer noch Howard Hughes. Wie ziemlich jeder Mann hatte er von der Bergmann geträumt. Er hatte sogar Cary Grant dazu gebracht, für sie beide ein Doppel-Rendezvous mit Ingrid Bergmann und Irene Selznick zu arrangieren. Und dann, beim Tanzen im El Morocco, hatte Hughes gesagt: »Ich bin so einsam, ich bin ja so schrecklich einsam.« Er solle nicht albern sein, meinte die Bergmann. Sie fand ihn ziemlich ermüdend.

Als Hughes die RKO erwarb, rief er Ingrid Bergmann an und sagte: »Ich habe gerade ein Filmstudio für Sie gekauft.«

»Was haben Sie?« sagte die Bergmann, die dabei war, ihr Haar abzutrocknen, als sie den Hörer abnahm.

»Ich habe gerade ein Filmstudio für Sie gekauft«, wiederholte Hughes. »Ich habe die RKO gekauft. Sie gehört Ihnen. Mein Geschenk für Sie. Freuen Sie sich jetzt?«

Die Bergmann hielt das für einen Witz und wimmelte Hughes ab. Jetzt aber meinte ihr Mann, Hughes würde Rossellinis Film finanzieren, Ingrid brauchte ihn nur zu bitten.

»Nein, das möchte ich nicht«, sagte sie. »Du weißt, ich habe Angst vor diesem Mann.«

»Du wirst schon mit ihm fertig«, sagte Dr. Lindstrom. Also rief sie Hughes in seinem Bungalow auf dem Hotel Beverly Hills an, und eine Viertelstunde später stand er in weißem Tennisdress und weißen Schuhen auf ihrer Schwelle.

»Klar, in Ordnung, ich mach' den Film«, sagte Hughes. »Wieviel Geld brauchen Sie?«

Hughes wollte gar nicht wissen, um was für einen Film es sich handelte. Die Finanzierung war nun also gesichert, und Rossellini begab sich wieder nach Rom, während die Lindstroms zum Skilaufen nach Aspen fuhren. Schon waren in den Klatschspalten Meldungen über Rossellini und Ingrid Bergmann erschienen, aber alle drei Beteiligten dieses Spiels schienen sich stillschweigend geeinigt zu haben, so zu tun, als wäre nichts.

Diese naive Maskerade hielt kaum länger als bis zur Ankunft der Bergmann in Rom. Rossellini empfing sie mit einem Riesenstrauß, küßte sie auf beide Wangen und flüsterte: *»Je t'aime«*. Dann geleitete er sie zu seinem roten Sportwagen und fuhr mit ihr ins Hotel Excelsior. Das war nur der Anfang. Rossellini führte seinen Star auf einer gemütlichen Fahrt die Küste entlang nach Monte Cassino, Capri, Amalfi. Ein Photoreporter, der ihnen auf der Spur blieb, nahm sie Hand in Hand auf, und das Bild erschien ganzseitig in der *Life*. Pressekolumnisten begannen mißbilligend zu gakkern. Die Bergmann ignorierte sie. Aus Amalfi schrieb sie Dr. Lindstrom, sie verlasse ihn, um bei Rossellini zu bleiben.

Rossellini war entschlossen, seinen Film auf Stromboli zu drehen, der kleinen Insel vor der sizilianischen Küste mit einem tätigen Vulkan, der von Zeit zu Zeit Lava spie. Sonst aber gab es fast nichts auf der Insel – kein fließendes Wasser, keinen Strom, keine Zeitungen. Die rund fünfhundert Inselbewohner, meist alte Leute, lebten von dem, was Angehörige auf dem Festland ihnen schickten. Einmal in der Woche machte ein Dampfer die Vierzehnstundenreise von Neapel herüber, um Lebensmittel und Post zu bringen. Rossellinis Vorbereitungen für den Film waren fast ebenso primitiv. Er hatte kein Drehbuch und, abgesehen von der Bergmann, keine Besetzung. An einem Strand hatte er zwei Fischer aufgelesen und plante, einen von ihnen als männliche Hauptfigur zu nehmen. Dann wollte er mit einigen Inselbewohnern improvisieren.

Rossellini dachte offenbar, die Abgeschiedenheit Strombolis würde die Presse fernhalten. Aber die Presse behandelte diese Romanze als eine Sensation des Jahres. Reporter mieteten sich Boote und begannen auf Stromboli herumzuschnüffeln (einer verkleidete sich sogar als Affe) und fragten die Einwohner aus, wie die Bergmann denn so lebe, wo ihr Schlafzimmer sei, wie viele Zahnbürsten es in ihrem Badezimmer gäbe. »Wir wurden ständig verfolgt«, schrieb die Bergmann in einem Brief. »Die Photographen waren überall.«

Als diese Berichte sich über die Vereinigten Staaten ergossen, packte die Hollywoodmanager Angst, es könnte einen so heftigen öffentlichen Aufschrei geben, daß alle früheren Filme der Bergmann zurückgezogen werden müßten. Joseph I. Breen, jetzt hektischer Manager bei der RKO, forderte die Bergmann in einem Schreiben auf, alle Meldungen, daß sie ihren Ehemann zu verlassen gedenke, zu dementieren. »Diese Berichte... könnten durchaus Ihre Karriere als Filmkünstlerin vernichten«, warnte er. Walter Wanger, der die *Heilige Johanna* finanziert hatte und sich gern als intellektuellen und mutig sozialkritischen Produzenten betrachtete, schickte ein Telegramm, das nach blankem Entsetzen klang: DIE MALIZIÖSEN BERICHTE ÜBER IHR VERHALTEN ERFORDERN IHREN SOFORTIGEN WIDERRUF... ICH HABE MEINE UND MEINER FAMILIE ZUKUNFT RISKIERT UND RIESENINVESTITION GEMACHT, DIE SIE AUFS SPIEL SETZEN...«

Der Aufruhr trug dazu bei, daß eine Auseinandersetzung zwischen der Bergmann und ihrem Ehemann unumgänglich wurde. Lindstrom, niedergeschmettert von ihrem Brief aus Amalfi, wollte sich nicht scheiden lassen; er wünschte, daß sie nach Hause käme. Das lehnte sie ab: Sie müsse *Stromboli* (Stromboli, terra die Dio, 1949) zu Ende drehen. Schließlich vereinbarten sie, sich in einem Hotel in Messina zu treffen. Rossellini, der befürchtete, Lindstrom könnte seine Frau überreden, zu ihm zurückzukehren, ließ das Treffen nur knurrend zu.

Eine Nacht lang schloß Lindstrom sich mit seiner Frau im Hotelzimmer ein, während Rossellini die Hotelausgänge bewachte. Dann gab die Bergmann eine verschwommene Erklärung ab, sie und ihr Mann hätten sich getroffen und »unsere Situation geklärt«, und fuhr mit Rossellini zurück nach Stromboli, zurück auf das Schlachtfeld ihres Filmes. Die Dreharbeiten waren weit hinter dem Zeitplan zurückgeblieben, und Rossellini improvisierte weiter. Die RKO schickte Abgesandte aus, um das Projekt in den Griff zu bekommen, einen echten Schriftsteller, der echte

Dialoge schreiben sollte, einen Produktionsleiter, einen Werbeberater – aber Rossellini ging seinen eigenen Weg. Die geplanten sechs Wochen Drehzeit dehnten sich zu sechzehn Wochen. Einer der RKO-Emissäre drohte schließlich, die Produktion abzusetzen, wenn die Dreharbeiten nicht am nächsten Tag beendet würden. Rossellini schickte dem Studio ein langes, mit Ingrid Bergmann unterzeichnetes Telegramm, in dem er sich auf Erkrankungen und auf das Wetter berief und den Vorwurf der Diffamierung und der Vertragsverletzung erhob. Die RKO steckte zurück, und schließlich brachte Rossellini die Arbeit zu Ende.

Drei Tage später in Rom berief Ingrid Bergmanns Pressereferent Joseph Henry Steele eine Pressekonferenz ein und gab bekannt, daß die Bergmann den Versuch aufgegeben habe, mit Lindstrom zu verhandeln. »Ich habe meinen Anwalt beauftragt, unverzüglich das Scheidungsverfahren einzuleiten«, hieß es in ihrer Erklärung. Im übrigen habe sie die Absicht, sich nach Abschluß des Films ins Privatleben zurückzuziehen. Daraus zog die römische Zeitung *Giornale della Sera* einen kühnen Schluß: Sie behauptete, die Bergmann sei schwanger.

Das war für die Hüter der Moral die letzte Ungeheuerlichkeit. Eine Scheidung war ja etwas ganz Alltägliches, und Ehebruch konnte man immer leugnen, aber daß eine verheiratete Frau ein Kind von einem Mann erwartete, der mit einer anderen verheiratet war – das war zuviel. Aus Hollywood kam Hedda Hopper geflogen und verlangte ein Exlusivinterview. Erst am Schluß des stundenlangen Interviews kam sie auf den springenden Punkt.

»Noch eine Frage, dann gehe ich, Ingrid«, sagte Mrs. Hopper endlich. »Was ist an dem Gerede, Sie wären schwanger?«

»Ach du meine Güte, Hedda«, sagte die Bergmann mit einem fröhlichen Lachen, »sehe ich so aus?«

»Mehr wollte ich gar nicht wissen«, sagte Mrs. Hopper. Dann kabelte sie ihrem Syndikat einen langen Bericht hinüber, in dem es unter anderem hieß: »Ingrid erklärt, sie werde die italienischen Zeitungen verklagen, die geschrieben haben, sie erwarte ein Kind. Ich kann es ihr nicht verdenken; daran ist kein wahres Wort.«

Auch Pressemann Steele hatte Italien in dem Glauben verlassen, alle Meldungen über Ingrid Bergmanns Schwangerschaft seien bloß Lügengeschwätz. In Hollywood wurde er immer wieder von Reportern nach Ingrid Bergmanns Zustand gefragt, und als er sich an sie wandte, was er denn sagen sollte, schrieb sie ihm schließlich gegen Ende November die Wahrheit: »Wenn wieder jemand druckt, daß ich schwanger bin, verklage ihn nicht, wie du es hier in Rom so tapfer tun wolltest, weil du den Fall mit Sicherheit verlieren würdest...«

Steele war entsetzt. Warnend schrieb er der Bergmann, welche Panik in Hollywood herrschte. »Kein großer Verleiher wird den Film (*Stromboli*) herausgeben oder zeigen dürfen. Organisationen wie die Anstandslegion, die Frauenvereine, Kirchengruppen etc. werden sich wie die Furien erheben... Der Film wird in diesem Lande keinen Pfennig einbringen... Ja, man kann sich ohne Übertreibung vorstellen, daß auch Robertos künftige Filme, mit dir oder ohne dich, in diesem Lande geächtet werden.«

Steele drängte, sie müsse versuchen, die Geburt des Kindes geheimzuhalten, aber sie schrieb nur fröhlich zurück, Rossellini finge mit einem neuen Film an. Steeles Angst vor dem drohenden Ruin der Bergmann wuchs, und so entschloß er sich zu einem drastischen Schritt in die völlig falsche Richtung, um ihren finanziellen Anteil an *Stromboli* zu retten (ihr und Rossellini gehörten gemeinsam 60 Prozent des Films). Er vereinbarte ein heimliches Treffen mit Howard Hughes in dessen Bungalow. Er ließ Hughes Verschwiegenheit schwören, bekannte, daß die Bergmann ihm nie verzeihen werde, daß er rede, sagte aber, er »tue es nur für Ingrid«, und dann teilte er Hughes das Geheimnis mit.

»Ingrid erwartet ein Kind.«

»Was haben Sie gesagt?« sagte Hughes.

»Ingrid ist schwanger – sie erwartet ein Kind.«

»Woher wissen Sie das?«

»Sie hat es mir geschrieben.«

Hughes nächste Frage war, wann es zu erwarten sei. Steele schätzte in drei Monaten und fuhr dann fort, seinen Besuch zu erklären: Wenn das bekannt würde, sei *Stromboli* keinen roten Heller mehr wert. Der Film müsse so schnell wie möglich heraus, bevor irgend jemand anfangen könne, gegen ihn zu schießen. »Geben Sie ihm einen satten Start, vielleicht in fünfhundert Kinos«, sagte Steele. »Geben Sie Ingrid eine Chance, Howard.«

Hughes war einverstanden, wie Steele meinte, der daraufhin nach Hause und »mit gemischten Gefühlen« zu Bett ging. Am anderen Morgen erwachte er und erfuhr, daß der *Los Angeles Examiner* die Neuigkeit herausschrie:

INGRID BERGMANNS BABY KOMMT IN ROM
IN DREI MONATEN ZUR WELT

Hughes' Art, seinem Film und dessen Star zu helfen, bestand darin, die Presse zu informieren und einen Skandal zu provozieren. Eine solche Gelegenheit hatte sich ihm nicht mehr geboten, seit er dafür gesorgt hatte, daß *Geächtet* geächtet wurde. Er rief Louella Parsons an, und Mrs. Parsons stürzte sich auf die Gelegenheit, wie nur sie sich auf etwas stürzen konnte. »Wenige Frauen und auch Männer in der Geschichte haben so viel für die Liebe geopfert wie der schwedische Star...« schrieb sie. »Die Schottenkönigin Mary gab für ihre Liebe zum Earl of Bothwell ihren Thron auf... König Edward VIII. entsagte seinem Thron, um Wallis Simpson zu heiraten, die Frau, die er liebte... Jetzt ist die Frage: Wird Dr. Lindstrom ihr die verlangte Scheidung gewähren, damit ihr Kind ehelich geboren werden kann...?«

Steele, der wußte, daß die Bergmann erschüttert war über die Enthüllung, ging zu Mrs. Parsons und protestierte. »Sie haben etwas furchtbar Grausames getan, Louella«, sagte er.

»Ich mußte, Schätzchen, ich mußte«, sagte sie. »Es war DIE Nachricht, das wissen Sie – die größte Story, die ich je bekommen habe.«

Offenbar fiel niemandem auf, daß Howard Hughes die größte Grausamkeit begangen hatte – er hatte das Geheimnis der Bergmann preisgegeben, nur weil er hoffte, an der Publicity zu verdienen. Dann ging er daran, *Stromboli* (der Titel war seine Idee) nach eigenem Geschmack umzuarbeiten. Das Ergebnis war ein Film, den Rossellini ablehnte und nicht anerkannte, und die New Yorker Kritiker verrissen ihn erbarmungslos.

Aber das öffentliche Geschrei ging weiter, und es richtete sich nicht gegen Hughes und auch nicht gegen Rossellini, sondern immer gegen die Bergmann. All das Moralisieren über die gefallene heilige Johanna hatte einen eigenartig politischen Unterton, als hätte die Bergmann nicht nur ihre Fans hintergangen, sondern auch die Gesellschaft betrogen, die sie idealisiert hatte. Reporter und Photographen belagerten die römische Klinik, in der sie im Februar 1950, zwei Wochen vor der Premiere von *Stromboli*, einem Sohn das Leben schenkte, den sie Robertino nannte. Es gab keine Möglichkeit, das Kind zu legalisieren, außer auf dem rechtlich zweifelhaften Weg einer mexikanischen Stellvertreterscheidung und einer mexikanischen Stellvertreterhochzeit, die einen Monat später stattfanden.

Daraufhin stand Senator Edwin C. Johnson aus Colorado im Senat auf und klagte die Bergmann als »starken Einfluß zum Bösen« an, warf ihr einen »Angriff auf die Institution der Ehe« vor, vermutete, daß sie an »der gefürchteten Geisteskrankheit Schizophrenie« leide und legte einen Gesetzentwurf zur »Lizensierung von Schauspielern, Produzenten und Filmen durch eine Abteilung des Handelsministeriums« vor. Senator Johnson hob besonders hervor, daß die Bergmann, wie viele umstrittene Gestalten in Hollywood, Ausländerin sei. (Lindstrom war im Herbst zuvor US-Staatsbürger geworden.) »Nach unserem Recht«, sagte der Senator, »darf kein der Schändlichkeiten schuldiger Ausländer wieder den Fuß auf amerikanischen Boden setzen. Mrs. Petter Lindstrom hat sich bewußt aus einem Land exiliert, das gut zu ihr war.«

Das amerikanische Wesen jedoch werde ihr Exil nicht nur überleben, sondern davon profitieren. »Ingrid Bergmann hat ihre Karriere nicht umsonst vernichtet. Aus ihrer Asche wird ein besseres Hollywood entstehen.«

Heinrich Mann wurde in seinem neunundsiebzigsten Lebensjahr vom Teufel versucht. Er war arm und krank, litt an Angina pectoris und durfte keine Treppen steigen. Seine Schwägerin Katja, die ihn verabscheute, suchte ihm eine Wohnung in der Nähe von Thomas Manns Anwesen am San Remo Drive, damit sie auf ihn aufpassen konnte. Zwei Jahre zuvor war es ihm endlich gelungen, seinen letzten Roman *Der Atem* zu vollenden, aber er war auf Deutsch noch nicht erschienen, und niemand wollte ihn ins Englische übersetzen. Und dann kam, im Frühjahr 1949, die große Versuchung.

Das kommunistische Regime der DDR verlieh Heinrich Mann seinen Deutschen Nationalpreis für Kunst und Literatur und bat ihn, als Präsident der Deutschen Akademie der Künste nach Berlin zurückzukehren. Es bot ihm nicht nur ein Gehalt und ein Amt, sondern eine Villa und einen Chauffeur und all die Requisiten, die Hollywood seinen Studiomanagern vorbehielt. Das war kein überraschender Schritt, denn Manns Werke waren im Osten seit langem populär. Ja, er war einer von nur vier ausländischen Autoren, die damals in der Sowjetunion gedruckt wurden, und seine angesammelten Tantiemen würden ihn reich machen, wenn er sich nur aus seinem Hollywooder Verhängnis lösen und zurückkehren könnte, um den Reichtum einzusammeln, der ihn in Ostberlin erwartete. »Ein Ostmark-Millionär«, seufzte er einmal. »Immerhin ist es ganz hübsch, als Millionär zu sterben.«

Heinrich Mann betrachtete sich zwar als Sozialist, aber er kannte durchaus die Schattenseiten des Walter Ulbricht, der nun als sowjetischer Gauleiter in Ostberlin regierte. Er erinnerte sich, wie Ulbricht England und Frankreich kritisiert hatte, weil sie im Februar 1940, als der Hitler-Stalin-Pakt noch galt, ein Friedensangebot Hitlers abgelehnt hatten. »Ich setze mich nicht an einen Tisch mit einem Mann«, sagte Heinrich Mann einmal von Walter Ulbricht, »der den Tisch, an dem wir sitzen, plötzlich zum Ententeich erklärt und mich zwingen will, ihm recht zu geben.« Er war sich auch durchaus darüber klar, daß das Angebot des Ulbricht-Regimes an ihn – das mitten in der Berliner Blockade kam – Teil der DDR-Anstrengungen war, sich international Ansehen und Legitimation zu verschaffen. Dennoch, Heinrich Mann hatte Leser im Osten, ein Publikum, Menschen, die ihn und seine Gedanken ernst nahmen. In Hollywood war er ein Nichts. »In fünfzig Jahren bin ich nicht so vollständig mißachtet worden wie jetzt«, schrieb er im Sommer 1949. »Wenn man nicht Dollars brauchte, würde man lachen. Laß mich wenigstens lächeln.«

Heinrich Mann war außerstande zu entscheiden, wie er sich dieser Versuchung gegenüber verhalten sollte. Ängstlich fragte er seinen Bruder Thomas um Rat, und Thomas, dieser entschiedene Konservative, gab ihm eine überraschende Antwort. Thomas hatte im Frühjahr selbst eine ähnliche Krise durchgemacht. Er hatte unter zunehmendem Druck gestanden, nach Deutschland zurückzukehren und sich den Kritikern zu stellen, die ihn angriffen, weil er das Vaterland in schweren Jahren im Stich gelassen habe. »Was muß ich auch leiblich in Deutschland sein?« schrieb er voll Schmerz an einen Freund. »Wo ich bin, ist Deutschland«, und wo meine Bücher sind, da bin ich.«

Aber 1949 war Goethes zweihundertster Geburtstag, und die Deutschen, die Goethe als Symbol der besseren Seiten der deutschen Geschichte preisen wollten, drängten Thomas Mann, an den Feierlichkeiten teilzunehmen. »Noch habe ich nicht zugesagt, aber ich werde es wohl tun müssen, und meine Ruh' ist hin«, sagte er, als er über der Einladung zu einem Vortrag in München brütete. Nachdem er sie angenommen hatte, fühlte er sich nicht weniger verpflichtet, auch in der Goethestadt Weimar zu sprechen, drüben in der kommunistischen DDR.

Er befand sich in England, um in Oxford eine Goethe-Vorlesung zu halten, als er die Nachricht erhielt, daß sein Sohn Klaus, gepeinigt von einem kranken Gemüt, niedergedrückt vom Schatten des väterlichen Ruhms, herausfordernd in seiner offenen Homosexualität, sich in Cannes das Leben genommen hatte. Thomas Mann ging nicht zur Beisetzung seines Sohnes; auch seine Frau Katja nahm nicht daran teil. Das einzige Familienmitglied, das dort erschien, war Klaus' jüngerer Bruder Michael, mit dem Symphonieorchester San Francisco auf Deutschlandtournee; er trat verspätet an das offene Grab, als die Totenfeier vorbei war, und spielte auf seiner Bratsche ein Largo.

Thomas Mann fuhr auf seiner feierlichen Prozession weiter nach Schweden, um einen Ehrendoktorhut entgegenzunehmen; weiter in die Schweiz, um eine Reihe von Vorträgen zu halten; und dann nach Deutschland. Viele Westdeutsche waren entsetzt und erbost, daß Mann es wagte, durch den Eisernen Vorhang in den verhaßten Osten zu gehen. Die Ostdeutschen fühlten sich entsprechend geehrt. Schulmädchen säumten die fahnengeschmückten Straßen, um Mann in Weimar zu begrüßen. Mann fühlte sich geschmeichelt, beeindruckt. Er habe in den Gesichtern guten Willen und reinen Idealismus gesehen, schrieb er. Seinen Bruder Heinrich, der sich drüben in Kalifornien über die Ostberliner Versuchung den Kopf zerbrach, drängte er anzunehmen: Nimm es an, das Geld, die Huldigung, die Schmeichelei, lasse Los Angeles fahren und gehe nach Osten.

Heinrich willigte ein. Aber im Dezember 1949 wurde der tschechische Paß, mit dem er nach Amerika gekommen war, plötzlich bei einem allgemeinen Widerruf aller tschechischen Pässe eingezogen. Es dauerte bis zum nächsten Frühjahr, bis Mann seine Papiere in Ordnung und eine Passage auf dem polnischen Schiff ›Batory‹ gebucht hatte. Einen Monat bevor das Schiff auslief, verbrachte Heinrich Mann einen langen Abend bei Puccini-Musik aus dem Radio, dann ging er zu Bett und erlitt eine Gehirnblutung; er erwachte nicht mehr. »Es war im Grunde die gnädigste Lösung...« schrieb Thomas Mann in einem Brief.

Aber es waren noch nicht alle Rechnungen beglichen. Der Kongreßausschuß für Unamerikanische Umtriebe hatte nicht vergessen, daß Thomas Mann die Zehn von Hollywood unterstützt hatte, daß er ihren Fall mit der ersten Zeit der Nazis in Deutschland verglich. Das US-Konsulat in München hatte ihm nahegelegt, nicht nach Ostdeutschland zu fahren. Jetzt, in diesem Frühjahr, in dem Heinrich starb, sollte Thomas Mann in der Kongreßbibliothek einen Vortrag über »Meine Zeit« halten, der sich auch mit Amerikas »irrationaler Hysterie« gegenüber dem Kommunismus befaßte. Der Kongreßausschuß monierte, die Kongreßbibliothek sei »mit Kommunisten durchsetzt«, und die Bibliothek hielt es für besser, Manns Vortrag abzusagen. Gab Washington sich der »irrationalen Hysterie« hin, so auch Kalifornien. Das Hotel Beverly Wilshire weigerte sich, einer politischen Gruppe, bei der Thomas Mann sprechen sollte, einen Raum zu vermieten.

Manns Empörung kochte in seinen Briefen über. Er sprach von der Zerstörung der Demokratie unter dem Vorwand, diese Demokratie zu schützen – kommt einem das »nicht von Deutschland her unheimlich bekannt vor«? Der »Kalte Krieg« ruiniere Amerika physisch und moralisch, deshalb sei er gegen ihn – und nicht »gegen Amerika«. »Geht jetzt die Mundt-Nixon-Bill durch, so fliehe ich Hals über Kopf mitsamt meinen sieben Ehrendoktoraten.« Der Kongreß hatte nichts dagegen. So wie Senator Nixon die Vertreibung Charlie Chaplins besiegelte, so wie Senator Johnson die Vertreibung von Ingrid Bergmann begrüßte, gab der Abgeordnete Donald L. Jackson aus Los Angeles einen Artikel aus *The New Leader* zum Protokoll des Kongresses, in dem Thomas Mann als »einer der vornehmsten Apologeten für Stalin und Genossen« bezeichnet wurde. Der Abgeordnete Jackson fügte seine eigene Meinung hinzu: »Mr. Mann sollte daran denken, daß Gäste, die sich am Tisch ihrer Gastgeber über das Menue beschweren, selten noch einmal eingeladen werden.«

Thomas Mann war in diesen bedrohlichen Tagen mit einem angenehm frivolen Projekt beschäftigt: Er schrieb die *Bekenntnisse des Hochstaplers Felix Krull* zu Ende. 1911 hatte er es beiseite gelegt, um *Der Tod in Venedig* zu schreiben; jetzt, nach mehr als vierzig Jahren, begann er auf derselben Seite weiterzuschreiben, auf der das frühere Manuskript endete. Wie sollte ihn kümmern, was der Abgeordnete Jackson für die Pflicht von »Gästen... am Tisch ihrer Gastgeber« hielt? In Briefen schrieb er, daß ihn die ungesunde, gespannte Atmosphäre dieses Landes bedrücke und daß er sich »zurück zur alten Erde« sehne. Das konnte keinesfalls die blutgetränkte Erde Deutschlands sein. Aber Thomas Mann brauchte eine Heimat, deren Sprache Deutsch war. Im Sommer 1952 ließ er Pacific Palisades hinter sich – »Ich habe kein Verlangen, meine Knochen in diesen seelenlosen Boden zu betten, dem ich nichts schulde und der nichts von mir weiß« – und floh in sein letztes Exil, nach Zürich.

Abschied

(1950)

Gloria Swanson nahm an den Krönungsfeierlichkeiten für König George VI. teil, als sie ein Telegramm aus Hollywood erhielt: Harry Cohn wünschte, daß sie sofort den Vertrag für einen *Die zweite Mrs. Draper* genannten Film unterschriebe. Eilends kehrte sie zurück, nur um festzustellen, daß Cohn es sich anders überlegt hatte. »Ich will nicht, daß Sie eine Stiefmutter spielen, eine ältere Frau, die sich mit einem jungen Kerl einläßt«, sagte er. »Ich will Sie in einer sehr sympathischen Rolle.« Cohn erklärte sich bereit, sie auf die Gehaltsliste zu setzen, während seine Leute ein neues Projekt für sie suchten. Vorgeschlagen wurde ein Stück, das zur Zeit David Selznick gehörte und das Miss Swanson gefiel. Es enthielt eine großartige Sterbeszene. Um sich der Unterstützung Cohns zu versichern, bestand Miss Swanson darauf, ihn zu Hause aufzusuchen und ihm das ganze fünfundzwanzigseitige Szenario vorzusprechen. Sie war in Tränen aufgelöst, als sie endete, und Cohn sagte, sie sei wunderbar. Aber er wollte bis morgen warten und ihr seine endgültige Entscheidung telefonisch mitteilen.

Den ganzen Vormittag blieb sie zu Hause und wartete auf den Anruf. Dann klingelte das Telefon. »Hier spricht Harry Cohn, Gloria«, sagte Cohn. »Die Antwort ist: Nein.«

»Aber warum denn, Harry?« fragte Miss Swanson und spürte, daß sie gleich schreien würde.

»Weil – wenn David Selznick das Stück verkaufen will«, sagte Cohn mit unfehlbarer Hollywoodlogik, »kann es nichts taugen.«

Miss Swanson erinnerte sich später nicht mehr genau, was sie darauf geantwortet hatte, nur daß »tief in mir ein Damm brach«. Sie schrie und fluchte und beschimpfte Harry Cohn, bis sie erschöpft merkte, daß sie das Telefonkabel aus der Wand gerissen hatte.

So beendete Gloria Swanson ihr Vertragsverhältnis mit der Columbia und zog nach New York. Zehn Jahre vergingen. Und dann rief plötzlich jemand von der Paramount bei ihr in New York an, »mein altes Studio, wissen Sie«, sagte sie einem Interviewer, »ich habe es aufgebaut, wenn man so will – und da sagte doch dieser elende kleine Wicht, sie wünschten, daß ich sofort – sofort, wohlgemerkt – an die Küste rüberflöge und Probeaufnahmen für die Rolle in diesem Film machte. Probeaufnahmen für eine Filmrolle? Ich? Ich war empört... Dann rief Mr. Wilder an. Ich sagte ihm Grobheiten...«

Billy Wilder war an solche Sachen gewöhnt, soweit ein Mensch sich an so etwas gewöhnen kann. Gloria Swanson hatte er zum letzten Mal gesehen, als sie einen Jerome Kern-Konfektionsstreifen mit dem Titel *Musik liegt in der Luft* (Music in the Air, 1934) drehte und er sich in einer Schlafzelle im Chateau Marmont mit Klappbett und Kochplatte mühsam durchschlug. Sein Freund Joe May führte Regie bei *Musik liegt in der Luft*, und er drückte sich bei den Dreharbeiten in der Kulisse herum und wurde am Ende als Mitverfasser des Drehbuchs anerkannt, zum ersten Mal in Amerika. Nichts deutet darauf hin, daß Gloria Swanson ihn damals kennengelernt hat oder, wenn doch, sich daran erinnerte.

Billy Wilder war nun allerdings ein großer Mann geworden, viel größer als Gloria Swanson. *Frau ohne Gewissen* hatte Wilders Können als Regisseur wie als Schriftsteller bewiesen, und der Film hatte so viel Geld eingebracht, daß Wilder danach ziemlich freie Hand hatte bei der Paramount. Diese Freiheit nutzte er bis zum Letzten aus, um einen seiner glänzendsten Filme zu machen, *Das verlorene Wochenende* (The Lost Weekend, 1945). Der Produktionschef Y. Frank Freeman war verreist, als Buddy DeSilva den Ankauf des düsteren Romans von Charles Jackson über den Selbstzerstörungsprozeß eines Alkoholikers genehmigte. Als Freeman zurückkam, gab er bekannt, unter welcher Bedingung er diesen Film zulassen würde: »Nur über meine Leiche.« Aber Barney Balaban, der Präsident der Gesellschaft im fernen New York, gab dem Projekt seinen Segen, also ging Wilder an die

Arbeit. Die Sache war ihm wichtig. Gerade hatte er den Alkoholismus Raymond Chandlers gesehen, erlebt, überstanden. Charles Brackett, sein regelmäßiger Partner, hatte noch schmerzlichere Erfahrungen mit dem Thema: Seine Frau war Alkoholikerin, desgleichen seine Tochter, die betrunken eine Treppe hinunterstürzte und starb. Ja, der gesetzte und ehrbare Brackett schien die trunksüchtigen Literaten Hollywoods magnetisch anzuziehen. Er hatte Scott Fitzgerald in einigen Saufphasen betreut; er betreute Bob Benchley und Dorothy Parker und Dashiell Hammett.

Welch finsteres Thema, und wie finster verfilmte es Wilder am Schauplatz New York: Nächtliches Grauen in der Psychiatrie des Bellevue-Hospitals, der unrasierte Ray Milland, der über die Third Avenue taumelt, der dann schreit in der Panik des Delirium tremens, als in seiner dunklen Wohnung eine imaginäre Fledermaus eine imaginäre Maus jagt – wer hätte je größeren Horror gefilmt in all den Jahren, in denen sich Hollywood der Faszination des Makabren hingab?

Gelächter löste *Das verlorene Wochenende* bei der Testvorstellung in Santa Barbara aus, Gelächter und Gekicher und Kommentare, der Film sei abscheulich. Triumphierend dekretierte Y. Frank Freeman, dieser bedrückende Film komme ins Regal, sei erledigt, tot. Es wurde sogar gemeldet, der Gangsterboß Frank Costello habe der Paramount im Namen der Alkoholindustrie fünf Millionen Dollar für das Filmnegativ geboten, um es zu vernichten. Aber nach etwa sechsmonatiger Verzögerung entschied Balaban, es sei Geldverschwendung, Filme zu machen und sie dann ins Archiv zu legen, also ordnete er im Herbst 1945 an, *Das verlorene Wochenende* freizugeben. Der Film erhielt fabelhafte Kritiken; Wilder bekam dafür seinen ersten Oscar als Regisseur und einen weiteren als Mitverfasser des Drehbuchs.

In dieser Zeit des Triumphs packte Wilder ein Anfall von Größenwahn. Als er im kanadischen Jasper-Nationalpark den Film *Ich küsse Ihre Hand, Madame* (The Emperor Waltz, 1947) drehte, fand er, die Fichten dort seien für seine Zwecke ungeeignet, und so gab er zwanzigtausend Dollar aus, um Fichten aus Kalifornien einzufliegen und genau da pflanzen zu lassen, wo er sie haben wollte. Dann ließ er viertausend Margeriten einfliegen und pflanzte sie dort, wo er sie haben wollte. Als er sie hatte, stellte er fest, daß ihre Farbe ihm nicht gefiel, also ließ er sie alle blau spritzen. Währenddessen ließ er sämtliche Wege der Gegend ockerfarben streichen. Dann beschloß er, er brauche eine Insel auf der Mitte der Leach-Sees, also ließ er eine bauen aus Ölfässern, die mit Erde bedeckt und mit Blumen bepflanzt wurden. Diese Insel kostete allein neunzigtausend Dollar. *Ich küsse Ihre Hand, Madame* holte all das Geld wieder herein und einen hübschen Profit dazu, aber es war ein blöder Film, eigentlich überhaupt kein Wilder-Film.

Echte Wilder-Filme waren hart und zynisch, hielten sich an den Grundsatz, daß jeder Mann seinen Preis hat und auch jede Frau. Zu Anfang stand Wilder stark unter dem Einfluß Ernst Lubitschs, dessen fröhlicher Romantizismus seine Menschenfeindlichkeit etwas milderte. Aber 1944 erlitt Lubitsch einen schweren Herzanfall, und das veränderte ihn. Von nun an lebte er in Angst vor dem nächsten Anfall.

Es gehörte zu Lubitschs großen Ambitionen, den *Rosenkavalier* zu verfilmen – ein Wunsch, den man sich bei Billy Wilder kaum vorstellen kann. Es gab Probleme mit der Studiofinanzierung, mit den Urheberrechten, mit allem, aber Lubitsch blieb beharrlich. Marlene Dietrich, die selbstverständlich davon betroffen war, glaubte den perfekten romantischen Helden für ihn gefunden zu haben, und sie wollte, daß alle kämen und ihre Entdeckung Gérard Philipe bewunderten. Das war im November 1947, als Hollywood noch im Kielwasser der Anhörungen des Washingtoner Kongreßausschusses für Unamerikanische Umtriebe strampelte, genau die richtige Zeit also, um an etwas ganz anderes zu denken, zum Beispiel an Philipes großartige Leistung in *Teufel im Leib* (Le Diable au corps, 1947), einem neuen, großartigen französischen Film. Alle möglichen Leute kamen zu der Sondervorstellung für Lubitsch im Hause William Wylers. Marlene Dietrich war natürlich da und Billy Wilder und Otto Preminger und sogar Mike Romanoff, nur Lubitsch fehlte unerwartet. Er hatte am Nachmittag unter der Dusche gestanden, als der gefürchtete zweite Herzanfall ihn niederwarf und tötete.

Zügelnden Einfluß auf Wilder hatte auch Charles Brackett, der die Liebe für geistreiche Dialoge mit Wilder teilte, sonst aber fast nichts. Ja, manche der wesentlichen Wilder-Qualitäten mißfielen ihm – die Misanthropie, der Sinn für das Makabre, die Grausamkeiten, die nackte Wildheit. Brackett war so heftig gegen *Frau ohne Gewissen* gewesen, daß er damit nichts zu tun haben wollte. Aber er wußte, daß aus seiner Zusammenarbeit mit Wilder bessere Drehbücher entstanden, als jeder für sich sie hätte schreiben können. Und da Brackett als Produzent fungierte, während Wilder Regie führte, genossen sie eine in Hollywood nahezu unerhörte Freiheit. Sie hatten niemanden, den sie bekämpfen mußten, nur einer den anderen.

Brackett hatte die Idee, eine Komödie über eine alternde Stummfilmdiva und ihre Bemühungen um Wiederbelebung ihrer Karriere zu schreiben, und in einer beiläufigen Unterhaltung steuerte der junge *Time-Life*-Reporter D. M. Marshman die Idee der Handlung bei: Die Beziehung zwischen der Stummfilmdiva, die nicht glauben will, daß ihre große Zeit vorbei ist, und einem jungen Drehbuchautor. Wilder und Brackett gefiel die Idee so gut, daß sie Marshman als Mitarbeiter am Drehbuch engagierten. Die nächste Idee hatte Wilder. »Wie wär's«, sagte er, »wenn die alte Dame den Jungen erschießt?«

Boulevard der Dämmerung (Sunset Boulevard, 1950) kann in mehrfacher Hinsicht als autobiographisches Werk gedeutet werden. Wilder war dereinst in einem Berliner Hotel als Eintänzer und Gesellschafter angestellt gewesen, kannte also die Mißlichkeiten eines Gigolo-Daseins sehr gut. Auf der anderen Seite hatte er sich gerade von seiner Frau scheiden lassen und war mit einer sehr viel jüngeren Frau, einer Sängerin, liiert, er kannte also auch die Qualen der Liebe zu einem Partner ganz anderen Alters. In *Boulevard der Dämmerung* ist alles enthalten: Befangenheit, Betörung, Scham, Qual, Widersinn, Besessenheit, Absurdität – und die Liebe, die das alles nicht sehen will. Wilder hatte, noch bevor er diesen Film drehte, außerdem beschlossen, seine langjährige Partnerschaft mit Brackett zu beenden, und auch davon handelt der Film: Von Unversöhnlichkeit und Trennung.

Aber auch über Hollywood sagt *Boulevard der Dämmerung* viel aus, über die Macht Hollywoods und die Vorstellungswelt

Hollywoods, über seine Anbetung der Jugend und seine Anbetung der eigenen Vergangenheit. (Deshalb bestand Wilder auch auf absoluter Geheimhaltung. Niemand bekam ein Drehbuch zu sehen. Das Projekt war nur unter dem Scheintitel »Eine Dose Bohnen« bekannt.) Als Hauptschauplatz suchte Wilder einen heruntergekommenen Hollywood-Palast, in dem seine Filmkönigin regieren konnte, und die zweite Ehefrau des Ölmagnaten Paul Getty war bereit, ihm ihre Renaissance-Villa unter einer Bedingung zu vermieten: Der Swimmingpool, den die Paramount bauen wollte, müßte wieder entfernt werden, wenn er Mrs. Getty nicht gefiele.

Die Paramount baute den Pool (er gefiel Mrs. Getty) und eine Menge Dinge mehr. Was Wilders glänzende Besetzung betraf, so kam sie, wie so oft, durch eine Reihe von Mißerfolgen zustande. Mae West, Wilders erste Wahl, zeigte sich schockiert: Mit fünfundfünfzig sei sie viel zu jung, um einen Stummfilmstar zu spielen. Wilder fragte Mary Pickford, die bereit war, aber ihre Rolle stark erweitert haben wollte. Wilder machte einen Rückzieher. Dann fragte er Pola Negri, die sich wie Mae West für zu jung hielt, um eine Frau in den Fünfzigern darzustellen. Der Regisseur George Cukor schlug schließlich Gloria Swanson für die Rolle der Norma Desmond vor und brachte es sogar fertig, sie zu einem Leinwandtest für diese Rolle zu überreden.

Für die Rolle des jungen Mannes engagierte Wilder Montgomery Clift und dachte, damit sei alles bestens geregelt. Zwei Wochen vor Drehbeginn sagte Clift ab. »Ich glaube nicht, daß ich eine Frau, die doppelt so alt ist wie ich, überzeugend lieben könnte«, verkündete er durch seinen Agenten. Das war seltsam, denn Clift war sehr eng mit der Sängerin Libby Holman befreundet, die tatsächlich fast doppelt so alt war wie er und offenbar dachte, in *Boulevard der Dämmerung* ginge es um sie. Clift wäre wahrscheinlich großartig gewesen, Wilders Alternativlösungen hingegen verheerend. Fred MacMurray ließ ihn abfahren. Gene Kelly war bei der MGM fest verpflichtet. Wilder war darauf angewiesen, die Liste der Vertragsdarsteller der Paramount durchzusehen, und so stieß er auf einen relativ unbekannten jungen Mann namens William Holden. So wie Wilder sich ganz allein Mae West als groteske Norma Desmond ausgesucht hatte, schuf er ganz allein die gespenstischste Einleitungsszene, die je gefilmt worden war. Sie spielte im Leichenhaus von Los Angeles, wo sich die Toten, die dort lagen, darüber unterhielten, wie sie dahin gekommen waren. Wilder schrieb diese Szene nicht nur, er nahm sie auch selber auf. Brackett war so etwas natürlich verhaßt. Er sagte, die Szene sei morbid und widerlich. Aber Wilder besaß das Wiener-Berliner Feingefühl und schätzte das Makabre, und Hollywood war für ihn ein makabrer Ort. Deshalb engagierte er auch Erich von Stroheim als Gloria Swansons Chauffeur (und früheren Ehemann), deshalb hörte er auch auf von Stroheims noch makaberere Vorschläge (er wollte dabei gefilmt werden, wie er liebevoll Norma Desmonds Dessous auswusch).

Doch trotz des Hauchs von Frivolität wußte Wilder sehr genau, was er tat. Als William Holden sich nach Brando-Art erregte, er müsse mehr über den Charakter des Joe Gillis erfahren, konterte Wilder mit der Frage: »Kennen Sie William Holden?«

»Natürlich«, sagte Holden, der in Wahrheit kaum ahnte, wie wenig er von William Holden wußte, eine Naivität, die genau das war, was Wilder wollte, als er sagte: »Dann kennen Sie auch Joe Gillis.«

Gloria Swanson war alt und versiert genug, um die Strategie zu erkennen. »Wilder ließ uns bewußt selbständig agieren«, erinnerte sie sich, »ließ uns unser Inneres umgraben, denn er wußte sehr wohl, daß ein solches Drehbuch über Hollywoods Exzesse und Neurosen die dabei mitspielenden Hollywoodler in gesunde Zweifel am Stoff oder an sich selbst stürzen müßte...« Hauptsächlich durch Gloria Swanson gewann der Film eine Eigenschaft, die den meisten Hollywoodfilmen abging: Leidenschaft. Norma Desmond hegte wirklich heftige Gefühle für Joe Gillis. Als sie ihn nicht halten konnte, war es für sie so selbstverständlich wie für Medea oder Phädra, ihn zu töten, um dann dem Wahnsinn zu verfallen. Gewiß, sie wurde in ganz hollywoodscher Manier wahnsinnig, aber sie brachte es mit so viel Gefühl und Stil, daß sie damit der klassischen Tragödie näher kam als alles, was Hollywood sonst geleistet hat.

Aber da war immer noch der gräßliche Anfang im Leichenhaus

von Los Angeles. Um den konventionellen Reaktionen zu entgehen, beschloß die Paramount, es mit einer Testvorstellung in Evanston, Illinois, zu probieren, nicht nur, weil Firmenstatistiker erklärten, dies sei die typische amerikanische Kleinstadt, sondern weil sie Sitz des Enthaltsamkeitsvereins Christlicher Frauen war und man deshalb erwarten konnte, daß sie den Schöpfern des *Verlorenen Wochenendes* wohlgesonnen sei. Das war ein Irrtum. Das Publikum in Evanston lachte und schrie und füllte Testkarten mit einer Vielfalt von Schmähsprüchen über Wilders Meisterwerk aus. Wilder erklärte der Paramount, Evanston mangele es an Bildung, um *Boulevard der Dämmerung* richtig würdigen zu können. Also probierte es das Studio mit einer weiteren Testvorstellung in einem Städtchen, dem die Demographen den höchsten Bildungsstand des Landes attestierten, und das war ausgerechnet Great Neck auf Long Island. Auch dort mißfiel der Film. Er wurde nicht nur ausgelacht, sondern ausgebuht, ausgezischt, ausgebrüllt.

Daraufhin setzten die Paramount-Manager jede weitere Vorstellung für sechs Monate aus. Dann ließ Wilder sich überreden – oder überredete sich selbst –, vielleicht doch den Filmanfang zu ändern. Auch seine neue Version war recht bizarr: Joe Gillis' Leiche schwamm in Norma Desmonds Pool und begann zu erzählen, wie sie dahingekommen war. Wenigstens gab es nur eine sprechende Leiche in der Szene, und die Zuschauer hatten nicht mehr den Eindruck, man setze ihnen perversen Quatsch vor. Als er im Sommer 1950 freigegeben wurde, erhielt *Boulevard der Dämmerung* die ausgezeichneten Kritiken, die er verdiente, und er lief gut in den Kinos. Das einzige Publikum, das ihn wirklich scheußlich fand, war die Versammlung von Filmhonoratioren, die sich zu seiner Hollywooder Premiere einfand. Louis B. Mayer, noch Chef der MGM und damit noch König von Hollywood, schimpfte nicht nur vor seinem Hofstaat von Gefolgsleuten über dieses Machwerk, er schrie seine Abneigung auch Wilder ins Gesicht.

»Sie Mistkerl«, schrie Mayer und schüttelte die Faust, »Sie haben das Gewerbe entehrt, das Sie gemacht und genährt hat. Man müßte Sie teeren und federn und aus Hollywood verjagen.«

Billy Wilder stutzte einen Augenblick, bemüht, sich etwas

einfallen zu lassen, eine passende Erwiderung. Dann lieferten seine Instinkte die Antwort.

»Leck mich am Arsch«, sagte Billy Wilder.

William Randolph Hearst, der einst in Orson Welles Porträt des Bürgers Kane so mächtig schien, lag nun im Sterben. Er war schon hoch in den Achtzigern, als er Herzflimmern bekam, ein bedrohliches Leiden, und seine Ärzte sagten ihm, er müsse seine Höhenvilla am San Simeon aufgeben. Er weinte, als er zum letzten Mal bergab gefahren wurde, vorbei am Zoo mit seinen Zebras und Kamelen und seinem schwarzen Panther. Hearst und Marion Davies zogen in ein vergleichsweise bescheidenes spanisches Stuckhaus in Beverly Hills mit nur dreieinhalb Hektar Gärten und Palmenhain und nur zwei Dutzend Dienstboten für alle Arbeiten. Sie brachten auch zwölf Gemälde von Marion Davies in diversen Filmrollen mit. Hearst sah sie immer noch gern bei privaten Vorführungen von *Die rote Mühle* (The Red Mill) und *Peg meines Herzens* (Peg o' My Heart) und *Zur Blütezeit der Ritter* (When Knighthood Was in Flower).

Früher, als Hearst nicht nur ihre Filme finanzierte, sondern auch seine Zeitungen ihr Loblied singen ließ, galt Marion Davies allgemein als seine Marionette. Schließlich war sie nichts als ein stammelndes siebzehnjähriges Ballettmädchen der Ziegfeld Follies gewesen, als sie diesen fast vierzig Jahre älteren Verleger-Millionär kennenlernte. Es gibt allerdings die Gegentheorie, daß Hearst ihr angeborenes komödiantisches Talent unterdrückt und zerstört habe, indem er durchsetzte, daß sie nur als Star in sentimentalen Liebesgeschichten auftrat. Immerhin, auch sie erlebten eine sentimentale Liebesgeschichte miteinander, und wenn es lächerlich war, daß Hearst sich in ein solches Mädchen verliebte und ihretwegen Frau und Kinder verließ, dann war es wohl auch lächerlich, daß sie ihn für die folgenden dreißig Jahre treu liebte. Sie hatte keine Angst vor seinen Schrullen. Über Hearsts unnahbare Erscheinung machte sie sich lustig, indem sie ihn als »Trauerkloß« bezeichnete. Gewiß, er schenkte ihr Schmuck und Autos und sogar Grundstücke, alles, was sie sich seiner Meinung nach wünschen konnte. Aber als er 1937 wankend am Rande des Bankrotts stand, verpfändete sie alles, wofür sie Geld bekommen konnte, und präsentierte ihm einen völlig unerwarteten Scheck über eine Million Dollar. »Ich dachte: Warum soll er sich quälen wegen einer lumpigen Million...« sagte Miss Davies später. »Das gehörte zu den Dingen, die ich an W. R. liebte – von Geld hatte er überhaupt keine Ahnung.«

Bei all seiner Aufschneiderei war Hearst doch der unfähigste der Magnaten. Er scheffelte Millionen aus den Bergwerksaktien, die er von seinem Vater erbte, aber er verlor Millionen mit seinen Presseunternehmen, seiner schreienden Mischung aus Sensationsjournalismus und Hurrapatriotismus. Er ließ zwar seine Trompeten zu diversen Kreuzzügen blasen, zum Beispiel gegen die Vivisektion, seine wirkliche Macht aber war so unbedeutend, daß es ihm nie gelang, ein politisches Amt zu erringen, auch nicht als Bürgermeister von New York. Ein Trauerkloß in der Tat. Jetzt zitterten seine Hände oft unkontrollierbar, und er wog nur noch 120 Pfund, aber er saß noch in seinem Rollstuhl und diktierte Memoranden an seine irritierten Redakteure oder befahl Miss Davies, sie mitten in der Nacht anzurufen und läppische Instruktionen zu erteilen.

Am Sylvesterabend 1950 scharte sich eine kleine Delegation zusammen, die sich auf den Weg zum Hearst-Haus in Beverly Hills machte, um dem siebenundachtzigjährigen Chef ein gutes neues Jahr zu wünschen, darunter Louella Parsons, Hearsts Hollywooder Klatschkolumnistin, selbst beinahe siebzig und nicht mehr ganz fit. Sie fanden Hearst in seinem großen, sparsam möblierten Schlafzimmer regungslos liegen. Er konnte nicht mehr sprechen.

Fast bis zum Schluß schienen die Zehn von Hollywood zuversichtlich, daß der Oberste Gerichtshof den Schuldspruch wegen Mißachtung des Kongresses aufheben würde. Frühere Urteile dieses Gerichts sprachen dafür, daß die Zehn berechtigt waren, sich auf die Garantie der Redefreiheit in Artikel Eins zu verlassen. Diese Erwartungen wurden dadurch zunichte gemacht, sagten einige von ihnen später, daß 1949 zwei liberale New Deal-Richter starben, Frank Murphy und Wiley Rutledge, und durch zwei relativ konservative Truman-Leute ersetzt wurden, Sherman Minton und Generalstaatsanwalt Tom Clark.

Damit maßen die Verurteilten der personellen Zusammensetzung des Gerichts sehr große Bedeutung bei und ließen das allgemeine Meinungsklima in den Vereinigten Staaten außer acht. Das Land war nervös und verängstigt, aufgeschreckt vom ersten Atombombentest der Sowjets im Sommer zuvor, betroffen vom Sieg der Kommunisten in China im Herbst. Im Oktober 1949 wurden die elf führenden Funktionäre der Kommunistischen Partei schuldig gesprochen, den Umsturz der staatlichen Ordnung befürwortet zu haben, ein Verhalten, das nach Artikel Eins zweifellos zulässig war, nun aber durch den Smith-Akt für gesetzwidrig erklärt wurde.

Im Januar 1950 endete der spektakulärste einer Serie von Spionageprozessen mit der Verurteilung des ehemaligen Beamten im Außenministerium Alger Hiss wegen Meineids. Hauptnutznießer des Hiss-Prozesses war der junge kalifornische Kongreßabgeordnete Richard Nixon, der bei den Hiss-Verhören vor dem Ausschuß für Unamerikanische Umtriebe eine herausragende Rolle gespielt hatte und der nun beschloß, für den Senat zu kandidieren. Seine demokratische Gegenkandidatin, die ehemalige Schauspielerin Helen Gahagan Douglas, war eine ausgesprochen liberale Kongreßabgeordnete, die für die Streichung sämtlicher Mittel des Ausschusses für Unamerikanische Umtriebe gestimmt hatte. Nixon gründete seinen siegreichen Wahlkampf auf die Unterstellung, Mrs. Douglas sei eine gefährliche Linke. »Wenn es nach ihr gegangen wäre«, sagte Nixon, »wäre das kommunistische Komplott nie aufgedeckt worden.«

Der Oberste Gerichtshof entschied im April mit einer Mehrheit von sechs zu zwei, daß kein Anlaß bestünde, den Schuldspruch gegen die Zehn von Hollywood zu revidieren. Diese legten zwar sofort neue Einsprüche ein, mußten sich aber nun auf das Unvermeidliche vorbereiten: Tatsächlich hinter Gitter zu kommen.

Dalton Trumbo und John Howard Lawson, deren Einsprüche den anderen acht als Muster dienten, gingen als erste nach Washington, um ihr Urteil entgegenzunehmen. In dem Grüppchen, das sich am Flughafen von Los Angeles zur Verabschiedung versammelt hatte, standen auch Trumbos schöne Frau Cleo und ihre drei Kinder, die ein selbstgemachtes Transparent schwenkten mit dem Text: DALTON TRUMBO GEHT IN DEN KNAST. BEFREIT DIE ZEHN VON HOLLYWOOD. Am 9. Juni wurden Trumbo und Lawson zu je einem Jahr Haft und tausend Dollar Geldstrafe verurteilt. Am 29. Juni wurde den übrigen Angeklagten der gleiche Spruch zuteil.* Jegliches Mitleid, das sie nach diesen harten Strafen erwartet haben mochten, schwand dahin, als noch in derselben Woche der Koreakrieg ausbrach und Präsident Truman schnellstens US-Truppen zur Abwehr der kommunistischen Invasion an den achtunddreißigsten Breitengrad beorderte.

Alvah Bessie, Veteran des Spanischen Bürgerkriegs, konnte gar nicht recht fassen, was ihm da widerfuhr: daß er in der Hauptstadt seines Heimatlandes zu Gefängnis verurteilt wurde. Keiner der immer noch ungläubigen Verurteilten hatte je ein Gefängnis von innen gesehen, keiner hatte etwas getan, was man ernsthaft als haftwürdiges Verbrechen bezeichnen konnte, doch nun legte man ihnen Handschellen an und führte sie durch marmorne Korridore zu einem Fahrstuhl und hinunter zu den Zellen des kommunalen Gefängnisses, das ganz anders aussah als der würdige Gerichtssaal. »Der Knast war dreckig und überfüllt«, erinnerte sich Bessie. »Von den Wänden blätterte die Farbe ab; das offene Klo in der Ecke stank. Die Männer – meist Neger – saßen rings an den Wänden auf wackeligen Holzbänken... Ein paar schwarze Häftlinge, die gerade eingeliefert wurden, riefen uns durchs Gitter zu: ›Hej, Hollywood-Bubis!‹«

Nach zwei Wochen im Washingtoner Gefängnis wurden die Hollywood-Bubis in verschiedene Bundeshaftanstalten verlegt. Es gab acht Anstalten der untersten Sicherheitsstufe, und obwohl die Häftlinge eine bestimmte verlangen konnten, folgten die Behörden ihren eigenen esoterischen Regeln bei der endgültigen Entscheidung. Trumbo, Lawson und Scott wurden nach Ashland in Kentucky geschickt, Lardner und Cole nach Danbury in Connecticut, Biberman und Bessie nach Texarkana in Texas und Maltz und

---

* Außer Dmytryk und Bibermann. Sie kamen zufällig vor einen geneigteren Richter und erhielten deshalb ohne besonderen Grund nur sechs Monate Gefängnis.

Dmytryk nach Millpoint in West-Virginia (wo sie Clifford Odets trafen, der nach Verbüßung von drei Monaten wegen Mißachtung vor der Entlassung stand). Ornitz, schon an Krebs erkrankt, kam ins Gefängnishospital von Springfield, Massachusetts.

Die materiellen Lebensumstände der Häftlinge waren gar nicht so übel. »Man lebt hier fast wie im Sanatorium«, schrieb Trumbo seiner Frau. Es sei ein luftiger, pieksauberer und sehr hübscher Ort, das Essen sei gut, die Behandlung freundlich und die Restriktionen nicht beschwerlich. Und der geregelte Tagesablauf mit Essen, Schlafen, Arbeiten sei höchst erholsam... »Daß man plötzlich jeglicher Verantwortung enthoben ist, schenkt einem ein Gefühl geradezu belebender Erleichterung.« Die Gefangenen wurden mit anspruchslosen Arbeiten beschäftigt. Lardner tippte im Meldebüro; Cole arbeitete im Lebensmitteldepot; Dmytryk erledigte Büroarbeit in der Gefängnisgarage, außerdem lernte er, wie man einen Bulldozer fuhr, wie man eine Whiskybrennerei baute und wie man ein Messer herstellte. Einige der Häftlinge fingen mit Gymnastik an und nahmen ab. Lardner begann einen Roman zu schreiben (aus dem schließlich *The Ecstasy of Owen Muir* wurde). Das gleiche tat Trumbo, allerdings wurde seiner nie fertig. Im übrigen war dies für jeden der einsitzenden Schriftsteller die Gelegenheit, endlich *Krieg und Frieden* zu lesen. Trumbo und Cole taten es.

Das Ungewöhnlichste am Häftlingsleben der Zehn von Hollywood war allerdings ihre Begegnung mit Hunderten von Männern eines Schlages, wie sie ihn in Hollywood nie kennengelernt hatten. Bessie traf in Texarkana Mitinsassen wie »Napfkuchen (klein und dick), Bebop (Neger), Puter (langer, roter Hals), Schlange (hatte eine auf den Arm tätowiert...), Mutter (alter Begriff im Süden, der hier nicht erklärt zu werden braucht), ...Mülltonne (ein Dreizentnermann, der sich regelmäßig einliefern ließ, damit er umsonst essen konnte)...«

Diese und andere Häftlinge behandelten die Hollywood-Radikalen nicht so feindselig, wie sie vielleicht erwartet hatten, sondern eher mit einem gewissen ungläubigen Staunen, daß ein Mensch aus politischen Gründen ins Gefängnis ginge. Politik war ihnen fremd und gleichgültig, aber sie hatten einen Widerwillen gegen alle

Behörden. Viele dieser Häftlinge waren schwarz – zwei Drittel etwa in den Gefängnissen des Südens, ein Drittel im Norden –, und bei den Schlaf- und Essensregelungen herrschte zwar inoffizielle, aber strenge Rassentrennung. Die Hollywooder Schriftsteller, in solchen Dingen eher naiv, taten ihr Bestes, um mit den Schwarzen Freundschaft zu schließen. Gelegentlich gelang ihnen das. Cole und Lardner brachten es sogar zuwege, daß in der Cafeteria ihres Connecticuter Gefängnisses die Rassentrennung aufgehoben wurde.

Dalton Trumbo, einst ein exorbitant hochbezahlter Schriftsteller, wurde zum inoffiziellen Schreiber der Analphabeten und half zahlreichen Bauernjungen des Südens, die wegen Schwarzbrennerei einsaßen, mit ihren Familien zu korrespondieren. Ein Häftling namens Cecil blieb ihm besonders in Erinnerung. Die Briefe von Cecils Frau, die sie der Tochter diktierte, erzählten endlos von den Mühen der Ernte und des Brennholzsammelns und der Pflege kranker Kinder. Die Frau selbst hatte sehr schlechte Zähne und war schon zwei oder drei Mal wegen ihrer Zähne bei der Kreisverwaltung gewesen. Schließlich kam ein Brief von ihr, der berichtete, obwohl sie so sehr gebeten hätte, es nicht zu tun, habe man ihr beim Kreis sämtliche Zähne gezogen. Nun habe sie nur noch Zahnfleisch und ihr Mund sei ganz verschrumpelt. »Und wenn du mich siehst, wirst du mich nicht mehr lieben, weil ich so häßlich bin.« Mit anderen Worten, kommentierte Trumbo: »Dieser Frau war schlicht das Herz gebrochen.«

Trumbo schrieb also einen Brief, in dem Cecil sagte, sie solle sich keine Sorgen machen wegen ihrer Zähne, sie wäre hübsch auch ohne ihre Zähne, und als er sie kennengelernt und geheiratet hätte, habe er ganz bestimmt überhaupt nicht an ihre Zähne gedacht, er könne sich gar nicht erinnern, ob sie Zähne hatte oder nicht – ihm seien ihre Zähne verdammt egal. Sie würde immer so schön bleiben wie früher, weil es bestimmt nicht ihre Zähne seien, die er liebte. Daraufhin kam ein Antwortbrief, geschrieben von der Tochter für die Mutter. »Es war ein Liebesbrief«, sagte Trumbo. »Ich kann ihn nicht beschreiben. Einfach ein vollkommener, absoluter Liebesbrief. Ihn nur zu lesen war tief bewegend...«

Die außergewöhnlichste Begegnung überhaupt fand in Danbury statt, wo man Lardner und Cole bei ihrer Einlieferung streng vor jedem Versuch der Gewaltanwendung warnte. Cole erklärte dem Beamten, er sei wegen Mißachtung des Kongresses, nicht wegen Gewalttaten verurteilt worden. Aber der Beamte blieb mißtrauisch. »Hier gibt es Gerüchte, noch ehe Sie da sind«, sagte der Beamte, »daß Sie beide sich gewaltsam rächen wollen, wenn es sich machen läßt.«

»Wer zum Teufel kann sowas gesagt haben?« wunderte sich Cole.

»Wollen Sie schwören«, beharrte der Beamte, »daß Sie nicht vorhaben, in irgendeiner Form Rache zu üben an J. Parnell Thomas, der sich in dieser Anstalt befindet?«

Es war kein Geheimnis, daß der moraleifernde Kongreßabgeordnete 1948 angeklagt worden war, gefälschte Gehaltsabrechnungen beim Kongreß eingereicht und Gelder von seinen Angestellten angenommen zu haben, daß er das Verfahren fast ein Jahr lang mit vorgeschobenen Krankheiten hinausgezögert hatte, um schließlich auf *nolo contendere* zu plädieren (kommt im amerikanischen Strafrecht einem Schuldgeständnis gleich, läßt aber die Möglichkeit offen, die Schuld später wieder zu bestreiten) und sich der Gnade des Gerichts zu unterwerfen, das ihn dann gnädig zu nicht mehr als achtzehn Monaten Gefängnis plus zehntausend Dollar Geldstrafe verurteilte. Aber Cole und Lardner hatten nicht gewußt, daß sie und ihr Großinquisitor in demselben Bundesgefängnis eingeschlossen würden.

»Er muß das Gerücht selbst in die Welt gesetzt haben«, sagte Cole. »Ihn umbringen? Mein größtes Vergnügen wird sein, ihn hier unter Seinesgleichen zu sehen – unter kleinen Gaunern.«

»Stimmt«, sagte der Beamte. »Thomas war es, der davon redete, als er erfuhr, daß Sie hierherkommen.«

Beide Schriftsteller brachen in Gelächter aus. »Welch ein Glück!« sagte Lardner. »Es muß eine Möglichkeit geben, ein Dutzend Möglichkeiten, den Kerl das Fürchten zu lehren.«

Als Lardner jedoch den verängstigten Abgeordneten schließlich im Gefängnishof traf, konnte er sich nicht überwinden, ihn anzusprechen. »Er hatte stark abgenommen«, erinnerte sich Lardner später, »und sein Gesicht, bei unserer letzten Begegnung rund und purpurrot, war tief gefurcht und gelblich...« Cole war kämpferischer. Er sagte, Thomas sei hastig davongerannt, als er ihn kommen sah, aber schließlich hätten sie sich bei der Arbeit getroffen. Cole hatte den Auftrag, mit einer Sichel Gras zu schneiden, und das führte ihn in die Nähe der Hühnerställe, wo Thomas damit beschäftigt war, mit einer Hacke Mist zusammenzukratzen.

»He, Bolschi – Ihre Sichel haben Sie ja noch, wie ich sehe«, höhnte Thomas im Schutz des Hühnergeheges. »Wo haben Sie denn Ihren Hammer?«

»Und ich sehe, daß Sie wie im Kongreß immer noch Hühnerscheiße aufsammeln«, rief Cole zurück.

So verging die Zeit, Monat für Monat. In der letzten Haftwoche Coles nahm der Kongreßausschuß für Unamerikanische Umtriebe neue Anhörungen in Hollywood auf. Jeden Nachmittag nach der Arbeit scharten sich die Häftlinge um das Radio und hörten Nachrichten. Zu den ersten Zeugen gehörte Richard Collins, einer der ursprünglich unfreundlichen Neunzehn. Jetzt wurde Collins, wie Cole sagte, »der erste Petzer, Spitzel, Sänger«. Er benannte sechsundzwanzig Personen, die er als Kommunisten kennengelernt habe, darunter Jarrico, Carl Foreman und Budd Schulberg. Was Schulberg veranlaßte, dem Ausschuß postwendend zu telegraphieren, daß er bereit sei, »in jeder mir möglichen Weise mit Ihnen zusammenzuarbeiten«. Auch Dmytryk wünschte jetzt, nachdem er seine Haftstrafe voll abgesessen hatte, auszusagen, »daß der Kampf um Gedankenfreiheit, an den ich unbedingt glaube, zu einer schweigenden Verschwörung verdreht worden ist...« Die Häftlinge, die im Danbury-Gefängnis am Radio saßen, »sahen mich an und schüttelten die Köpfe«, erinnerte sich Cole, »die einen mitleidig, die anderen verächtlich«. Einer sagte schließlich: »Was bist du eigentlich für ein Affenarsch, daß du in diese miese Meute von Spitzeln geraten bist?«

Von all den schönen Mädchen, die Ende der vierziger Jahre in Hollywood blühten, war Elizabeth Taylor das weitaus schönste. Als sie mit achtzehn Jahren heiratete, war das natürlich das gesellschaftliche Ereignis des Jahres 1950. Conrad Nicholas Hilton jr., zweiundzwanzig Jahre alt, war der Sohn des Präsidenten des Hilton-Hotelkonzerns, ein selbstbewußter Texaner, von dem es hieß, er sei etwa 125 Millionen Dollar wert. Der Verlobungsring, den Nicky Hilton der Taylor geschenkt hatte, trug einen fünfkarätigen Diamanten. Ein paar Leute versuchten ihr zu sagen, daß Hilton zuviel tränke und von heftigem Temperament sei, aber Elizabeths Eltern waren mit ihm einverstanden, desgleichen die MGM, die plante, den jüngsten Taylor-Film *Vater der Braut* kurz nach ihrer Hochzeit am 6. Mai herauszubringen. Das Studio gab ferner bekannt, daß es sie mit einem Hochzeitskleid für 3500 Dollar aus fünfundzwanzig Metern perlweißem, perlenbesticktem Satin ausstatte, dazu einer Schleppe aus fünfzehn Metern Seidenchiffon, nicht zu reden von dem seidenen Schleier, einer Creation, die fünfzehn MGM-Näherinnen zwei Monate lang beschäftigte. Das Studio stellte ihr sogar das Gewand für die Hochzeitsnacht zur Verfügung, ein weißseidenes, mit rosa Spitze besetztes Negligé. Es verstand sich beinahe von selbst, daß es außerdem das bronzefarbene Chiffonkleid für Elizabeths Mutter und die narzissengelben Kleider ihrer sieben Brautjungfern stiftete.

Leute aller Art schickten Geschenke aller Art. Ein reicher Onkel namens Howard Young steuerte einen Perlenring im Wert von 65 000 Dollar bei. Conrad Hilton bot 100 Hilton-Hotelaktien, die damals nur 1350 Dollar wert waren, in den nächsten dreißig Jahren aber auf mehr als 150 000 Dollar stiegen. Die Firma Gorham-Silber versprach ein fünfundvierzigteiliges Silberservice unter der Bedingung, daß sie Elizabeth Taylor beim Eingießen von Tee aus der Gorham-Kanne photographieren dürfte; sie durfte. Dieser oder jener schickte einen Nerzmantel und auch einen für Mutter Taylor. »Ich liebe einfach alles am Heiraten«, sagte Elizabeth Taylor.

Es geschah in der Kirche des Guten Hirten in Beverly Hills vor rund sechshundert in die Kirche gerammten Gästen und gut dreitausend draußen gegen die Polizeisperren gepreßten Bewunderern. Die siebzehn Überseekoffer der Taylor waren, gepackt für ihre Hochzeitsreise an die Riviera, an Bord der ›Queen Mary‹. Der Herzog und die Herzogin von Windsor waren ebenfalls an Bord und luden die Jungvermählten zum Essen ein. Nicky Hilton wußte nicht, ob er im Abenddreß kommen müßte. (Nein, mußte er nicht.) Schlimmeres stand bevor. Kreischende Volksmassen liefen überall in Europa zusammen, wo Liz Taylor sich blicken ließ, und sie, herangezogen und gedrillt in MGM-Bräuchen, verbrachte Stunden damit, Autogramme zu geben. Der junge Ehemann kochte. Da er noch verwöhnter und kindischer war als sie, begann er bald, sich zu rächen, indem er spielte und sich betrank und seine Frau beschimpfte. »Ich habe es ganz verdammt satt und über, dein Gesicht zu sehen!« schrie er einmal.

Die Flitterwöchner kehrten nach Hollywood zurück, so daß Liz Taylor sich wieder ihrer Karriere widmen konnte. Nach einem schrillen Streit zuviel, bei dem Hilton ihr sagte, sie solle »verdammt noch mal verschwinden«, tat sie es. Die gefeierte Ehe hielt sieben Monate. »Ich bekomme immer Schwierigkeiten«, sagte Liz Taylor in einem oft zitierten Bekenntnis vor der Presse, »weil ich den Körper einer Frau und die Gefühle eines Kindes habe.« Eine so einfache Entschuldigung hatte Nicky Hilton nicht zu bieten, der erste ihrer sechs Ehemänner. Auch die MGM nicht, die nicht nur Liz Taylors Hochzeitskleid zurückverlangte, sondern auch die Kleider ihrer Brautjungfern. »Sie haben nicht einmal jemanden geschickt, der sie holte«, sagte eins der Opfer. »Wir alle mußten sie selbst ins Studio zurückbringen.«

»Sieh dir bloß den Fettsack an, wie er sich abmüht, aus seinem Auto zu kommen«, sagte Raymond Chandler zu seinem Sekretär, mit dem er wartend im Eingang zu Chandlers Haus in La Jolla stand. Der Sekretär versuchte ihn zu dämpfen, der Fettsack, der da ums Aussteigen aus seiner Limousine kämpfte, könnte hören, was er sagte. »Na und?« meinte Chandler.

Der Grund, warum der Fettsack den langen Weg zu Chandler nach La Jolla hinaus gemacht hatte, war, daß der neue Vertrag über 2500 Dollar pro Woche, den der Schriftsteller mit der Warner Bros. abgeschlossen hatte, auch festlegte, daß er zu Hause arbeiten dürfe, also mußte jeder, der eine Drehbuchkonferenz abhalten wollte, dafür nach La Jolla kommen. Chandler haßte solche Konferenzen sowieso. Er beschrieb sie als »diese gottsjämmerlichen Labersitzungen, die ein wohl unvermeidlicher, aber qualvoller Teil des Filmgeschäfts sind«.

Auch der Fettsack fand kein besonderes Vergnügen an den Labersitzungen mit Chandler. »Unsere Zusammenarbeit war nicht sehr befriedigend«, sagte Alfred Hitchcock, der immer Wert darauf legte, mit dem für einen seiner Filme engagierten Schriftsteller möglichst eng zusammenzuarbeiten. Es waren nicht die besten Zeiten für Hitchcock. Sein letzter Film vor dem Bruch mit Selznick, *Der Fall Paradin* (The Paradine Case, 1948), war kein Erfolg gewesen, weder künstlerisch noch kommerziell. Die beiden Filme, die er dann allein gemacht hatte, *Cocktail für eine Leiche* (Rope, 1948) und *Sklavin des Herzens* (Under Capricorn, 1949), waren auch nicht gut gelaufen, und sein langjähriger Traum von der unabhängigen Produktion war im Mißerfolg geplatzt.

Aber Anfang 1950 entdeckte Hitchcock einen Roman mit einer faszinierenden Idee: Zwei Fremde begegnen sich und vereinbaren einen Austausch von Morden. Jeder wollte eine Person töten, die der andere tot wünschte. Hitchcock kaufte die Filmrechte an Patricia Highsmiths *Alibi für zwei* für läppische 7500 Dollar und fertigte zusammen mit einem Schriftsteller namens Whitfield Cook eine fünfundsechzigseitige »Bearbeitung« an. Bei dem Versuch, daraus ein vollwertiges Drehbuch zu entwickeln, fuhr Hitchcock sich allerdings fest. »Ich konnte keinen finden, der mit mir weiterarbeitete«, lamentierte er.

Einer der Schriftsteller, um die Hitchcock sich bemühte, war der zermürbte Dashiell Hammett. Aber irgend etwas ging schief bei den Verhandlungen, und Hammett entschwand. Dann, nachdem noch mehrere andere abgewinkt hatten, kam der beinahe ebenso zermürbte Chandler, der für Hitchcock das letzte Drehbuch seines Lebens schreiben sollte. Chandler schrieb einen ersten Entwurf, während Hitchcock nach Osten fuhr, um Schauplätze zu erkunden. Als der Regisseur wiederkam, las er mit Bestürzung Chandlers Skript, diktierte eine Menge Änderungen, die er wünschte, und fuhr dann wieder nach Osten, um Aufnahmen von den Tennisturnieren in Forest Hills zu machen (der Held, im Original Architekt, war jetzt ein Tennis-Star, das war photogener). »Hitchcock... inszeniert in Gedanken einen Film, bevor er die Handlung kennt«, beschwerte sich Chandler. »Man versucht nur noch, die Einstellungen, die er drehen will, zu verbalisieren, statt eine Handlung zu schreiben.« Und: »Hitchcock... ist jederzeit bereit, die dramaturgische Logik (soweit es sie gibt) für einen Kameraeffekt oder einen Stimmungseffekt zu opfern. Er weiß das und nimmt das als Handicap hin.«

Als Hitchcock Chandlers zweiten Entwurf las, entschied er, daß Chandler gefeuert werden müßte. Er hoffte jetzt Ben Hecht zu engagieren, aber alles, was er haben konnte, war Czenzi Ormonde, eine Assistentin Hechts (obwohl auch Hecht mitgeholfen haben dürfte). Sie schrieb ein neues Drehbuch, zusammen mit der neuen Partnerin Barbara Keon und mit Hitchcocks Frau Alma und, natürlich, mit Hitchcock selbst. Was machte ein solches Autoren-Gemenge schon aus? Chandler hatte recht – es ging Hitchcock hauptsächlich um Kameraeffekte. So baute er zum Beispiel eine Riesenlinse, so daß er den Mord an Guys Frau ganz als Spiegelung in der Brille filmen konnte, die das Opfer fallengelassen hatte. Oder der spektakuläre Schluß, an dem das Karussell in rasendem Wirbel außer Kontrolle gerät. Hitchcock filmte zunächst ein Spielzeugkarussell, das sich schneller und schneller drehte, bis es schließlich explodierte. Dann vergrößerte er den Film und projizierte ihn auf eine Riesenleinwand, vor die er seine Schauspieler plazierte. »Dies war eine höchst komplizierte Sequenz«, erläuterte Hitchcock später.

Die einzige Schwäche seines Films *Der Fremde im Zug* (Strangers on a Train, 1951), gestand Hitchcock später François Truffaut, sei das, was ein weniger cineastischer Regisseur als entscheidend ansehen mochte: Die beiden Hauptdarsteller und das Drehbuch. Hitchcock war zu kritisch. Farley Granger war ein durchaus annehmbarer Guy, und Robert Walker war als Bruno recht bemerkenswert. Vielleicht eben weil er so oft die Rolle des netten, scheu nach Zärtlichkeit hungernden jungen Mannes gespielt hatte, wirkte der aus der Menninger-Klinik entlaufene Walker jetzt beinahe dämonisch als Spiegelbild seines früheren Selbst, verschlagen, durchtrieben, versteckt homosexuell, dominierend und rücksichtslos. Und wahnsinnig. All das gärte in Robert Walker in dem letzten kompletten Film, den er drehte, bevor er zu Tode behandelt wurde.

Walkers Ex-Ehefrau Jennifer Jones, die 1949 schließlich David Selznick geheiratet hatte, bekam jetzt die Chance, in William Wylers Fassung der *Schwester Carrie* als Partnerin von Laurence Olivier groß herauszukommen. Sie sagte Wyler also nicht, daß sie schwanger war. Als ihr Zustand sich nicht mehr verbergen ließ, gestand sie Wyler, daß sie ihn verschwiegen hätte, um die Rolle nicht zu verlieren. Diese Rolle wurde nun allerdings besonders schwierig, weil die Mode der Dreiser-Zeit enggeschnürte Korsetts erforderte. Wyler bemühte sich, ganz ungewöhnlich bei ihm, um Entgegenkommen: Bei Nahaufnahmen brauchte sie kein Korsett; wenn ihre ganze Figur zu sehen wäre, würde er es ihr sagen. Sie kam trotzdem immer geschnürt. Nach Abschluß der Dreharbeiten verlor sie ihr Baby.

Wenige Monate nachdem sich die Gefängnistore in Kentucky geöffnet hatten, um Trumbo, Lawson und Scott in die Freiheit zu entlassen, öffneten sie sich erneut, um Dashiell Hammett aufzunehmen. Er war neunundfünfzig und ein Wrack, hager, zahnlos, von heftigen Hustenanfällen geschüttelt. An seinem ersten Hafttag wurde er in der Schlange an der Essenausgabe ohnmächtig.

Hammett hatte seit fast zwanzig Jahren keinen Roman mehr vollendet, konnte allerdings von den Tantiemen seiner früheren Werke immer noch leben. In letzter Zeit hatte er wieder einmal etwas zu schreiben versucht, was er *Erster Dezember* nannte, aber auch das brachte er nicht zu Ende. Sein alter Freund William Wyler holte ihn nach Hollywood, damit er Sidney Kingsleys Stück *Polizeirevier 21* (Detective Story, 1951), für den Film bearbeite. Er genoß es, mit der hübschen jungen Patricia Neal auszugehen, merkte aber bald, daß er das Drehbuch für Wyler nicht zu schreiben vermochte; er gab die zehntausend Dollar Vorschuß, die er erhalten hatte, zurück.

Trotz dieses sichtlichen Altersabbaus blieb Hammett weiter politisch aktiv und damit attraktiv für das FBI. Es stellte einen Mann ab, der ihn beschattete. Dieser Schatten berichtete, Hammett habe an einer kommunistischen Veranstaltung gegen den rassistischen Senator Theodore Bilbo aus Mississippi teilgenommen und habe für die Sache tausend Dollar gespendet. Weitere tausend Dollar spendete Hammett bei einer Kundgebung für die Beendigung des Korea-Krieges im Madison Square Garden.

Richtig in Harnisch gerieten die Behörden jedoch, als im Sommer 1951 der Oberste Gerichtshof die Schuldsprüche gegen die elf kommunistischen Parteiführer endgültig bestätigte und vier von ihnen auf Kaution frei blieben. Die Kaution von zwanzigtausend Dollar pro Kopf hatte eine linke Organisation namens »Bürgerrechtskongreß« gestellt, und Hammett war einer der vier Treuhänder des Kautions-Fonds. Bundesrichter Sylvester Ryan, vor dem die Flüchtigen zur Urteilsverkündung gar nicht erst erschienen waren, erklärte nicht nur die Kautionsgelder für verfallen, sondern verlangte auch, daß die vier Treuhänder vor ihm erschienen, um mitzuteilen, wer die Kautionsgelder gespendet hätte. Hammett, der keine Ahnung hatte, wer die vielen Spender im einzelnen waren, reagierte auf dieses Ansinnen damit, daß er sich auf Artikel Fünf berief, denn »ich lasse mir nicht von Cops oder Richtern erzählen, was ich unter Demokratie zu verstehen habe«, wie er Lillian Hellman erklärte. Doch obwohl Artikel Fünf dazu da ist, Bürger in solchen Situationen zu schützen, entschieden die Gerichte (am Ende sogar der Oberste Gerichtshof), von Hammett werde ja nicht verlangt, daß er sich selbst belaste, denn er sei nur als Zeuge geladen, und Zeugen hätten kein Recht, sich auf Artikel Fünf zu berufen. Resultat: Sechs Monate in Ashland, Kentucky.

Die Gefängnisbehörden in Ashland behandelten den Alten gnädig, nach Art des Hauses. Sie übertrugen ihm leichte Innenarbeiten, etwa Flure aufwischen und Toiletten säubern. Er arbeitete auch in einem Ausschuß mit, der sicherstellen sollte, daß alle neuen Gefangenen lernten, wie man eine Toilette benutzte. Frederick Vanderbilt Field, ein Nachfahre des Commodore Vanderbilt und Hammetts Kollege als Fonds-Treuhänder des Bürgerrechtskongresses, gehörte ebenfalls diesem Ausschuß an, nachdem er entsetzt festgestellt hatte, daß es Amerikaner gab, die nicht wußten, wie man mit einer Toilette umging. Auch Hammett, der Schöpfer des harten Detektivs, war verblüfft, aber in Gefängnissen kann man eben immer wieder Überraschungen erleben.

Ein paar Pressekolumnisten hielten es für ihre Aufgabe, Hammetts Haftstrafe noch eigenen Schimpf hinzuzufügen. Drinnen im Gefängnis jedoch scharten sich die Häftlinge jeden Freitagabend um das Radio, um den Rundfunkabenteuern des Sam Spade zu lauschen. Hammett lag immer noch im Rechtsstreit mit der Warner Bros., die darauf pochte, sie habe mit dem Ankauf des Romans *Der Malteser-Falke* in den dreißiger Jahren sämtliche Rechte an Namen und Gestalt des Sam Spade für alle Zeiten erworben. Für den Augenblick allerdings arbeitete die körperlose Rundfunkstimme des harten jungen Detektivs noch für den gealterten, eingesperrten Schöpfer des Sam Spade.

Im letzten Lebensjahr Arnold Schönbergs ging eine ehemalige Schülerin namens Dika Newlin ihn in Brentwood besuchen. Zu ihrer Verblüffung stellte sie fest, daß der strenge alte Mann »jetzt das FERNSEHEN entdeckt hatte!« Schönberg behauptete, er habe den Apparat nur für die Kinder gekauft – sein Jüngster war gerade erst neun –, aber Dika Newlin war nicht überzeugt. »Keiner schaute gebannter zu als er«, beobachtete sie, »als wir mit unseren Fernsehtabletts im Schoß vor einem *Hopalong Cassidy* hockten.«

Harry Cohn, der die Columbia regierte, haßte seinen Bruder Jack, der Präsident der Firma war, und Jack erwiderte diese Gefühle, wie das nur einem Bruder möglich ist. Jack versuchte sogar einmal, Harry loszuwerden, indem er zu A. P. Giannini von der Bank von Amerika ging, der die Cohns und vieles andere mehr finanzierte. Unter dem Siegel der Verschwiegenheit erzählte er ihm, daß Harry verschwenderisch und unverantwortlich mit Geld umginge. Giannini lächelte verständnisvoll, dann rief er Harry an und sagte: »Ich finde, Sie sollten wissen, wer mich eben besucht hat.« Harry zeigte sich also nicht sehr aufgeschlossen, als Jack mit dem Vorschlag zu ihm kam, die Columbia sollte einen Bibelfilm machen.

»Steck deine Nase nicht in meinen Teil des Geschäfts«, sagte Harry.

»Ich dachte bloß, wir sollten einen Bibelfilm machen, das ist alles«, sagte Jack. »Es gibt viele schöne Geschichten in der Bibel.«

»Was zum Teufel weißt du denn von der Bibel?« wollte Harry wissen. »Ich wette, du kannst nicht mal das Vaterunser.«

»Klar kann ich das«, sagte Jack.

»Von wegen!« sagte Harry. »Ich wette mit dir um fünfzig Piepen, daß du das Vaterunser nicht hersagen kannst. Na los – zeigen oder schweigen.«

Beide Brüder legten fünfzig Dollar auf den Tisch.

»In Ordnung. Sag's auf«, sagte Harry.

»Abends, wenn ich schlafen geh...«, begann Jack etwas zögernd.

»Das reicht«, sagte Harry und ließ knurrend seine fünfzig Dollar fahren. »Ich hätte nicht gedacht, daß du es kennst.«

Immerhin, Jack hatte recht, nicht mit dem Vaterunser, aber hinsichtlich der kommerziellen Möglichkeiten der Bibel. Da Millionen von Menschen, die früher ins Kino gingen, um Blondie oder Gene Autry zu sehen, jetzt zu Hause blieben, um ziemlich die gleichen Sachen in ihrem neuen Fernsehgerät anzuschauen, stellten die ärmeren Studios wie Republic und Monogram nach und nach den Betrieb ein. Die Kaffeesatzleser bei den größeren Studios kamen zu der Erkenntnis, daß die eigene Rettung in Größe, in Gigantismus läge. Kolossalschinken! Massenszenen mit Tausenden von Menschen! Die gewaltigste Geschichte, die je erzählt wurde! Das war im gewissen Sinne die Rückkehr zu den Anfängen. Einer der ersten Filme, die der junge Louis B. Mayer 1907 in seinem ersten Kino gezeigt hatte, war eine französische Leinwandfassung der Oberammergauer Passionsspiele gewesen. Bald darauf gehörte der Fünfrollen-Vitagraphfilm *Moses' Leben* (The Life of Moses, 1910) zu den großen Erfolgen. Anfang der zwanziger Jahre, als der Fatty Arbuckle-Skandal von 1921 die gesamte Zukunft der aufstrebenden Filmmetropole in Frage gestellt hatte, kehrte Hollywood wieder zum religiösen Epos zurück. Cecil B. DeMille leitete den Wiedergutmachungsprozeß mit seiner aufsehenerregenden Produktion *Die Zehn Gebote* (The Ten Commandments, 1923) ein, die für eine Investition von 1,5 Millionen Dollar 14 Millionen Dollar einspielte. Ihr ließ er *Der*

König der Könige (The King of Kings, 1927) und *Im Zeichen des Kreuzes* (The Sign of the Cross, 1932) folgen. Und damit niemand auf den bösen Gedanken käme, er hätte irgendwelche kommerziellen Motive dafür, begann er jeden Drehtag mit einem Gottesdienst in der Kulisse. Ja, als die Kreuzigungsszene für den *König der Könige* abgedreht war, mußte die gesamte Truppe fünf Minuten lang mit gebeugtem Haupt stehen, während Orgelmusik ertönte.

Jetzt, in einer neuen Zeit der Prüfung, führte wieder DeMille die Bußprozession zurück zur halbvergessenen Goldgrube an. Er wollte »eins der größten Liebesdramen der Geschichte und Literatur« verfilmen, wie er sich ausdrückte, »ein Drama um Treue zugleich, die Geschichte von Samson und Delilah«. Er engagierte den Muskelmann Victor Mature und die alternde Hedy Lamarr als seine Protagonisten und produzierte einen durch und durch lachhaften Film, den auch der dramatische Höhepunkt nicht rettete, die Szenen, in welcher der geblendete Mature sich gegen zwei Säulen stemmt und den ganzen Tempel zum Einsturz bringt. Doch trotz aller Mängel spielte *Samson und Delilah* (1949) eine Menge Geld ein, und das brachte Hollywoods Inspirationssucher auf Trab.

Quo Vadis? (1951) stammte nicht eigentlich aus der Bibel, war aber doch gewissermaßen biblisch. Jahrelang hatte die MGM sich bemüht, aus Henryk Sienkiewicz' schwülstigem Roman über die ersten Christen ein brauchbares Drehbuch zu gewinnen. Unterstützt von Dore Schary hatte John Huston eine seiner Meinung nach »moderne Bearbeitung« entworfen, in der Nero als Prototyp des größenwahnsinnigen Adolf Hitler dargestellt wurde. Für die Hauptrollen suchte sich Huston eine hochrangige Besetzung: Gregory Peck und Elizabeth Taylor. Dann ging er nach Europa und begann Geld auszugeben. Etwa zwei Millionen Dollar waren weg, als Meinungsverschiedenheiten zwischen Huston und Mayer die Produktion zum Stillstand brachten. Mayer übertrug daraufhin das ganze Projekt Mervyn LeRoy, dem Mann seines Vertrauens. Gregory Peck war mit einer Augeninfektion ausgefallen, Elizabeth Taylor hatte inzwischen andere Verpflichtungen, aber was machte das schon? LeRoy trommelte sechzigtausend Komparsen zusammen, die er, hoch über Roms Cinecittà-Studio auf einem Mikrophongalgen sitzend, mit Pistolenschüssen dirigierte. Er hatte mehr als fünfzig Löwen zur Verfügung, sämtliche Löwen, die MGM-Kundschafter in sämtlichen Zirkussen Europas auftreiben konnten. Da er diese Tiere niemals dazu bringen würde, das gewünschte Gemetzel zu simulieren, griff er auf die ältesten Hollywooder Tricks zurück. Er ließ Kostüme mit Fleischbrocken ausstopfen, so daß sie wie am Boden liegende Christen aussahen, dann wurden die Löwen hinausgetrieben und fraßen diese »Körper«. Nahaufnahmen zeigten, wie lebendige Menschen von falschen Löwen angesprungen wurden, die die Techniker gebaut hatten.

Es konnte nichts schiefgehen. LeRoy erhielt eine Audienz bei Papst Pius XII; allen Ernstes bat er den Papst, das *Quo Vadis*-Drehbuch, das er zufällig bei sich trüge, zu segnen, und der Papst »legte seine liebevollen Hände auf das Skript, murmelte etwas Lateinisches und sagte dann auf Englisch: ›Möge Ihr Film erfolgreich sein‹«. Es ist möglich, daß Papst Pius alles gesegnet hätte, was man ihm in geeigneter Form präsentierte, aber er hatte an LeRoys Projekt, wie sich herausstellte, besonderes Interesse. »Ich mag Kino«, soll er gesagt haben. So kostete *Quo Vadis?* am Ende zwölf Millionen Dollar und wurde laut Huston zu einem neuen fürchterlichen Kolossalschinken für den von L. B. Mayer ausgemachten Publikumsgeschmack. Und Mayer hatte ja recht – es gab das Publikum für diesen Film.

So begann denn in den Jahren der Angst und der Schwarzen Listen die neue Ära der frommen Epen: *David und Bathseba* (David and Bathsheba, 1951), *Das Gewand* (The Robe, 1953), *Sinuhe, der Ägypter* (The Egyptian, 1954), *Land der Pharaonen* (Land of the Pharaohs, 1955), *Alexander der Große* (Alexander the Great, 1956), *Die Zehn Gebote* (The Ten Commandments, 1956, wieder von DeMille). Gleichzeitig allerdings war dies die große Zeit des Science Fiction-Horrors: *The Thing from Another World*, 1950; *Der Tag, an dem die Erde stillstand* (The Day the Earth Stood Still, 1951); *Them; Panik in New York* (The Beast from 20000 Fathoms), *Kampf der Welten* (War of the Worlds), *It Came from Outer Space, The Lost Planet, Zombies of the Strato-*

sphere, alle 1953. Aber keine Sorge – die vorgeschichtlichen Ungeheuer und die biblischen Helden waren sich alle ziemlich ähnlich, und auch die Eindringlinge vom Mars aus dem einundzwanzigsten Jahrhundert unterschieden sich kaum von den Monstern der Vorzeit.

Die Inspiration zu solchen Filmen kam teilweise aus der Breitwandtechnik, die Hollywood jetzt als Waffe gegen das Liliput-Bild des Fernsehschirms entwickelte. Ein Erfinder namens Fred Waller konstruierte ein Verfahren, mit Hilfe von drei Projektoren Bilder auf eine gerundete Leinwand zu werfen, und 1952 versetzte er zusammen mit zwei Partnern (Lowell Thomas und Merian C. Cooper) mit *Das ist Cinerama* (This Is Cinerama) New York in Staunen. Auch das war gewissermaßen eine Rückkehr zu den Ursprüngen des Kinos. William Friese-Greene hatte sich um die Jahrhundertwende ein Verfahren für dreidimensionale Filmbilder patentieren lassen, und die Brüder Louis und Auguste Lumière zogen in Paris gewaltige Menschenmassen an, als sie laufende Bilder auf ihre sechzehn mal einundzwanzig Meter große Leinwand projizierten.

Aber die Neuerfindung des Rades ist ja das Wesen des Schaugeschäfts. *Das ist Cinerama* erfreute seine Zuschauer mit einer Folge von Sensationen, vom Triumphzug aus einer Aida-Aufführung der Mailänder Scala bis zur angsterregenden Achterbahnfahrt auf Coney Island. Über zwei Jahre lang lief es in New York und spielte fast fünf Millionen Dollar ein. Das Problem war nur, daß die Herrichtung normaler Kinos für Cinerama recht kostspielig war. Als die Möglichkeiten technischer Neuerungen erkennbar wurden, tauchten andere Varianten der Breitwand auf: Paramounts Vistavision, Warnerscope, Todd-AO, Vistarama, Naturama. Die Suche nach Neuem brachte auch den 3-D-Film hervor, bei dem die Zuschauer Spezialbrillen aufsetzen mußten, um in *Bwana, der Teufel* (Bwana Devil) zu sehen, wie der Löwe sie ansprang. Und sogar die Smell-O-Vision, bei der einem Schlauch hinter jedem Kinoplatz Dufthinweise auf die Lösung entströmten in einem Film mit dem Titel *Der Geruch des Geheimnisses* (Scent of Mystery). Das erfolgreichste all dieser Experimente war das Cinemascope-Verfahren der 20th Century-Fox, bei dem das projizierte Bild mit Hilfe einer anamorphotischen Linse auf fast das Doppelte der früheren Standardbreite erweitert wurde; der erste nach diesem Verfahren hergestellte Film war das ungeheuer erfolgreiche religiöse Epos *Das Gewand*.

Abgesehen jedoch von allen Fragen der Technik, abgesehen von allen kommerziellen Fragen des Abwehrkampfes gegen das Fernsehen (die wöchentlichen Besucherzahlen der Kinos sanken in den fünfziger Jahren weiter von etwa sechzig Millionen auf vierzig Millionen) hatten die biblischen Monumentalfilme dieser Zeit etwas von einer Selbstdarstellung der Hollywood-Studios in ihrem Niedergang und Zusammenbruch. »Die Epen waren die Ideologie der Ideologie«, wie Michael Wood geschrieben hat. »Sie waren die Hollywood eigene Version des *Letzten Taikuns*: Die Flucht, wie Fitzgerald über seinen Roman sagte, in eine üppige, romantische Vergangenheit, die wohl nicht bis in unsere Zeit überdauern wird... Hollywood war Ägypten und Rom und Jerusalem. Die altertümliche Welt der Epen war eine gewaltige, facettenreiche Metapher für Hollywood selbst...« Aufgabe des Epos war, eine Metropole der Vergangenheit zu erschaffen, um sie schließlich zu zerstören. In *Samson und Delilah* stürzte das große Idol majestätisch zusammen; in *Quo Vadis?* brannte Rom nieder. Obwohl diese Filme vorgeben, den Sieg des Christentums zu bejubeln, stellte Wood fest, »lauern in diesen optimistischen Filmen Verhängnis und Apokalypse, umgeben die Anzeichen der Katastrophe diese Siegesfeiern«.

»Hollywood ist wie Ägypten«, hatte David Selznick einmal gesagt, »voll bröckelnder Pyramiden... Es wird immer weiter bröckeln, bis der Wind schließlich den letzten Studiobalken über die Wüste bläst.« Zunächst allerdings mußte erst einmal alles niedergerissen und anders wieder aufgebaut werden. Die Villa, die Billy Wilder für *Boulevard der Dämmerung* gedient hatte, wurde 1957 abgerissen, um Gettys neuem Bürogebäude Platz zu machen. Die spanische Hazienda, die Alla Nazimowa Anfang der zwanziger Jahre am Sunset Boulevard gebaut und mit einem Swimmingpool in der Form des Schwarzen Meeres versehen hatte, räumte 1927 das Feld für das Hotel Garden of Allah mit Bungalows, in denen F. Scott Fitzgerald, Robert Benchley, John O'Hara und andere ernsthafte Trinker wohnten, und das Hotel wich 1959 einer Bank. Der ehemalige Mietstall, den Bette Davis in die Hollywood-Kantine verwandelte, ist heute ein vierstöckiges Parkhaus. Der Nachtclub Mocambo auf dem Sunset Boulevard ist nun ein Parkplatz, und vom Trocadero gleich nebenan sind nur noch die drei Stufen übrig, die früher zur Eingangstür hinaufführten.

Auf der anderen Seite ist in Hollywood das Geschäft mit der Nostalgie recht einträglich geworden. Nichts kennzeichnet die Bemühungen um die Institutionalisierung der Vergangenheit besser als die Wanderungen der DeMille-Scheune. Sie wurde ursprünglich im Jahre 1895 als zweistöckiges gelbes Gebäude an der Südostecke Selma Avenue und Vine Street gebaut, und Cecil B. DeMille mietete sie im Jahre 1913 für zweihundert Dollar pro Woche, damit Jesse Lasky dort *Der Squaw-Mann* (The Squaw Man, 1913), seine erste Sensation, produzieren konnte. Eigentlich mietete er sie nicht ganz, denn Harry Revier, der Besitzer, behielt sich das Recht vor, Pferd und Wagen in einer Ecke des Gebäudes unterzustellen. Als die Paramount, Nachfolgerin der Firma Lasky, 1927 ein zehn Hektar großes Studiogelände an der Melrose Avenue bezog, nahmen die sentimentalen Manager die Scheune mit; sie nutzten sie zunächst als Werksbücherei, dann – ein typischer Fortschritt – als Turnhalle, und schließlich diente sie als Kulisse für die Fernsehserie *Bonanza*.

Im Jahre 1979 vermachte die Paramount, sei es aus Gründen der Nostalgie, der Publicity oder der Steuerersparnis, die zunehmend altersschwache DeMille-Scheune dem Hollywooder Geschichtsverein, einer Organisation der Hollywooder Handelskammer, und so wurde sie auf einen Parkplatz an der Vine Street gleich nördlich des Hollywood Boulevard geschafft. Dort stand die Reliquie drei Jahre ungenutzt, während unterschiedliche Interessengruppen sich über ihr weiteres Schicksal stritten. Die Universal bot an, sie den diversen Ausstellungstücken hinzuzufügen, die Touristen auf ihrem rückwärtigen Gelände besichtigen konnten; das aber lehnten Traditionsbewahrer als Entweihung ab. 1982 schließlich ließ der Hollywooder Geschichtsverein die Scheune zu einem »endgültigen« Standort gegenüber der Hollywood Bowl transportieren und leitete ein 400000 Dollar-Projekt ein, um aus ihr ein Film-Museum zu machen.

Und was ist am Ende aus all den Menschen geworden, all den Darstellern des Hollywood-Dramas der vierziger Jahre? Sehr viele, darunter alle großen Bosse, erlebten ihren Untergang und, wie jeder Drehbuchautor hätte voraussagen können, starben reich und unglücklich.

Louis B. Mayer starb 1957 an Leukämie, kurz nachdem die Aktionäre der MGM den letzten seiner Pläne niedergestimmt hatten, mit denen er die Macht im Studio wiederzugewinnen hoffte. Seine letzten Worte gegenüber einem Gefährten waren: »Nichts ist wichtig. Nichts ist wichtig.« In jener Nacht im Bett fragte er allerdings immer wieder: »Ist sie noch da? Ist sie draußen?« Jede seiner zankenden Töchter behauptete von nun an, der alte Mann habe sie gemeint.

Darryl F. Zanuck kehrte 1956 seiner Frau und seinem Oberbefehl über die 20th Century-Fox den Rücken, um mit einer jungen polnischen Abenteurerin namens Bella Darvi nach Europa zu gehen. Seine Nachfolger im Studio richteten ein solches Chaos an, daß Zanuck die Aktionäre dazu brachte, ihn mit Mehrheit wieder in die Macht und seinen Sohn Richard, den Halbstarken, als Produktionschef einzusetzen. Dann gerieten sich die beiden Zanucks in die Haare; der Vater feuerte den Sohn, aber der Sohn und die abgelegte Ehefrau taten sich mit opponierenden Aktionären zusammen und zwangen Zanuck mit Stimmenmehrheit in den Ruhestand. »Ich bin müde«, sagte Zanuck, der am Ende zu seiner bettlägerigen Frau nach Palm Springs zurückkehrte und dann ein fünfjähriges Siechtum erduldete, bis er im Alter von siebenundsiebzig Jahren starb.

Jack Warner und Harry Warner sprachen nicht miteinander, ein ganzes Jahr lang bis zu Harrys Tod im Jahre 1958. Der Grund für den Zwist war, daß beide übereingekommen waren, ihre Anteile an der Warner Bros. zu verkaufen, Jack sich aber nicht daran gehalten hatte. Er behielt die Macht im Studio und sah, wie die Aktien auf das Dreifache des Preises kletterten, den Harry erzielt hatte. Jack, als letzter der Brüder noch am Leben, war fünfundsiebzig, als er seine Anteile schließlich 1967 für 32 Millionen Dollar verkaufte. Doch sein Jahrzehnt des Ruhestands in Palm Springs genoß er nicht. »Du bist nichts, wenn du kein Studio hast«, sagte er. »Jetzt bin ich bloß irgendein Millionär.«

Harry Cohn hatte bei der Columbia noch alles fest im Griff, als er 1958 im Alter von sechsundsechzig Jahren am Herzschlag starb. Am Tag seiner Beisetzung war es rauh und regnerisch, aber es versammelte sich eine große Menschenmenge, um ihm die letzte Ehre zu erweisen. Das veranlaßte Red Skelton zu der Bemerkung: »Das zeigt wieder einmal, daß das Publikum immer kommt, wenn man ihm gibt, was es haben will.«

Sam Goldwyn erlitt 1969 einen schweren Schlaganfall und verbrachte die folgenden fünf Jahre bettlägerig zu Hause, ein gewaltig fettleibiger, teilweise gelähmter, inkontinenter Pflegefall, der ins Leere starrte und nur zeitweilig fähig war, ein paar Worte zu sprechen. Im Alter von einundneunzig Jahren starb er im Schlaf.

David Selznick hoffte weiter, Filme zu produzieren, die Jennifer Jones groß herausbrachten. Mit mehr als zehn Millionen Dollar verschuldet, redete er davon, *Krieg und Frieden* zu verfilmen, dann die ganze Bibel. Schließlich drehte er mit Jennifer Jones eine öde, teure und kommerziell unergiebige Filmversion von Hemingways *In einem anderen Land* (A Farewell to Arms, 1957). Acht Jahre später saß er, abgezehrt und verhärtet mit dreiundsechzig Jahren, zu einer geschäftlichen Besprechung im Büro seines Anwalts, als ihn der tödliche Herzschlag ereilte.

Jennifer Jones litt an Depressionen. Zwei Jahre nach Selznicks Tod, als es mit ihrer Karriere bergab ging, nahm sie eine Anzahl Tabletten ein, rief ihren Arzt an und sagte, sie wolle sterben, dann fuhr sie hinaus an die Steilküste bei Malibu. Suchtrupps fanden sie bewußtlos an der Wasserlinie; sie holten sie wieder ins Leben und brachten sie ins Krankenhaus. 1971 heiratete Jennifer Jones den Millionär Norton Simon, und mit ihm ist sie heute gelegentlich bei einem Wohltätigkeitsfest oder bei der Eröffnung einer Kunstausstellung zu sehen.

Viele erlagen dem Krebs, besonders die harten Burschen. Humphrey Bogart wurde 1957 immer schwächer, bis seine Hände zitterten, wenn er Pampelmusensaft durch den Strohhalm sog.

»Wiedersehen, Kleine«, sagte er zu Lauren Bacall, die eilig etwas besorgen ging, kurz bevor er ins Koma versank. »Beeil dich.« Auch John Wayne hatte Krebs und Gary Cooper und Edward G. Robinson. Desgleichen Dalton Trumbo, der 1956 unter dem Pseudonym Robert Rich einen Oscar erhielt, dem die erste Anerkennung als Drehbuchautor nach seiner Haftstrafe von Otto Preminger für *Exodus* zuteil wurde – was der Anfang vom Ende der Schwarzen Liste war –, obwohl es 1975 wurde, ein Jahr vor seinem Tod mit einundsiebzig Jahren, bis die Akademie ihm die Oscar-Figur tatsächlich aushändigte, die ihm zwei Jahrzehnte zuvor verliehen worden war. Trumbo war es, der die Grabinschrift für jene häßliche Periode formulierte, als er meinte, es habe »keine Schurken oder Helden, keine Heiligen oder Teufel gegeben... »Es gab nur Opfer«.

Ingrid Bergmann, die es überlebt hatte, daß Hollywood sie beschimpfte und Rossellini sie verließ, die zur Bühne ging, um Shaw und Ibsen und O'Neill zu spielen und die zwei weitere Oscars erhielt, 1956 für *Anastasia* und 1974 für *Mord im Orient-Expreß* (Murder on the Orient Express), erfuhr im selben Jahr, 1974, daß sie Krebs hatte. 1981, in ihrem letzten Lebensjahr, als sie ihre letzte Rolle in einem Fernsehporträt Golda Meirs gespielt hatte, begann ihr rechter Arm zu monströser Größe anzuschwellen. Sie mußte ihn mit einem Schal verhüllen und mit dem linken Arm stützen. Sie starb in London an ihrem siebenundsechzigsten Geburtstag.

Aber es gibt auch Überlebende aller Art. Wer hätte gedacht, daß Claudette Colbert 1985 im Alter von einundachtzig Jahren noch einmal auf der New Yorker Bühne erschiene? 1927 hatte sie ihren ersten Stummfilm gedreht, und da war sie bereits eine erfolgreiche Broadway-Schauspielerin gewesen. Und wer etwa hätte gedacht, daß Lillian Gish, die Heldin der *Geburt einer Nation*, Mitte der achtziger Jahre immer noch als Wanderpredigerin herumtuckern und ihren Blackglama-Nerz zeigen würde, den sie bekommen hatte, um unter dem Slogan »Was steht einer Legende am besten?« zu posieren?

Die Bühne hat viel für diese Gestalten der Vergangenheit getan. Mickey Rooney, der einstige Andy Hardy, befand sich scheinbar auf den letzten Stufen des Abstiegs, als er plötzlich in *Sugar Babies* (mit Ann Miller) wieder mitten im Leben stand und monatelang vor ausverkauftem Haus spielte. Ganz ähnlich kam Lauren Bacall in *Die Kaktusblüte* wieder, und auch Van Johnson tauchte 1984 aus der Vergessenheit wieder auf der Bühne auf. Irene Selznick etablierte sich als Produzentin großer Hits wie *Endstation Sehnsucht* und ließ sich dann im Plaza-Hotel nieder, um ihre Memoiren zu schreiben. Und Bob Hope scherzt und scherzt – auf einer Art Varieté-Bühne, die ihm ganz allein gehört. Er ist jetzt über achtzig, und doch tritt er noch jedes Jahr zu Weihnachten als Unterhalter von US-Truppen irgendwo in der Welt auf. Wenn gerade kein Krieg ist, sucht er sich das, was dem Krieg am nächsten kommt – in Beirut, Korea, wo auch immer – und stellt sich mit einer neuen Sammlung hübscher Mädchen und der alten Sammlung seiner schrecklichen Witze ein, die ihm so gute Dienste geleistet haben.

Auch das Fernsehen hat viel getan, zumindest mit seinem Geld. Die Starrollen und die Stargagen gehen in stetem Wechsel an einen Strom junger Leute, aber der unersättliche Stoffbedarf der Sendernetze nährt auch die Alten. Wenn man *Falcon Crest* sieht, kann man sich kaum vorstellen, daß Jane Wyman einst jung und schön war, aber sie verdient immer noch sehr gut (100 000 Dollar pro Episode) als tyrannische alte Hexe. In derselben Serie hat auch die nur zögernd alternde, immer noch standhaft blonde Lana Turner eine stark beachtete Gastrolle gegeben. Gastrollen werden zu einer Lebensweise und zu einem Ratespiel für Zuschauer, die diese ehemaligen Stars seit ihrer Starzeit nicht gesehen haben. Ist das wirklich Ava Gardner, der man so wieder begegnet? Gewiß, und auch Joan Fontaine, Ginger Rogers, Jane Russell, Olivia de Havilland und June Allyson.

John Huston, weißbärtig und Ende Siebzig, war bis vor kurzem der wohl aktivste Filmemacher unter den Veteranen der vierziger Jahre. Seine glänzende Adaptation von Malcolm Lowrys Roman *Unter dem Vulkan* (Under the Volcano) war aussichtsreicher Anwärter auf den Oscar als bester Film des Jahres 1984, und *Ehre der Prizzis* (Prizzi's Honor) trug ihm 1985 die Nominierung als bester Film und als bester Regisseur ein – wenn auch der einzige

Oscar, den ein Huston tatsächlich erhielt, an seine Tochter Anjelica als beste Schauspielerin in einer Nebenrolle ging. Sein filmisches Werk beendete er mit *The Dead*, 1987, nach der gleichnamigen Erzählung von James Joyce. John Huston ist am 28. August 1987 gestorben.

Andere Berühmtheiten im Ruhestand, die in Hollywood und New York in großer Zahl lebten, ließen sich recht gern mit dem richtigen Angebot aus ihrer Zurückgezogenheit locken. Katharine Hepburn war 1985 Star in *Grace Quigley*, ihrem fünfundvierzigsten Film. Cary Grant schien 1986 noch wie ein Wunder an Fitneß mit einundachtzig Jahren, desgleichen James Stewart mit siebenundsiebzig. Marlene Dietrich lebte in Gott-weiß-welchem Alter still in Paris.

Viele von ihnen erscheinen hin und wieder in Abendgala als Ehrengäste bei Veranstaltungen zur Feier der Vergangenheit Hollywoods, und Studenten kommen sie mit Tonbandgeräten besuchen. Die einzige, die niemals spricht, die nur manchmal beim Einkaufen gesehen wird oder einfach beim Spazierengehen in Manhattans oberem Osten, ist Greta Garbo, ein runzliges Relikt von achtzig Jahren.

Was Ronald Reagan betrifft, so schienen seine Aussichten um die Mitte des Jahrhunderts eher trübe. Als er gegen Ende 1949 von den Dreharbeiten zu *Gezählte Stunden* (The Hasty Heart, 1950) aus dem winterlichen England heimkehrte, stellte er wutentbrannt fest, daß die Warners einen Westernroman, um dessen Ankauf er gebeten hatte, tatsächlich erworben, die Rolle aber an Errol Flynn vergeben hatte, wohl auch, weil einige der jüngsten Reagan-Filme nicht so gut gelaufen waren. Die Warners, die wie alle Studios mit dem Eintritt ins Fernsehzeitalter bestrebt war, die Zahl ihrer Vertragsschauspieler einzuschränken, reagierte auf Reagans Kritik mit Verhandlungen, die seinen Vertrag von zwei auf einen Film pro Jahr reduzierten. Reagans Agent glich den Verlust aus, indem er mit der Universal einen Fünfjahres-, Fünffilme-Vertrag abschloß, aber kaum waren die Verträge unterschrieben, stürzte Reagan unglücklich beim Baseballspiel; er brach sich den rechten Oberschenkel und mußte sechs Monate im Streckverband liegen.

Im Sommer davor war er endgültig geschieden worden. Damit gewann er zwar die gesellschaftlichen Möglichkeiten des Junggesellendaseins zurück, aber mit neununddreißig Jahren sah Reagan diese Möglichkeiten offenbar mit gemischten Gefühlen: »Dieser Lebensstil war ja ganz annehmbar, wenn man nicht weiter als achtundvierzig Stunden vorausdachte.« So merkwürdig es klingt, aber es war die Hollywooder Schwarze Liste, die ihn aus solchen Ungewißheiten befreite. Der Regisseur Mervyn LeRoy rief ihn an und sagte, zu dem Team, mit dem er gerade drehte, gehöre eine junge Schauspielerin, die großen Ärger habe, weil ihr Name immer wieder auf den Mitgliederlisten verschiedener kommunistischer Tarnorganisationen auftauchte. Ob es sein könne, daß es noch eine zweite Nancy Davis gäbe? Ob Reagan als Präsident der Filmschauspielergilde das feststellen könne? Und die Sache in irgendeiner Form klären könne? Reagan überprüfte Nancy und erklärte, sie sei sauber. Sie fragte ihn, ob er mit ihr essen ginge. 1952 heirateten sie.

Reagans Karriere als Filmstar hatte sich inzwischen so festgefahren, daß seine Agenten ihm vorschlugen, es doch einmal mit einem Nachtclubauftritt in Las Vegas zu versuchen. »Sie machen wohl Witze«, sagte Reagan. Da er weder singen noch tanzen konnte, blieb ihm nur die Möglichkeit, die Rolle des Conférenciers zu übernehmen, der ein paar lahme Witze über die eigene Unfähigkeit machte und dann den Auftritt des nächsten Künstlers ankündigte. Das erste Angebot war ein Auftritt zu Weihnachten. Reagan lehnte ab. Das zweite Angebot besagte, er solle eine Stripperin ankündigen. Reagan lehnte ab. Schließlich trat er einem männlichen Gesangsquartett namens ›The Continentals‹ bei, das, so Reagan, »intelligente Komik« brachte. Nach »zwei wunderbar erfolgreichen Wochen« war Reagan sehr froh, als ihm das Unternehmen General Electric das Angebot machte, in einer wöchentlichen Fernsehserie als Gastgeber zu fungieren und überdies jedes Jahr zehn Wochen lang die General Electric-Werke im ganzen Land zu bereisen, Gespräche zu führen, Leute kennenzulernen. Das trug Reagan ein Anfangsgehalt von 125 000 Dollar im Jahr ein. Was ihn aber letztlich reich machte, das war sein großes Grundstücksgeschäft. 1966 zahlte ihm die 20th Century-Fox für knapp hundert Hektar Weideland in den Bergen von Santa Monica, das er 1951 für 85 000 Dollar erworben hatte, 1,93 Millionen Dollar. Inzwischen bewarb sich Reagan um den Posten des Gouverneurs von Kalifornien, und es gab Leute, die meinten, seine politische Zukunft sei vielversprechend.

Register

Abenteuer in Panama 183, 186
Abschied von den Waffen 137
Academy Award – Oscar 124 f.
Academy of Motion Picture
    Arts and Sciences 124, 127
Adam hatte vier Söhne 221
Adonis, Joey 405, 407
Adorno, Theodor 348, 420 f.
Agee, James 556
Ahn, Philip 186
Algier 35, 218, 221, 496
Algren, Nelson 580
Alle meine Söhne 577
Allyson, June 561
Amerikanischer Gewerkschaftsbund
    AFL 383, 387, 428, 430, 436, 459, 464
Anastasia 650
Anderson, Judith 151, 253
Anderson, Maxwell 562
Andrews, Dana 289
Andrews, Maxine 170
Anger, Kenneth 272
Anna Karenina 137
Antheil, George 80
Antisemitismus 87 f., 524, 539 ff.,
    548, 550 f., 554 ff.
Antitrust-Gesetz 132
Anti-Nazi-League 86
Arnold, Thurman 311 f., 536
Arno, Max 237
Mit Arsen und Spitzenhäubchen 218
Artikel Eins 469 f., 472, 493 ff., 502,
    511, 585, 628
Arzt und Dämon 221, 563
Asphalt Dschungel 532
Assimilation 88, 542, 564
Astaire, Fred 213, 242
Astor, Mary 140 f., 171
Atemlos nach Florida 330
Auch Henker sterben 211, 448, 456,
    467

Auden, H. W. 537 ff.
Aufführungsmonopol 536

Bacall, Lauren (Betty) 375 ff., 378,
    380, 494 f., 503, 649 f.
Bacher, William 381
Balaban, Barney 111 f., 511, 620 f.
Balaban, John 111 f.
Balanchine, George 72
Ball, Ernest R. 283
Die Barretts von Wimpole Street 41
Barry, Joan 292 f., 296 f., 300 ff.,
    303 f.
Barrymore, John 224 f.
Barrymore, Lionel 125 f.
Bassermann, Albert 99
Beery, Wallace 369
Behaviorismus 347
Behrman, Samuel N. 105
Bekenntnisse eines Nazispions 90 f.,
    94, 210
Bellamann, Henry 148, 150
Ben Gurion, David 565
Bendix, William 213, 363, 552
Benny, Jack 253
Bercovicci, Konrad 57
Bergmann, Ingrid 21, 55, 218 ff.,
    221 ff., 224 ff., 264 ff., 268 f., 340,
    353 f., 447, 559 ff., 562 ff., 607 ff.,
    610 ff., 613 f., 650
Berlau, Ruth 162, 457
Berle, Milton 21
Berlin, Irving 118, 249, 530
Bessie, Alvah 269 f., 468, 470, 481,
    504, 543 f., 630
Die besten Jahre unseres Lebens 471,
    599
Bibelfilme 644, 646
Bibermann, Herbert J. 53, 468, 505,
    630
Big Pond 326

651

Billy the Kid 202, 204 f.
Bioff, Willie 109 ff., 112 ff., 115 ff., 118 f., 384, 426
Birdwell, Russell 46, 48, 204 ff., 207
Blaubarts achte Frau 82
Die blaue Dahlie 358 f., 362 f.
Blockade 95, 496
Bloom, Claire 593, 595
Blut und Sand 20
Bodeen, De Witt 320
Bogart, Humphrey 96, 140 ff., 143 ff., 146 f., 184, 218, 223 ff., 226, 307, 374, 377 f., 380, 570, 604, 649, 472
Boggs, Francis 24
Booth-Luce, Claire 287
Botschafter in Moskau 248, 298, 482 f.
Boulevard der Dämmerung 623 f., 626
Bowman, Lee 244
Boyer, Charles 22, 35 f., 54, 82, 166, 447, 569
Bracken, Eddie 331, 333
Brackett, Charles 82, 259, 621, 622 f.
Brackett, Leigh 378
Brecht, Bertolt 26, 55, 161 ff., 164 ff., 208 ff. 211 f., 278, 437, 447 ff. 449 ff. 452 ff., 455 f., 458 f., 467 f., 471, 506 ff., 509 f., 516 f.
– Aufstieg und Fall der Stadt Mahagonny 26, 437
– Dreigroschenoper 164, 517
– Furcht und Elend des Dritten Reiches 449
– Der gute Mensch von Sezuan 161
– Das Leben des Galilei 161, 447 f., 451 ff., 454 ff., 457 f., 509 f.
– Die Maßnahme 507 f.
– Mutter Courage und ihre Kinder 161, 517
– Schweyk im Zweiten Weltkrieg 449
– Filmideen 448
Breen, Joseph I. 89, 149 f., 440, 610
Breitwandtechnik 645

Brewer, Roy 267, 385, 426, 429, 490, 575
Brewster, Owen 473, 475, 477
Bright, John 127
Broadway Melodie von 1940 328
Bromberg, J. Edward 579
Brooks, Louise 143 f.
Brooks, Peter 523
Browder, Earl 53, 393 f., 497
Browne, George 110 ff., 113 f., 118 f., 384, 426
Buchalter, Louis „Lepke" 112, 398 f., 401
Buckner, Robert 99, 215 f.
Buell-Wilder, Margaret 340
Beutel, Jack 203
Buñuel, Luis 278
Burrows, Abe 455
Busch, Niven 354
Byrnes, James F. 513, 511

Cagney, James 96, 144, 199, 214, 241, 254, 307
Cagney, William 214, 216
Cain, James M. 187, 256 ff., 259, 261, 365
Cansino, Eduardo 235 f., 238 ff., 416
Capa, Robert 516 f.
Capra, Frank 222, 247, 535 f.
Carradine, John 314, 321
Casablanca 221 f., 224 f., 265, 374
Casey, Pat 434
Caspary, Vera 288
Cathcart-Jones, Owen 276 f.
Cerf, Bennett 30, 33 f., 36, 382
Chandler, Raymond 144, 259 f., 261 ff., 357 ff., 360 ff., 363 ff., 377 ff., 399, 636 ff.
Chaney, Lon 314 f.
Chaney, Lon, jr. 321
Chaplin, Charles, jr. 295, 299, 437
Chaplin, Charlie 20 f., 23, 39, 57 f., 70, 91, 118, 158, 291 f., 294 ff., 300 ff., 303 f., 296, 436 ff., 439 f.,

442 ff., 445, 447, 570, 584, 591 ff.,
595 ff., 597 f.
Chaplin, Oona
(geb. Oona O'Neil)   301 f., 305, 593,
595 f., 598
Chaplin, Sydney   295
Cheever, John   251
Chevalier, Maurice   326
Chicago   210
Chinatown   29, 50
Cinemascope-Verfahren   645
Circella, Nick   112 f.
Citizen Kane   153, 156 f., 159 ff., 245
Clair, Rene   101
Clark, Walter van T.   234
Claudia   338 f.
Clift, Montgomery   569, 624
Clive, Colin   316
Cocktail für eine Leiche   637
Cohan, George M.   213, 216 f.
Cohn, Harry   38, 86, 129 f., 154, 180,
218, 239 ff., 241 f., 244 f., 319, 346,
412 ff., 415, 483, 511, 544, 619,
641 f., 648
Cohn, Jack   38, 511, 641 f.
Colbert, Claudette   38, 82, 147, 254,
328, 330, 650
Cole, Jack   237
Cole, Lester   127, 459, 468, 472 f.,
485 ff., 505, 509, 511, 514, 630 ff.,
633 ff.
Collins, Richard   130, 458, 488, 634
Colman, Ronald   45, 59
Columbia   81, 432, 552, 620
Cooper, Gary   44, 82, 94, 136, 205,
222, 265 f., 267 f., 269, 373, 459,
491 f., 601, 605 f., 649
Copland, Aaron   76
Costello, Frank   398, 621, 407
Cousins, Norman   552
Cowley, Malcolm   382, 466
Craft, Robert   101
Crain, Jeanne   22, 599
Crawford, Joan   46, 179, 181, 373

Crosby, Bing   21, 38, 66, 147
Crouse, Russell   582
Crowther, Bosley   488
Crum, Bartley   469, 478 f., 506
Cugat, Xavier   233, 406
Cukor, George   624
Cummings, Robert   151
Curtiz, Michael   223, 248
Czenzi, Ormonde   638
Czinner, Paul   208
Die Dämonischen   601
Dali, Salvador   353
Damita, Lili   269
Dangerous   306
Dassin, Jules   520
Davies, Joseph   248, 297, 483
Davies, Marion   156, 158, 191, 627
Davis, Bette   36, 42 f., 46 f. 149, 180,
222, 306 f., 480
DeMille, Cecil B.   187, 535, 570, 585,
602, 642, 647
DeMille-Scheune   647
DeSilva, Buddy   263, 265, 330 ff.,
333 f., 357, 620
Demarest, William   333
Denn sie sollen getröstet werden   582
Deutscher, Isaac   451
Deutschland im Jahre Null   607
Dewey, John   249
Dewey, Thomas E.   399, 464
Dies, Martin   95 ff., 463 f.
Dieterle, Wilhelm   163, 166, 208, 356
Dietrich, Marlene   85, 622, 652
Dietz, Howard   177
Disney, Walt   41, 66 ff., 69 f., 73, 234,
267, 459, 490, 585
Dmytryk, Edward   468, 471, 505,
512, 514 ff., 523 f., 630 f., 634
Dockweiler, John   272 f., 402
Doeblin, Alfred   103, 168
Dollarregen   147
Domergue, Faith   336
Donlevy, Brian   328
Dos Passos, John   496

Douglas, Donald 195
Douglas, Helen G. 629
Douglas, Melvin 96
Drei Kameraden 89
Dreiser, Helen 389 f., 393 ff.
Dreiser, Theodore 389 ff., 392 ff., 395 f.
Drei-D-Film 645
Der dritte Mann 586
Druten, John van 45
Du warst nie berückender 213, 242
Duell in der Sonne 75, 354 ff.
Dukas, Paul 67
Duncan, Isadora 323 f.
Dunne, Irene 147, 267
Dunne, Philip 53, 472, 494, 515
Durante, Jimmy 405 f.
Dwan, Allan 238

Edeson, Arthur 141
Edison, Thomas A. 21, 25 f.
Ehe ohne Liebe 592
Ehre der Prizzis 651
Ein König in New York 598
Ein tolles Gefühl 577
Eisenstein, Sergej 390
Eisler, Gerhart 465
Eisler, Hanns 76, 443, 456, 465 f., 508
Ekstase 34
Ellington, Duke 589
Endore, Guy 482
Engel der Hölle 197 f., 200, 205
Epstein, Julius 215 f., 218, 221 ff., 482
Epstein, Phil 215 f., 218, 221 ff., 482
Es ist alles wahr 234, 585
Es tanzt die Göttin 237, 241 ff., 412
Es werde Licht 247
Es wird immer wieder Tag 74
Europäischer Film-Fonds 208
Evakuierung der Japaner 186 ff.
Exodus 565 f., 567, 650

FBI 173, 311, 461, 492, 572, 574, 580, 594 f., 598, 601, 639

Fairbanks, Douglas 38
Fairbanks, Douglas, jr. 58 f.
Der Fall Paradin 455, 637
Die Falschspielerin 330
Fantasia 66, 69 f.
Die Farmerstochter 523
Fauklner, William 31, 307, 369 ff., 372 ff., 378, 380 ff., 383
Fay, James W., 442
Feldman, Charlie 344 f., 375
Fenichel, Otto 348, 350 f.
Fernsehen 526
Feuchtwanger, Lion 101 f., 167 f., 448 f.
Feuchtwanger, Marta 102, 163
Feurmann, Emanuel 79
Field, Betty 151
Film noir 141, 289, 413
Filmallianz 267, 604
Filmautorengilde 127 ff., 130 ff., 157, 212, 266, 286, 496, 501 f., 511, 573
Filmbüro/
  Kriegsinformationsamt 331 ff.
Filmdramatiker 131
Filmregisseurgilde 573
Filmschauspielergilde 117, 386, 430 f., 492, 504, 575, 653
Filmtechniker-Komitee 116
Fischer, Ruth
(d. i. Elfriede Eisler) 465
Fitzgerald, Ella 221
Fitzgerald, F. Scott 3, 33, 38, 42, 45, 54, 58, 89, 98
Fitzgerald, Geraldin 140
Flanner, Janet 416
Fleming, Victor 563
Flügel 125
Flugzeugindustrie 194 ff.
Flynn, Errol 45, 194 ff., 222, 224 f., 269 ff., 272 ff., 275 ff., 278 ff., 307, 591, 652
Fonda, Henry 22, 44, 149, 171, 175, 235, 330
Fontaine, Joan 201, 220, 284, 308, 340, 651

Ford, Glenn 412f.
Ford, John 267, 284, 354, 570
Foreman, Carl 601, 634
Forster, Arnold 581
Forthman, Jules 378
Fountainhead 606
Foy, Bryan 288f.
Frankenstein 318
Frankensteins Haus 314
Frankfurter Schule 348, 421
Frank, Bruno 168
Frau ohne Gewissen 256f., 259ff., 262, 357, 366, 620, 623
Die Frau, von der man spricht 180
Freeman, Y. Frank 96, 133, 262, 357, 364, 620f.
Der Fremde 411
Der Fremde im Zug 638
French, Charles K. 25
Freud, Sigmund 56, 87, 347f.
Frischauer, Willi 287
Frisch, Max 517
Früchte des Zorns 235
Fry, Varian 102
Fuchs, Daniel 305
Fünf Gräber bis Kairo 258
Furthman, Jules 374
Fury 83, 85, 95

Gable, Clark 20, 41, 45, 177ff., 199, 267, 373
Gang, Martin 308f.
Gan, Chester 186
Garbo, Greta 52, 61, 652
Gardner, Ava 201, 305f., 349, 651
Garfield, John 140, 298, 307, 367f., 447, 494, 542ff., 578, 581ff.
Garland, Judy 22, 52, 349, 472, 528, 530ff.
Garnett, Tay 366ff.
Gaslicht 560
Gaynor, Janet 125
Geächtet 205ff., 477
Gefährliche Liebe 221

Das Geheimnis von Malapur 222
Geller, James 257
Genosse X 599
Gershwin, George 63, 76
Geschichten von Manhatten 242
Das Gewand 645
Gewerkschaftskämpfe 122ff.
Gibney, Sheridan 132, 482
Giesler, Jerry 273ff., 276f., 301, 303, 591
Gilda 237, 412
Ginsberg, Henry 334, 358ff.
Gish-Sisters 23
Gish, Lillian 57, 650
Der Gloeckner von Notre Dame 314
God ist my Copilot 186
Goddard, Paulette 46, 57, 295f., 472, 213
Goetz, William 28, 281f., 287, 340, 472
Das goldene Tor 82
Goldrausch 294, 438
Goldwyn, Samuel 38, 73, 449, 462, 511ff., 535, 543, 569f., 607f., 649
Grable, Betty 181, 282, 284
Die Gräfin von Hongkong 598
Der Graf von Monte Christo 24
Grand National 238
Granger, Farley 638
Grant, Cary 58, 218, 254, 652
Graumann, Sid 22f.
Grauman's Theater 21f.
Greenbaum, Gus 410
Greenbaum, Harry
„Big Greenie" 401
Greenstreet, Sidney 140, 222
Green, William 385, 428
Grey, Lita 294f.
Der große Bluff 52
Der große Diktator 57, 91f., 295, 298, 300, 438, 440, 444, 593, 595
Der große McGinty 328
Der große Schlaf 259
Die gute Erde 41, 63ff., 74, 185

Haben und Nichthaben 374, 377, 579
Hableton, T. Edward 455
Hacker, Frederick 530
Hafen des Lasters 577
Hal-Roach-Studio 250
Hambleton, T. Edward 510
Hammerstein, Oscar 86
Hammett, Dashiell 30, 131, 133 ff., 136 f., 142, 146, 637, 639 ff.
Hansen, Betty 271, 273 f., 276
Harbou, Thea von 83
Harlow, Jean 198
Hart, Moss 549, 556
Hathaway, Henry 381, 587 f.
Havilland, Olivia de 279, 307 ff., 382, 447, 480, 599, 651
Havoc, June 494
Hawks, Howard 139, 203 ff., 240, 354, 371 ff., 374 ff., 378 f., 382
Hayes, Helen 27, 44
Haysbüro 144, 149, 257, 263, 322, 390, 590
Hays, Will 159
Hayworth, Rita
(d. i. Margarita Cansino) 22, 213, 235, 237 f., 239 ff. 242 ff., 245 f., 256, 410 ff., 413 ff., 416, 472
Hearst, William R. 155 f., 158 f., 191, 248, 577, 627 f.
Hecht, Ben 38, 45, 80, 92, 157, 202 f., 352, 549 f., 638
Heil dem siegreichen Helden 334 f.
Heimweh 520
Der Heiratsschwindler von Paris/Monsieur Verdoux 293, 300, 304, 436 ff., 438 ff., 441, 443 ff., 592 f.
Der Held von Burma 269
Hellman, Lillian 131, 134, 640
Hemingway, Ernest 89, 264 ff., 373 f.
Henreid, Paul 223, 265, 494, 502
Hepburn, Katharine 46, 472, 536, 652
Herr der sieben Meere 222

Heston, Charlton 20
Heute Nacht und jede Nacht 237
Heute geh'n wir bummeln 532
Heydrich, Reinhard 209
High Sierra 138, 140, 145
Highsmith, Patricia 637
Hill, Virginia 404 ff., 407 f.
Hilton, Conrad N. 634 ff.
Hitchcock, Alfred 92, 97, 185, 220, 351 ff., 354, 455, 637 f.
Hitchcock, Alma 638
Hitler-Stalin-Pakt 53 f., 86, 392
Hobson, Laura Z. 551, 555
Hodiak, John 289
Höllenfahrt nach Santa Fé 52, 266
Hoffenstein, Samuel 288, 390 f.
Holden, William 175, 624 f.
Hollywood-Arbeitskämpfe 385 ff., 388 f.
Hollywood-Geschichtsverein 647
Hollywood-Musikleben 79 ff.
Hollywood-System 533, 536
Hollywood-Kantine 180 ff.
Hollywood-Monopol 310 ff.
Holocaust 283, 411, 438, 444
Hoover, John Edgar 90, 435, 577, 594
Hope, Bob 54, 66, 169, 253 ff. 256, 651
Hopper, Hedda 157, 159 f., 213, 339, 545, 549, 572, 594, 597, 611
Horkheimer, Max 348
Horne, Lena 348
Horowitz, Wladimir 67, 79
Horrorfilme 319 ff., 322
Houseman, John 170, 357 ff., 360 ff., 454, 456 f.
Howard, Jean 343 ff.
Howard, Leslie 143, 316
Howe, James Wong 149, 241
Hughes, Howard 195 ff., 198 ff., 201 ff., 204 ff., 207, 335 f., 473 ff., 476 f., 494, 525 f., 537, 608, 612 f.
Hunt, Helen 239 f., 414

Hurst, Fanny 328
Huston, John 50, 138, 240f., 183f., 247, 279f., 471, 480, 494f., 502, 643f., 651
Huston, Walter 38, 141, 203, 216, 355
Hutton, Betty 330, 532
Huxley, Aldous 31, 56

Ich kämpfe um dich 352ff., 356
Ich küsse ihre Hand Madame 621f.
Im Kreuzfeuer 505, 514, 516, 524, 556, 565
Im Schatten des Zweifels 185
Im Zeichen des Kreuzes 642
In einem anderen Land 649
Intermezzo 55, 218, 220, 264
Internationaler Verband der Bühnenarbeitergewerkschaft 110, 112ff., 116, 126, 384ff., 387ff., 425ff., 428ff., 430f., 433ff., 490, 575
Internierung der Japaner 173ff.
Irgendwo werde ich dich finden 177, 366
Irgun 547, 551
Isherwood, Christopher 221
Isolationisten 93
Iturbi, José 78, 234
Ivanhoe 565

Jackson, Charles 620
Jacquet, Maurice 105f.
James, Harry 181
Jane Eyre 30
Jannings, Emil 125
Jarrico, Paul 488, 634
Jazzsänger 42, 127, 198, 438
Jessel, Georgie 405f.
Jezebel 215
Johnson, Nunnally 135f., 370
Jonston-Büro 366, 379, 392, 438f., 524
Jonston-Eric 487f., 495, 500, 511ff., 516
Jones, Dorothy B. 600

Jones, Jennifer (d. i. Phyllis Walker) 75, 104, 289, 338, 340, 355f., 417, 578, 639, 649
Juarez 695, 138
Judentum 87f.
Judson, Edward C. 239f.

Kahan, Ben 426
Kahn, Gordon 468, 478, 511, 574
Kahn, Robert 481
Kaiser, Henry J. 202
Kallman, Chester 539
Kanin, Garson 178
Karloff, Boris 44, 313, 316ff., 319, 321f., 326
Katz, Charles 469, 479
Kaufman, George S 472
Kaye, Danny 494f.
Kazan, Elia 484, 556f.
Kelly, Gene 242, 430, 472, 494f., 573, 624
Kennedy, Joseph P. 398
Kenny, Robert 469f., 478, 480
Kent, Sidney 110
Keon, Barbara 638
Kern, Jerome 242
Keyes, Evelyn 494
Killer zu vermieten 170
Kingsley, Sidney 639
King, Stephen 314
King's Row 147ff., 153, 161
Kitty Foyle 97, 148
Kitt, Eartha 589
Der kleine Lord 45
Die kleine Schwester 364
Knef, Hildegard 583
Knopf, Alfred 257, 365, 418
Knox, Alexander 284
Knute Rockne 97, 99f., 147, 215
Koch, Howard 222f., 248, 468, 470, 478, 482
König der Könige 642
König der Toreros 241, 243
Die Königin vom Broadway 242

Das Königreich der Tiere 308 f.
Körner, Charles 319 f., 523 f.
Kohner, Paul 103
Konferenz der Studiogewerkschaften 384 ff., 387 f., 426 ff., 429, 431, 433 f., 436
Kongreßausschuß für Unamerikanische Umtriebe 95, 130, 189, 214, 268, 432, 441, 462 ff., 459, 465, 495, 497, 515, 557, 571, 574, 576 ff., 584, 617, 629, 634
Korda, Alexander 57, 93, 585 f.
Koreakrieg 630
Korngold, Erich W. 77, 104, 149
Die Kraft und die Herrlichkeit 327
Krasna, Norman 83 f.
Kriegsbeschränkung 184 f.
Krim, Arthur 567
Kuhle Wampe 164, 467

LaFolette, Robert 249
LaRue Satterlee, P. 271, 274 ff., 277
Ladd, Alan 170, 262, 357 f., 362
Die Lady von Shanghai 414, 416
Lämmle, Carl 38, 315, 318, 326
Lämmle, Carl, jr. 251, 316
Lake, Veronica 201, 330
Lamarr, Hedy 20, 33 ff., 36, 117, 180 f., 218, 643
Lamour, Dorothy 177, 241
Lancaster, Burt 570
Land der Gottlosen 147
Landau, Arthur 198
Lang, Fritz 83 ff., 140 f., 162, 208 ff., 211 f., 259
Lansky, Meyer 397 ff., 402 f., 405, 407 f., 410
Lardner, Ring, jr. 459, 468 f., 471 f., 482, 505, 510, 512, 514 f., 557, 599, 630 ff., 633
Las Vegas 402, 409, 445, 653
Lasky, Jesse 174, 327, 647
Laughton, Charles 447, 449 ff., 452, 454, 456 ff., 510

Laura 288 ff.
Laurents, Arthur 251, 593
Lavery, Emmet 482
Lawrence, Viola 415
Lawson, John Howard 127, 130 f., 394 f., 459, 463, 468, 491, 495 ff., 499 ff., 629 f., 639
LeBaron, William 328
LeMaire, Rufus 289
LeRoy, Mervyn 174, 604, 643 f., 653
Das Leben ist wundervoll 536
Die Lebensgeschichte Paul Ehrlichs 138
Lee, Canada 581 f.
Lehmann, Lotte 10
Leigh, Vivien 21, 48, 52, 58, 220
Leinwand-Dramatiker 129
Leslie, Joan 216
Der letzte Bandit 205
Levant, Oscar 79, 582
Lewton, Val 319 ff.
Liberty Film 536
Lichter der Großstadt 438, 592
Lied von Bernadette 104 f., 334 f.
Lindsay, Howard 582
Lindstrom, Peter 561 f., 608, 610 f., 614
Lingeman, Richard 186
Lippmann, Walter 187, 190
Loder, John 181
Löwenstein, Laszlo 574
Lombard, Carole 20, 44, 177 f.
Loo, Richard 185
Lord, Robert 91
Lorre, Peter 140 f., 185, 222, 224 f., 449, 574
Losey, Joseph 510
Lowry, Malcolm 651
Loy, Myrna 343, 472
Lubitsch, Ernst 61, 82, 103, 622
Luciano, Lucky 398, 371
Lugosi, Bela 315 f.
Lupino, Ida 149
Lurarasch, Luigi 333

MacArthur, Charles 27, 80, 191, 280
MacDonald, Dwight 437
Mac Donald, Jeanette 343
MacGowan, Kenneth 283
MacLeish, Archibald 472
MacLiammóir, Micheál 587f.
MacMurray, Fred 262f., 624
Macbeth 585f.
Maeterlinck, Maurice 31
Magnani, Anna 564
Mahin, John Lee 417
Mahler-Werfel, Alma 66, 101 ff., 104ff., 167, 424
Mailer, Norman 569ff.
Der Major und das Mädchen 258
Malaquais, Jean 569ff.
Der Malteser Falke 136ff., 139, 146, 641
Maltz, Albert 223, 468, 482, 496f., 503, 544, 567, 630
Mamoulian, Rouben 241, 290
Man with the golden Arm 580
Mankiewicz, Hermann J. 154ff., 157
Mankiewicz, Joseph 84f., 89f., 349, 528, 573
Mannix, Eddie 83, 129, 133, 178, 426, 433, 459, 473, 513f., 521
Mann-Act 302, 594
Mann, Golo 102
Mann, Heinrich 101 ff., 104, 167f., 418, 614ff., 617
Mann, Katja 423f., 614, 616
Mann, Klaus 616
Mann, Nelly 101f., 167f., 418
Mann, Thomas 55f., 103f., 106f., 167f., 417ff., 423ff., 429ff., 441, 493, 615ff., 618
Mantagu, Ivor 390
Mantz, Paul 250
March, Frederic 96, 472
Marcuse, Ludwig 168
Margolis, Ben 469
Marihuana 590, 592
Marshall, George 299, 358

Martin, Glenn 195
Marx, Chico 118
Marx, Groucho 80, 88, 254, 472
Marx, Harpo 80, 118
Marx, Sam 125f.
Massey, Raymond 606
Mature, Victor 245, 643
Mayer, Louis B. 35ff., 39, 41ff., 44f., 89f., 120, 124ff., 155, 159f., 342ff., 345f., 349, 417, 462, 485, 487f., 490, 511, 512f., 519, 421ff., 532f., 544, 599, 626
McCarey, Leo 264, 491
McCarthy, Joseph 432, 461
McCrea, Joel 330
Mehring, Walter 103, 168
Mein großer Freund 362
Mencken, H. L. 319f.
Menjou, Adolphe 491, 570
Menschenjagd 266
Menschenschmuggel 579
Menzies, William C. 47, 148
Methot, Mayo
(d. i. Mrs. Bogart) 223, 380
Metro-Goldwyn-Mayer 35, 39f., 42, 54, 90, 103, 126, 179, 305, 307, 310, 335, 365, 369, 429, 433, 473, 490, 514, 520, 527, 532, 537, 565ff., 635f., 643
Metro-Goldwyn-Mayer-Musikabteilung 77
Meuterei auf der Bounty 41
Milstone, Lewis 468
Milhaud, Darius 76
Miller, Arthur 484
Minnelli, Vincente 530f.
Miranda, Carmen 234
Mitchel, Thomas 203
Mitchel, Robert 589ff., 592
Mitternacht 82
Moderne Zeiten 295, 300, 438
Monogramm 642
Montgomery, Robert 54, 175, 430
Mord 92

659

Mord im Orientexpreß 650
Morgan, Dennis 218
Morgenthau, Henry 177
Motion Pictures
Producers Association 26
Mrs. Miniver 90, 487
Mr. Smith geht nach Washington 52
Muir, Florabel 272f., 409
Mulholland, William 49ff.
Muni, Paul 64, 140, 185
Murphy, George 430
Musik liegt in der Luft 620
Muybridge Eadweard 24

Die Nacht vor der Hochzeit 97
Naish, J. Caroll 313
Narbengesicht 139f., 199, 202, 372
Nazismus 85ff.
Neal, Patricia 606
Negri, Pola 624
Neilan, Marshall 197, 205
Neumann, Alfred 168
New Deal 128, 311, 432
Niblo, Frank, jr. 491
Nicholson, Jack 50
Nicholas, Dudley 266f.
Ninotschka 36, 52, 82, 258, 599
Nissen, Greta 198
Nitti, Frank 112f., 118f.
Niven, David 58f., 269
Nixon, Richard 432, 464, 466, 511, 580, 598, 600, 629
Norma-Produktion 570
Northern Pursuit 371
Nye, Gerald 94

Oberon, Merle 44
O'Brien, Pat 98, 100
Odets, Clifford 459, 466, 482, 579, 630
Odlum, Floyd 160, 246, 515, 525
Olivier, Laurence 44, 48, 52, 58f., 97, 639
Ophuels, Max 101

Ornitz, Samuel 468, 504, 631
Osterparade 531
O'Sullivan, Maureen 54
Othello 586ff., 589
Otis, Harrison Gray 50, 123f.
Ouspenskaja, Maria 151

Paisa 560, 607
Paramount 38, 125, 136, 259f., 262ff., 265, 307, 310, 322, 328f., 333, 357f., 360, 390f., 535ff., 603f., 620, 624, 626, 647
Parker, Dorothy 31, 86, 96, 122, 131
Parks, Larry 468, 471
Parsons, Louella 54, 157ff., 237, 416, 613, 628
Pascal, Ernest 130
Patrouille im Morgengrauen 372
Paxinou, Katina 268
Pearl Habor 169, 171, 181, 183, 194f., 522
Peck, Gregory 75, 339, 353, 355f., 556, 558, 573, 599, 643
Pelican Production 454
Perelman, S. J. 31, 259
Perkins, Maxwell 265f.
Das Phantom in der Oper 314
Philipe, Gérard 622
Pichel, Irving 468
Pickford, Mary 20, 23, 122, 624
Pidgeon, Walter 430
Pierce, Jack 317, 322
Pinky 599
Piraten im Karibischen Meer 213
Piscator, Erwin 162
Pius XII, Papst 644
Pommer, Erich 81
Pons, Lily 44
Porter, Edwin S. 26f.
Post, C. W. 325f.
Powdermaker, Hortense 306
Powell, Dick 330, 430
Powell, Eleanor 183, 328

Power, Tyrone 20, 54, 149, 175, 284, 587
Preminger, Otto 141, 175, 285 ff., 288 ff., 291, 566 f., 622, 650
Pressburger, Arnold 209 ff.
Preston, Robert 213
Previn, André 76 ff.
Psychoanalyse 347 ff., 350 ff.

Quell unter Steinen 292 f.
Quinn, Anthony 21, 234
Quo Vadis? 565, 643 f.

Rache für Jesse James 85
Rachmaninow, Sergej 67 f., 79
Racketeering 399 f.
Rado, Sandor 347
Raffles 58
Raft, George 44, 139 f., 144, 218, 262, 400, 406
Rainer, Luise 185
Rains, Claude 222, 224 f.
Rampenlicht 593, 595, 598
Rand, Ayn 489 f., 601 ff., 604 ff.
Rankin, John 441, 459 f., 462, 465, 551 f.
Rapf, Harry 520 ff.
Rapf, Maurice 122, 129
Raphaelson, Samson 127, 131
Rathvon, Peter 511, 515, 523 ff., 526
Reagan, Nancy
(geb. Nancy Davis) 653
Reagan, Ronald 19, 97 ff., 100 f., 147, 149 ff., 152 f., 176, 212, 218, 249 ff., 267, 308, 430, 459, 472, 503, 575, 584, 652 f.
Rebecca 97, 220, 264, 308
Reed, Carol 586
Reich wirst du nie 242
Reinhardt, Gottfried 166, 251 ff.
Reinhardt, Max 105, 251 f.
Republic 127, 238, 585, 642
Reynolds, Quentin 483
Riefenstahl, Leni 247

Ritt zum Ox-Bow 175, 234 f.
Rivkin, Allen 139
RKO 30, 154, 157, 159 f., 246, 310, 319 f., 335, 392, 512, 514 f., 523 ff., 535, 537, 556, 565, 585, 592, 608, 610
Roach, Hal 295
Robeson, Paul 580, 582
Robinson, Casey 148 ff., 223
Robinson, Edward G. 90 f., 140, 143 f., 263, 542, 576 ff., 649
Robson, May 126
Rockefeller, Nelson 159, 234, 246
Rogers, Ginger 97, 267, 570, 651
Rom, offene Stadt 559 f., 564, 607
Romm, May 347, 349, 351
Rooney, Mickey 36, 650
Roosevelt, Eleanor 466
Roosevelt, Elliot 202
Roosevelt, Franklin D. 37, 51, 101, 111, 192, 195, 233, 248, 283, 297, 299, 311, 331, 359, 392, 459, 463, 482, 486, 546, 551, 584, 603
Roosevelt, Theodore 49, 189
Roper, Elmo 554
Rosen, Irwin 557
Rose, Billy 549
Rosselini, Roberto 559 ff., 563 f., 607 ff., 610, 612 f., 650
Rossen, Robert 468, 482
Rozsa, Miklos 354
Rubinstein, Arthur 79, 169, 596
Russell, Jane 203 f., 206 f., 651
Ruttenberg, Joseph 84
Ryan, Robert 524
Ryskind, Morrie 491

Saboteure 213
Sackgasse 140
Saint-Exupéry, Antoine de 101
Sakall, S. Z. 222
Salt, Waldo 468, 510
Samson und Delilah 642
Sanders, George 59

Saroyan, William 251, 584
Sayre, Nora 557
Schäfer, George J. 157, 159 f.
Schary, Dore 133, 512 ff., 515 f., 519 ff., 522 f., 524 ff., 528 ff., 532 f., 556, 565 f., 575, 591, 643
Schenck, Joseph 21, 38, 114 ff., 117 f., 120, 285, 287, 433, 511, 513
Schenck, Nicholas 21, 38, 44, 109 f., 128, 160, 511, 527 f., 532 f.
Scherman, Harry 552
Die Schlacht von San Pietro 247
Schlachtgewitter am Monte Cassino 591
Schlagende Wetter 161
Schlangengrube 599
Schlüssel zum Himmelreich 339
Schneewittchen und die sieben Zwerge 66
Schönberg, Arnold 61 ff., 64 ff., 66, 79, 85, 104, 420, 422, 424 f., 558, 641
Eine Schönheit aus Memphis 247
Die Schönste der Stadt 241
Schreiben Sie, Miss Lonelyhearts 31, 137, 570
Schriftstellerclub 127
Schulberg, Benjamin P. 44, 120, 136, 390, 327
Schulberg, Buddy S. 120 ff., 129 ff., 545, 634
Schwartz, Arthur 242
Schwarze Liste 478 f., 484, 516, 571, 574 f., 650, 652
Schwarze Rose 587 f.
Schwester Carrie 639
Science-Fiction-Filme 644
Scott, Adrian 468, 505, 512, 514 ff., 524, 630, 639
Scott, Hazel 221
Selznick, Davic O. 26, 43 ff., 47 f., 59, 75, 83, 136, 219 ff., 264, 280, 337 ff., 340, 342, 346 f., 351 ff., 545 ff., 417, 455, 523, 528, 535, 548, 562, 590, 619, 639, 646,, 649

Selznick, Irene 45, 337 f., 345 ff., 351, 356, 523, 650 f.
Selznick, Lewis 38, 40, 43 f.
Selznick, Mayron 44, 48, 140, 347
Shaw, Artie 349
Shaw, Irwin 251
Shearer, Norman 41, 200
Sheehan, Vincent 92
Sheehan, Winfield 237 ff.
Shelly, Mary 314 f.
Sheridan, Ann 38 ff., 151 f. 218, 241, 503
Sherman, Vincent 184
Sherwood, Robert 31, 143
Der siebte Himmel 125
Siegel, Ben (Bugsy) 398 ff., 401 ff., 404 ff., 407 ff., 445 f.
Siegel, Don 601
Sienkiewicz, Henryk 643
Silberberg, Mendel 132 f.
Simmel, Ernst 348 f., 530
Simon, Richard 552, 556
Simon, Simone 320
Sinatra, Frank 20, 407, 472
Siodmak, Curt 141, 314
Sistrom, Joe 259 ff., 361
Sklavin des Herzens 637
Slatkin, Leonhard 78
Smell-O-Vision 645
Smith, Alexis 43
So einfach ist die Liebe nicht 523
Sokolow, Anna 456
Sokolowsky, George 503, 572, 577
Song of Russia 299, 487 ff., 490 f.
Sorrel, Herbert 384 ff., 387 ff., 425 ff., 429, 430 ff., 433 ff., 436, 490
SOS – Feuer an Bord 240
Soubirous, Bernadett 102
Spiegel, Sam 411
Spiel mit dem Tode 455
Die Spur des Falken 140 ff., 161, 218, 222
Stacher, Joseph „Doc" 407 f.
Standardvertrag 304 ff.

Stanwyck, Barbara 181, 263, 267, 330, 604
Steele, Joseph Henry 611 ff.
Steffin, Margarete 162 f.
Stein, Jules 180
Steinbeck, John 255
Steiner, Max 77, 255
Sternberg, Josef 390
Stevens, George 535
Stewart, Donald Ogden 86, 131, 459, 487, 491, 517, 574
Steward, James 22, 52, 97, 175
Stokowski, Leopold 67 f.
Stolz und Vorurteil 56
Strange, Glenn 322
Straßen der Großstadt 136
Strawinsky, Igor 56, 62, 69 ff., 72, 79, 104, 291 f., 447, 456, 537 ff.
Strickling, Howard 344 ff., 530
Stripling, Robert 466 f., 482 f., 491, 498 ff., 501, 506 ff., 509
Stroheim, Erich von 39, 258, 625
Stromboli 612 f.
Stürmische Höhen 48, 52
Sturges, Preston 322 ff., 325 ff., 328 ff., 331 ff., 334 ff., 584
Sturzbomber 269
Sullivans Reisen 330
Swanson, Gloria 619 f., 624
Sydney, Silvia 136

Tabu der Gerechten 484, 554 f., 556 f., 559, 599
Taft-Hartley-Act 511
Der Tag der Heuschrecke 29
Tamiroff, Akim 268
Taplinger, Robert 242
Tavenner, Frank 580
Taylor, Elizabeth 20, 565, 634 ff., 643
Taylor, Robert 205, 267, 430, 487, 491
Teufelskerle 36, 519
Thalberg, Irving 41 f., 63 ff. 66, 129, 528

The Dead 651
Thomas, J. Parnell 432, 460 f., 463 f., 466, 468, 478 ff., 481, 484 f., 492, 495, 497 ff., 500 ff., 503 ff., 510 f., 599, 633 f.
Thomas, Olive 590
Thompson, Dorothy 466, 552
Thomson, Virgil 76
Tierney, Gene 22, 171, 181 ff., 201, 241, 284, 289, 291
Tiomkin, Dimitri 74 f.
Titelseite 199
Todd, Mike 454
Toland, Gregg 153
Tone, Franchot 96
Tote schlafen fest 379
Tourneur, Jacques 320
Towne, Robert 50
Tracy, Spencer 36, 84, 284, 327, 536
Trotti, Lamar 284
Truffaut, Francois 638
Truman, Harry S. 280, 432, 463, 473
Trumbo, Dalton 129, 459, 468 f., 471, 473, 482, 485, 487, 491, 501 f., 514, 567, 577, 629 ff., 632, 639, 649 f.
Turner, Lana 169, 177, 200 f., 282, 366 ff., 651
Twentieth Century Fox 38, 104, 281, 285, 287, 310, 512, 514 f., 537, 653
Tyler, Parker 314

Überfall der Ogalla 85, 259
Ulbricht, Walter 615
United Artists 57, 442, 535, 552, 596
Universal 38, 125, 282, 316, 647
Unter Piratenflagge 307
Unter meiner Haut 578
Unter schwarzer Flagge 452
Uris, Leon 565 ff.

Der Vagabund und das Kind 294
Vajda, Ernest 125 f.
Valentino, Rudolph 20
Van Upp, Virginia 242 f., 412 f., 416,

Vater der Braut 532
Veidt, Conrad 222
Vereinigte FMPC 114
Das verlorene Wochenende 620 f.
Der Vertreter 266
Der veruntreute Himmel 104
Vidor, King 354 ff., 606
Viertel, Berthold 449
Viertel, Salka 54, 59, 63 ff., 66, 103, 137, 166 f., 168, 386 f., 418
Vogel, Joseph 566
Vogler, Gertrude 241

Vom Winde verweht 42 f., 45, 52, 220, 264, 339
Wagner-Act 131
Waldorf-Erklärung 514, 516, 571
Wald, Jerry 269 f., 472, 544
Walker, Robert 339 ff., 341, 638
Wallace, Henry 267
Waller, Fred 645
Wallis, Hal 91, 148 ff., 151, 215, 217 f., 221, 223, 225, 371
Walsh, Richard 384 f., 426
Walter, Bruno 104, 106
Walters, Chuck
Wanger, Walter 35, 92, 97, 326, 472, 496, 511 ff., 528, 563, 610
Warner, Bros. 6, 42, 90, 103, 136, 138, 140 f., 143, 146 ff., 152, 180, 213, 218, 269, 307, 310, 370, 381, 387 f., 427, 480, 484, 515, 524, 537, 604, 641, 652
Warner, Harry 38 f., 132 f., 214, 511, 648
Warner, Jack 38 f., 42, 91, 139 f., 149 f., 174, 215, 217, 221, 226, 241, 247 ff., 268, 272, 298, 306 f., 309 f., 372, 377, 381 f., 459, 463, 480 ff., 484 f., 511, 543 f., 598 f., 648
Warren, Earl 190
Warum wir kämpfen 222
Waxmann, Franz 77
Wayne, John 52, 213, 267, 649

Webb, Clifton 289 ff.
Webling, Peggy 315
Der Weg allen Fleisches 125
Der Weg nach Singapur 66
Der Weg zum Glück 29, 264, 491
Der Weg zum Ruhm 371
Weigel, Helene 161, 208, 447, 458, 517
Weihnachten im Juli 330
Weill, Kurt 449, 549
Weiße Fracht 20
Welles, Orson 20, 153 ff., 156 ff., 159, 161, 234, 244 ff., 292, 302, 410 f., 413 ff., 454, 584 ff., 587 ff.
Wem die Stunde schlägt 170, 219, 224, 264, 268
Die Wendeltreppe 523
Wenn der Postmann zweimal klingelt 257, 365 f.
Werfel, Franz 101 f., 104 ff., 168
West, Mae 624
West, Nathanael 29 f., 32 f., 36, 38, 131, 229, 350, 464, 570
Wexley, John 210 ff., 482
Whale, James 316
Wilcox, Horace H. 23
Wilder, Billy 81 f., 141, 208 f., 256, 258 ff., 261 ff., 264, 365, 447, 468, 620 ff., 626 f.
Wilder, Thornton 27, 49
Williams, Esther 526
Willkie, Wendell 284, 603
Wilson, Carey 366
Wilson, Dooley 221
Wilson, Edmund 30
Wilson, Woodrow 189, 283 ff.
Winchel, Walter 291, 460, 551 f.
Winters, Shelley 570 f.
Wir waren Freunde 578
Wood, Michael 646
Wood, Sam 148, 152, 170, 265 ff., 268, 490 f., 604
Wright, Frank Lloyd 447
Wright, Teresa 449

Das Wunder von Morgan's Creek 323, 330, 332 f.
Wyler, William 90, 247, 471, 494, 535, 585, 599, 639
Wyman, Jane 147, 176, 430, 472, 492, 503, 651

Young, Loretta 523
Yung, Sen 186

Zanuck, Darryl F. 31, 43, 85, 128 f., 149, 175, 200, 234 f., 238, 241, 280 ff., 283 ff., 286 ff., 289 ff., 346, 370 f., 514 f., 556, 587 ff., 599, 648
Zanuck, Richard 648
Das zauberhafte Land 52
Zehn Gebote 642
Zinneman, Fred 520
Zoot suit-Unruhen 228 ff., 231 ff.
Zorina, Vera 224, 264 f.
Zukor, Adolph 38
Zwölf Uhr mittags 61

Bildnachweis

Bild 21+24 Keystone, Hamburg

Alle anderen Bilder aus dem Bildarchiv des Süddeutschen Verlages, München

Hinter den Kulissen –
Kino unter die Lupe genommen

Über Außergewöhnliches in der Kinoszene möchte man einfach mehr wissen: Wie werden Kultfilme gemacht? Was verstehen Meisterregisseure von ihrem Handwerk? Was steckt in Literaturverfilmungen?

32/73 — **KULTFILME** Von »Metropolis« bis »Rocky Horror Picture Show«

19/2 — **STEPHEN KING DANSE MACABRE** Die Welt des Horrors in Literatur und Film

19/14 — **Mr. Hitchcock, wie haben Sie das gemacht?** FRANÇOIS TRUFFAUT »Das vielleicht aufschlußreichste Filmbuch überhaupt« TIMES

01/6841 — Klaus Ickert/Ursula Schick **Das Geheimnis der Rose entschlüsselt** Zu Umberto Ecos Weltbestseller »Der Name der Rose«

Wilhelm Heyne Verlag München

HEYNE
FILMBIBLIOTHEK

Themenbände, die sich mit bestimmten Filmarten, wichtigen Epochen und Kategorien beschäftigen.

32/121

32/62

32/132

32/54

32/44

32/78

32/95

32/100

HEYNE
FILMBIBLIOTHEK

*Unvergeßliche
Stars
Große Filme
Geniale
Regisseure*

32/112

32/134

32/113

32/50

32/109

32/101

32/111

32/108

Den Geheimnissen unserer Erde auf der Spur

»Terra-X« – die abenteuerliche Reise in die Vergangenheit geheimnisvoller Weltkulturen. Ein einzigartiger Erfolg als Fernsehserie und als Buch.

Gottfried Kirchner/
Peter Baumann
Terra-X
Rätsel alter Weltkulturen
19/53

Gottfried Kirchner
Terra-X Eldorado
Suche nach dem
Goldschatz
Originalausgabe
19/55

Gottfried Kirchner
Terra-X
Rätsel alter Weltkulturen
Neue Folge
19/54

Wilhelm Heyne Verlag München

Heyne Sachbuch

Interessante Themen
Kompetente Autoren

PETER SCHOLL-LATOUR
Der Tod im Reisfeld

19/44

GERHARD KONZELMANN
Die Araber

19/21

Erwin Wickert
CHINA von innen gesehen

19/4

ULI FRANZ
Deng Xiaoping
EINE BIOGRAPHIE

19/50

Hans Kirchmann
HIROHITO
»JAPANS LETZTER KAISER«
DER TENNO

19/76

WALTER HANF
CASTROS REVOLUTION
DER WEG CUBAS SEIT 1959

19/12

Wilhelm Heyne Verlag München